志
说
江
南

江南旧志图选·城池

苏州市地方志办公室 编

凤凰出版社

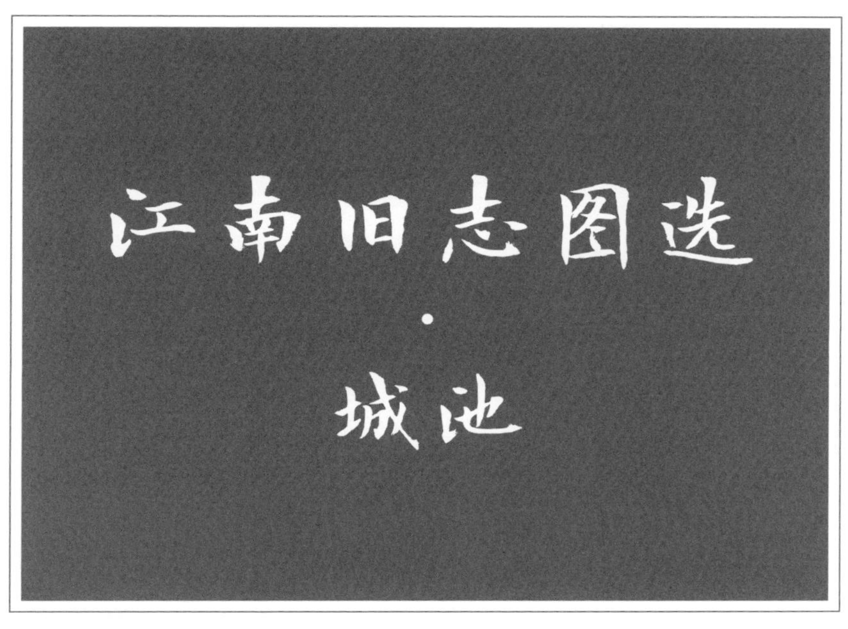

图书在版编目（CIP）数据

江南旧志图选. 城池 / 苏州市地方志办公室编. --
南京 : 凤凰出版社, 2022.9
（“志说江南”系列丛书）
ISBN 978-7-5506-3716-0

Ⅰ. ①江… Ⅱ. ①苏… Ⅲ. ①城市史－史料－华东地区－图集 Ⅳ. ①K295-64

中国版本图书馆CIP数据核字(2022)第131511号

书　　名	江南旧志图选·城池
编　　者	苏州市地方志办公室
责任编辑	崔广洲
装帧设计	姜　嵩
出版发行	凤凰出版社(原江苏古籍出版社) 发行部电话025-83223462
出版社地址	江苏省南京市中央路165号,邮编:210009
照　　排	南京凯建文化发展有限公司
印　　刷	苏州市越洋印刷有限公司 江苏省苏州市吴中区南官渡路20号,邮编:215104
开　　本	787毫米×1092毫米　1/16
印　　张	29.5
版　　次	2022年9月第1版
印　　次	2022年9月第1次印刷
标准书号	ISBN 978-7-5506-3716-0
定　　价	240.00元

(本书凡印装错误可向承印厂调换,电话:0512-68180638)

《江南旧志图选·城池》编纂人员

主　编

乐　江

副主编

邢　静　王　炜　傅　强

执行主编

陈其弟

统　稿

丁　瑾

编　辑

陈其弟　丁　瑾　刘凤伟　齐　慎

序

二〇二二年四月，中共中央办公厅、国务院办公厅印发的《关于推进新时代古籍工作的意见》如一缕春风吹暖了古籍界。《意见》要求，“加强古籍抢救保护、整理研究和出版利用，促进古籍事业发展，为实现中华民族伟大复兴提供精神力量”。

中华文明泱泱五千年，古籍承载着历史的厚重，留下了文化的墨香。近两年，央视综合频道热播的大型文化节目《典籍里的中国》，让古老的典籍走进电视观众的视野；九集专题纪录片《穿越时空的古籍》，用活化的方式聚焦中华古籍，让年轻的观众和读者惊叹古籍“出圈”了。

古籍是我国宝贵的文化遗产，旧志是古籍中的一大门类，约占古籍的十分之一。正如《意见》要求，“将古籍工作融入国家发展大局，注重国家重大战略实施中的古籍保护传承和转化利用”。旧志整理工作是新时代古籍工作的重要组成部分，作为需要“强化古籍工作部门职责”的方志部门来说，承担旧志整理工作，既是义不容辞的职责，更是一种使命和担当。

如何“让书写在古籍里的文字都活起来”，是当下古籍推广的“重中之重”。创新推进古籍工作，向社会提供更多的展示窗口，才能让更多的人注意到这件事，让普通民众接触和了解古籍。只有让年轻人爱上古书，古书才有未来。

史学家章学诚曾说："夫家有谱，州有志，国有史，其义一也。"方志与国史、家谱均为重要的历史文献。志书编修的初衷无疑是"存史"——留存地方的记忆。

据《中国地方志联合目录》统计，我国现存历代编修的旧志有八千五百多种，这些旧志中保留了大量的历史信息，除了文字信息，也有舆图信息。旧志舆图包括境域图、城池图、府治县治图、学宫图、山水图、名胜图、寺观图、人物肖像图等，是跨越时空的"情景图"。通过古今对照，人们可以感知沧桑变化，了解家乡的前世今生。

图像的优点是直观、生动、形象。地方志的源头之一正是"图经"，是一种"图文并茂"的载体。时至今日，现代新方志仍然将地图作为"述、记、志、传、图、表、录"七种主要体裁的形式之一。

二〇一九年十二月，中共中央、国务院印发《长江三角洲区域一体化发展规划纲要》，为长三角地区的一体化发展提供了纲领性的指导。长三角一体化上升为国家战略之后，江南文化成为文化领域研究的热点，同时也对以江南文化为根基着力打造江南文化高地、发挥江南地区经济文化的引领作用提出了更高的要求。

长江三角洲区域一体化发展规划范围包括上海市、江苏省、浙江省、安徽省全域，完全涵盖旧时以"八府一州"为中心的江南地域。要研究江南文化，离不开植根江南地区的各级各类全方位反映地方历史与现状的地方志。

苏州位于江南腹地，是江南文化的主要发祥地。三千多年前，泰伯来到江南建"勾吴"国。随着吴国的强盛，"西破强楚，北威齐晋，南服越人"的历史纪录，在地方志上班班可考。

《意见》要求古籍工作要"坚持守正创新，古为今用、推陈出新，服务当代、面向未来”，“深入推进中华优秀传统文化创造性转化、创新性发展”。

在国家战略长三角一体化发展的大背景下，苏州市地方志办公室在苏州市委、市政府的支持下，在江苏省地方志办公室的指导下，服务中心，围绕大局，主动作为，立足苏州，放眼江南，为长三角一体化发展寻找历史基因，秉承“修志为用”的原则，配合国家方志馆江南分馆（苏州市方志馆）建设，依托丰厚的江南旧志资源，以志明史，整理出版“志说江南”系列丛书，正是地方志工作创造性转化、创新性发展的新时代的新作为。

“志说江南”系列丛书分为“图选”“文选”两大类，计划出版《江南旧志图选·城池》《江南旧志图选·境域》《江南旧志图选·名胜》《江南旧志图选·八景》《江南旧志文选》《志说江南文选》六种图书，逐年陆续出版，以满足新时期“存史”“资政”“育人”的需要。

旧志整理的真正目的是更好地利用，只有旧志不再诘屈聱牙，不再晦涩难懂，才能更好地普及传播，古为今用。因此，我们选编这套“志说江南”系列丛书，最终是让它“飞入寻常百姓家”，发挥赓续江南文脉、弘扬江南文化的现实作用，也希望它能为新时期江南地区的融合发展提供历史借鉴和文化认同。

二〇二二年六月

凡 例

一、本书为“志说江南”系列丛书之一种，收录“江南旧志”中县级以上治所所在地的城池图。

二、本书所录“江南旧志”涉及今江苏、上海、浙江、安徽十六个现行设区市。

三、本书所选地图的编排顺序是江苏的南京市、镇江市、常州市、无锡市、苏州市、扬州市、泰州市、南通市；上海全域；浙江的杭州市、嘉兴市、湖州市、宁波市、绍兴市；安徽的安庆市、黄山市。

四、本书的选图，力争做到各地市县区域全覆盖，不同地区选图幅数略有差异，视各地文献齐备程度而定。

五、本书所选地图以全面、清晰为原则，同一地区，选最清晰者；两县有合志者，适当兼顾，以见相互之交错关系。

六、本书选编的舆图力求保持其原貌。原志书版式尺寸各异，本书在保持原图长宽比例的基础上统一版心尺寸，并新编连续页码。

七、每幅舆图均标注图名及资料来源。

目 录

南京

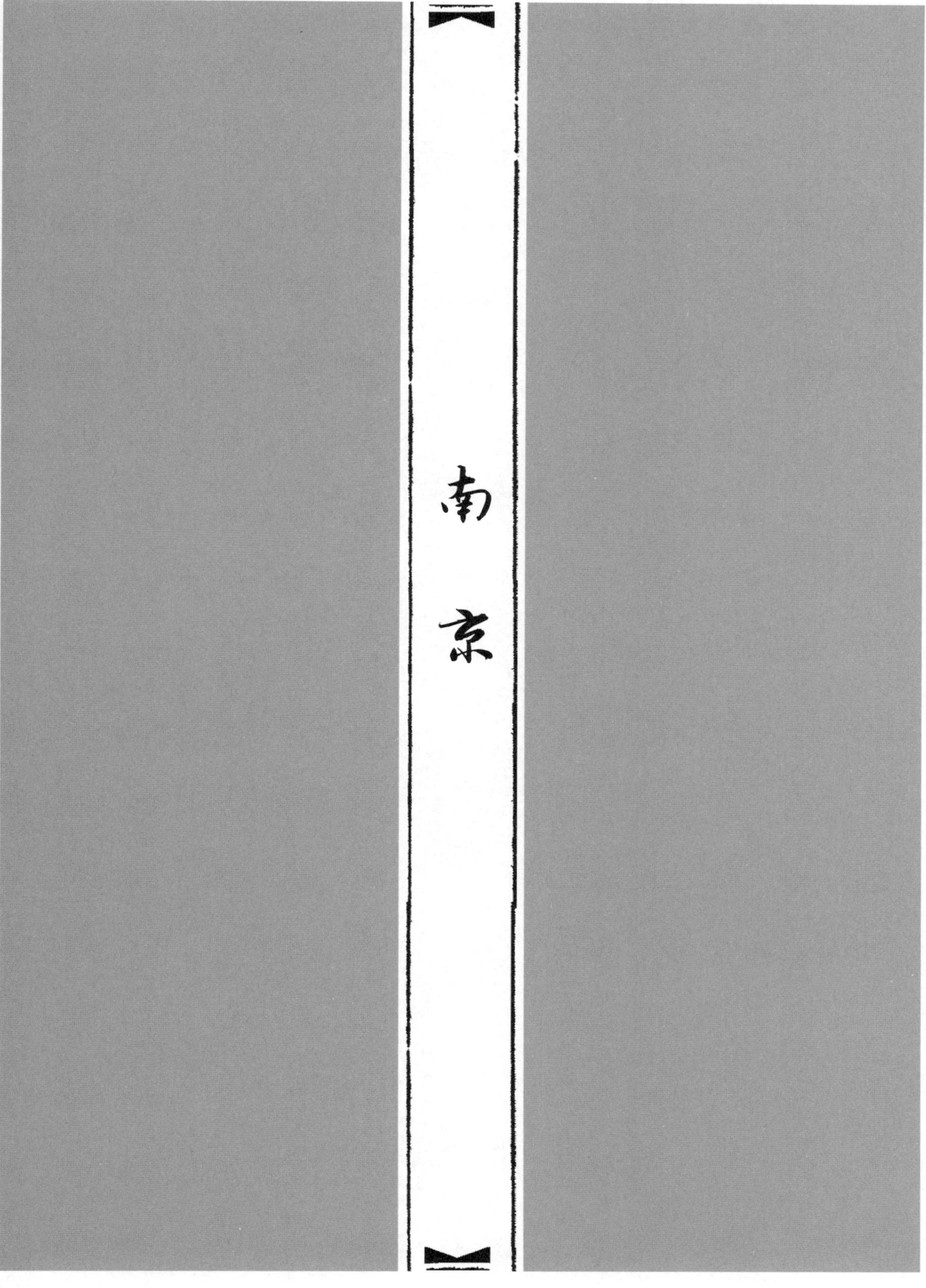

江宁府图说

《禹贡》扬州之域，春秋属吴，后属越，战国属楚。威王因其地有王气，埋金厌之，故置邑，名金陵。秦改秣陵，属鄣郡。汉初，建楚及荆、吴、江都诸国。元封中，置丹阳郡，领六县。三国吴，自京口徙都丹阳，改治曰建业。晋平吴，改建业曰秣陵，又分其北为建邺，又分建邺置江宁。建兴初，改建业为建康。东晋渡江，建都焉。宋、齐、梁、陈因之。隋平陈，废郡置蒋州。跨江以北，江浦、六合，古棠邑地，史传亦为棠邑。秦隶九江，汉属徐州。晋隆安中，立秦郡，属南豫州，又属南兖州。宋元嘉中，入北魏，属扬州。南齐，析秦州为齐郡。梁，废齐存秦。陈，置义州。北齐，改瓦梁郡。周，置六合郡及方州。隋，改方山府六合县。唐武德初，为扬州东南道行台尚书省。后复蒋州，罢行台，为扬州大都督府。九年，徙扬州都督于江都，更名金陵曰白下，分其地属润、宣二州。贞观初，更白下曰江宁；方山府属南兖州。至德初，置江宁郡。乾元初，以江宁为升州。上元二年废，属润州，以江宁置上元县。光启三年，复置升州。杨吴，为金陵府，后建西都。南唐，改江宁府，又改六合为雄州。宋开宝中，下南唐复称升州。天禧中，复江宁府。建炎中，改建康府，隶江南东路，其六合隶真州，属淮南东路。元初，置建康、溧阳二路，隶江东道。其江北者，隶淮东道扬州路。又改建康为集庆路，置江南诸道行御史台。六合隶真州如故。明置南京为京师，升集庆路为应天府，统江南五县，以屯卫在江北，割真州之六合辖焉，析置江浦县。永乐北迁，为陪京。弘治中，析置高淳，共领八县。皇清顺治二年，定江南，改京为省，以应天府为江宁府，隶江苏布政使司，领县八：上元县（附郭）、江宁县（附郭）、句容县、溧阳县、溧水县、江浦县、六合县、高淳县。

康熙《江南通志》卷第二《建置沿革》

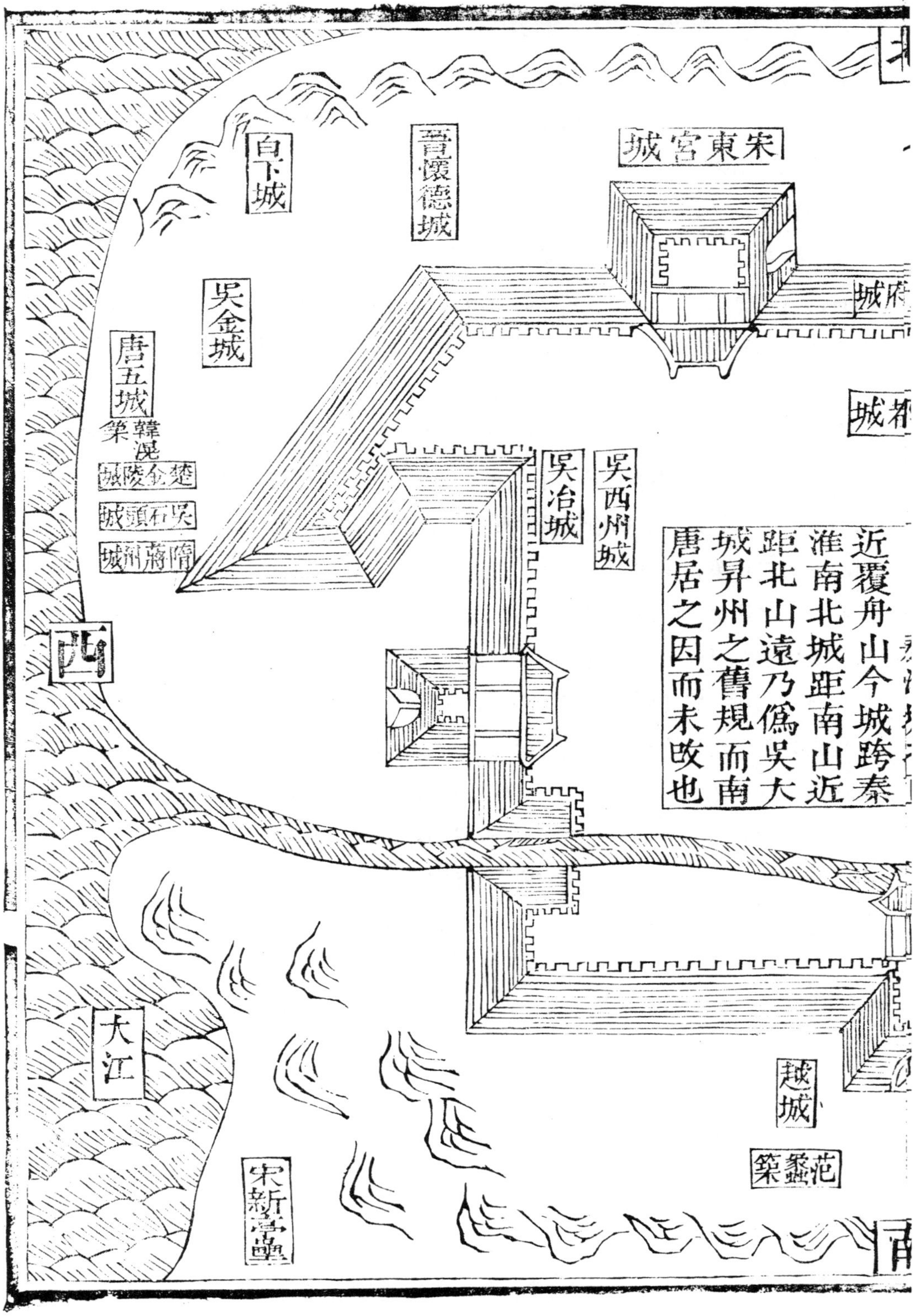

历代城郭互见之图 / 选自景定《建康志》

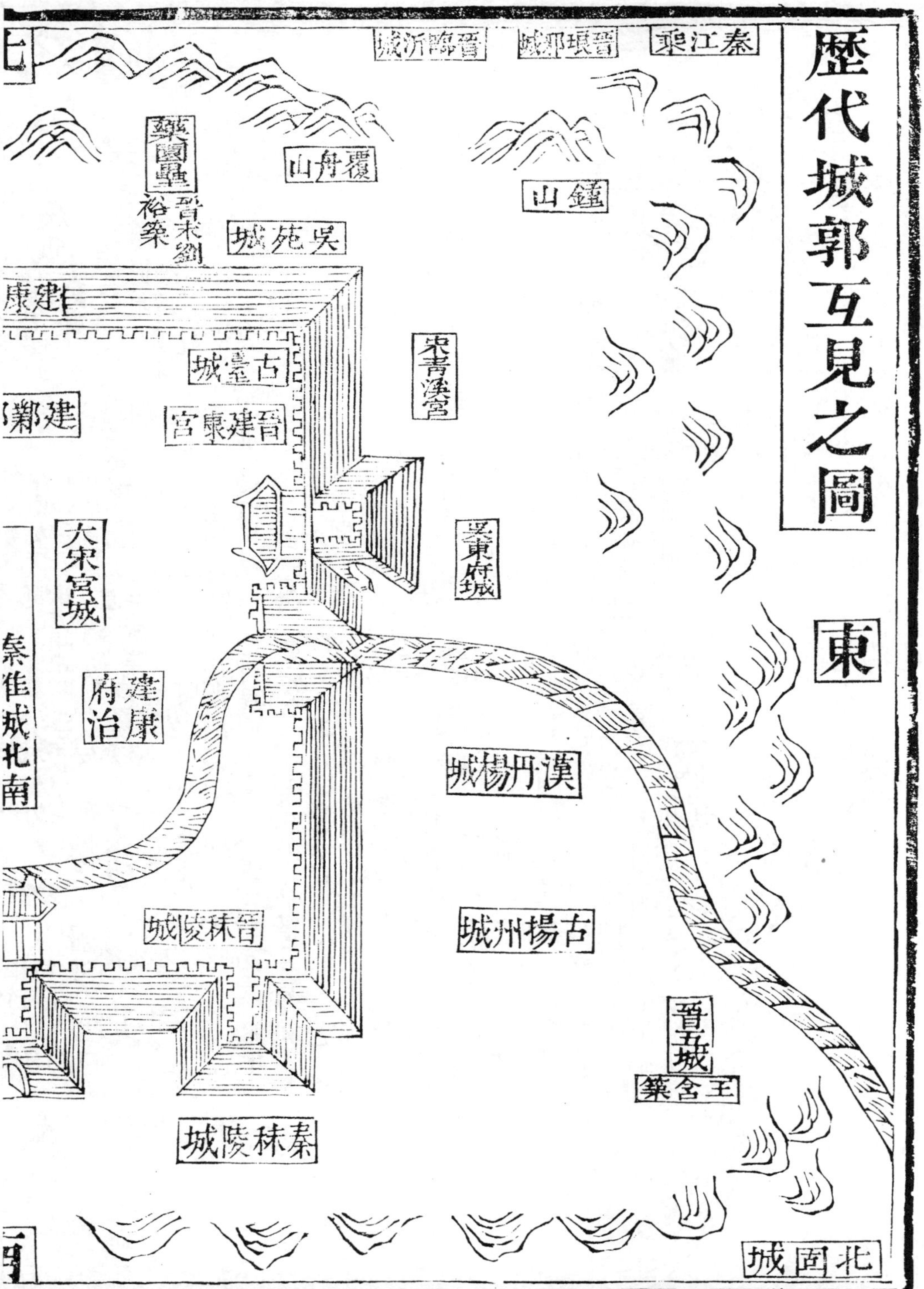
歷代城郭互見之圖
秦江乘
晉瑯琊城
晉臨沂城
覆舟山
鍾山
吳苑城
晉宋劉裕築藥園壘
建康
古臺城
晉建康宮
建鄴
宋青溪宮
東府城
大宋宮城
建康府治
東
漢丹楊城
古揚州城
晉秣陵城
秦秣陵城
晉五城
王含築
北固城

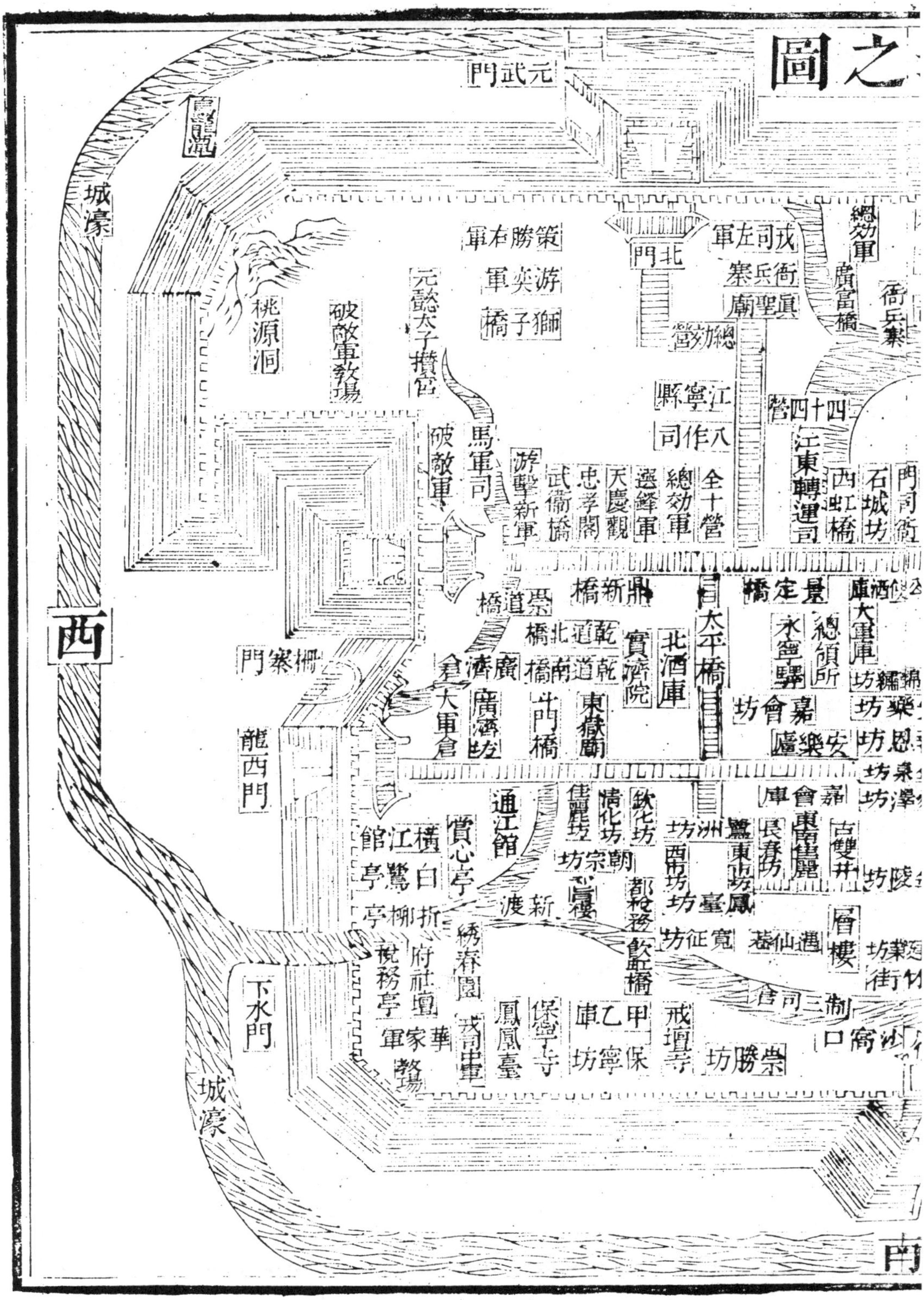

府城之图 / 选自景定《建康志》

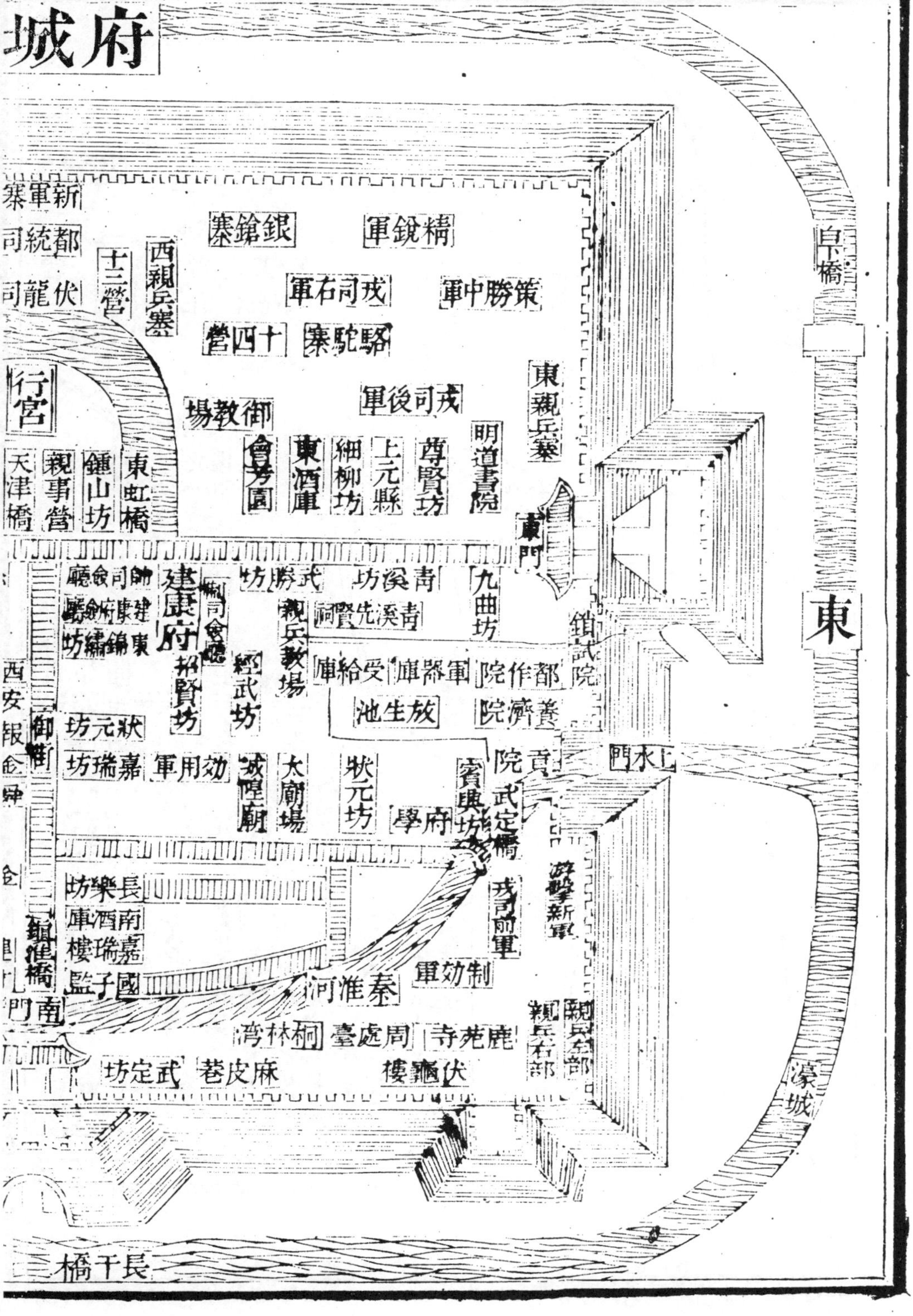

府城
新軍寨
都統司
伏龍司
銀鎗寨
精銳軍
西親兵寨
十三營
戎司右軍
策勝中軍
十四營
騾駝寨
白下橋
行宮
戎司後軍
御教場
東親兵寨
明道書院
尊賢坊
上元縣
細柳坊
東酒庫
會芳園
東虹橋
鍾山坊
親事營
天津橋
東門
武勝坊
青溪坊
九曲坊
青溪先賢祠
帥司僉廳
建康府僉廳
東錦繡坊
建康府
制司僉廳
親兵教場
受給庫
軍器庫
都作院
鎮武院
放生池
養濟院
招賢坊
經武坊
東
狀元坊
御街
嘉瑞坊
効用軍
城隍廟
太廟場
狀元坊
府學
賓興坊
武定橋
貢院
上水門
長樂坊
南酒庫
嘉瑞樓
國子監
鎮淮橋
南門
秦淮河
制効軍
戎司前軍
遊擊新軍
親兵左部
親兵右部
祠林灣
周處臺
鹿苑寺
武定坊
麻皮巷
伏龜樓
濠城
長干橋

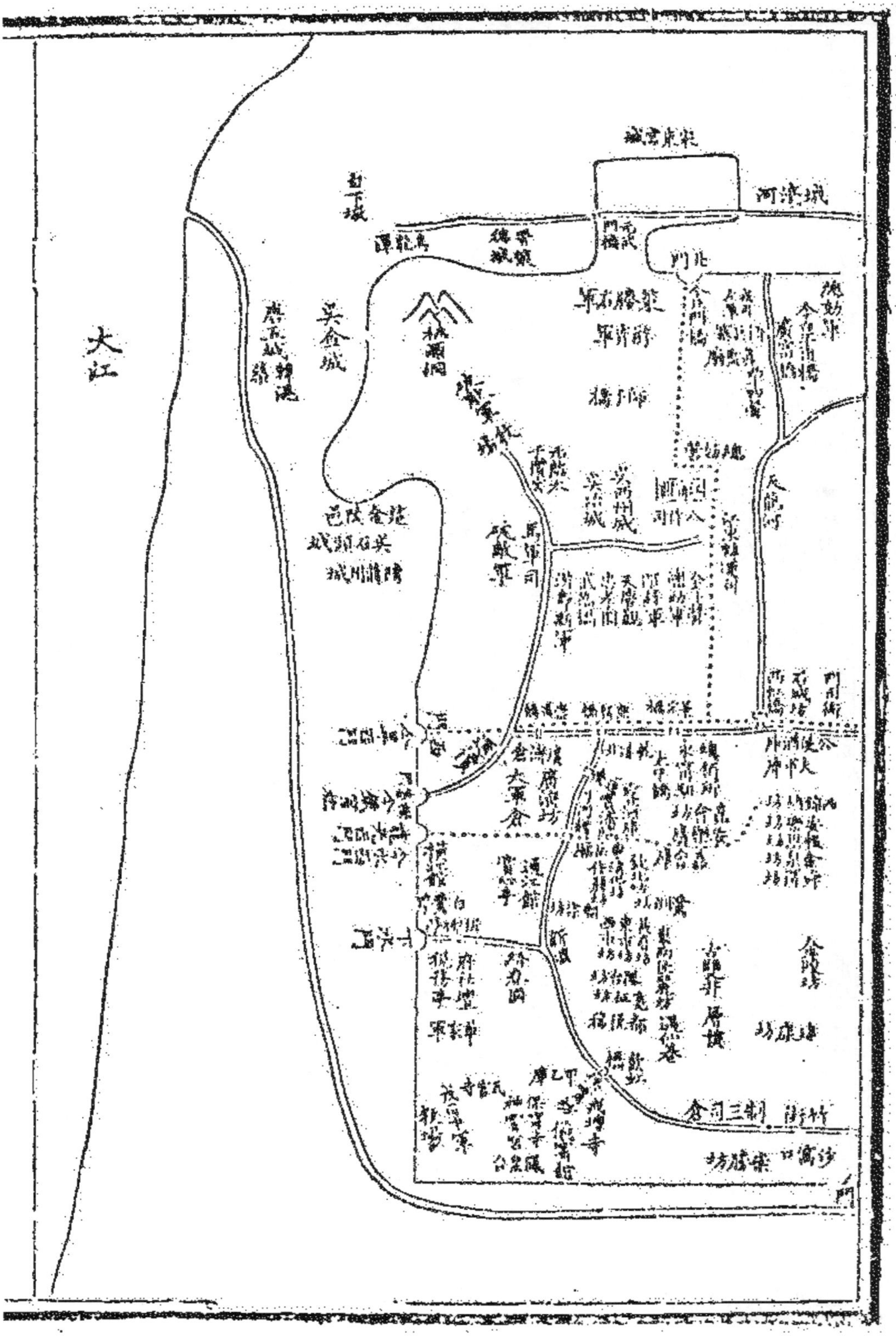

南宋建康府城图 / 选自同治《上江两县志》

南宋建康府城圖 景定建康志 第六

城濠四千六百七十五丈深一丈五尺寬三十丈景定中馬光祖浚之繞城四周

南唐之都南宋以南唐宮為行宮城制不改

古城在北今成賢街一帶吳楊溥順義中改築近南夾淮以盡地利周二十五里四十四步上寬二丈五尺下寬三丈五尺高二丈五尺內臥羊城寬四丈一尺凡八門東門前賢坊西門武衛橋南門鎮淮橋北門清化市轉西北及上下柵寨三水門與龍光門

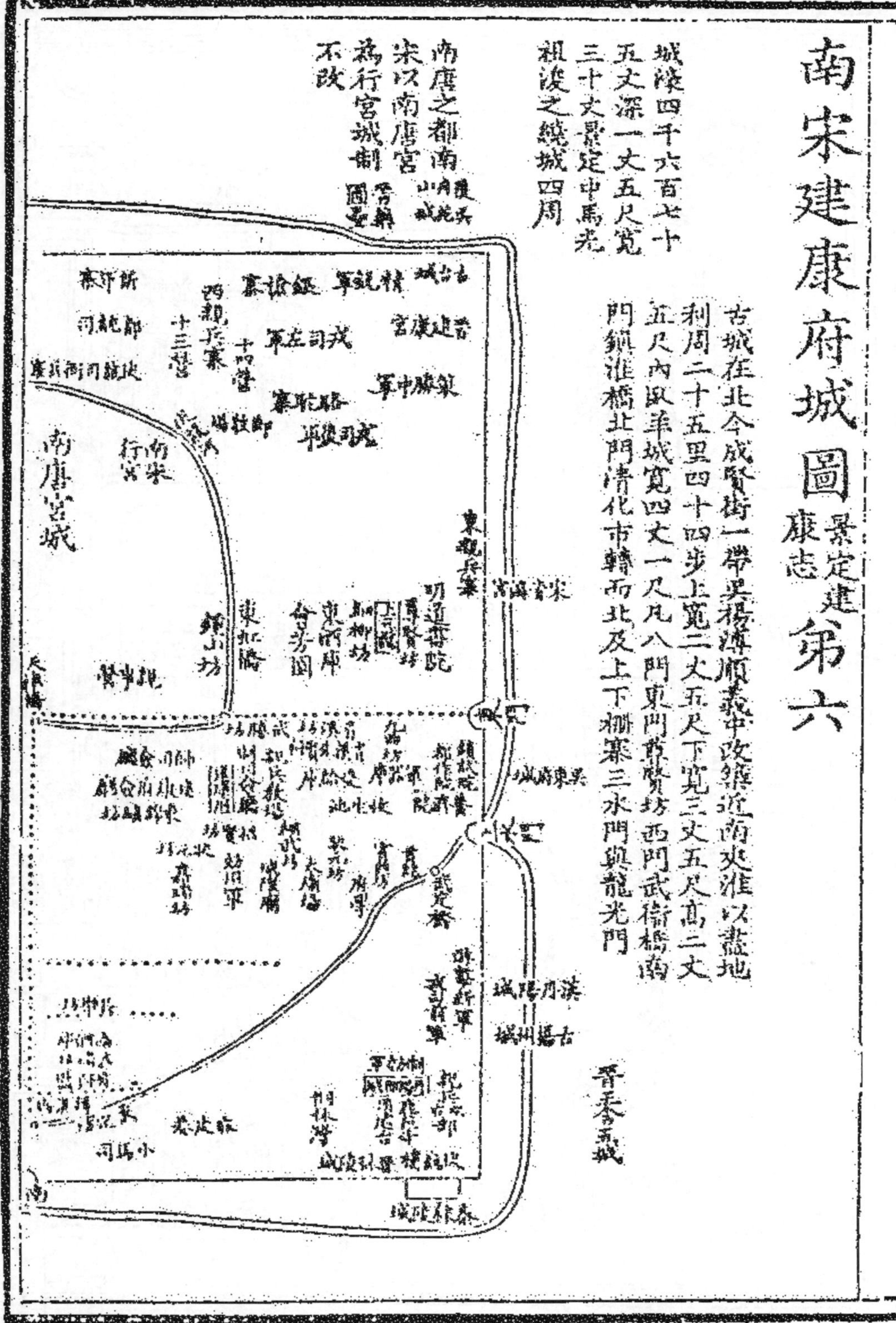

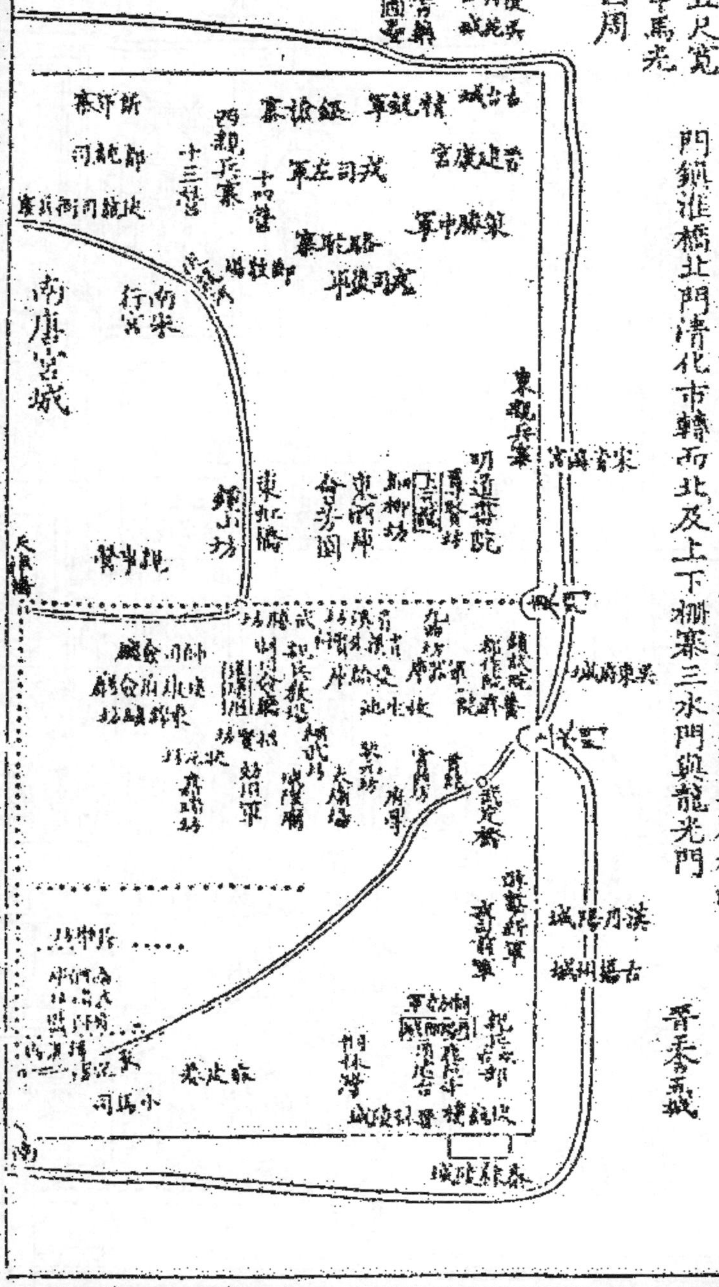

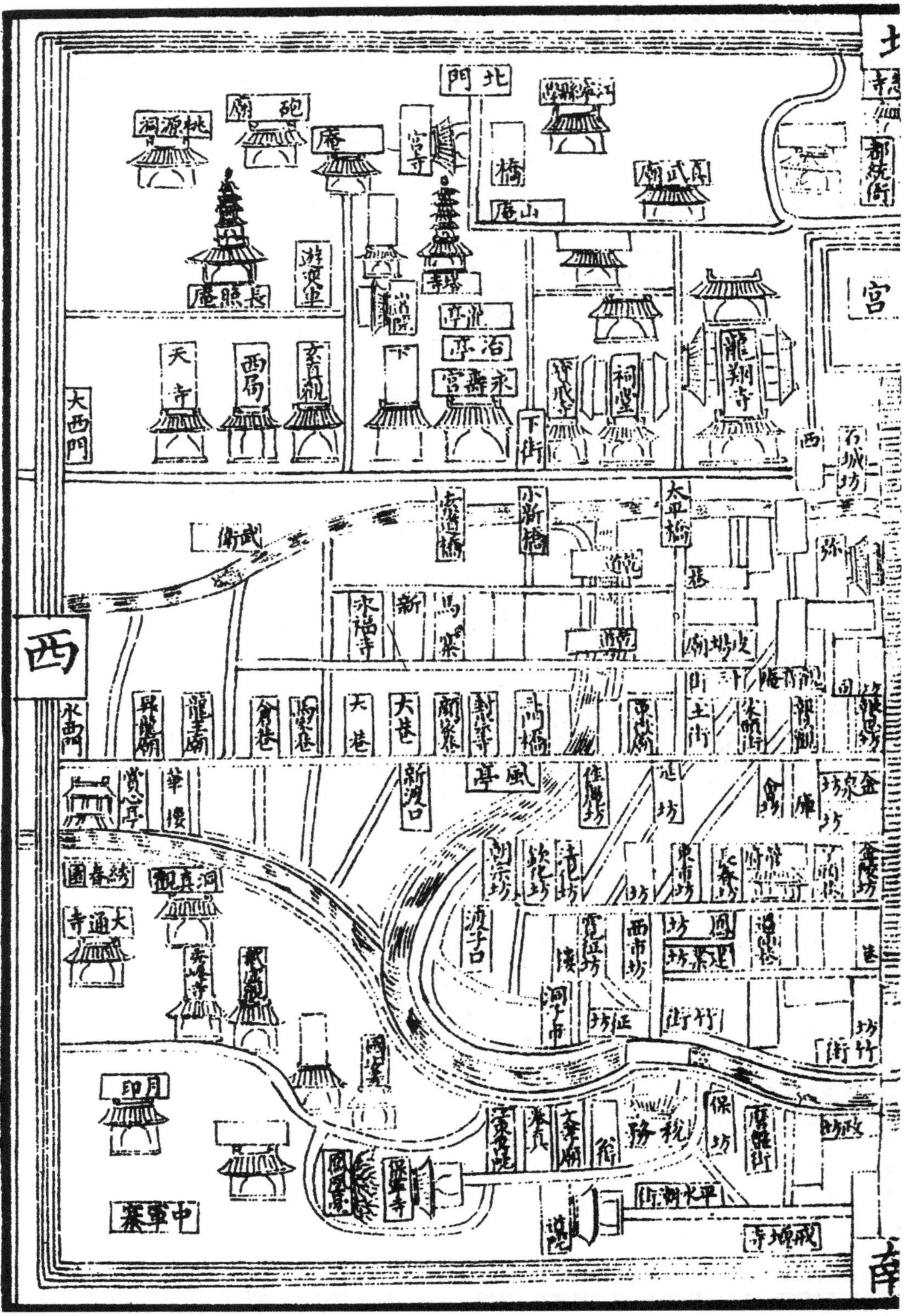

集庆城之图 / 选自至正《金陵新志》

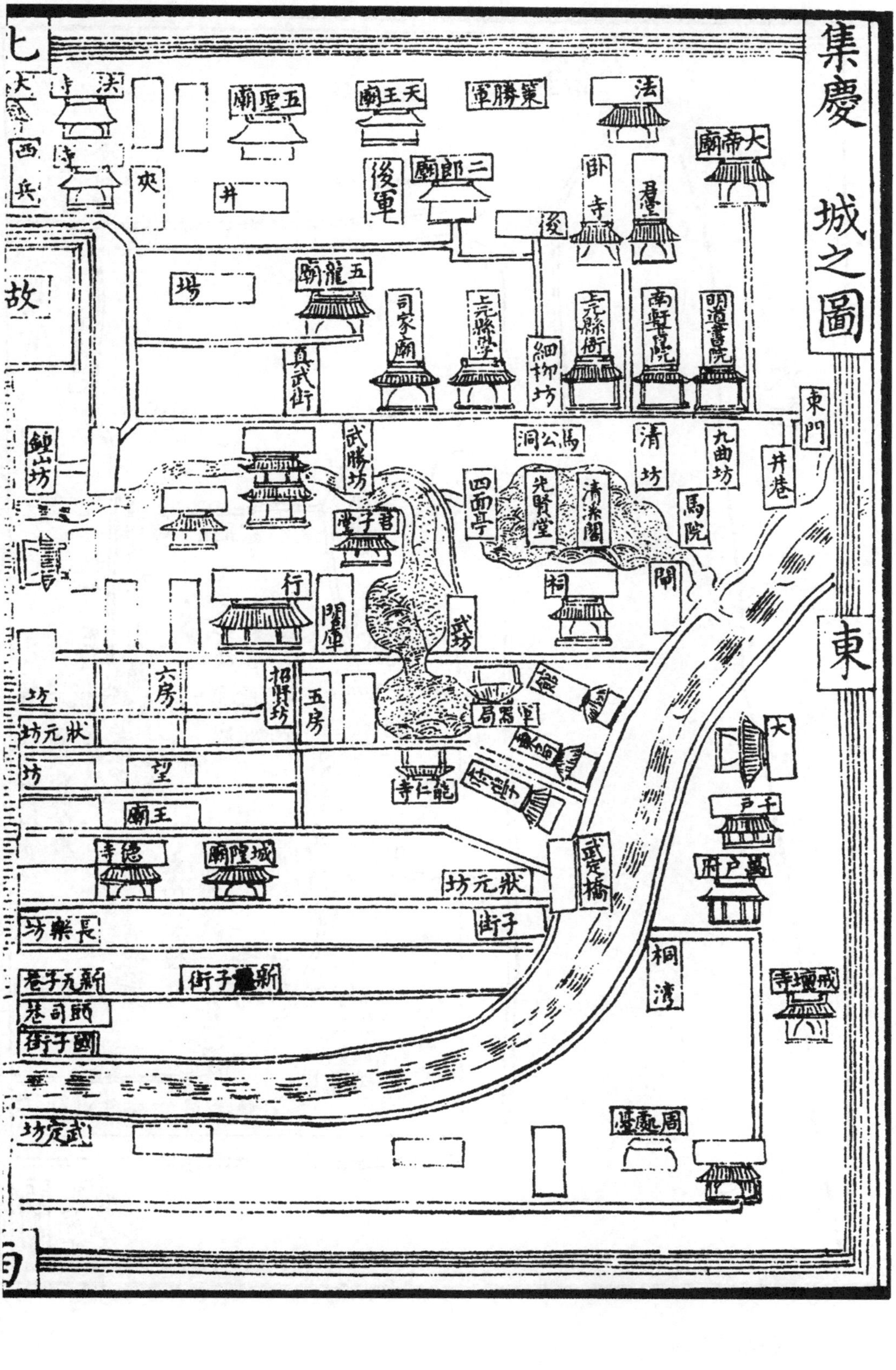
集慶城之圖
法
大帝廟
五聖廟
天王廟
策勝軍
二郎廟
後軍
五龍廟
司家廟
上元縣學
細柳坊
上元縣街
南軒書院
明道書院
真武街
東門
鍾山坊
武勝坊
馬公祠
九曲坊
井巷
四面亭
光賢堂
清溪閣
馬院
行
武坊
東
六房
招賢坊
五房
狀元坊
望
王廟
千戶
萬戶府
武定橋
城隍廟
狀元坊
長樂坊
戒壇寺
周處臺
武定坊
故

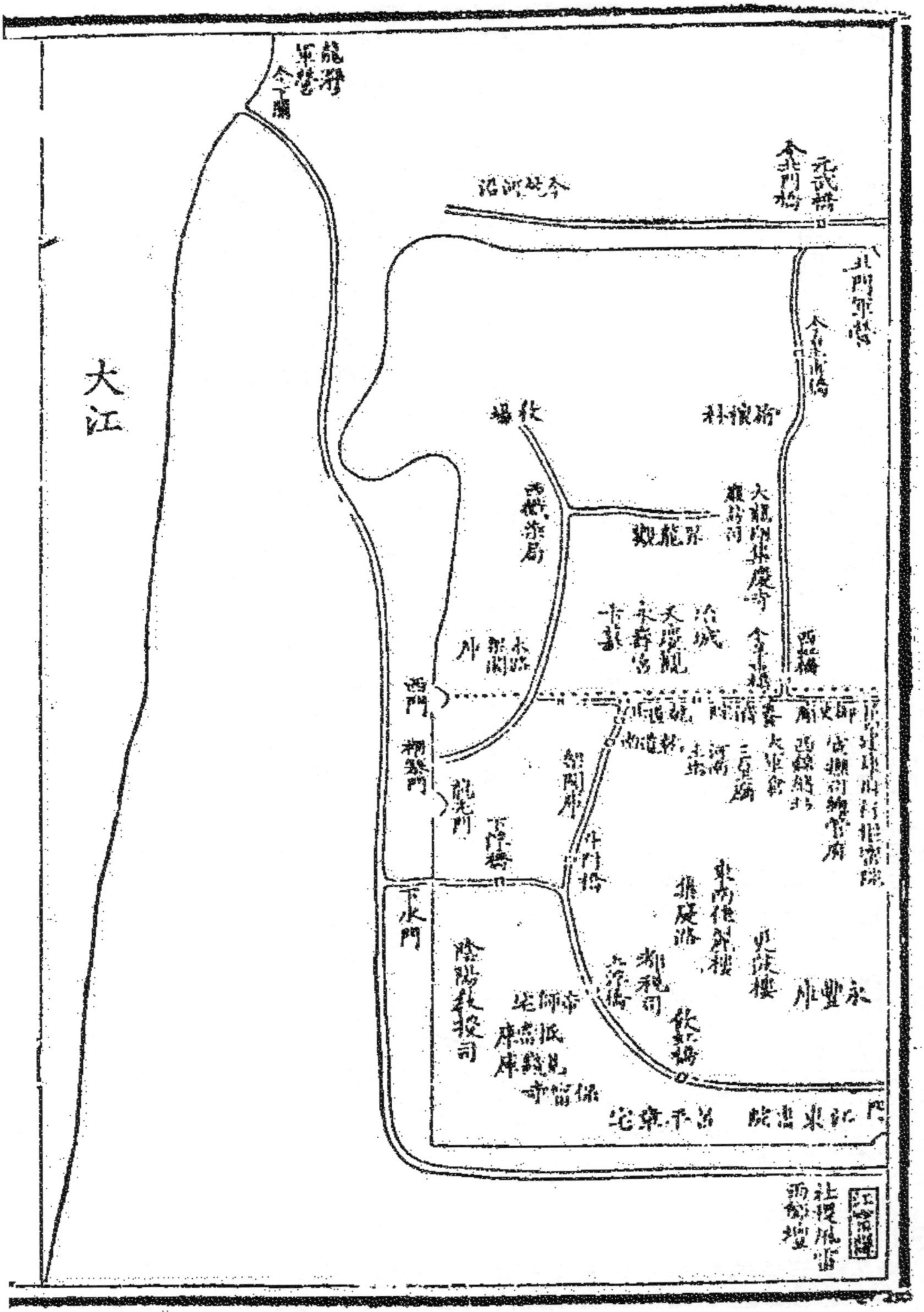

元集庆路城图 / 选自同治《上江两县志》

元集慶路城圖第七 至正金陵志

元至元十二年立建康宣撫司居宋府治後改為建康路總管府隸宣慰司居東南佳麗樓基天曆二年改集慶路至元十四年設江東道宣慰司居僉廳君子堂內大德三年省在城錄事司居遞鋪營司獄居左司理院平準行用庫居鎮東助糶庫養濟院安懷院居轄游擊右軍蒙古字學居行街內公廨

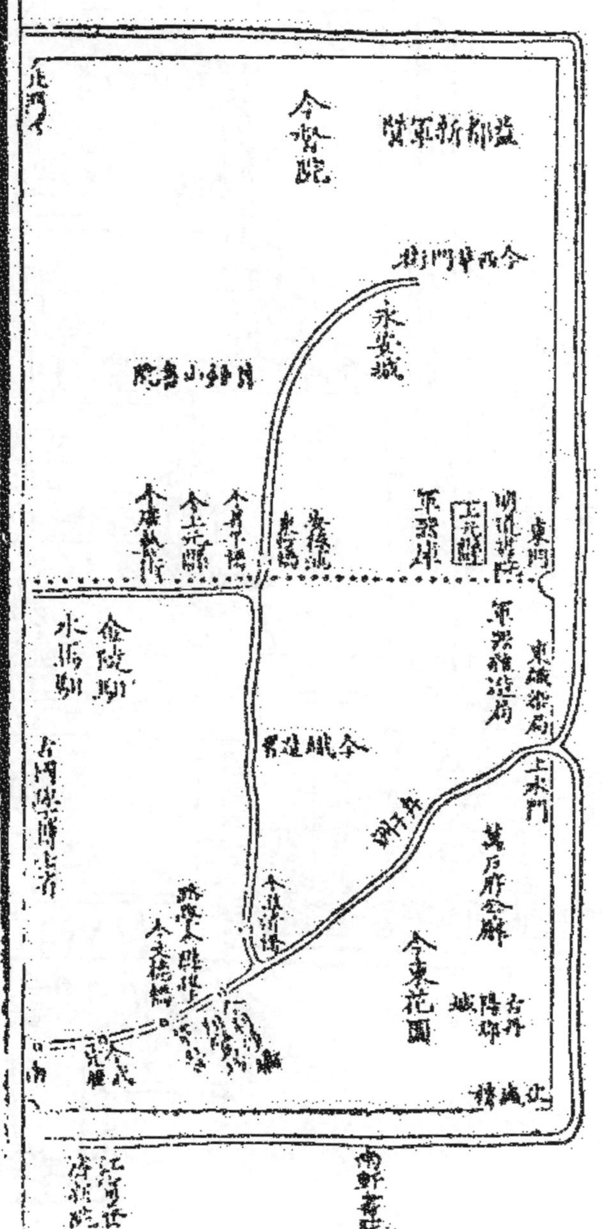

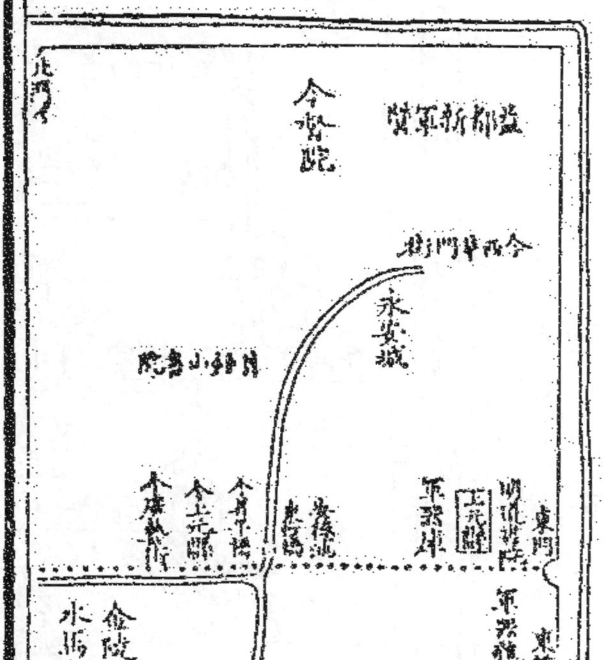

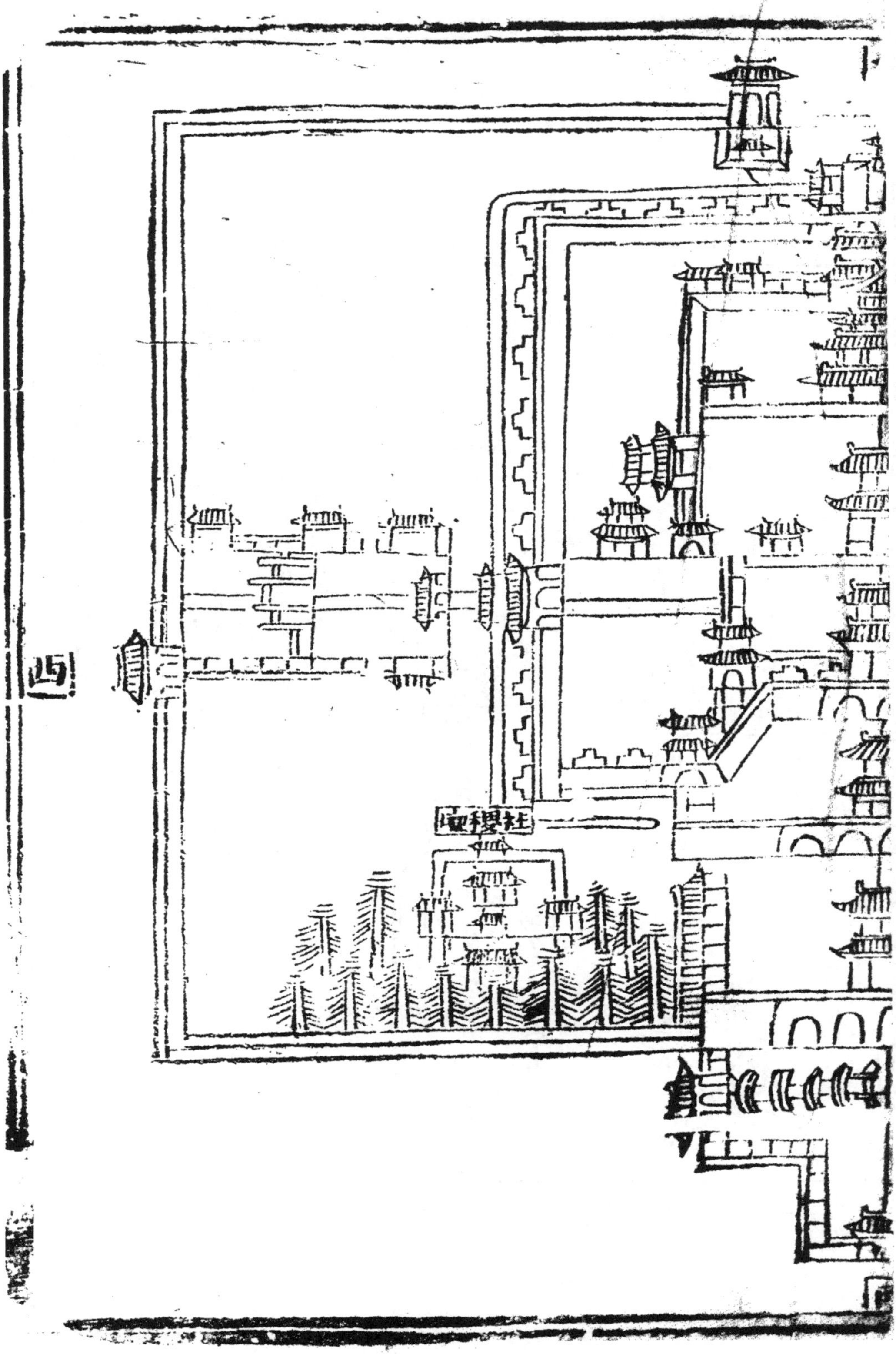

皇城图 / 选自洪武《京城图志》

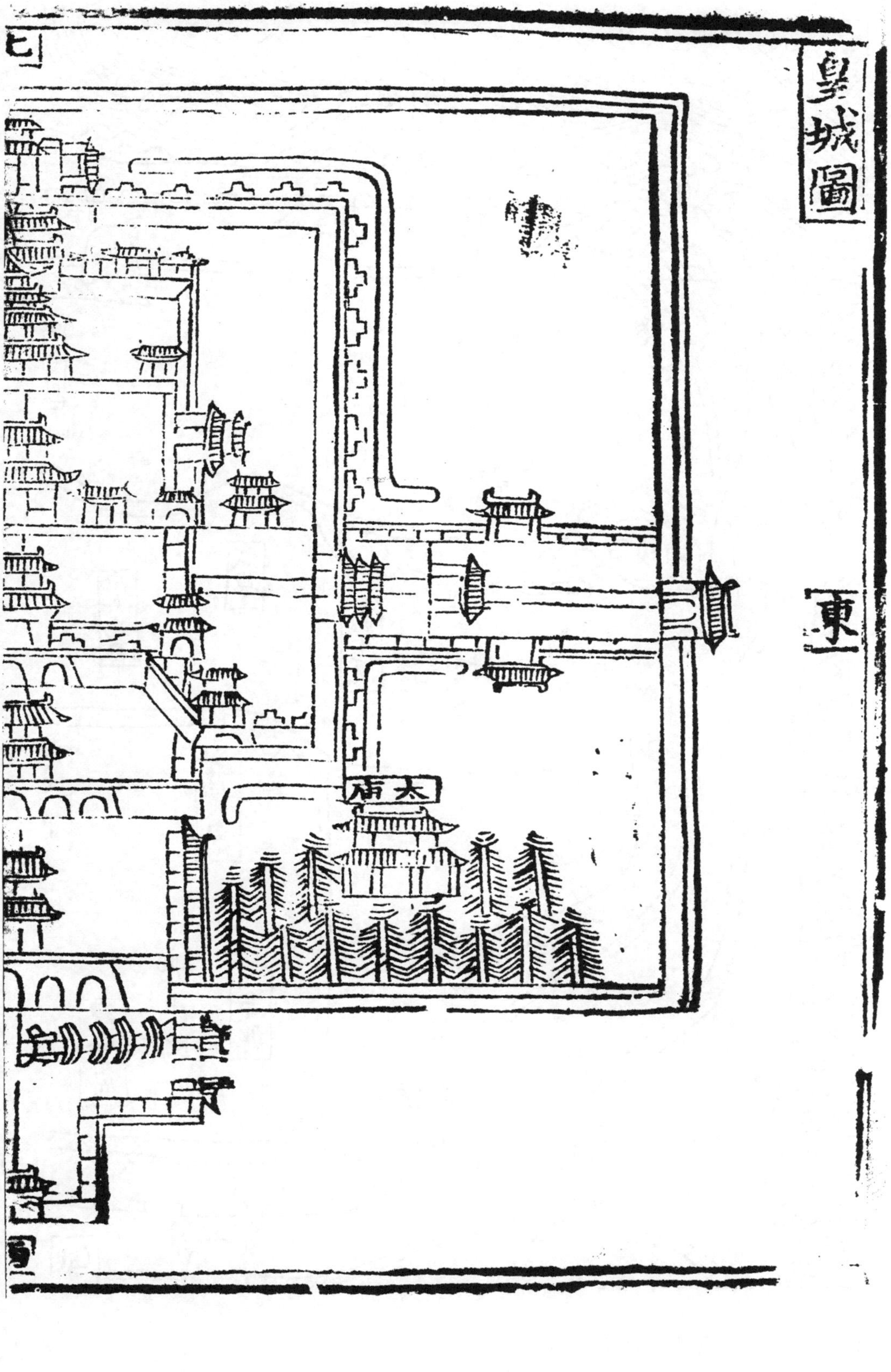
皇城圖
東
太廟

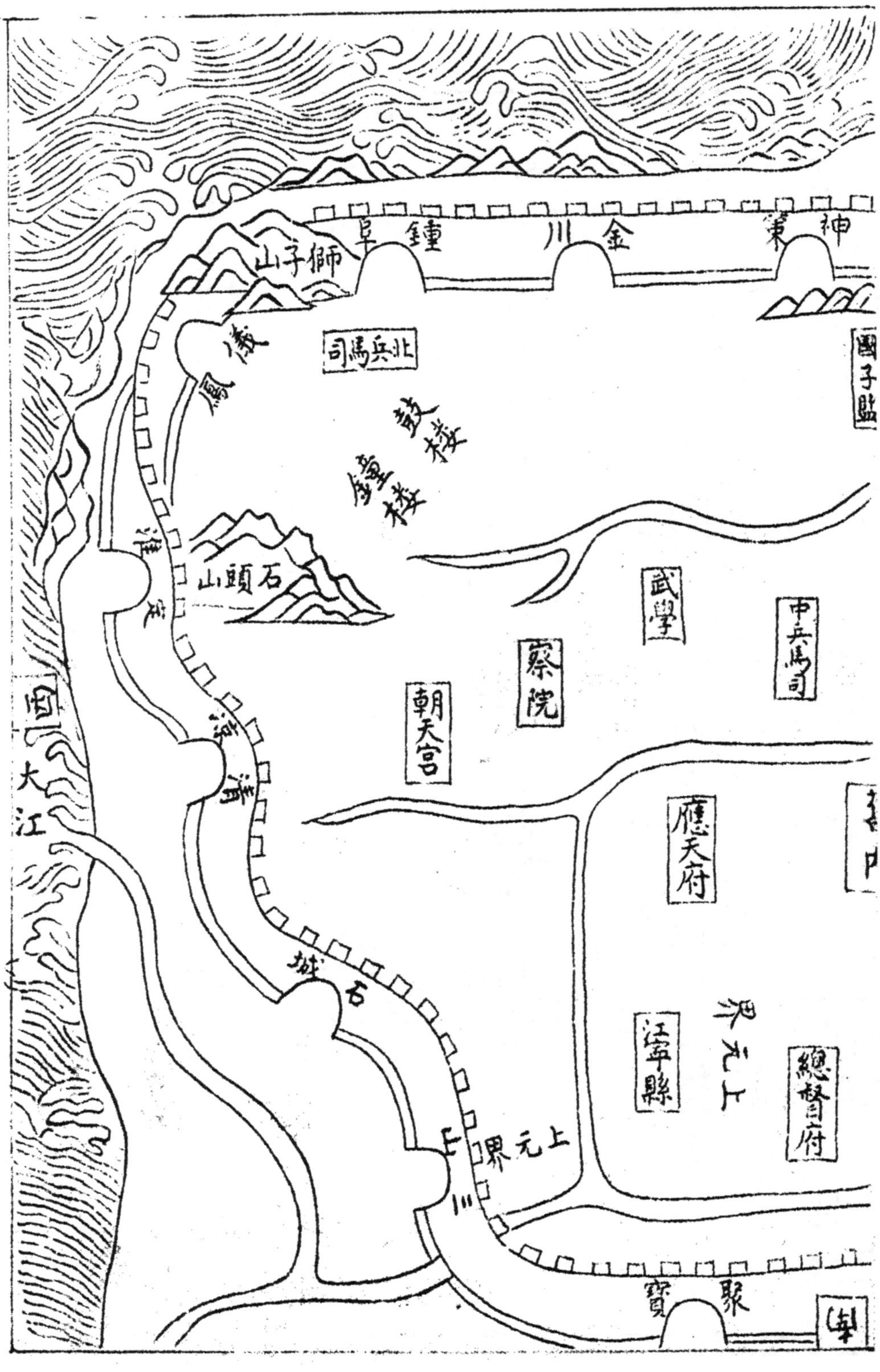

上元京城图 / 选自万历《上元县志》

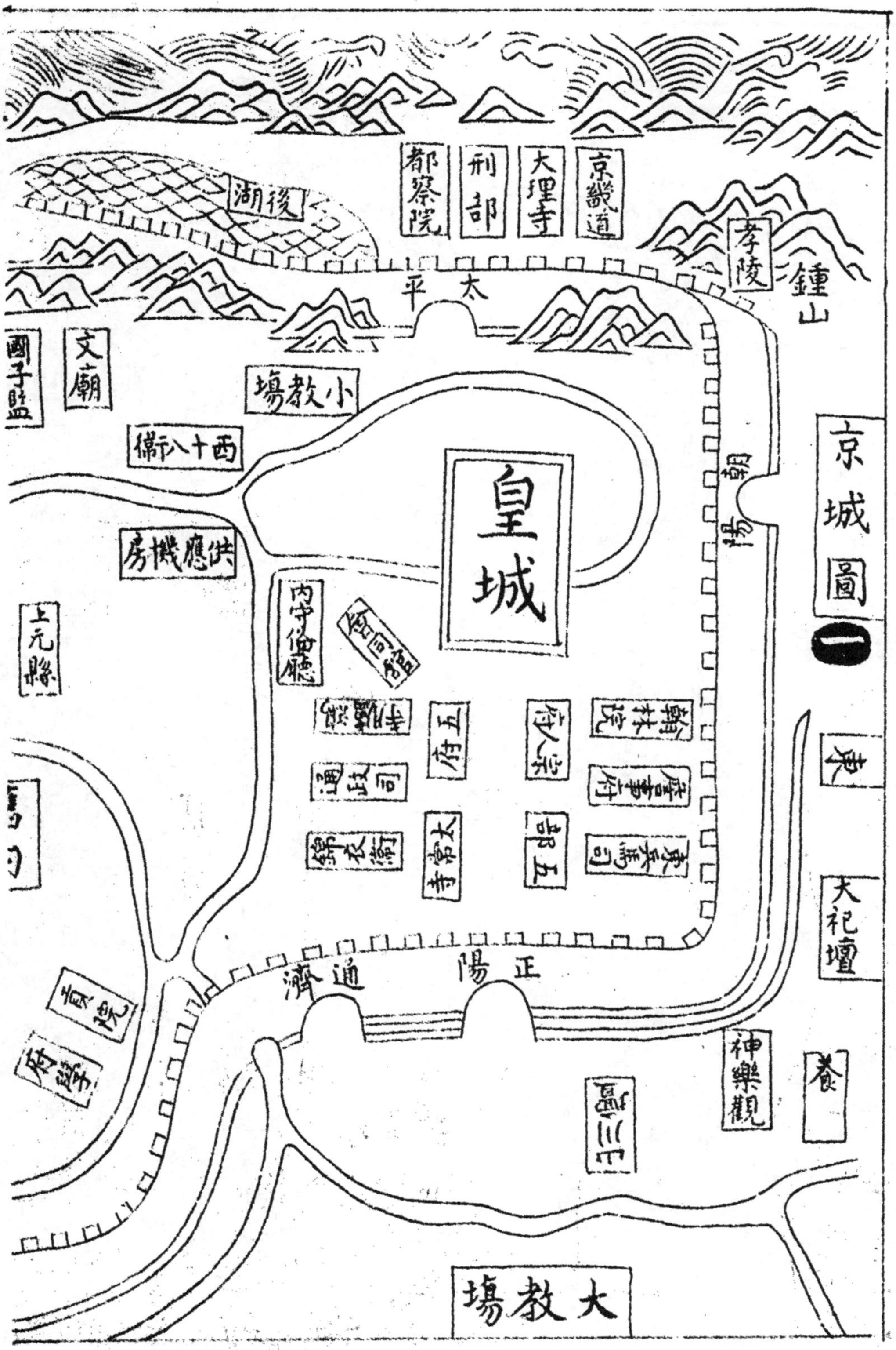
京城圖一
皇城
後湖
都察院
刑部
大理寺
京畿道
孝陵
鍾山
太平
國子監
文廟
小教場
西十八衛
供應機房
上元縣
朝陽
內守備廳
翰林院
宗人府
五府
詹事府
通政司
五部
太常寺
錦衣衛
東
大祀壇
正陽
通濟
神樂觀
大教場

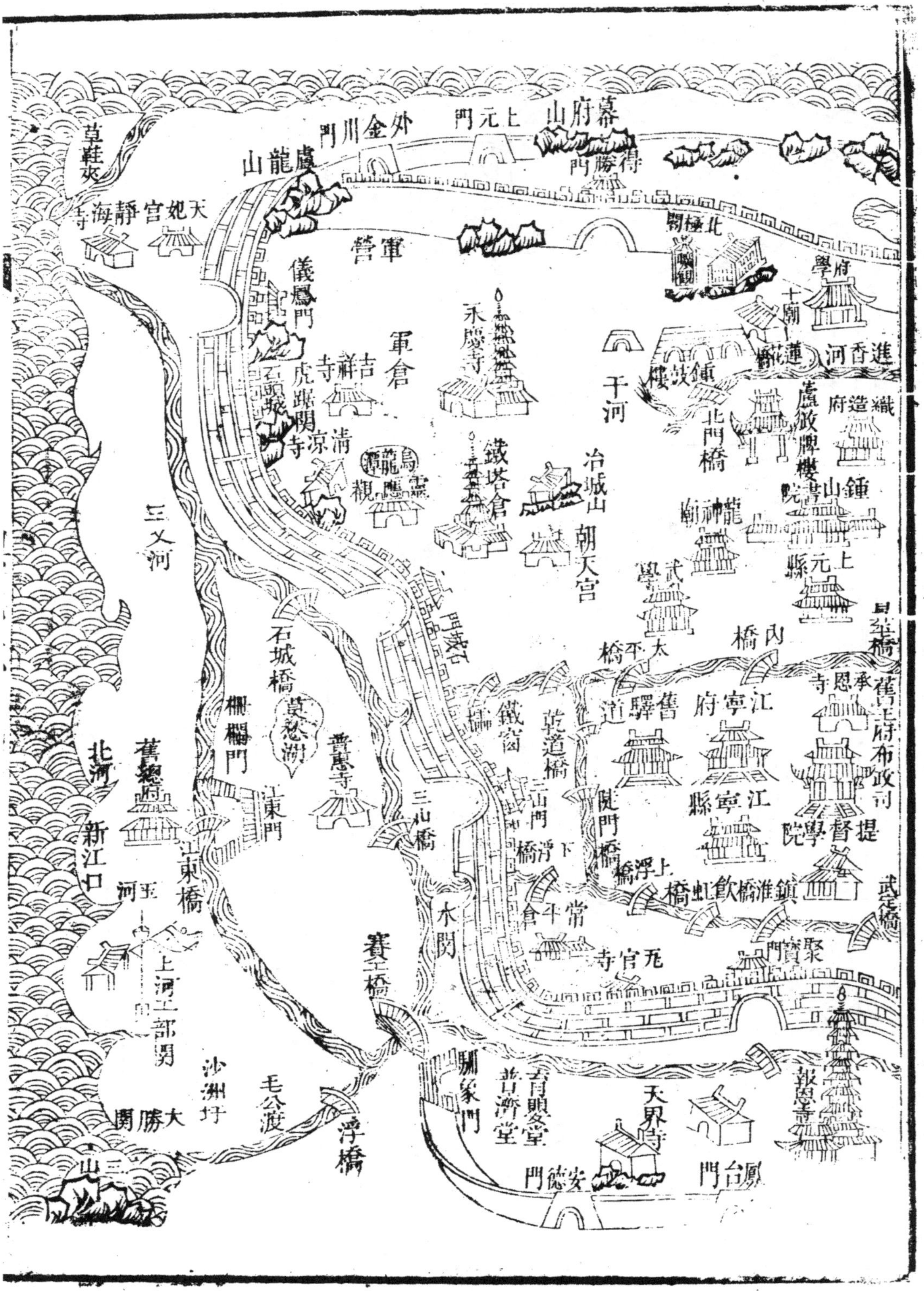

江宁省城图 / 选自乾隆《江南通志》

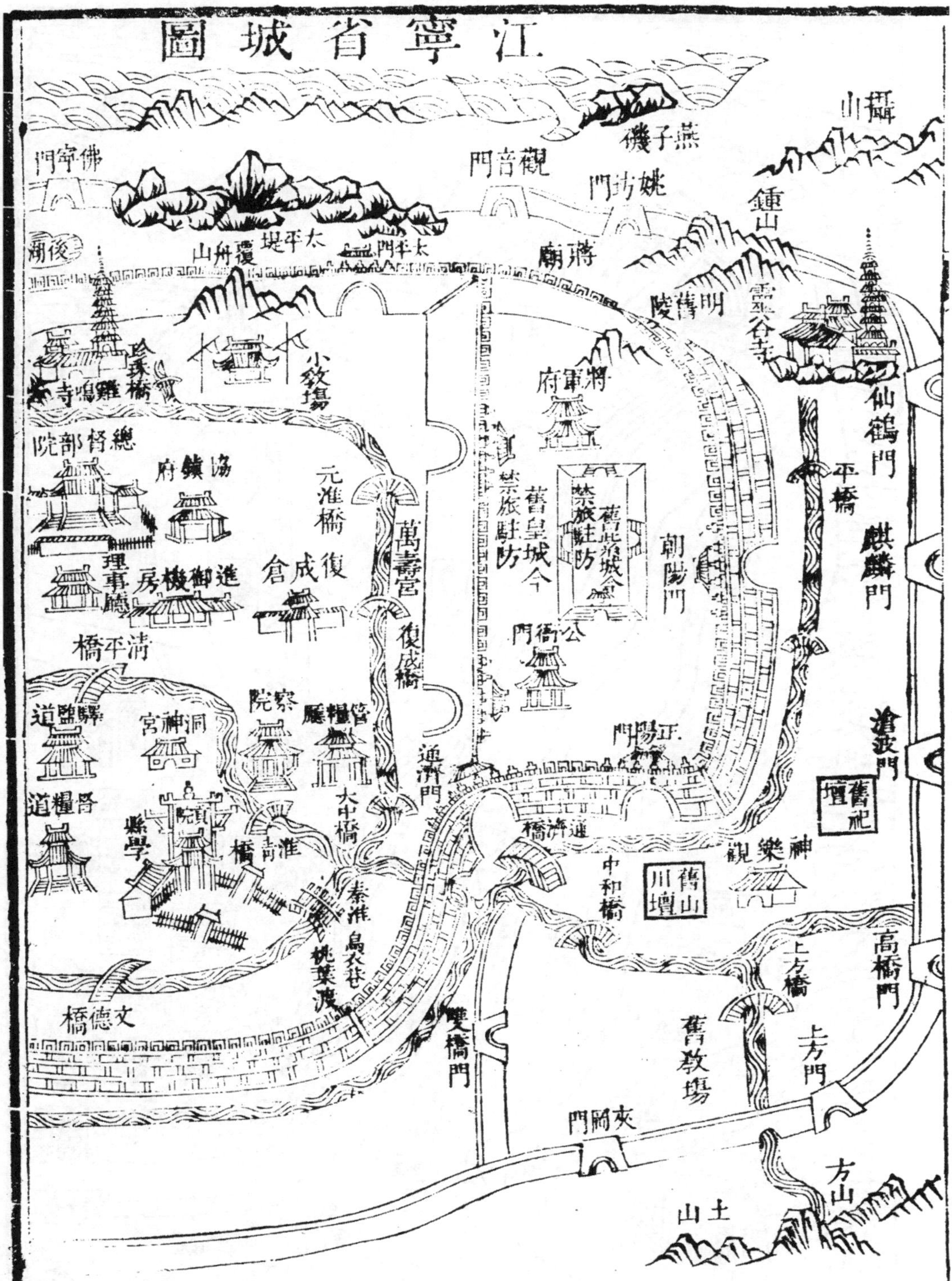
江寧省城圖
燕子磯
攝山
觀音門
佛寧門
姚坊門
鍾山
後湖
太平門
太平堤
覆舟山
蔣廟
明舊陵
靈谷寺
雞鳴寺
珍珠橋
小教場
將軍府
仙鶴門
平橋
總督部院
協鎮府
元淮橋
萬壽宮
舊皇城今禁旅駐防
舊紫禁城今禁旅駐防
朝陽門
麒麟門
復成倉
進御機房
理事廳
復成橋
公衙門
清平橋
驛鹽道
洞神宮
察院
管糧廳
正陽門
滄波門
舊祀壇
通濟門
督糧道
貢院
縣學
淮青橋
大中橋
通濟橋
神樂觀
中和橋
舊山川壇
秦淮
烏衣巷
桃葉渡
高橋門
上方橋
文德橋
雙橋門
舊教場
上方門
夾岡門
方山
土山

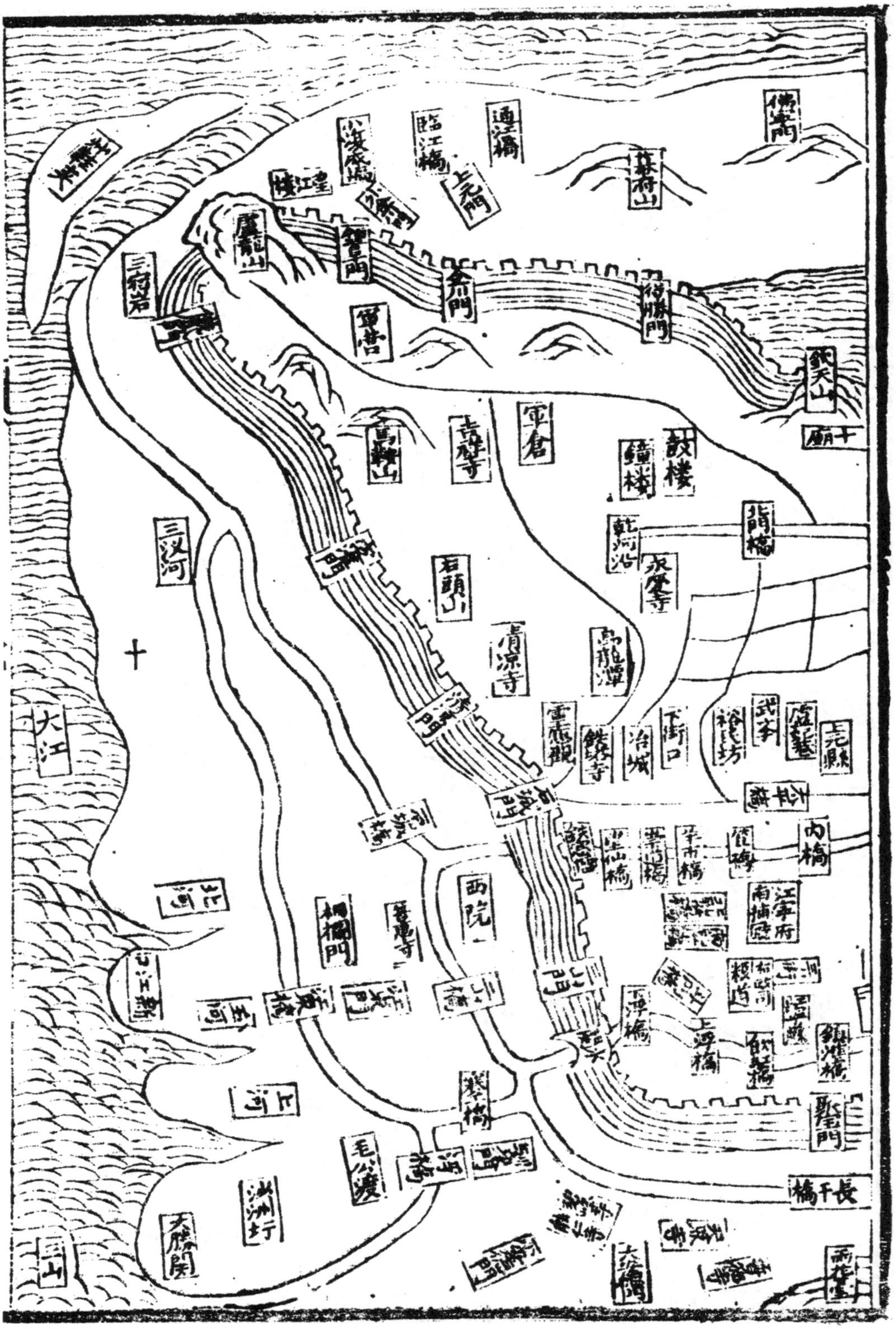

国朝省城图 / 选自乾隆《上元县志》

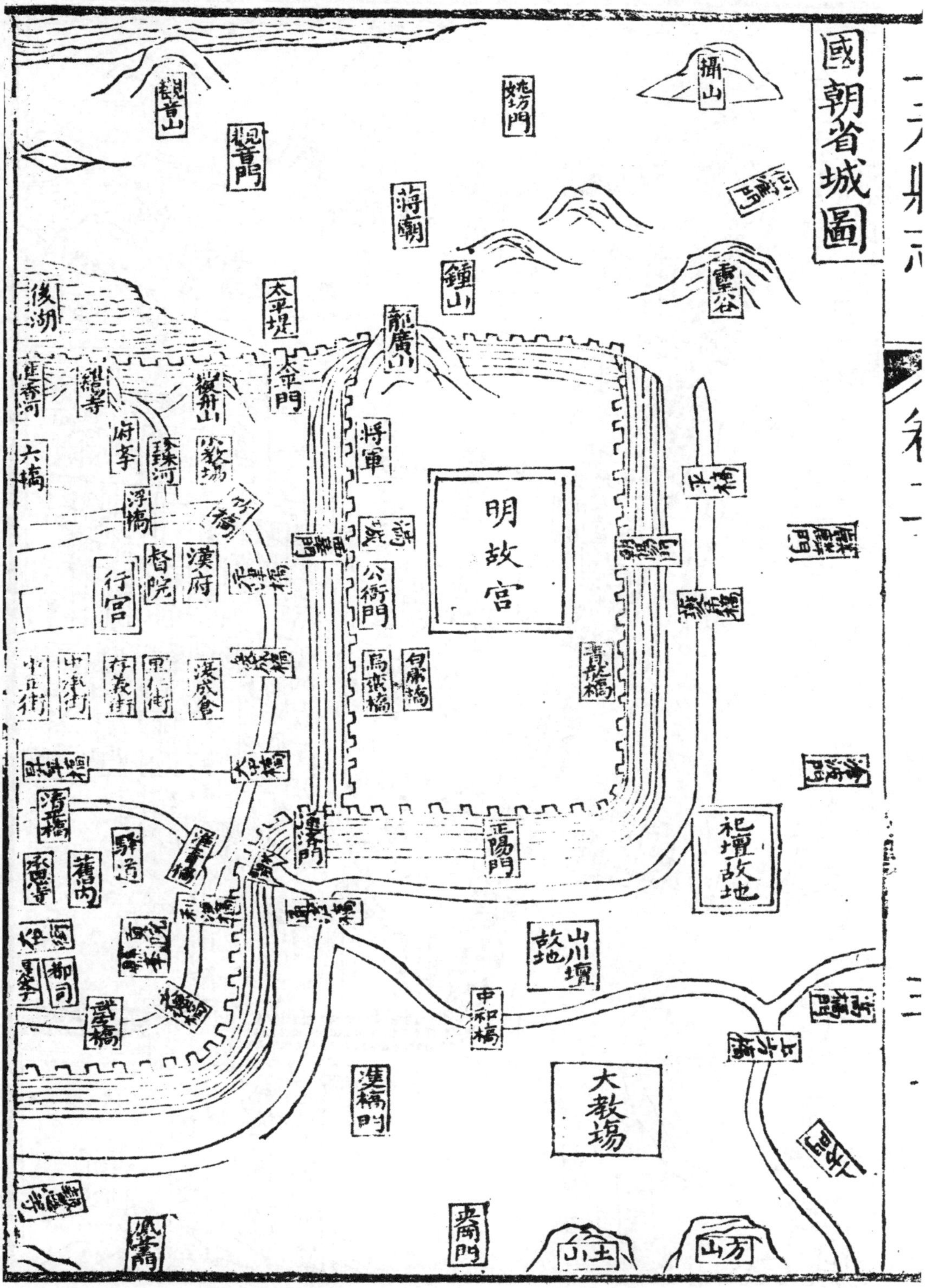
國朝省城圖
觀音山
觀音門
姚坊門
攝山
蔣廟
鍾山
靈谷
後湖
太平堤
太平門
將軍
明故宮
公衙門
烏衣橋
白虎橋
青龍橋
正陽門
通濟門
祀壇故地
山川壇故地
中和橋
大教場
行宮
督院
漢府
浮橋
六橋
土山
方山

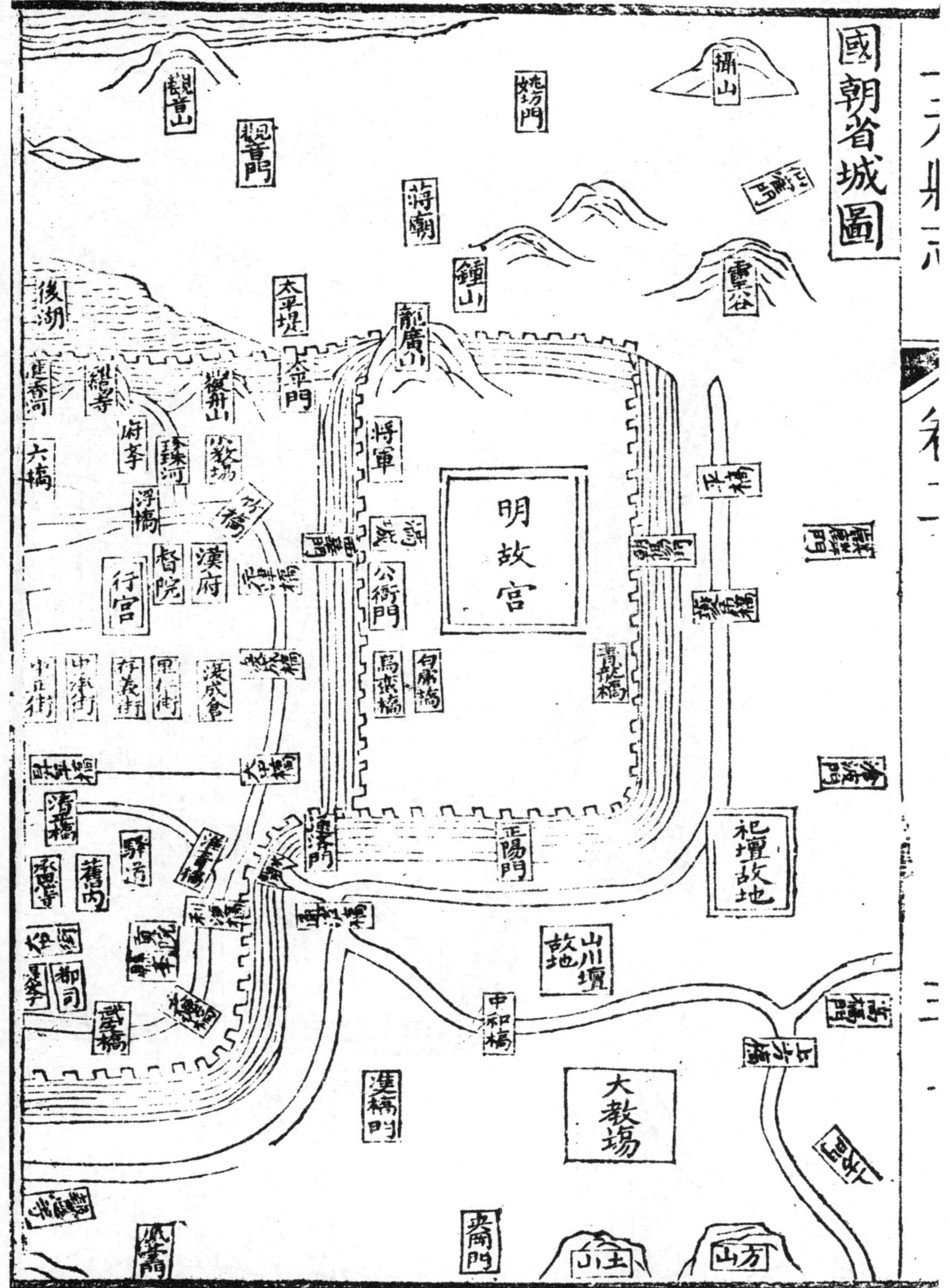

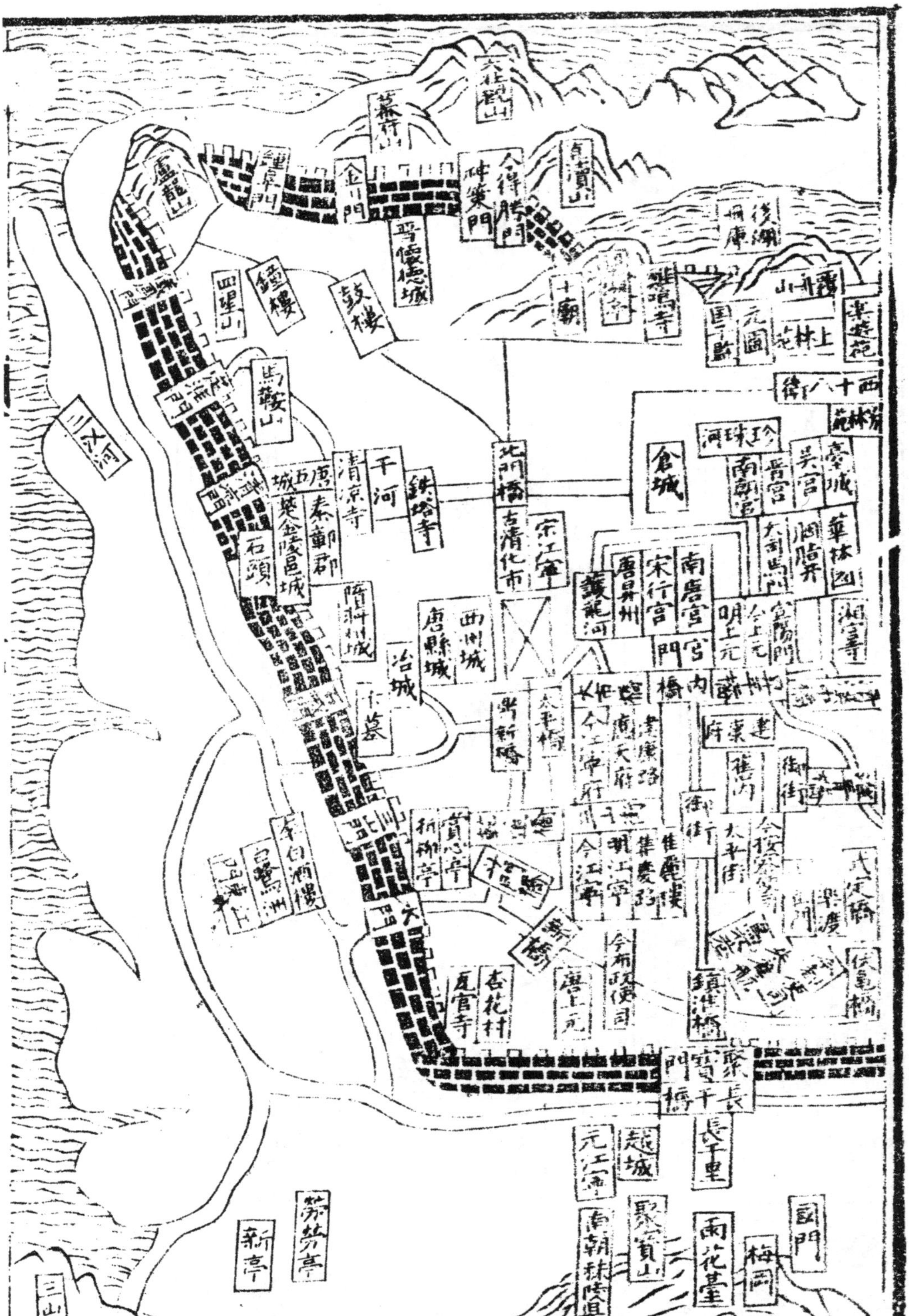

历代互见图 / 选自乾隆《上元县志》

歷代互見圖
攝山
千佛嶺
鍾山
寶公塔
八功德水
蔣廟
草堂寺
太平門
劉宋北郊
半山寺
元學
小教場
竹橋
總督部院
青溪故道
明故宮
博望苑
金華宮
公衙門
燕雀湖
朝陽門
白下亭
洪武門
東府城
正陽門
通濟門
東冶亭
宋上元
江總宅
桃葉渡
丹陽郡城
青龍山
古揚州
石硊山

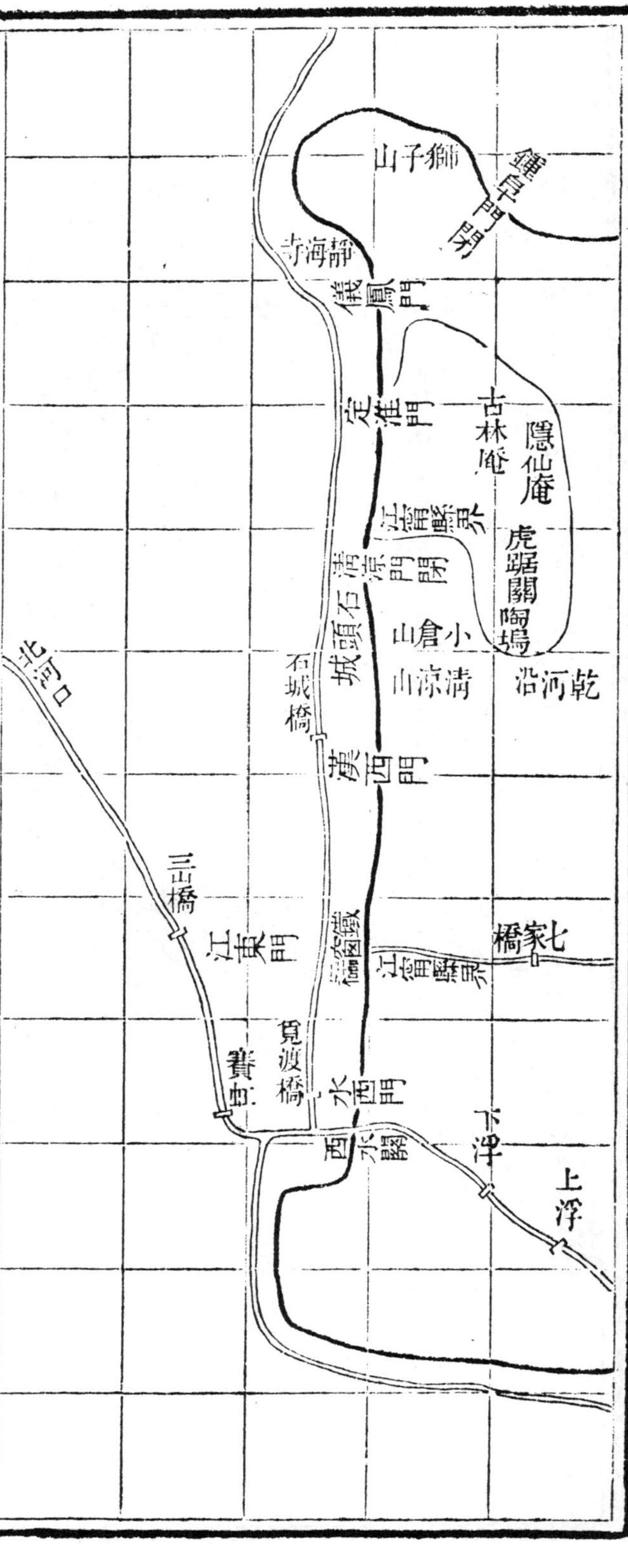

江甯上元兩縣在城理當以南北分界乃今江甯縣界既自鐵窗櫺循水至四向橋東上岸循織造署至大通橋與上元分界矣而其北越上元界復自清涼山翠微亭至乾河沿之西北上包陶塢古林寺街乃循城而西南歷定淮清涼門以交於清涼山後爲界推循其故當由宋元之世城址北盡於乾河沿內城中二縣固南北分也明擴城乃北包江甯城外之邨塢於是城中江甯一縣遂隔界而不相接矣

江宁府城图 / 选自嘉庆《江宁府志》

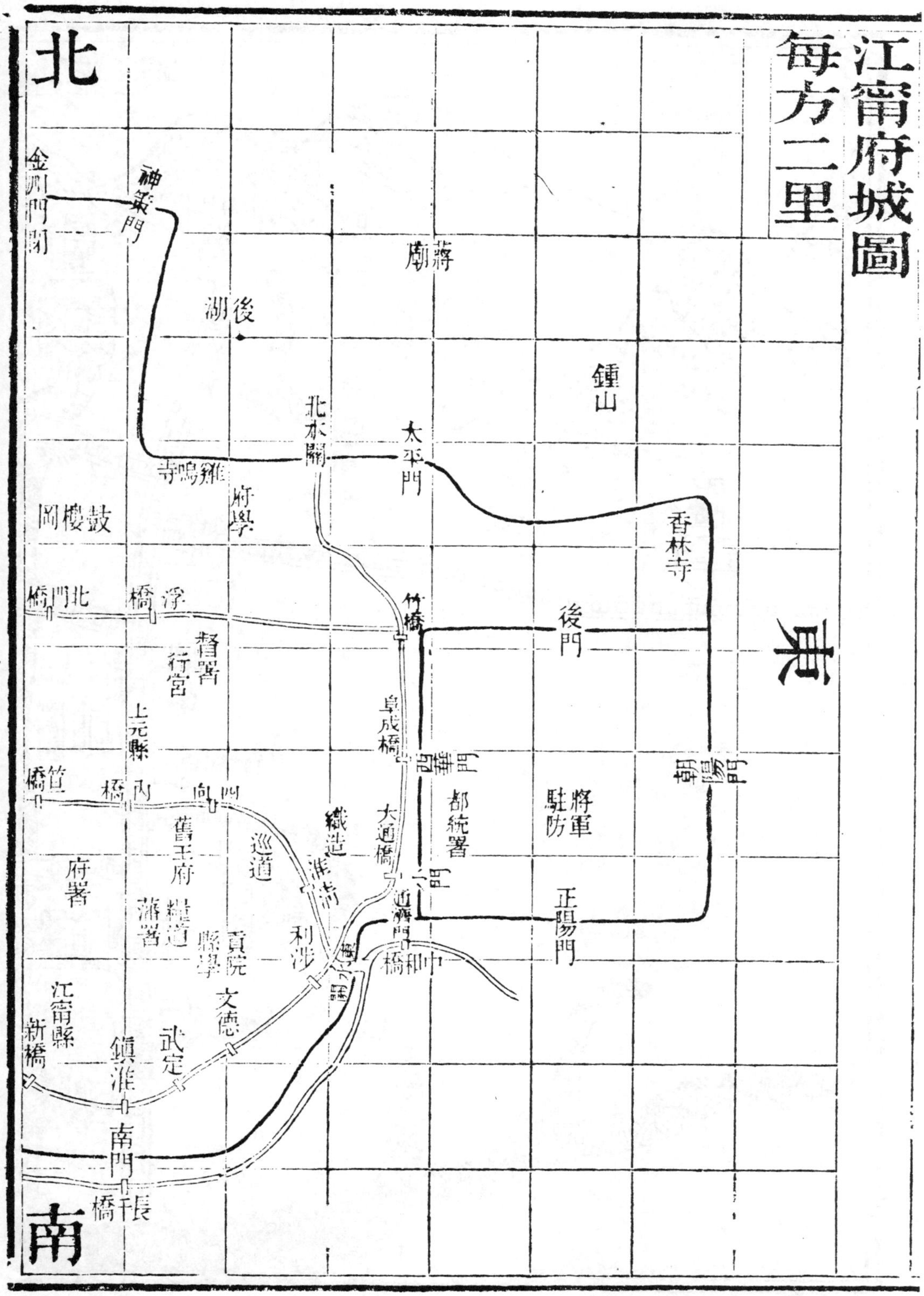
江甯府城圖
每方二里
北
東
南
金川門閘
神策門
後湖
蔣廟
鍾山
北水關
太平門
雞鳴寺
府學
鼓樓岡
香林寺
北門橋
浮橋
竹橋
後門
督署
行宮
上元縣
皇成橋
西華門
朝陽門
笪橋
內橋
四向
都統署
將軍駐防
舊王府
巡道
織造
淮清
大通橋
府署
藩署
糧道
縣學
貢院
利涉
通濟門
正陽門
中和橋
東水關
江甯縣
新橋
文德
武定
鎮淮
南門
長干橋

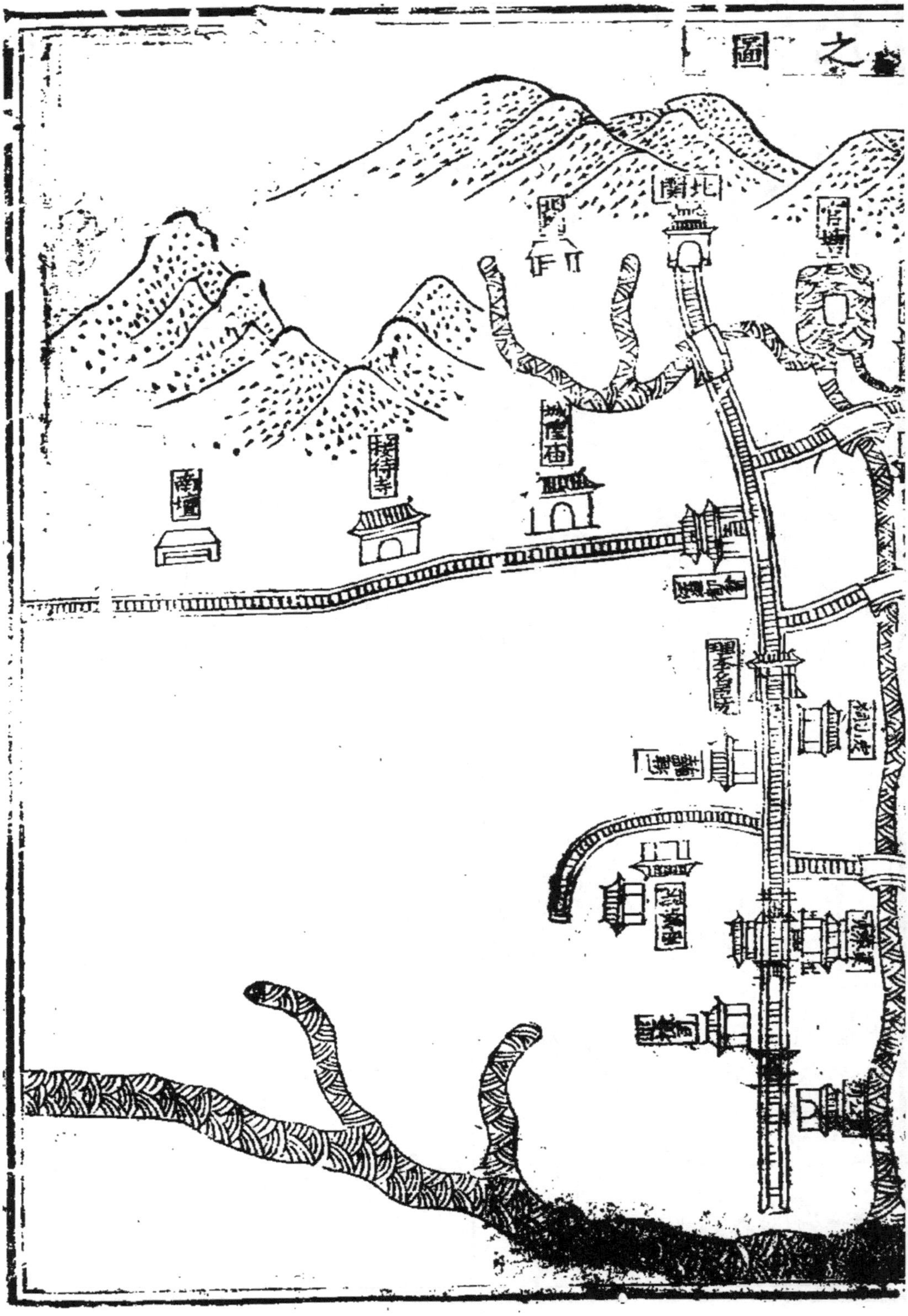

江浦县治之图 / 选自万历《重修江浦县志》

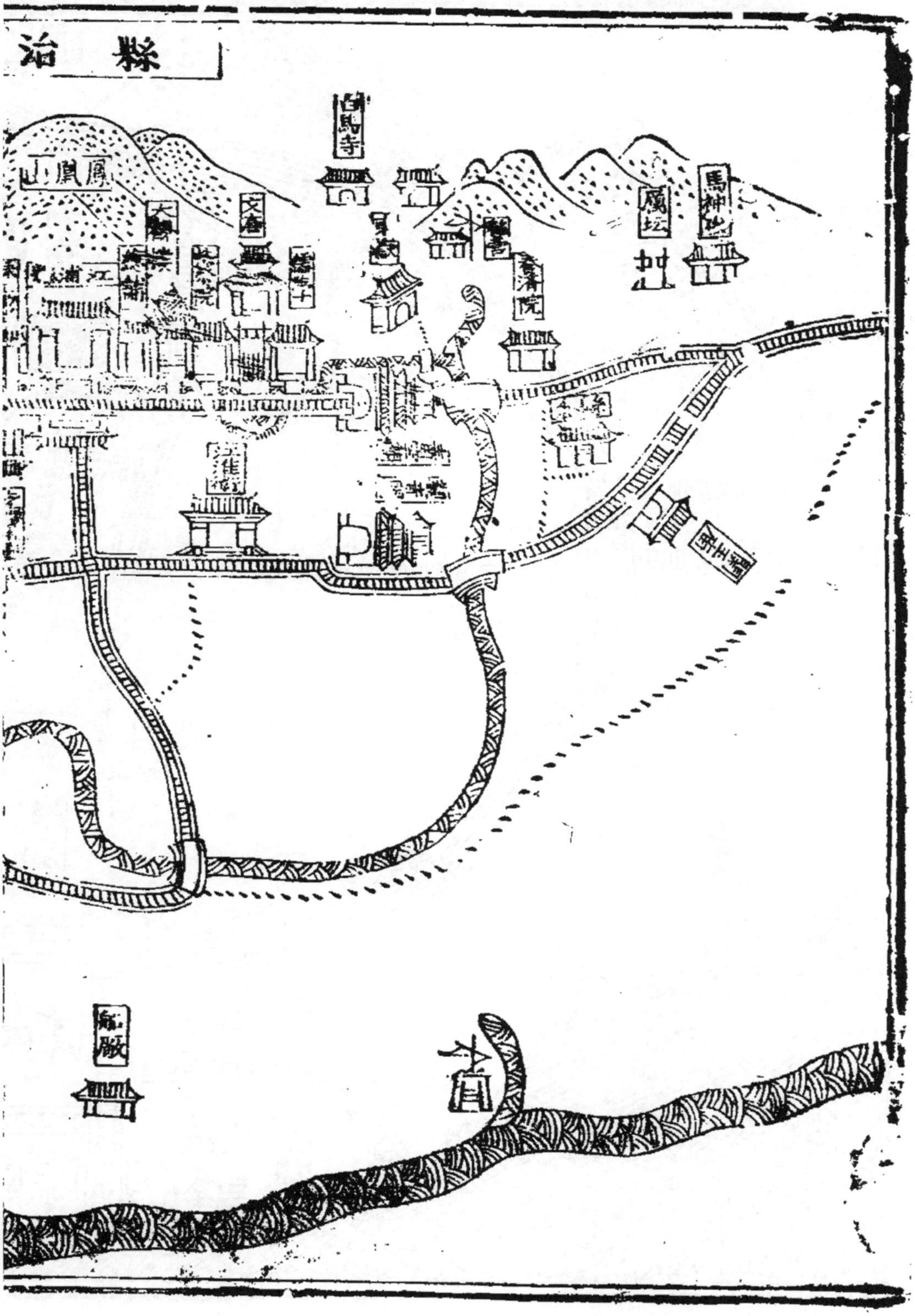
縣治
鳳凰山
白馬寺
厲壇
船廠

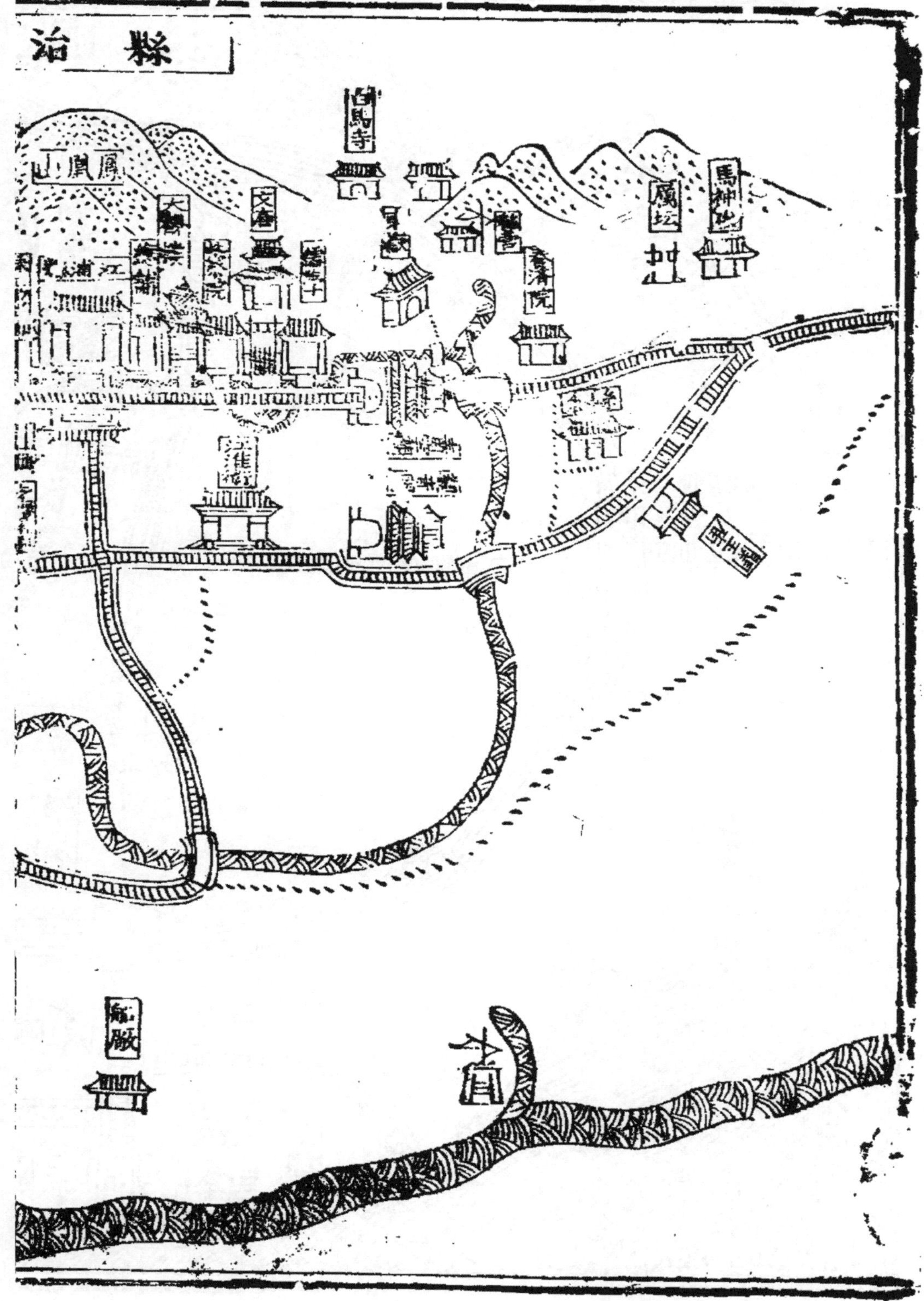

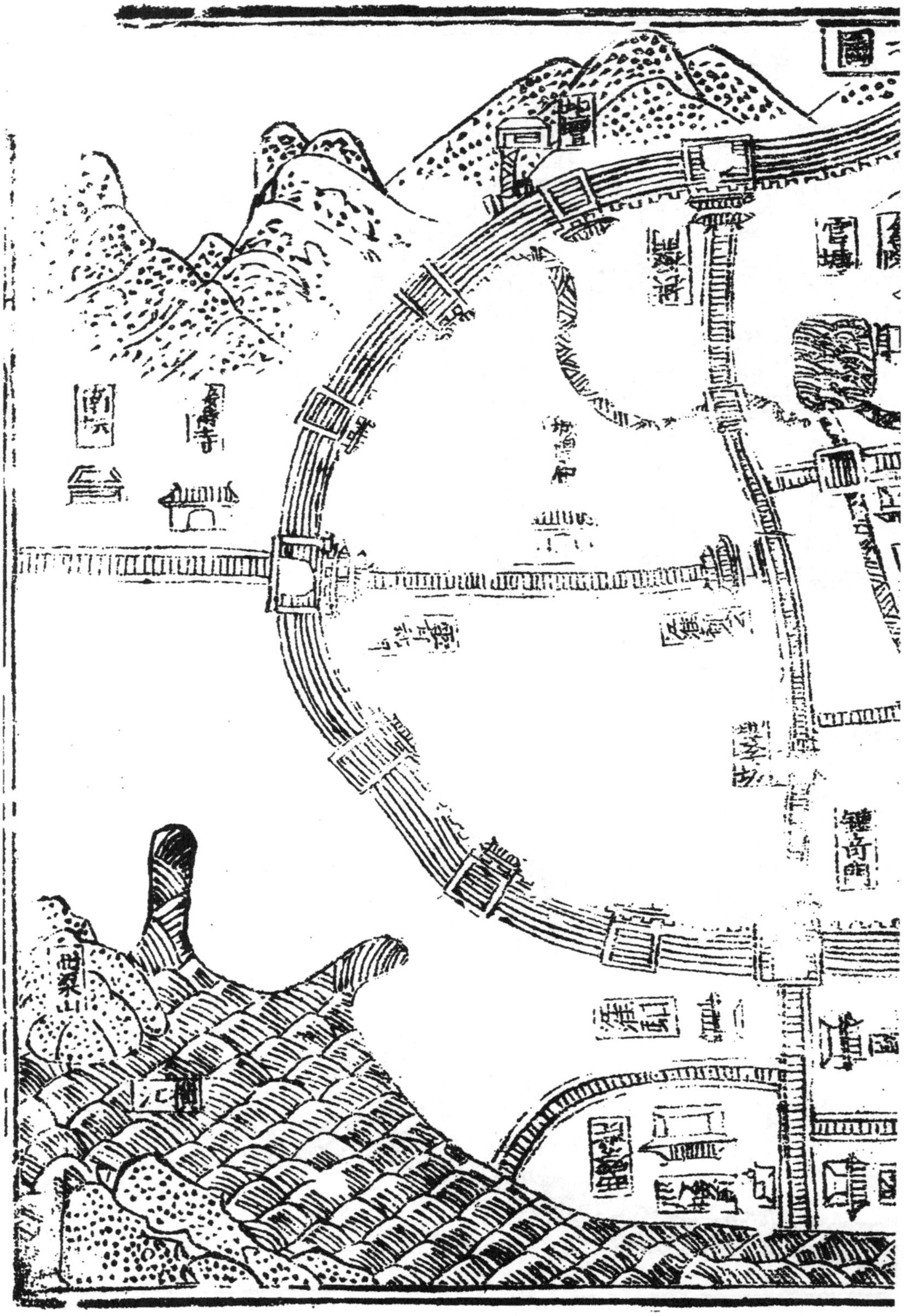

江浦新城之图 / 选自康熙《重修江浦县新志》

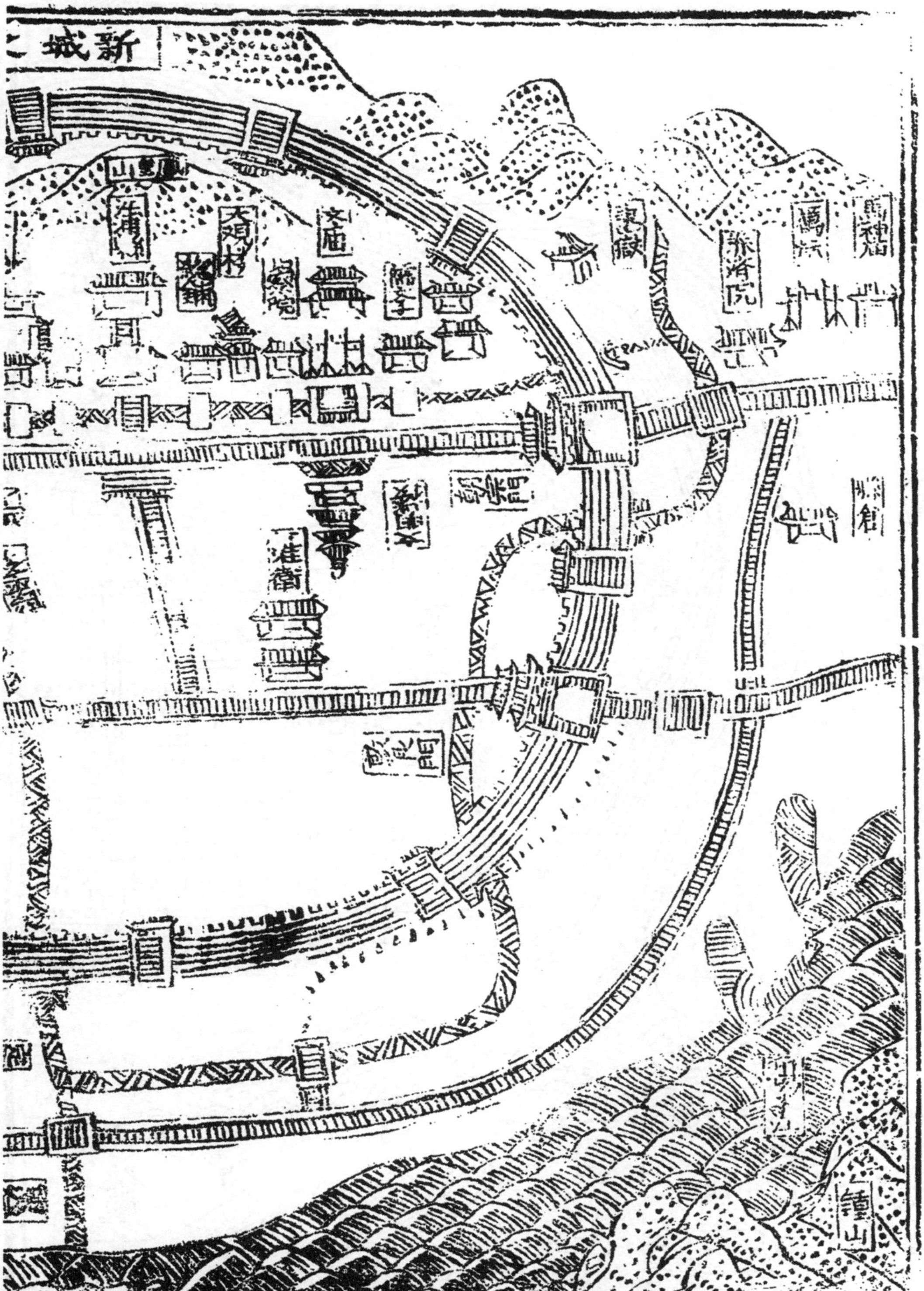
新城
鍾山

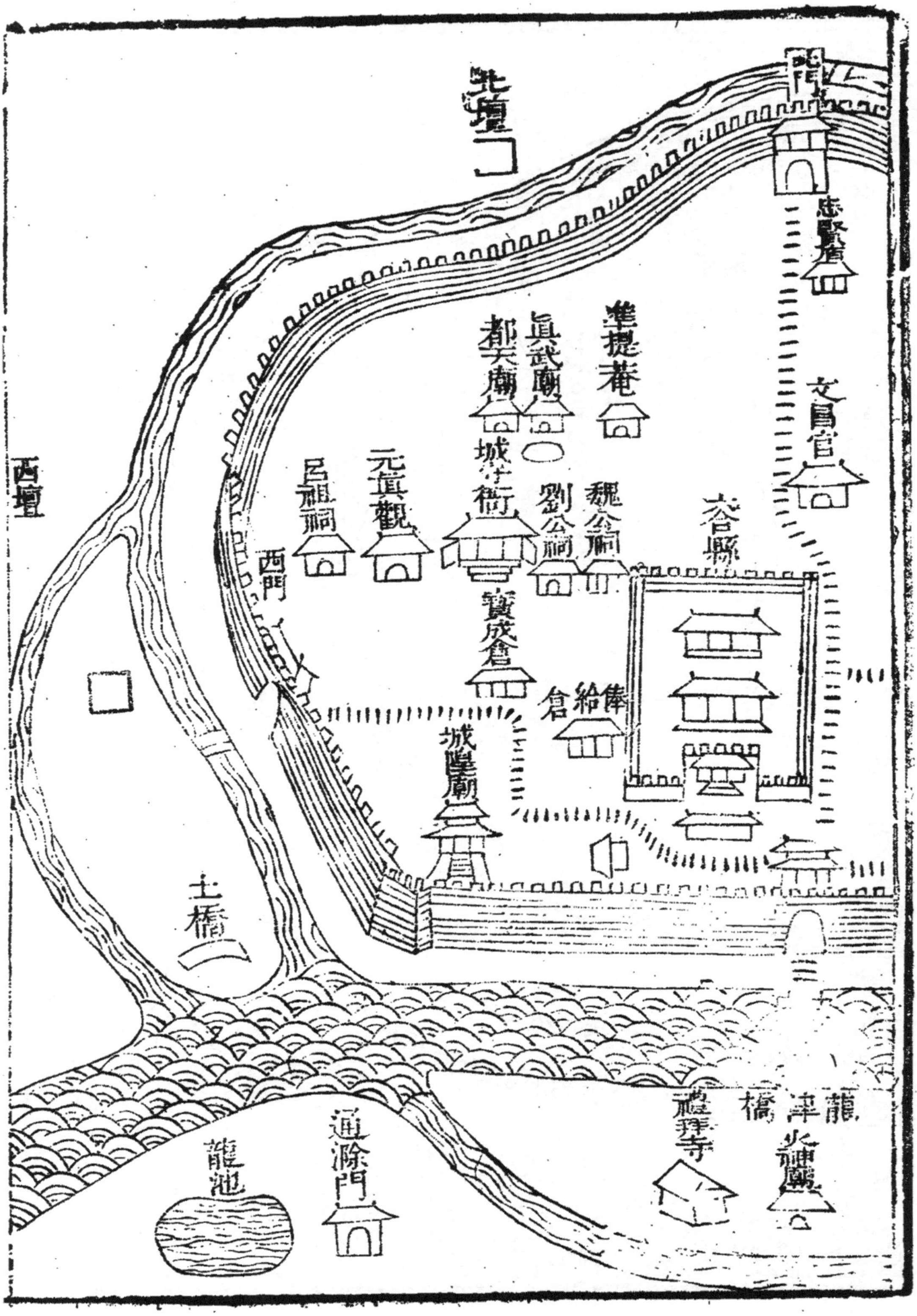

六合县坊图 / 选自乾隆《六合县志》

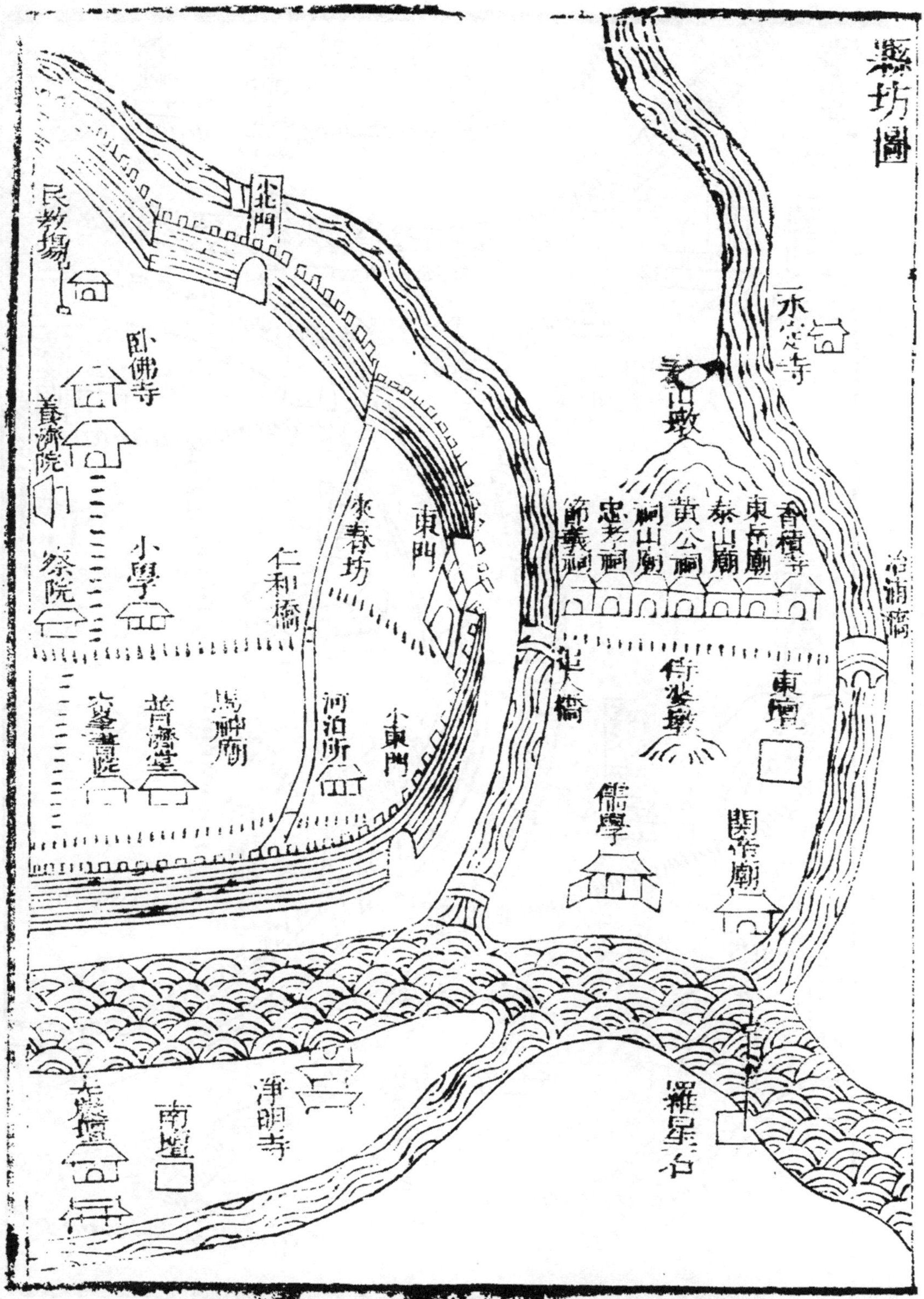
縣坊圖
小北門
民教場
臥佛寺
養濟院
小學
仁和橋
來春坊
東門
馬神廟
普濟堂
河泊所
小東門
香積寺
東岳廟
泰山廟
黄公祠
祠山廟
忠孝祠
節義祠
永定寺
東壇
儒學
關帝廟
淨明寺
南壇
羅星台

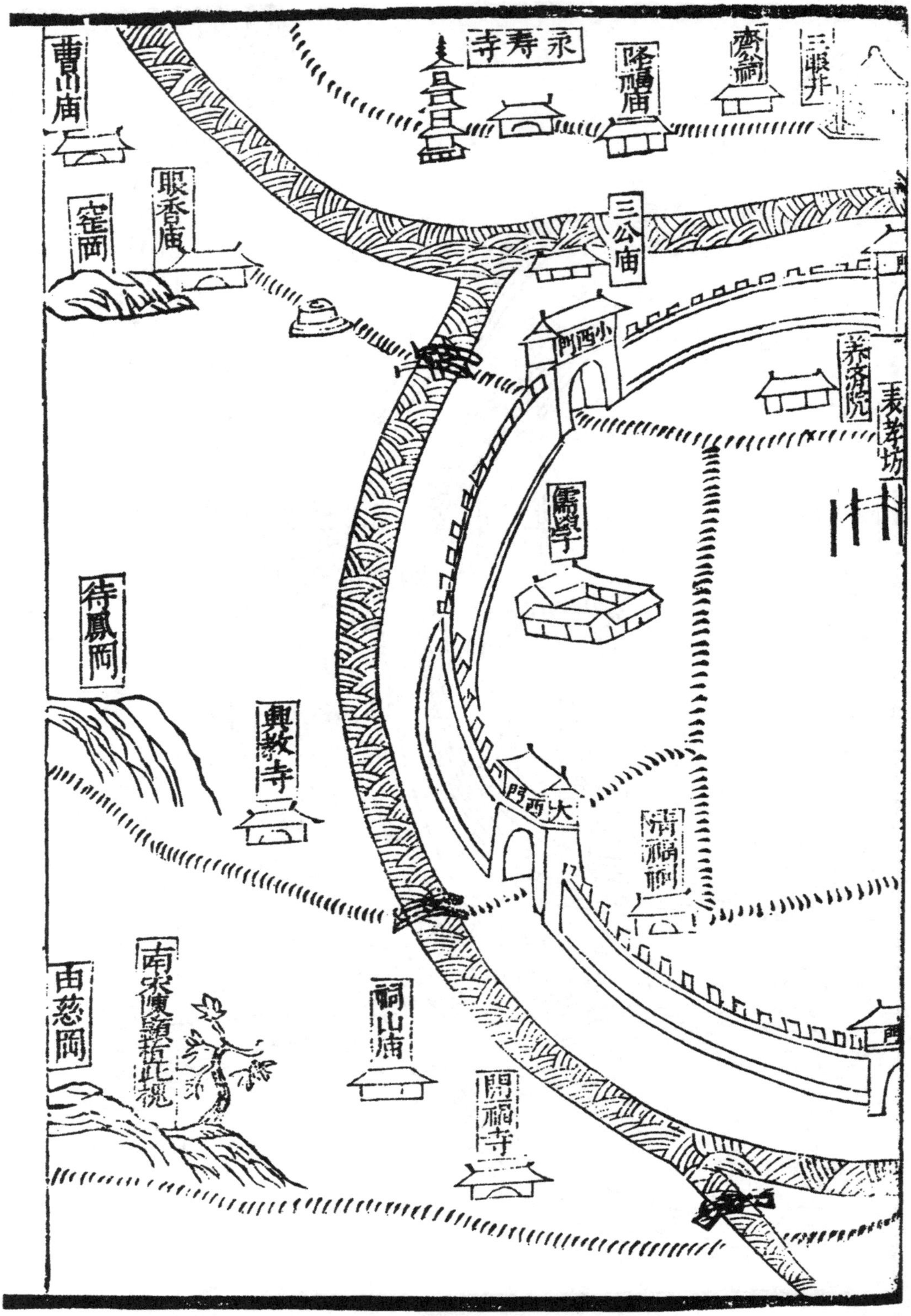

溧水县城图 / 选自顺治《溧水县志》

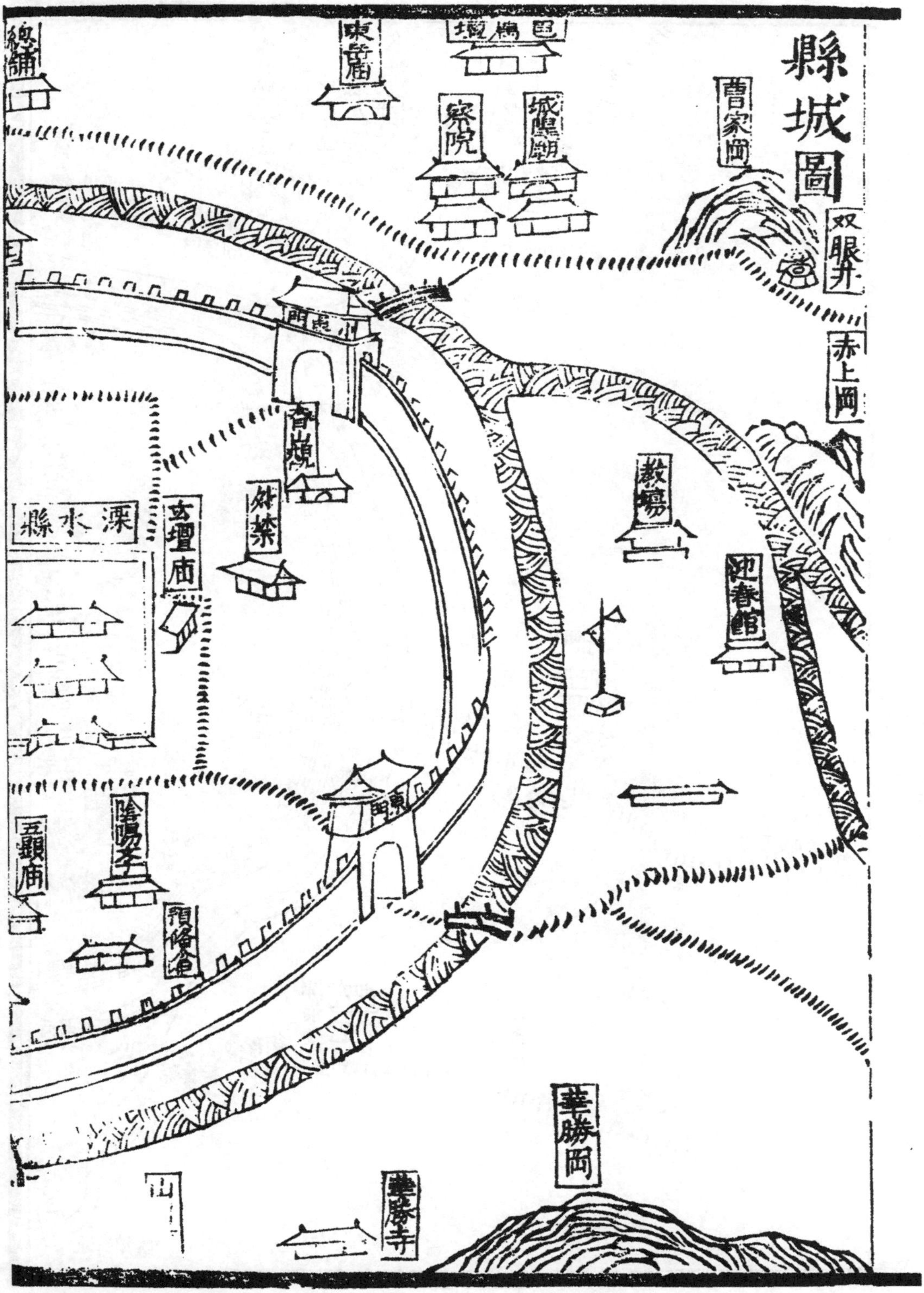
縣城圖
曹家岡
双眼井
赤上岡
城隍廟
察院
東嶽廟
總舖
教場
迎春館
溧水縣
玄壇廟
陰陽學
五顯廟
預備倉
華勝岡
華勝寺

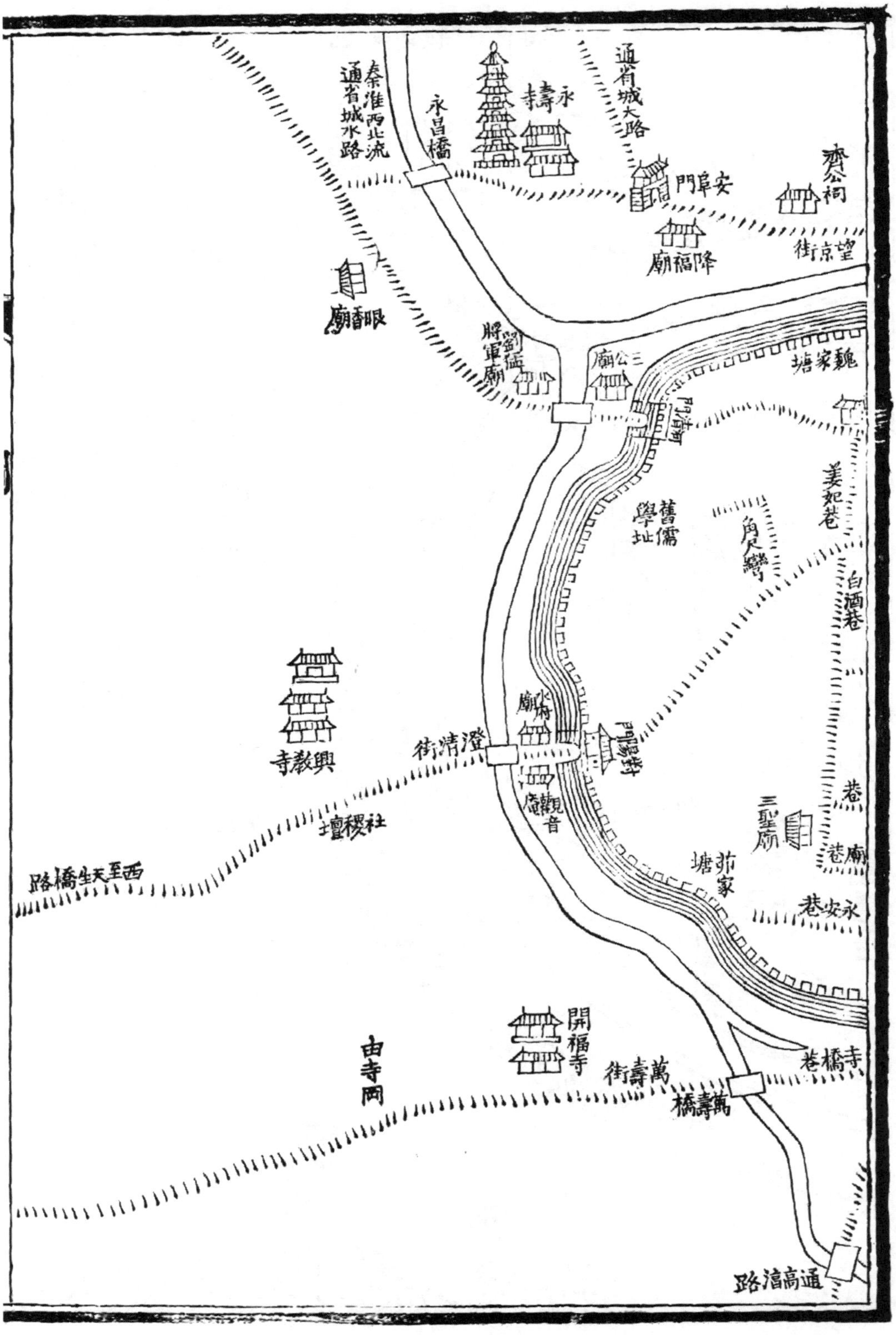

溧水县城垣内外街巷图 / 选自光绪《溧水县志》

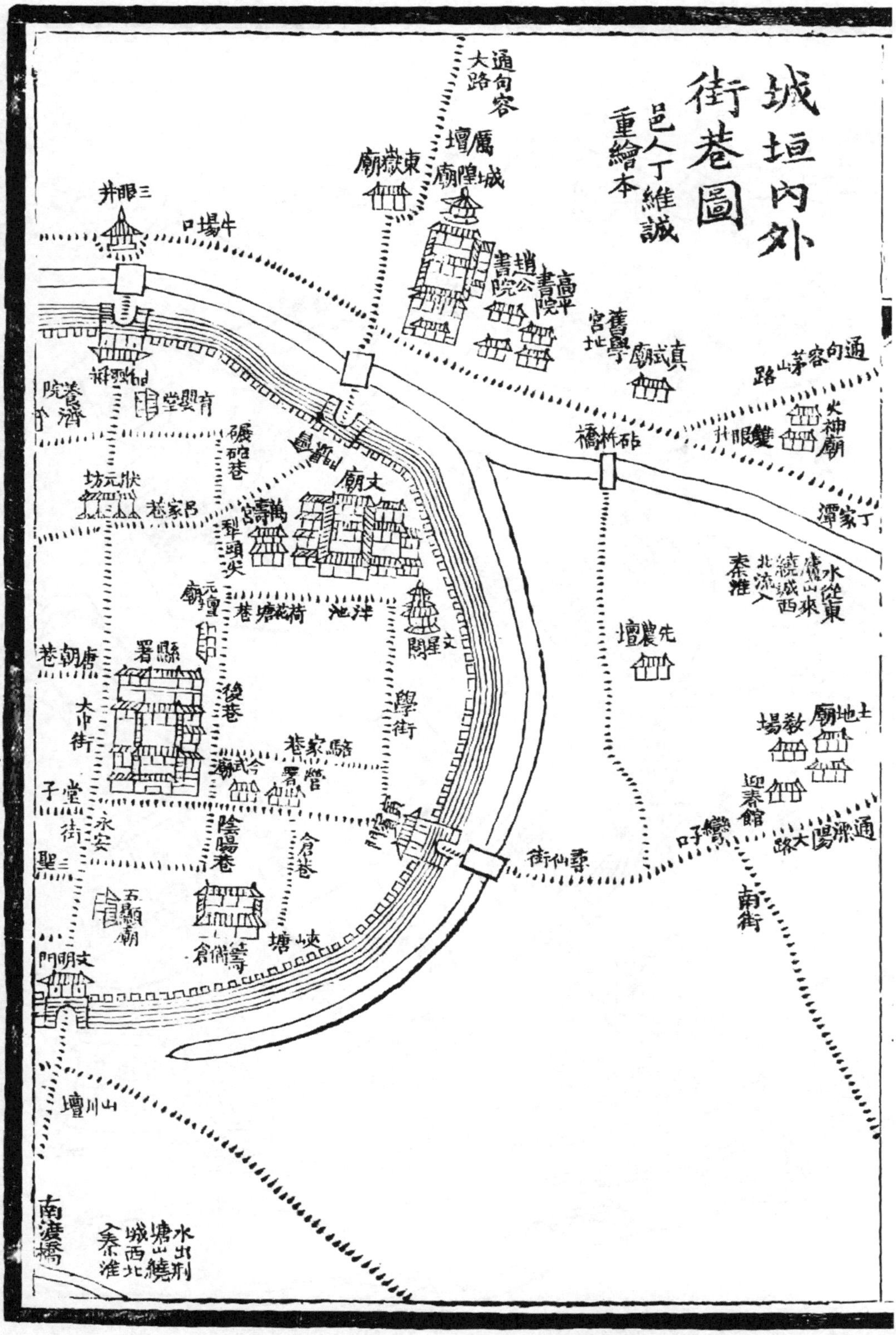
城垣內外街巷圖
邑人丁維誠重繪本
通句容大路
厲壇
城隍廟
東嶽廟
三眼井
牛場口
趙公書院
高平書院
舊學宮址
真武廟
通句容茅山路
火神廟
雙眼井
砧杵橋
丁家潭
水從東廬山來繞城西北流入秦淮
先農壇
土地廟
教場
迎春館
通溧陽大路
尋仙街
南街
育嬰堂
養濟院
狀元坊
呂家巷
文廟
萬壽宮
犁頭尖
荷花塘巷
泮池
文星閣
唐朝巷
縣署
後巷
學街
駱家巷
管署
堂子街
永安
陰陽巷
倉巷
預備倉
峽塘
文明門
山川壇
南渡橋
水出荊塘山繞城西北入秦淮

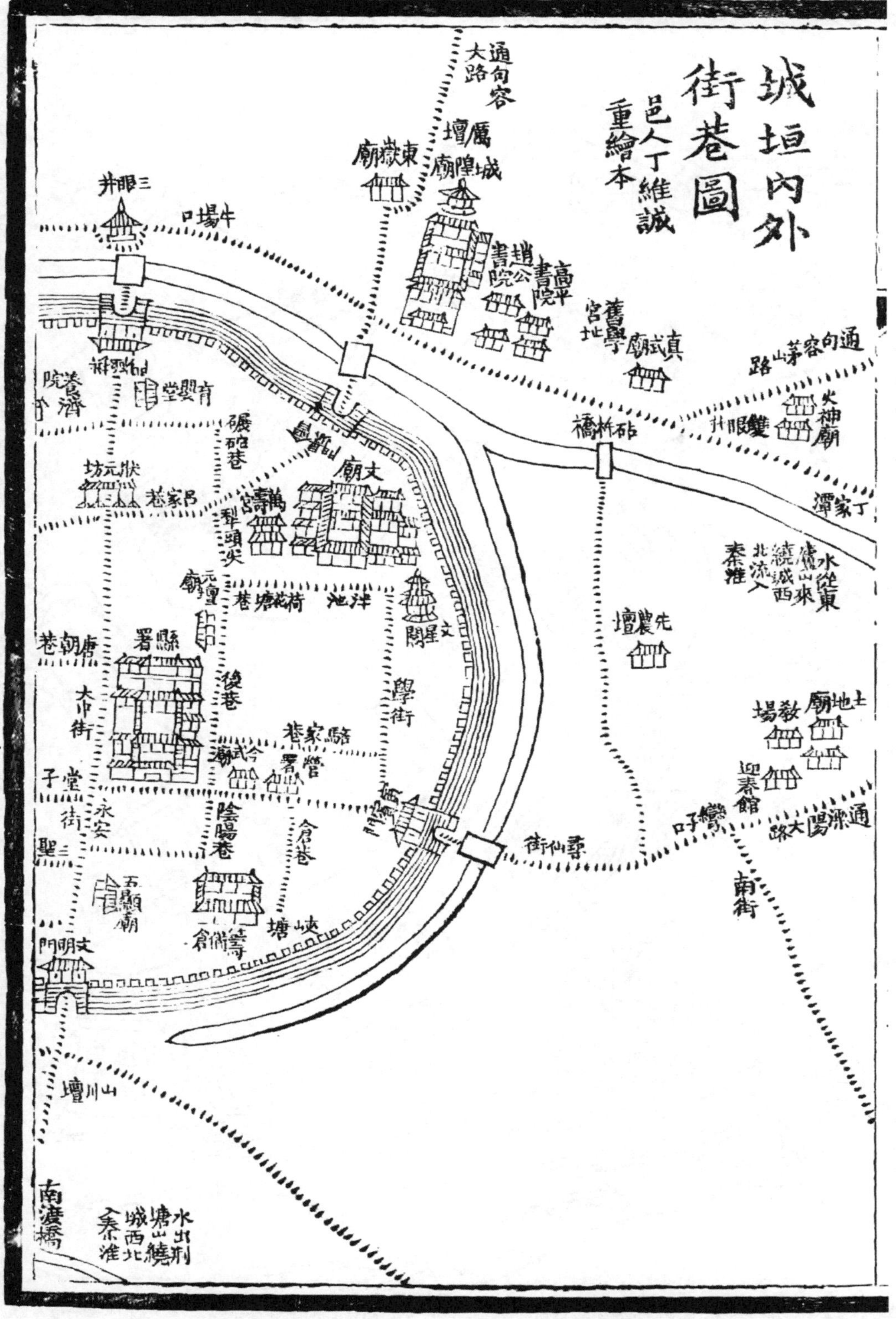

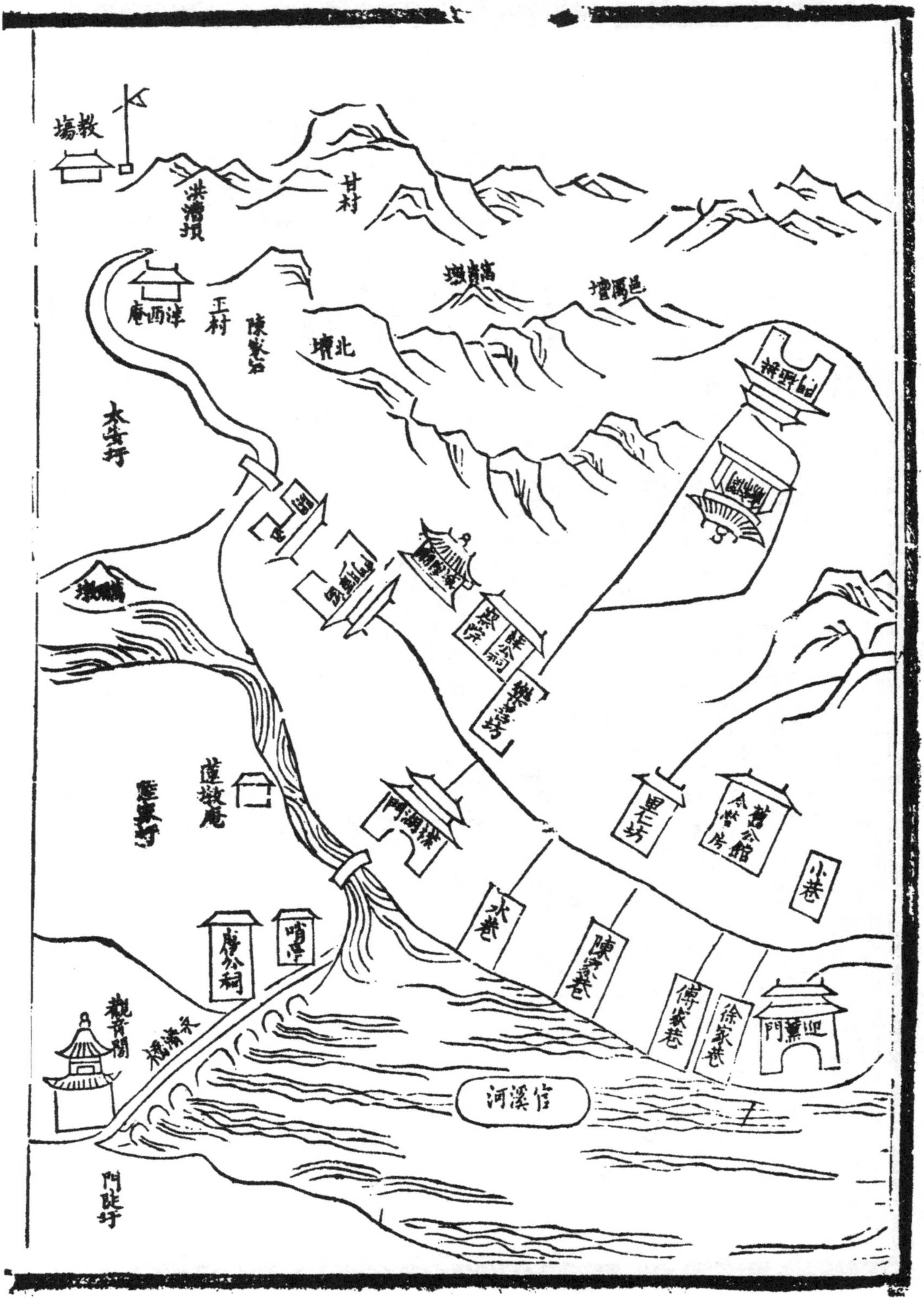

高淳县治图 / 选自乾隆《高淳县志》

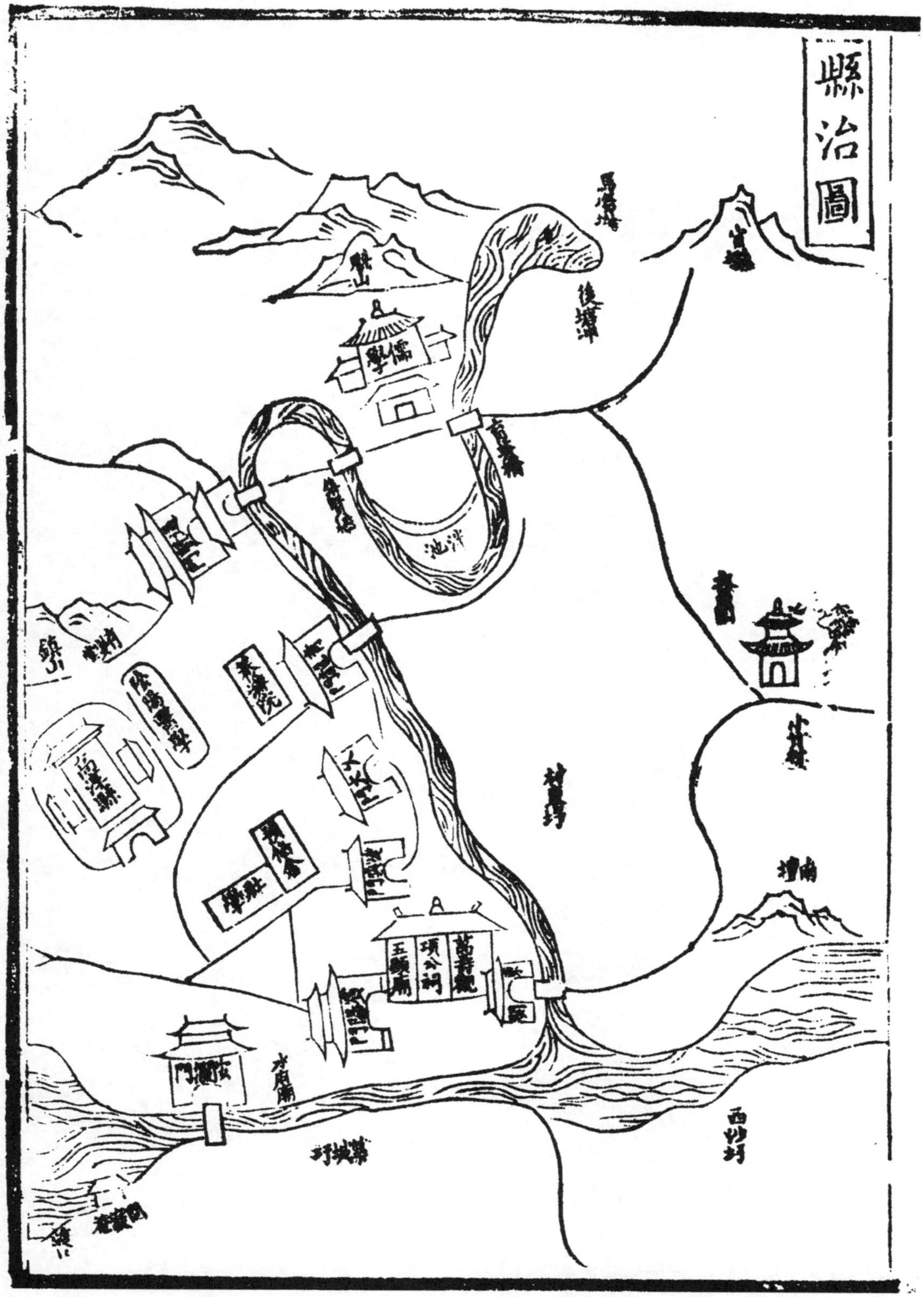
縣治圖
儒學
泮池
萬壽觀
項公祠
五顯廟

镇江

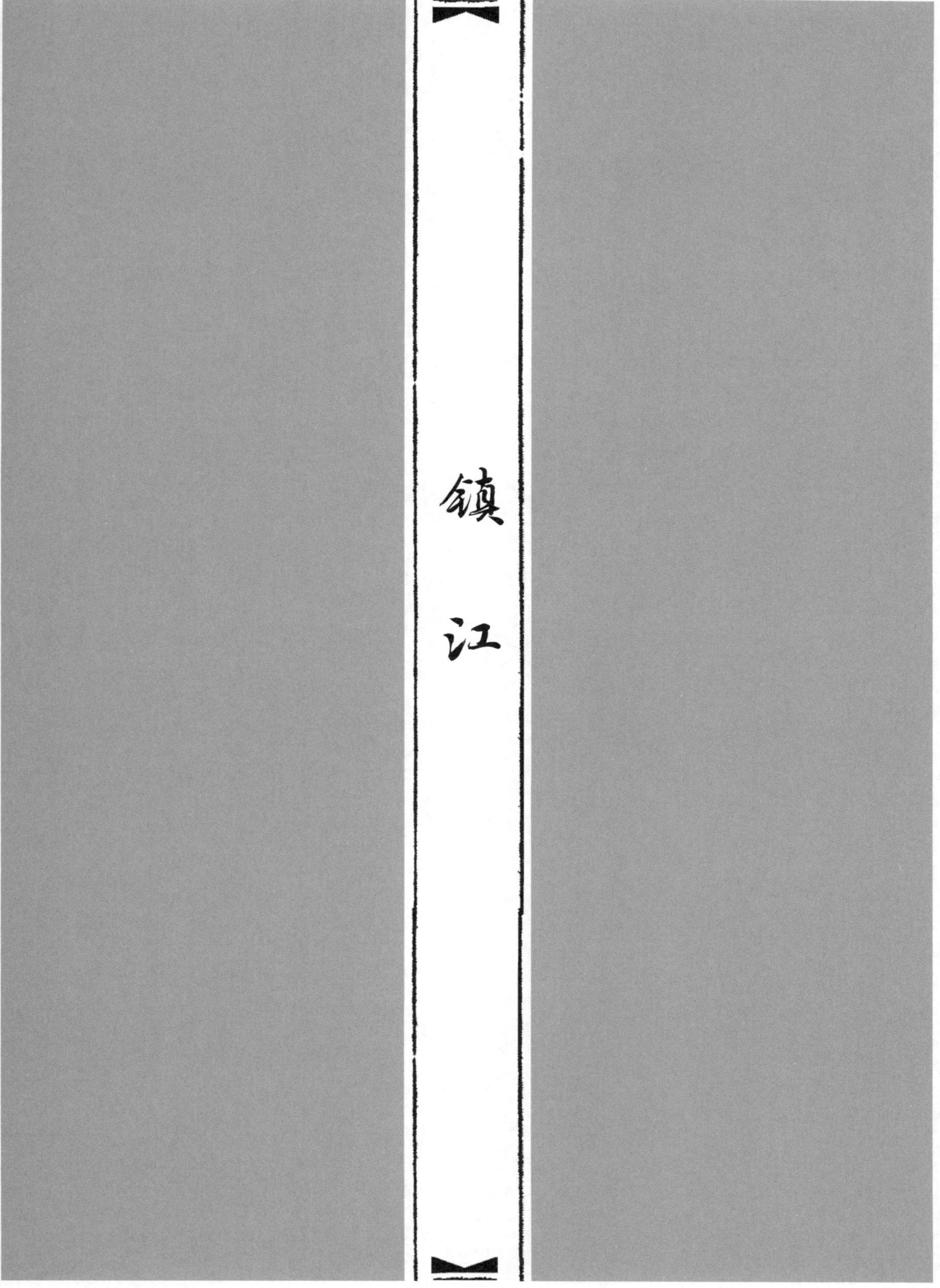

镇江府全属图说

长江之险，首举镇郡，在上游为关键之区，而下游亦建瓴之势也。其上为江宁、太平，固夙称险要。惟江宁城远隔夹江，太平府屏翳梁山，自不若郡城之凭江倚山，有金、焦两山之夹辅，有九华等山之雄盘，江流东急，势难深入逆流，此所以为江安门户、万里咽喉也。其下为苏、常诸郡，黄田、八圩之对渡，狼山、福山之遥峙，虽亦控扼江流，而沙浦浅胶，非有坚城高垒之可守，亦不若郡城之有太平洲，足以分设兵防。焦山门足以控制形势，此所以扼两戒之冲，制三吴之胜也。运河为全省督脉，而郡城实渡江首冲，盘绕郡城，东过谏壁，南过丹阳，东南直注，公私来往，荟萃于斯。又于丹阳分派，南流灌输金、溧，俗称金坛。漕河包举洮湖，旁达宜、荆，是不徒京口为南北之冲，即全河之仰承俯注，贯串诸邑运道，尤脉络之总系矣。运河支流在常郡奔牛之南，历蒋墅入府界，过道墅桥、濯缨桥，曲折西趋，衔接陆途，以达省会。包港为常郡孟河之指臂，则由嘉山、七峰之间，历访仙桥镇，西抵丹阳城，外通江口以达内地。由郡城南达宝堰、薛埠、黄金山，贯溧阳城至戴步镇，为干路之经。此中村镇，冈峦参差盘曲，而北有九华山之总扼，南有金牛岭之管司，兵防寨守，当以是为权宜焉。其干路之纬有四,一自丹阳埤城镇，西历郡城，直通省会，逾山穿岭，路尠平夷，而大港镇、红心驿俱为东道之扼要；一自常郡分界桥，西贯丹阳城，即由前周村、宝堰镇以达于省；一自黄塘镇贯金坛漕河，经直里镇、薛埠镇，分途西入群山，亦多险隘；一自荆溪贯溧阳城，经南渡上、兴步镇抵东坝，于江皖经途，尤为赤紧。然则昔之论镇治者，为镇江之险，首重长江。自东晋以来，京口当南北之要冲，久已扼为重镇。惟是流民侨郡，改隶并分，建置纷烦。在六朝后，已多沿袭失实。居今驭治，亦第就水道之有资漕运，山径之有系兵屯，与夫田畴灌输、闸坝钟泄、村镇桥梁之有关民事者，实测而详绘焉，斯可矣。若乃考镜古索、权衡得失之林，则唐之《广记》，宋元之嘉定、至顺时，其旧志固有存焉者。

丹徒县图说

丹徒，古朱方邑。楚改谷阳，秦置丹徒。隋开皇时，改入延陵。唐武德，复置今县，为润州治。宋政和间，升润州为镇江府，仍治郭下。倚山缘江，舻衔毂击，苏、宁之通道，江防之严邑，首重于此。昔人谓丹徒以长江为濠、诸山为垒，自古形胜之地，虽不设备，险固金汤。故孙吴筑铁甕城，孙歆缮京城，与唐王璠、周宝事略可考。由兹以降，沿江安抚，勋然在人耳目者，不可胜数，然皆不载其修浚城池，岂地利不如人和，前志略而不书耶？诚以金、焦二山兀峙江中，五峰、北固特立江岸，下视奔流激湍，砰礴回澜，天堑之雄，本有自然形势也。今考大江自江宁、句容东流至高资而入邑界，历京口、丹徒，越河至姚家桥而入丹阳界，所扼江岸计一百八十里，其间牌湾、韩桥、姚家桥俱设有专汛驻扎，以重江防。太平洲北西抵焦山，急流深洪，为海舶针路。洲南江流浅狭，固可便商贩驶行，而便民河自京口始缘江凿道，西通龙潭，尤为民船避江险设也。运河绕郡城而南，下历丹徒、谏壁诸镇，入丹阳界，计四十一里，为中境水路之大干。南北帆樯，向由京口出入，今则猪婆滩淤浅通口之处，兼入丹徒、越河两口矣。昔称运河左右，山冈起伏，陆路四冲。今测埤城镇，居邑之东南，为达武进、丹阳要道；高资镇居邑之正西，为通宁省驿路。其西南境地，横窄而纵长，插入丹阳、句容之中，历数十里而接金坛境，其间宝堰、西旸、白兔同为往来要冲，第西旸、白兔辖在邻封，惟宝堰足资重镇，故九华山次宝堰之后，当入城之路，尤论形胜者所必争焉。夫国皆有可守之区，而徒尤为天设之险。有宋南渡，常驻重军于此以控江城。三吴襟带之邦，百越舟车之会，征诸《寰宇》，岂虚语哉！

丹阳县图说

丹阳于唐天宝元年始改今县，北据练湖，以资灌运；东联群岭，以协江防。练湖昔受丹徒之长山、高骊山八十四岔，群流灌注，汇而为湖。唐宋以来，筑有函洞。明建文末，重修埂闸，皆议引湖水以济漕运，盖本宋元水利诸臣之说。谓练湖自长山合流而为辰溪，自辰溪潴而为湖，又别为重湖，环湖筑堤四十里而成一巨浸，是以水得停潴，而东通九曲、南注运河也。其抱邑城而南者，历宝塔湾、七里桥、陵口镇、吕城镇以达常郡；其过湖闸而北者，历七里汛、黄泥坝、王庄汛而达丹徒；邑城以南则湖水江潮并力下注，湖闸以北全恃江潮涨落而已。运河而外，如珥渎之由七里桥南达金坛，简渎之由简桥西南达延陵，香草河之西达宝堰，皆水路之冲也。由练湖之右北达郡城，由西门历前周村达句容，由南门历珥村达金坛，皆陆路之冲也。而运河之吕城镇，南境之道墅、珥村、延陵等镇，尤为水陆之要。若夫东北群山，沿江屏列，埤城镇跨其北，访仙镇扼其南，则滨江之要也。包港口与思贤港对渡，太平洲与泰兴境交辖，则外江之要也。其山脉则西承郡城蜿蜒而下，递于常郡，亦守望之资也。其水道则西北仰长山潴为练湖，播为诸河，西南资香草、简渎两河，又分运河南流而为珥渎，承长江潮汐而为包港，故运河为全邑之干流，亦即全郡之径隧，古人所以于函闸埂堤、兢兢致意者，重练湖实重运河也。

以上《苏省舆地图说》

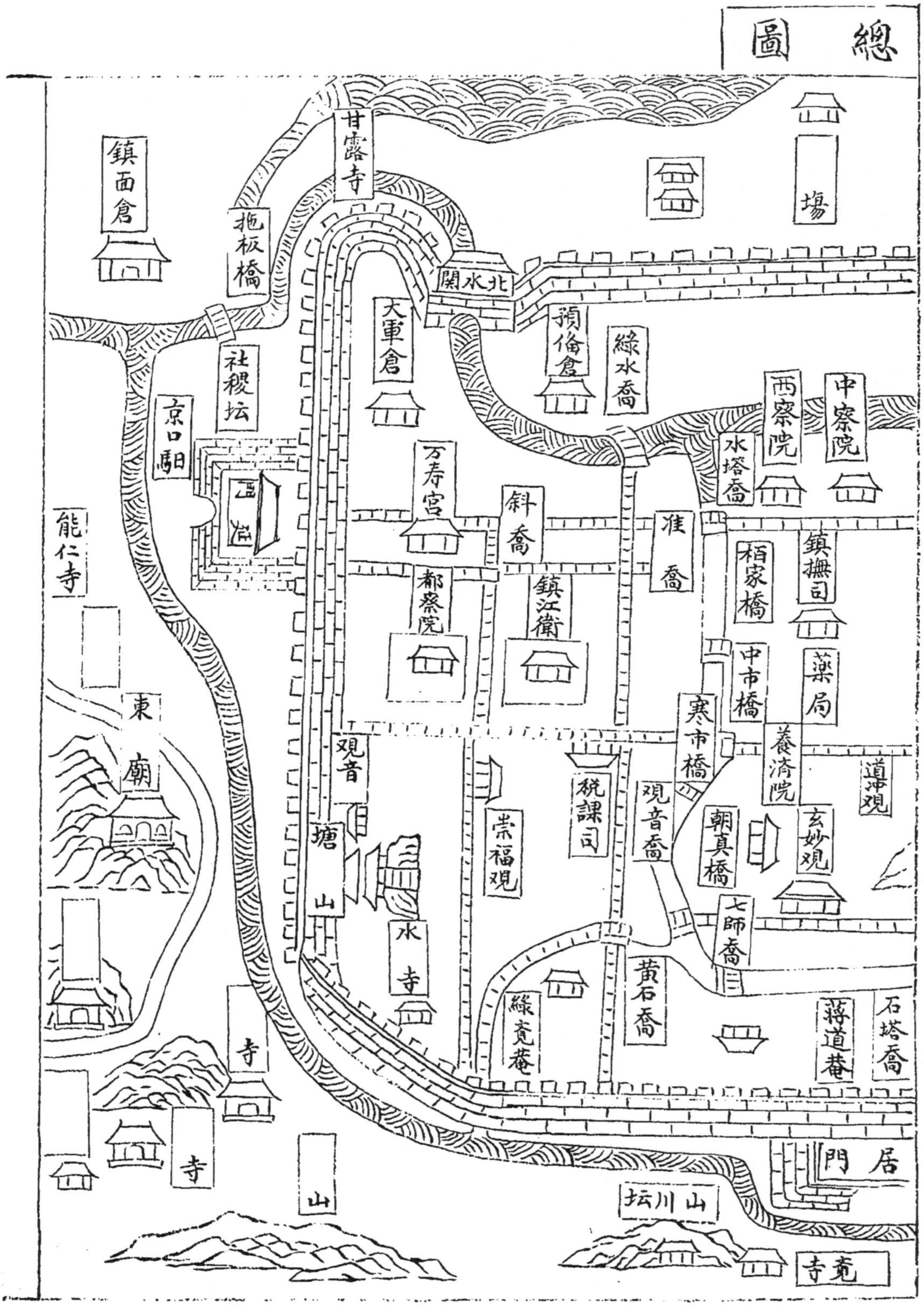

郡城总图 / 选自万历《重修镇江府志》

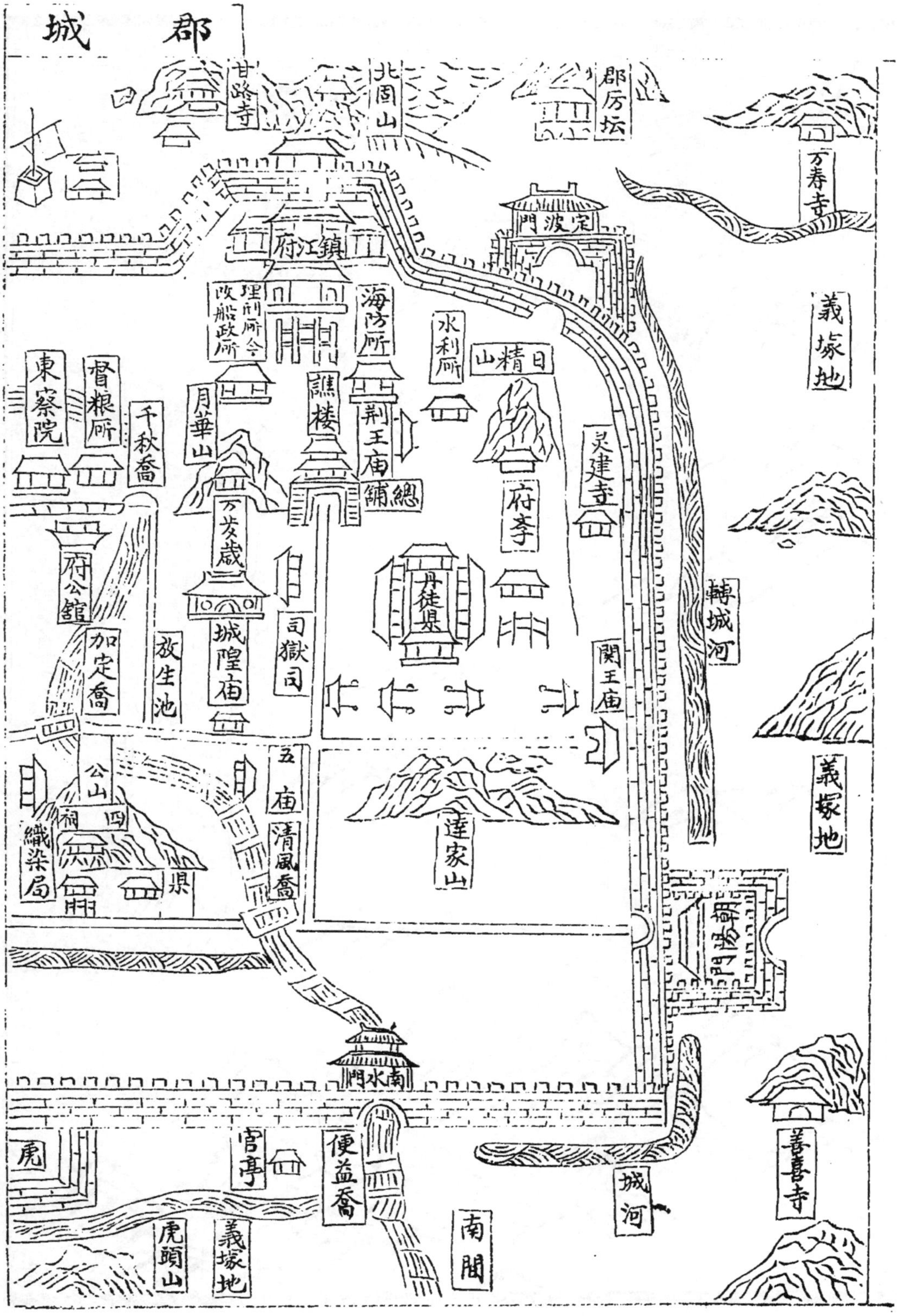
郡城
甘露寺
北固山
郡厉坛
万寿寺
定波門
镇江府
理刑所今改船政所
海防所
水利所
日精山
東察院
督粮所
月華山
譙楼
荆王庙
總舖
千秋喬
府学
丹徒县
府公館
司獄司
城隍庙
加定喬
放生池
関王庙
轉城河
義塚地
五庙
公山
織染局
清風喬
達家山
朝陽門
南水門
宮亭
便益喬
城河
南閘
虎頭山
義塚地

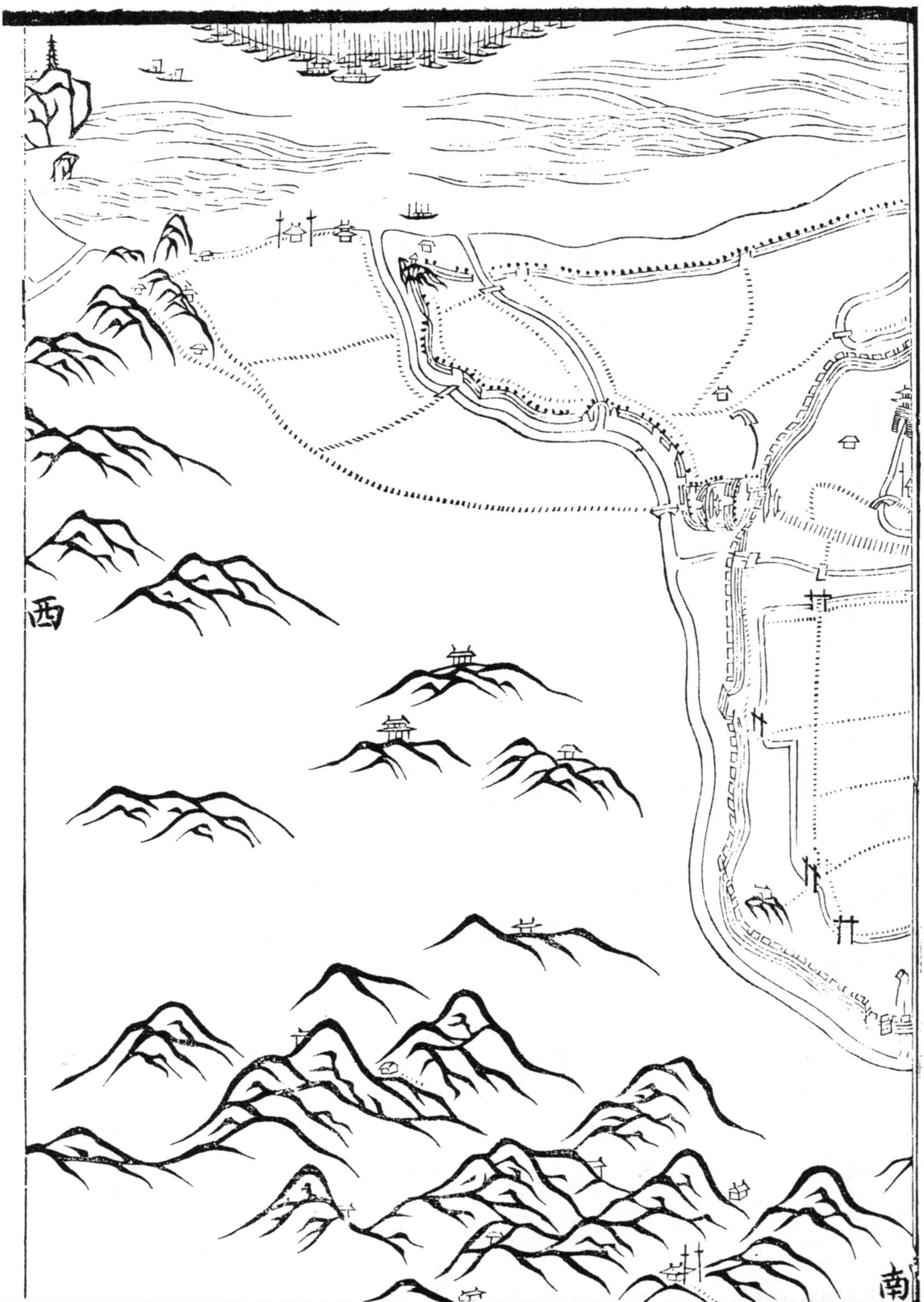

丹徒县城全图 / 选自光绪《丹徒县志》

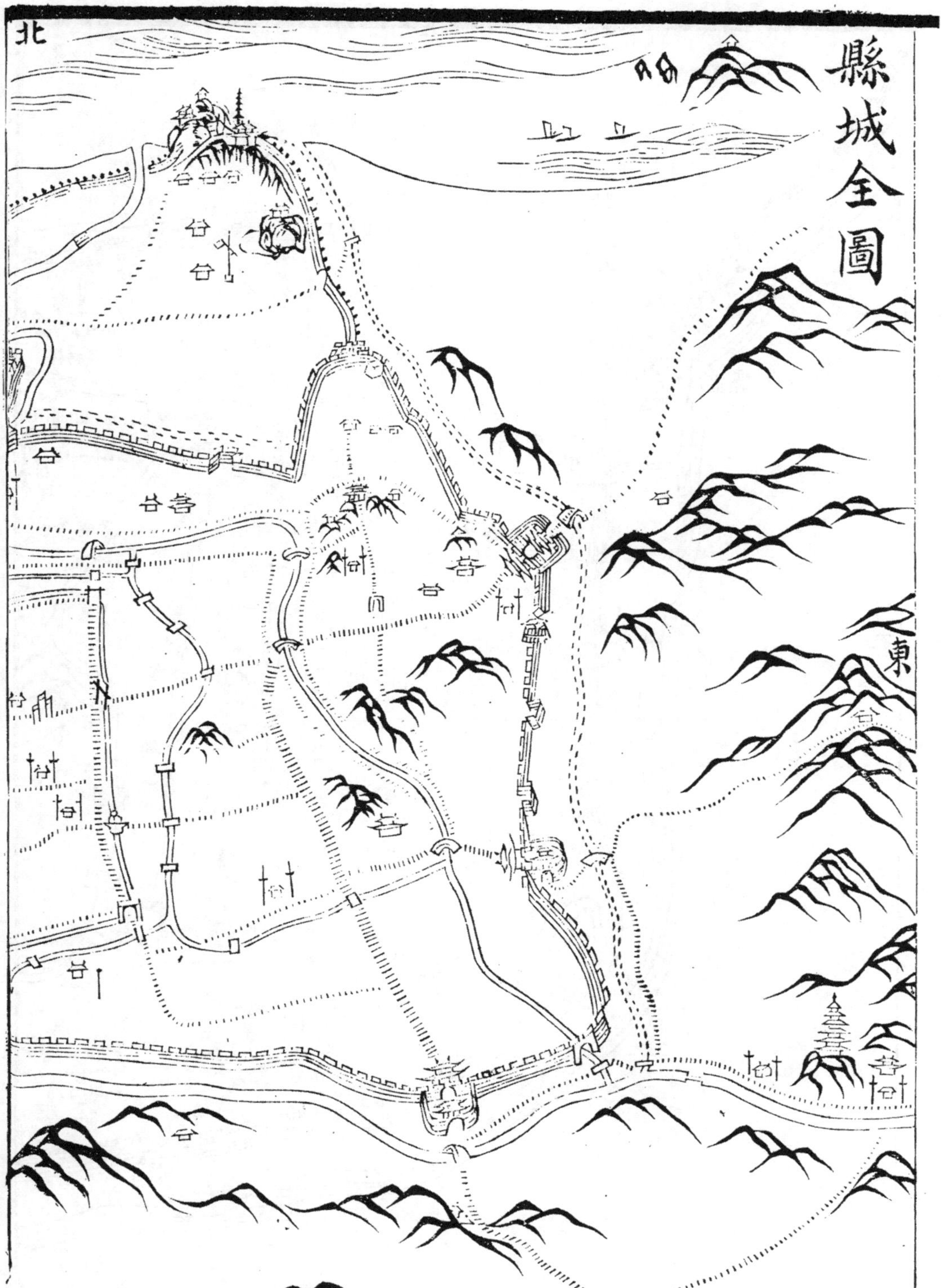
縣城全圖
北
東

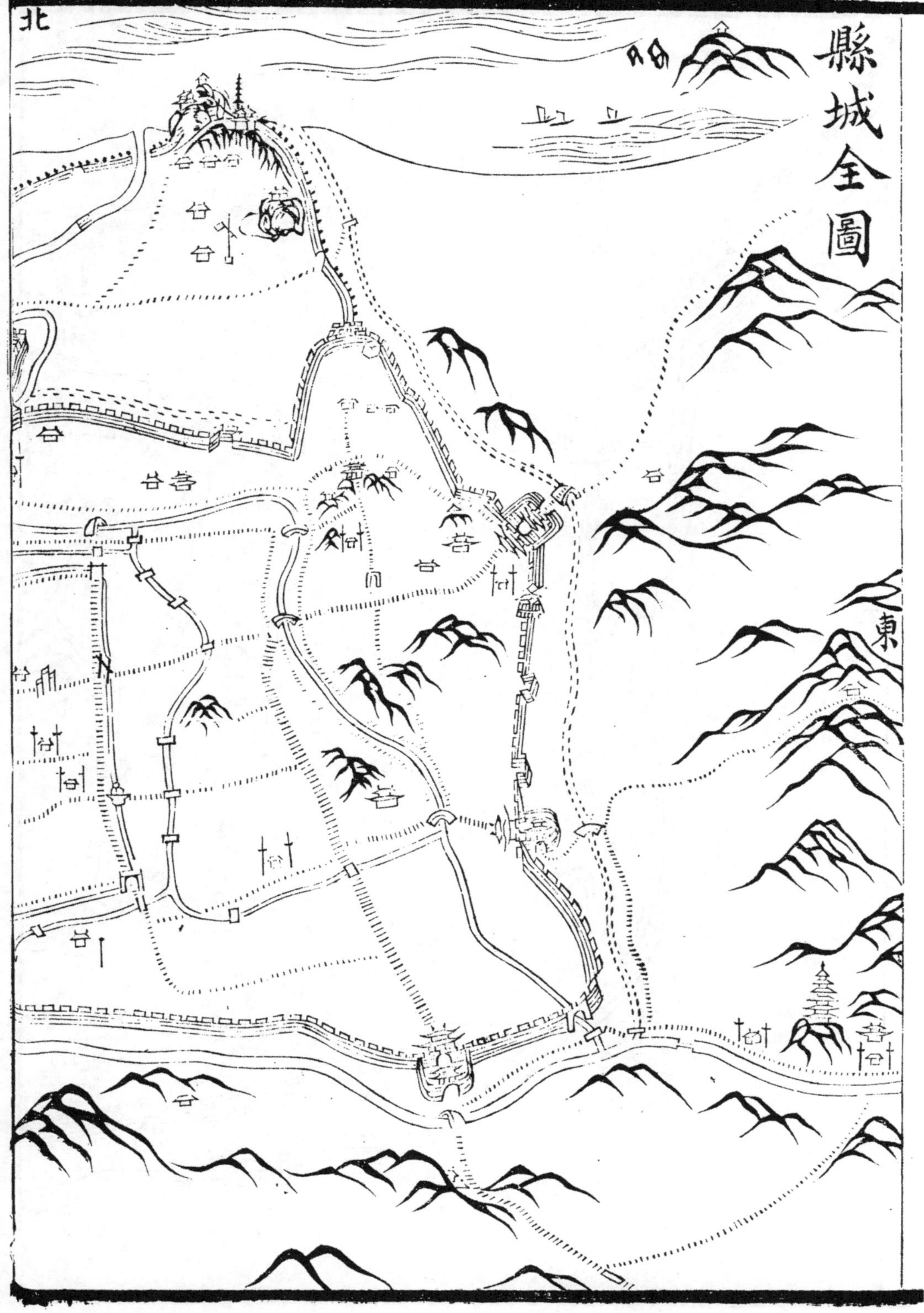

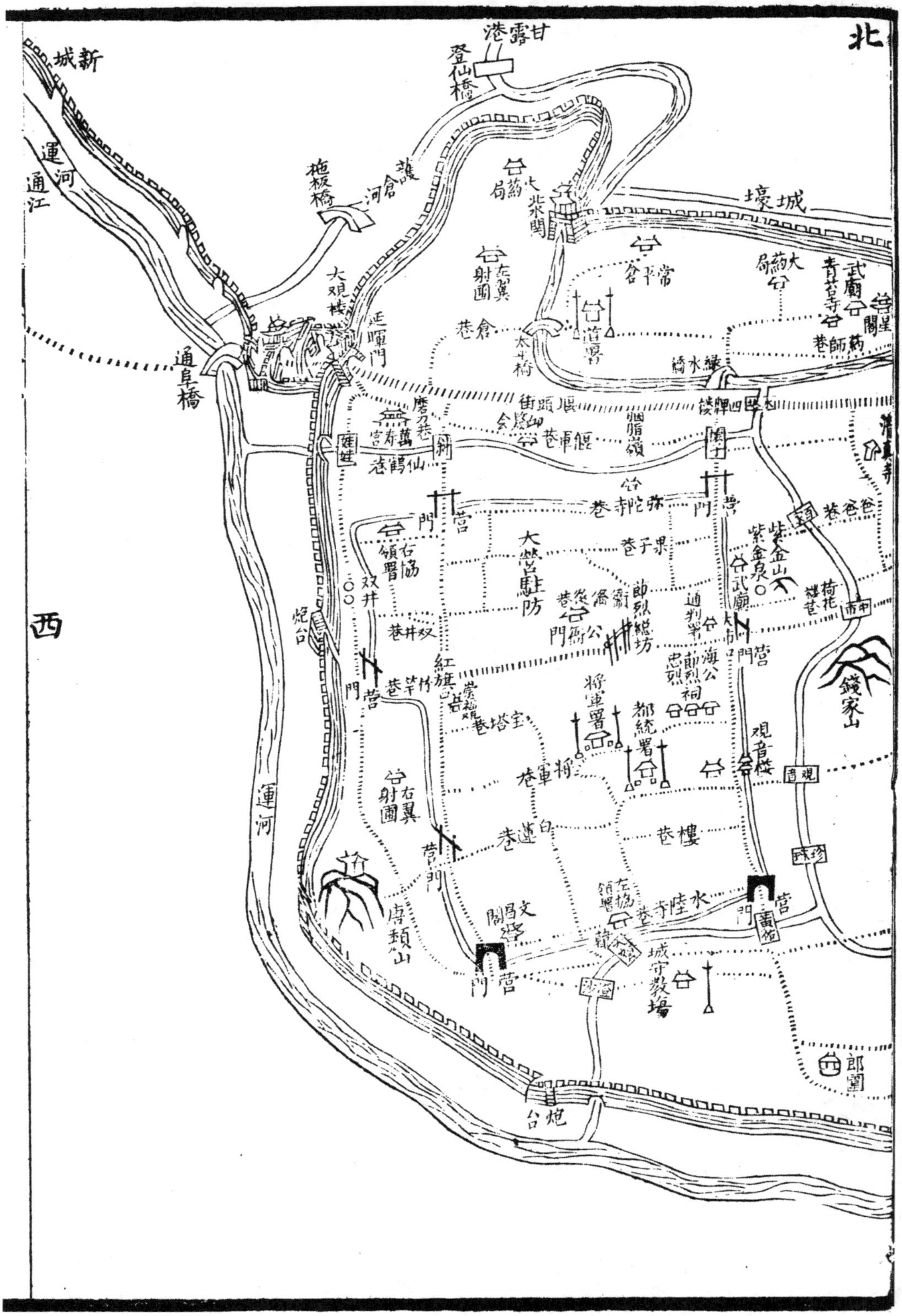

丹徒县旧城坊巷图 / 选自光绪《丹徒县志》

舊城坊巷圖

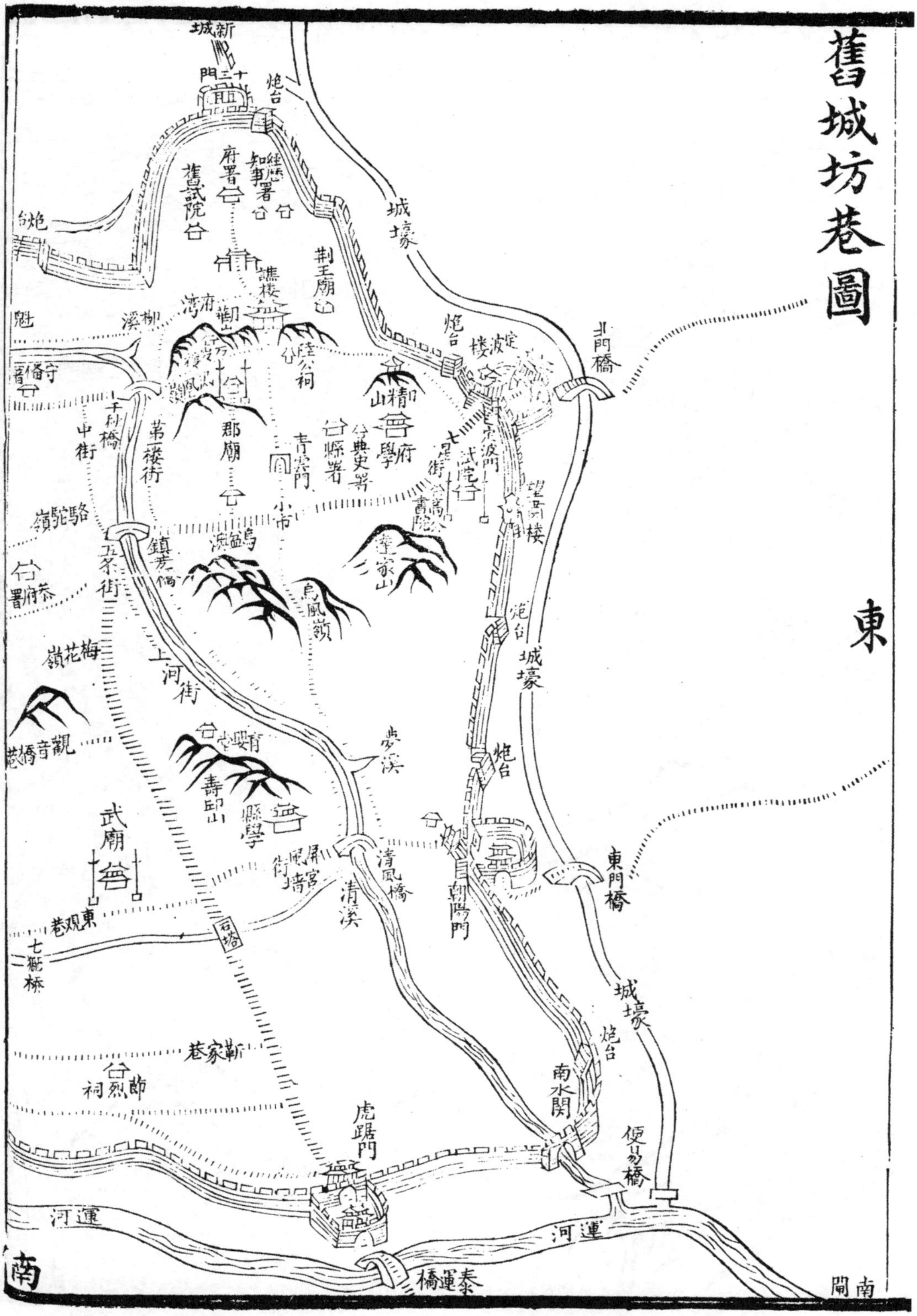
新城
十三門
炮台
府署
知縣署
舊武院
城壕
制王廟
譙楼
柳溪
府湾
魁
炮台
定波楼
北門橋
陸公祠
守備署
精山
府學
千秋橋
中街
第一樓街
郡廟
青雲門
縣署
典史署
定波門
武庫
七星街
望雲楼
駱駝嶺
五條街
李家山
烏鳳嶺
梅花嶺
上河街
觀音橋巷
步溪
炮台
城壕
育嬰堂
壽邱山
縣學
武廟
清風橋
朝陽門
東門橋
屏風街
清溪
石塔
東观巷
城壕
炮台
南水関
斷家巷
節烈祠
虎踞門
便易橋
運河
泰運橋
運河
南閘
東
南

镇江

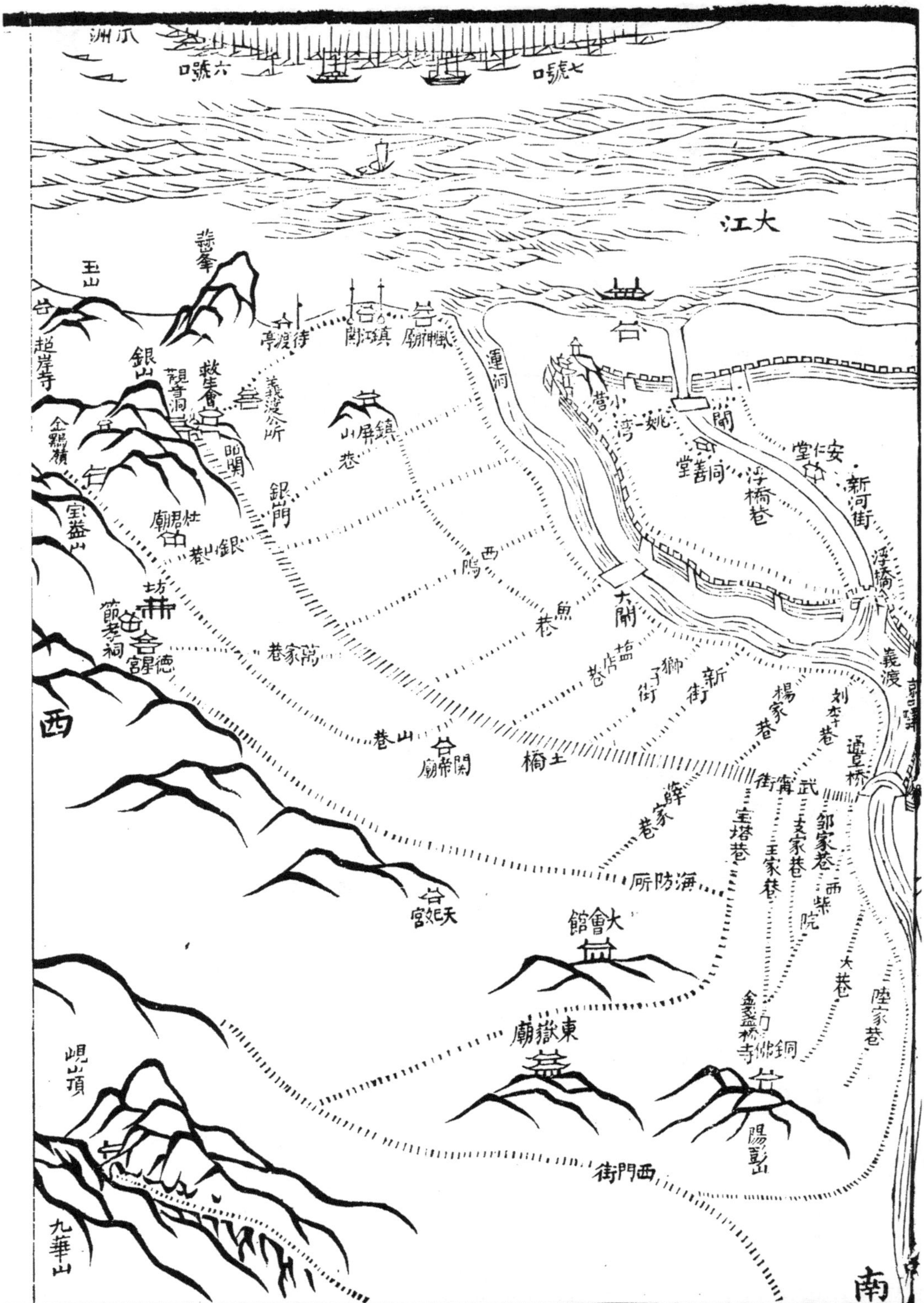

丹徒县新城图 / 选自光绪《丹徒县志》

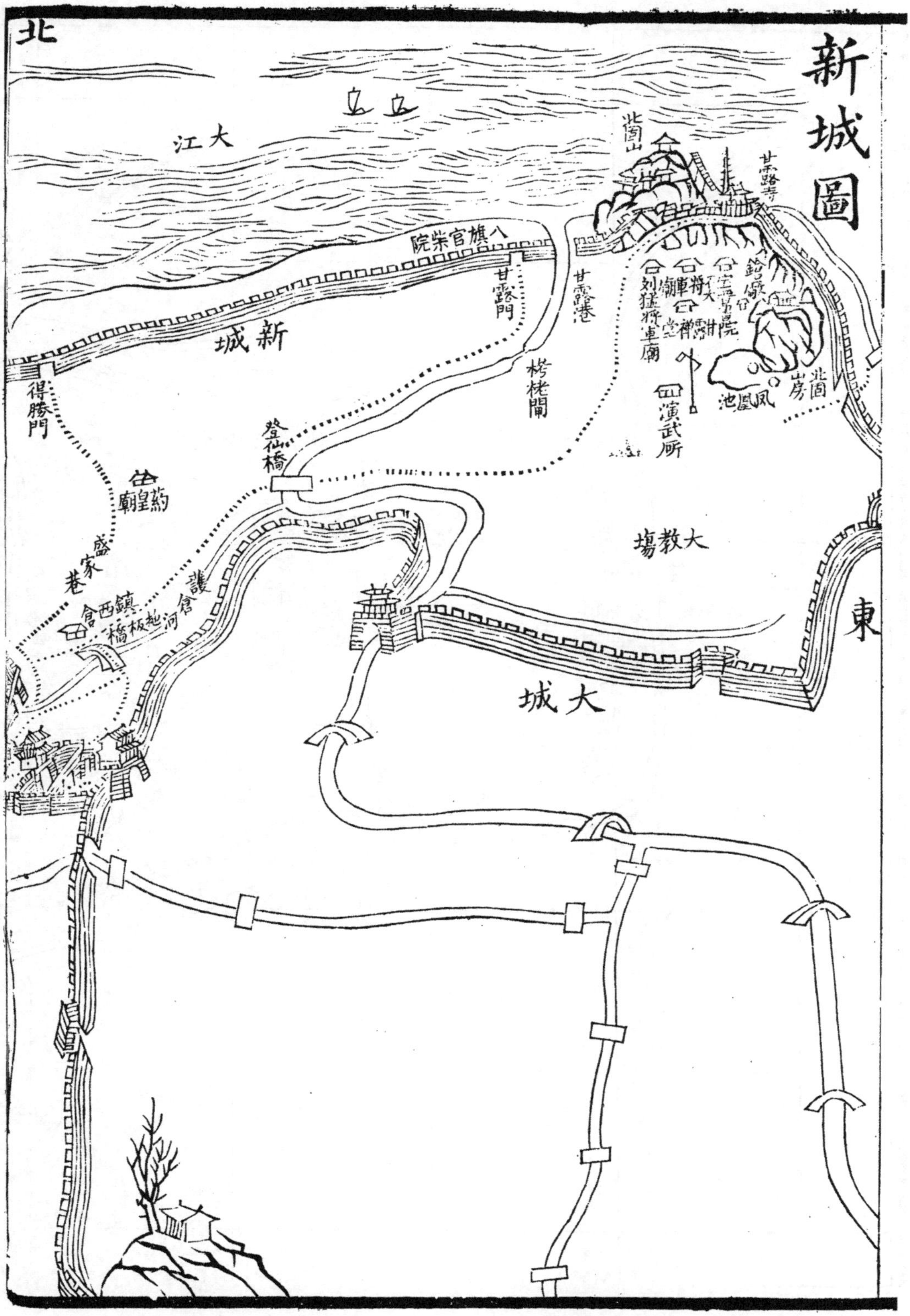
新城圖
北
大江
北固山
甘露寺
八旗官柴院
甘露門
甘露巷
新城
得勝門
登仙橋
葯皇廟
盛家巷
鎮西倉
護倉河
大教場
東
大城
演武所
凤凰池
劉猛將軍廟

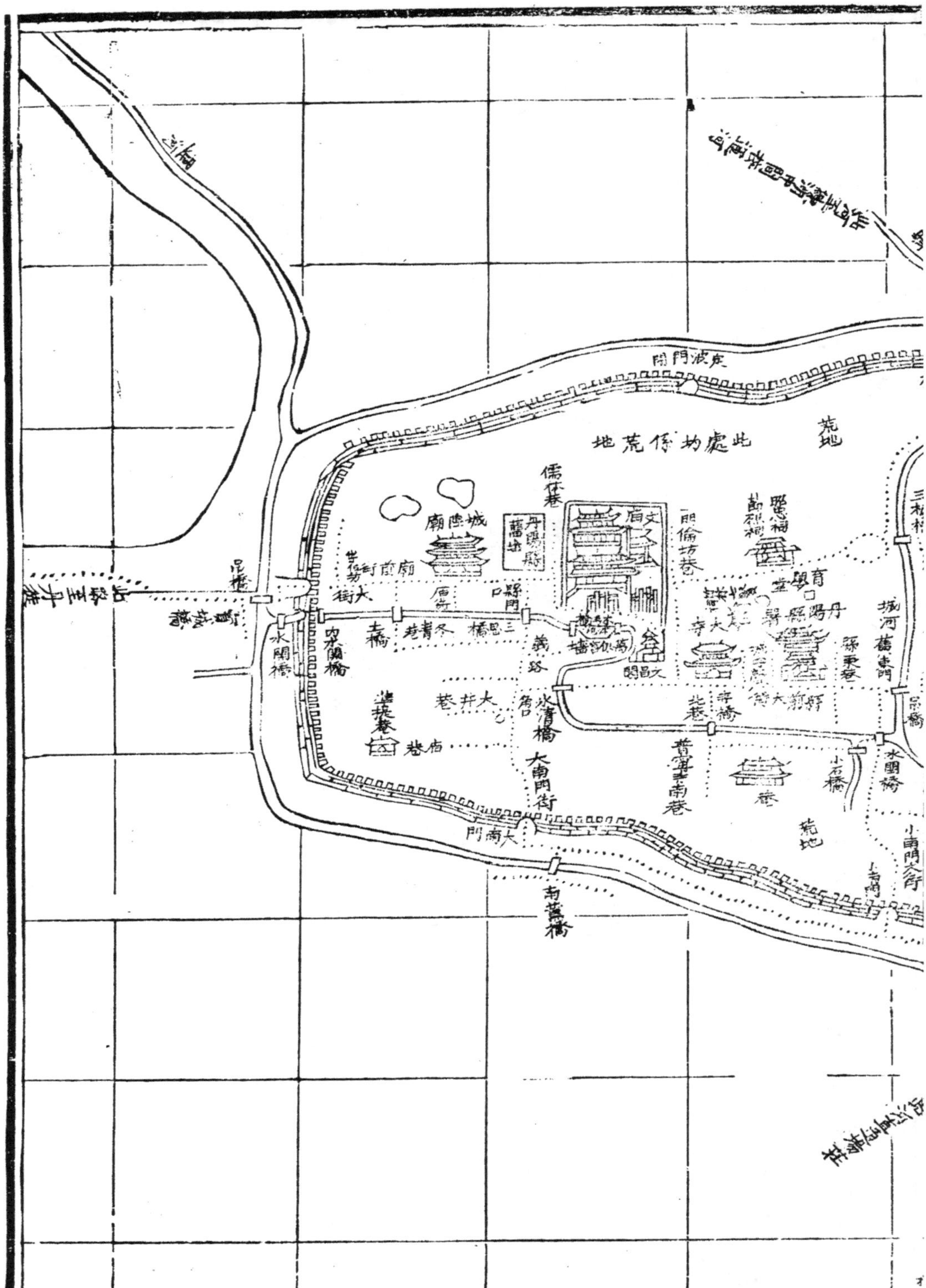

丹阳县新城图 / 选自光绪《重修丹阳县志》

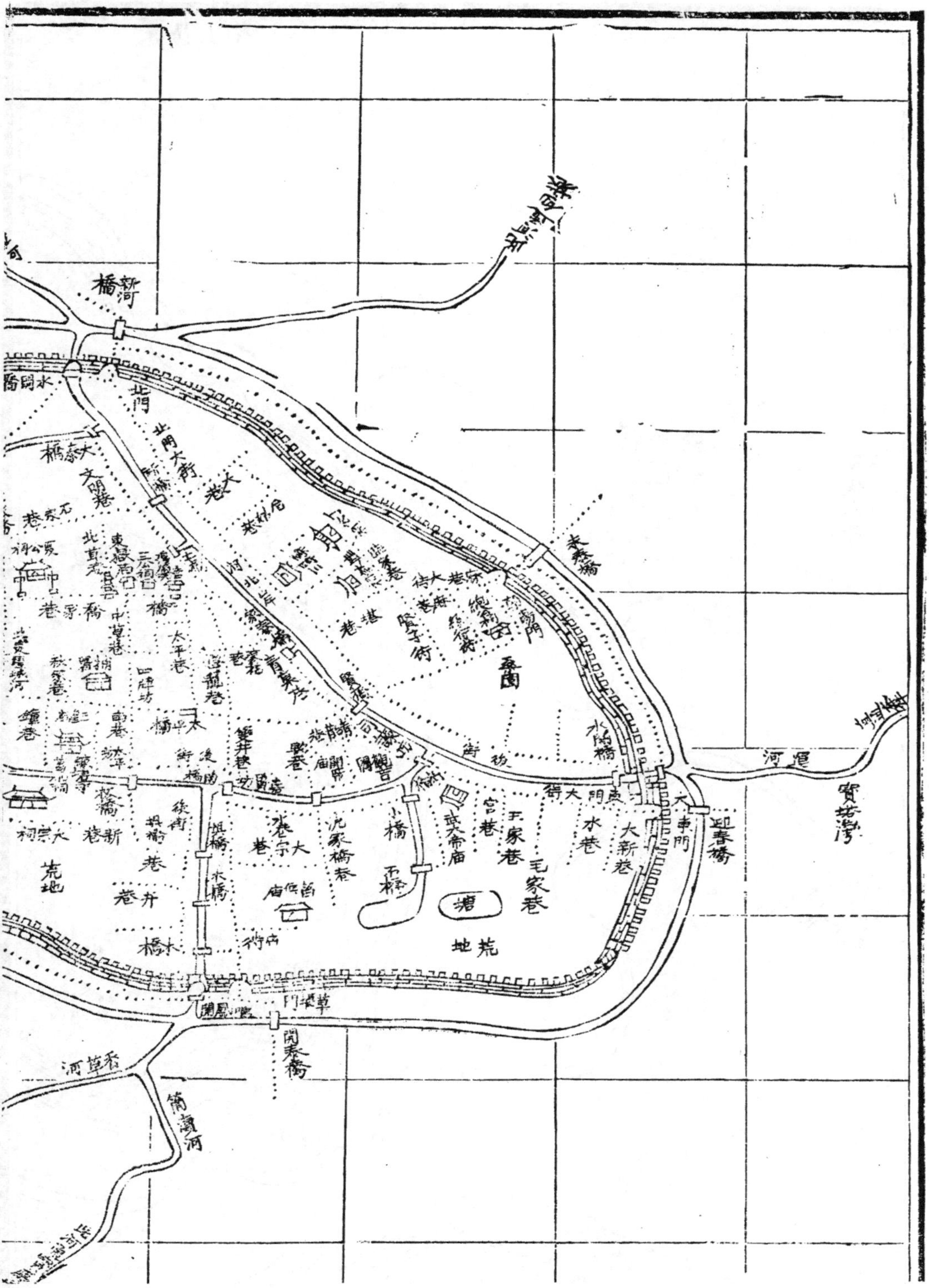
新河橋
北門
北門大街
大巷
文明巷
石家巷
中草巷
太平巷
四牌坊
賢子街
大東門
迎春橋
寶塔灣
水關橋
宮巷
王家巷
毛家巷
水巷
大新巷
沈家橋巷
小橋
塘
荒地
開泰橋
香草河
荒地

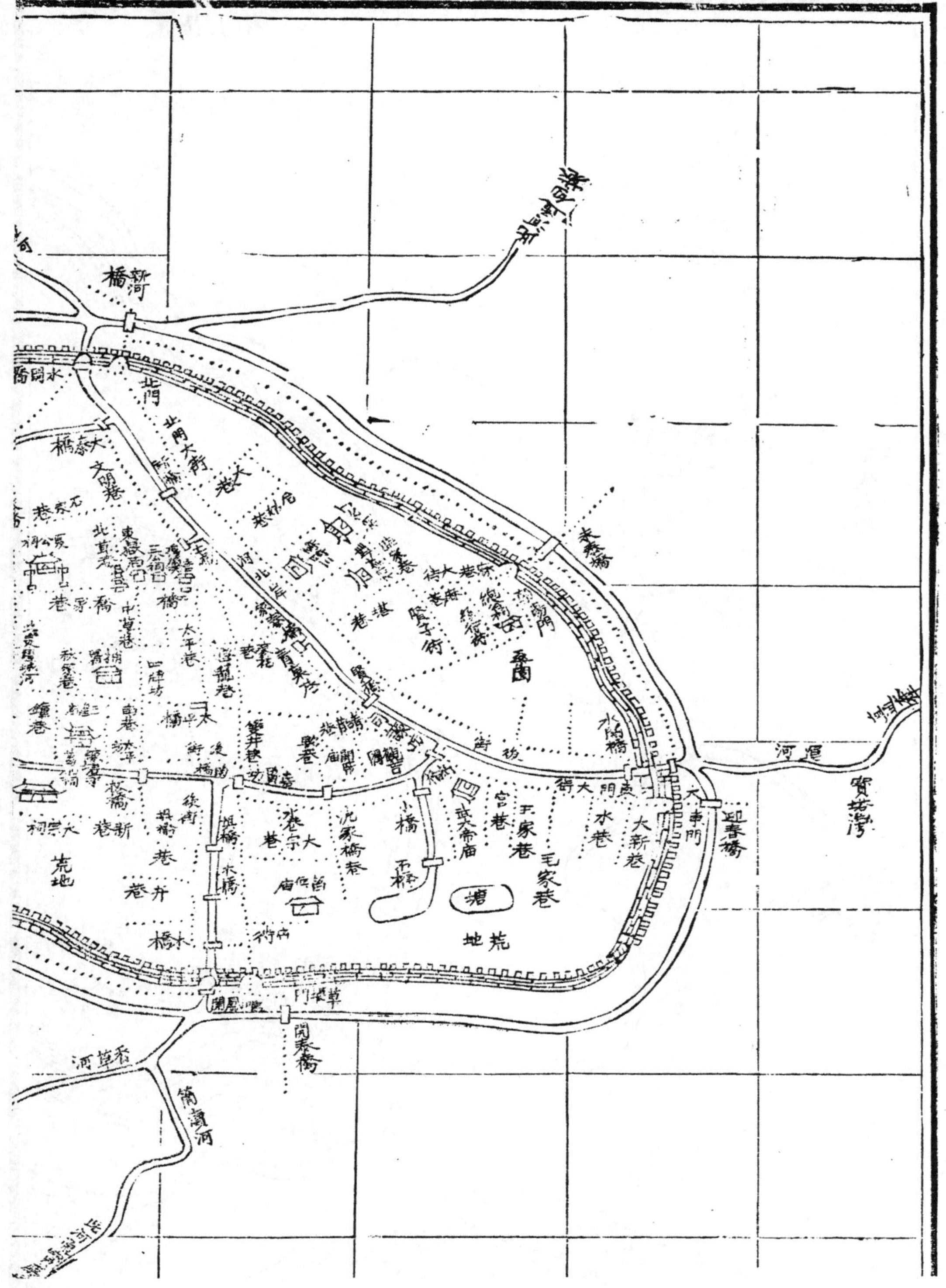

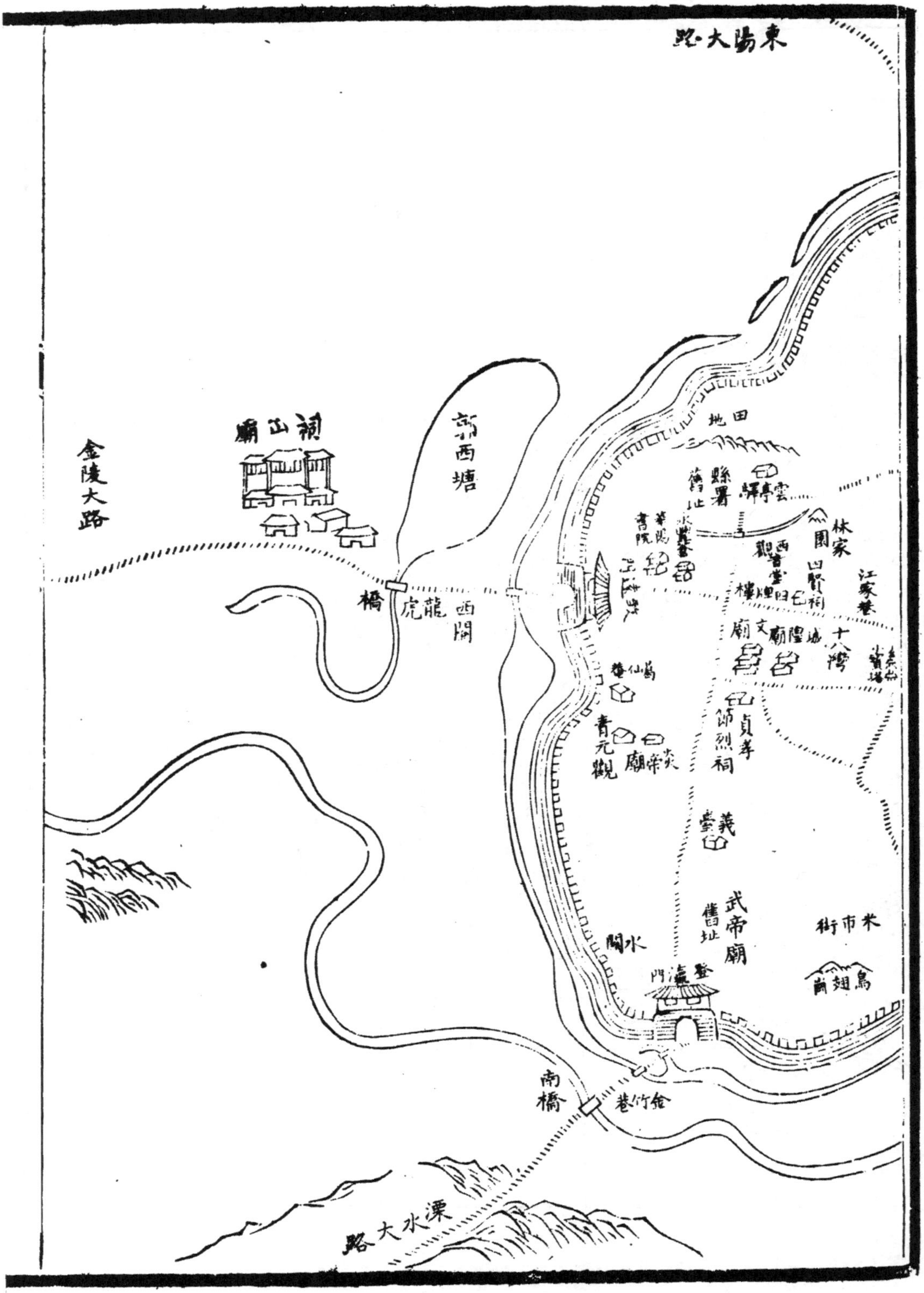

句容县治图 / 选自光绪《续纂句容县志》

句容縣治圖

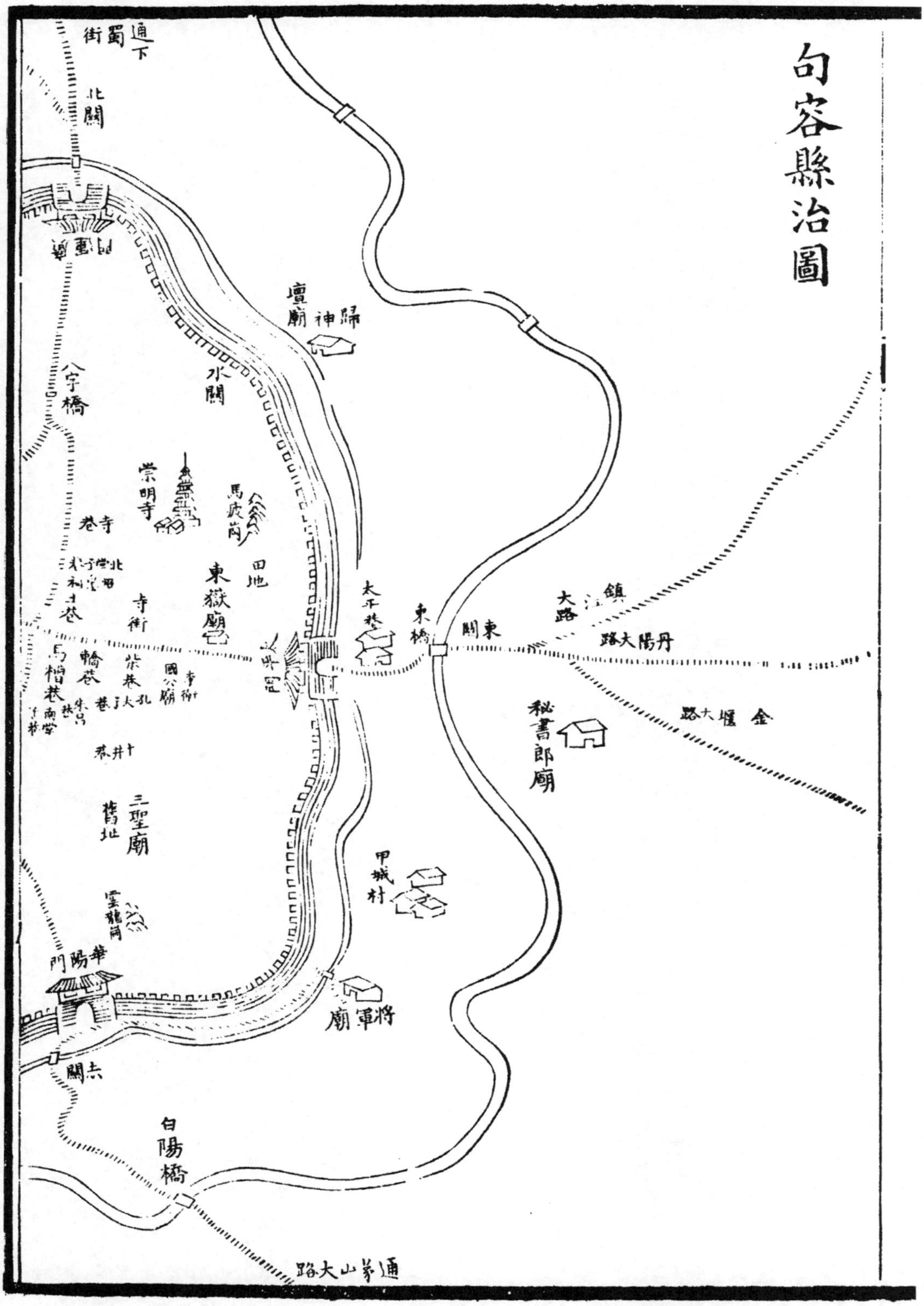
通下蜀街
北關
歸神壇廟
水關
八字橋
崇明寺
東嶽廟
田地
寺街
太平巷
東橋
東關
鎮江大路
丹陽大路
金壇大路
秘書郎廟
甲城村
三聖廟舊址
華陽門
將軍廟
白陽橋
通茅山大路

常州

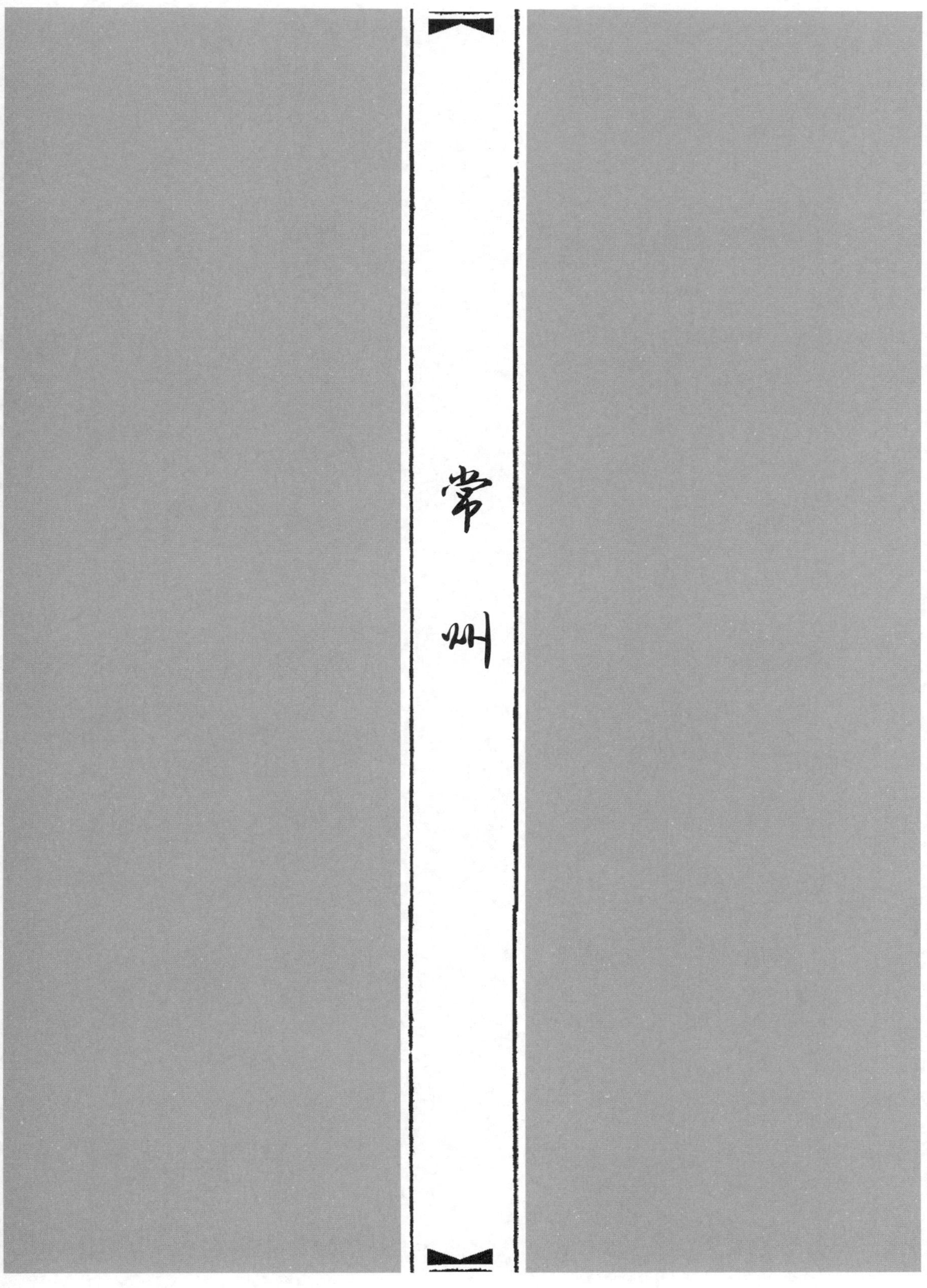

常州府全属图说

窃闻交地必谨其守，衢地必固其结。常郡北跨长江，南揽太湖，右承江、镇，左达苏、松，扼东西之道，当漕运之冲。盖参错则为交，来往则为衢也。大江以狼山、福山为外口关键，以京口、七濠口为腹里关键，而常郡所辖江面，西抵孟河，营联镇江，声援有泰平等洲障其前；东抵杨舍，营有常阴等沙亘其左。靖江之八圩港与江阴之黄田港，扼要中权，左右有沙洲之阻，中枢有对渡之口。循黄田而西，更有澡港、夏港、申港、芦埠、桃花、剩银、小河诸港，会哨分巡，随在可以寄泊，与八圩等港互为指臂。所以常郡江防，西协镇江，东连常熟，为必守之要道也。旧设京口水师，以都司驻孟河，参将驻江阴。又添设长江水师，往来巡哨，非特为江防计，而湖防亦借为倚赖焉。马迹各山，屹立湖中，后倚陈弯，前瞰全湖，设险于此，则东自无锡之独石口，西至荆溪之兰后嘴，可以左右顾。自宋以来，论居重驭轻之形势，凡兵屯皆有取于此。内地之要锡金运河，上贯郡治，下达苏垣。其间如奔牛为孟河内港，戚墅为内达冲途。余则白家桥、横林、新安各处，皆为运河之冲，而宜、荆为南鄙籓篱，复岭连冈，支流错互。宋南渡后，岳忠武曾驻兵于此。明徐中山亦以是为饷运道，井堙木刊，鲜虞言之所谓交衢参错，形胜然也。全郡受西北之水，而北境运河，中境滆溪、张江，南境荆溪、张渚，乃咽喉之吸纳。宋建洮滆、西氿、东氿职司潴蓄，乃中宫之转运长江各口，惟孟河水势平缓，而芦埠、舜河、夏港、黄田、黄山诸处，不尽疏宣太湖诸口，惟独山门为进水，而闾江、下埠、百渎、沙塘、大浦、乌溪近俱通畅，若荆溪之山水、靖江之江潮，虽水势因时缓急，而脉络均相与维系云。

武进县图说

武进东枕长江，西襟运河。北城孟渎，联靖江、泰兴之江防；南控滆湖，合宜兴、阳湖之汛守。长江自丹阳境来，东北至丹阳界之孟河口，东南至江阴界之桃花港，计三十三里奇。紧要之口六，为澡港、桃花、得胜、剩银、小河、孟河诸口，而孟河尤最要。循口西入，有孟河营都司驻焉。营左黄山、弯山、汉铜山、玉台山，最高者二十余丈，登望江流，如在几席。其捍蔽孟河口者，左为泰平洲，右为福兴洲。洲西浅水可达民船，洲外深流可容海舶。两岸沙洲错如棋布，其南为小河口，内达小河、石桥弯、夏墅、罗墅、奔牛等镇，又东南为剩银港、得胜河，与江中暗沙、长沙相对。港内俱设有汛守。又东为澡港、桃花港，与靖江对岸。外无沙蔽，俱可内达郡城，亦沿江之要口也。运河自丹阳境东南直注，经九里铺、奔牛镇至毗陵驿，绕郡城南而入阳湖县境，旧设老宁闸以约小河之水，设新闸以缓运河之水。今东注水源势已渐平，运河之北全赖江潮，而孟河以西地势低洼，剩银以东沿江高仰，故孟河、小河会于石桥弯镇，而稍沁于运河。剩银、得胜会于绿城桥，而潴蓄为小港。故运河水势平漫，流不甚驶，由运河分流者，一为直渎河，南经卜弋镇，屈曲至垂虹港，而入滆湖。一为官渎河折东，合宜、荆运河，并入阳湖界，由此而南至溪、佘泽港，入滆湖，沿湖而西曰湖塘河，滨湖港渎资蓄泄焉。境内村镇，奔牛为要，石桥、卜弋两镇次之。至江阴交界之石庄桥，丹阳接界之溭溪，则又分辖及之。

阳湖县图说

阳湖本武进东南乡，与武进同城治。控山麓，滨滆沙，襟运河，跨马迹，为转漕之冲途，据太湖之形胜。太湖西接宜兴界之百渎口，迤东南之陈弯山，折东北，过下埠新村港，又东北入无锡界。百渎、下埠俱西北承滆湖之委以入太湖，其水道之达郡城者，虽百渎稍迂，下埠为径，而陈弯山高耸湖滨，百渎、下埠分流左右，外有马迹屹峙湖中，亦天然之形胜也。循陈弯而西为许墓山，北为凤凰山，左扼阳湖港，右扼南商河。又百渎、下埠之内隘，宜、荆漕河为郡南通衢，而北受运河。运河自武进界来，绕郡城之南至白家桥。其支北来者曰平塘港，南注者曰采菱港。白家桥之东南曰丁堰镇，其北支曰丁塘港。丁堰东南至戚墅堰为邑巨镇，又东南至横林镇接无锡界，分注为北阳湖、南阳湖，而南入阳湖港。盖戚墅扼运河要，而横林次之。由戚墅过横山塘镇，芳茂山在其北，横亘十里，北控三河，左倚舜河，迤东北至岳山、舜山而入江阴县界，山峦罗列，水陆纵横，亦称内地之要。由北濠东流者曰北商河，经郑六、三河至岳山下之寨口桥，南达无锡，北达江阴，为全郡东境通衢。横承长江口东城港、芦埠港、申港入里要津。是以三河、郑六向设巡防焉。地势西高于北，北高于东。芳茂山东南旧为芙蓉湖，今筑围圩，隶阳境者曰北圩，隶锡境者曰南圩，置八闸、筑内围以阻上流。其陈荡、蓬桅、刘白、湖心诸荡，仍芙蓉湖旧址也。故论阳之水利者，北境资江潮，而舜河为之经；南境资运河，而宋建为之蓄；西境资漏湖，而南运河又为之承宣而转输云。

金坛县图说

金坛，汉曲阿县地。右倚茅山，左苞洮湖，北筑闸堤以蓄丁角下流之水，南疏港浦以灌溧阳、高亢之田。南境洮湖，一名长荡湖，与溧阳接界，为两境潴蓄之所。宋单氏锷《水利论》谓：洮湖上接漏湖，而于运河有功；下达荆溪，而于震泽无害。旧有八十一浦口，实受荆城、延陵、丁角、薛埠四源之水。今所存者，惟方洛港、新河港、抱村港、白石渎港、后渎港数浦而已。荆城水自丹阳经漕河，过钟秀桥，贯邑城南，由方洛港入洮湖。丁角水自宝堰经西溪，合延陵之水，过直里镇，南通东墟桥，由溧阳漕河入洮湖。薛埠水经五河口分流，一自大浦港入洮湖，一自青龙桥东由新河港入洮湖。其溧阳漕河，贯城而南，旁络洮湖，直达溧城，既引北境之水以利舟楫，复承西境之水以资蓄泄，则南北之干河也。其荆溪历沈渎，南过东大亭五河口，西达薛埠，则东西干河也。惟茅山之水西入句容，由秦淮入江，则非本邑水利。是以堤闸之设，昔人尤三致意焉。境内通行之路，如北境直里镇之一由水路西溪口达延陵，一由陆路西旸镇达宝堰，皆为入郡通衢。东境由钟秀桥水路斜达丹阳，由大沟村陆路横达常郡，为旁达之路。西境陆路由七里亭入和尚山，以西通句容。南境陆路由统元村抵黄金山镇，以南达溧阳，皆为通行孔道。其余村市罗布，互相联络，有薛埠一镇，据五河之口，扼四达之衢，本为全境要冲，而全郡声援亦相策应，固未可以村镇忽之。

溧阳县图说

溧阳，汉旧县。国初，属江宁。雍正八年，改属镇江。中河右引荆水东流，后控洮湖，前凭群岭。凡以潴宜兴之水利而联广德之兵防者，皆在乎是。北境漕河自大江南来，历丹阳、金坛诸城，直抵邑城，为达郡城水陆孔道。由漕河之甓桥镇迤西，北经黄金山镇，可抵金坛之薛埠镇，为达省之陆道。循中河而北，过竹箦镇，出丫髻、瓦屋两山间，高峰夹立，石径纡回，地名石灰窑路，入句容，亦达省之陆道。溯中河而西，一由上兴步镇达溧水，一由上沛步镇达高淳，乃陵水旧址，即古所为中江也。其南循南河而西，为南渡三塔、升平三荡，亦旧时中江所经之地。考中江，旧自芜湖东流，迨唐宋筑银林五堰，而西南诸水不复东行。明初，都金陵，以苏浙漕程，自东坝入，可避江险，复建石闸启闭，而运道悉经东坝。永乐初，运道废，改筑土坝。自是宣歙之水，不由邑境入太湖矣。今测高、溧水道，既不东通，而高境之东坝，乃太平等府由陆路直达常、苏之捷径，是以邑城及宜、荆城遂为东坝下游之冲道，其南境与广德、建平接界。巨岭嵚崎，众峰参错，东入荆溪，连亘无际，惟邑城南戴步一镇，东接荆溪之张渚镇，北负邑城、南凭高岭，最为通境扼要。外此各镇，如南渡为东坝之砥柱，杨巷为宜荆之津梁，甓桥为漕河之控扼，皆与城邑互递声援。东北山，下临杨巷。西北曹姥山，下临上兴步镇，南境诸山，当以石门山、金牛岭为尤要。邑之水利，恃挹西境山泉，以润田畴。恃有三塔、前马两湖为之潴蓄，而东北洮湖跨越三县，尤足资为灌溉云。

以上《苏省舆地图说》

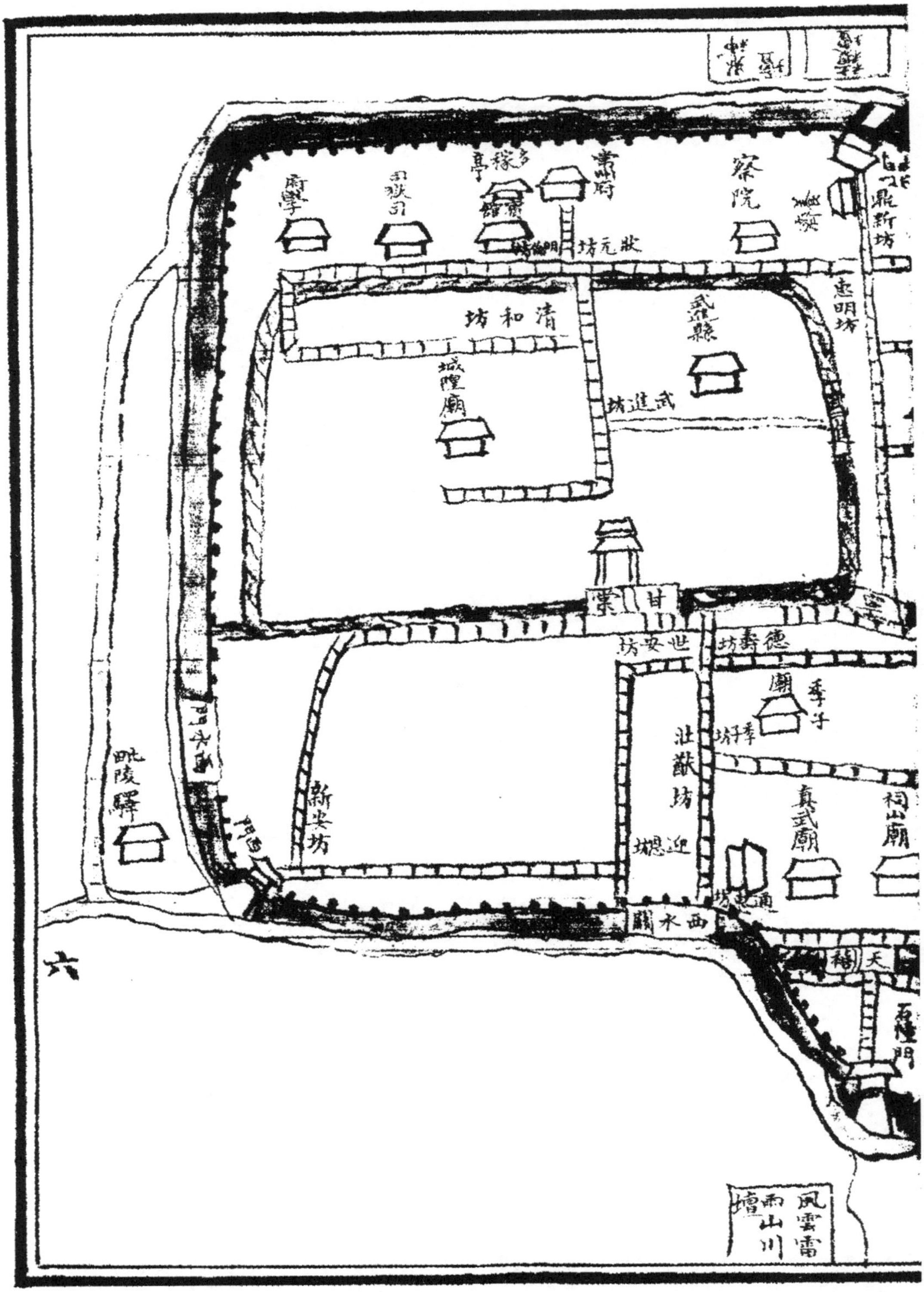

郡城图 / 选自洪武《常州府志》

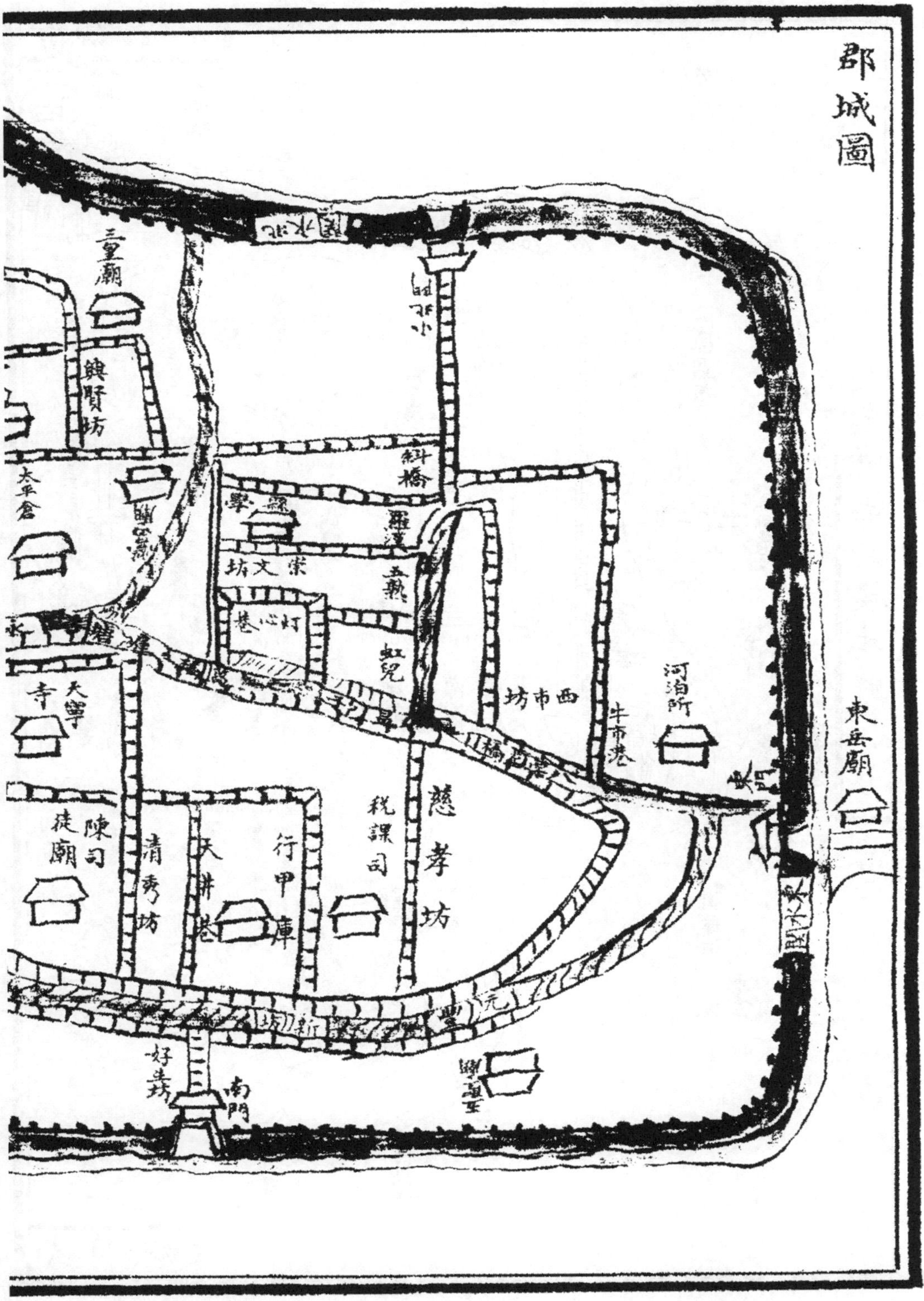
郡城圖
三皇廟
興賢坊
太平倉
縣學
崇文坊
斜橋
西市坊
牛市巷
河泊所
東岳廟
天寧寺
陳司
徒廟
清秀坊
天井巷
行甲庫
稅課司
慈孝坊
好善坊
南門

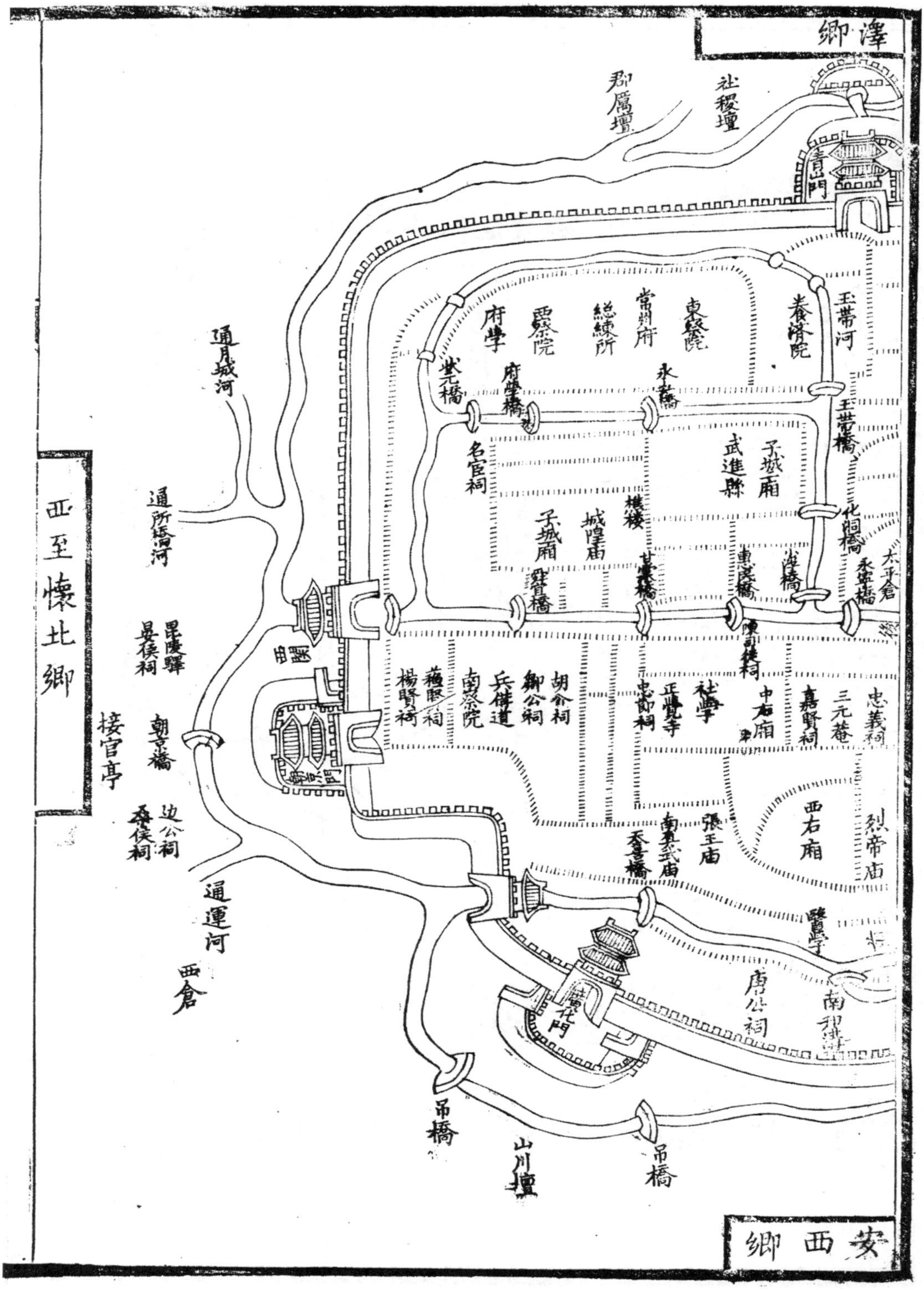

府郡城图 / 选自康熙《常州府志》

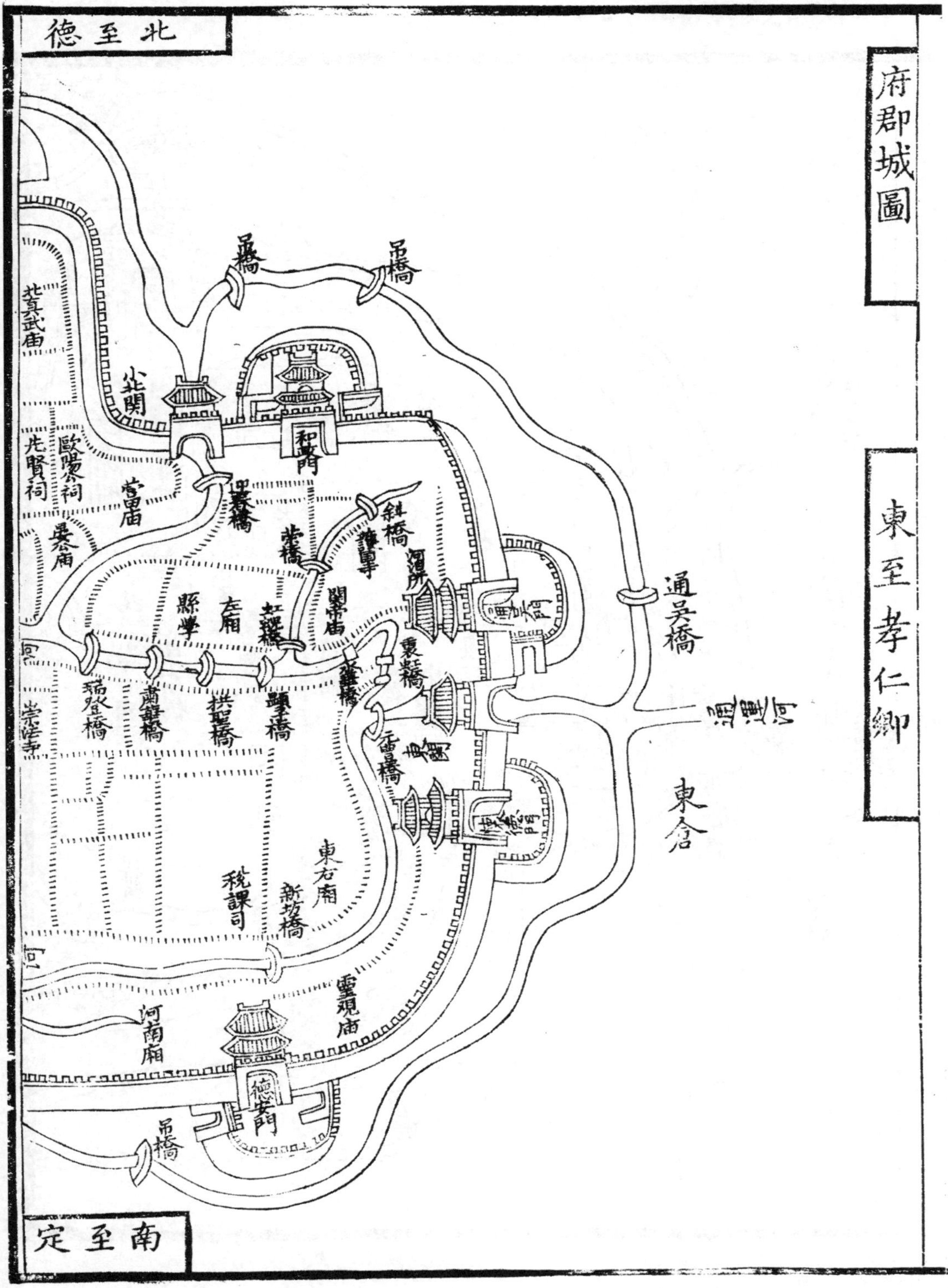

府郡城圖
北至德
南至定
東至孝仁鄉
吊橋
吊橋
通吴橋
東倉
北真武廟
小北關
和政門
先賢祠
歐陽公祠
縣學
左廟
關帝廟
斜橋
東右廟
稅課司
新坊橋
靈觀廟
河南廟
德安門
吊橋
拱聖橋
崇法寺

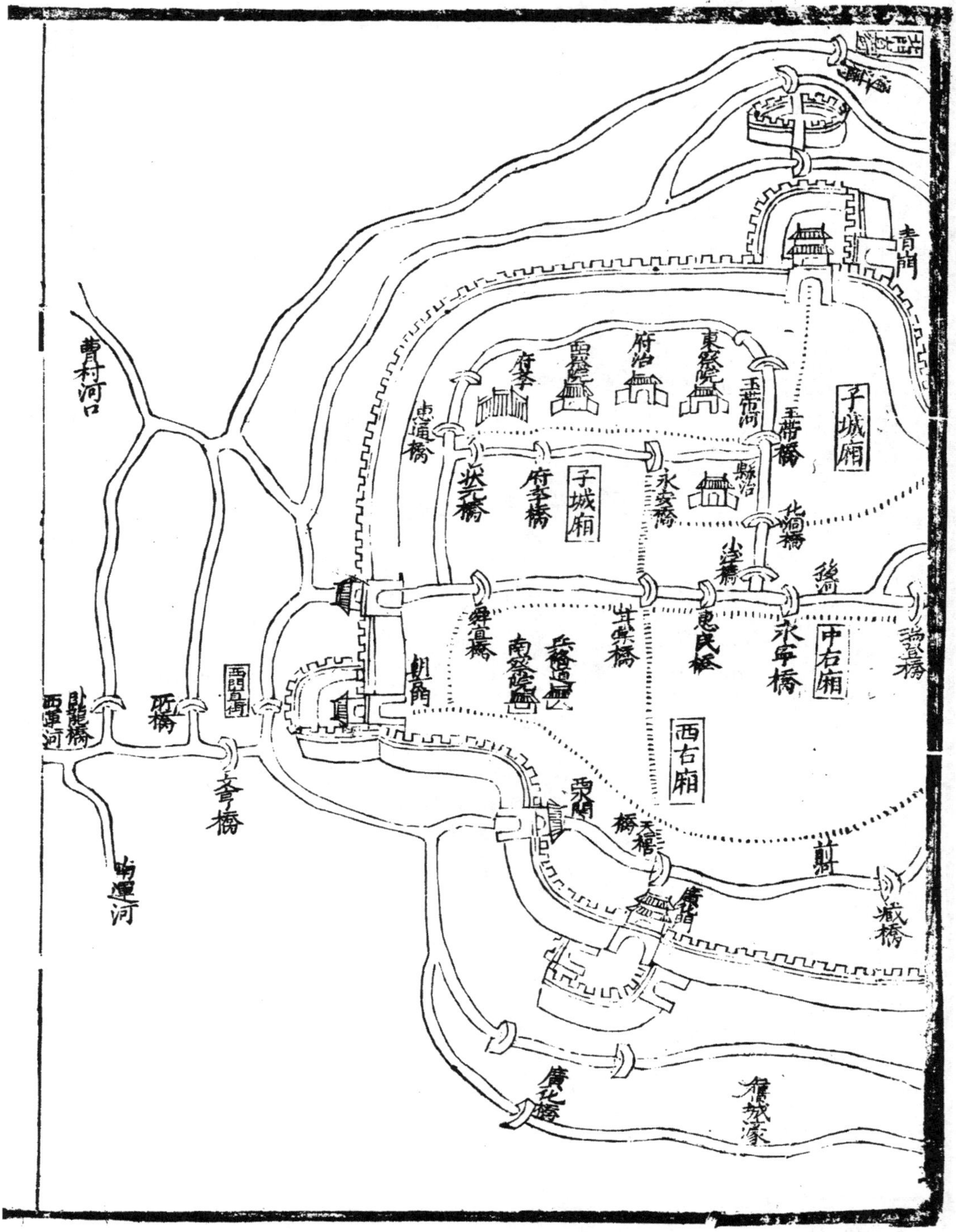

武进县城池图 / 选自康熙《武进县志》

城池圖

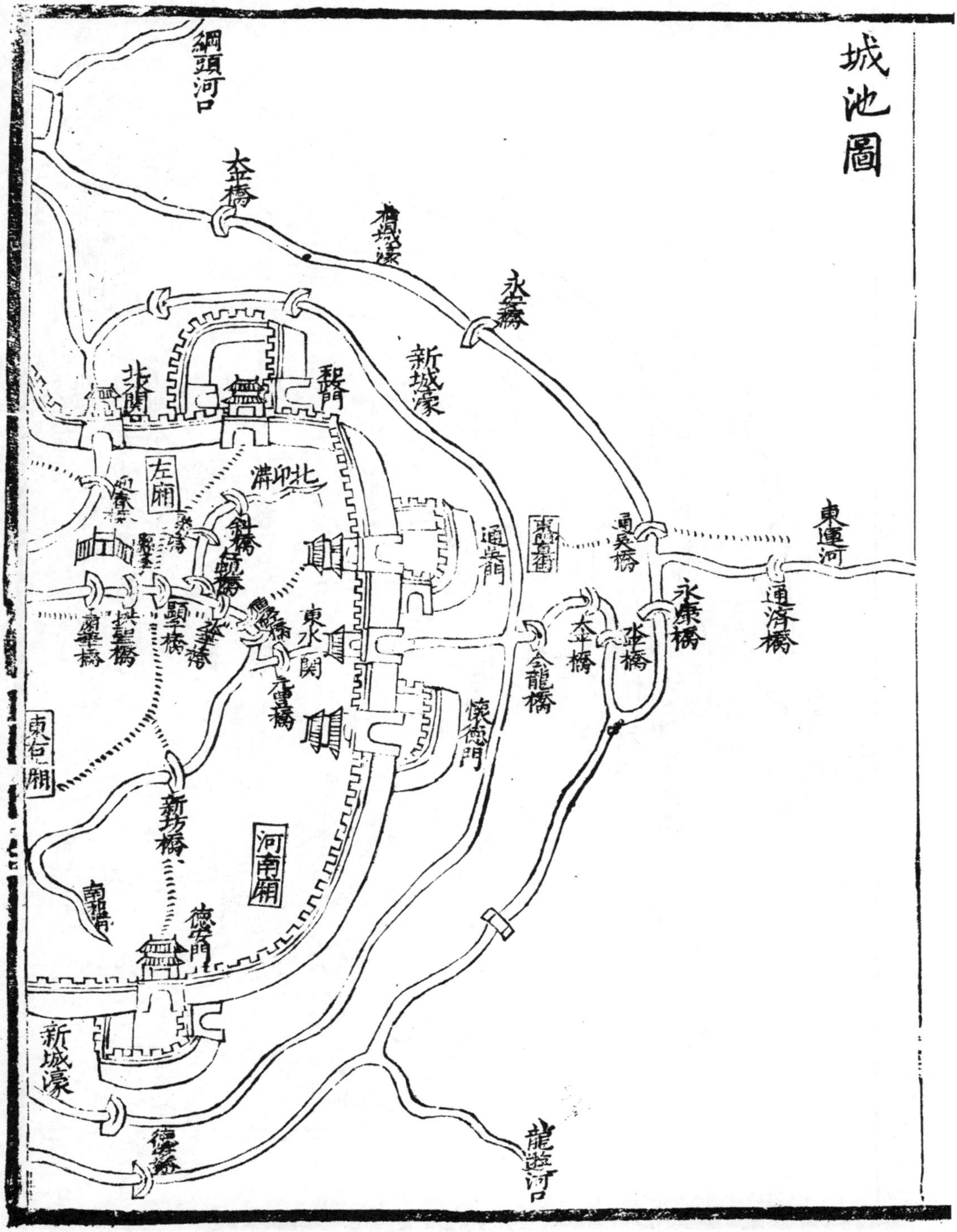
綱頭河口
太平橋
舊城濠
永安橋
新城濠
北門
左廂
北印浦
通吳門
東青街
通吳橋
東運河
通濟橋
永康橋
水平橋
太平橋
金龍橋
懷德門
東水關
東右廂
新坊橋
河南廂
德安門
新城濠
龍遊河口

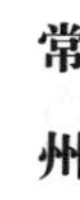

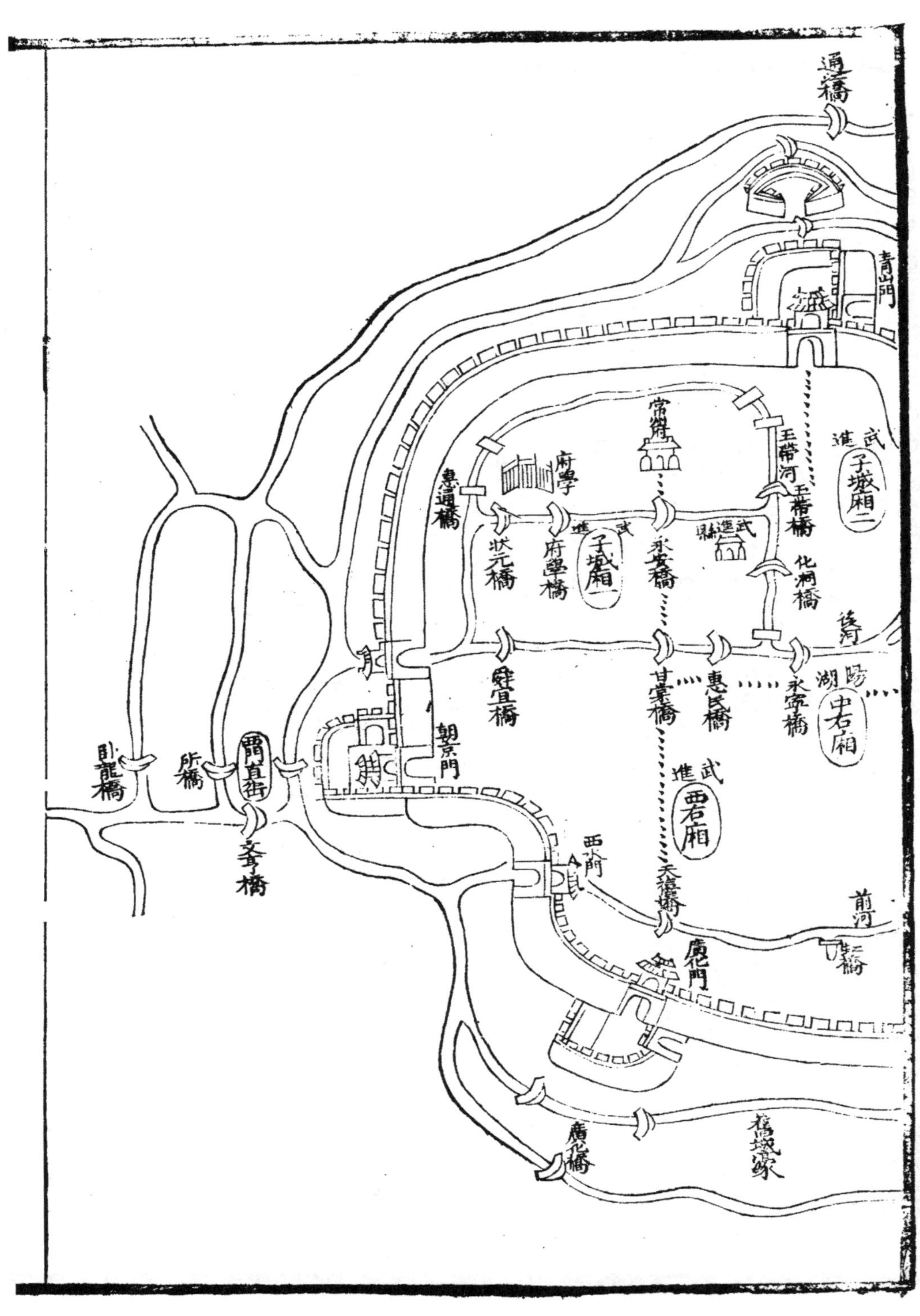

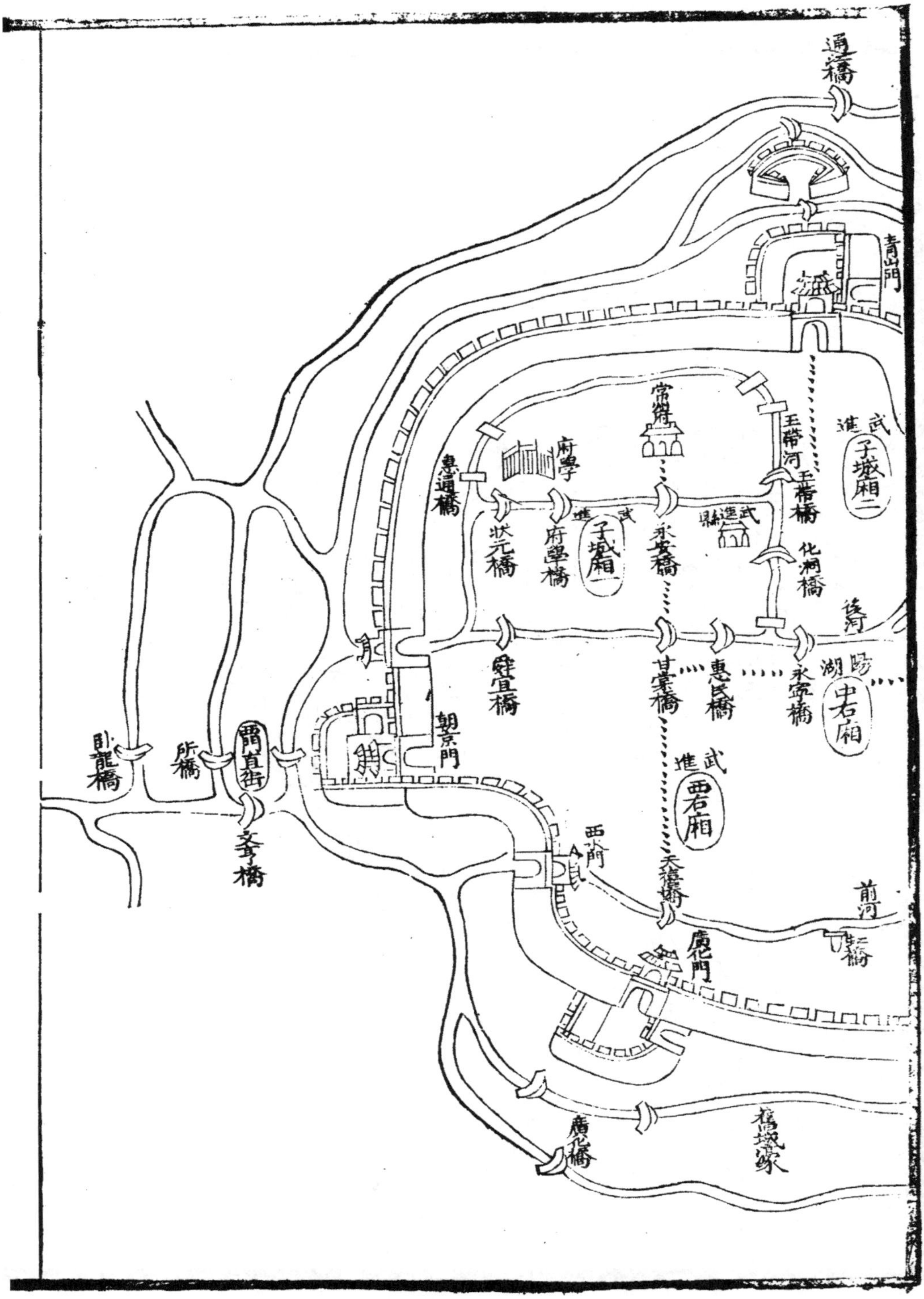

阳湖县全城图 / 选自乾隆《阳湖县志》

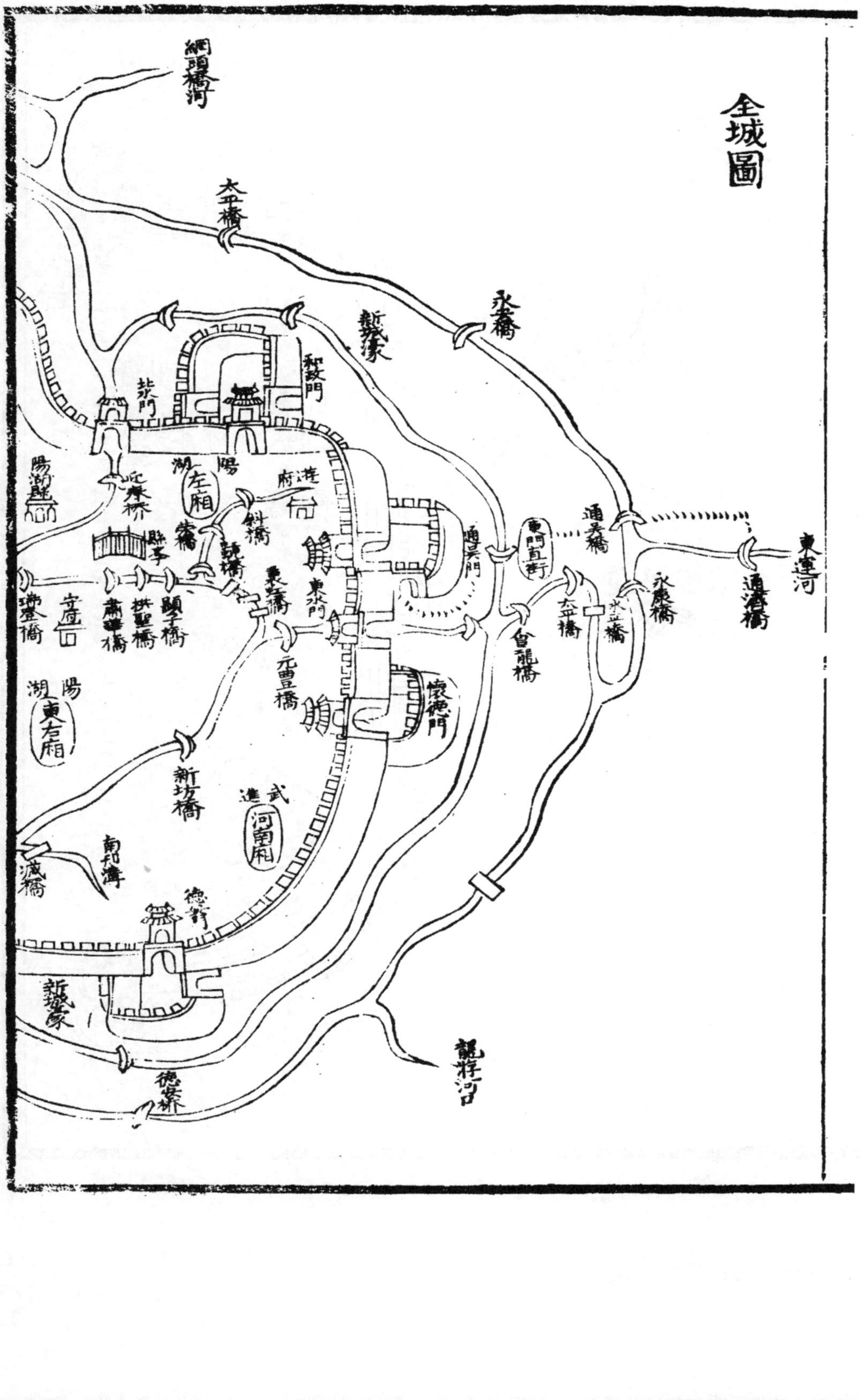
全城圖
網頭橋河
太平橋
永安橋
新城壕
和政門
北門
陽湖
左廂
府治
斜橋
通吳門
東門直街
通吳橋
東運河
通濟橋
白龍橋
東水門
元豐橋
懷德門
拱聖橋
陽湖
東右廂
新坊橋
武進
河南廂
新城壕

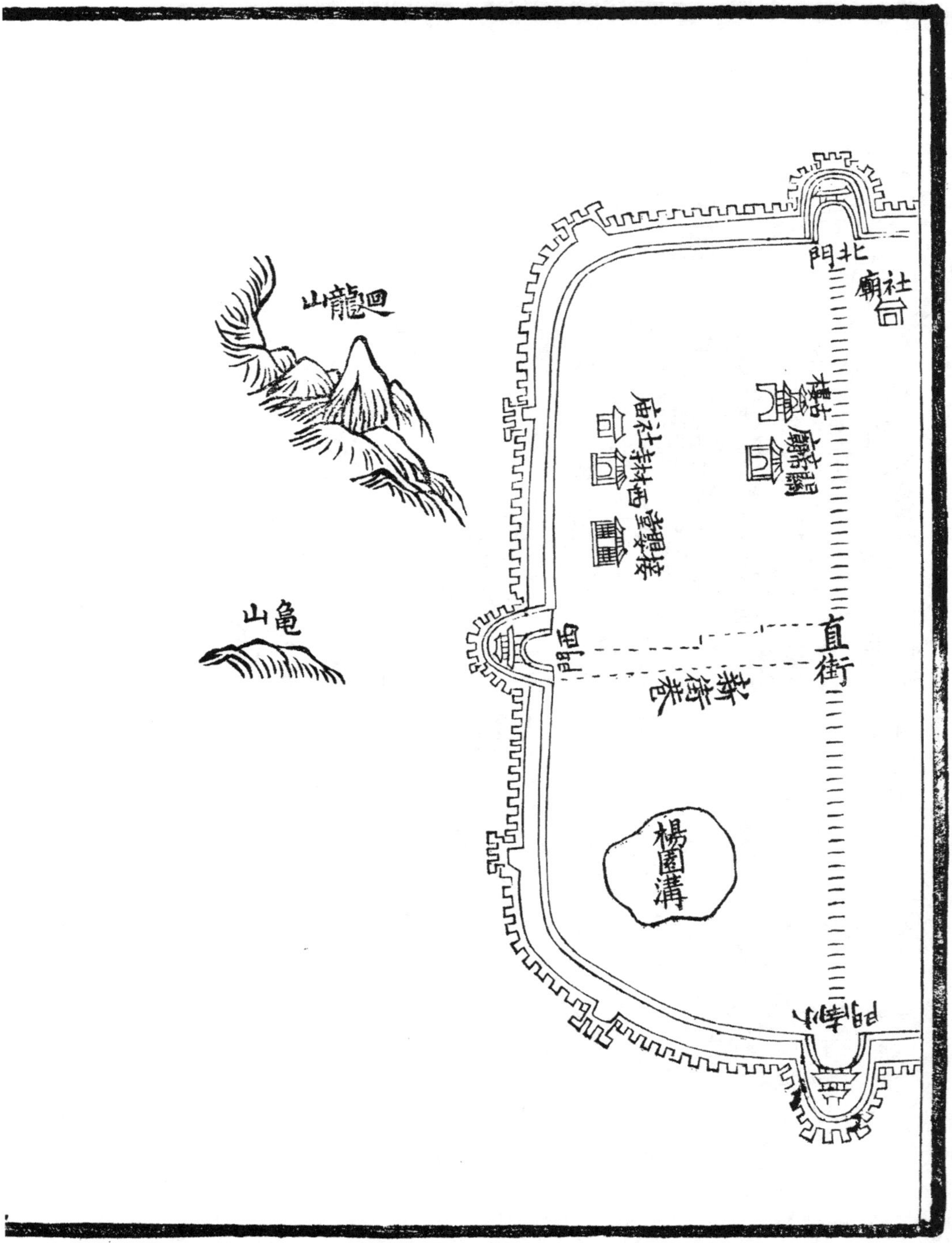

孟城图 / 选自光绪《武进阳湖县志》

孟城圖

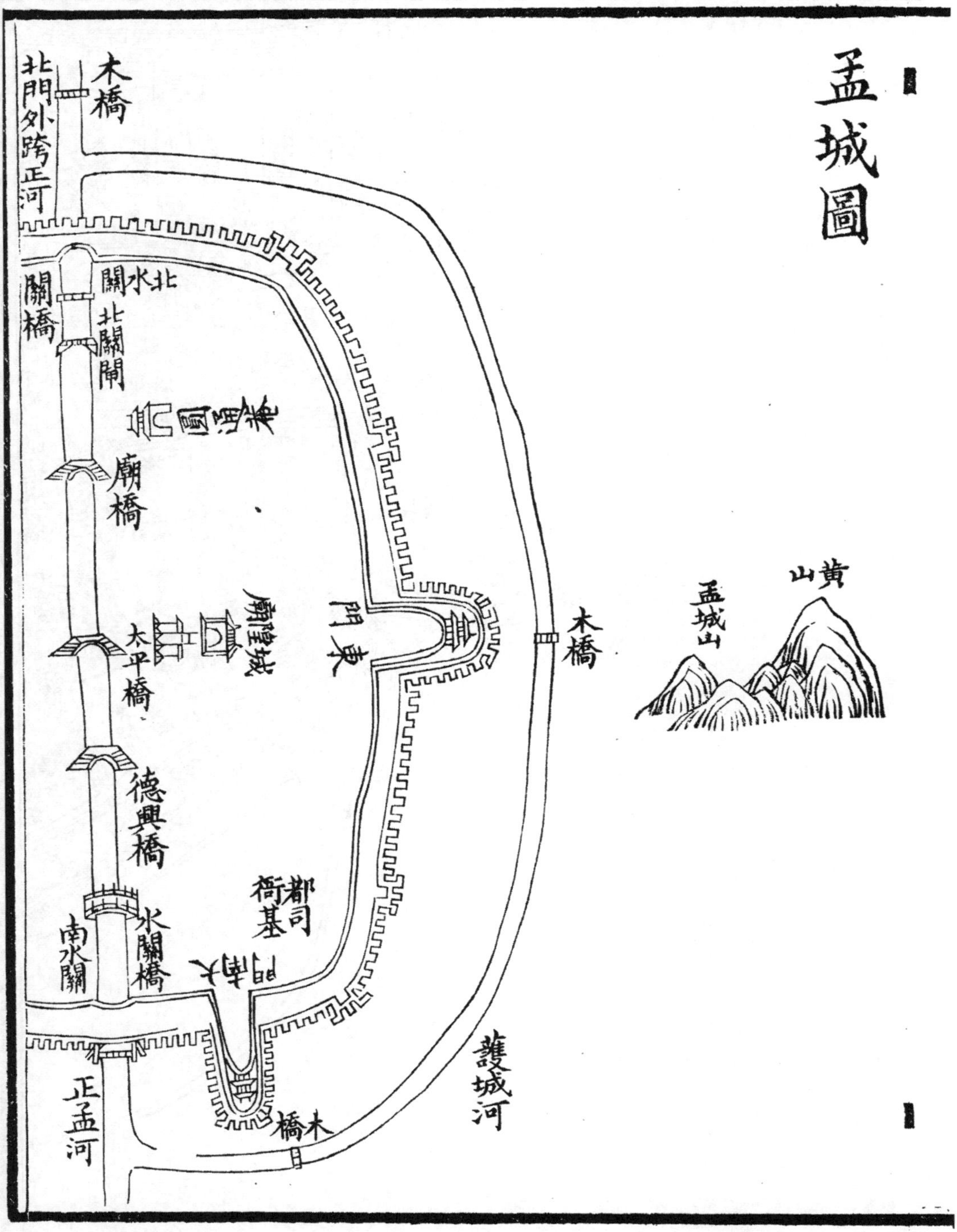
木橋
北水關
關橋
北關閘
廟橋
城隍廟
東門
太平橋
木橋
德興橋
都司衙基
水關橋
南水關
大南門
正孟河
木橋
護城河
孟城山
黄山

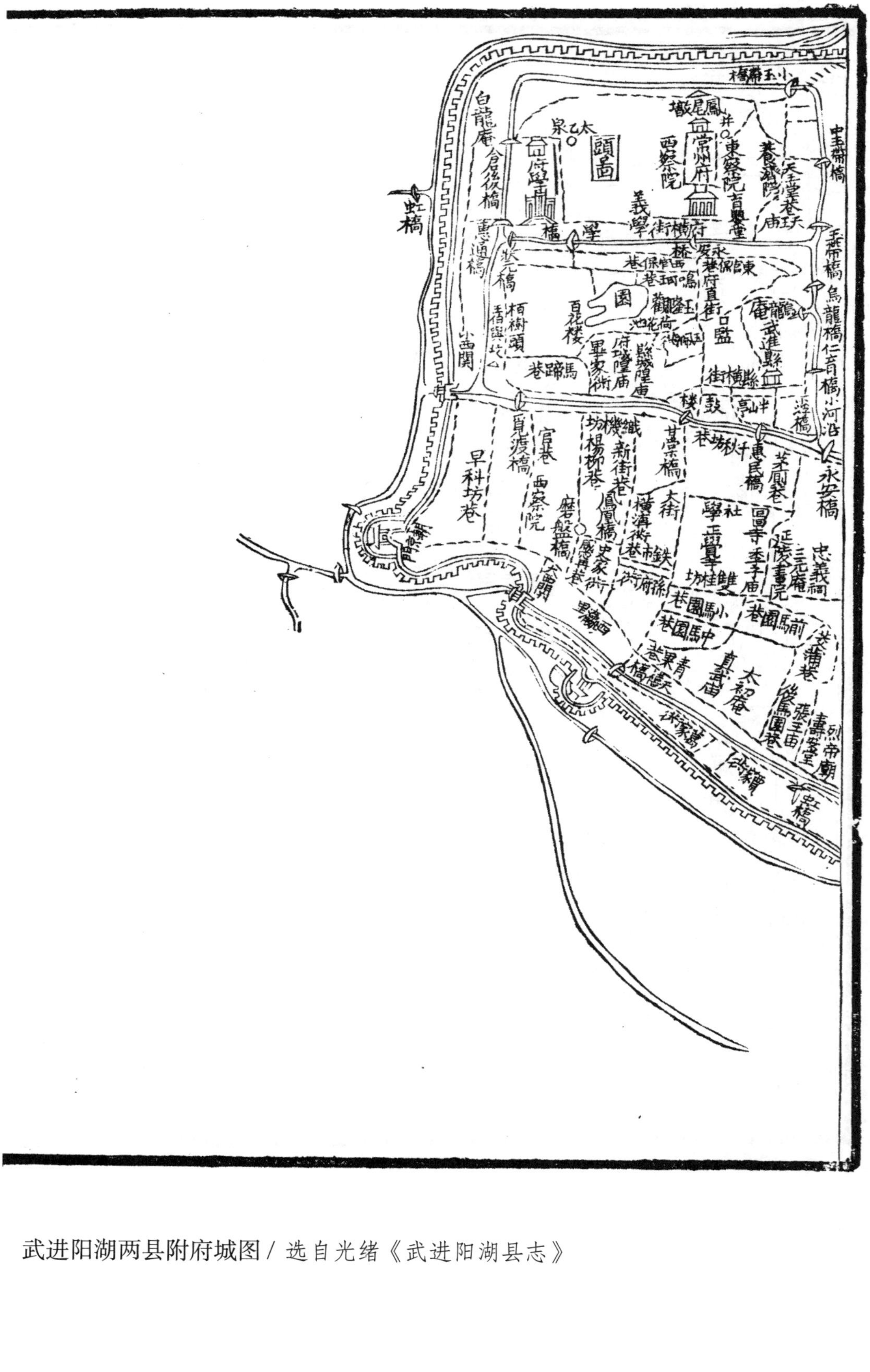

武进阳湖两县附府城图 / 选自光绪《武进阳湖县志》

兩縣附府城圖

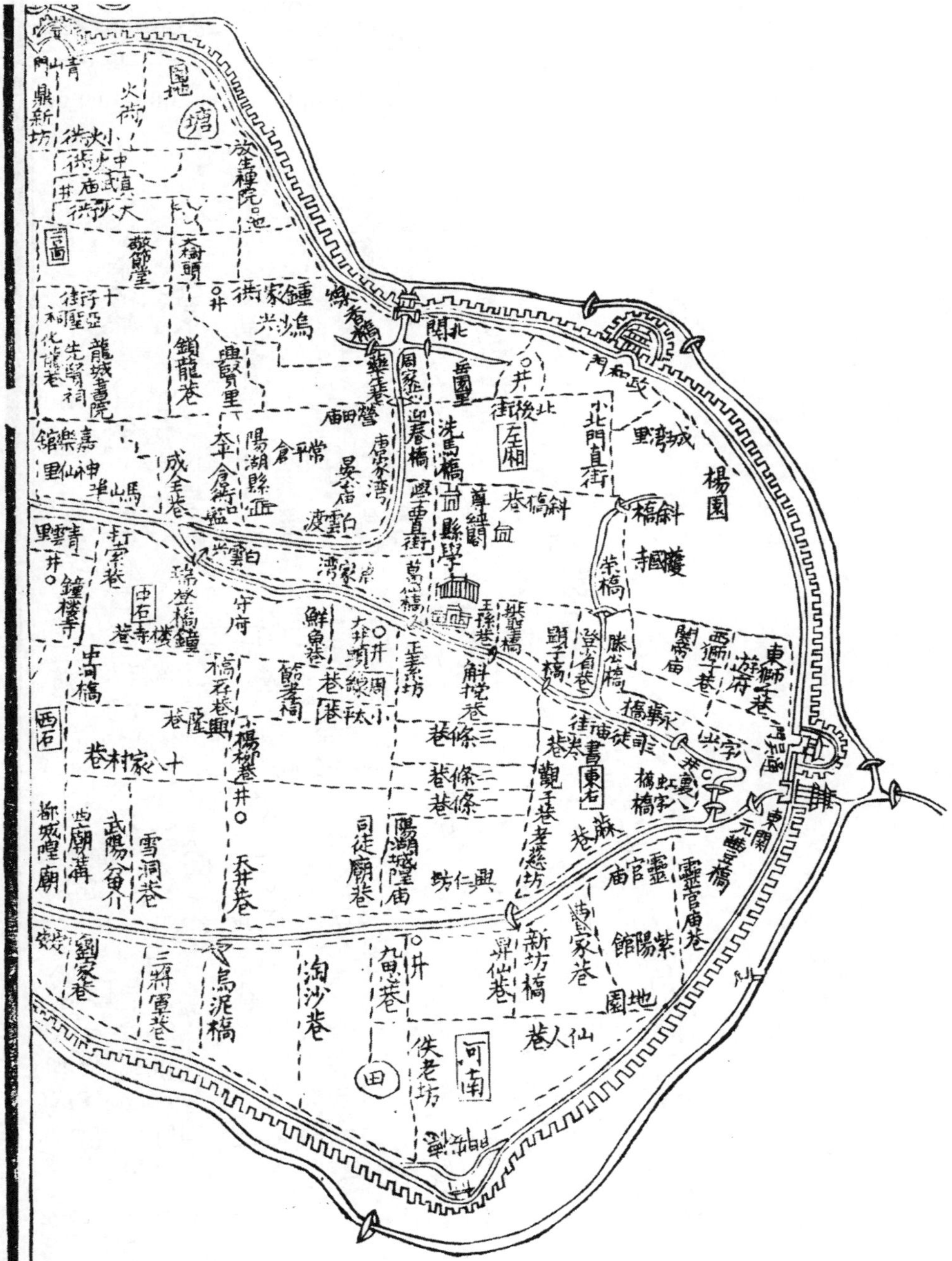
楊園
護國寺
龍城書院
鐘樓寺
常平倉
陽湖縣
三條巷
二條巷
一條巷
雪洞巷
天井巷
淘沙巷
烏泥橋
劉家巷
靈官廟
紫陽館
地園
元豐橋
東門

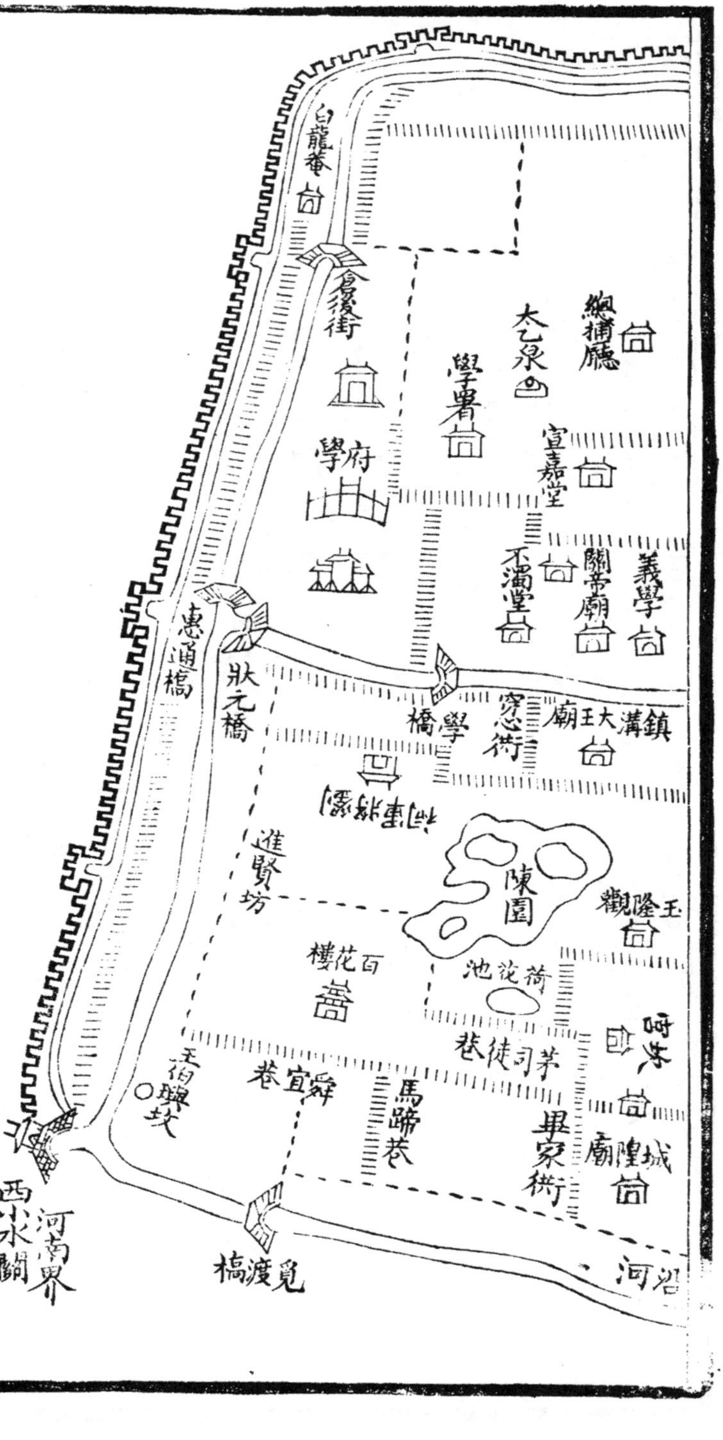

城一厢图 / 选自光绪《武进阳湖县志》

城一廂圖

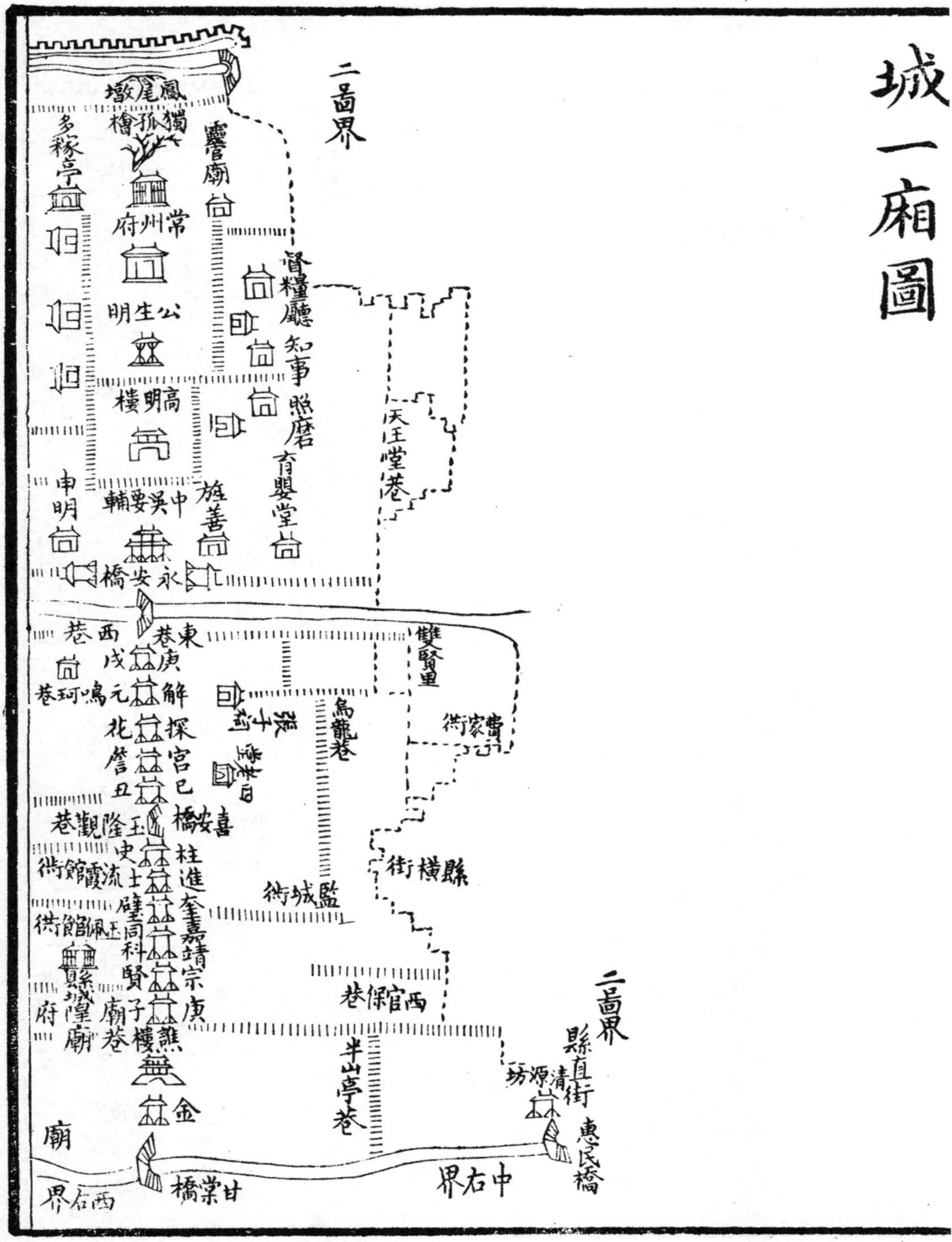
二啚界
鳳尾墩
獨孤檜
多稼亭
靈官廟
常州府
督糧廳
公生明
知事
照磨
高明樓
天王堂巷
申明
中吳要輔
旌善
育嬰堂
永安橋
西巷
東巷
雙賢里
庚戌
解元
鳴珂巷
探花
烏龍巷
官詹
己丑
喜安橋
玉隆觀巷
縣橫街
柱史
進士
流霞館街
監城街
佩玉館街
奎壁
同科
嘉靖
宗賢
庚子
縣城隍廟
府廟巷
譙樓
西官保巷
二啚界
縣直街
清源坊
半山亭巷
金
廟
惠民橋
中右界
甘棠橋
西右界

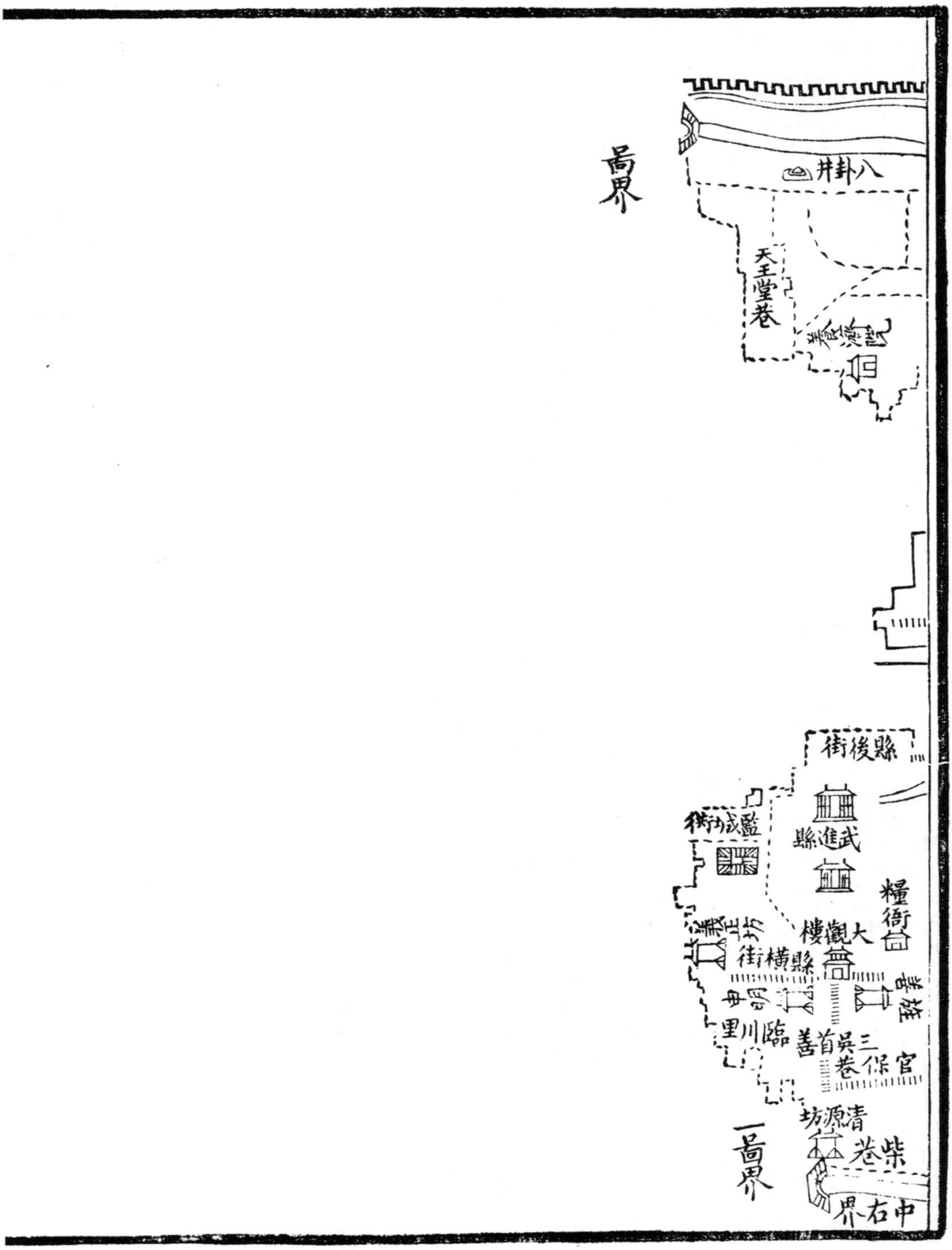

城二厢图 / 选自光绪《武进阳湖县志》

城二廂圖

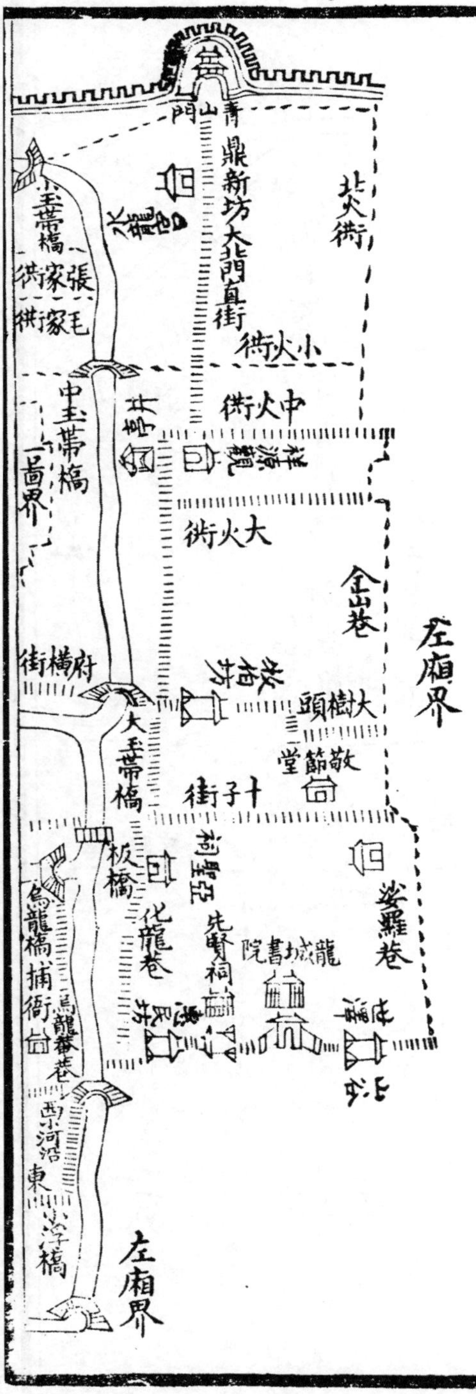
青山門
鼎新坊大北門直街
北大街
小火街
中火街
大火街
祥源觀
金山巷
左廂界
大樹頭
敬節堂
十子街
府橫街
大玉帶橋
中玉帶橋
小玉帶橋
張家街
毛家街
一圖界
板橋
化龍巷
先賢祠
龍城書院
娑羅巷
烏龍橋
捕衙
烏龍巷
西水河沿
東小浮橋
左廂界

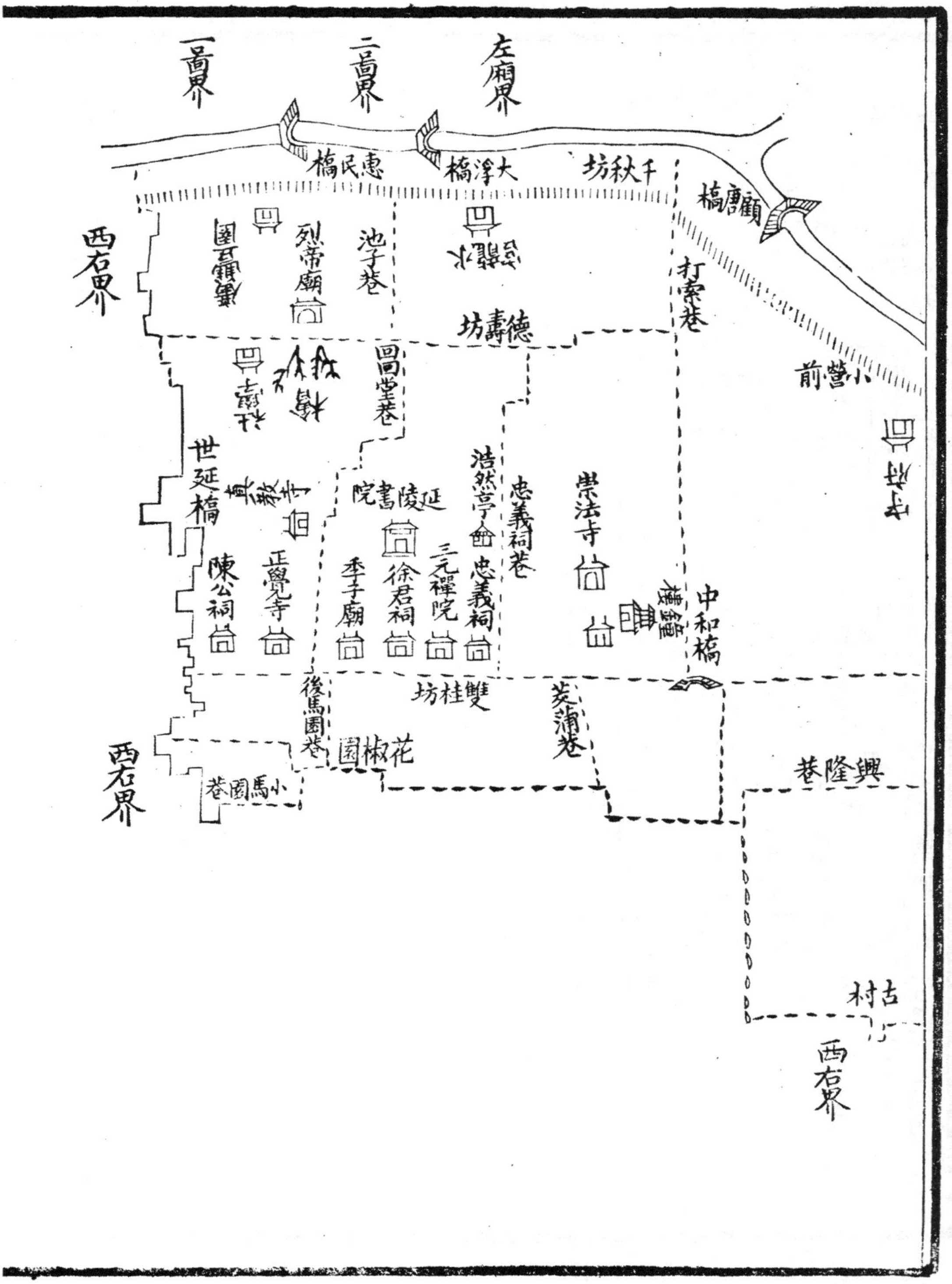

中右厢图 / 选自光绪《武进阳湖县志》

中右廂圖

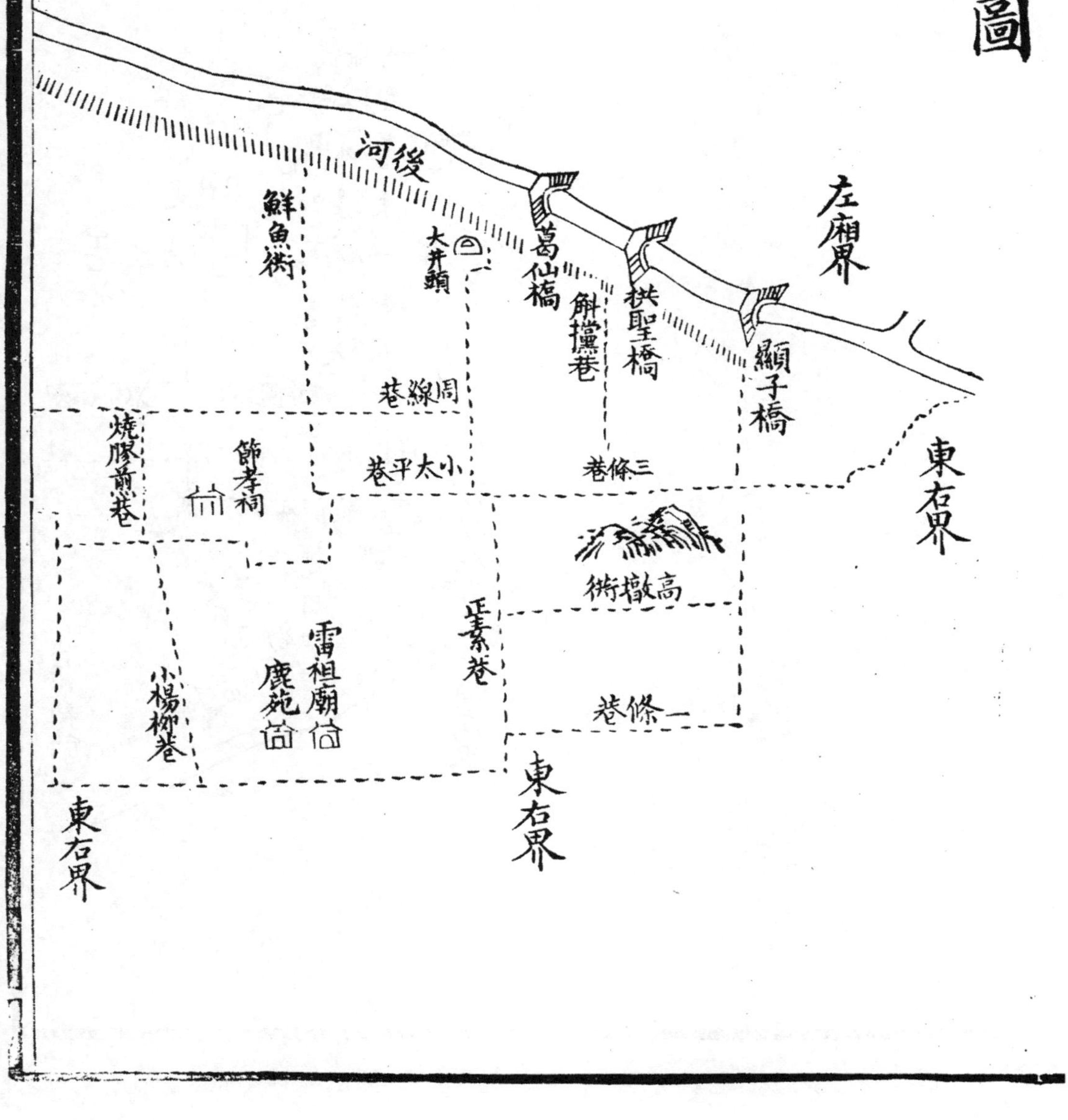
後河
鮮魚街
大井頭
葛仙橋
斛攩巷
拱聖橋
顯子橋
左廂界
周線巷
小太平巷
三條巷
燒豚前巷
節孝祠
東右界
高撒街
正素巷
雷祖廟
鹿苑
小楊柳巷
一條巷
東右界
東右界

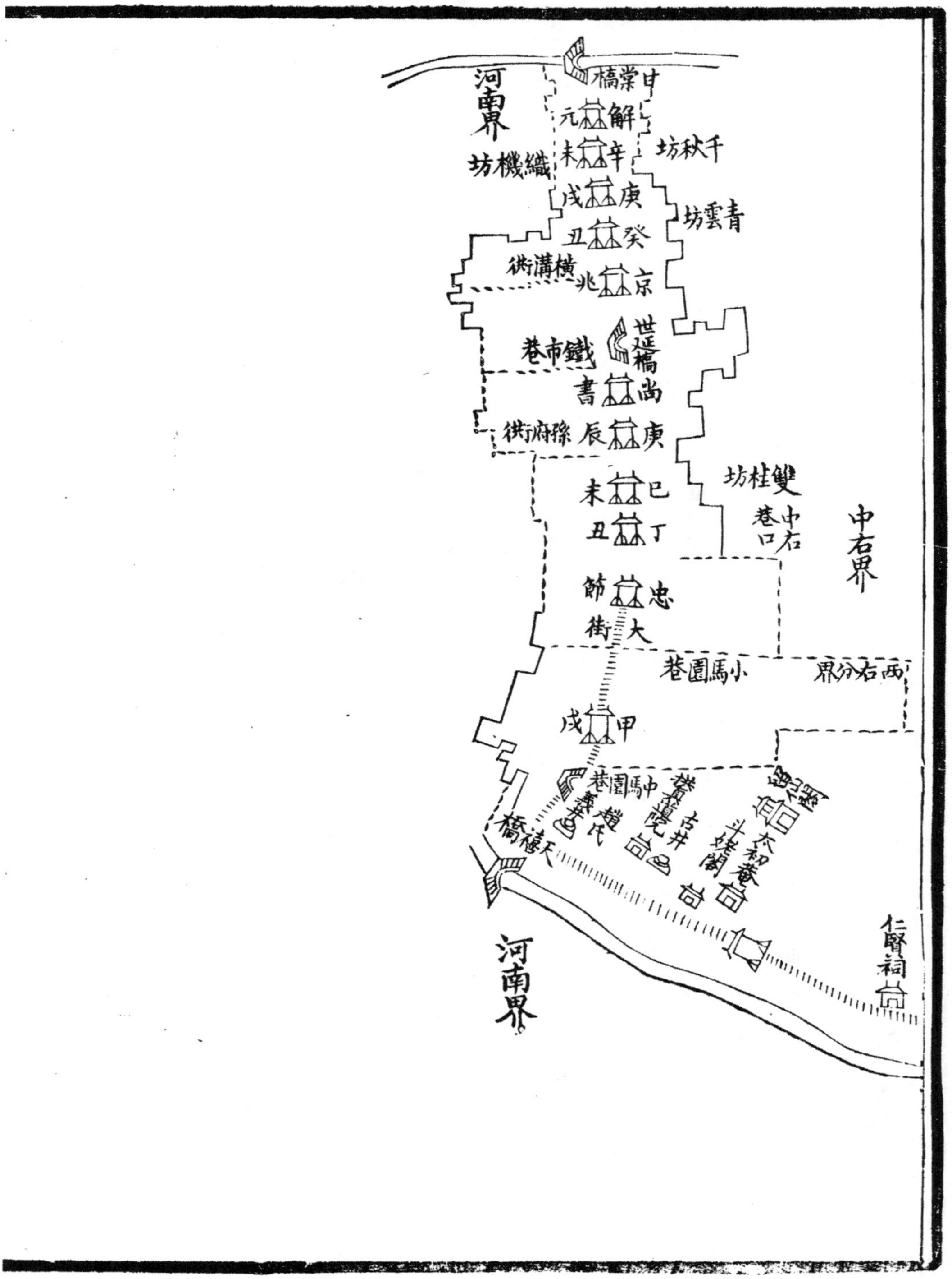

西右厢图 / 选自光绪《武进阳湖县志》

西右廂圖

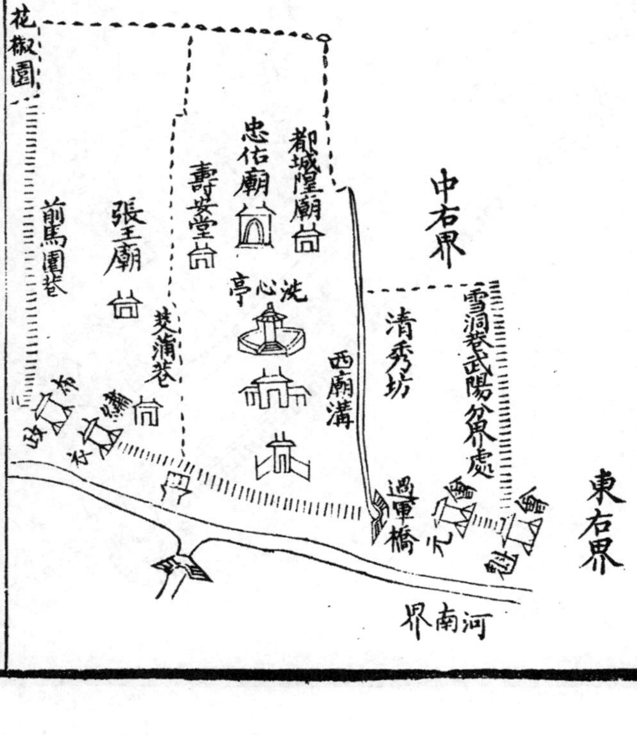
花椒園
前馬園巷
張王廟
壽安堂
忠佑廟
都城隍廟
洗心亭
西廟溝
中右界
清秀坊
雪洞巷
武陽分界處
過軍橋
東右界
河南界

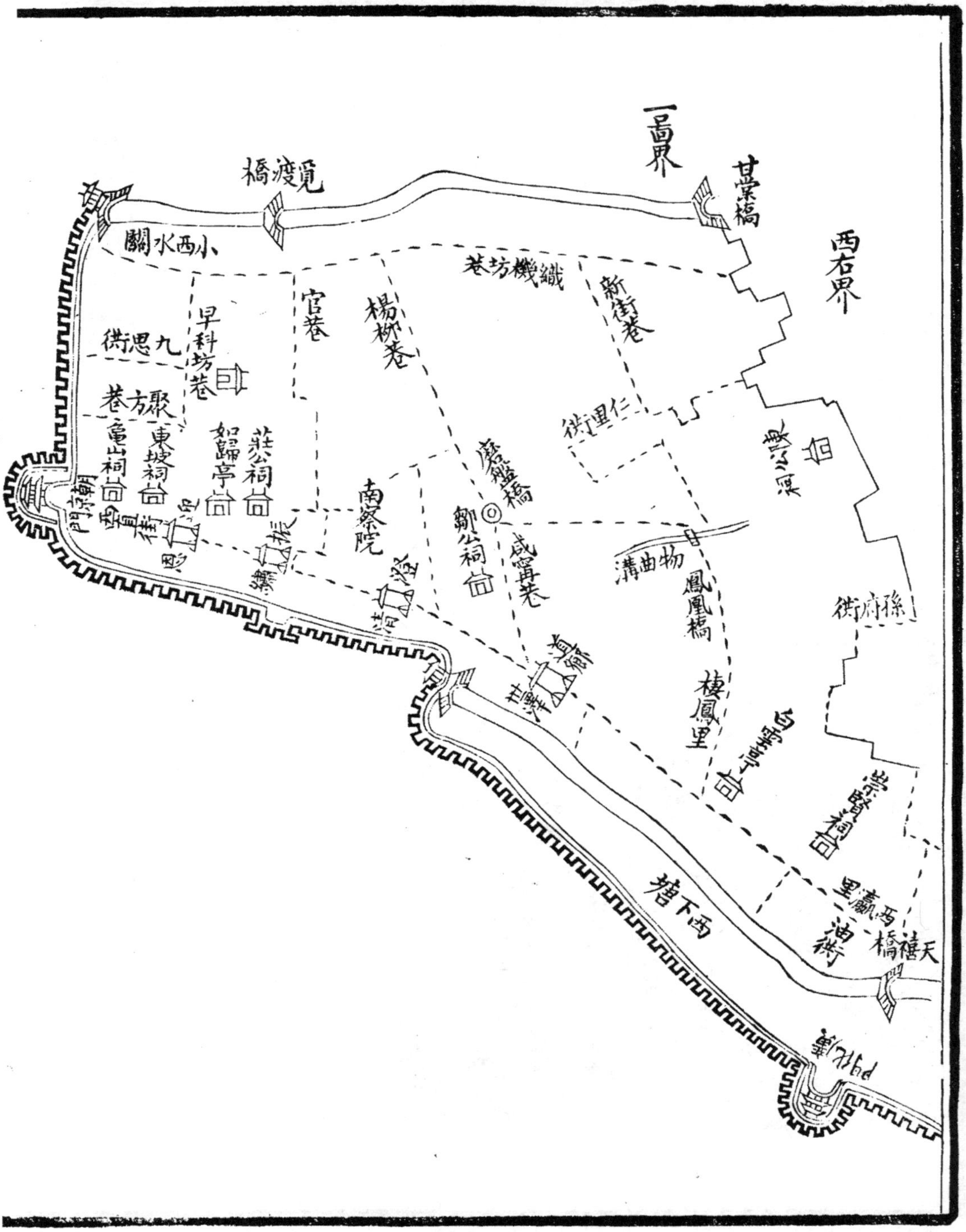

河南厢图 / 选自光绪《武进阳湖县志》

河南廂圖

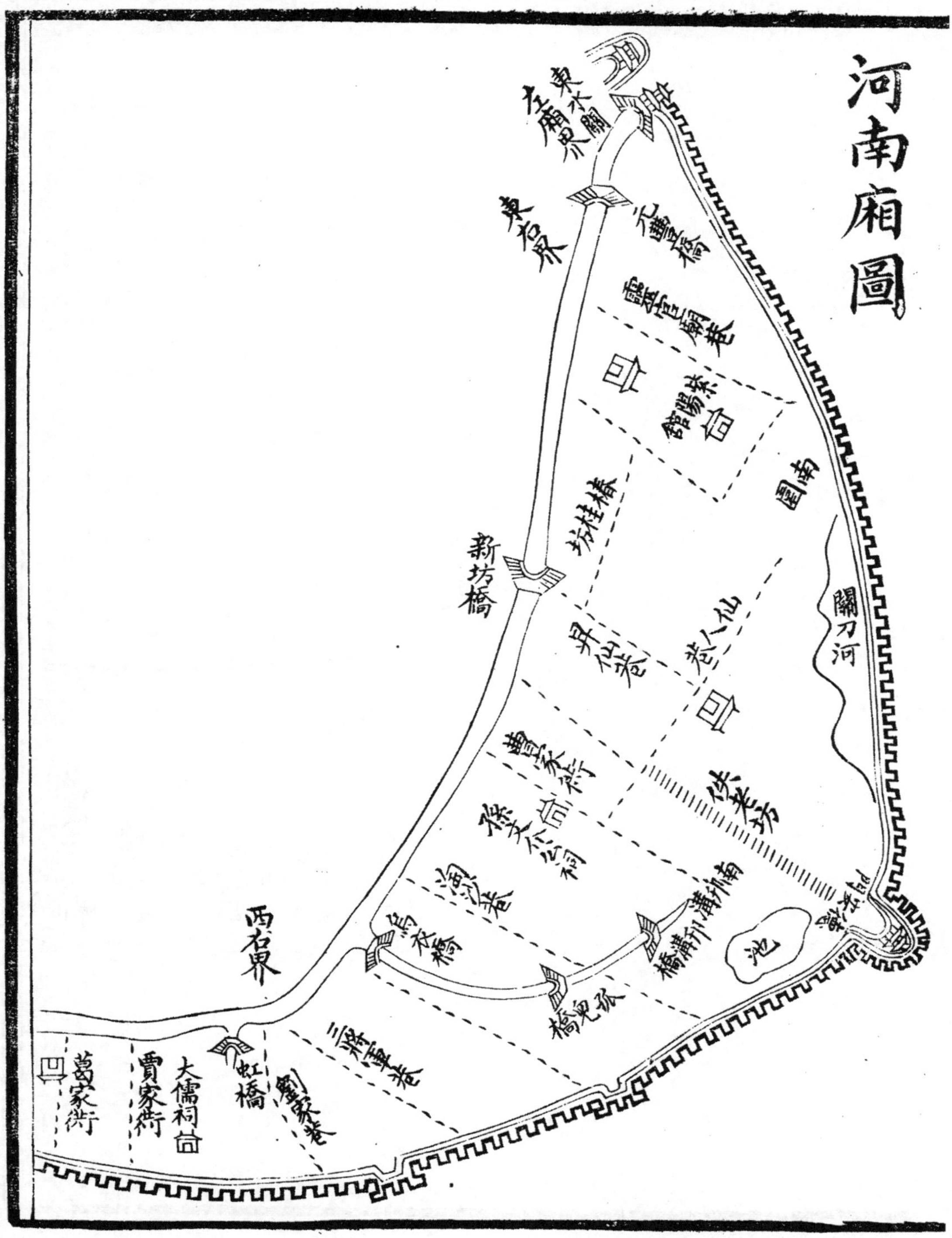
東水關
東右界
新坊橋
關刀河
南園
仙人巷
升仙巷
池
西右界
三將軍巷
劉家巷
虹橋
大儒祠
賈家衖
葛家衖

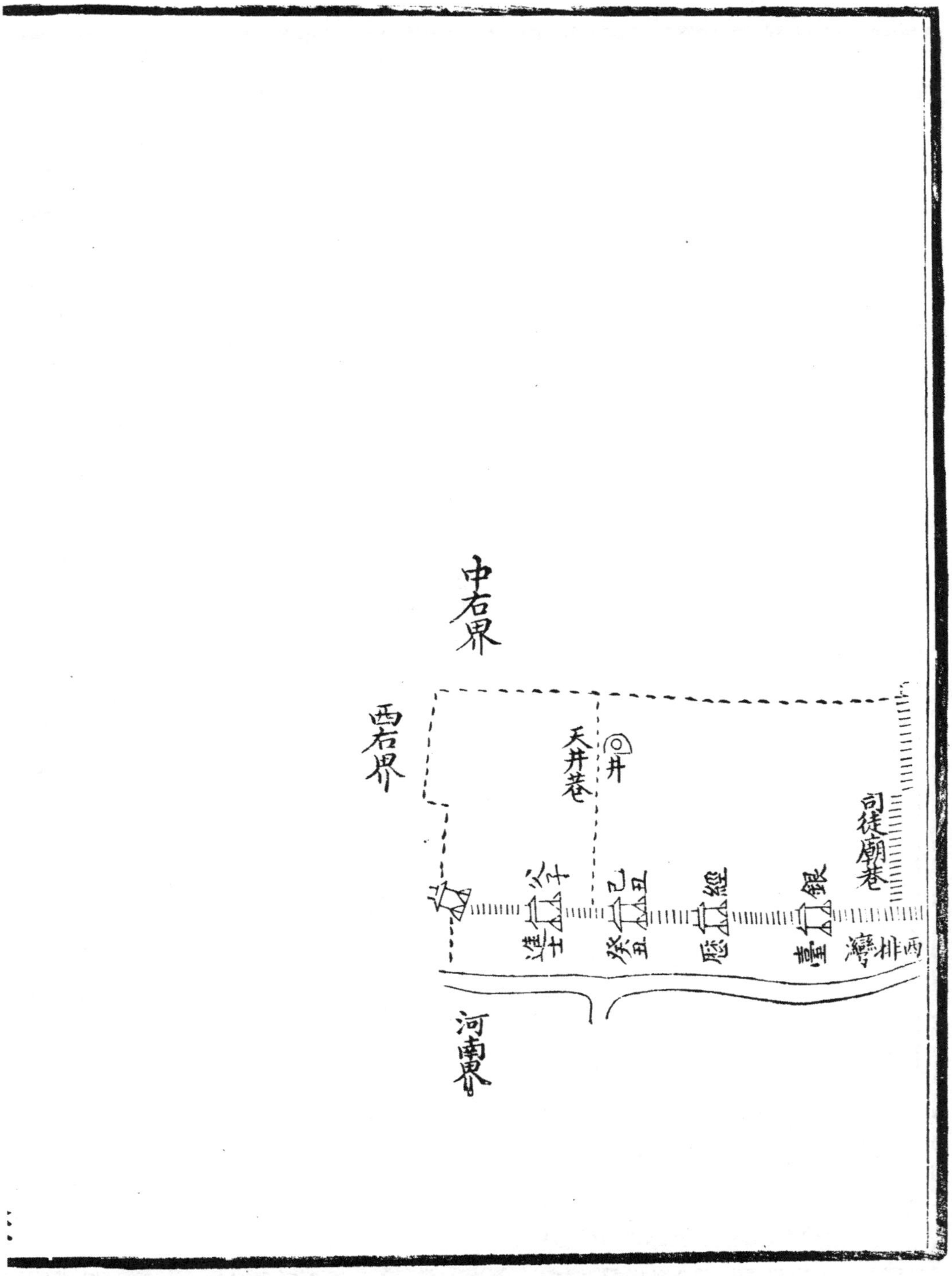

东右厢图 / 选自光绪《武进阳湖县志》

東右廂圖

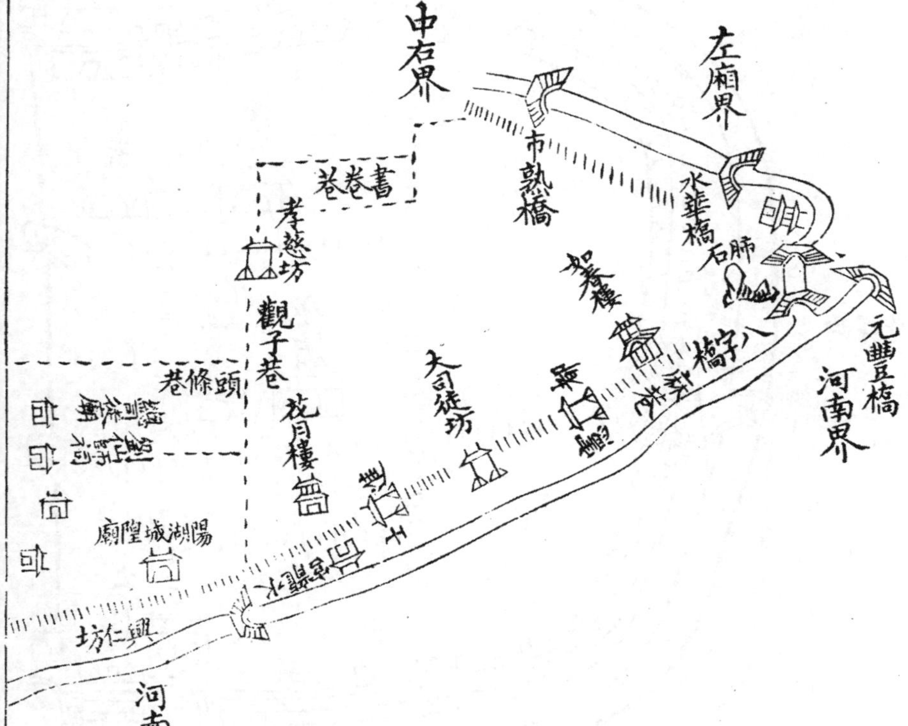
中右界
左廂界
市熟橋
書巻巷
水華橋
孝慈坊
肺石
觀子巷
八字橋
元豐橋
河南界
頭條巷
大司徒坊
花月樓
陽湖城隍廟
興仁坊
河南界

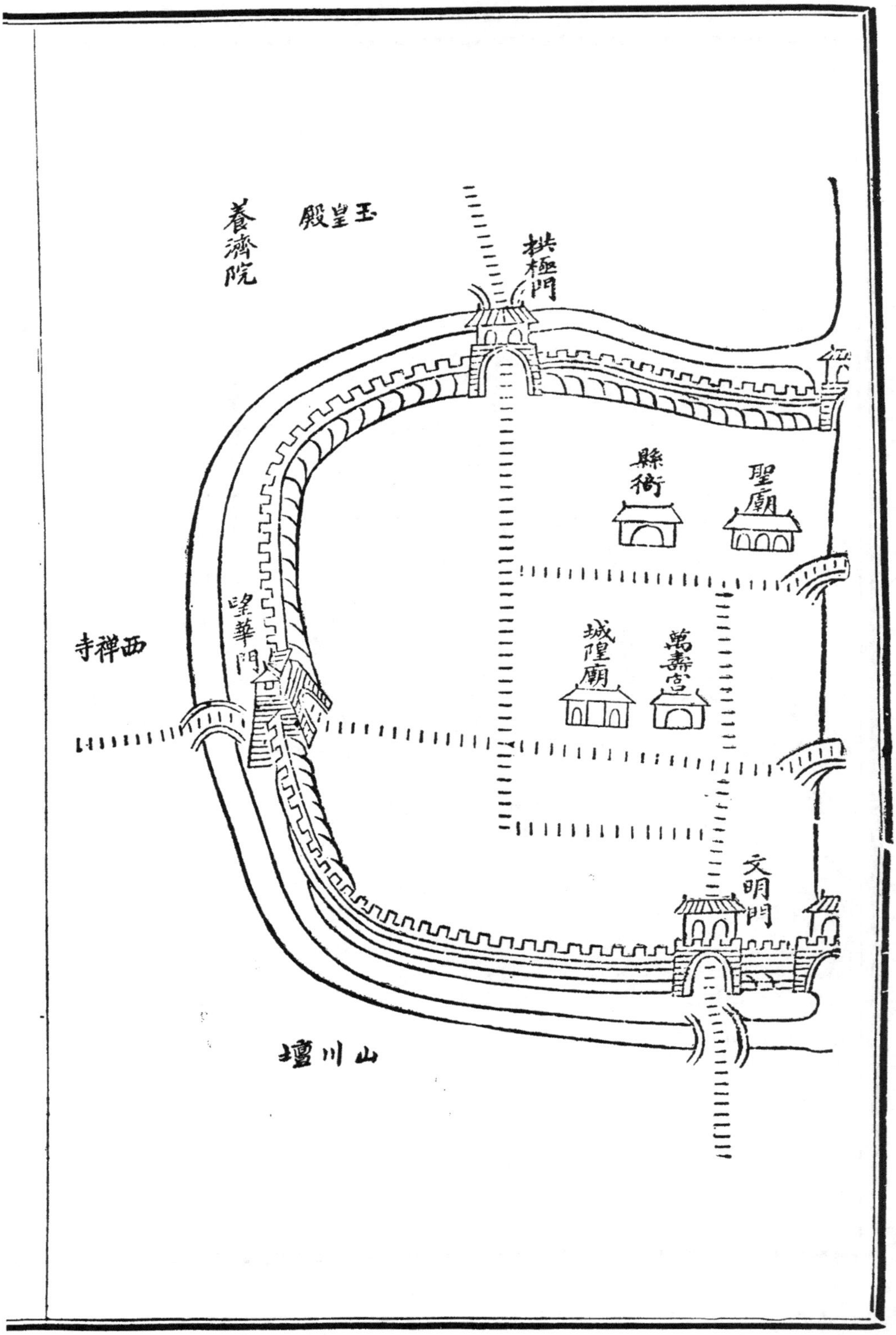

金坛县城图 / 选自光绪《金坛县志》

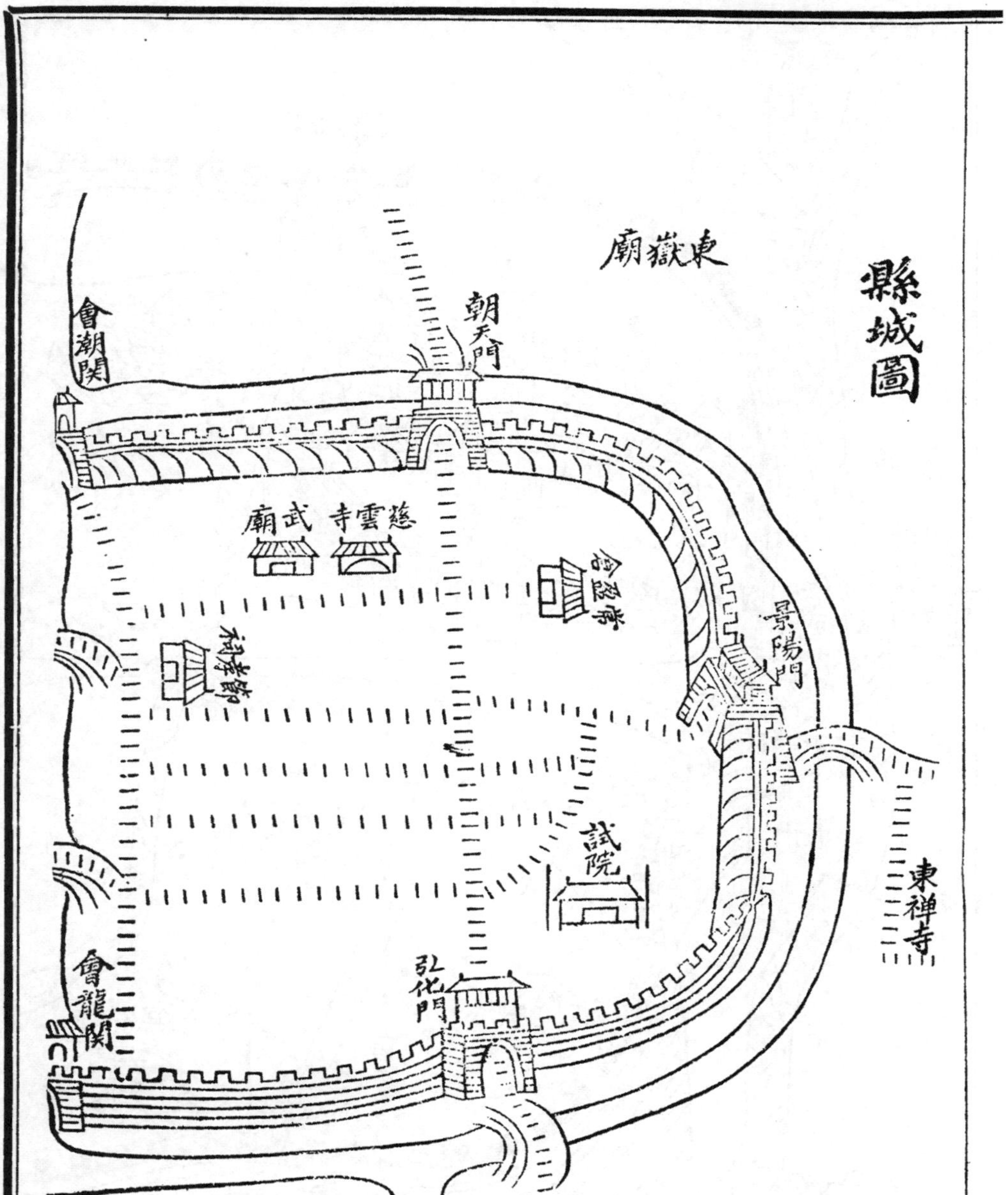
縣城圖
東嶽廟
朝天門
會潮関
慈雲寺
武廟
常盈倉
節孝祠
景陽門
試院
東禅寺
弘化門
會龍関
太虚觀
南禅寺

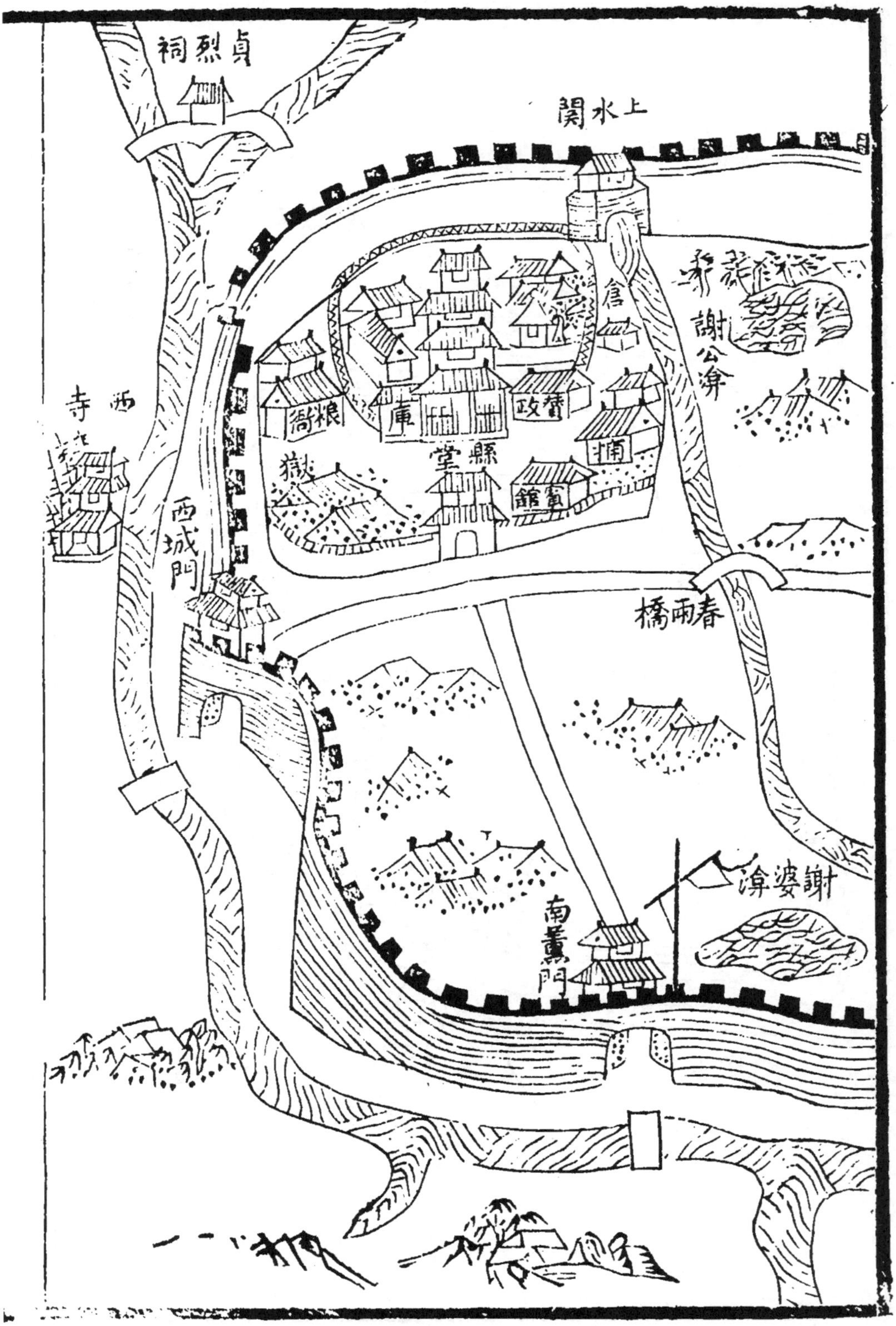

溧阳县治城隍图 / 选自康熙《溧阳县志》

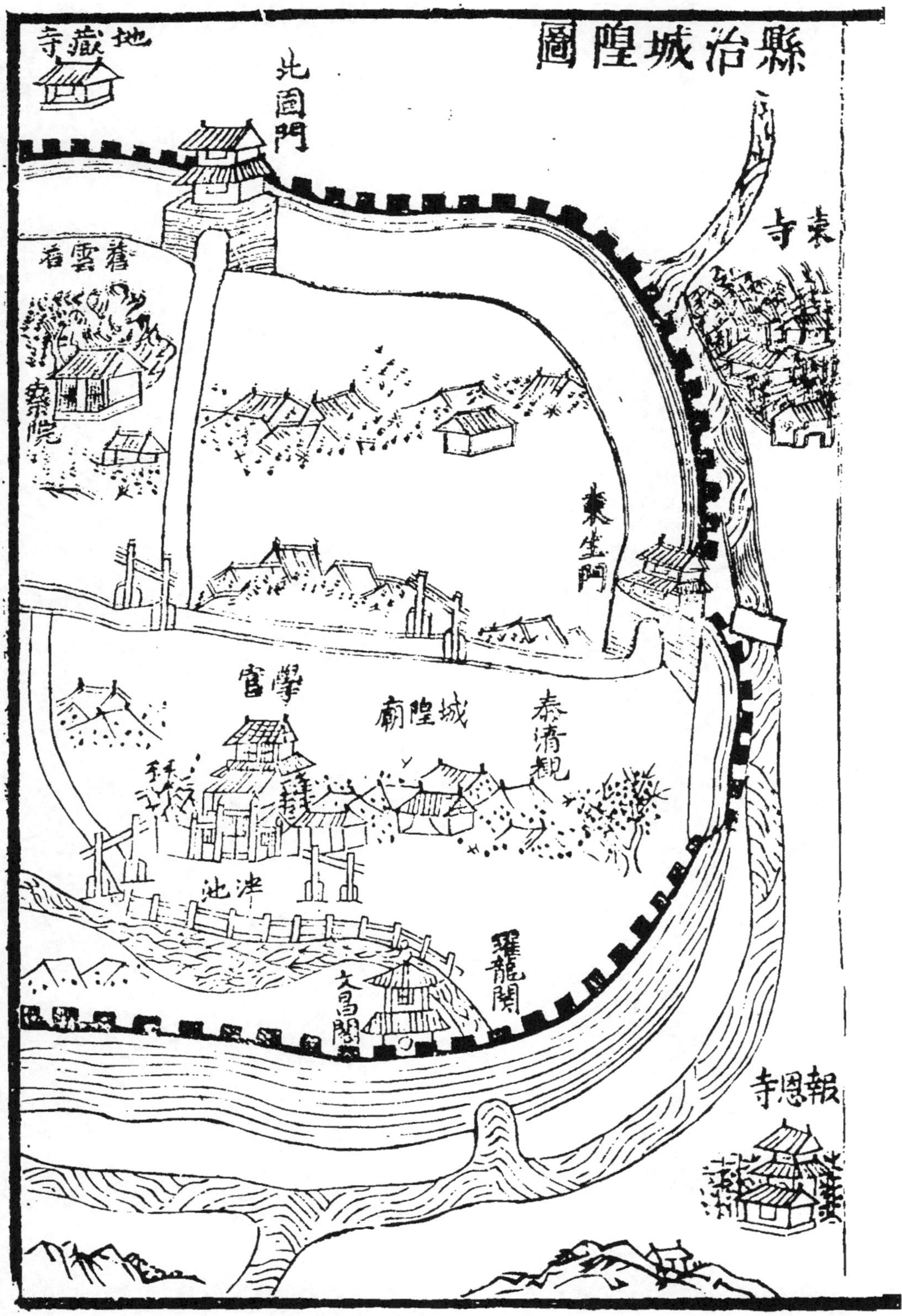
縣治城隍圖
地藏寺
北固門
學宮
城隍廟
泰清觀
泮池
文昌閣
報恩寺

无锡

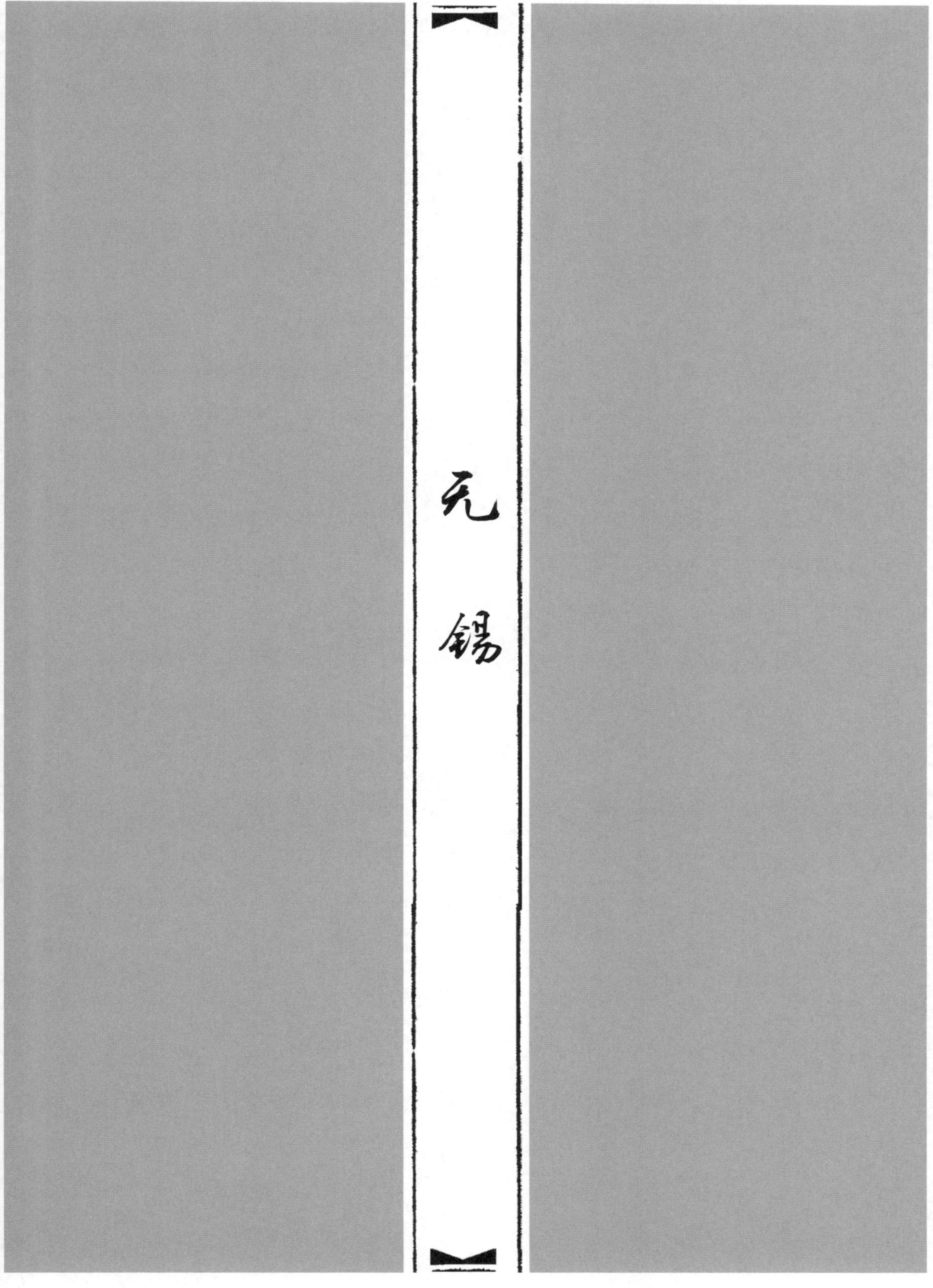

无锡县图说

无锡，汉旧县也。三国时，吴置典农校尉。晋复置县，国朝因之。邑右倚龙山，前控太湖，界苏、常之中，南境滨湖，初无山岛。自长洲之沙墩港而西，港浦綦密，其西十二里奇为大溪港。循塘以西，突峙湖中，为康山、南山、竹山，转北迤西至阳湖县界，皆峻岭崇冈，势如回抱。其横亘北岸者，由城西九龙山而西为康山、横山、舜柯、石埠、三湾、盘坞各山。各山又联为一山，无水口。其连络东岸者，由康山对岸之军帐山而北为充山、唐干、雪浪、龙玉、漆塘各山，各山亦联为一山，无水口。两山之间，惟独山屹立水中，与陆路之独月、管社两山近。湖势东注，为山所束，涌为独山门，积为五里湖。独山之西又分为浦岭门。五里之南又流为长广溪。介于独月、管社之间曰后溪港，内达者曰梁清溪，东受九龙山，西抵后溪港，并归大渲、小渲，南注五里湖，循长广溪至吴塘门而复入太湖。又盘坞山尽处为闾江口，则受阳湖水而亦入太湖。是太湖之在邑境者，惟独山、浦岭二门为最险，后溪、大溪两港次之，闾江口、吴塘门又次之。外如运河之东南汇于邑城者，东行之性也；玉祁滨之东北注芙蓉圩者，就下之性也。芙蓉圩以东，地势渐仰，北高南下，是以江阴漕河则自北而南汇于运河之高桥，由漕河北经白塘圩、石幢桥镇为达江阴水道。由北门东北经寺头镇张村市马镇桥，为达江阴陆道。由运河西北经高桥、洛社诸镇，为达郡城冲途。由西门西经井亭、胡埭至周渡桥为达宜兴冲途。是各邑之逵路，虽随在可通，而运河尤为孔道也。至北境之堰桥镇、西北境之礼舍镇，西境之胡埭、闾江镇，南境之南桥、石塘镇，俱商贾丛聚，人烟亦较密焉。

金匮县图说

金匮，旧为无锡县东乡地，北控群山，左临诸荡，倚运河孔道，为水陆咽喉。自城内弦河分界出南门，循运河下塘东南三十二里奇，抵北望亭，递长洲县界；出北门循运河上塘九里奇，至高桥，折东迤北，抵江阴县界。所辖运河四十五里有奇。其支出者，一为五丫滨，又东流为张泾，迤东北抵晃山桥而至江阴；一为百渎港，又东流为张塘，迤东南抵荡口镇至常熟；一自桑白桥东流，至双板桥市，自杨家桥东流为常昭漕河，水势东行，地形北仰，而江阴接界之陈墅桥，又受长江之南注长洲接界之响泉桥，又受太湖之东注，并流东趋，涌为苑山、谢埭、鹅真、苏舍诸荡。于是诸荡之水，有由杨尖塘东入常熟之尚湖，有由界泾关东入常熟之元和塘，此水利之源委也。运河为省郡来往之冲，东南承望亭，西北递潘封，邑城扼其中权，新安镇资其策应，诚为最要冲；次则由北门经严埭、芙蓉山、八字桥、张泾桥、东湖塘至王庄市，为常熟往来孔道。由八字桥分歧，北经东唐市，为江阴往来孔道。其东南荡口镇，市肆殷繁，尤为邑著名镇。若百渎港之梅村市、坊前镇，东门外之东亭镇、安镇、荡口镇，左右之甘露镇、坊桥镇，东北境之陈墅镇、张缪镇，则又陆路之分合也。北境斗山斜亘六七里，南为夹山。又南过张泾为胶山，又东南为吼山，为涂山、鞋山、白丹山，又东南至嵩山、鸿山而止，络绎而来。相距最远者十里有奇。斗山高于诸山，胶山又高于斗山，延袤最广，峰岭尤奇，居张泾、安镇之间，介虞山、九龙之际，当为全境诸山之冠焉。

江阴县图说

有汉及隋，江阴俱属毗陵，北控长江，东联沙渚，实为省治之重藩。县城近江，相距三里，前倚君山，左临马鞍。登马鞍之席帽峰，则东西诸港了如指掌，循席帽而西为鹅鼻嘴，鲥鱼港在其右，港至城不越三里。又西为黄田港，至城亦三里。港浦深通，帆樯凑集，外来舟楫可以直达北门，由此以西至武进分界之桃花港。沿江港口几及二十，惟夏港直达万安桥，申港直达通苏桥，芦埠港直达西闸，东城河直达仇庄市，桃花港直达石庄桥，最为深阔。县城之东过马鞍山为黄山，下有黄山港，舟行十里可抵东门。又东过萧山为白屈港，直达金童桥镇仅七里奇。又东过彭公山为白沙港、盘龙港、新河港、石牌港。又东自巫山沙起，涨接沙洲，旧时寿星等沙突涨江中，今已连为一脉。其未连者，沙北之常阴沙也。沙洲之角，有段山可资守望。界泾之南有杨舍可借屯防，凡驻守常阴沙者，狼山营可会哨焉。境西受阳湖之水，由桃花港至黄田等港入江，又溢入漕河，南与无锡之水抵，由冯泾、璜塘并流东注，播为应天、泰清等河，故沿江之水资其吐纳，而沿江之山则借以屯眺，如城西南之舜山、焦山，城东南之花山、由里山，迤东为定山、敔山、香山、镇山，迤南为鸡笼山、白龙山，皆遥递常熟之顾山，顾山之西为顾山镇，人民稠密，为邑巨镇。次则白龙山之华墅镇、漕河南之青旸镇、鸡笼山北之周庄镇，各以山势之起伏，度地以居民，聚廛而成市焉。

宜兴县图说

宜兴，古荆邑，汉阳羡地也。䓣山、都山分峙于后，东氿、西氿夹拱于前，承洮滆两源之水，分太湖百渎之流，西受溧阳、洮湖之两派，绕东北，由武进接界之张港，至湖渎口入滆湖，向西南经上黄镇东注，出安乐山、伏牛山之间，过安乐桥而汇于都山荡，都山荡又分两支，一由东北沁入官村河，汇于湖渎等港；一由东南注入珠九荡，汇于西氿，而官村河迤逦东北，横亘其间，此西境之源流也。官村河水之不入滆湖者，东南由马公荡经高塍桥、鲍家庄灌运河，由官村镇丰义市湖渎等港入滆湖者，还由滆湖东注五洞桥、裕隆桥诸港，而宜、荆运河迤逦东北，横亘其间，此中境之源流也。运河之委，一自小瀼荡，东经分水墩，至百渎口径入太湖；一自应山滨、东经、三洞桥至吴溪口，径入太湖；一自塘港东南注羊山荡，过庙渎村，入横塘；一自草塘港东南注夏白荡，而东汇于羊山荡；一自射渎桥南经黄婆港，汇入东氿，而横塘河横汉湖滨，西南东氿、东北吴溪承受众流，转输百渎，此东境之源流也。而南境东西两氿、夹辅、邑城为宜、荆交界，西受宣、歙，东注太湖，尤为水利之大纲。太湖各渎，旧本通流，近惟东北之沙塘港为最畅，迤北之吴溪口次之，有竹山与陈弯山对峙，可资扼守是湖，防固与阳邑同为唇齿，依内地之险，西与溧阳接界。由㘭山跨河而东为钟山、伏牛山，又东北安乐、鸡峰、范庄、琅玕等山，冈峦错立，水陆纵横。东北之㘭山、青龙山可扼运河之要。又东之羊山、磨盘山可扼方桥镇之要。邑向少村镇，惟运河之和桥镇为巨，横塘之周铁桥镇，差相埒西境之官村、新建、上黄等镇，亦为廛市区，而杨巷一镇，为荆溪接界，中扼孔道，尤为宜、荆两邑之要云。

荆溪县图说

荆溪，周之荆邑。秦汉之阳羡，宋为宜兴南乡地，前凭群山，中挟两氿，西受金坛、溧阳之源，转输内地，东出大浦、乌溪之口，汇注太湖。自西北杨巷镇迤东，经西氿，又绕城南达东氿，北注太湖，即旧时荆溪水也。北受宜兴之水，西受宣歙之源，而徐舍河、洴浰口、野猫口俱自西南来，汇于西氿；蜀山河、施塘河俱自东南来，汇于东氿，众水会归，资为灌溉，由大浦泄入太湖。惟南境湖诸山溪不入于氿，就近由蜀山河、莲花荡，东经乌溪、定跨等港，注入太湖。建瓴直下，浅沙尽刷，故港不浅淀。惟于山水陡涨时，恣其宣泄，而后水患平。其山自城南迤西，过铜巨镇折而南，出国山、茶贡山西南，遇旱洞、背岭，进玉带冈，抵张渚镇。又西南逾乌石岭，过桥亭驿，至分界山，与广德州壤相接，而崎岖以乌石、桥亭为最。张渚西通溧阳，南通浙省长兴，东通鼎山、蜀山，北通徐舍，为一邑咽喉重地，有巡检外委驻防。自张渚以南皆山道，北则水陆通溧阳，惟徐舍较厄要，有把总驻防。西北杨巷镇与宜、溧分界，有宜兴县丞驻防。自铜巨以西，歧路百出，军兴以来，桥梁半圮，溪港多木桩。今列于图者，特近时通行之路耳。自张渚以东，深入万山，山路屈曲可通湖。湖为县南重镇，与张渚埒，旧设巡检外委，今移驻蜀山。其南逾西川岭，有两路通长兴，东为啄木岭，陡峻盘曲，俗呼二十三湾，为著名险要；西则圆脚岭，路较宽坦次之，北逾香山、五条岭直抵县城，仅有陆路。而东据太湖上游，与蜀山、乌溪、川步三镇水陆皆通，势如犄角。其湖防要隘又有凤川汛，在青石、兰后两岭间，岭皆滨湖，而兰后山嘴横截水面，俯瞰全湖。湖底怪石削如锋棱，方里以内，船不能近。筹地形者谓邑小而固，信然其不诬。

以上《苏省舆地图说》

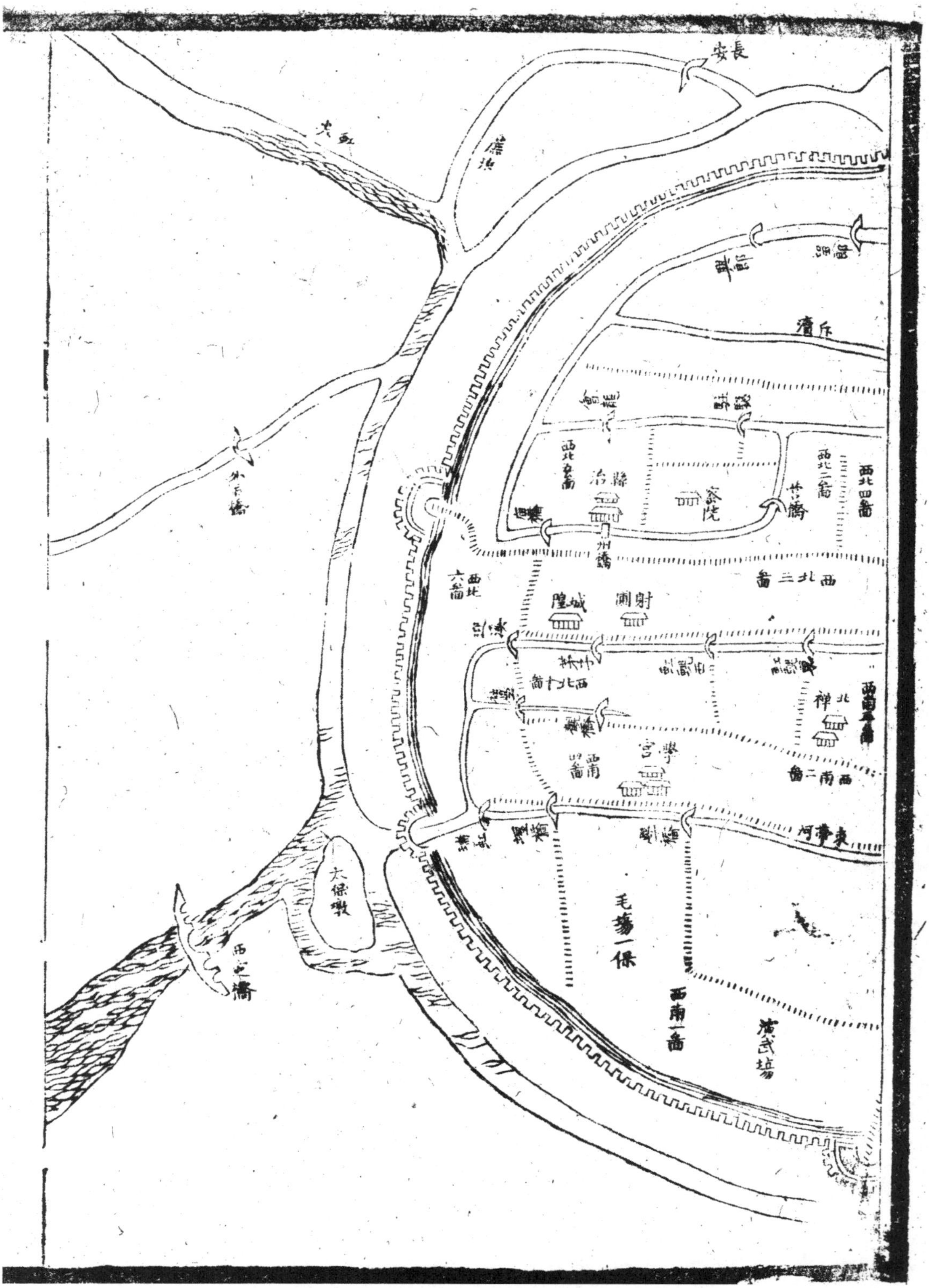

无锡县城图 / 选自康熙《无锡县志》

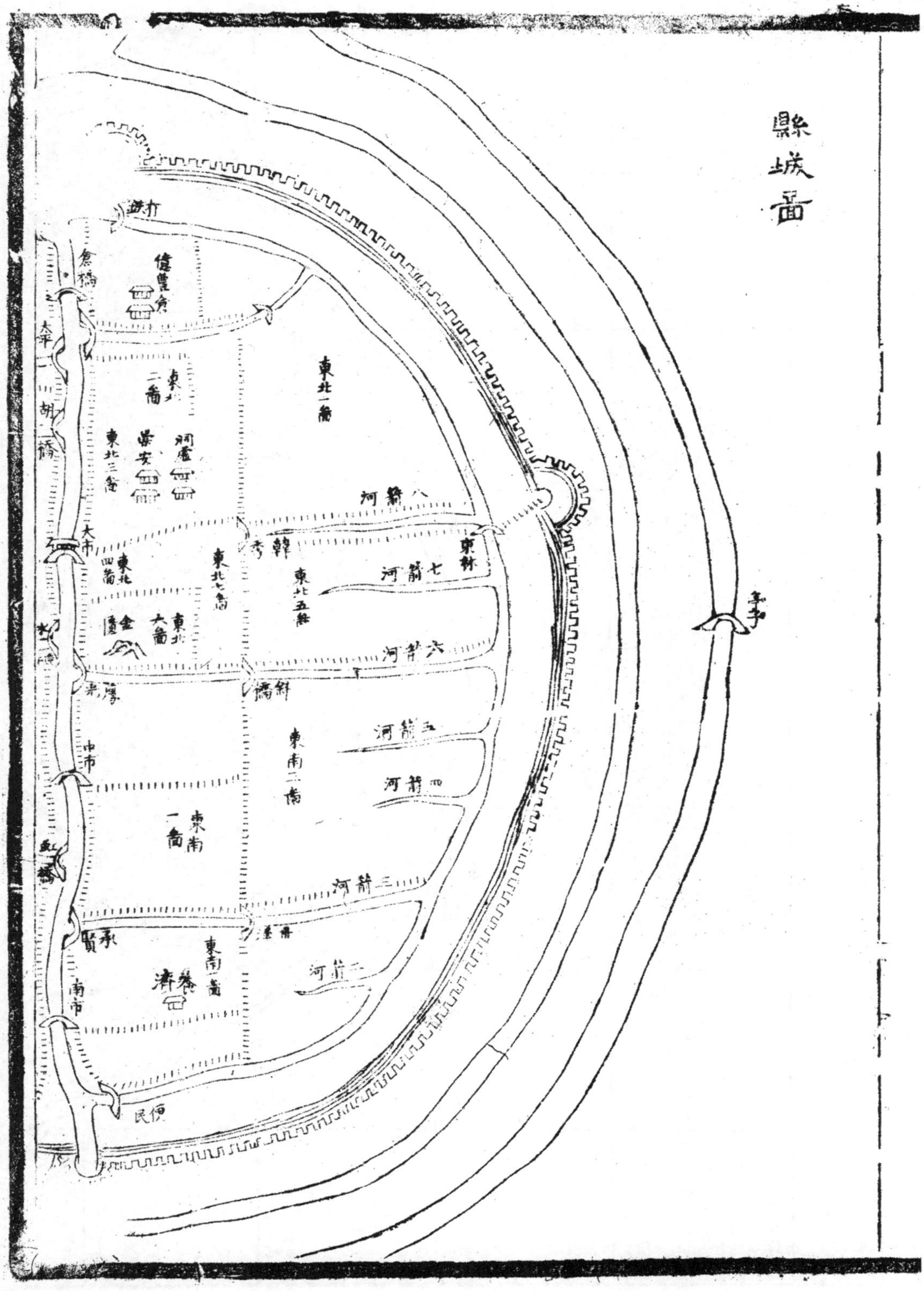
縣城圖
八箭河
七箭河
六箭河
五箭河
四箭河
三箭河
二箭河
大市
中市
南市

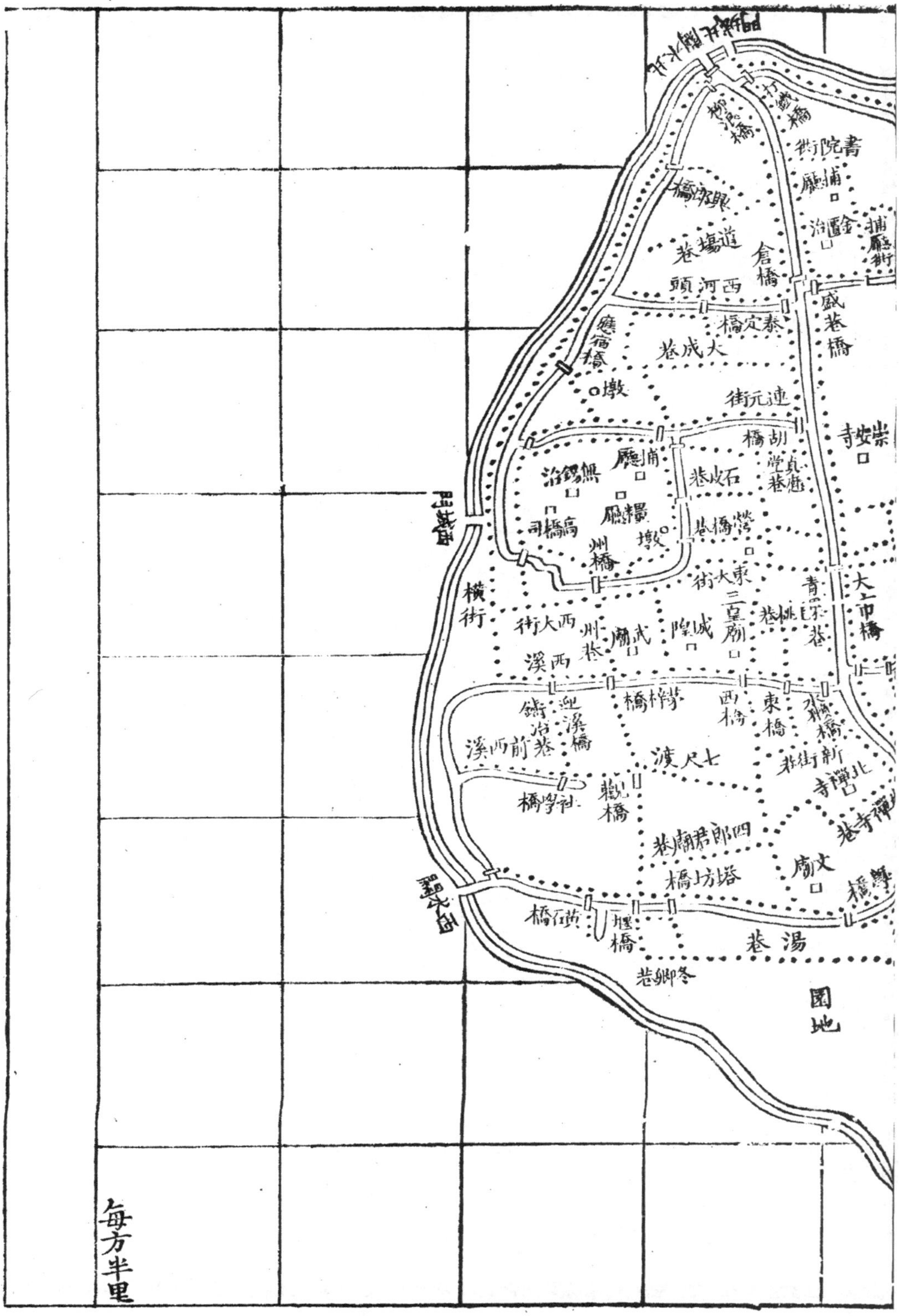

无锡金匮县城图 / 选自光绪《无锡金匮县图志》

縣城圖

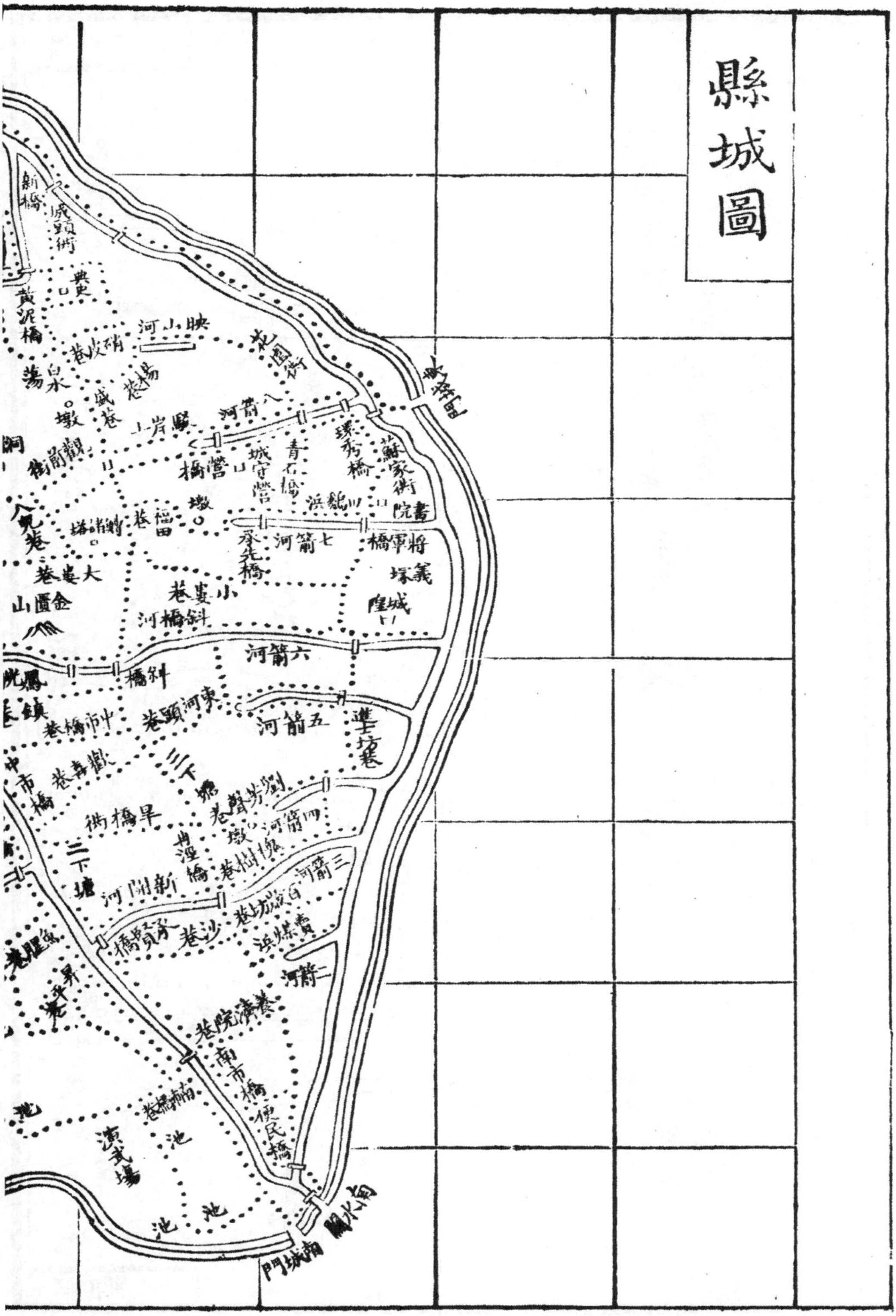

新橋
城頭街
典史
黄泥橋
映山河
花園街
楊巷
八箭河
環秀橋
蘇家街
書院
青石橋
城守營
將軍橋
七箭河
承先橋
義塚
城隍
小婁巷
斜橋河
大婁巷
金匱山
六箭河
斜橋
東河頭巷
五箭河
中市橋巷
中市橋
三下塘
四箭河
早橋街
二下塘
新開河
三箭河
沙巷
二箭河
南市橋
便民橋
演武場
南水關
南城門

无锡

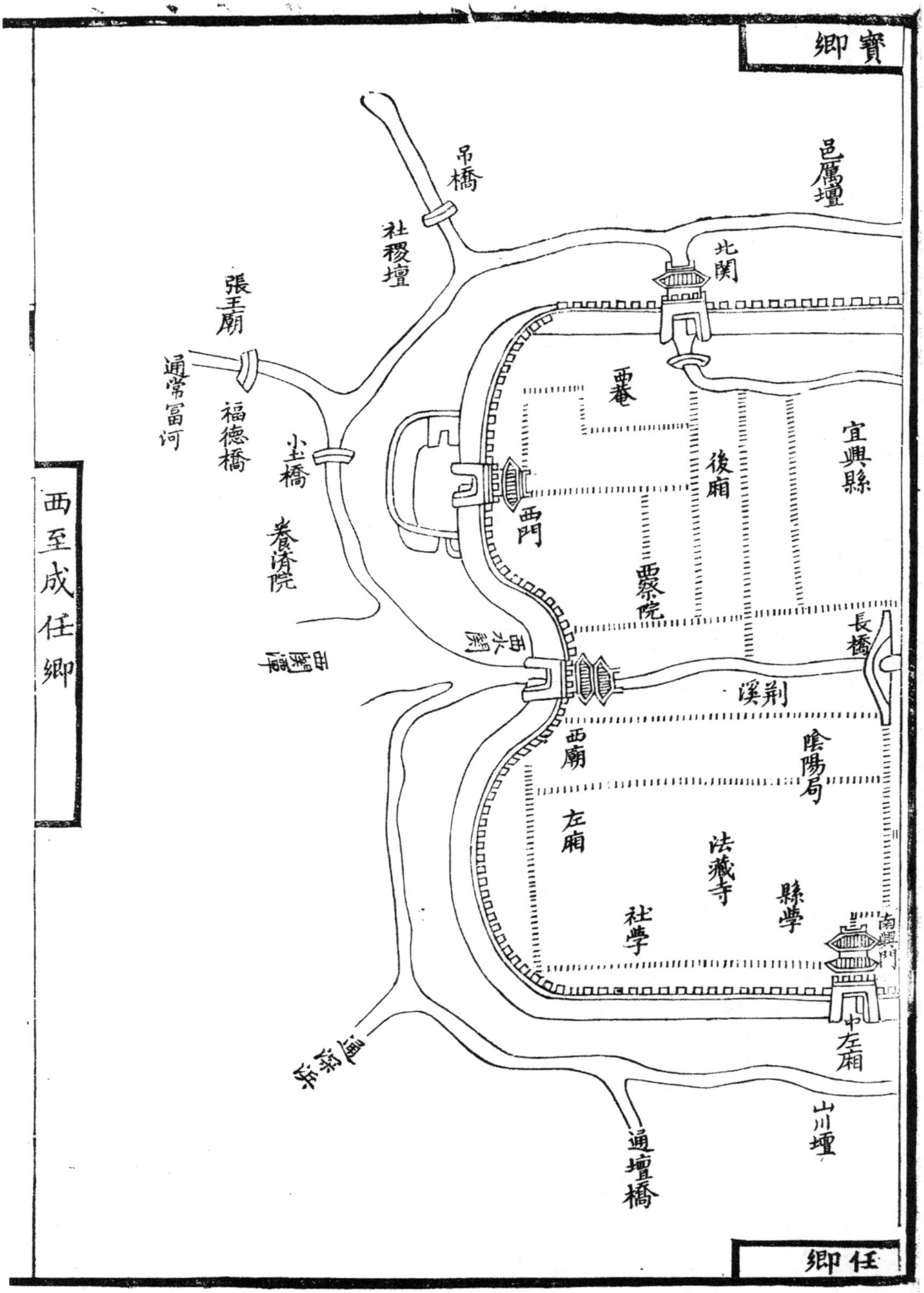

宜兴县城图 / 选自康熙《常州府志》

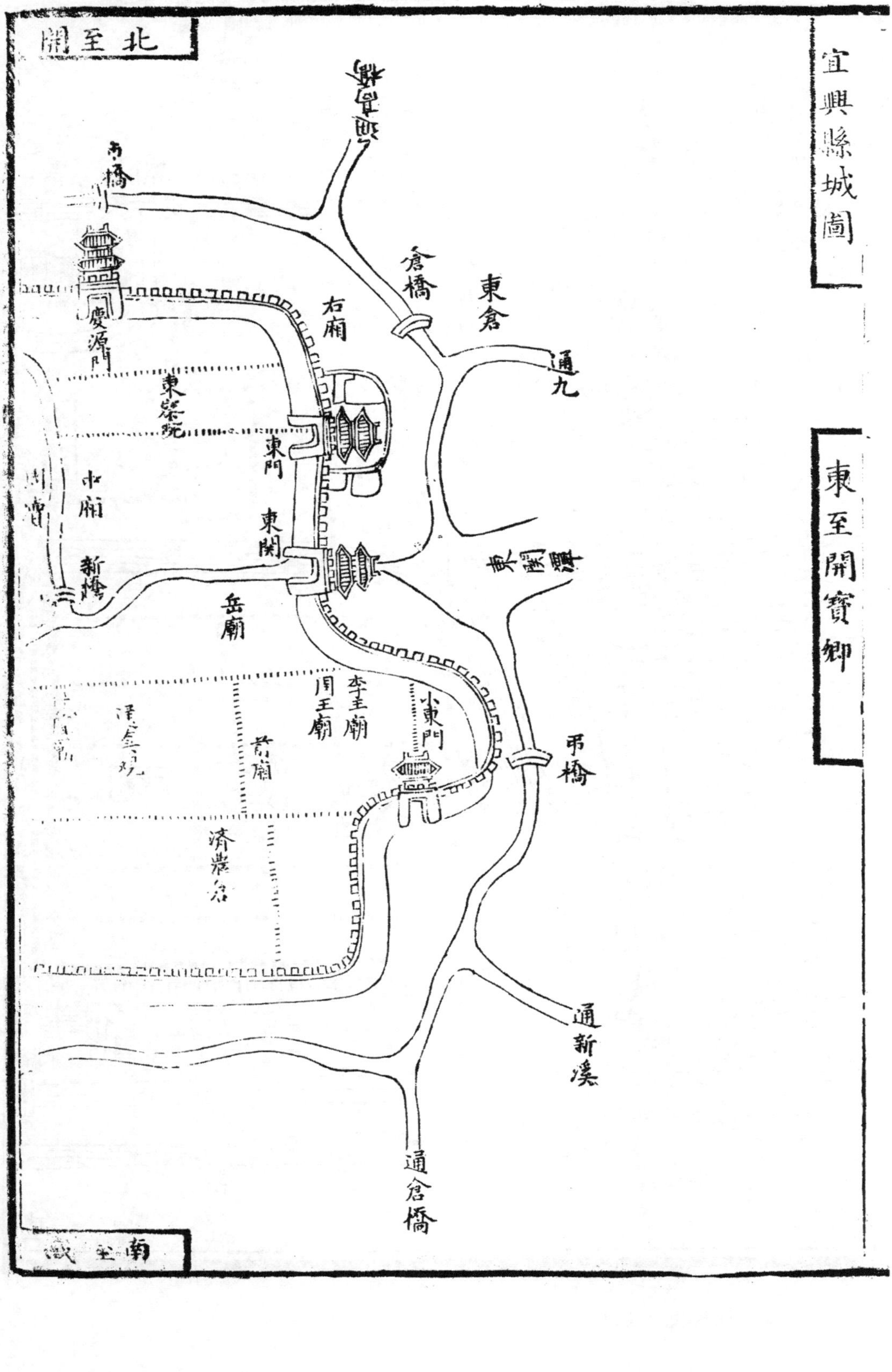

无锡

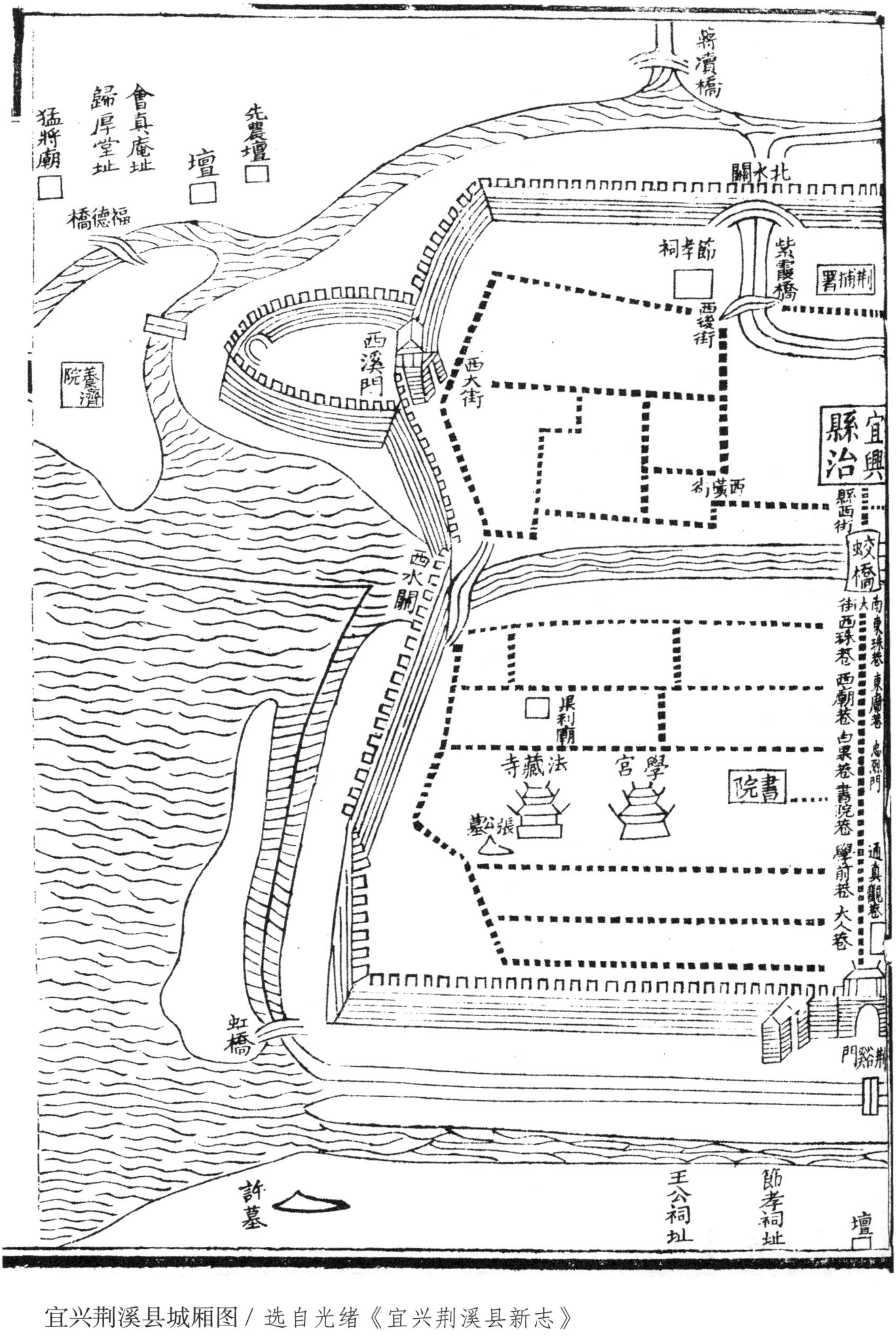

宜兴荆溪县城厢图 / 选自光绪《宜兴荆溪县新志》

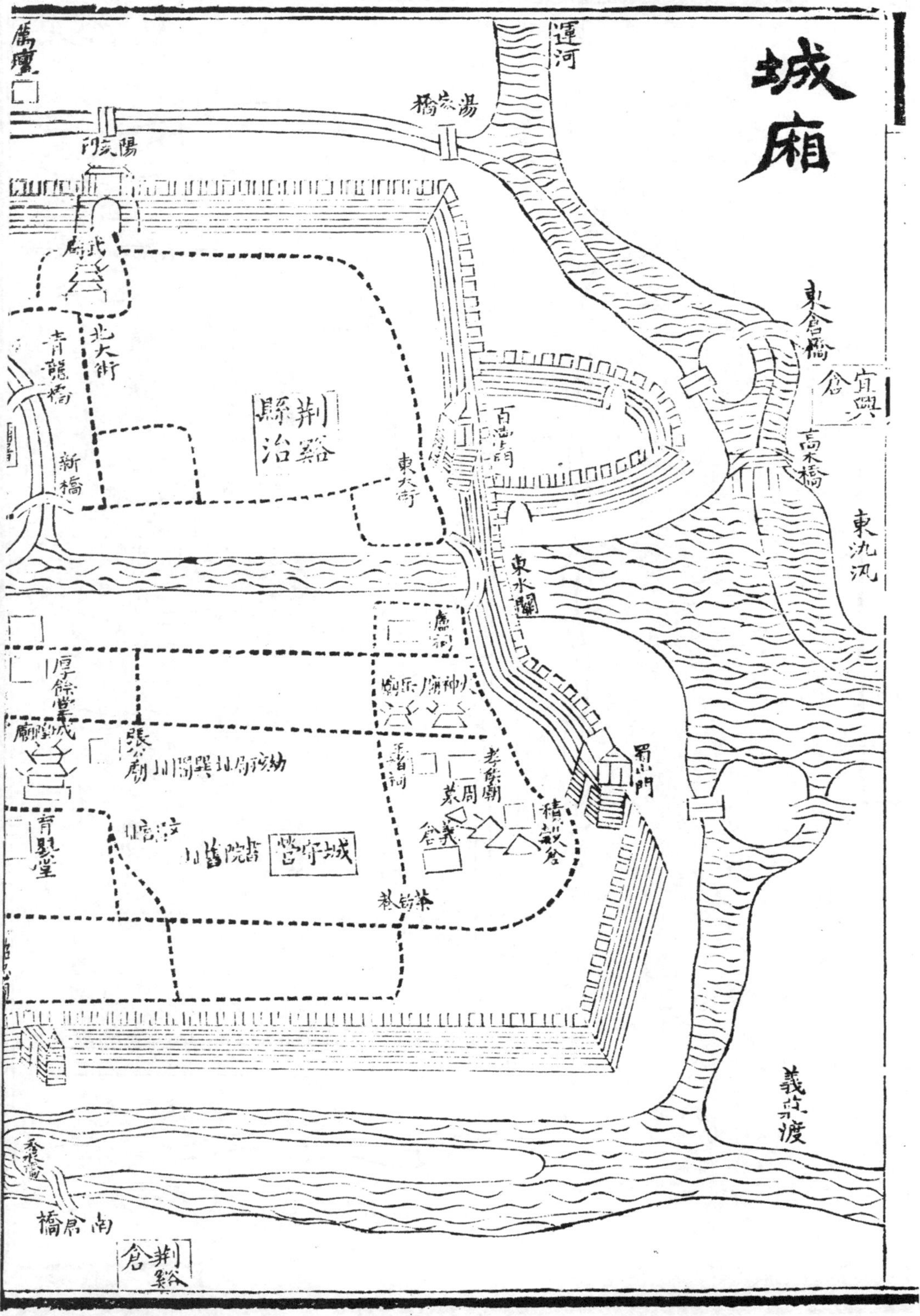
城廂
運河
湯家橋
北大街
青龍橋
新橋
荆谿縣治
東大街
東倉橋
宜興倉
東水關
東氿
積穀倉
城守營
荆谿倉

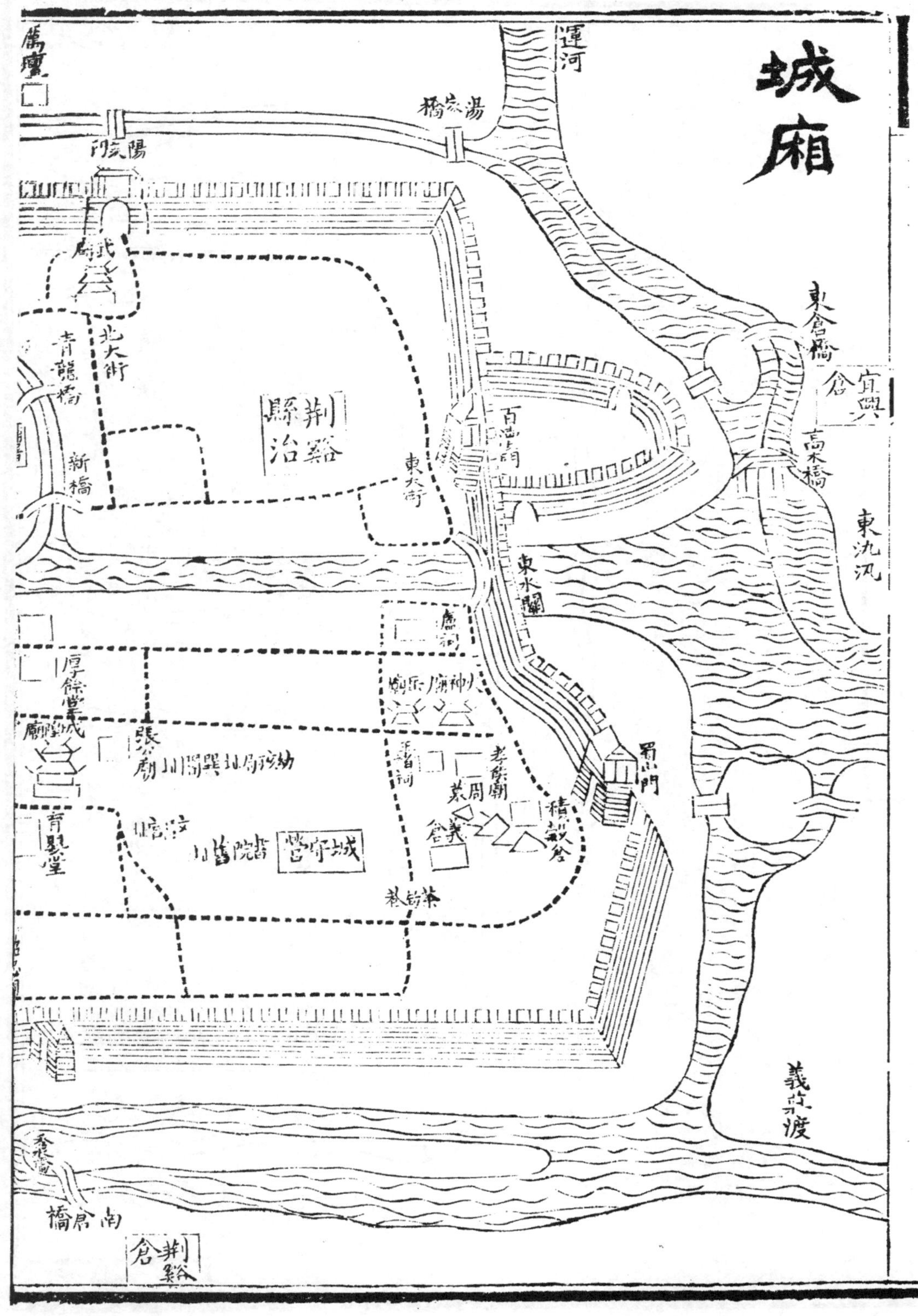

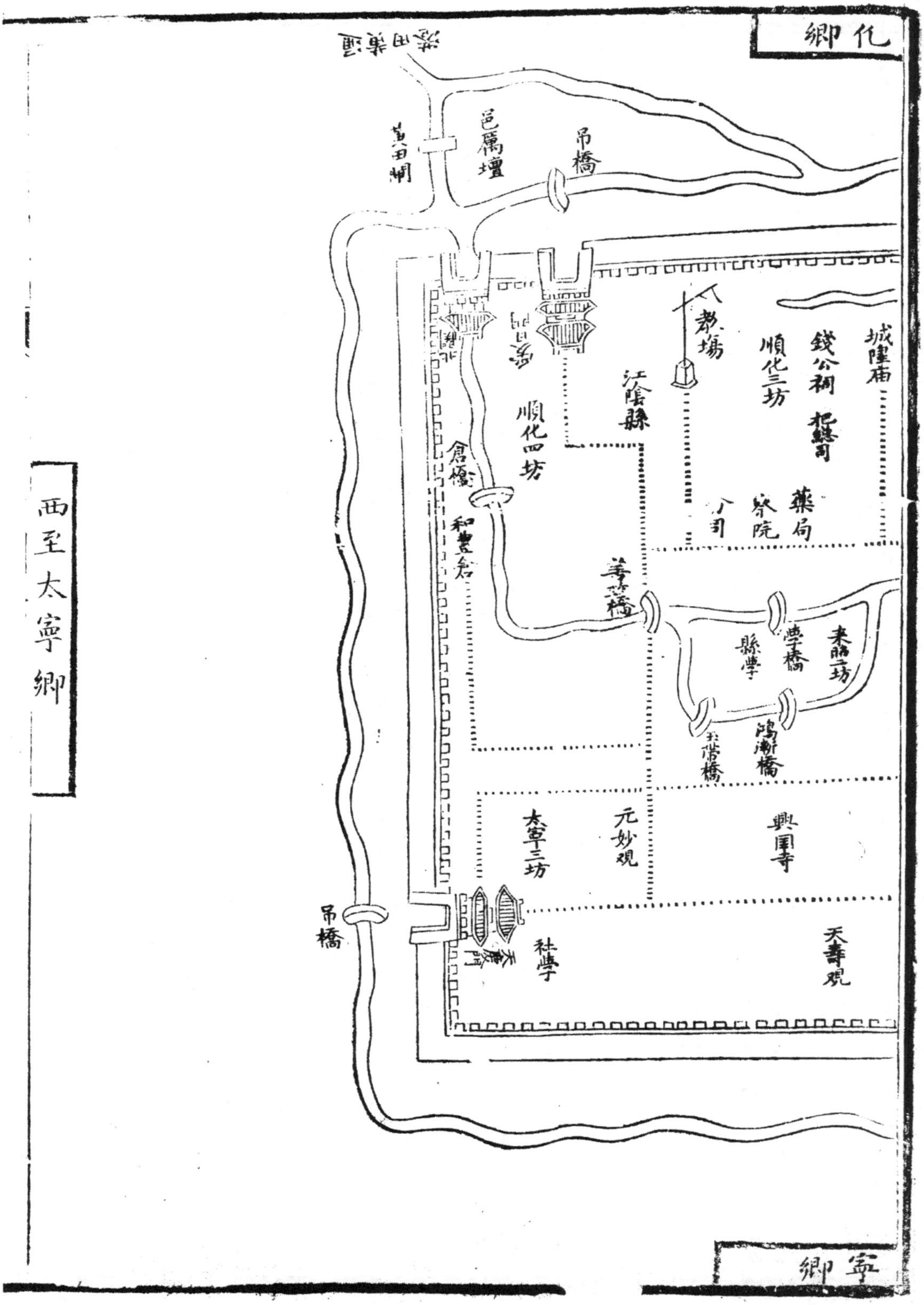

江阴县城图 / 选自康熙《常州府志》

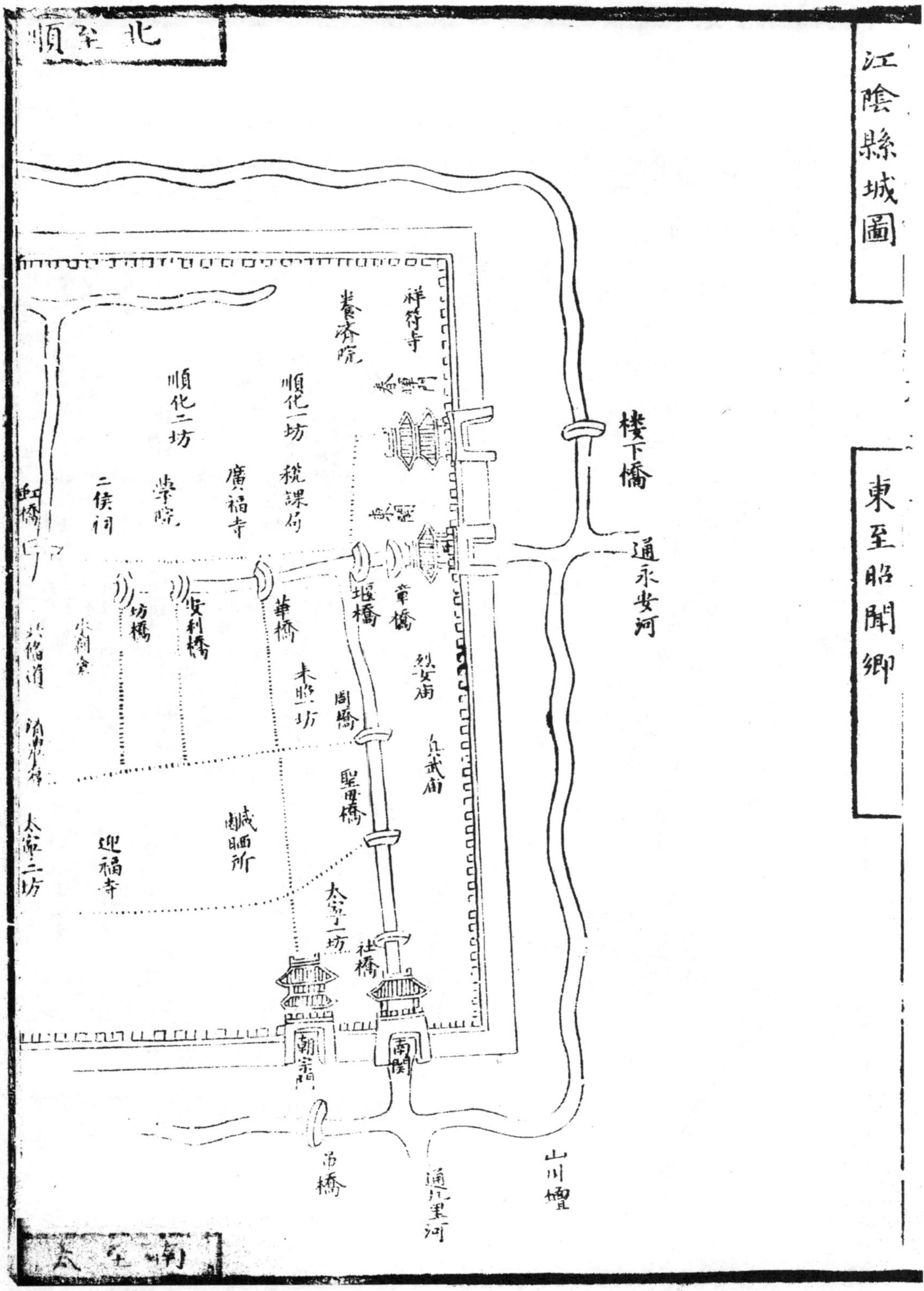

江陰縣城圖

東至昭聞鄉

北至順

南至太

祥符寺
養濟院
順化一坊
順化二坊
稅課司
廣福寺
二侯祠
樓下橋
通永安河
堰橋
章橋
華橋
安利橋
一坊橋
烈女廟
閘橋
真武廟
聖母橋
迎福寺
太寧一坊
社橋
朝宗門
南門
吊橋
山川壇
太寧二坊

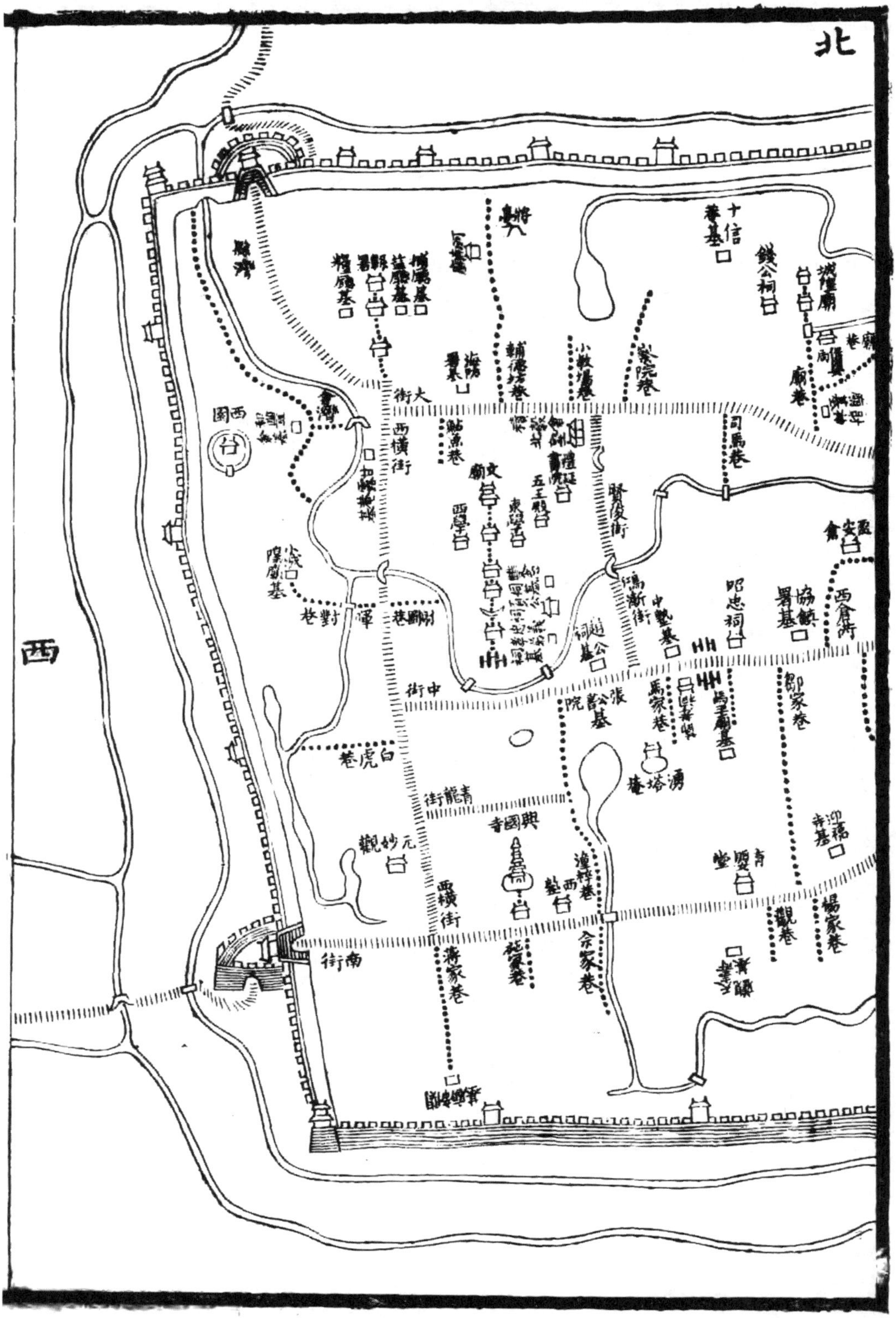

江阴县城隍图 / 选自光绪《江阴县志》

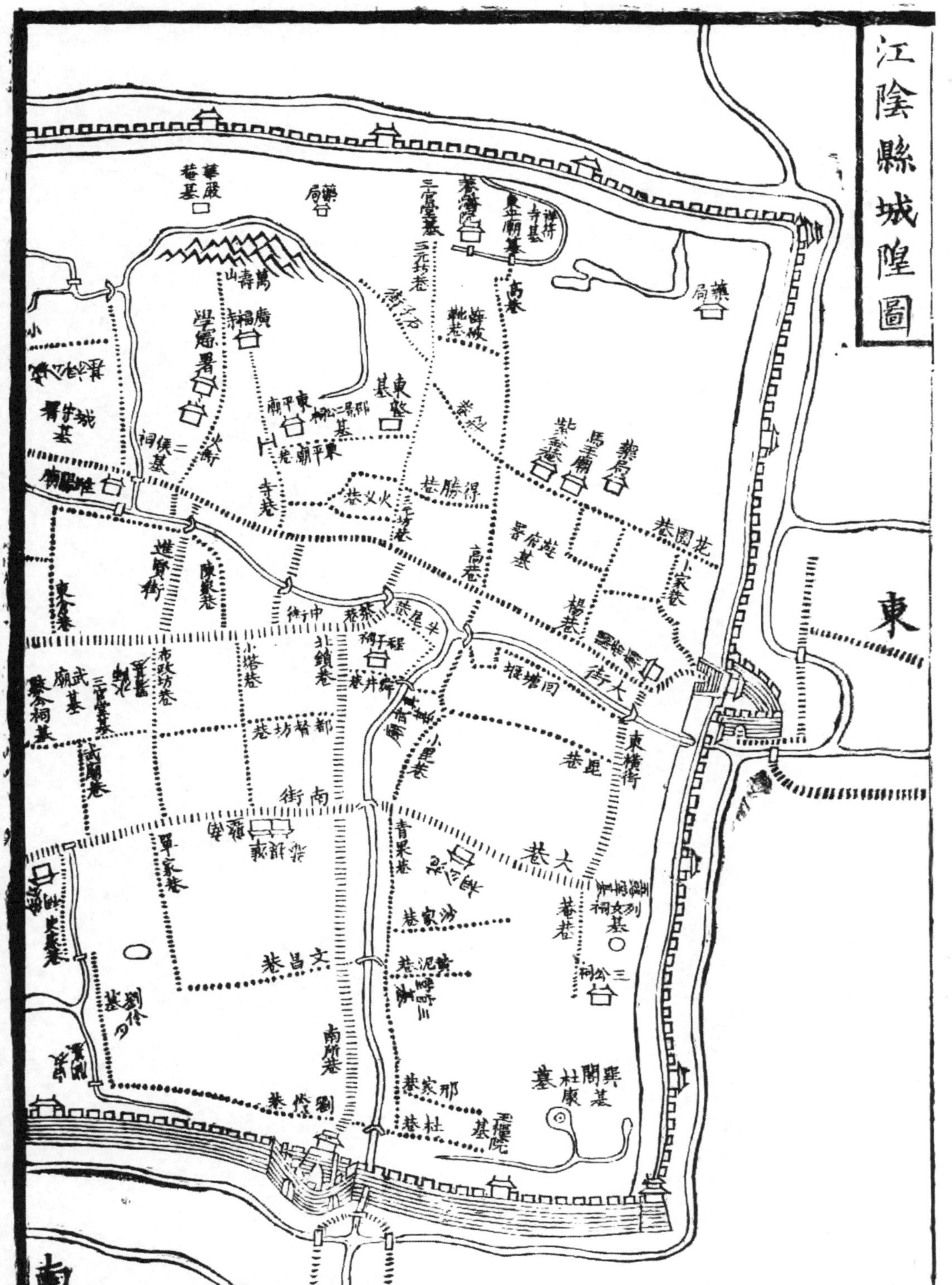
江陰縣城隍圖
東
南
南街
大街
大巷
文昌巷
都督坊巷
花園巷
得勝巷
東橫街
萬壽山

无锡

苏州

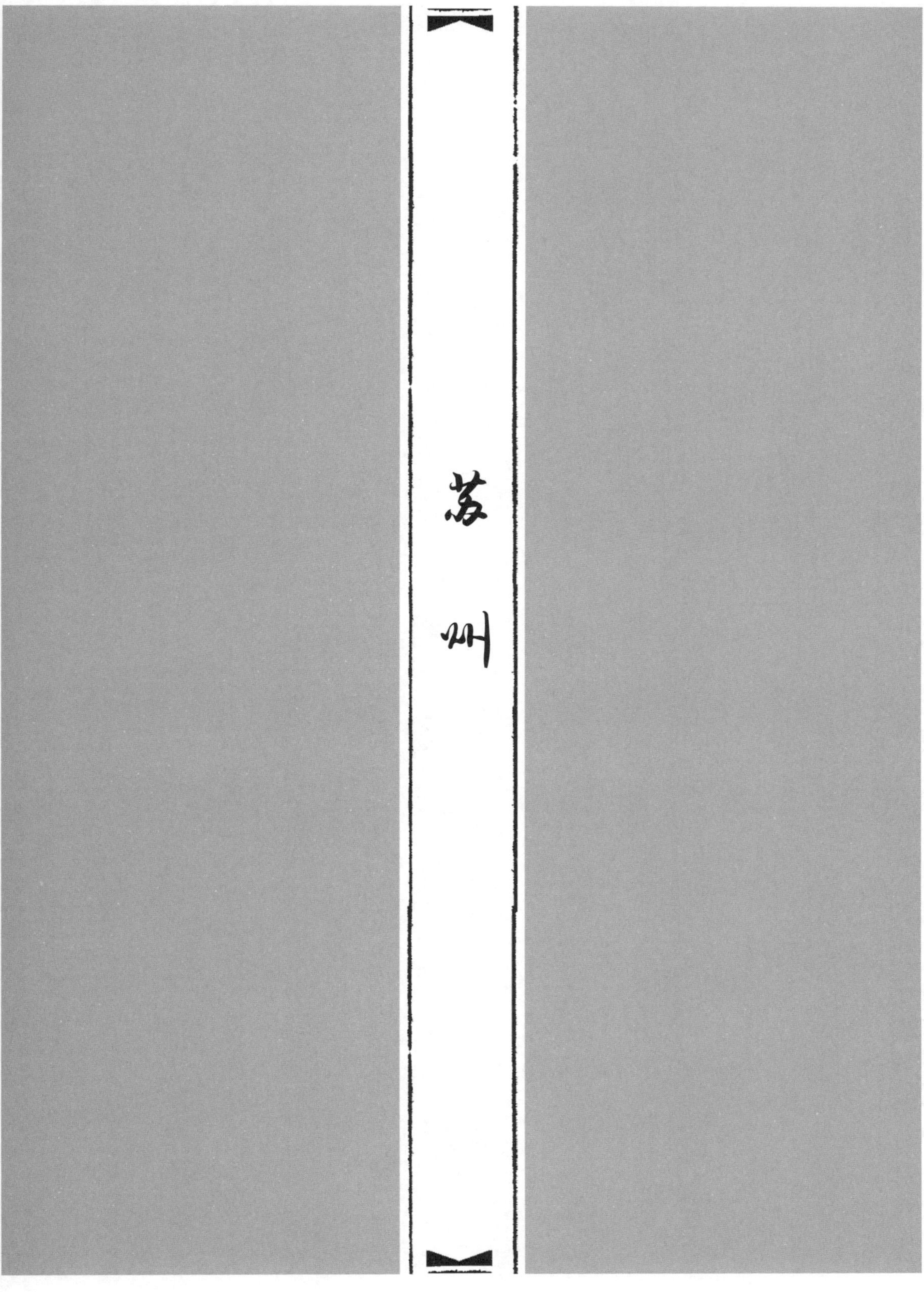

苏省全图说

江苏布政司治苏州，春秋吴国都也。汉初为荆国，历五代迄元、明，或称吴郡，或建中吴，或置平江军，因革代各不同，要即析会稽而隶诸吴。今则划宁省而别为苏，按奉京师为中线，治在经东六百八十五里奇，纬南一千七百七里奇，领府四、厅二、州一、县三十二，东西广四百三十五里奇，西北、东南斜袤五百四十里奇，东滨海，西南距湖，北枕长江，南扼浙省，西接安徽孔道，西北与江宁联衢。所辖海塘，自浙江平湖县界起，历金山、华亭、奉贤、南汇、川沙、宝山、太仓、镇洋、昭文、常熟至江阴界泾口而止，计四百一十四里奇，其间要口七：曰黄浦，曰吴淞，曰刘家河，曰七鸦，曰白茆，曰许浦，曰福山，曰鹿苑。旧时海舶皆可深入，故宋绍兴后专以捍御，增设水军。而《海防考》谓：沿海以北，吴淞首当其冲。今则吴淞北道诸口间堙，形势之要不在淞而在浦，由浦达海有崇、川以为外屏，有崇、宝间涨沙以成犄角，有狼、福两山之对峙为由海入江门户。向子丰曰：军临大江，东连海道，最足以资控扼，亶其然乎？海塘以西直接江岸，历江阴、武进、丹阳、镇江至高资、江宁界，而至高资，旧有镇，晋王恭镇，南徐时建也。其间要口十有二：曰鲥鱼，曰黄田，曰申港，曰芦埠，曰桃花，曰剩银，曰小河，曰孟河，曰包港，曰越河，曰丹徒，曰京口。而《江防考》谓：黄田切近县治，最为要害。故宋置营军戍守，与靖江八圩对扼江面六里，可施炮位准星。自包港以北，沙埂起伏，深流渐窄矣。又折而西，则沙脉络绎蜿蜒，长江深流盘曲而下，圌山、金、焦之间，水势受束而趋东，激湍矣。登北固而览，江天浩淼，长流回岭斗绝，岂必陈孔范一言称为形势壮观哉！盖自古天堑雄也。从京口以西，过征、润、洲则入江宁界。江宁来路，镇江当其冲，其要道四：曰高资，曰白兔，曰宝堰，曰薛埠，俱可入徒、阳、金坛境，惟溧阳一县，西北当句容之冲，西当高淳、东坝之冲，西南扼建平、广德之冲，伍牙横涧以下，东接荆溪，冈峦蓊翳，尤宜设险，是以乌石、桥亭，晋郗鉴曾分镇焉。其南扼嘉湖水陆者，江、震当其冲，其要道三：曰震泽塘，曰烂溪塘，曰王江泾。而皆以平望为门户。宋刘泾设砦扼其吭，则三路不能通。江、震以西，宜、荆以东，中积太湖，自浙江乌程界，湖溇港起，边历震泽、吴江、吴县、长洲、无锡、阳湖、宜兴至荆溪斯沂港、浙江长兴界而止，计湖边五百十八里奇，其间要口七：曰胥口，曰铜坑，曰浦岭，曰独山，曰下埠，曰百渎，曰大浦。皆河防所重，而洞庭、马迹屹峙湖中，五代时吴越、南唐往往相持于此，尤两省屯守要区焉。至若运河为腹地通干，实即全省水道之中宫，非仅为挽粟置邮计也。崇明属海外孤悬，实则为沿海边疆之外藩，非仅资芦赋盐荚饶也。以全局论之，苏省绝少重关复岭之嵚巇，然而山川薮泽资其富，田畴庐井储其饶。古有立国江沱而形援尚可与中原相呼吸者，矧兹幅员所统、式是南邦，试与之兴陂堰、事耕屯，转输不劳而军储日裕，服畴食德，允惟无疆之庥。

苏州府全属图说

苏郡九邑，北枕长江，为海艅入里之咽喉；西控诸山，为太湖下流之管钥。运河塘直通南北，致和塘横贯东西，地形四达，水陆交通，综其形势之缓急，如昭文之许浦、白茆，常熟之福山、鹿苑，沿江斜亘，北与通州狼山镇营相望，东与崇明苏松镇营相望，势成犄角，为由海入江关键，而鹿苑口前有合兴、东兴、伴兰关、丝诸沙，地脉连涨，错布江中，此常、昭两邑为滨江最要之险也。其次则太湖为东南巨浸，震泽之双板桥、卢家、大庙、湖莲各港，为湖水东南来源。长洲之沙墩、金墅、龙潭各港，为湖水东北去委。吴县之铜坑、胥口、鲇鱼口，吴江之水泾大村各口，为湖水东流去委。其间港汊纷歧，岗峦重复，论吴、震各邑濒湖之险，当以是为次要焉。运河自浙省来，由吴江之王江泾而北，历平望、八斥，绕吴江城，抵郡城，由郡城之西北经浒关、望亭镇以入常州府境，乃运河转漕之要津，即为全府官河之孔道。致和塘受太湖之尾委，由吴县鲇鱼口绕郡城之南，经娄门塘，东下唯亭、真义等镇，抵昆山城，递注镇洋之刘家河入于海。其支为界浦，为新阳江，俱南达吴淞，以通松郡诸邑，此致和塘为东境次要之冲也。余如齐门外之元和塘，为北达常、昭之道。震泽境之震泽、兰溪两塘，为西达湖州之道，又皆郡内之冲途焉。旧设抚标营，居中扼要，以统城守分防之汛，又设福山营控扼江口，分巡会哨，又设太湖水师营，弹压全湖防御之阻，盖骎骎乎成东南之奥壤矣。全郡水道自浙西来，恃震泽为吐纳，吴江、吴县、长洲俱受于湖而下注元、昆、新三邑，常、昭则北受江水而南受湖水，昔人谓府枕江而倚湖，农田资乎水利，因足食海王之饶。又谓江淮以南皆有与于天下之形势，抚兹图也，其为江南一大都会，不信然欤？

吴县图说

吴县，古吴都，秦置吴县为会稽郡治，后汉为吴郡治，隋为苏州府治，后递析为长、元、江、震、常、昭，而仍以吴为负郭首邑，境多山，峰峦岩，四面环如屏障，陆路各山，大者穹窿、灵岩、天平、邓尉、七子诸山，穹窿山顶方广百亩，上有三茅峰，亦名笠帽峰，杰出云表，为群山冠。其支派之东南出者为大园岭、小园岭，又有香山与胥山对峙，中隔胥江口；其西南出者联络法华、渔洋诸山，突立湖中，可资准望。灵岩拔奇挺秀，蜿蜒而北为焦山、华山、马鞍山；西出为赵家山，与穹窿对；东出为寒山，与天平接，天平支脉与支硎并而北出为高景山，南衍为金山。七子山与陆墓山合，而最高者为尧峰，北出为上方、磨盘，邓尉山与元墓山合而西向为西迹、潭山，迤逦至于铜坑北，非特峦翠竞秀，盖借以箝束水口焉。湖中诸山，西洞庭为大，周七十余里，东次之，周五十余里，山形上矗而下坦，涨连陆地，非若西山之屹峙湖心，群岛环拱，为全湖中扼区也。或者谓太湖跨越数百里，港渎纷歧，两山复亘峙于湖中，冈峦既密，稽备或不易易然，如鲇鱼、胥口等处，瓜泾、石湖互为管钥，胥山、香山相与篱藩，有西迹、洗马两山以为外户，有安山、铜坑两山以为内户，设险于此，而沿湖汛守当亦易为声援也。至境内之水，则全受太湖下委，由鲇鱼口北入五龙桥，达盘门濠，由石湖汇入横泾河，达枫桥塘，乃南太湖之委；由大缺口入横泾河，由胥口达胥门濠，由游湖入铜坑而东注，乃北太湖之委；铜坑以北贡湖诸口，其流不泄不纳，俗所称平水云。

长洲县图说

长洲，旧吴县地，唐万岁通天元年析置，与吴县同城而治。国朝又析置元和，右临太湖，左控阳城，纵贯元和塘，扼南北之孔道，斜经关上塘，为漕运之冲途，滨于太湖，曰北至沙墩港，南至龙塘港，旧于沙墩口内达望亭，金墅港内达浒墅，龙塘港内达白马涧，设立金墅等汛，备置营舰，梭织巡逻。今沙墩、金墅日就淤狭，惟龙塘一港，舟行尚可畅驶汛守，情形不无今昔殊矣。境内冲途有二：一为关上塘，水路曰运河，自无锡境南接望亭，东南过浒关，至枫桥之铁铃关，水陆通行，乃常、镇等郡之冲衢，有浒关扼其中，以资讥征焉。有望亭扼其北，以资稽察焉。一为元和塘，北贯常、昭，南接齐门，其沿塘则有陆墓镇、蠡口镇及常熟之吴塔市，人烟素称稠密，而扼其要者惟蠡口镇及北境之萝葡汛为最，余如陆巷镇之达昭文，黄埭镇之达金匮，西津桥之接壤吴县，五松泾镇之接壤吴江，则固四达之区也。西境山脉漫延，南趋吴境。山惟阳山为诸岭冠，次则白鹤山、管山、安戈山、彭山也。阳山大峰十有五而箭缺，又为阳山诸峰冠，下有石井，大旱不涸，昔之屯守者常有取于此。邑之水道，北承长江，南受太湖，一由无锡支港入运河，一由许福等口入元和塘，有漕河界境为之横络，有鹅真荡，漕湖为之潴蓄，此长江之南注也。由吴县之铜坑、胥口入枫桥，灌城濠而北注元和塘，东注五松泾，为邑南陇灌溉，即汇而为尚泽荡、阳城湖，此湖水之南注也。若夫东境徐庄港、寺前河、永昌港、界牌港，西境黄埭塘、西永昌、冶长泾、分水墩等水，俱为南北所会，源流畅澈，而太湖亦随与潆回焉。

元和县图说

国朝雍正二年，析长洲县置元和，与长、吴两县负郭而治，控临湖荡，分障城垣，当松、太两属入省之冲，为淞、娄两江上游之脉。由娄门直东为致和塘，抵昆新城，以至刘河，中有唯亭镇，沿塘聚市，户口稠繁，与新阳之真义镇为东西声援。邑之外道，源出太湖，由吴县鲇鱼口过省城盘、葑、娄三门之外濠而东注娄江，为太湖经吴县南境之总委，其旁溢为沙湖，为黄天荡，为金鸡湖、独墅湖，各湖之水有由青溪浦入吴淞者，有由斜塘入吴淞者，有由镬底潭入吴淞者，盖吴淞之源本西受太湖，由花泾港屈曲而东，渐流渐阔，至塘浦村之鲇鱼口，而阔及百丈，又东北十一里许至十里滩港，为角直镇之孔道，又东北五里而递入昆境，此太湖经吴江城北之委也。自娄、淞二江下流难畅，而上游亦溢，乃由大姚塘、张王港、薛东浦等港南注澄湖，又由萧殿湖、白蚬江、汲水荡、章水圩迤东南，汇于淀湖，其吴淞之十里滩港，又由角直镇、陈墓镇南流径底淀湖，汇于黄浦入海，此太湖经吴江城南之委也。其致和塘北之水，乃自齐门外濠东注官渡河，又折而北，与常、昭之江水相遇，遂壅积为阳城湖，跨越三邑，为省城东北巨浸，下灌新阳、太仓诸邑，此太湖经吴县北境之委。阳城、沙湖、澄湖等处，港浦纷歧，与葑门直东之斜塘、直南之官塘及昆山交界之界浦，同为往来通道，详审形势，斜塘镇居斜塘之中，澹台湖居官塘之中，而角直、陈墓尤扼界浦之要，车坊镇居县境之南，阳城村介邑治之北，而唯亭、尹山亦市镇之繁，城北虎丘山一角，挖隶邑境，上为浮图，登眺则城邑川原了如指掌，虽夙称名胜，而形势已觉偭离，乃至远隔东南八十里之邻境，而飞插章练塘一隅，揆厥井疆，所谓栉比鳞次，夫固有不尽然者。

吴江县图说

吴江，古吴县地。唐曰松陵镇。五代梁开平三年，吴越分置吴江县，属苏州。元升为州。明复为县。国朝又析置震泽焉。当江、浙之冲，承太湖之委，大小荡漾三四十处，四望弥漫，真泽国也。城东有庞山湖，旧由吴淞江入海，一派向北东流为九里湖，又东至元和之滕村湖；一派向东流过玉带桥，经同里湖、沐庄湖，又东至元和界之白蚬江入薛淀湖。盖庞山源出太湖，太湖之东北注者，由瓜泾口、夹浦桥直灌九里等湖；东注者由垂虹桥、三江桥、甘泉桥，经历山湖灌鲫鱼等港，而垂虹桥为疏泄太湖之咽喉，旧长一百三十丈，置六十四徆，此北境之源委也。庞山南通为叶泽湖、南新湖，迤东南为清水洋、元鹤荡、凉伞荡、三白荡，东注青浦之沅荡，东北注浙之嘉善县境，其源亦自太湖来，过官塘之白龙桥、大浦桥，东过段家荡、女儿荡，又北合庞山水，播为诸荡，而白龙桥下进水尤急，此中境之源委也。太湖东入袅腰桥，为张鸭荡、胜湖，又东并浙省嘉善之水，东南入莺脰湖，下注为澜溪、王江泾，又南并浙省秀水之水，其散布者为西白洋、长蜞荡、獭来荡、八角荡、杨家荡、泰平荡，大者十余里，小亦百十丈，此南境之源委也。综核全境，水居十分之四，中境之水由淀泖而东，北境之水由浙境而东，俱并黄浦入海，而仍与青浦、娄县各港相为贯注，故使太湖之水能畅达黄浦，则于邑之水利，庶有豸平、垂虹桥至平望为官塘，其北半为石塘，自平望东南至王江泾为土塘，又浙西至盛泽镇又为石塘，乃江、浙水陆之通衢，左有黎里镇，右有盛泽镇，以扼其要，而东境之同里为本邑巨镇，震泽接界之平望、八斥尤为官塘冲要云。

震泽县图说

震泽为吴江西鄙，与吴江同城而治，左倚官塘，右临太湖，水承南北之源，道控嘉湖之要，南境水自乌程来，地势稍高，河流条直，荡漾殊少。北境滨太湖，旧有沿湖七十二港，诸港之内为横草路，湖水所入，壅滞成荡，其大者为鱵鱼洋、长洋、雪落漾、唐家湖，其余支流旁溢，名象或与邑志不同，因就实测者注于图。横草路之南横梗一塘，西曰震泽塘，东曰梅堰塘，西南接乌程县极乐庵，东北接吴江界平望镇，乃水陆之通衢，而震泽、梅堰两镇尤为汛防之关键，其余横扇、严墓等镇，聚市而已，无险也。平望之西北、西南又壅为章西漾、蒲荡、草荡、大龙荡，其最大者为北马漾，平望南为莺脰湖界，与吴江接。细测水道顺逆，鱵鱼漾西受霅苕之水，北入太湖，其口则湖溇至倪家等港也。蒋家漾、徐家漾诸水，止承浙水东注，故陆家港至太庙港为平流，由是东则卢家港、亭子港等二十余口，皆北受湖水内灌，与西水会合，结为马耳、桃花诸漾，又东为东池、韭溪、练聚等港，亦同为进口之水，至北折而为大浦、南厍、牛腰等港，则进口之水更急矣。震泽塘左近俱向东直注，而南境之面丈港、澜溪港又挟浙水向东北直注，故震境之水西受乌程、南受秀水、北受太湖，三面灌注，汇赴于莺脰诸湖而东，以吴江为壑，大略与吴县同滨太湖，而吴主宣泄，震兼吐纳，此异于吴县者也。与吴江同为下流，而江虞泛溢，震幸流通，此异于吴江者也。与乌程同承浙水，而乌主来源，震兼去委，此异于乌程者也。其农田之利、堤防之功，所当与吴江并治焉。

昆山县图说

昆山，古娄地。梁天监时，析置信义。大同时，又析置昆山。元升为州，明复为县。国朝又析置新阳，中带吴淞，前凭薛淀。吴淞一江，西接元和，东通嘉定，本为宣泄干水，自江流渐窄，而上游清水，尽积南境，如青浦交界之薛淀湖，纵横十余里，水势弥漫，为邑巨浸。其北流为赵田湖，由新开河北达吴淞江曰千墩浦，为中境干河。薛淀而东，直注青浦，曰漕河，水道深阔，利于舟楫，中届珠溪镇，旁溢秧田，大段三分等湖，又会合水路而北达吴淞曰石浦，为东南境干河。薛淀西由朱砂港入陈墓荡、姚潭、白莲湖，北达吴淞江曰大直港，又分西一派，从陈墓镇北达吴淞曰界浦，皆为西境干河。淞江之北，割隶新阳，唯东北之夏驾河，北达奣浦，南抵吴淞，又东北为蓬阆镇界，与镇洋县合，其东南二十里奇为安亭镇界，与嘉定县合西境之甪直镇、陈墓镇为元和接界，南境之珠溪镇为青浦接界，虽道里纷出，而壤相错也。吴淞江东自四江口西至三江口为上海达省水陆冲，而扼其要者绿葭滨一镇，自珠溪镇来者，一由石浦至淞江，一由千墩浦至淞江，为松府至省水陆冲，而扼其要者千墩、歇马桥两镇，然则昆固东境之要津欤！全境水源由元和来，其潴蓄有辥淀诸湖，其通流有直港诸浦，地势平坦，虽较青浦略高，终借下流疏泄，以免于水涝患。其汛守则以三江口、安亭、蓬阆三处为要云。

新阳县图说

新阳，左倚阳城湖，前临吴淞江，析置于国朝雍正二年，与昆山同城治，有致和一塘，作省垣东道，北以常、昭为江口藩篱，东以太、镇为海疆保障，境内土壤坦平，惟致和塘西自省城娄门来，东绕邑城之南，又东合新阳江，由镇洋境之刘河入海，向为挽漕水陆通衢，亦太仓全属入省孔道也。城西十五里为真义镇，沿致和塘及塘北半里，聚廛成市，最为扼要。次则城东南濠为松江、青浦入省之路，必渡吴淞江，由小澞港至小西门外之驷马桥，折西循致和塘，则小澞港亦境南诸邑之通衢矣。淞江为昆、新交界，近三江口处阔七十丈，迤西则阔仅五十丈，自三江口北接致和塘者曰新阳江，为东南诸邑之户，当与昆邑为巡防之声援。真义而外如北境之陆家桥镇、东北之周市镇、西北之巴城镇，虽为贸易市，而舟车不尽骈集焉。邑之水利以致和塘、吴淞江为两大干，新阳江贯之。水在致和北者，若澜漕、若新塘，皆东行。若汉浦塘、茅沙塘，若胡泾、若盛泾，皆南行，为支中之干。在致和南者，若横塘、车塘、观塘、八尺浦，皆东行，若奣子浦、澞港、夏驾河、尤泾，皆南行，为支中之干。旧时分注两派，东北由刘河入海，东南由吴淞入海，必疏吴淞之下流，使清水得以畅行，又浚刘河之下流，令清水之力可以为浑流敌，而后新之水道治，即他邑亦无溢涝患。新有潴蓄之所，最大者阳城湖，次曰巴城湖、曰雉城湖、曰玩月湖，阖境皆承诸湖灌输，百川旱涝有备，阳城广阔多歧。与长洲、元和分治，在新境者才二十七里，尤为诸水上源云。

常熟县图说

晋之海虞、长沙，即今常熟也。梁始置常熟，齐置海阳，隋时并入常熟，元升为州，明复为县。国朝又分置昭文，临江海，控湖山，以福山之要津作省垣之后户，所辖土塘五十里奇，西接江阴，东递昭文，狼、福对峙，江阔二十六里，准望可及，为由海入江之关键。向归提标游击营管辖。道光时，特设总兵统辖内洋及常、昭等处沿江汛地，东与崇明之苏镇标会巡，北与通州之狼镇标会巡，所以扼控长江，管钥省垣也。鹿苑、奚浦、耿泾稍通舟楫，小泾口、鳗鱼港、西洋泾、大陈浦、黄泗浦、新庄界泾等口，多半堙淤，其奚浦、鹿苑口外十里涨有沙洲，联接江阴，徒步可通，致沙南流水渐将淤成平陆，而深水急流乃在沙洲之北，与北岸通州相近，非如昭境深水针路之逼近南岸也。然则控制之地，福山固首险要也，而东兴等沙次之，鹿苑、奚浦沿塘汛守又次之。邑城右依虞山，前凭湖水，沿江地势高仰，港浦易于堙塞，非得昭境之白茆塘为之宣通，则惟借昆城尚湖为全境潴蓄之所矣。北境以福山、奚浦为干，而东山塘及严塘为横河，南境以大横塘为干，而阳尖项泾为横河。沦浚白茆，则南北支干之脉通，而旱涝始有所备。河阳山在虞山西北十余里，苑山在西南境，前有苑荡，左连嘉菱荡，隆然而峙，绝少峰峦可以供守望。塘桥镇在河阳山北八里，扼奚、鹿二口，与福山镇口并为北境之要。东南之东塘市，南之横泾、莫城两镇，并为负贩所聚，惟吴塔市当元和塘之冲，较为扼要云。

昭文县图说

昭文在隋以后为常熟县地，国朝雍正二年析置，今县与常熟同城而治，北枕大江，东凭沧海，省治东北当以是为屏藩焉。所辖海塘五十里，西接常熟，东达太仓，旧筑皆以土塘捍御海潮，沿塘港口有高浦、徐六泾、海洋港、清洋港各口，又有许浦、白茆、耿泾各河，内惟许浦近为舟楫便，其塘外正当江海交，距塘五六里，自东迤西，深水针路，为海船出入长江必由之路，以从常熟福山是口以东一带海塘实为扼要，而亦北与狼山、东与崇明相为犄角者也。盐铁一塘为邑孔道，自嘉定迤西北，贯太仓城、直塘镇至邑之支塘、梅李等镇，由梅李折西，循梅李塘至邑城，由支塘折西，循白茆塘至邑城，虽非省会冲途，亦商贾往来之要道，而大黄泾南通新阳，福山塘北达常熟，扼其要于梅李一镇，斯邑城之声势自联。境内之水，自常熟之昆城、尚湖来，一过大黄泾、大翁滨与太仓东北流之水相遇，以溉南境之田；一过城东白茆塘、梅李塘与浊潮相遇，以溉中境之田；一绕邑城北入耿泾、福山两塘，与浊潮相遇于金童庙朱家桥，以溉北境之田。旧时昆、新水势直注东北邑境，每虞水溢，今固无患于此，而浊潮壅入，各港易堙。清水力微，不能冲刷。所以白茆等河屡有事于沦决也。至于虞山、昆湖、福山有关本邑险要者，俱非本邑所辖，已详识于常熟一图。

太仓直隶州全属图说

论江苏之厄要，以江海为最。论江海之厄要，尤以太仓为最。太仓所属，有崇明之外洋与浙江会哨，为由海入江门户之一；有川沙与通州遥峙，为由海入江门户之一，然此犹就海面辽阔、洪涛漩洑言之也。由此入里，则高桥镇与宝山为黄浦咽喉之一，宝山与崇宝沙为长江咽喉之一，太仓塘与崇明又为长江咽喉之一，两岸相距仅至十五六里而遥，以为侦望无烽堠烦，以为梭巡无风涛险，况崇明东北汛与通州接，太仓西北地与福山邻，外海、内地百里，声援可一潮而通应。所谓外海者，一对吴淞口东面出汇头行一百八十里，至蛇山，上有两峰，东峰陡不可上，西峰有大石广数亩，西北有浅沙，此山之东为海船自北来南进江之孔道，亦为海运自江放洋折北之要津；一由吴淞口东循南汇之高家嘴出汇头东南行约百里，至大七山，又东百里至上七山，二山高俱十余丈，傍山水急，舟不可近。其南百余里至小羊山，西北高百丈，周七十里，中有十八岙，可泊数百艘。山顶有池，泉淡可汲，渔人庐旅于此，海舟椗泊避风亦于此。其西为海船自南来北进江之路，再南四十里为大羊山，二山中间为江、浙界洋，上为水师巡哨所，至通州之廖角嘴、南汇之高家嘴，形如蟹螯，暗伏水底，波浪砰礴，沙礁纵罗，称至要，实亦至险，此太属外海之形胜也。内地一由黄浦入口，经上海以达松江诸郡，经吴淞江以达嘉、昆诸邑，亦称要口，次则刘河口直达太仓、昆、新七丫口，直抵直塘、双凤、蕰藻滨直抵南翔，要皆为沿海所必守，不独田畴赖之，此太属内地之形胜也。今特设澄海营水师，驻防江海之冲，与长江水师相为指臂，盖即元至正十三年立水军万户府，明弘治十年，因酒库司置州治、设军营十千户所遗意焉尔。

太仓州图说

太仓，古娄县治。五代时，吴越有其地。明弘治分昆山、常熟、嘉定三邑地建太仓州，属苏州。国朝雍正三年，又析为镇洋县，升太仓为直隶州焉。邑东北临大海，东南控宝山、通福山，吴淞之呼吸，作昆山、常熟之屏籓，总四邑，襟三江，兵防势合，崇明可无孤立虞。故地势虽平衍，以简驭烦，道不外是也。所辖海塘，北承昭文，南递镇洋，斜亘三十六里余，旧筑土塘护之，其入海水口如新泾塘、千琅玕、六滨、七丫及交镇界之茜泾口，俱为吐纳海潮处，内惟七丫、琅玕最通畅，七丫距州治东三十余里，明嘉靖二十五年，复浚后，寻筑七丫坝于浦口。毛节卿为坝截潮水，而直塘数里中微是也。茜泾东去海仅二十里，旧有茜泾镇，宋设杨林寨，明初复置巡司及税务局于此。今塘外坍，岸陡立无涨滩，亦少芦苇，凡巨舰小艇，皆得随处椗舟，专拨城守汛、七丫炮台汛、璜泾汛分防内地外塘，故《海防考》谓：刘河以北有新塘、茜泾，又北抵琅玕，东出七丫，并为设险处。近筹策画之方，当必有规画而振兴之者，州境经河自西北接昭文贯州城东南，达镇、嘉二邑之盐铁塘，西路则自昭文达镇洋之吴塘，其东北海塘诸口，俱通潮汐，可为田畴灌溉资。余经纬泾浦如吴川塘、杜漕塘、巨泾、大半泾、西横沥、孔泾等河，清水之源流綦远，疏浚较切于邻近诸县，城北双凤镇、直塘镇为达常熟孔道，迤东沙溪、涂松、浮桥各镇，迤西北时思、璜泾、六河各镇，虽近为商贾通逵，亦控驭海疆之要也。循璜泾南约八里有穿山，巨石屹立，高五丈，周回百二十丈，邑志称昔为海中小岛。已涨成平陆，距海口二十余里，亦见沧桑之递嬗云。

镇洋县图说

国朝雍正三年，析太仓州地为镇洋县，平分州城之半及西、南、东三乡属焉。贯城而北接太仓、南接嘉定者曰盐铁塘，由州境盐铁经县境万年桥，径趋东北入海曰杨林塘，西自太湖之鲇鱼口，经致和塘过县境南马头东北滐曲入海曰刘河。县辖海塘约二十八里，通海之口，刘河为最，杨林次之，新塘及界太境之茜泾又次之。进新塘口三里余，有茜泾城，乾隆三年筑，厥后时圮时修，今犹屹如城东。刘河镇迤西北新塘市、岳王市、南葛隆镇与嘉定交界，西南蓬阆镇与昆、新交界，邑内蔽昆邑，外固海疆，当嘉定、宝山北达之冲，揽刘河、茜泾兵防之要，南连宝山海塘，东接崇明洋面，而镇邑洋面狭于宝山，隔岸瞭望，易为声援。近塘三里外，迤逦西北，水深十余，托为火轮、夹板等船进江，针路巡洋舸艇，无礁垫患，驶行綦便。昔张寀议请雇募沙船于刘河、崇明，编甲轮巡，今设刘河都司，驻防茜泾，统驭县境三汛。州境四汛，北与福山，南与吴淞，东与苏镇左营，相为关键，近又特设澄海营水师，专任海防焉。邑境田地，视宝山稍低，岳王市左右地较腴，然清流源远，不得不借灌输于浊潮。其刘河一水，旧称三江之一，自昆山县入境，又东南七十里，为刘河口，自此抵崇明北二十四里，元明以来，修浚不一。永乐初，夏元吉谓：浚刘以分引太湖壅水，盖所以宣泄太湖者，实于此为切要焉。

以上《苏省舆地图说》

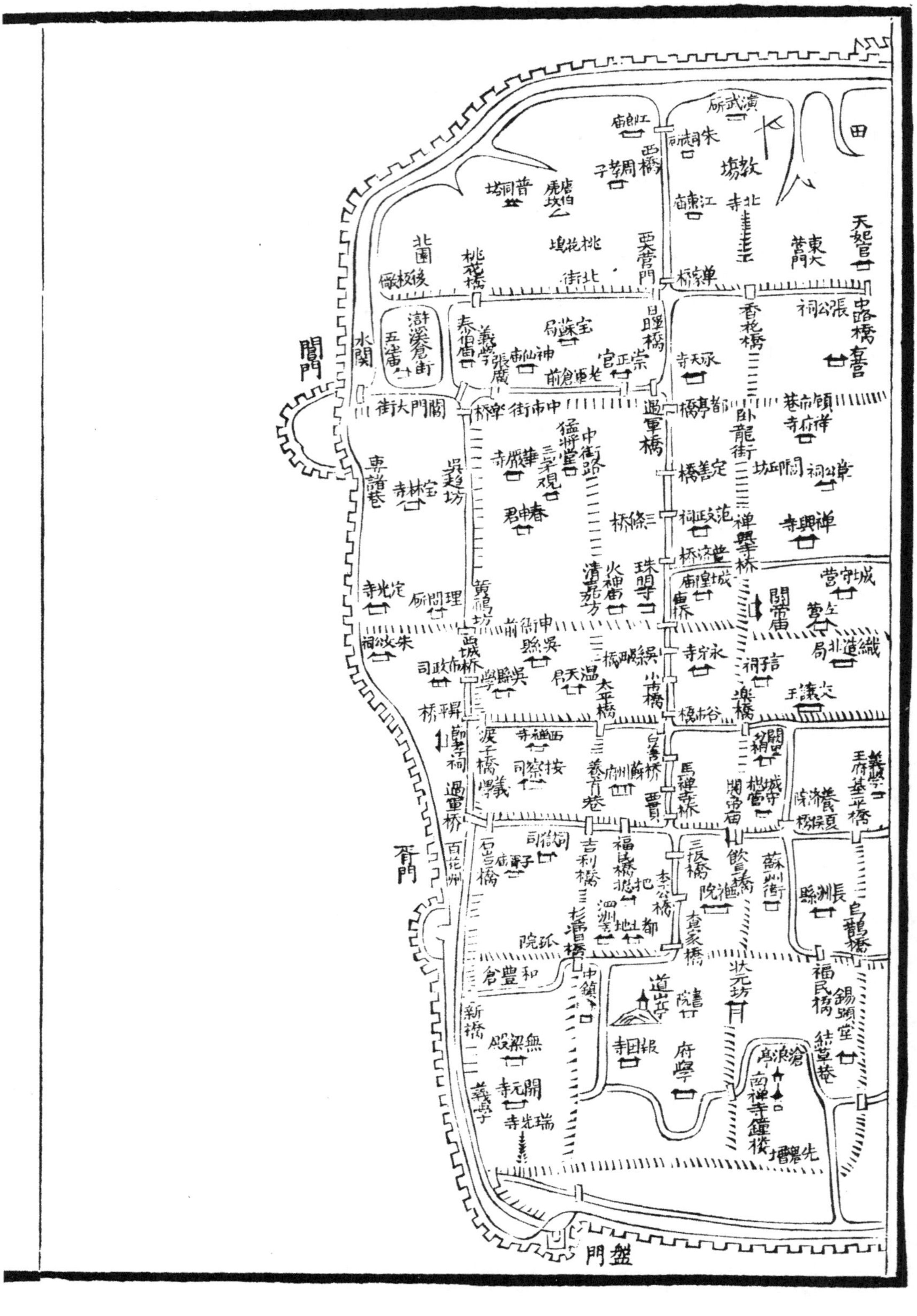

苏州府城图 / 选自乾隆《苏州府志》

蘇州府城圖

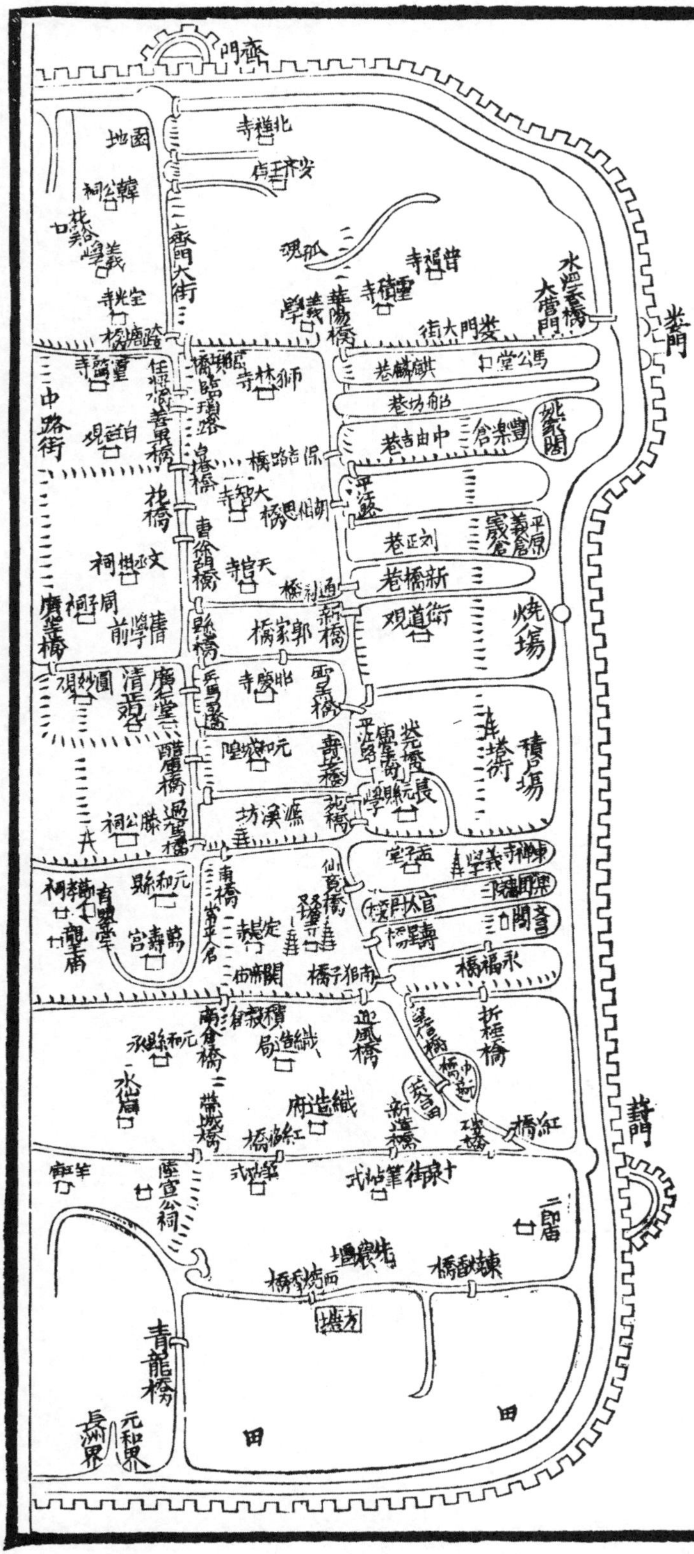

齊門
婁門
葑門
青龍橋
元和界
長洲界

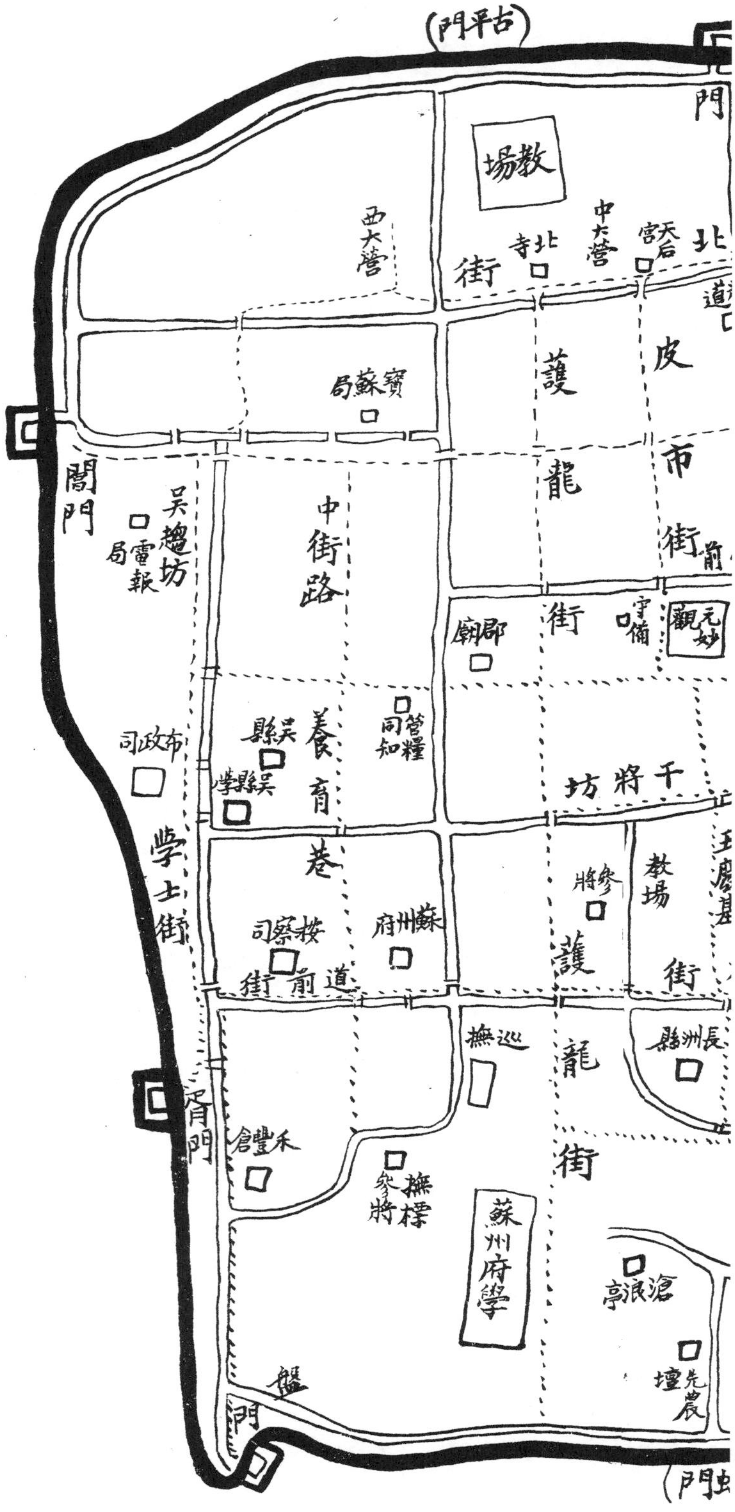

苏城全图 / 选自民国《吴县志》

蘇城全圖

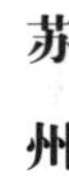

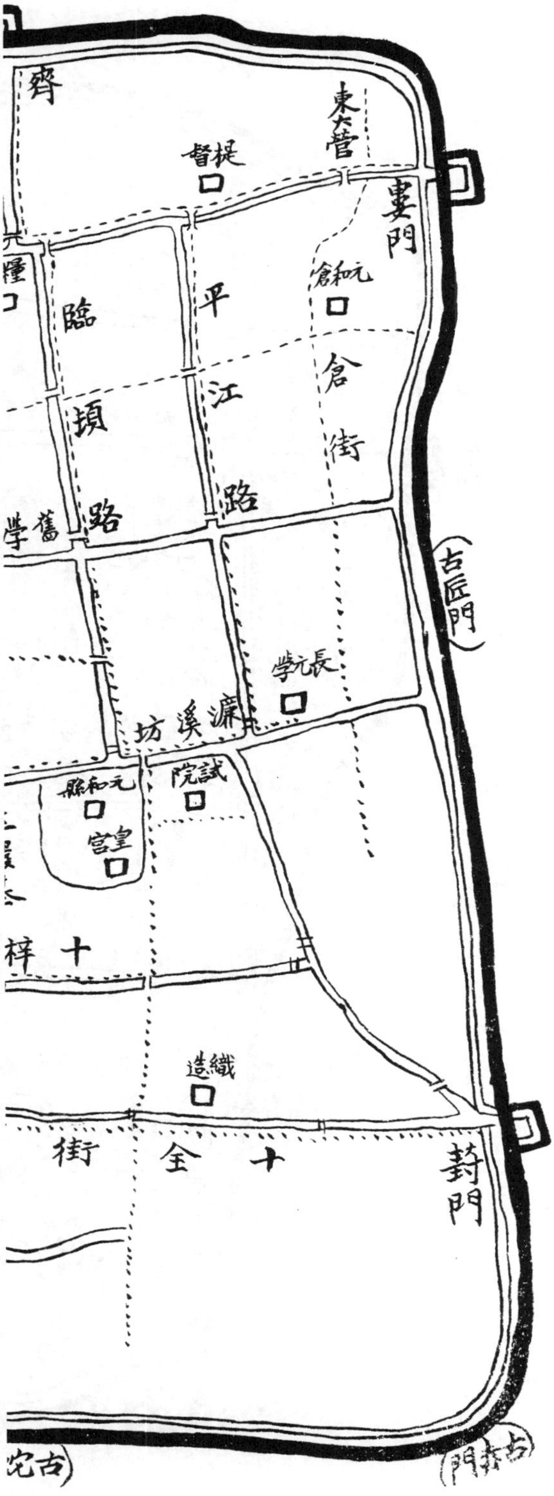

東大營
提督
婁門
元和倉
臨頓路
平江路
倉街
舊學
古匠門
長元學
濂溪坊
元和縣
試院
皇宮
織造
十全街
葑門

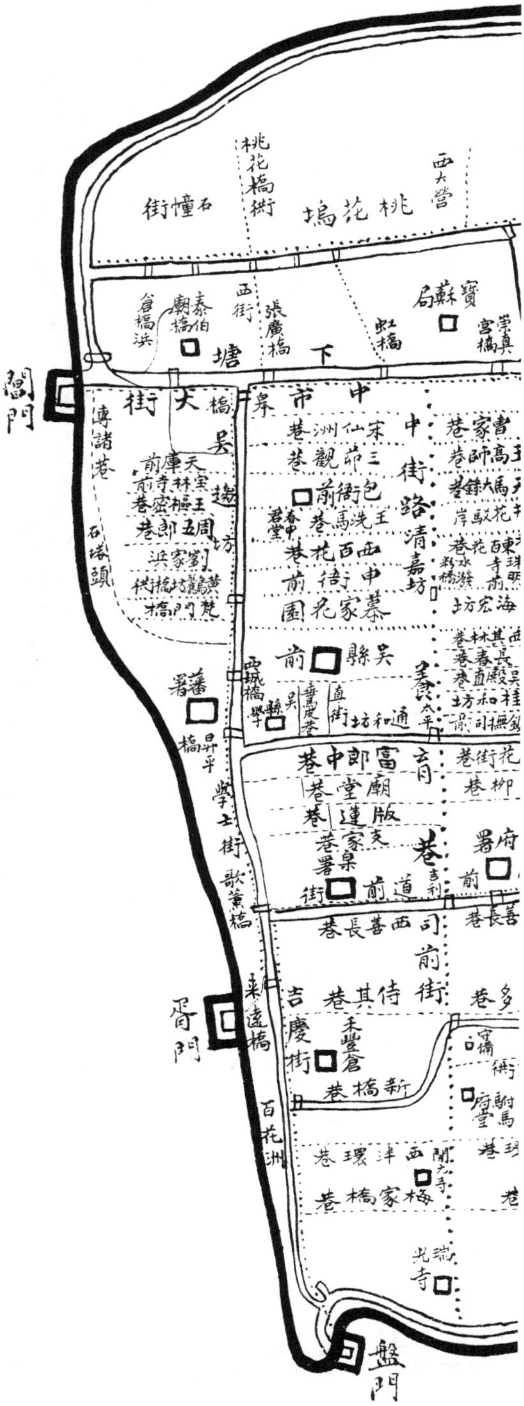

吴县城区图 / 选自民国《吴县志》

吳縣城區圖

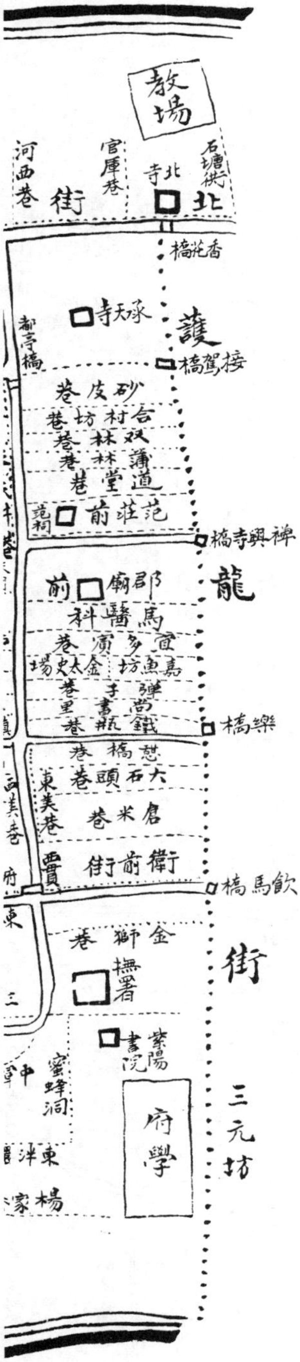
教場
河西巷
官庫巷
北寺
石塘街
北街
香花橋
承天寺
護龍街
都亭橋
接駕橋
砂皮巷
合村坊巷
双林巷
蒲林巷
道堂巷
范莊前
范祠
禪興寺橋
郡廟前
馬醫科
宜多賓巷
嘉魚坊
金太史場
彈子巷
尚書里
鐵瓶巷
樂橋
慧橋巷
大石頭巷
東美巷
倉米巷
衛前街
飲馬橋
金獅巷
撫署
紫陽書院
蜜蜂洞
府學
三元坊

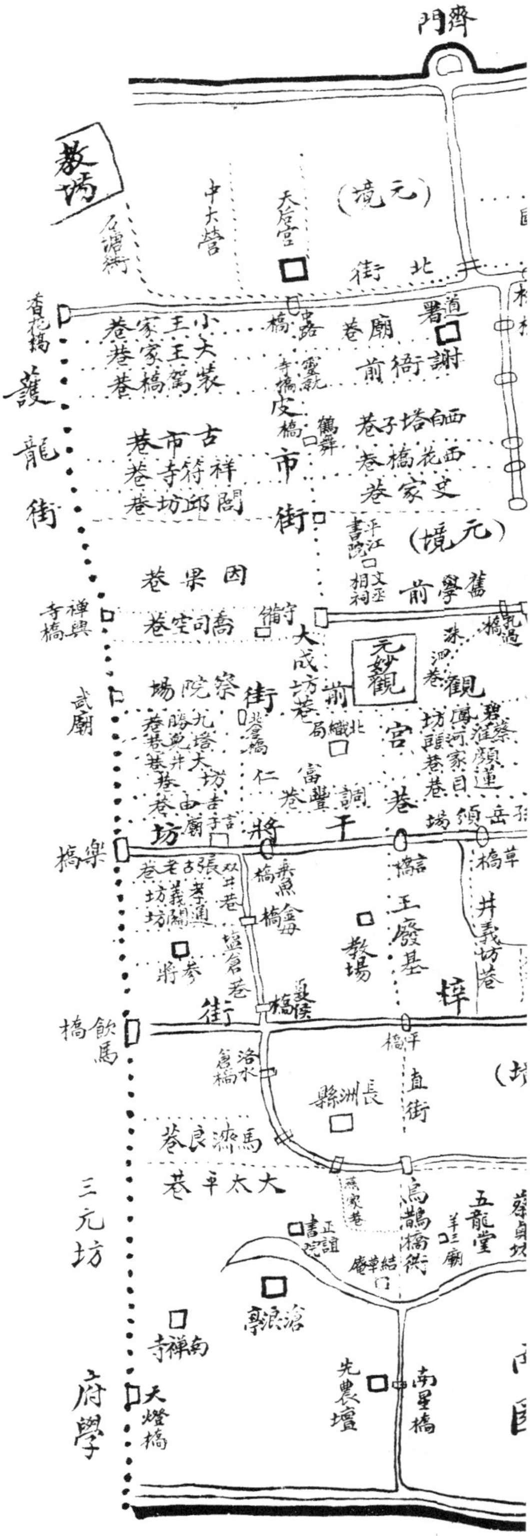

长洲县城区图 / 选自民国《吴县志》

長洲縣城區圖

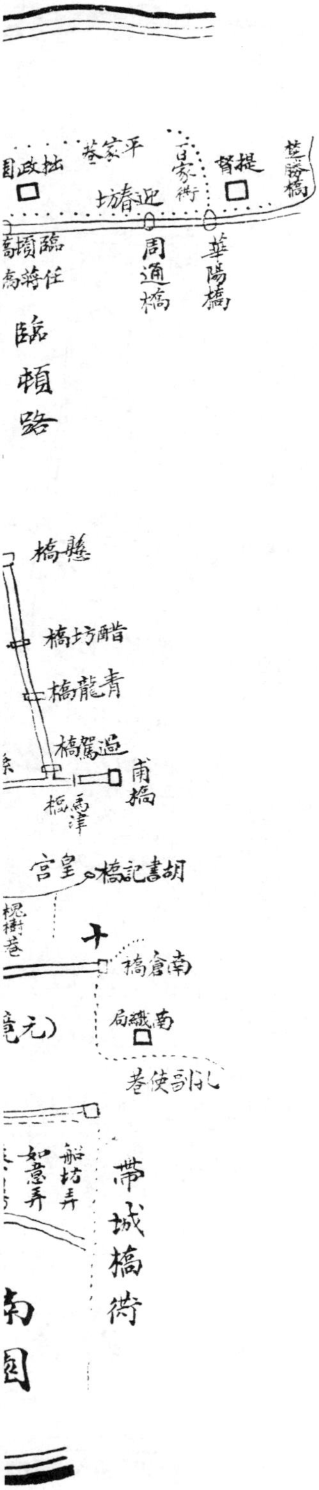
平家巷
迎春坊
提督
周通橋
華陽橋
臨頓路
懸橋
醋坊橋
青龍橋
胡書記橋
南倉橋
船坊弄
如意弄
帶城橋衕

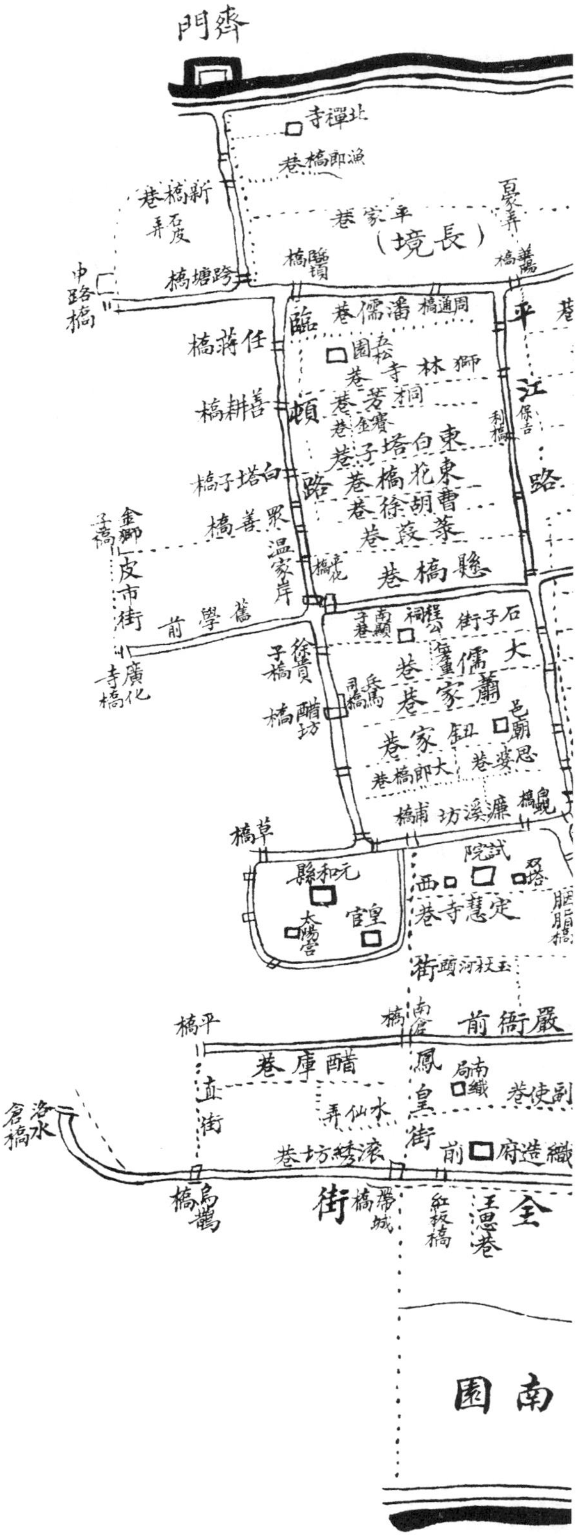

元和县城区图 / 选自民国《吴县志》

元和縣城區圖

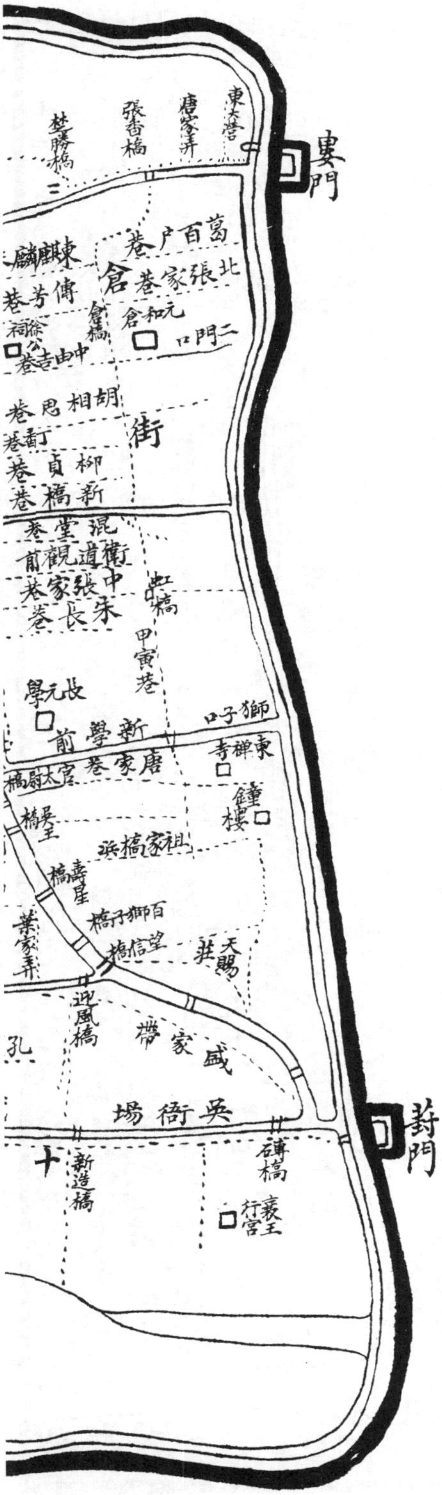
婁門
葑門
東大營
唐家弄
張香橋
葛百户巷
北張家巷
倉
元和倉
二門口
傅芳巷
胡相思巷
街
柳貞巷
新橋巷
混堂巷
衛道觀前
中張家巷
朱長巷
虹橋
甲寅巷
長元學
獅子口
新學前
東禪寺
唐家巷
鐘樓
祖家橋浜
百獅子橋
望信橋
天賜莊
迎風橋
盛家帶
吳衙場
新造橋
葉家弄
孔
十

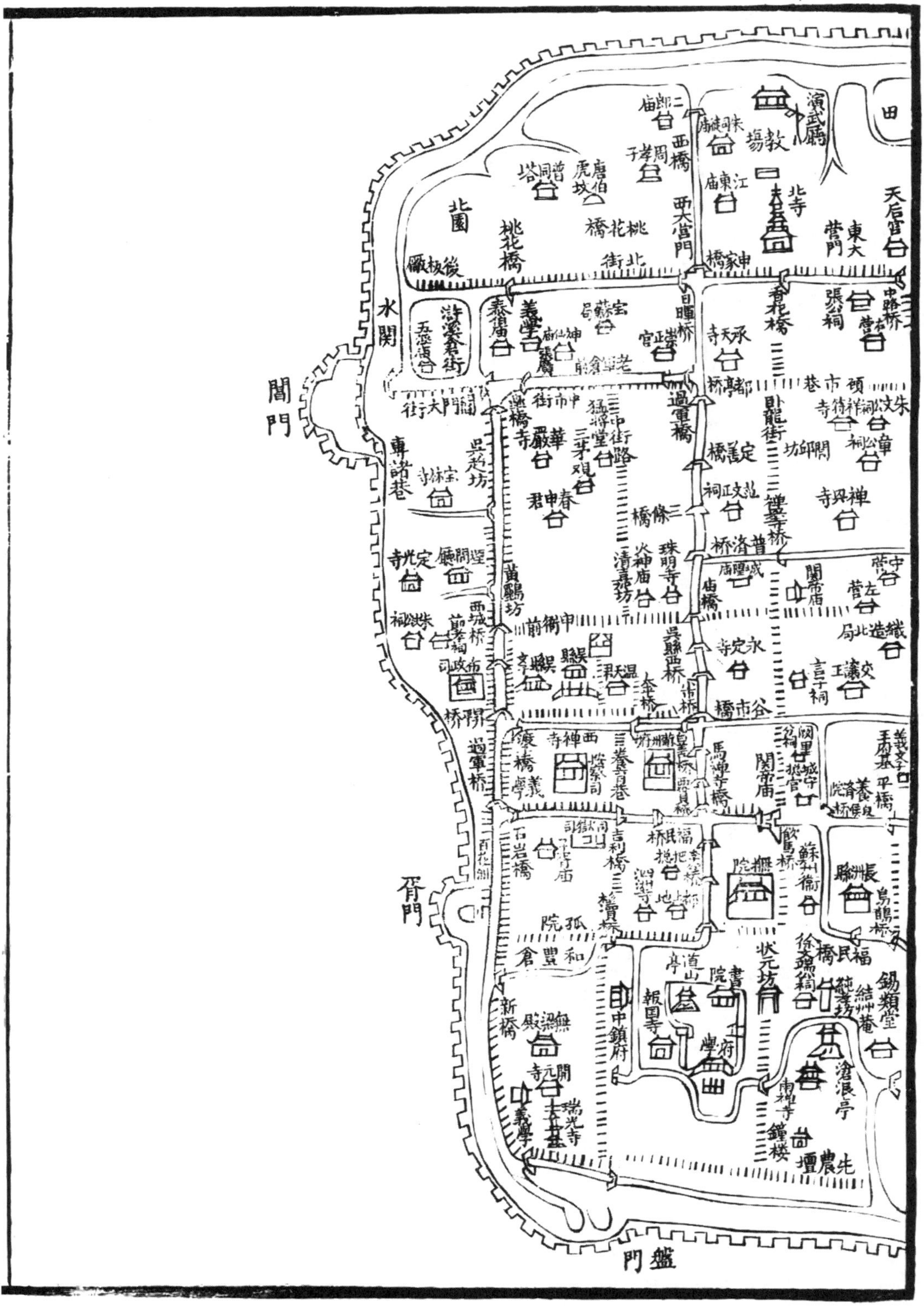

长元吴三邑城图 / 选自乾隆《长洲县志》

長元吳三邑城圖

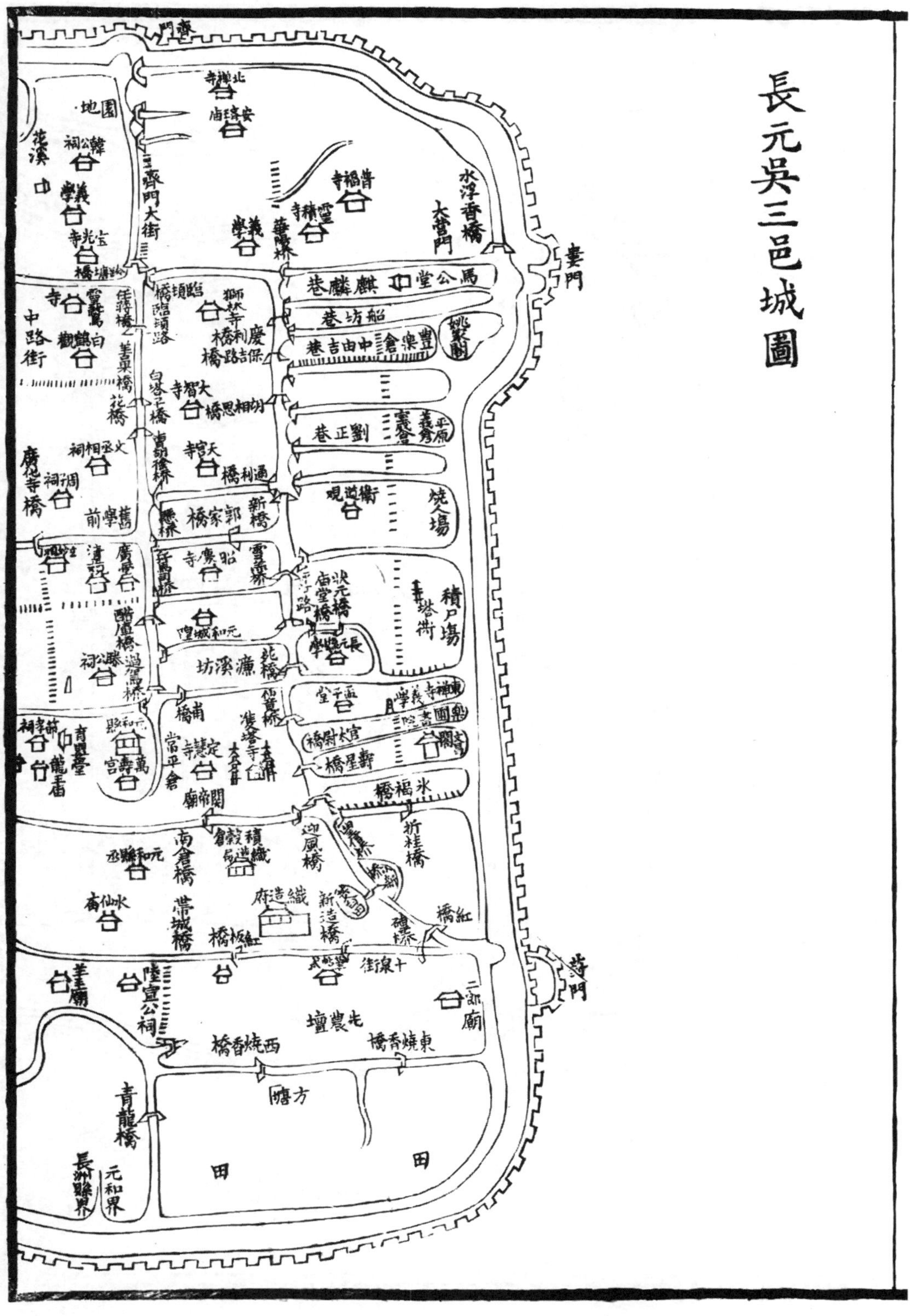

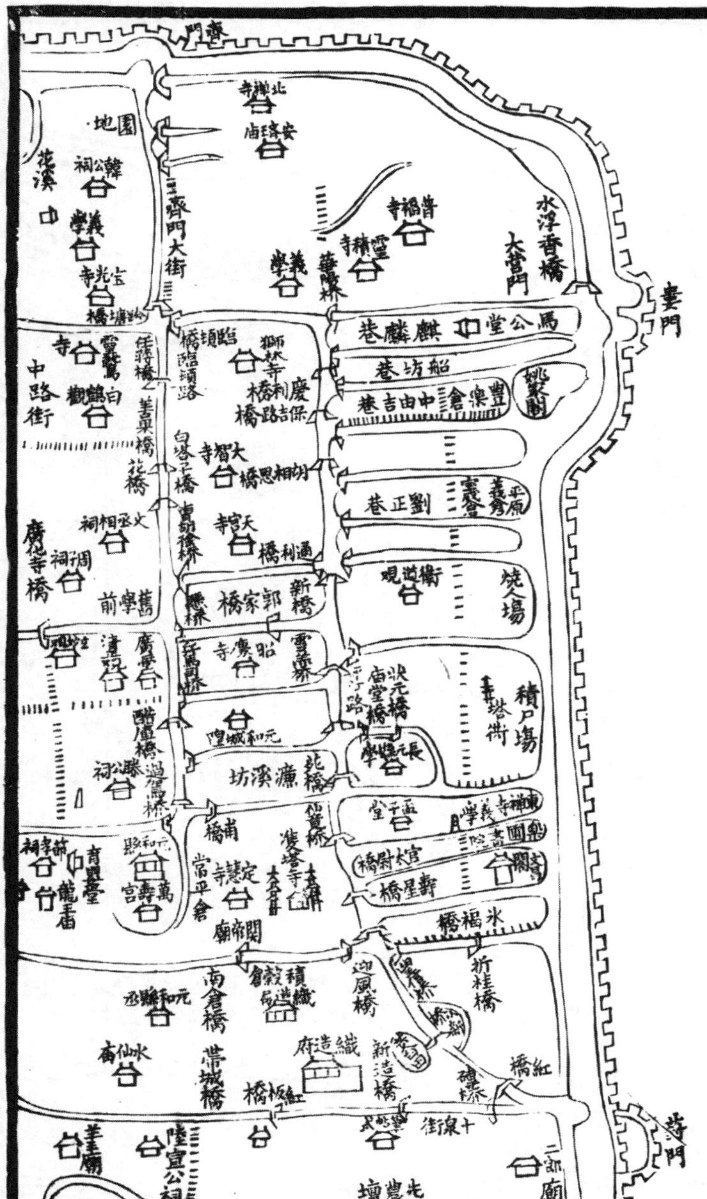

齊門
婁門
馬公堂
麒麟巷
船坊巷
豐樂倉
中由吉巷
劉正巷
燒人場
積尸場
中路街
白鶴觀
新橋
郭家橋
濂溪坊
定慧寺
常平倉
萬壽宮
冰福橋
折桂橋
迎風橋
積穀倉
南倉橋
水仙廟
帶城橋
織造府
新造橋
葑門
十泉街
先農壇
西燒香橋
東燒香橋
方塘
青龍橋
長洲縣界
元和界

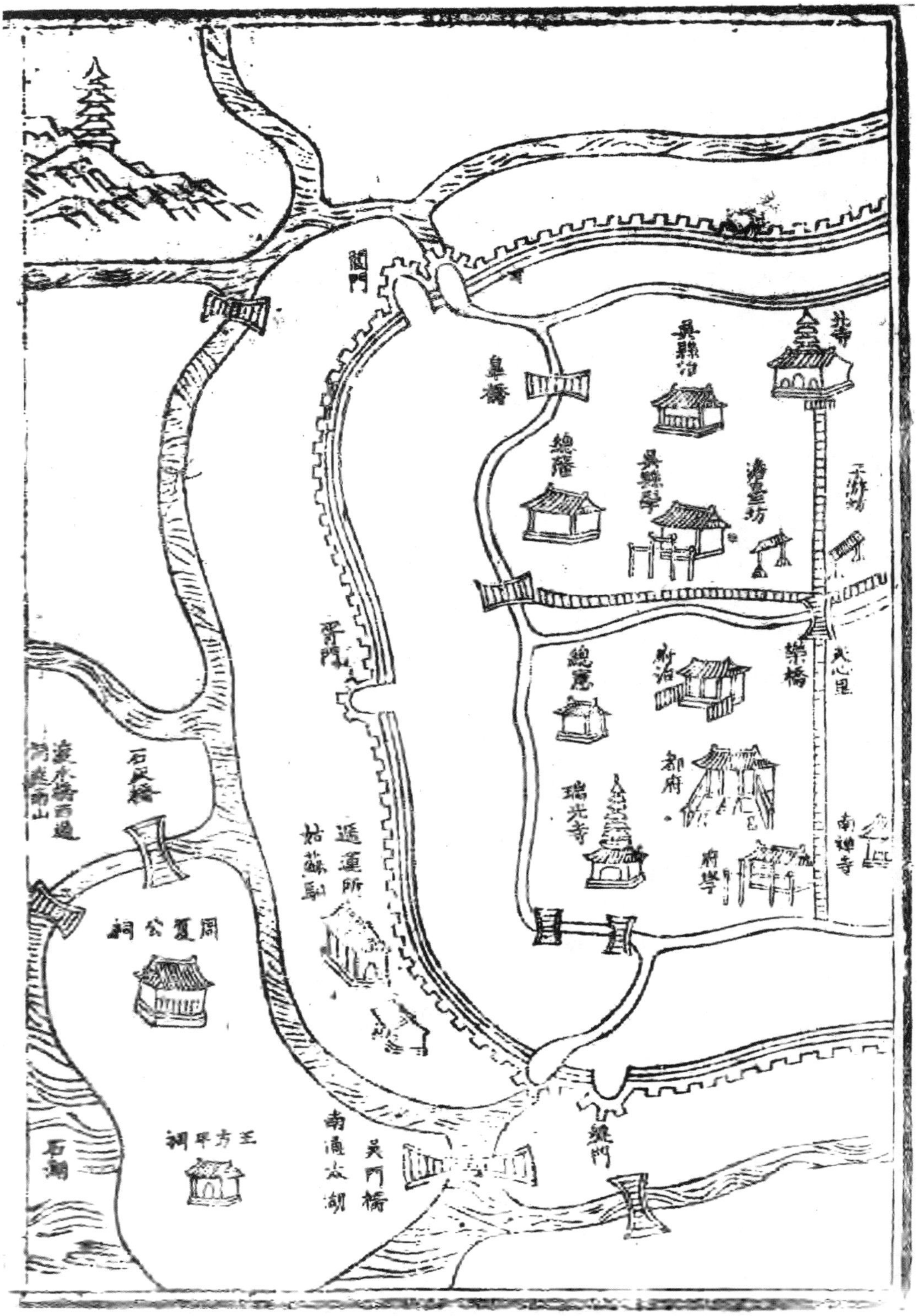

元和县城图 / 选自乾隆《元和县志》

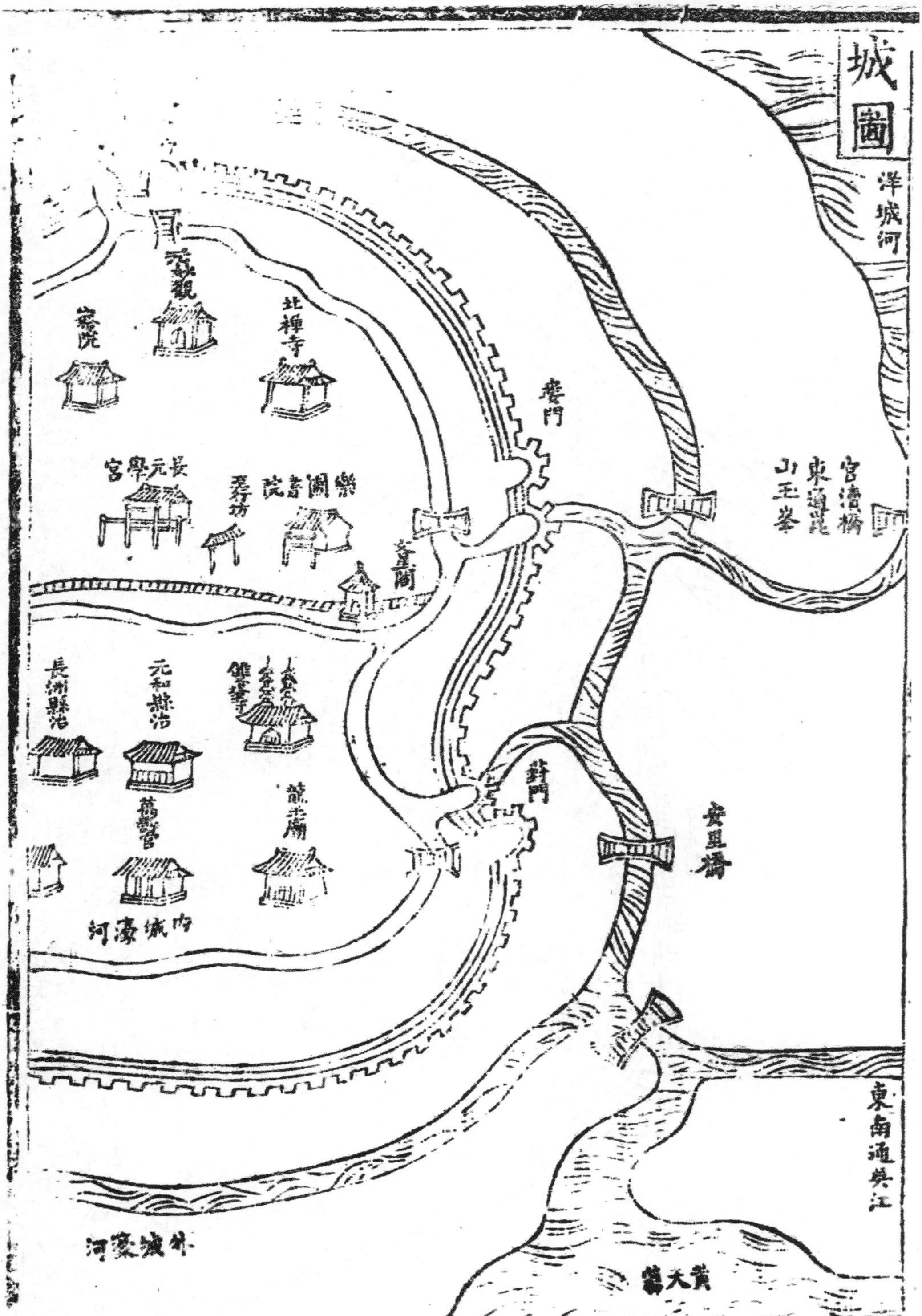
城圖
洋城河
宮瀆橋
北禪寺
元妙觀
長元學宮
樂圃書院
長洲縣治
元和縣治
內城濠河
婁門
葑門
外城濠河
東南通吳江
黃天蕩

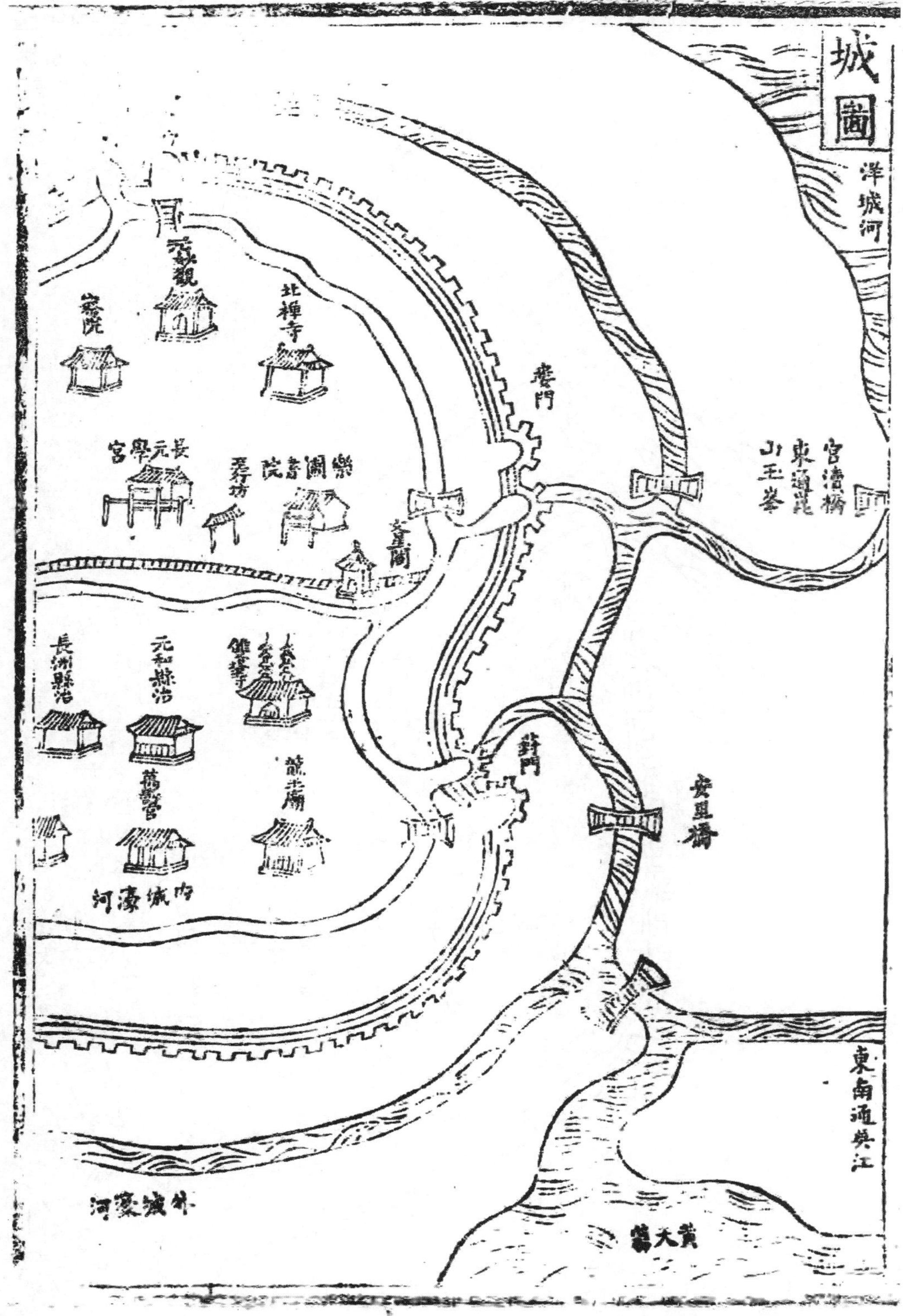

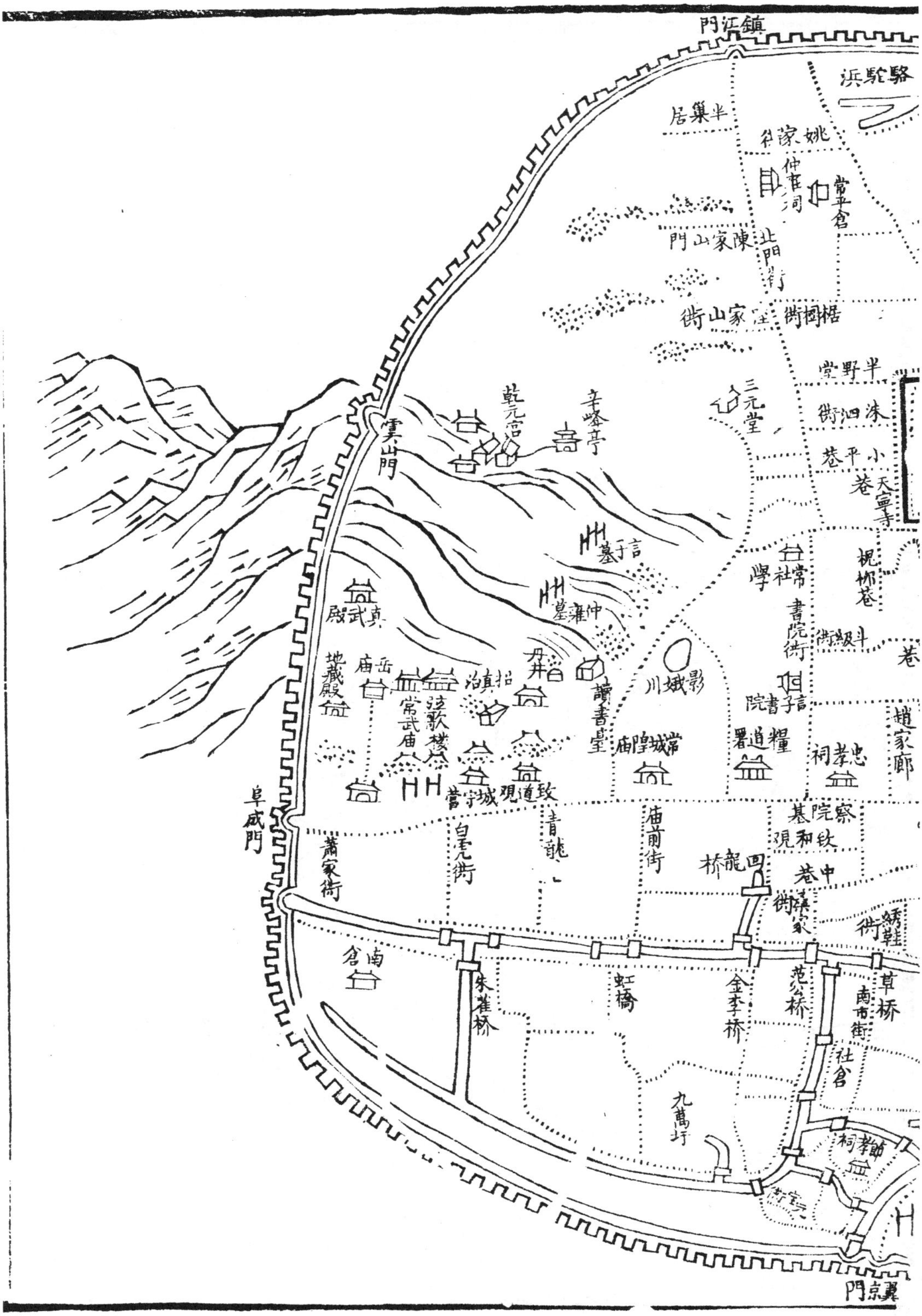

常昭县城全图 / 选自乾隆《常昭合志》

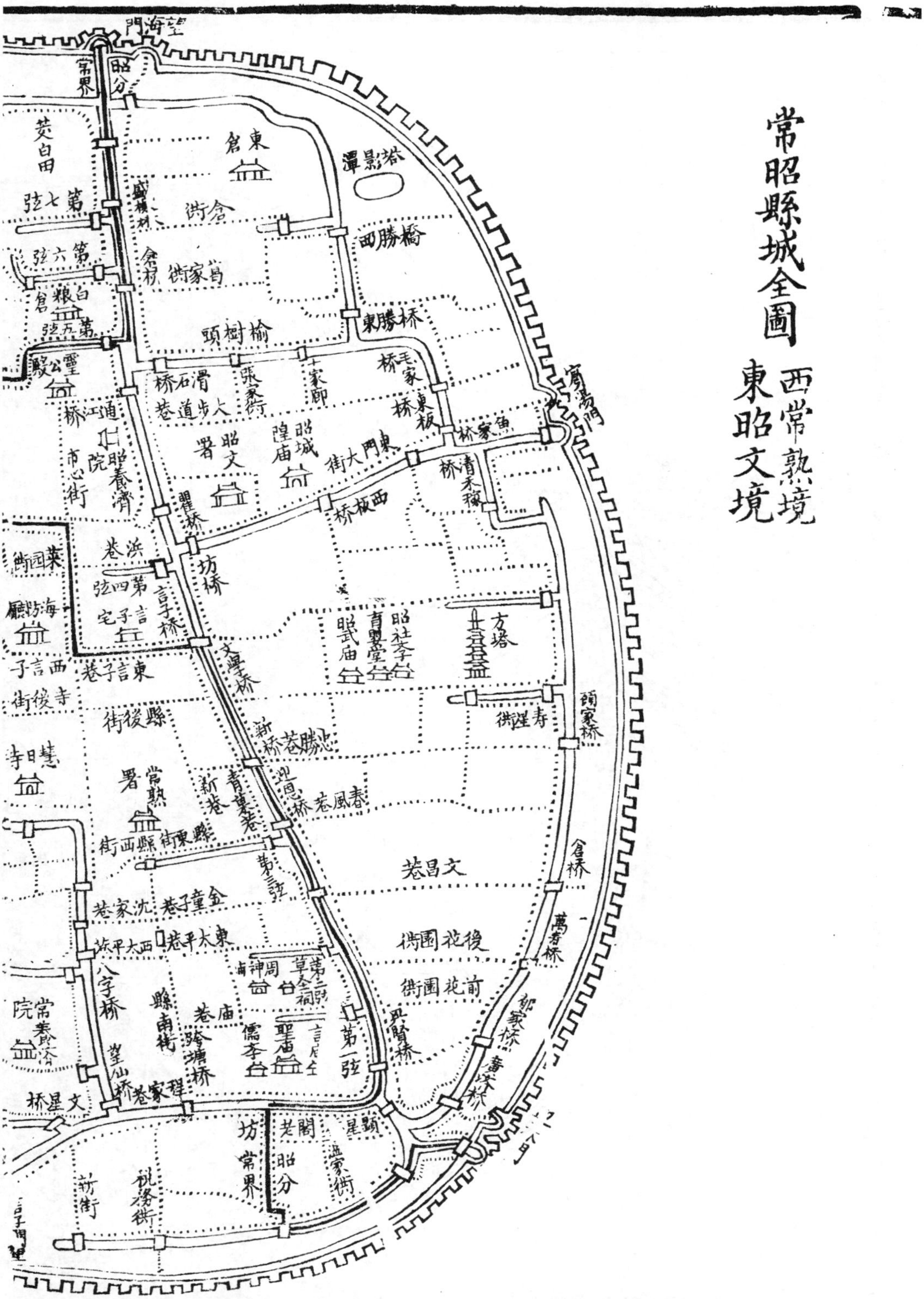
常昭縣城全圖
西常熟境
東昭文境

常昭县城图 / 选自光绪《常昭合志》

常昭縣城圖

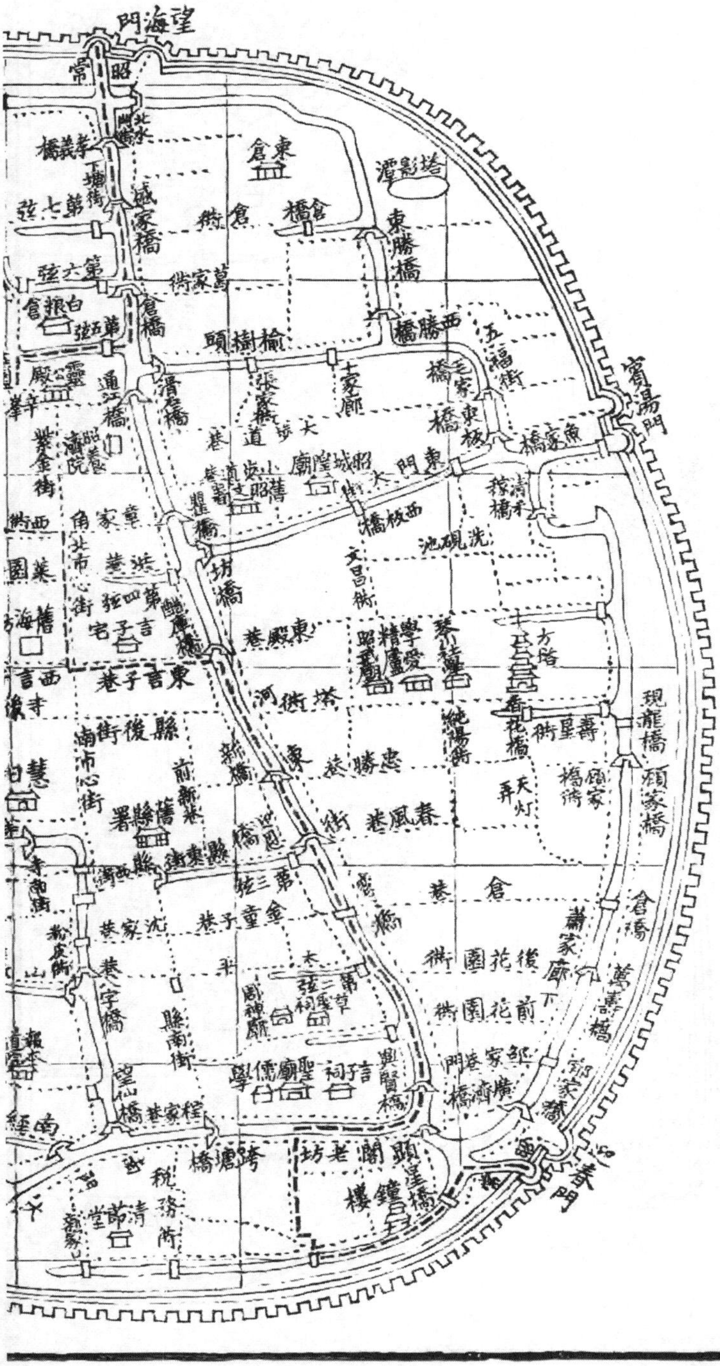
望海門
賓湯門
東倉
塔影潭
倉橋
東勝橋
西勝橋
五福街
葛家街
榆樹頭
第七弦
第六弦
第五弦
第四弦
第三弦
白粮倉
靈官殿
孝義橋
大步道巷
東門大街
西板橋
洗硯池
東殿巷
方塔
東言子巷
縣後街
忠勝巷
春風巷
倉巷
後花園街
前花園街
金童子巷
沈家巷
現龍橋
壽星街
顧家橋
萬壽橋
縣署
聖廟
儒學
言子祠
跨塘橋
鐘樓
稅務衙
清節堂

每方半里

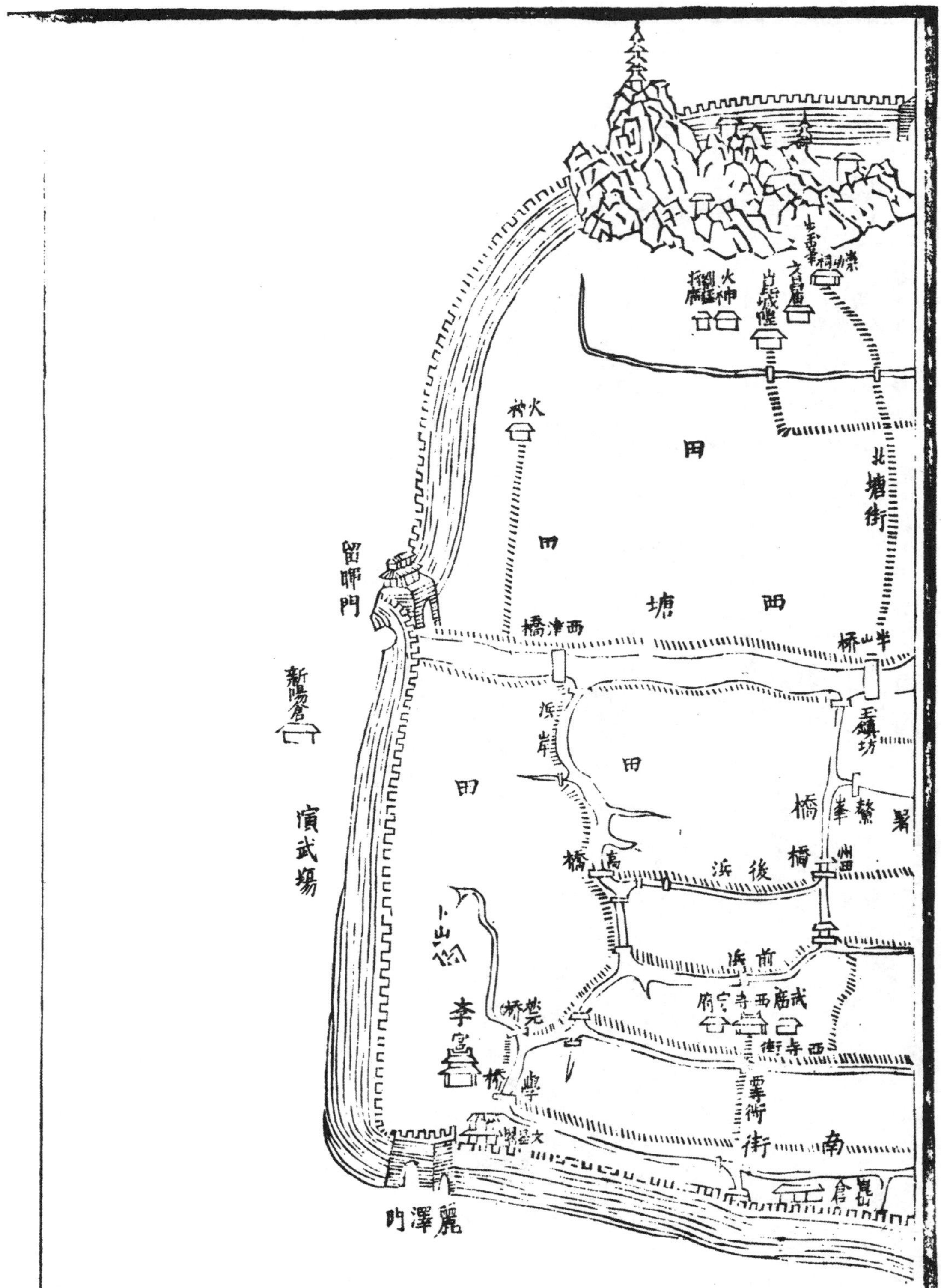

昆山新阳县城图 / 选自光绪《昆新两县续修合志》

崑山新陽縣城圖

拱極門
清真觀
東塘
東津橋
賓曦門
染巷街
東河頭
文廟
崑山縣
春和坊
大街
後市街
酒坊橋
集街
新城隍街
試院
東寺
甲子街
新陽縣署
宣化坊
裏城河
迎薰門
朝陽門

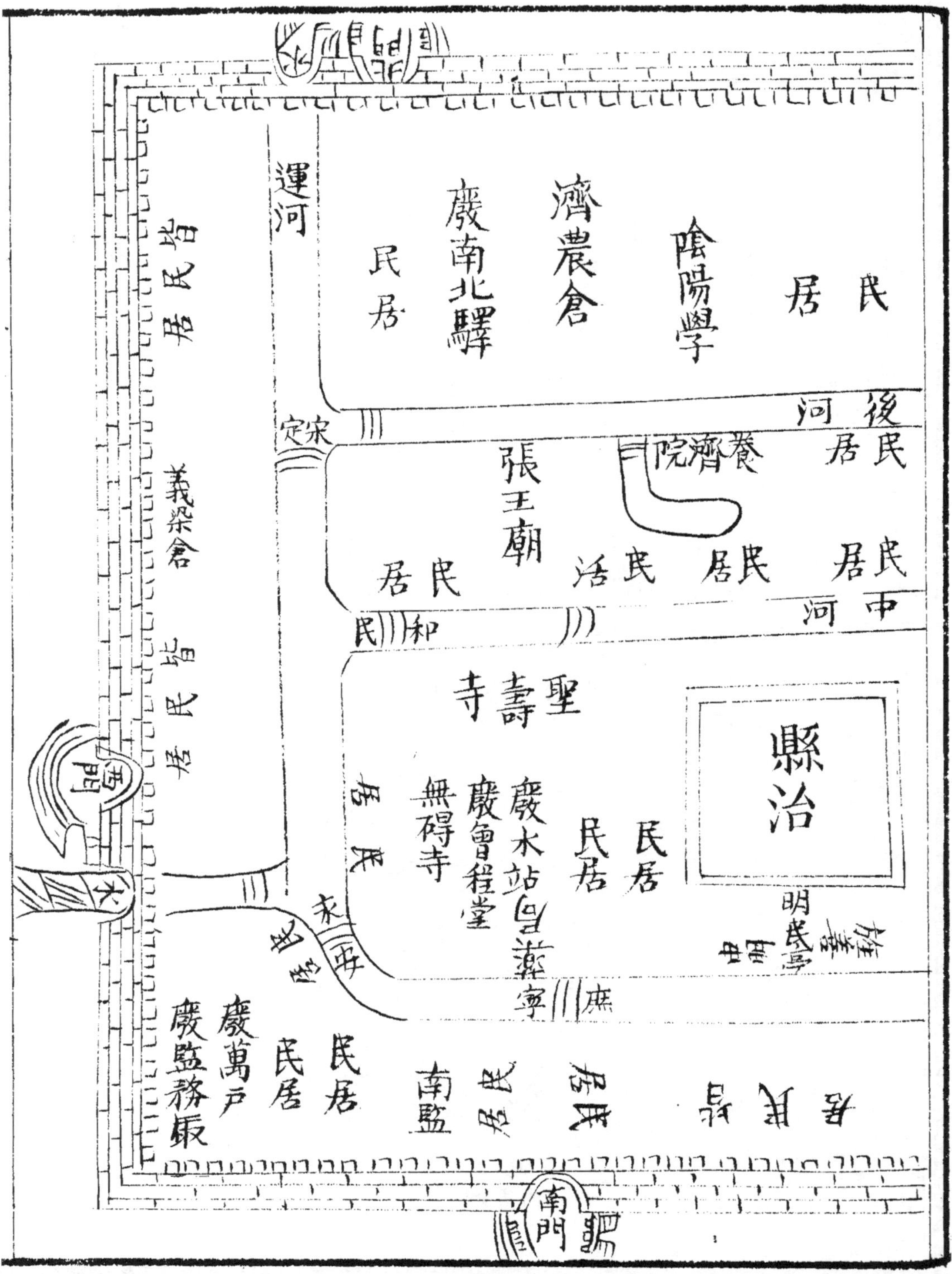

吴江县城旧图 / 选自嘉靖《吴江县志》

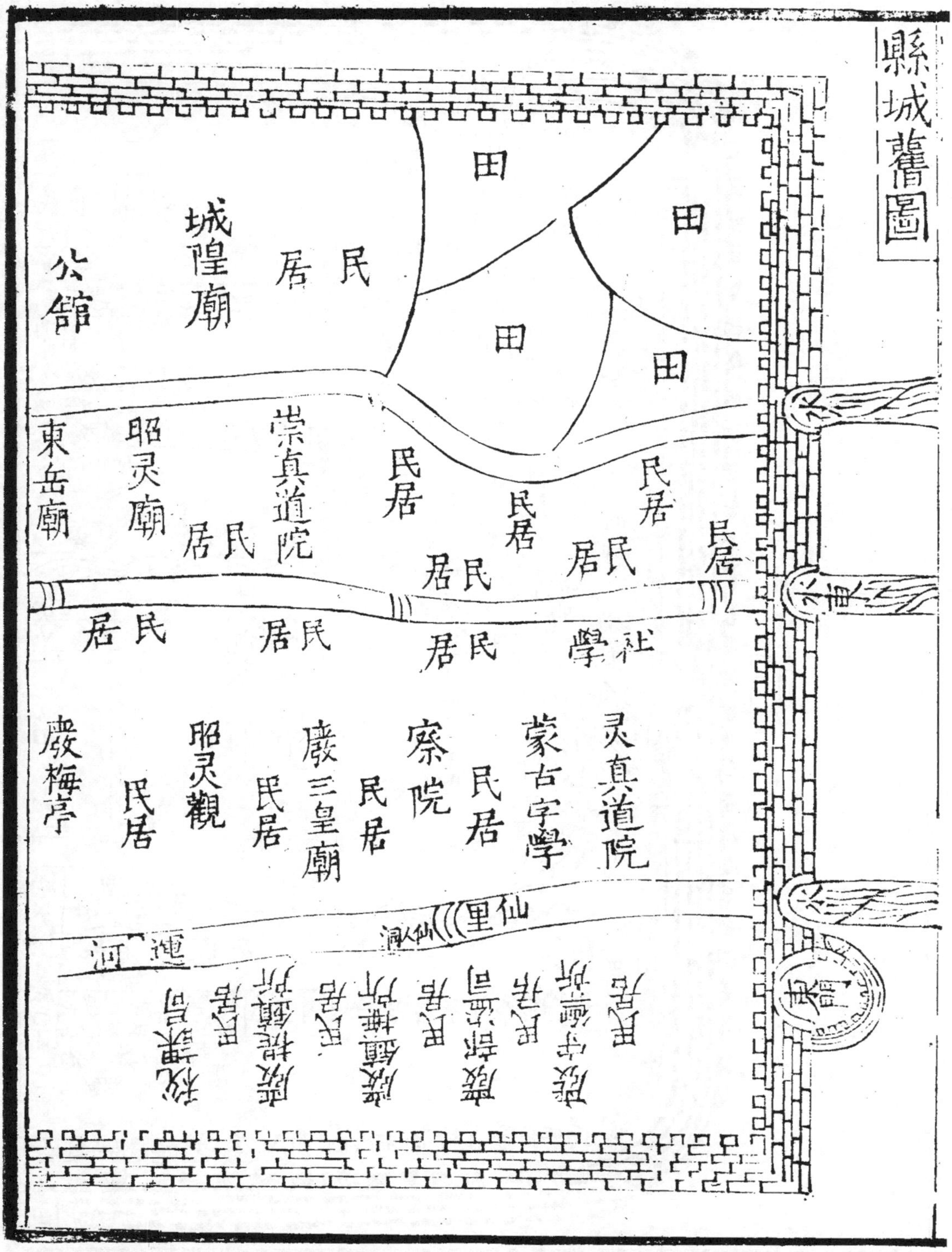
縣城舊圖
田
田
田
田
公館
城隍廟
民居
東岳廟
昭灵廟
崇真道院
民居
民居
民居
民居
民居
民居
民居
民居
民居
民居
社學
廢梅亭
民居
昭灵觀
民居
廢三皇廟
民居
察院
民居
蒙古字學
灵真道院
仙里
運河

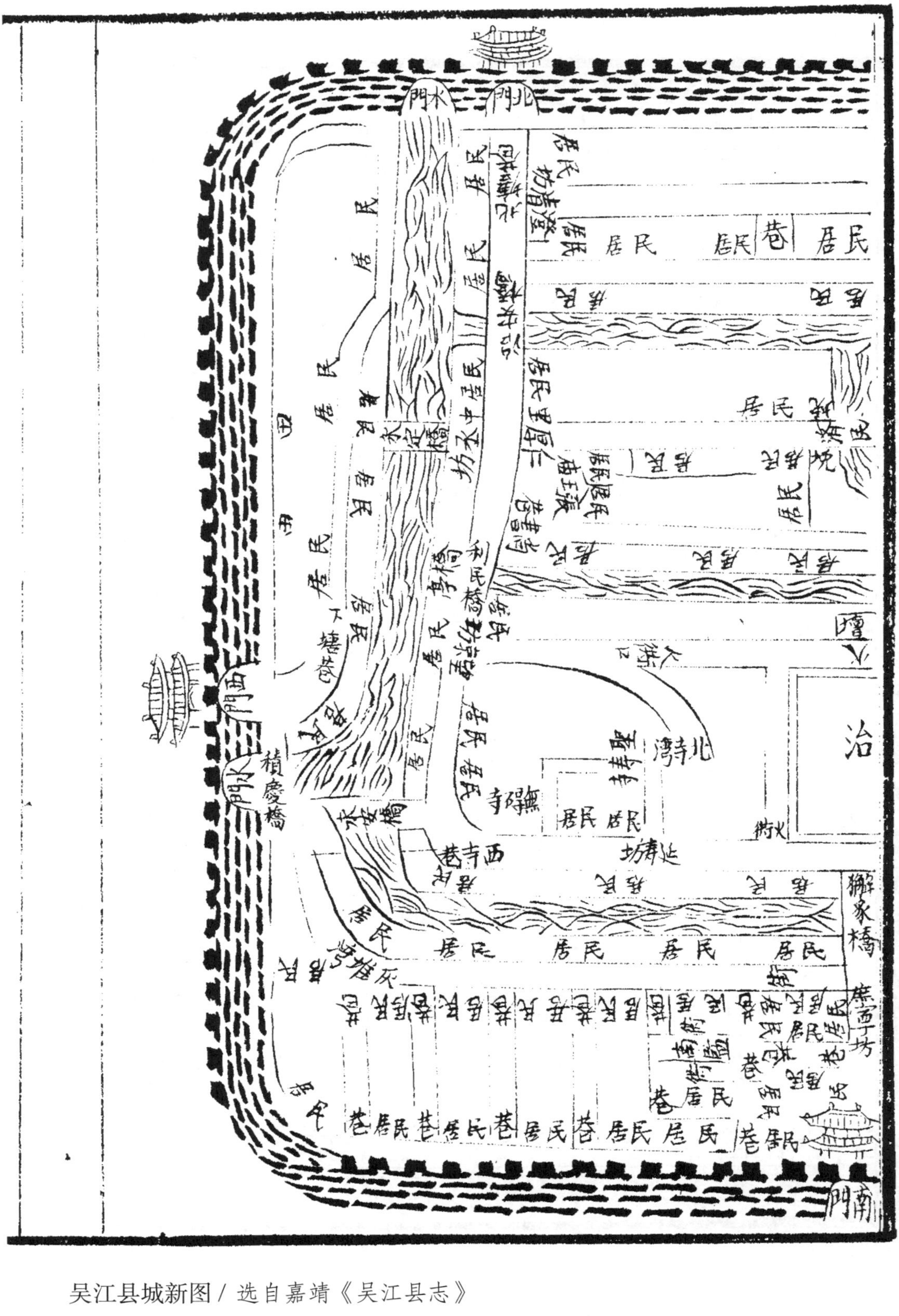

吴江县城新图 / 选自嘉靖《吴江县志》

縣城新圖

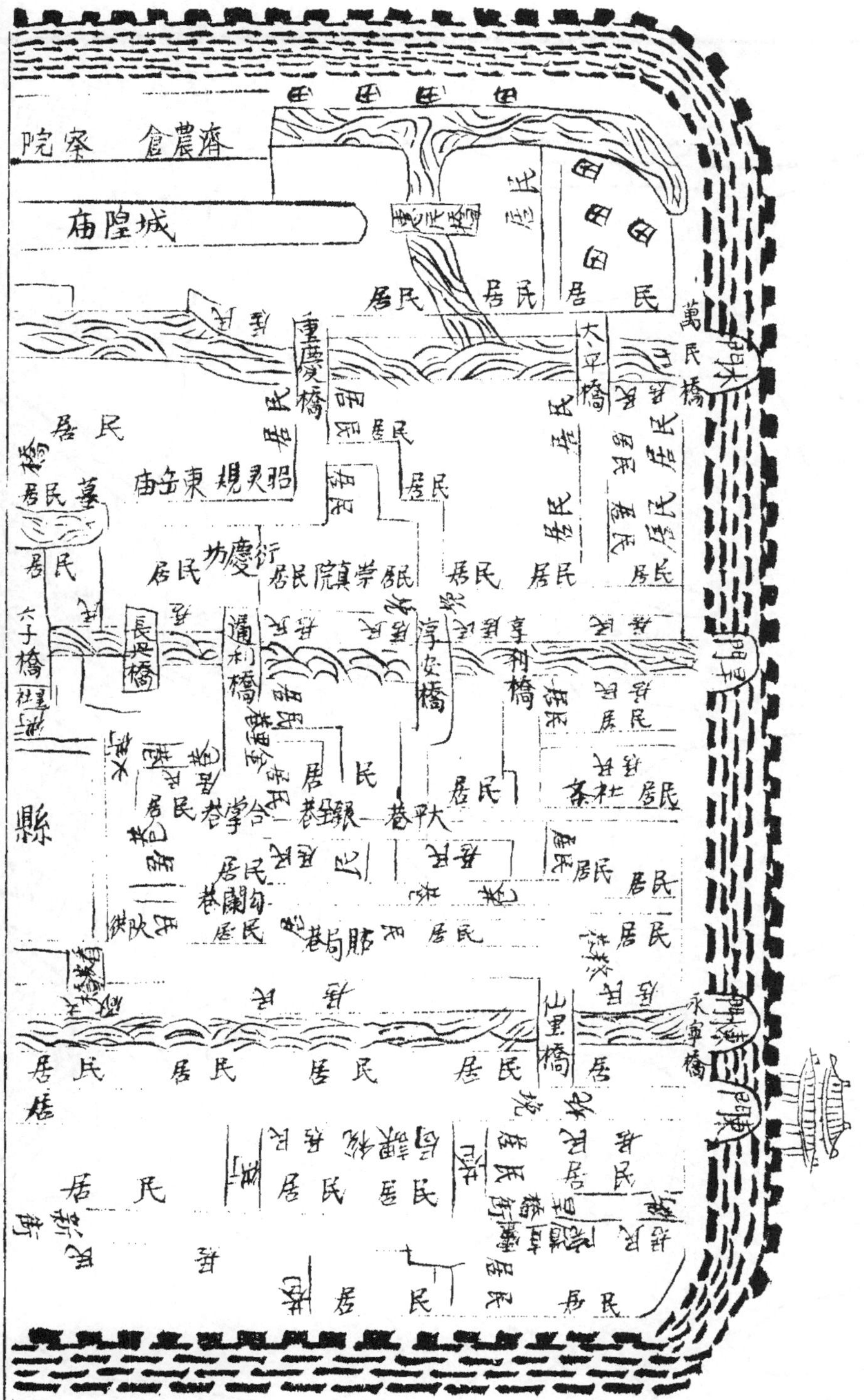

城隍庙
察院
济農倉
重慶橋
太平橋
萬民橋
昭灵観
東岳庙
崇真院
衍慶坊
通利橋
長興橋
六子橋
淳安橋
利橋
合学巷
太平巷
社杂
縣
仙里橋
永寧橋
新街
居民

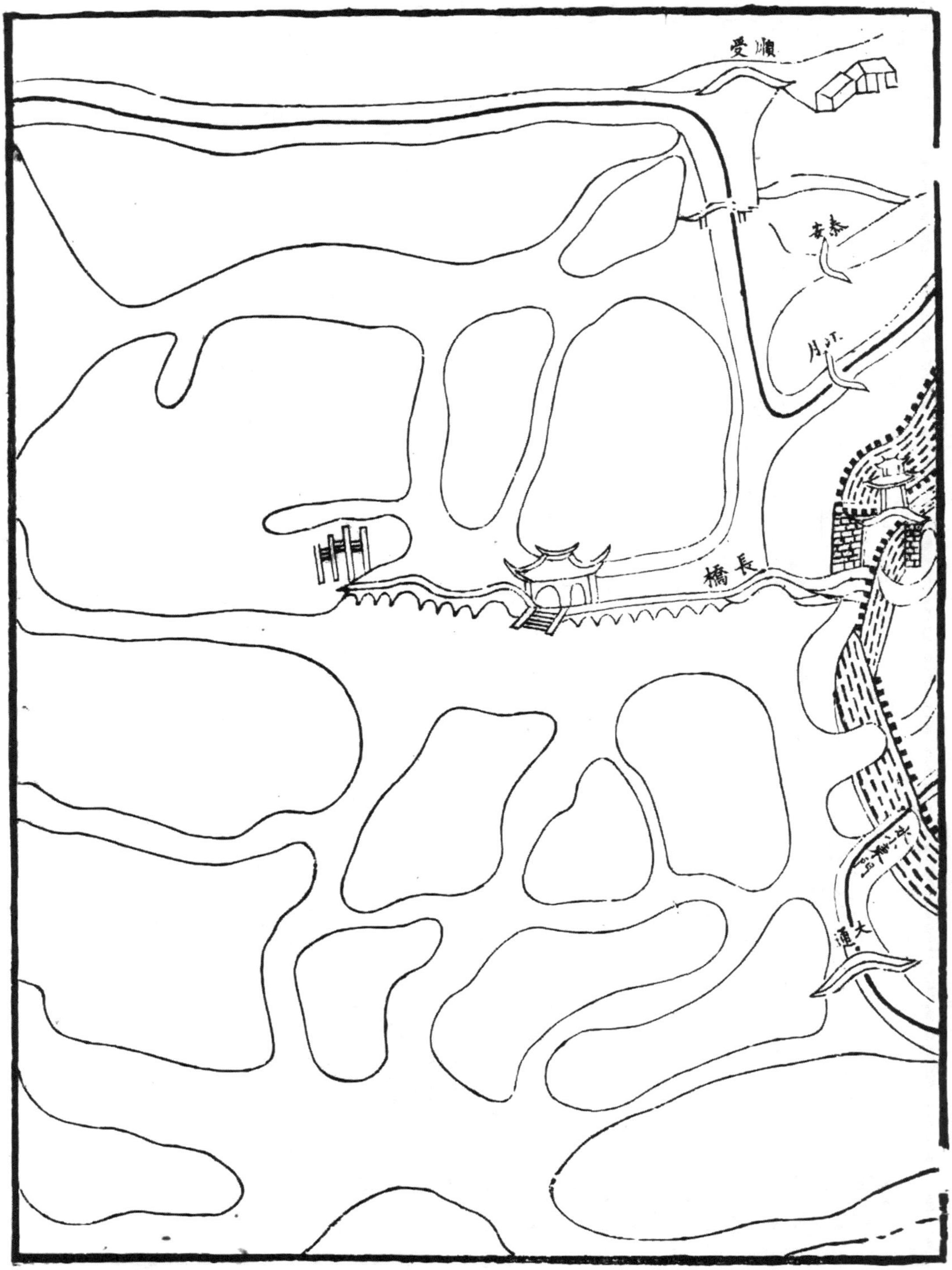

震泽县城全图 / 选自乾隆《震泽县志》

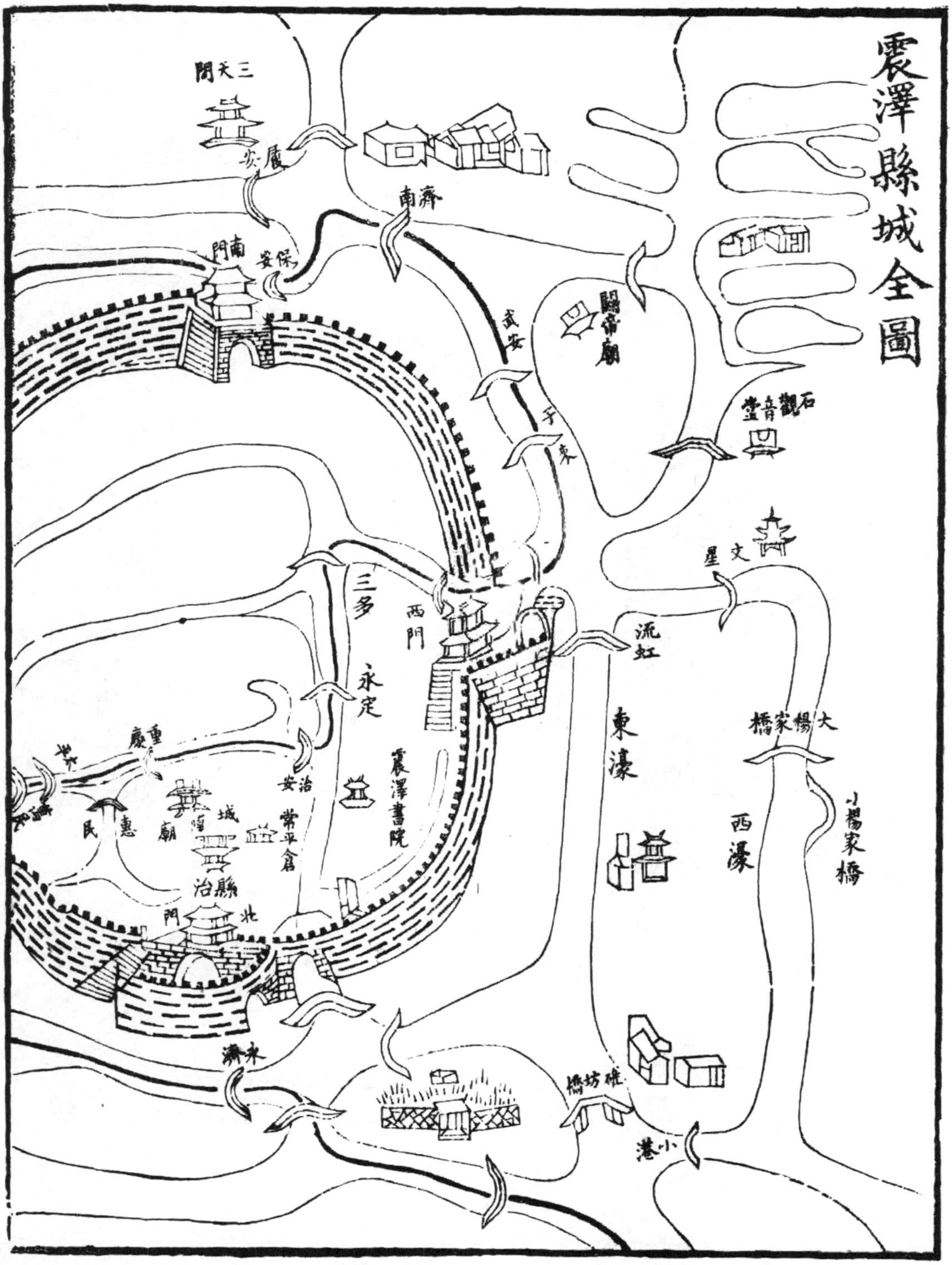
震澤縣城全圖
三天門
南門
關帝廟
石觀音堂
文星
西門
流虹
三多
永定
東濠
西濠
大楊家橋
小楊家橋
震澤書院
常平倉
城隍廟
惠民
縣治
北門
碓坊橋
小港

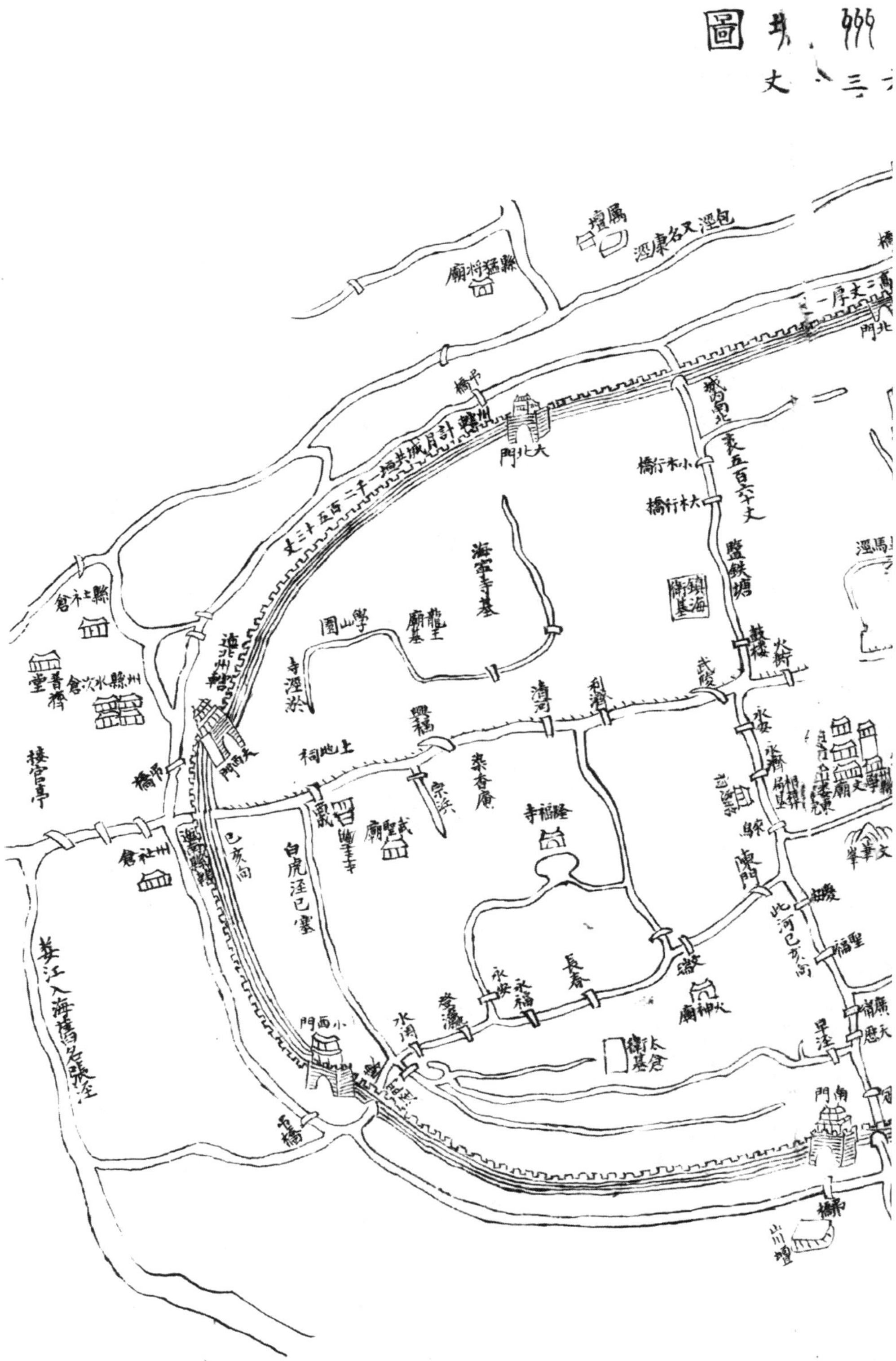

太仓州城图 / 选自光绪《太仓直隶州志》

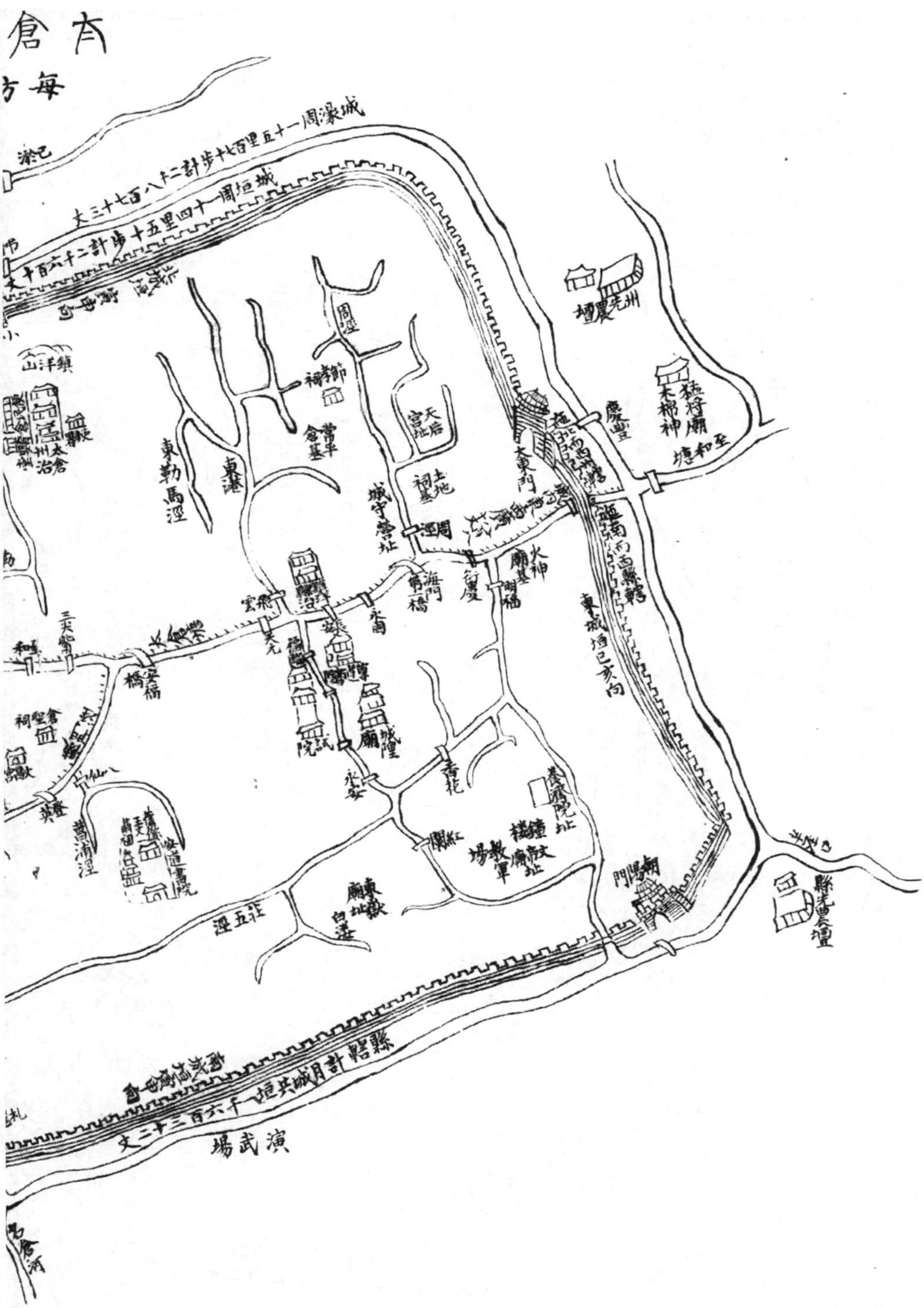
太倉
朝陽門
城隍廟
試院
演武場
東勒馬涇
周涇

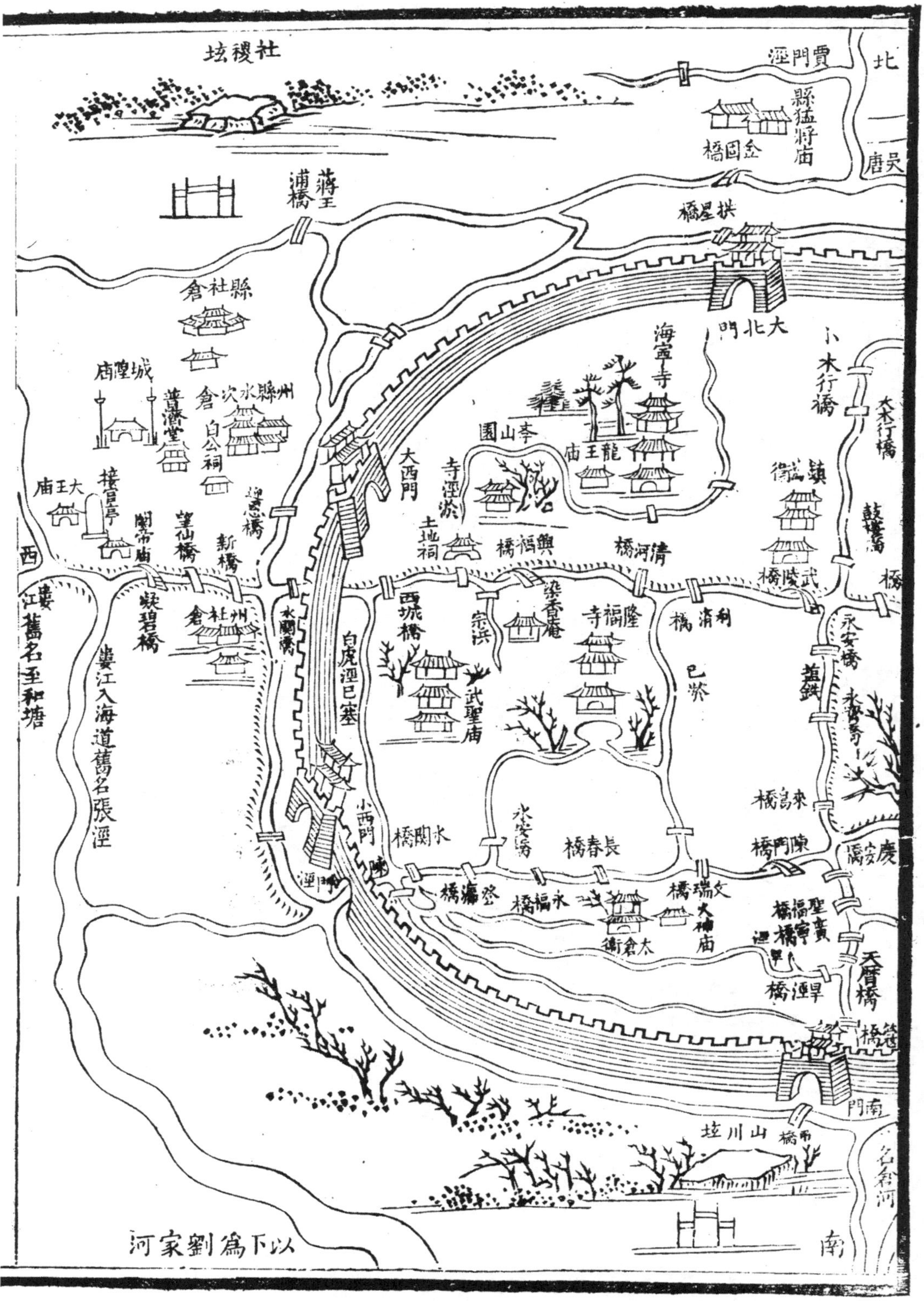

太仓州城图（县同城）/ 选自乾隆《镇洋县志》

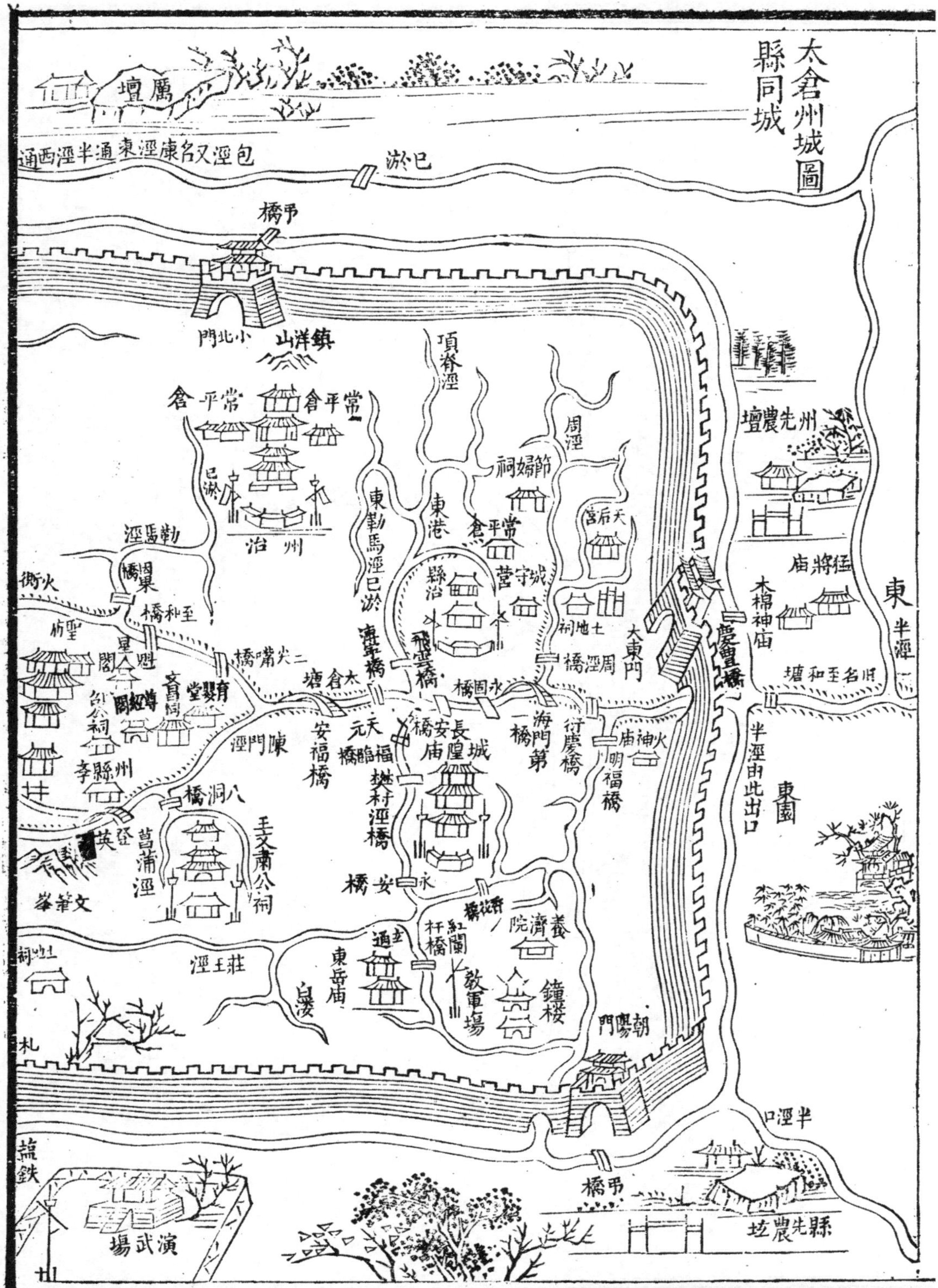

太倉州城圖
縣同城
厲壇
包涇又名康涇東通半涇西通
巳淤
弔橋
小北門
鎮洋山
常平倉
常平倉
項脊涇
周涇
節婦祠
巳淤
州治
勒馬涇
東勒馬涇巳淤
東港
常平倉
天后宮
州先農壇
伍將廟
木棉神廟
東
半涇
縣治
城守營
土地祠
大東門
周涇橋
慶豐橋
舊名至和塘
火衖
果園橋
至和橋
二尖嘴橋
聖廟
太倉塘
飛雲橋
永固橋
海門第橋
衍慶橋
火神廟
明福橋
長安橋
城隍廟
天元福臨橋
安福橋
陳門涇
樊村涇橋
州縣學
八洞橋
登英
菖蒲涇
王文肅公祠
文筆峯
永安橋
養濟院
紅蘭杆橋
東岳廟
鐘樓
教軍場
莊王涇
朝陽門
半涇口
縣先農壇
演武場
東園
半涇由此出口

苏州

157

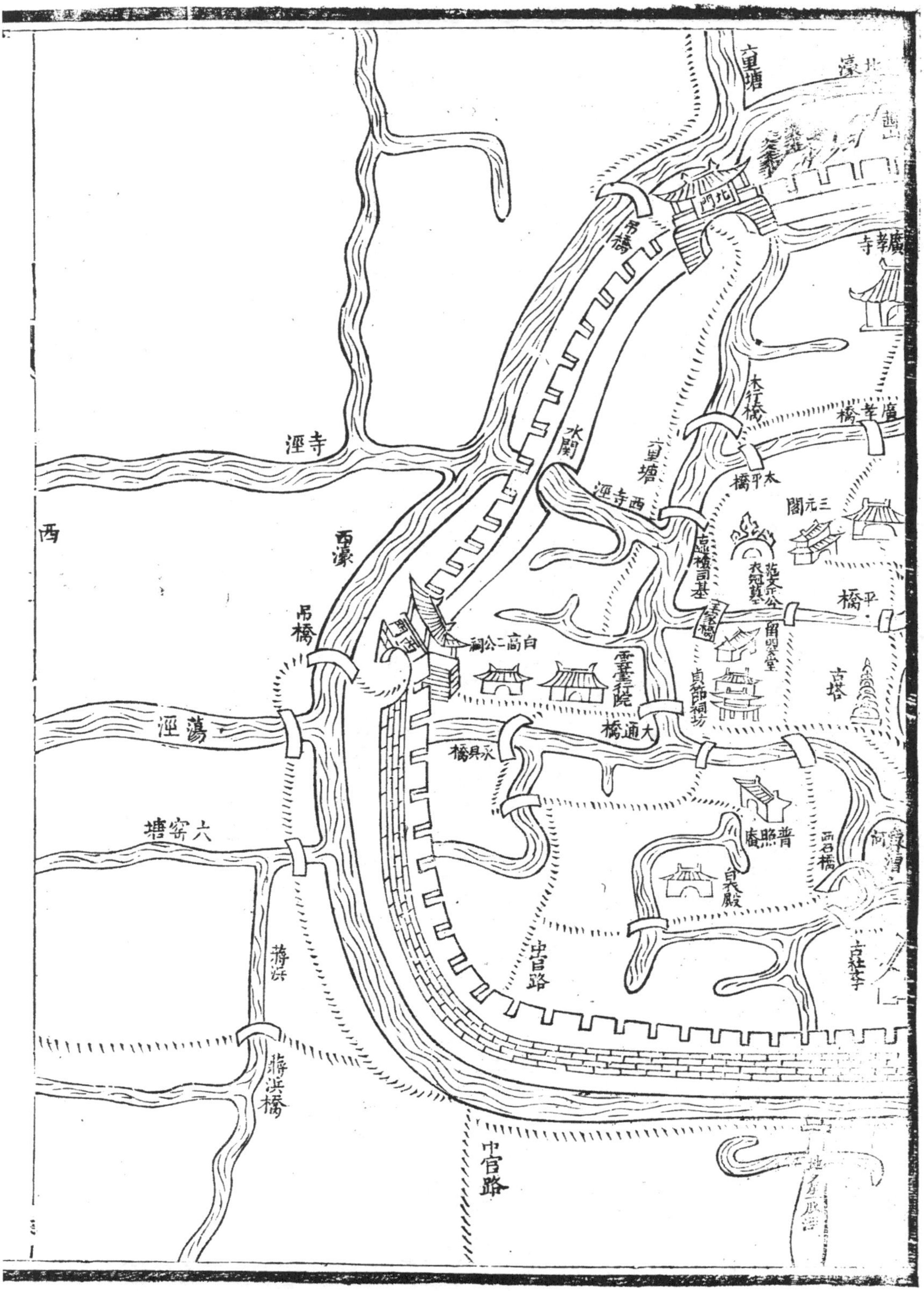

茜泾镇新城全图 / 选自乾隆《镇洋县志》

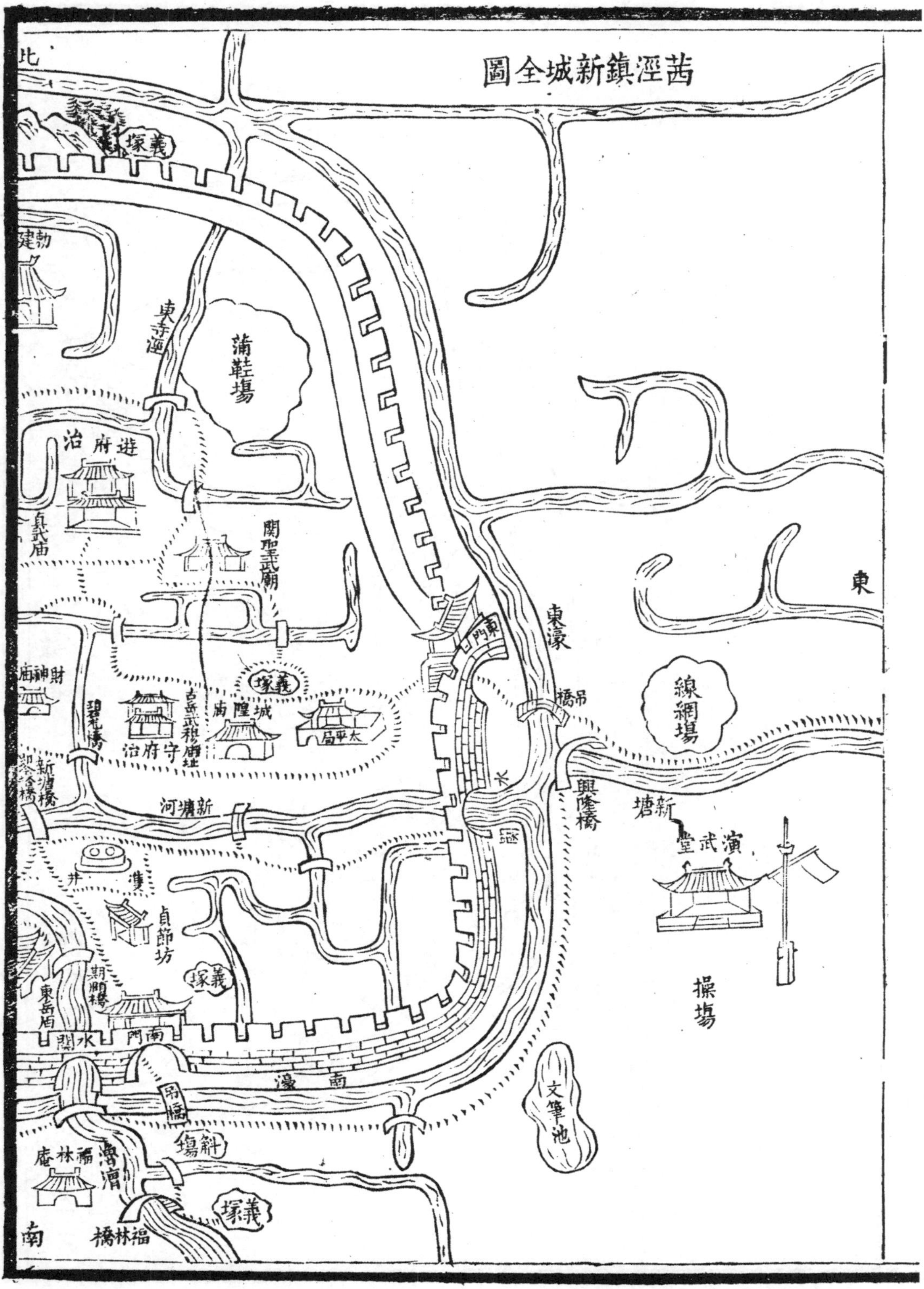

茜涇鎮新城全圖
北
義冢
勅建
東寺涇
蒲鞋場
進府治
城隍廟
守府治
太平局
東門
東濠
吊橋
線網場
興隆橋
新塘
新塘河
演武堂
東
貞節坊
義冢
東岳廟
水關
南門
南濠
吊橋
操場
文筆池
福林庵
義冢
福林橋
南

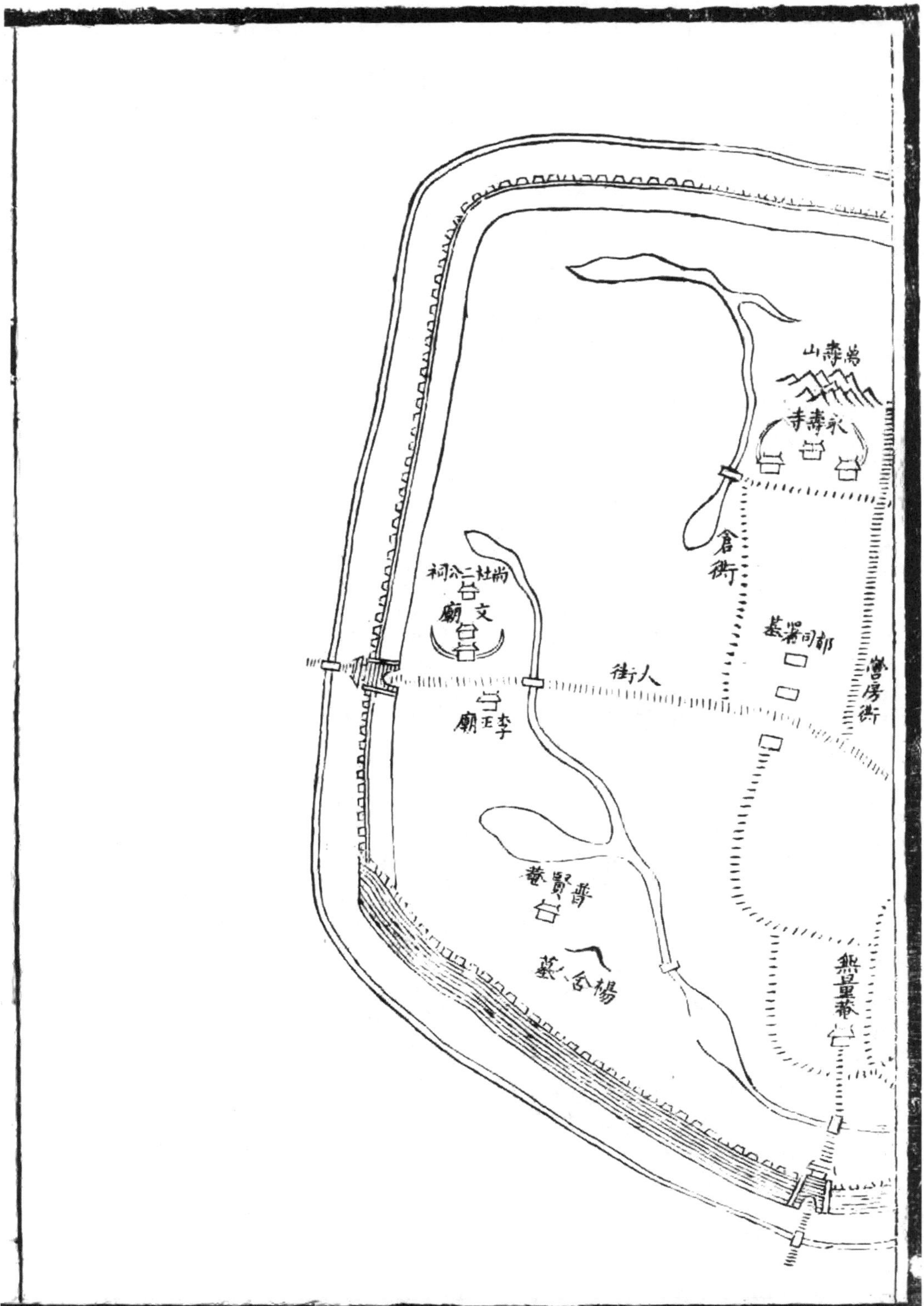

杨舍堡城图 / 选自光绪《江阴县志》

楊舍堡城圖

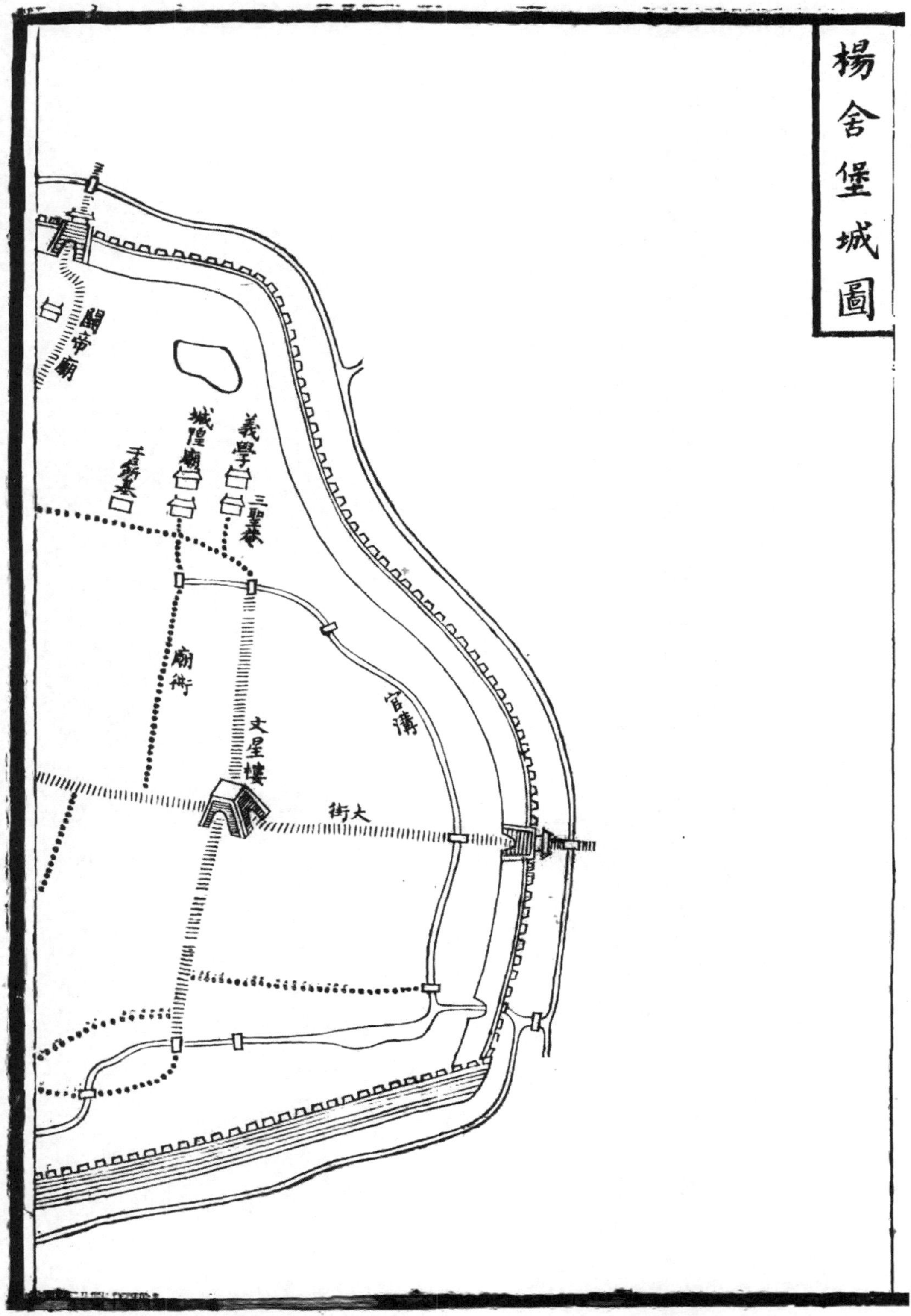

關帝廟
義學
城隍廟
三聖菴
廟街
文星樓
官溝
大街

苏州

扬州

扬州府图说

《禹贡》扬州之域，春秋属吴，后属越，战国属楚。秦属九江郡地。汉初，淮南国。后更吴，又更江都，又为广陵王国，置广陵、江都、高邮、平安四县隶之，属临淮。东汉，改广陵郡。三国，属魏，复属吴。晋，移广陵治于淮阴。东晋，分郡地置海陵、山阳二郡。刘宋、南齐因之，属南兖州。北齐，改东广州。北周，改为吴州。隋初，为扬州。大业初，改江都郡。唐初，复为南兖州，改邗州，寻为扬州，治江都，置大都督府。天宝初，改广陵郡。乾元初，复为扬州，置淮南节度使。上元中，宝应县。五代，杨吴都此，改江都府。南唐，以为东都，置泰州及泰兴、兴化县。周世宗取扬州，仍置大都督节度使，置通州及海门县。宋初因之，后属淮南东路。建炎后，升为帅府。元至元中，建大都督府，置江淮等处行中书省。后改为扬州路，隶江北淮东道。明永乐中，置淮海府，后改维扬府。成化间，复称扬州为直隶府，改真州为仪征县，领州县凡十。皇清因之，隶江南省江苏布政使司。今上皇帝康熙十一年，以海门濒海坍没，改为乡，领州三县六：江都县（附郭）、仪征县、泰兴县、高邮州、兴化县、宝应县、泰州、如皋县、通州。

康熙《江南通志》卷第二《建置沿革》

今扬州府城隍图 / 选自嘉靖《惟扬志》

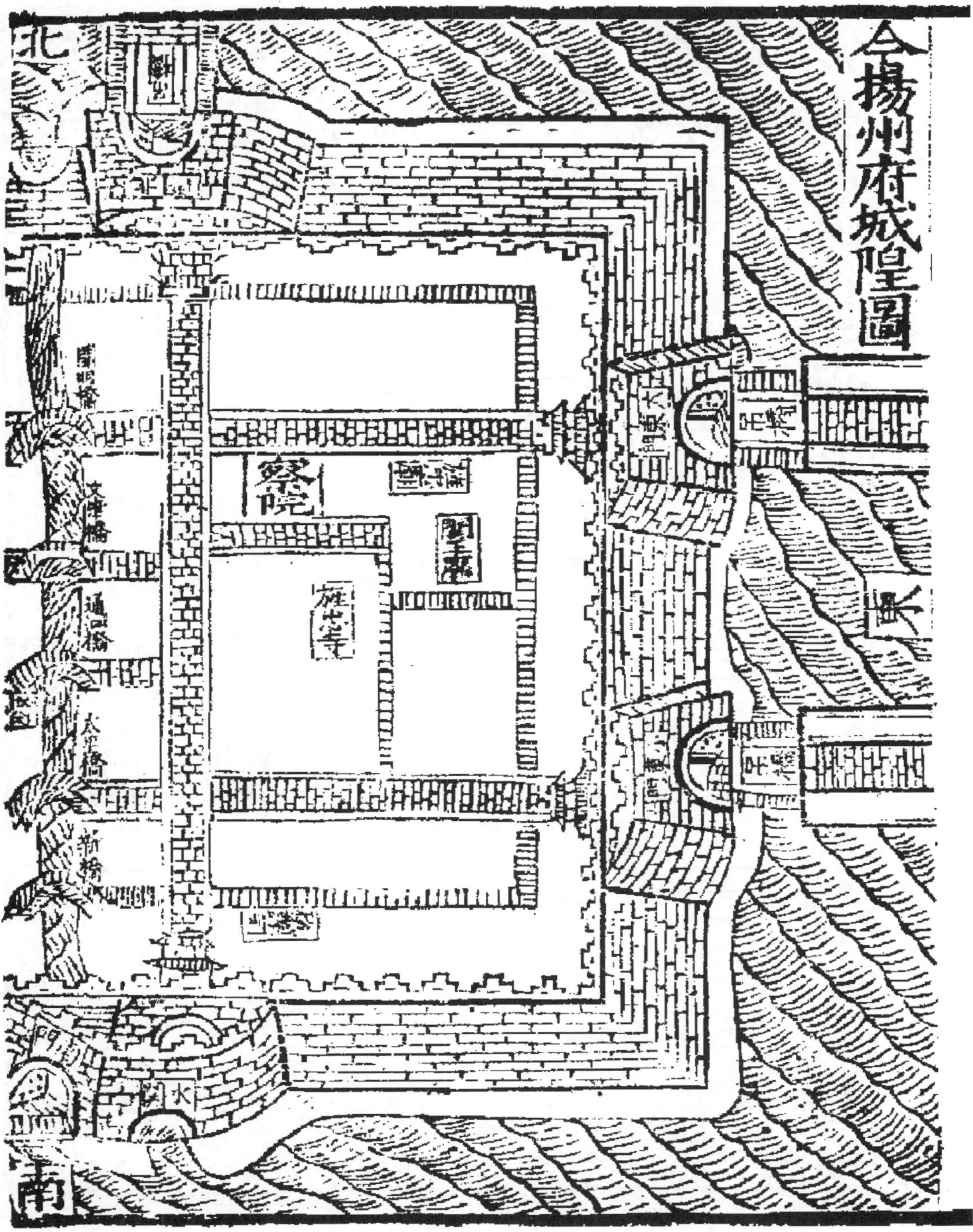
今揚州府城隍圖
北
南
文津橋
通泗橋
太平橋
新橋
察院
旌忠寺

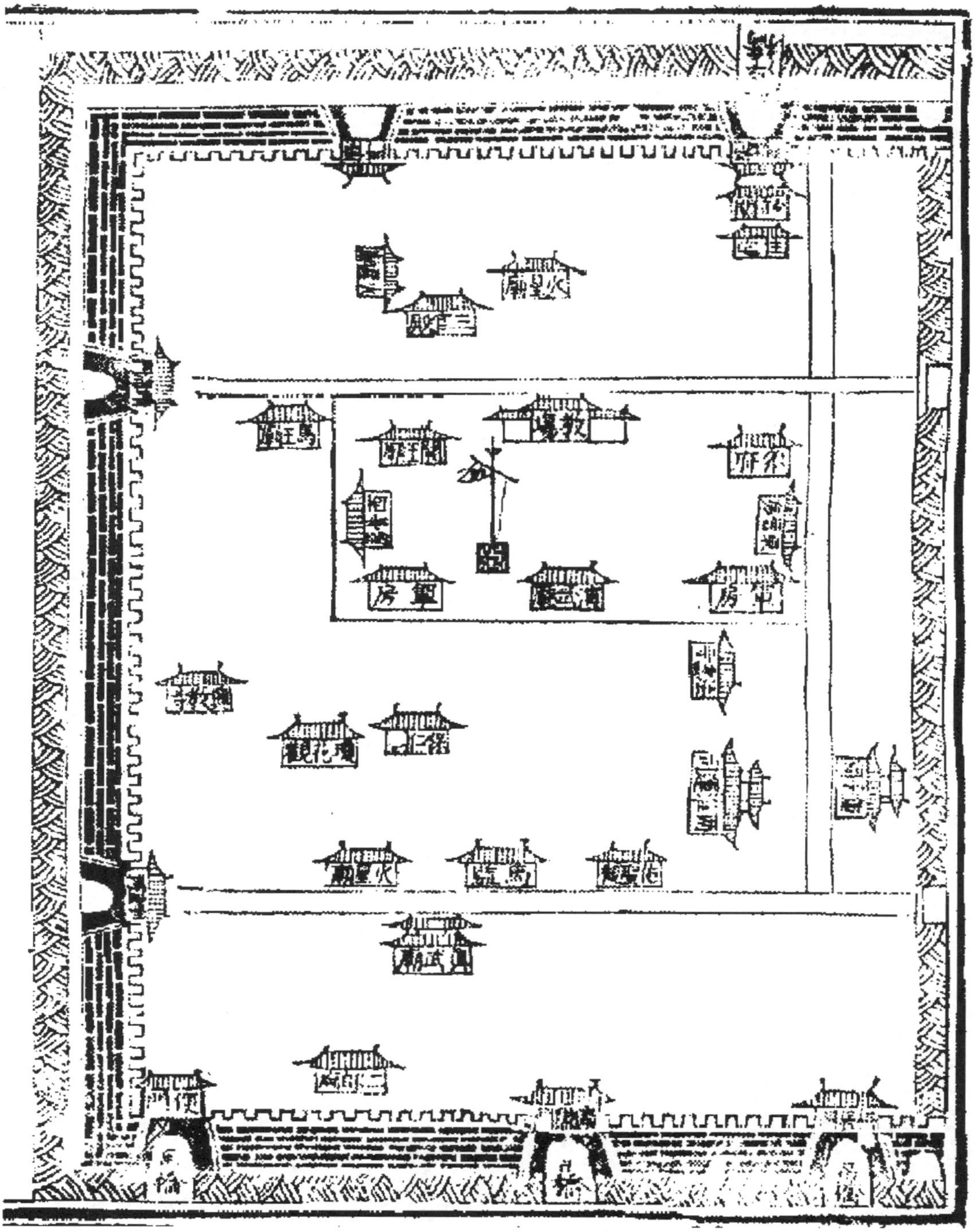

扬州府城池图 / 选自万历《扬州府志》

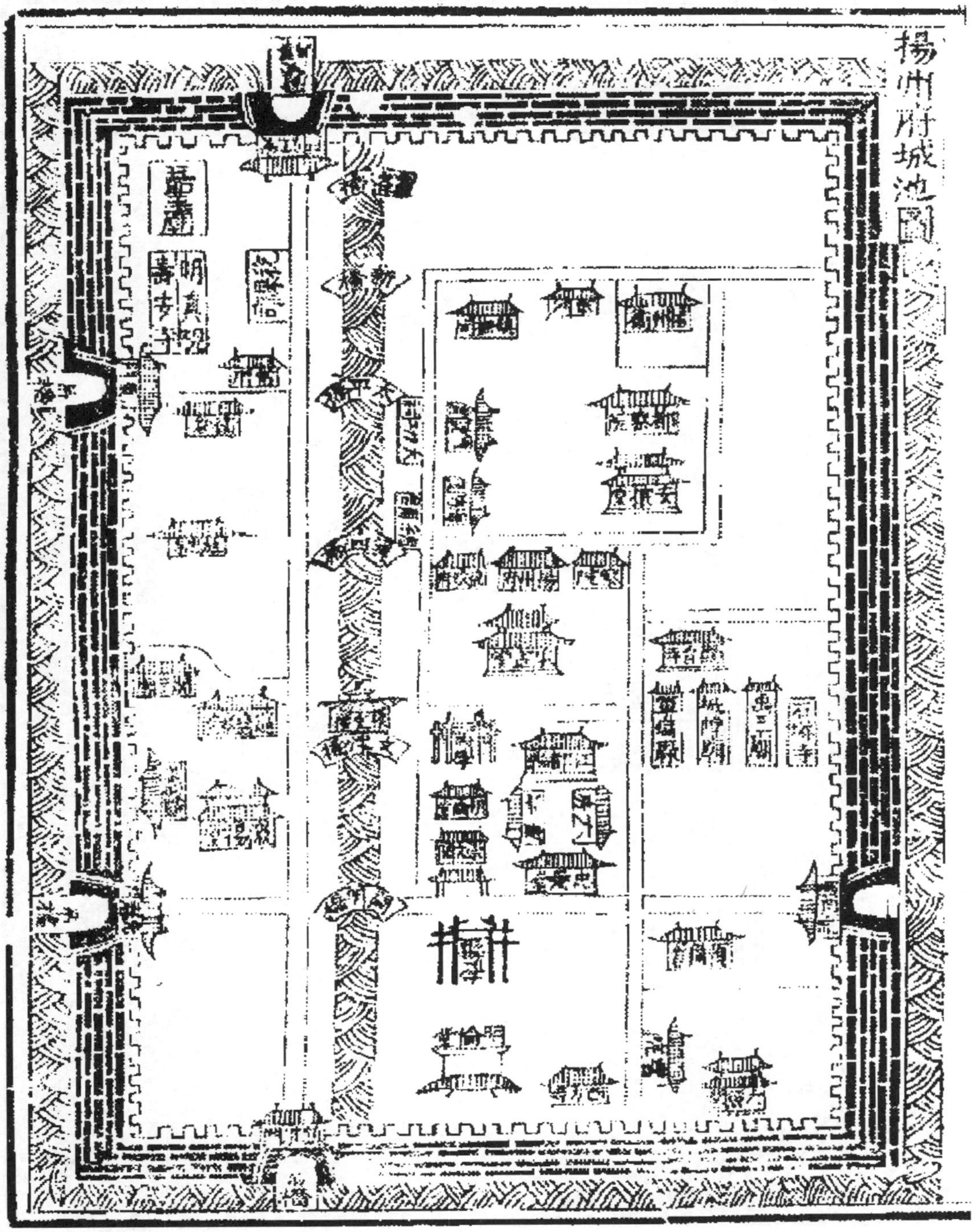
揚州府城池圖

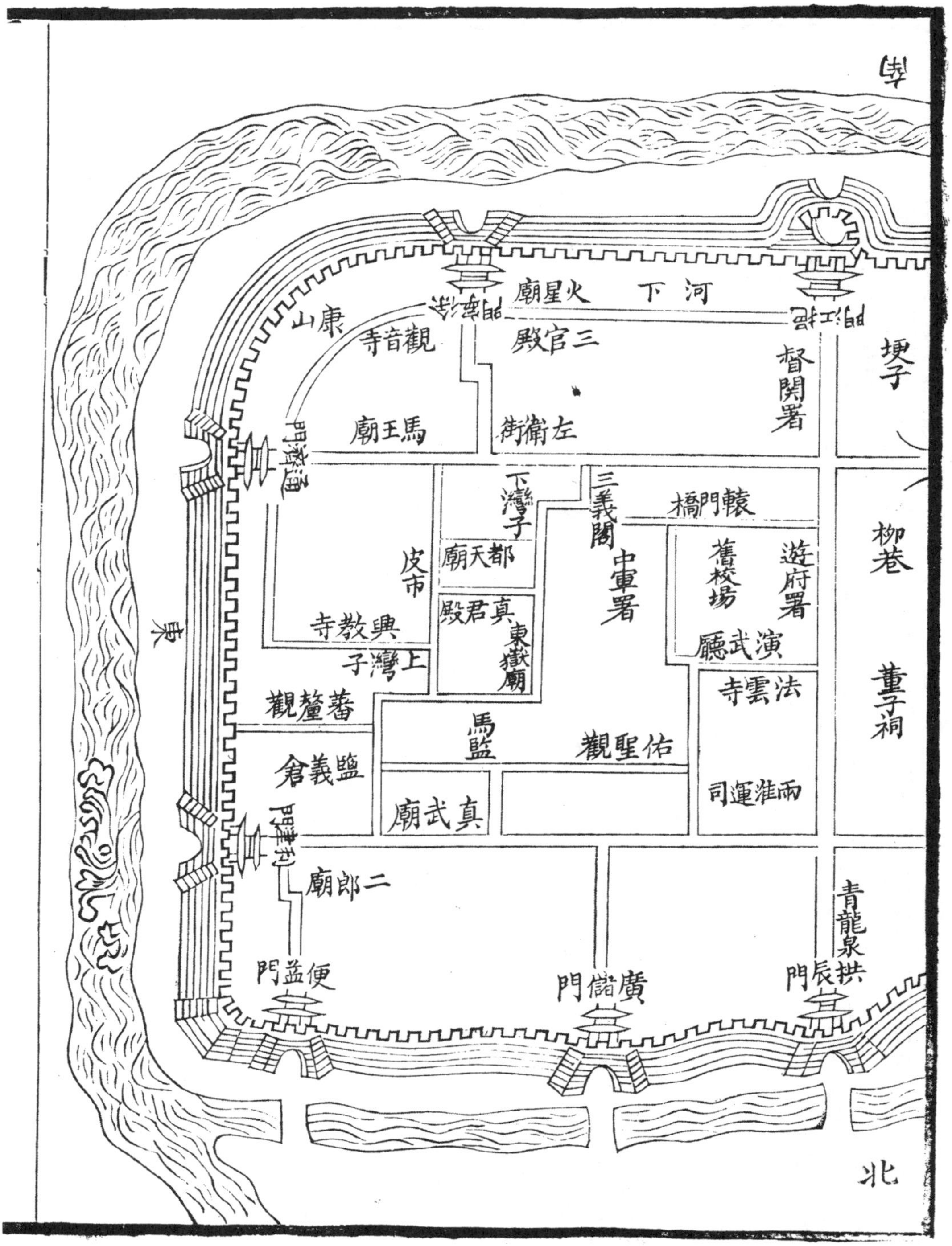

扬州府城池图 / 选自嘉庆《重修扬州府志》

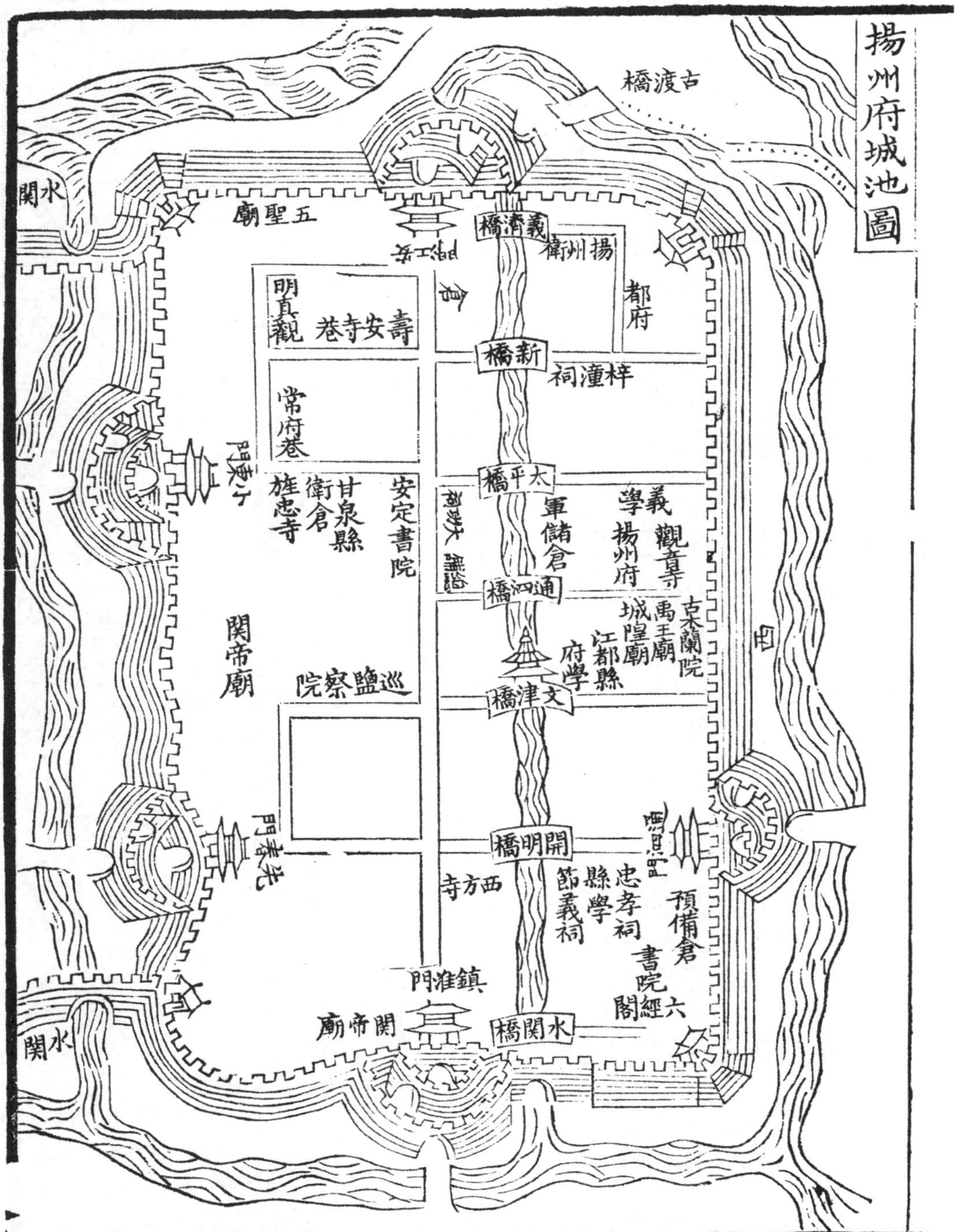
古渡橋
水關
五聖廟
義濟橋
揚州衛
都府
壽安寺巷
明真觀
新橋
梓潼祠
常府巷
小東門
太平橋
甘泉縣
衛倉
旌忠寺
安定書院
軍儲倉
義學
揚州府
觀音寺
通泗橋
古木蘭院
禹王廟
城隍廟
江都縣
府學
關帝廟
巡鹽察院
文津橋
開明橋
先春門
西方寺
節義祠
縣學
忠孝祠
預備倉
書院
六經閣
鎮淮門
關帝廟
水關橋
水關

揚州府城池圖

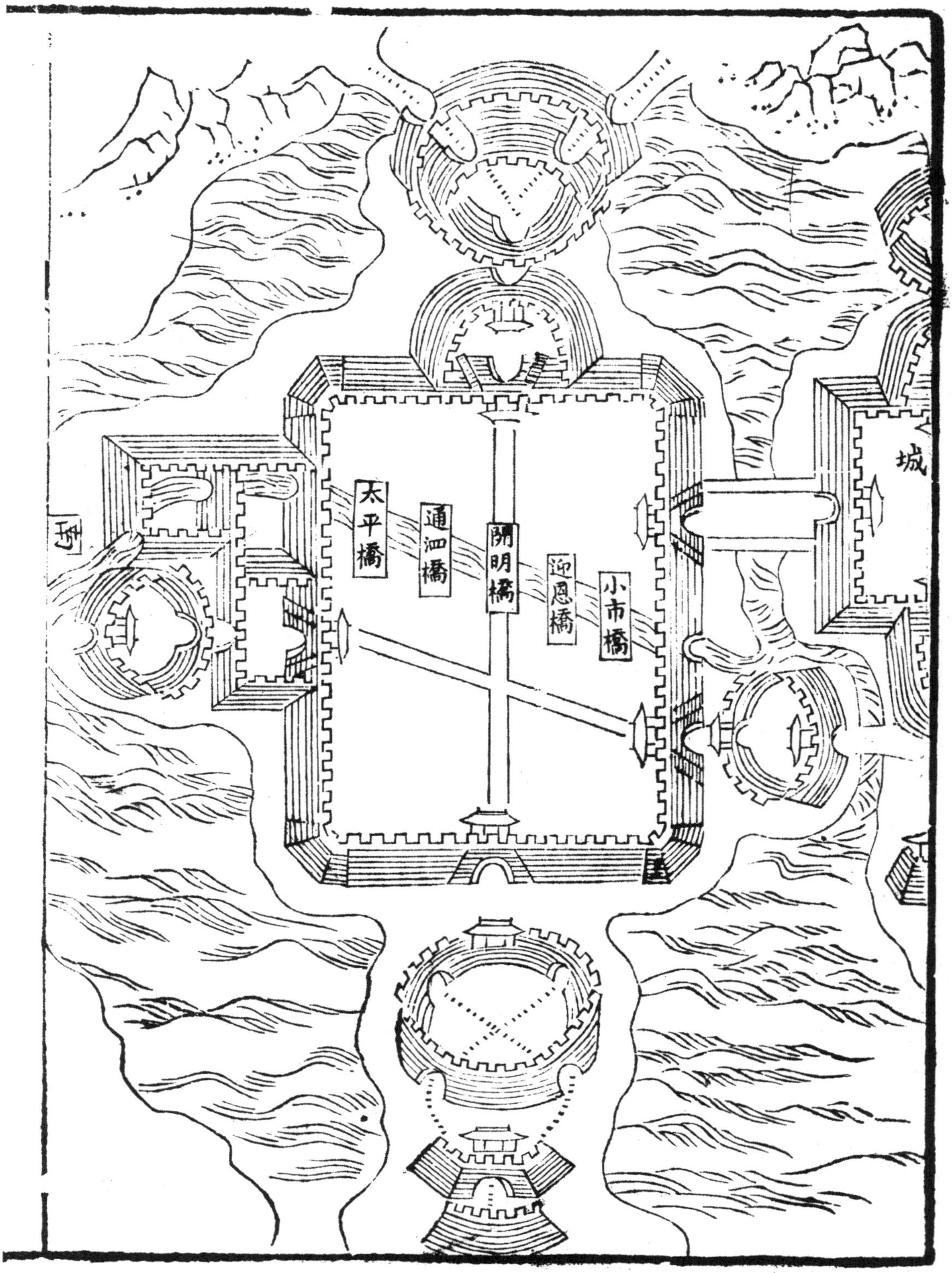

附宋三城图 / 选自嘉庆《重修扬州府志》

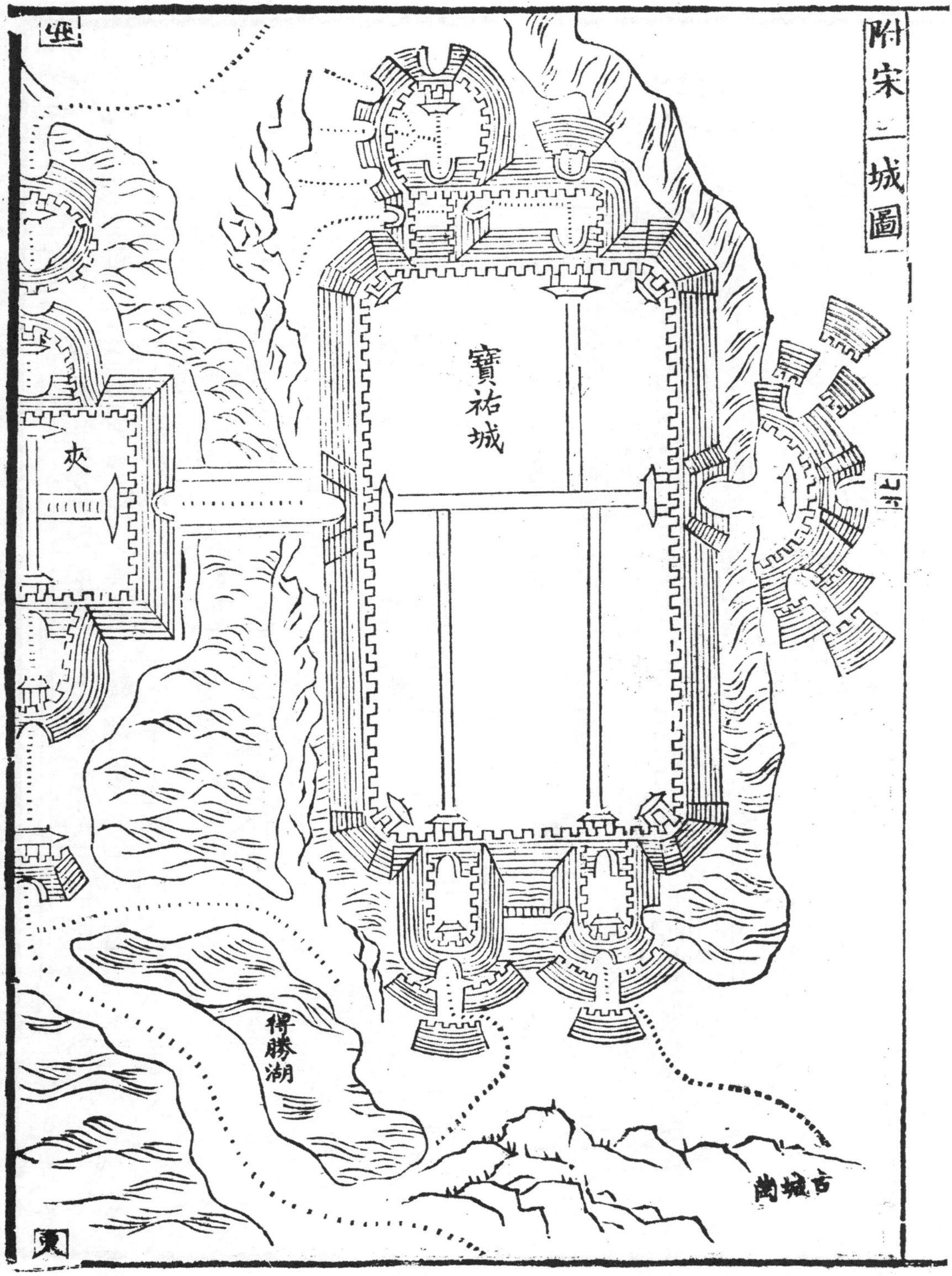

附宋三城圖

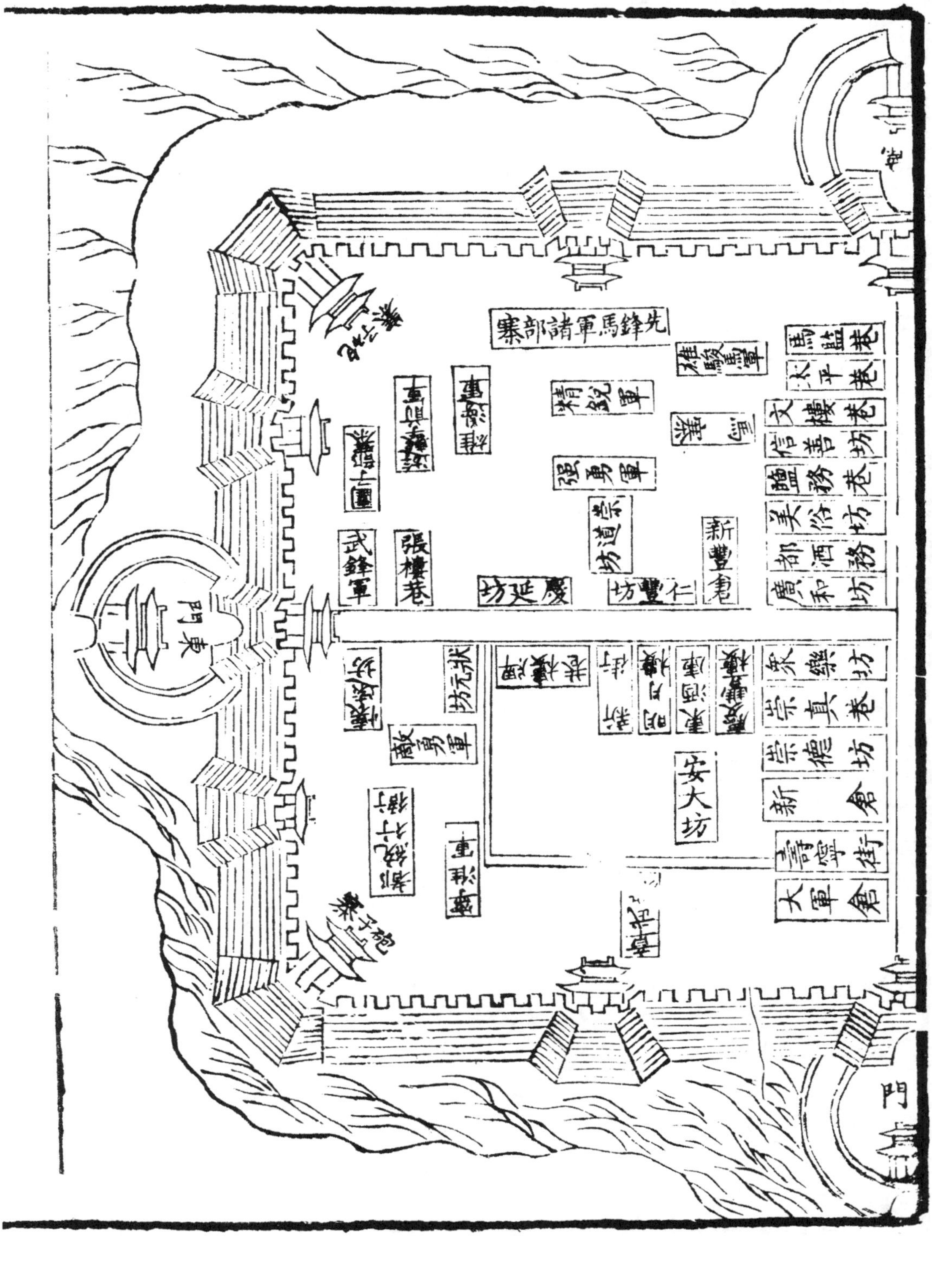

附宋大城图 / 选自嘉庆《重修扬州府志》

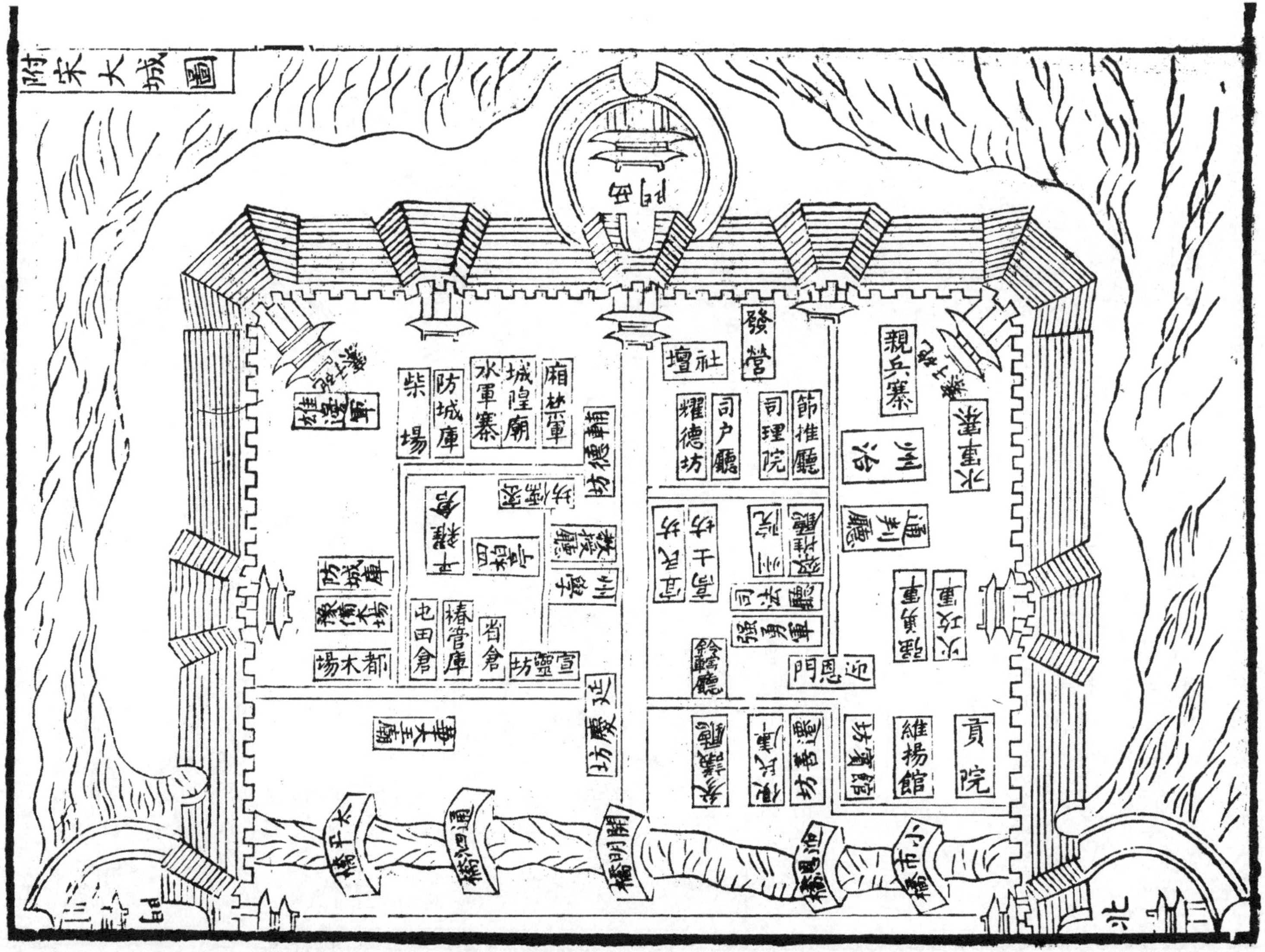
附宋大城圖
太平橋
通泗橋
開明橋
小市橋
延慶坊
輔德坊
北門
防城庫
柴場
親兵寨
司理院
社壇
貢院
維揚館

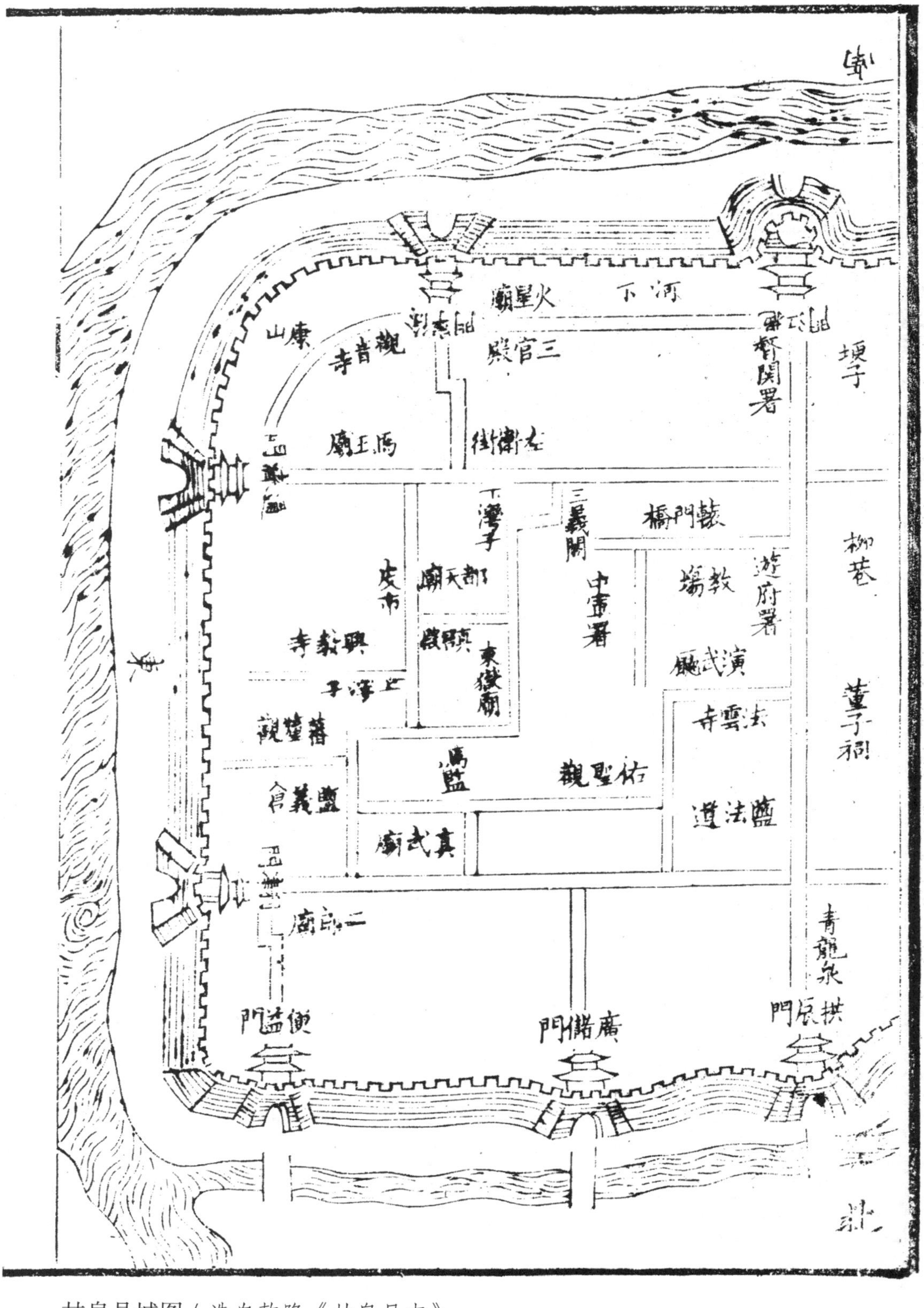

甘泉县城图 / 选自乾隆《甘泉县志》

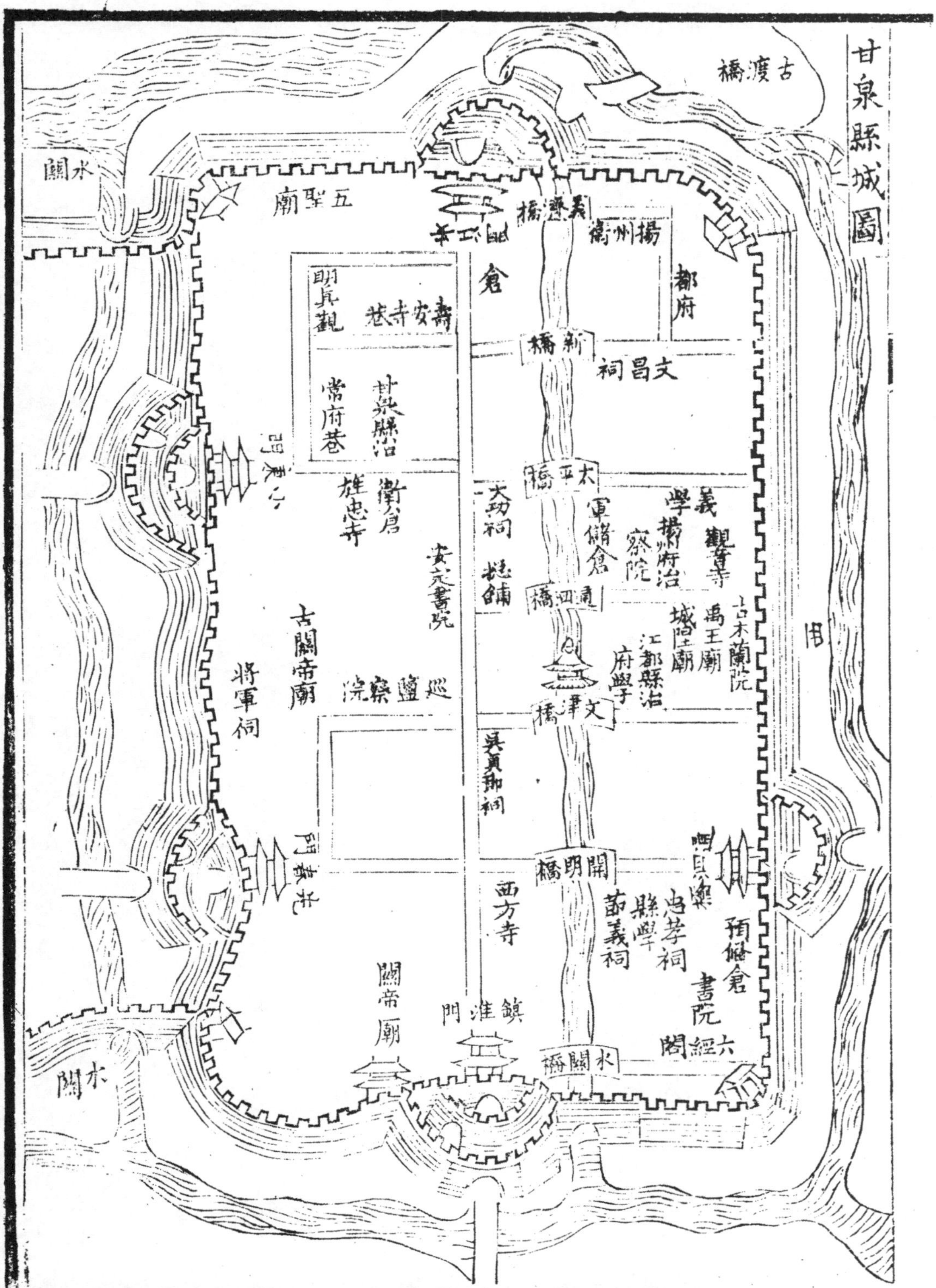
甘泉縣城圖
古渡橋
水關
五聖廟
揚州衛
都府
倉
壽安寺巷
新橋
文昌祠
甘泉縣治
太平橋
衛倉
雄忠寺
義學
揚州府治
軍儲倉
察院
觀音寺
禹王廟
城隍廟
江都縣治
府學
文津橋
巡鹽察院
古關帝廟
將軍祠
開明橋
西方寺
縣學
忠孝祠
節義祠
預備倉
書院
六經閣
關帝廟
鎮淮門
水關橋
水關

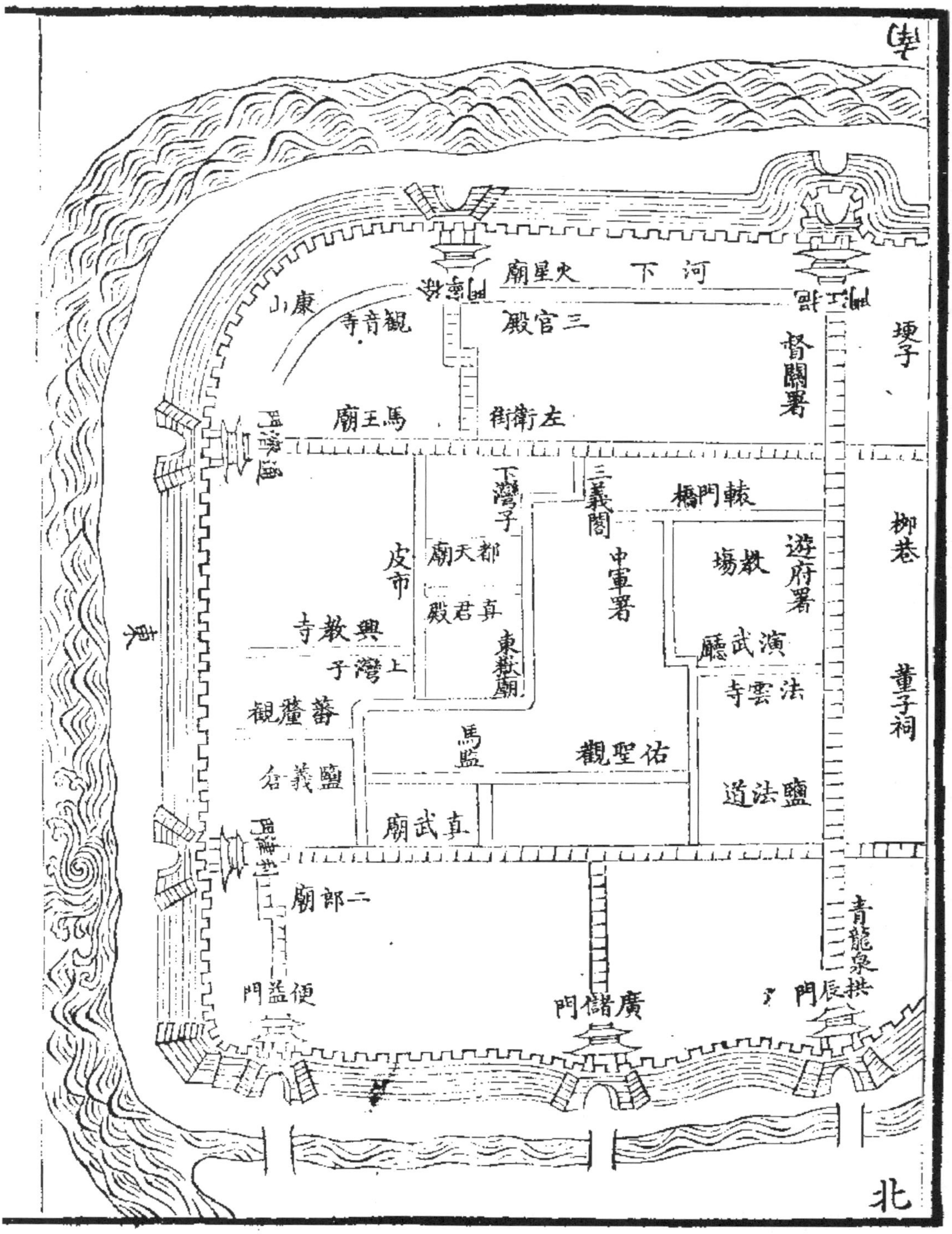

江都县城图 / 选自雍正《江都县志》

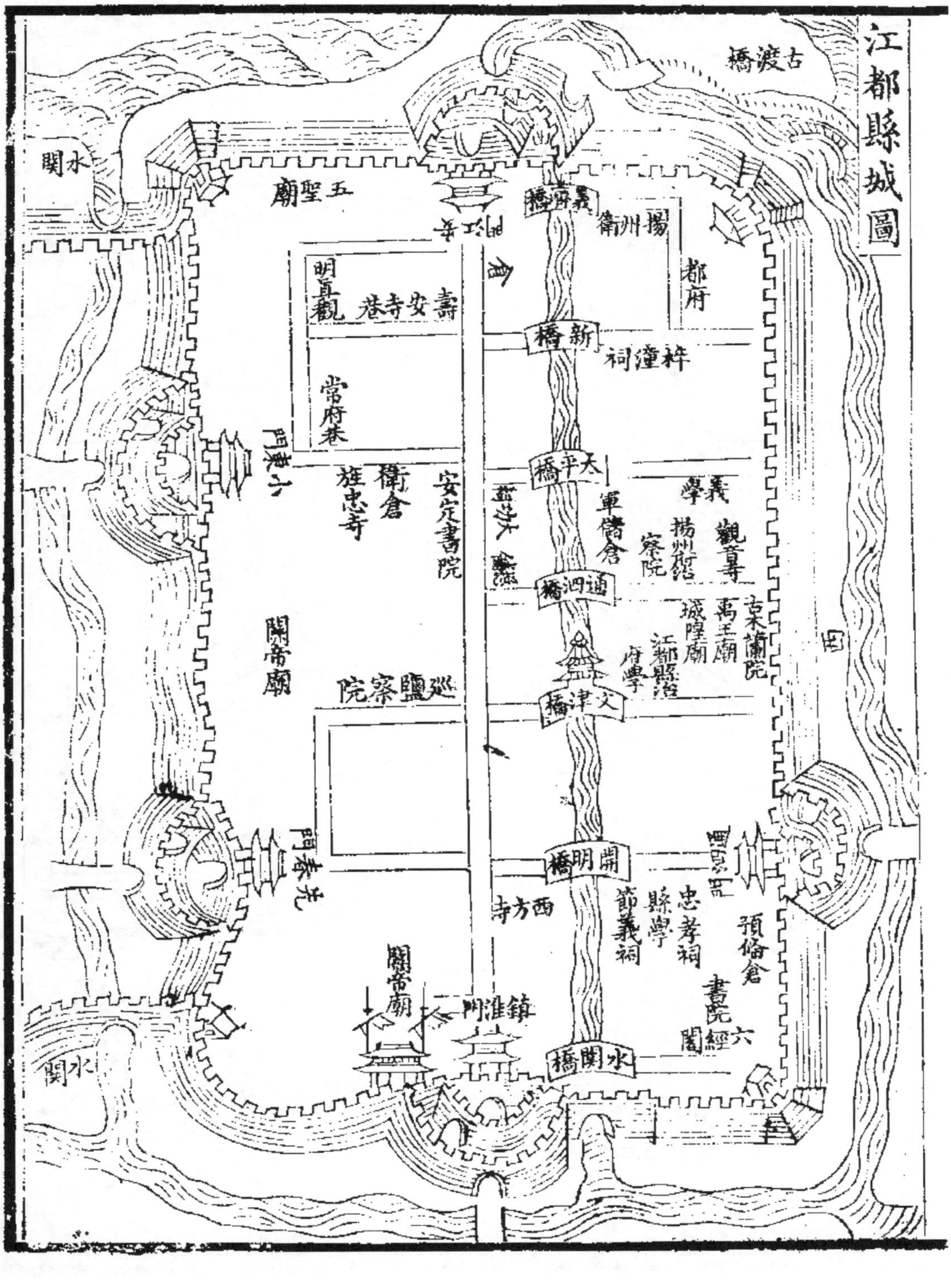
江都縣城圖
古渡橋
水關
五聖廟
揚州衛
都府
明真觀
壽安寺巷
新橋
梓潼祠
常府巷
小東門
太平橋
衛倉
旌忠寺
安定書院
義學
軍儲倉
觀音寺
通泗橋
關帝廟
巡鹽察院
古木蘭院
禹王廟
城隍廟
江都縣治
府學
文津橋
開明橋
先春門
西方寺
節義祠
縣學
忠孝祠
預備倉
關帝廟
鎮淮門
書院
六經閣
水關橋
水關

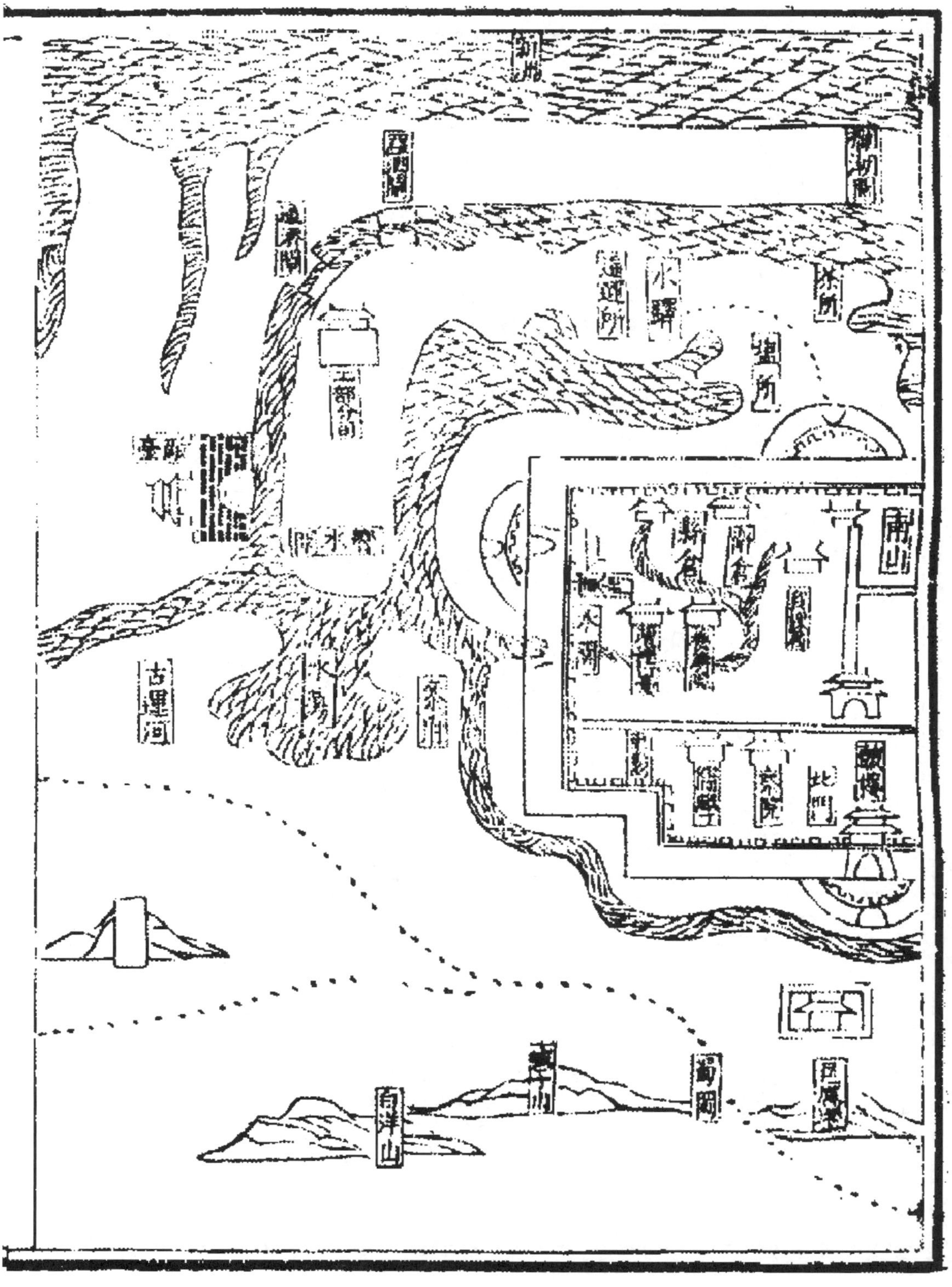

仪真县城池图 / 选自万历《扬州府志》

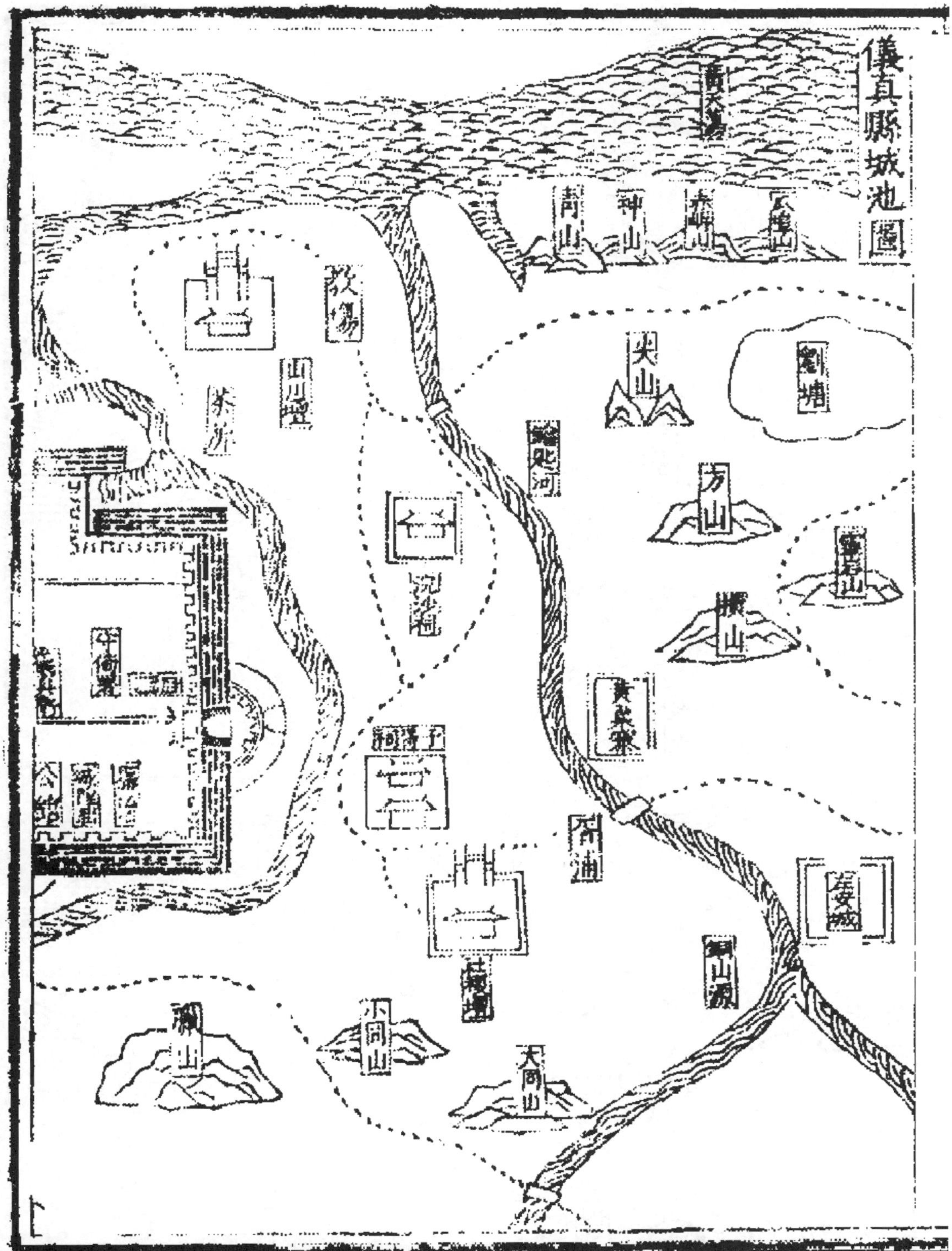
儀真縣城池圖
青山
神山
教場
山川壇
尖山
劉塘
方山
小銅山
大銅山

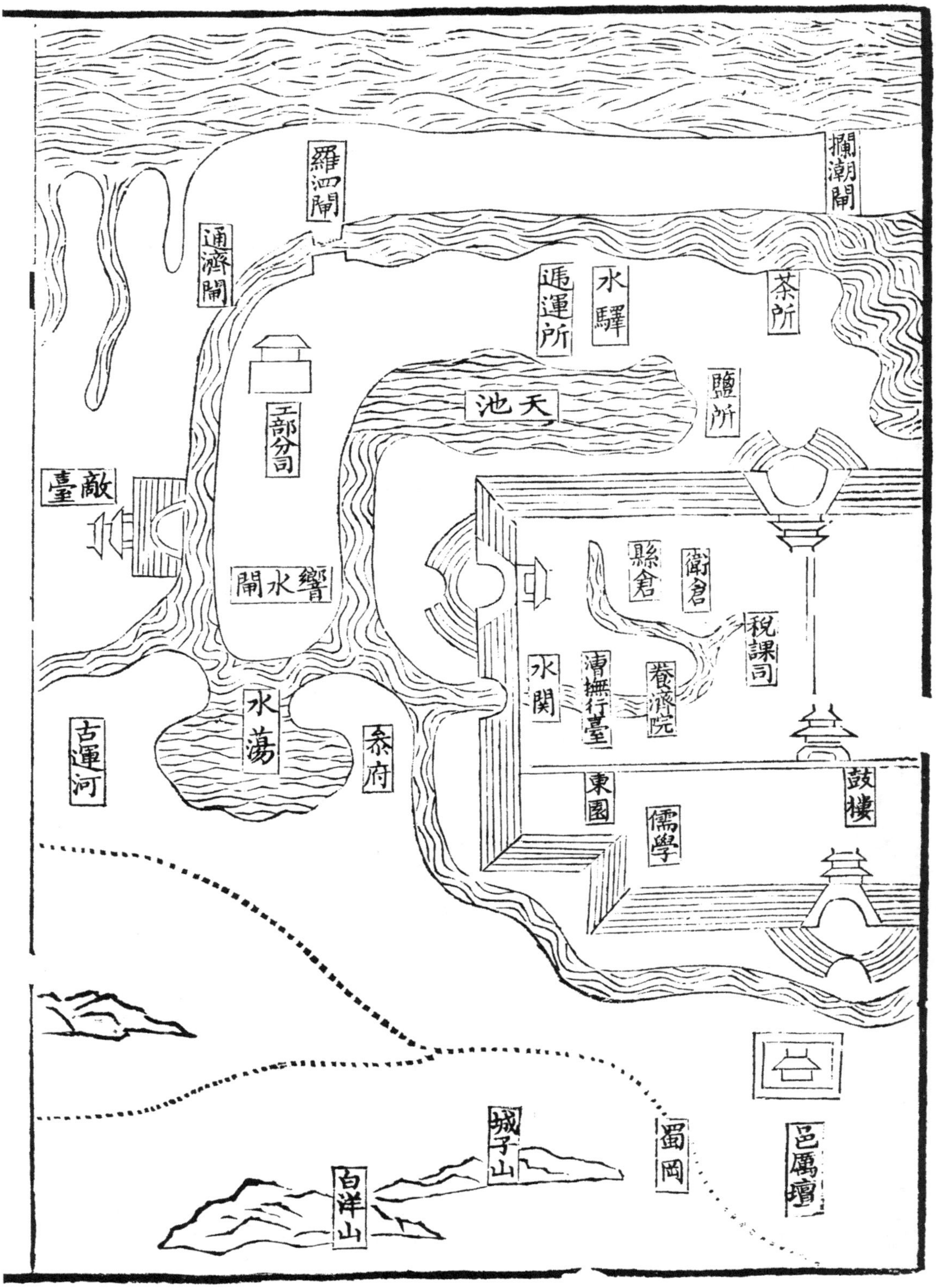

仪征县城池图 / 选自嘉庆《重修扬州府志》

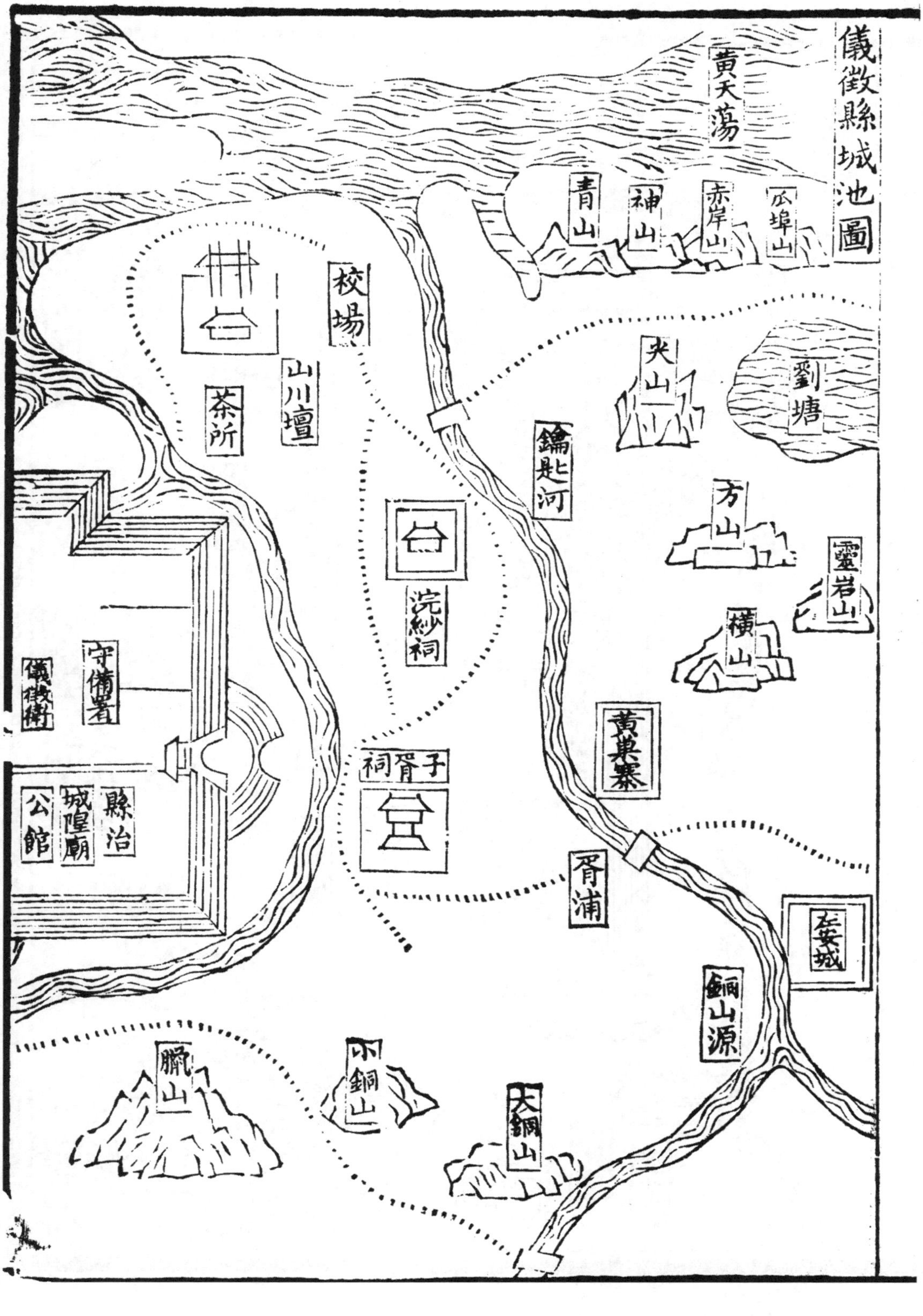
儀徵縣城池圖
黄天蕩
瓜埠山
赤岸山
神山
青山
校場
山川壇
茶所
尖山
劉塘
鑰匙河
方山
靈岩山
横山
浣紗祠
守備署
儀徵衛
子胥祠
黄巢寨
縣治
城隍廟
公館
胥浦
銅山源
小銅山
大銅山

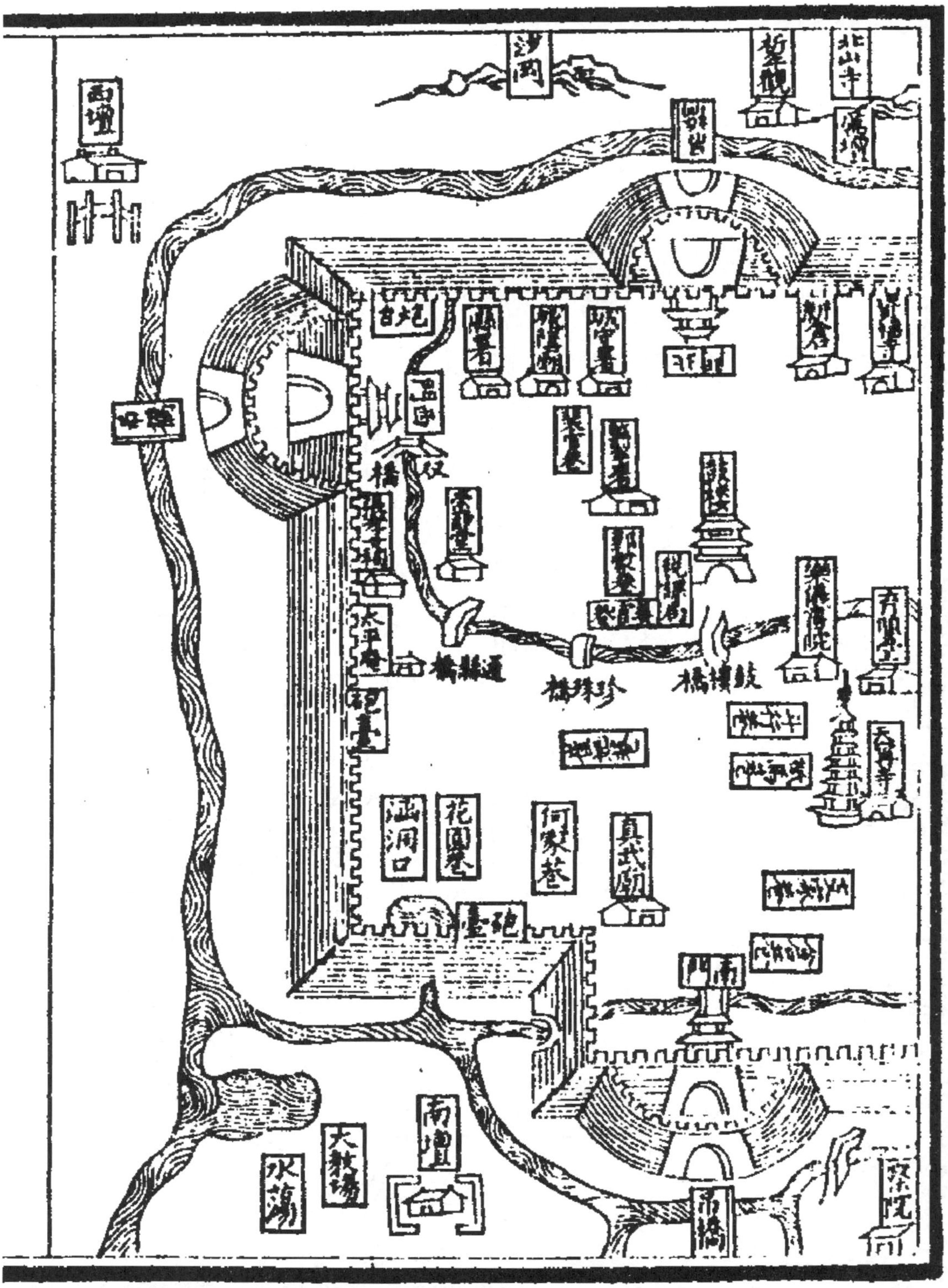

仪征县城隍坊巷图 / 选自道光《重修仪征县志》

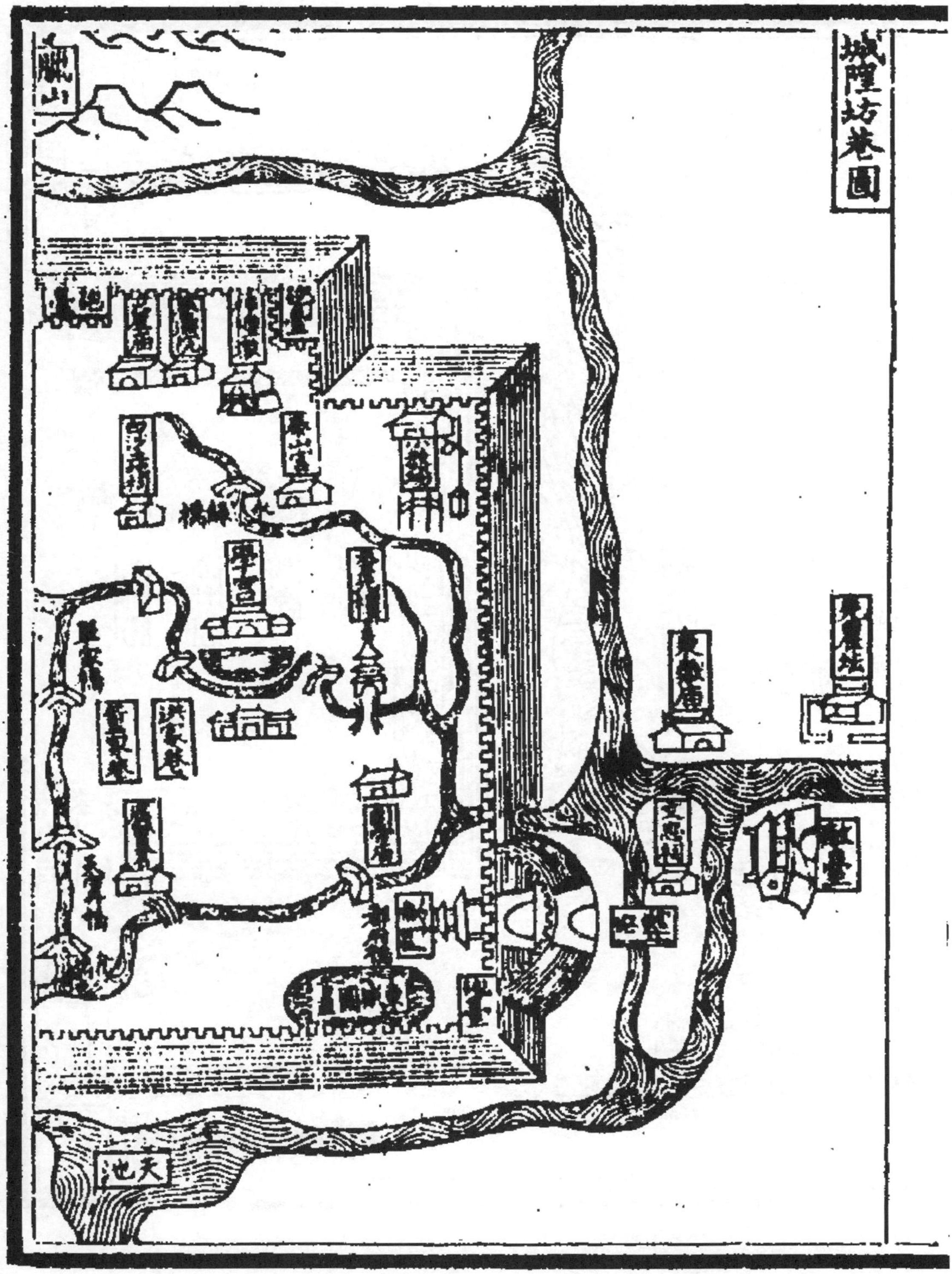
城隍坊巷圖
天池

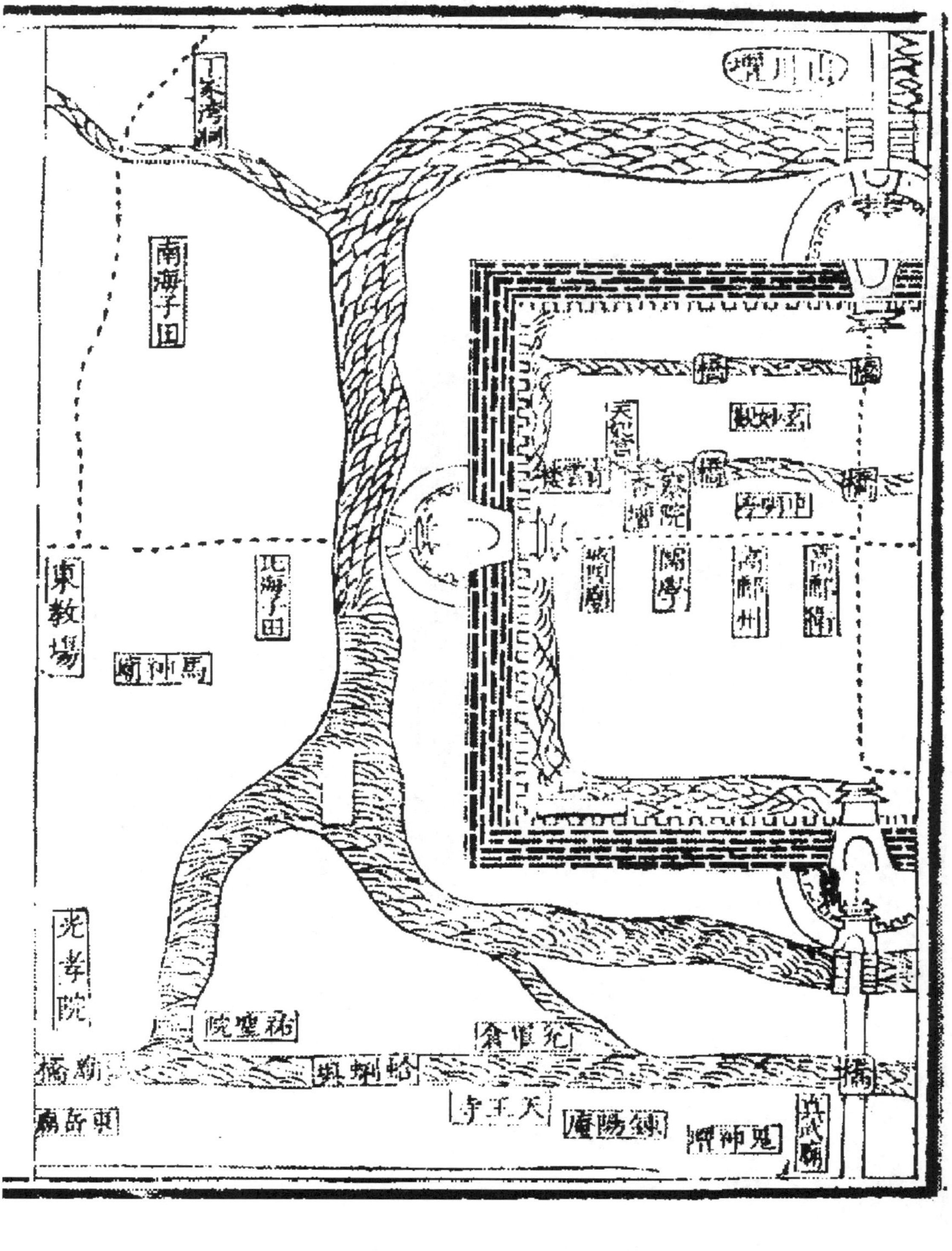

高邮州城池图 / 选自万历《扬州府志》

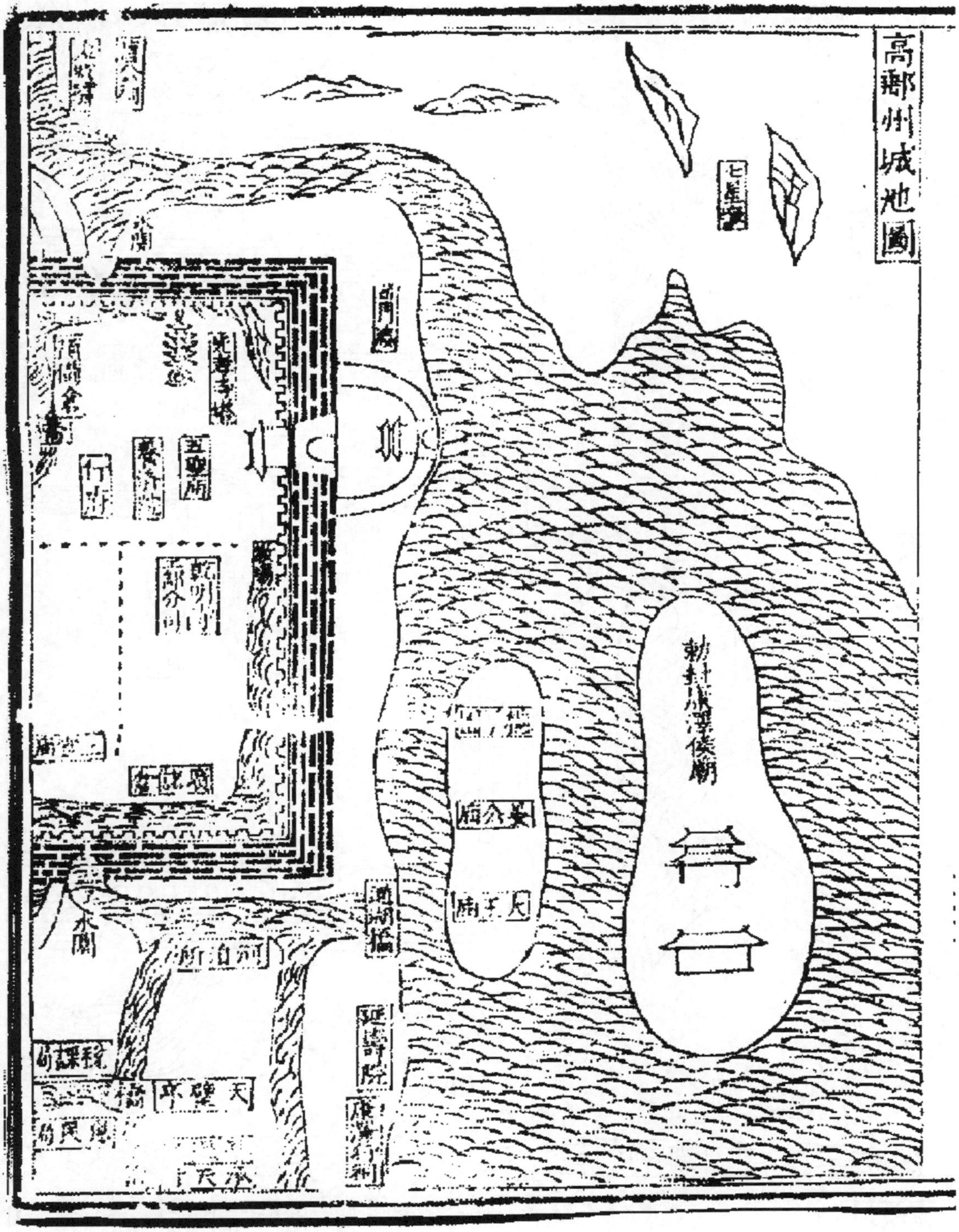
高郵州城池圖
行府
五聖廟
晏公廟
天壁亭
延壽院

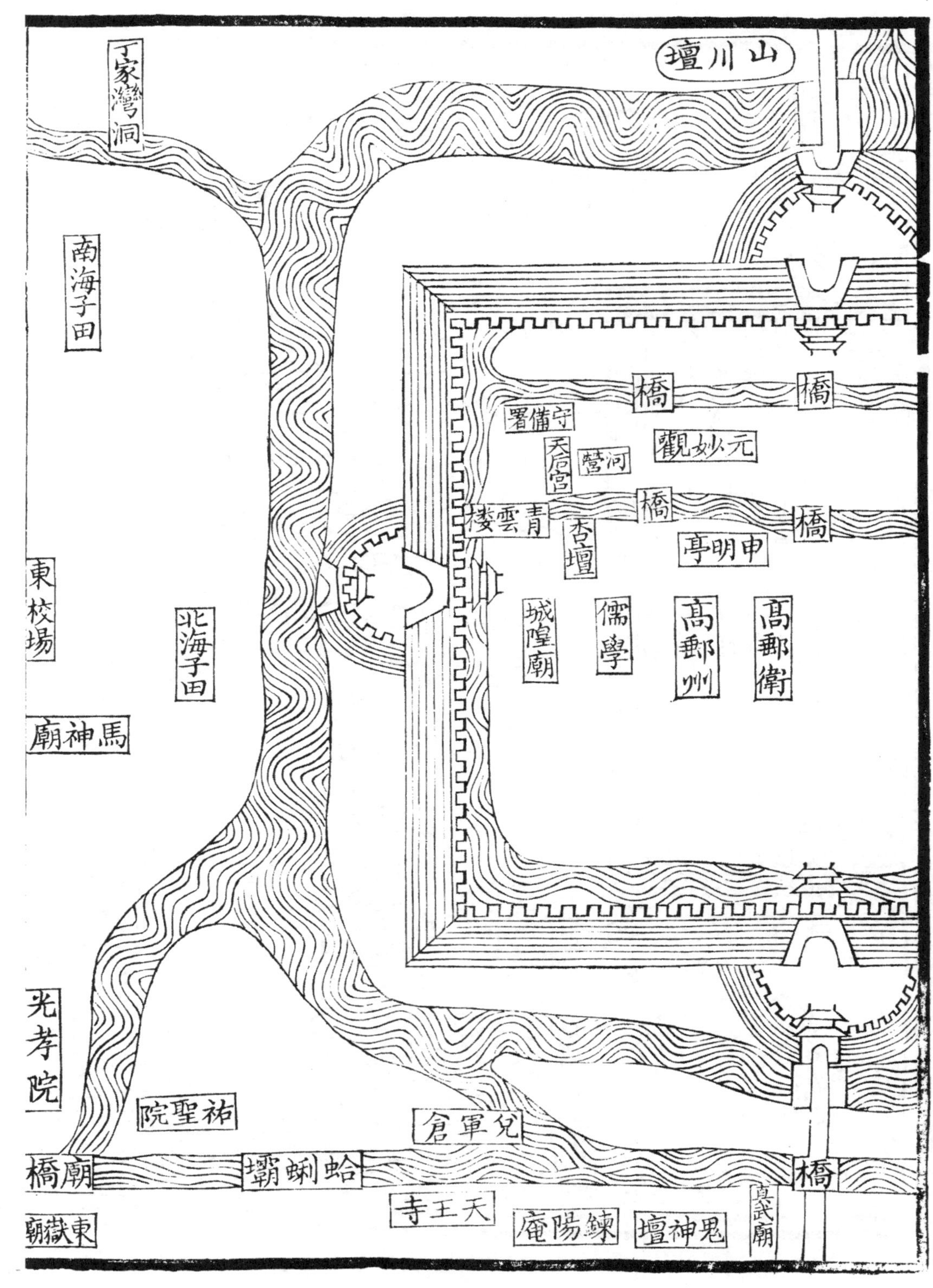

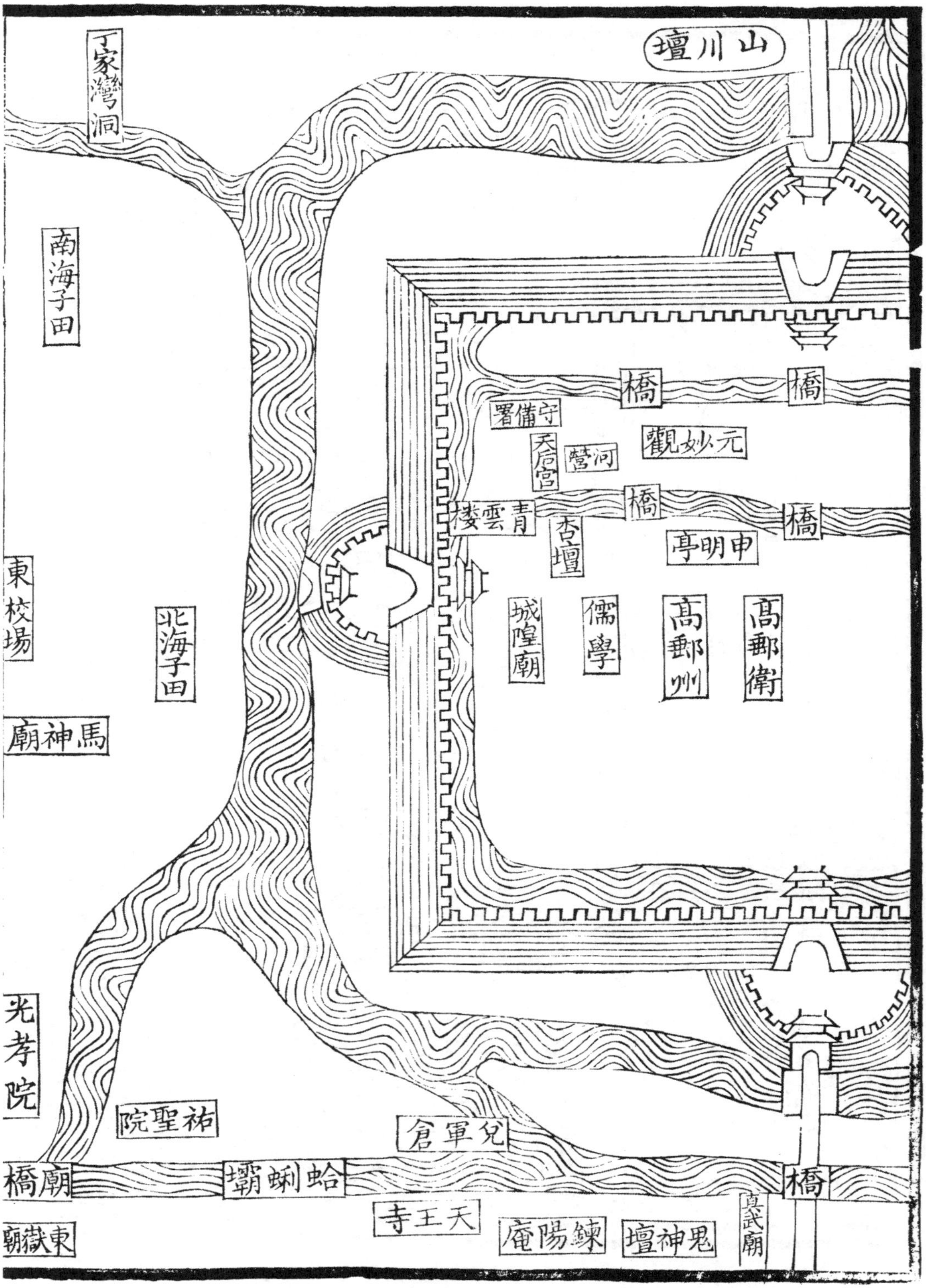

高邮州城池图 / 选自嘉庆《重修扬州府志》

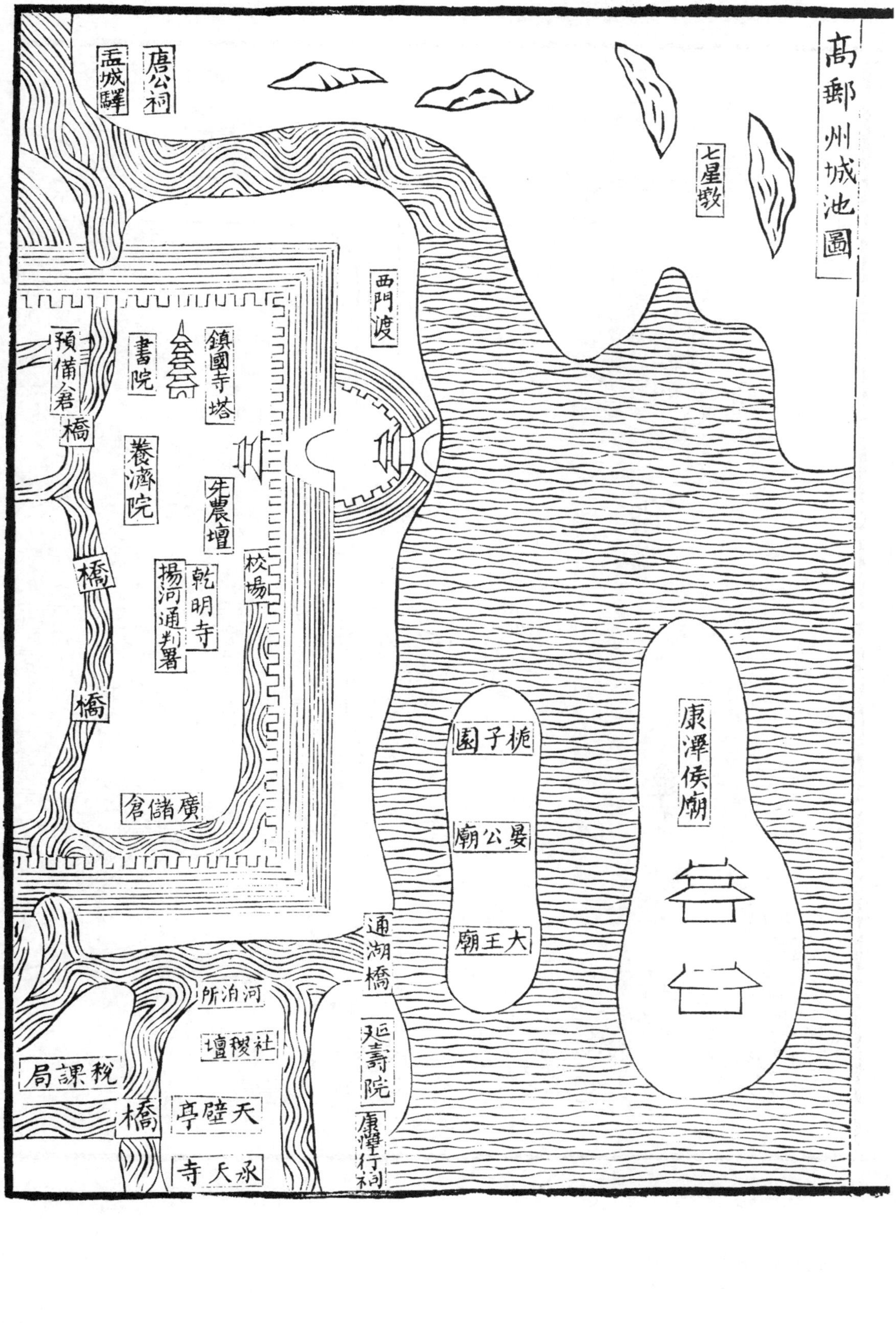

高郵州城池圖
七星墩
唐公祠
盂城驛
西門渡
鎮國寺塔
書院
預備倉
橋
養濟院
先農壇
乾明寺
揚河通判署
校場
橋
橋
梔子園
康澤侯廟
晏公廟
大王廟
廣儲倉
通湖橋
河泊所
社稷壇
延壽院
稅課局
橋
天壁亭
承天寺
康澤行祠

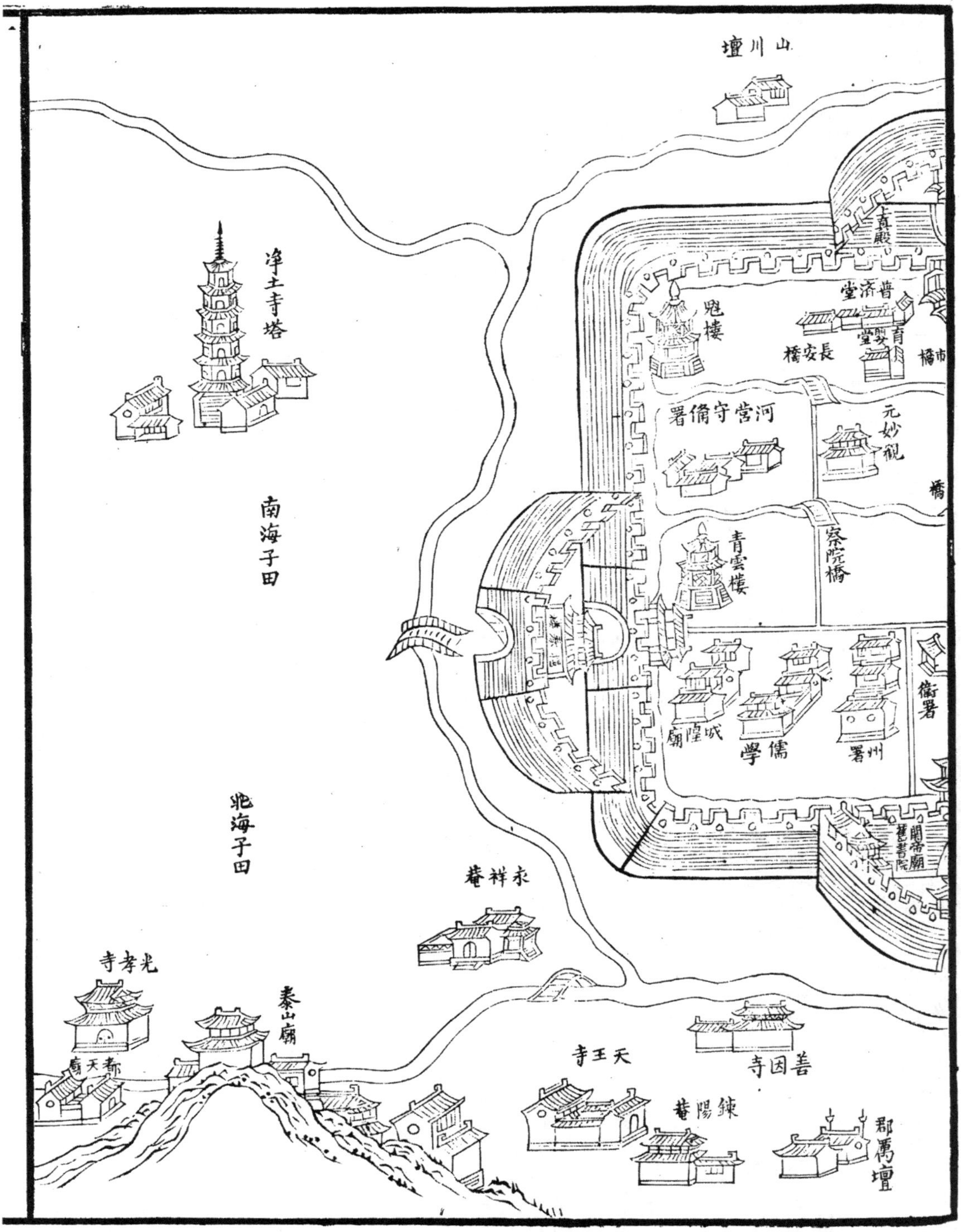

高邮州城图 / 选自嘉庆《高邮州志》

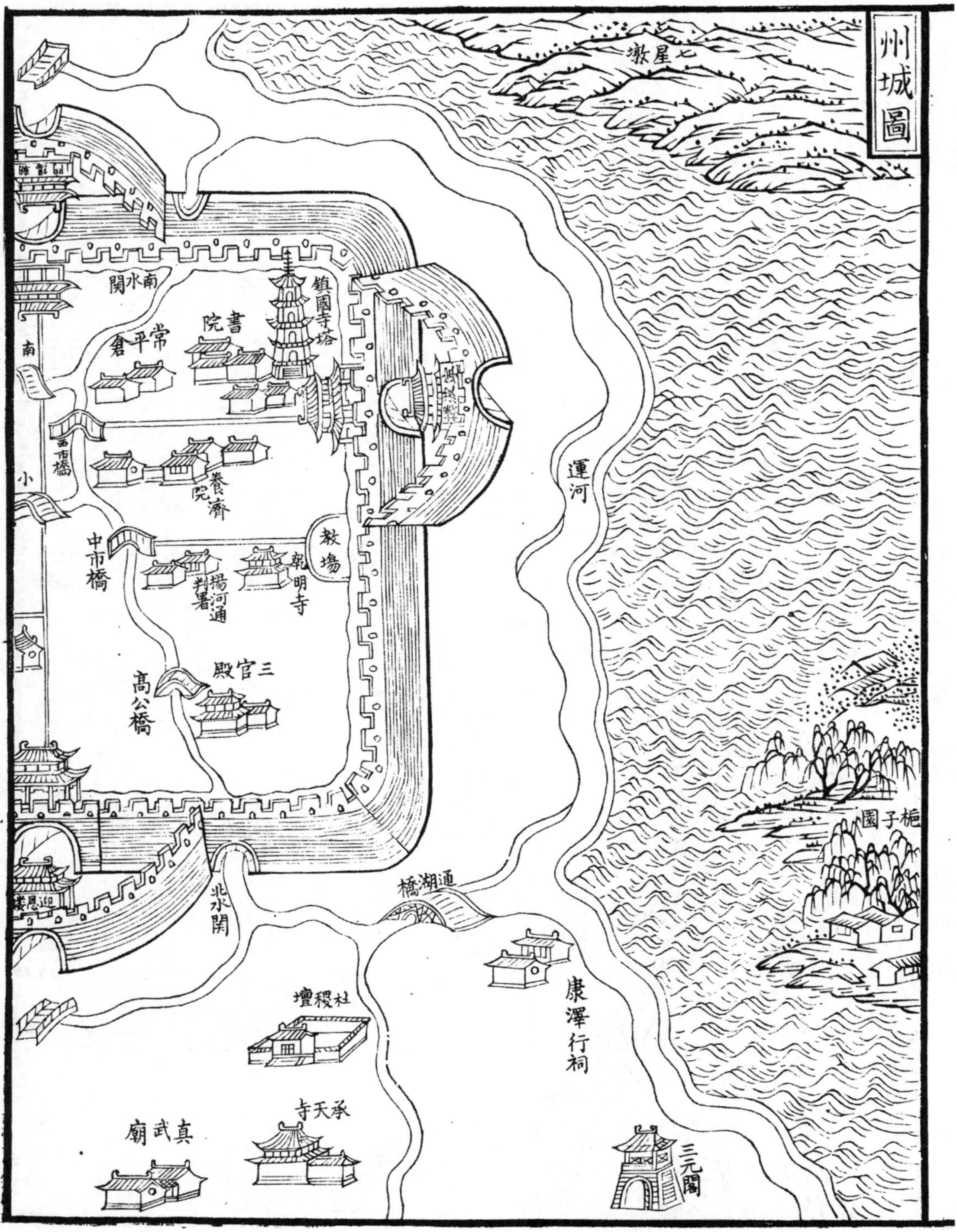
州城圖
七星墩
南水關
常平倉
書院
鎮國寺塔
南
西市橋
小
養濟院
中市橋
教場
乾明寺
揚河通判署
三官殿
高公橋
運河
梔子園
通湖橋
北水關
社稷壇
康澤行祠
承天寺
真武廟
三元閣

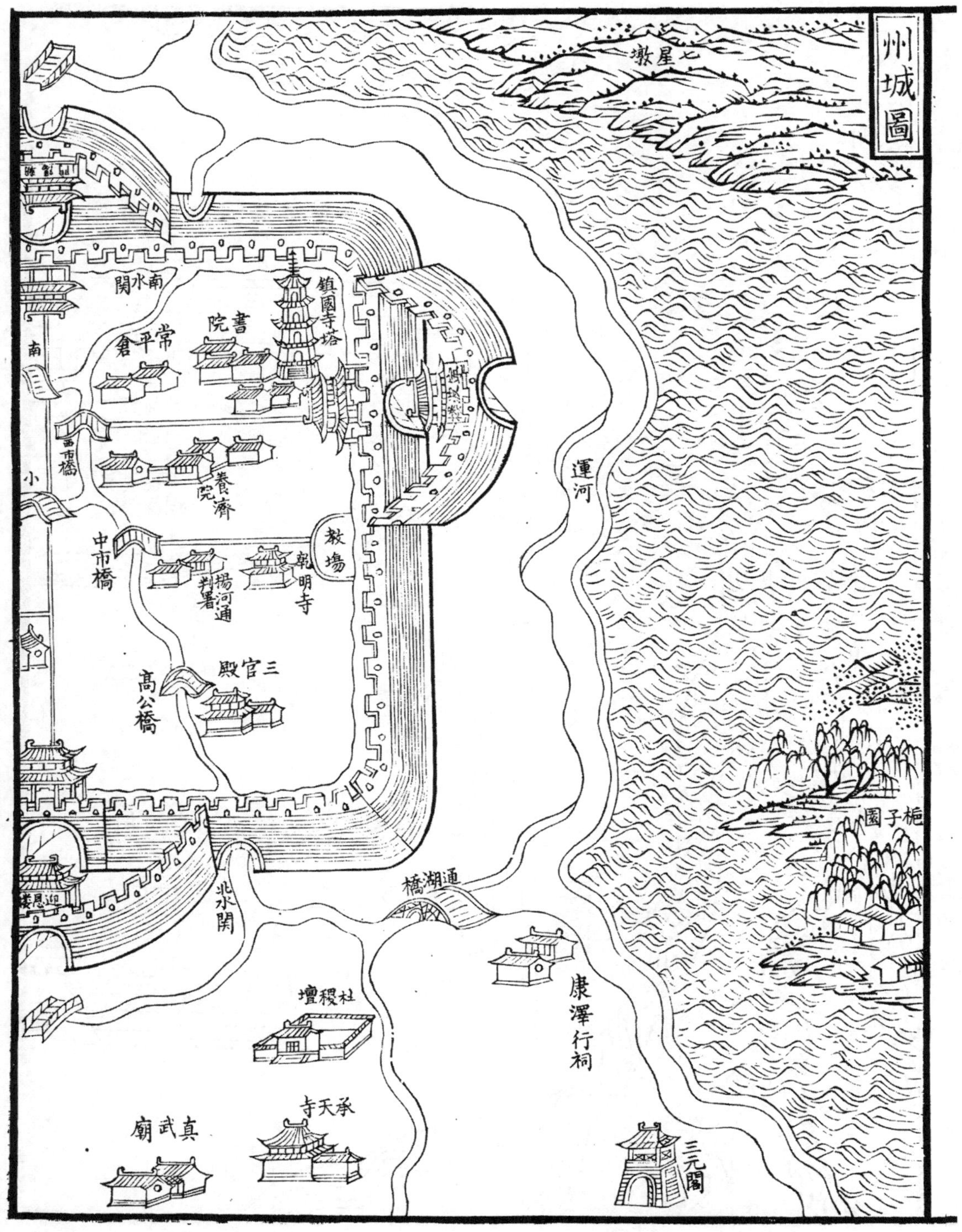

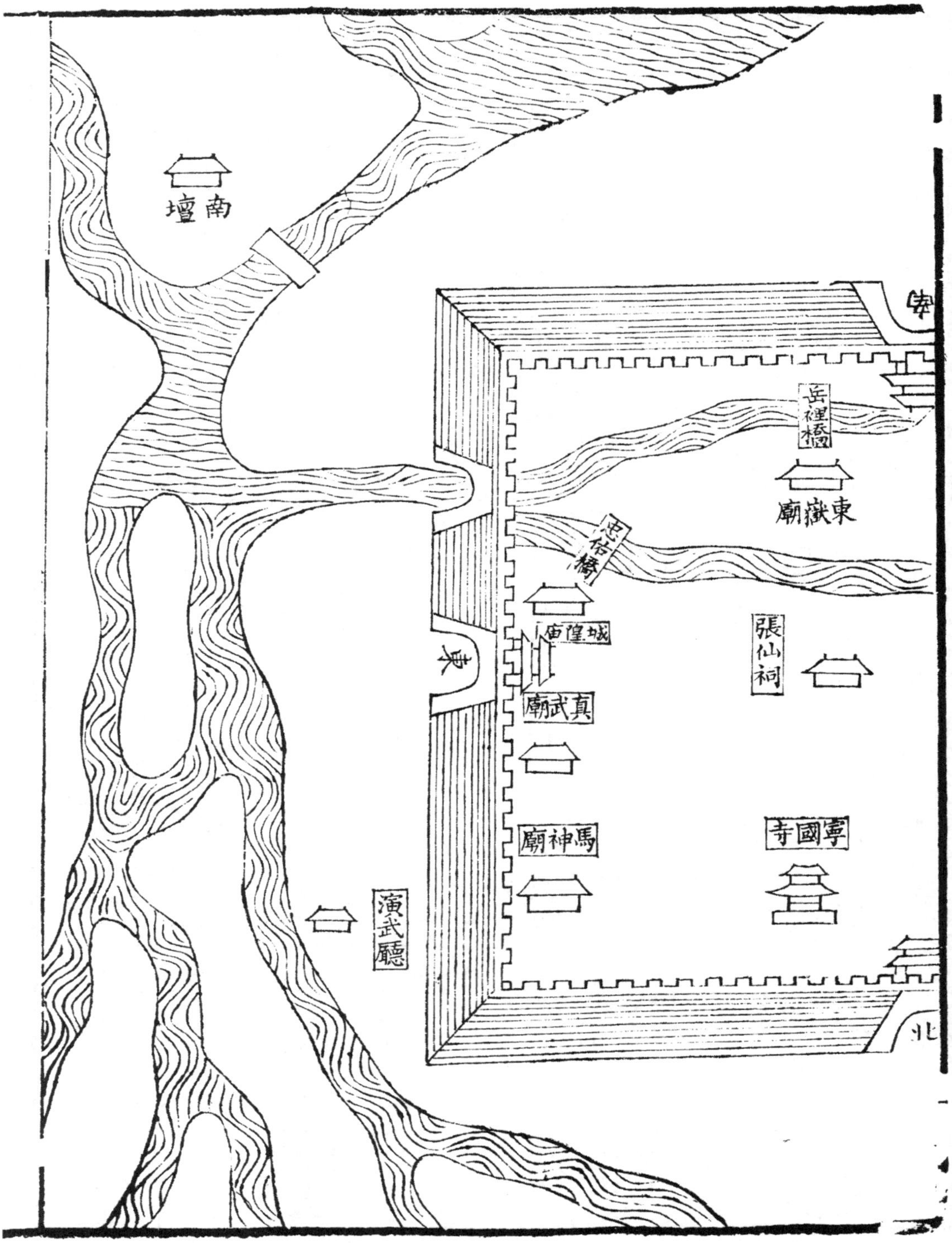

宝应县城池图 / 选自嘉庆《重修扬州府志》

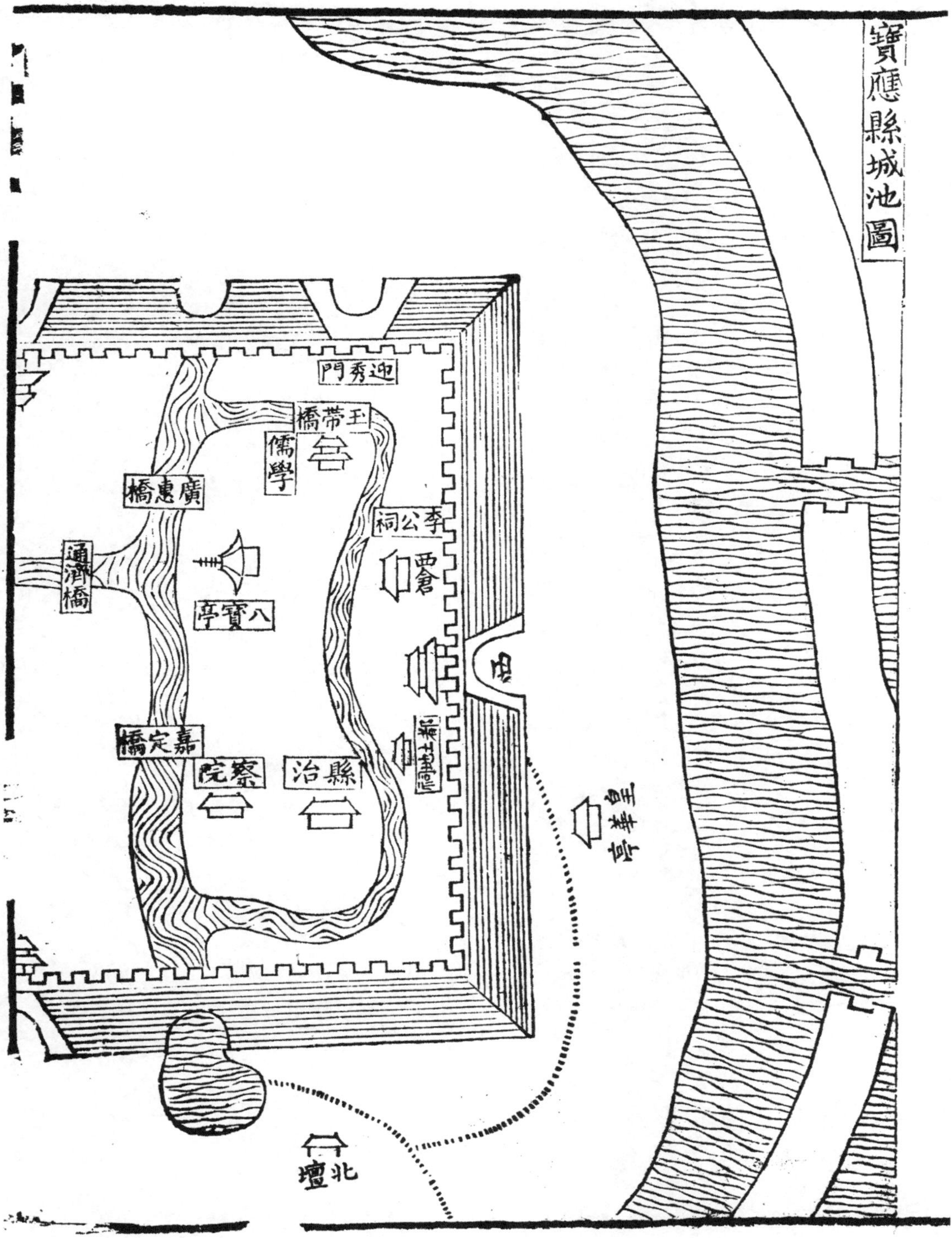
寶應縣城池圖
迎秀門
玉帯橋
儒學
廣惠橋
李公祠
西倉
通濟橋
八寶亭
嘉定橋
察院
縣治
北壇

泰州

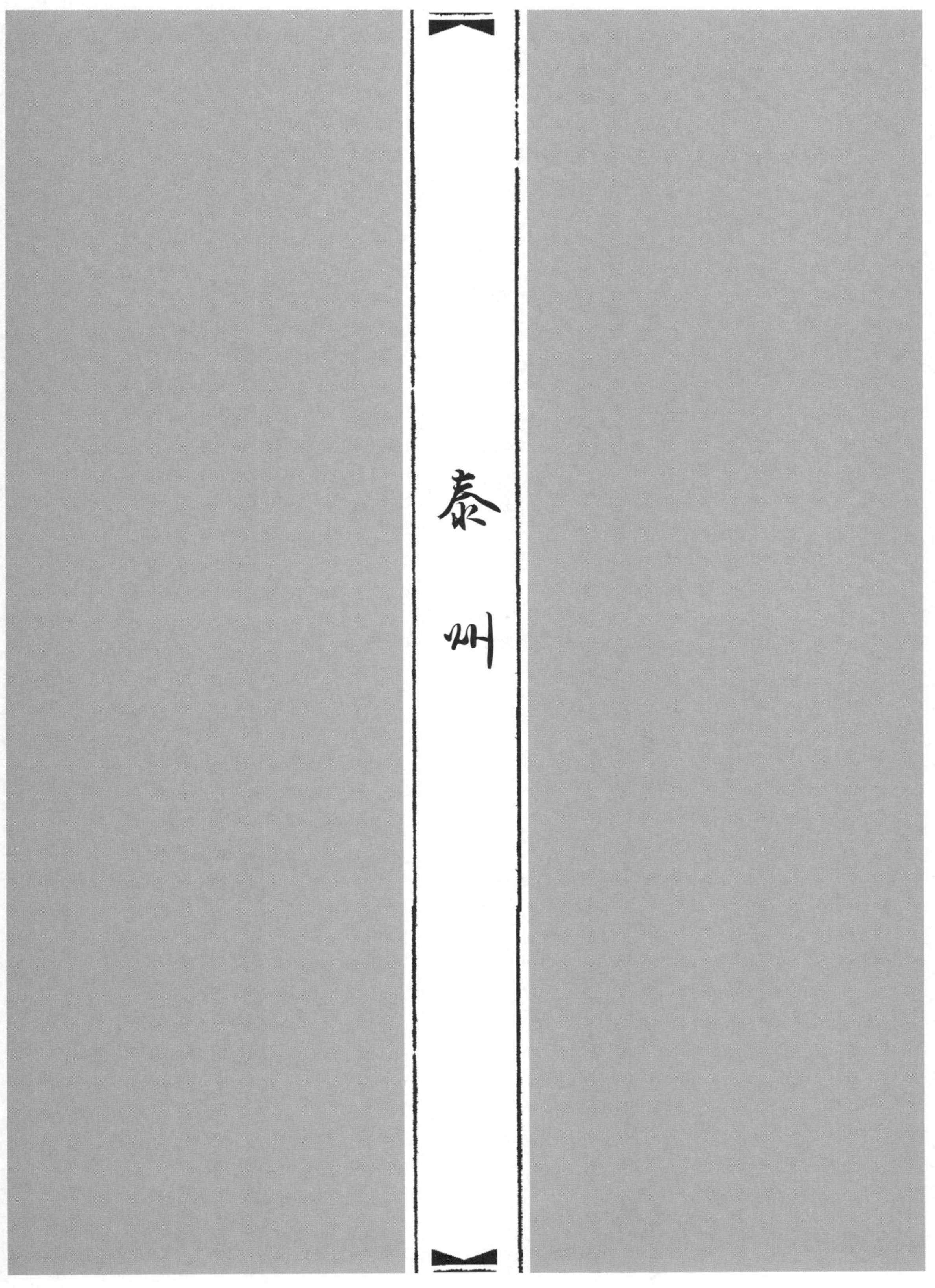

泰州图说

汉海陵县，本临淮郡。东汉，省入东阳，属广陵郡。晋为海阳县，属如故。南北朝宋，复为海陵。齐，置海陵郡，以宁海县属之。梁，郡如故。隋，罢郡，复海陵县，属江都郡。唐，改吴陵县，置吴州，寻废州县复，故属扬州。五代杨吴，置海陵制置院。南唐，升为泰州，析置海陵县属之。后入于周。后周，升团练州。宋，复为泰州。元初，升路，后为州，属扬州路，领海陵、如皋二县。明，仍为州，属扬州府，省海陵入府，领县一。皇清因之，编户一百八十七里。

康熙《江南通志》卷第二《建置沿革》

靖江县图说

靖江握长江之管籥，固通泰于苞桑，以泰兴为外屏，与江阴为对境，北依界港，南控洪流，西自泰兴界之外港迤东南，过八圩港，又东北至如皋界张黄港而止。沿江滩岸九十五里奇，通舟港十有一处，外无沙洲蔽，内无闸坝防，凡海舶进江，其在张黄港外者，必近于北岸，所以避南岸江阴之常阴、寿星等沙也。其在九圩港外者，必远于北岸，所以避北岸泰兴之连成、中兴等沙也。在邑境正南天生港至八圩港之间，尤必近岸行驶，且地形微剡，江面最窄，与江阴之黄田港相距仅六里有奇。十圩港以西三里，旧设炮堤，江路咽喉，莫此为要。八圩港畅通舟楫，进口二里抵八圩镇。又十四里奇，抵邑城，为境内最要口。其东北为九圩、十圩，至天生港而舟行益利。又东为小生圩港、安宁港，可由团河达界河。最东为张黄港，东境界也。循港以北，折西转南，至界港入江，西境界也。界港以东有九圩、六圩亦通舟，然艨艟巨舰未可扬帆。滨江各口噏吐江潮，借为灌溉，其界港来源，本从滕坝贯泰兴城濠而东注今运盐河内，堵坝蓄水。泰兴以南，全资潮水矣。全境地势，北高南下，西仰东洼，而玉皇桥至斜桥镇尤低，四野农田，俱围堤岸，旁通亩浍，以备灌输。其镇市之最著者，惟斜桥镇、西来镇、生祠镇。其东境之青龙镇、孤山镇，西境之新丰市、四墩镇、东圩镇，虽聚廛成市，非巨镇也。界河之季家市、任家市、新镇、广陵镇，则跨河成市，半属泰兴。而毗罗一市，全归泰属，聚沙成壤，地皆平衍。东北孤山，袤不一里，聊足为邑中准望而已。

《苏省舆地图说》

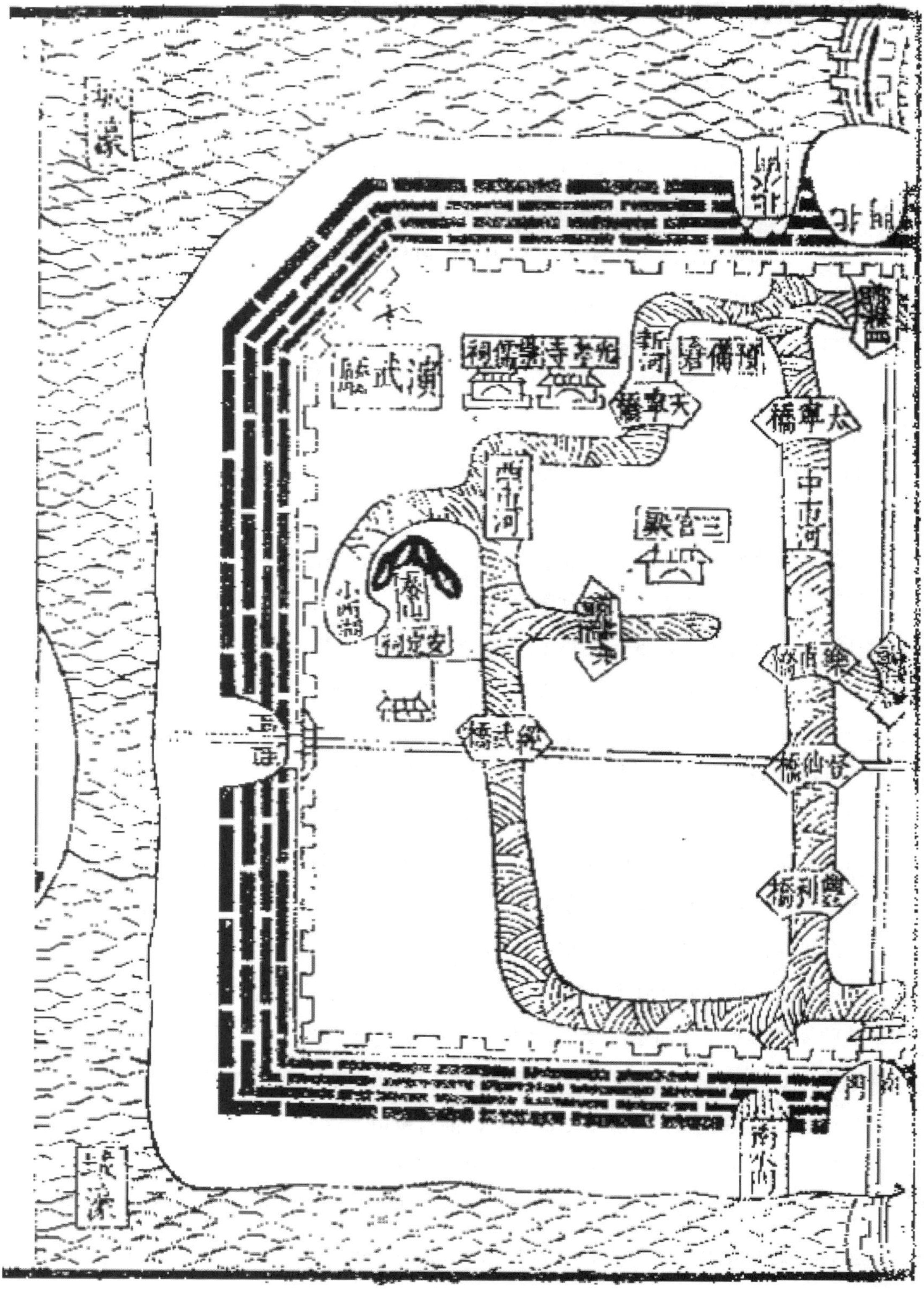

泰州城池图 / 选自崇祯《泰州志》

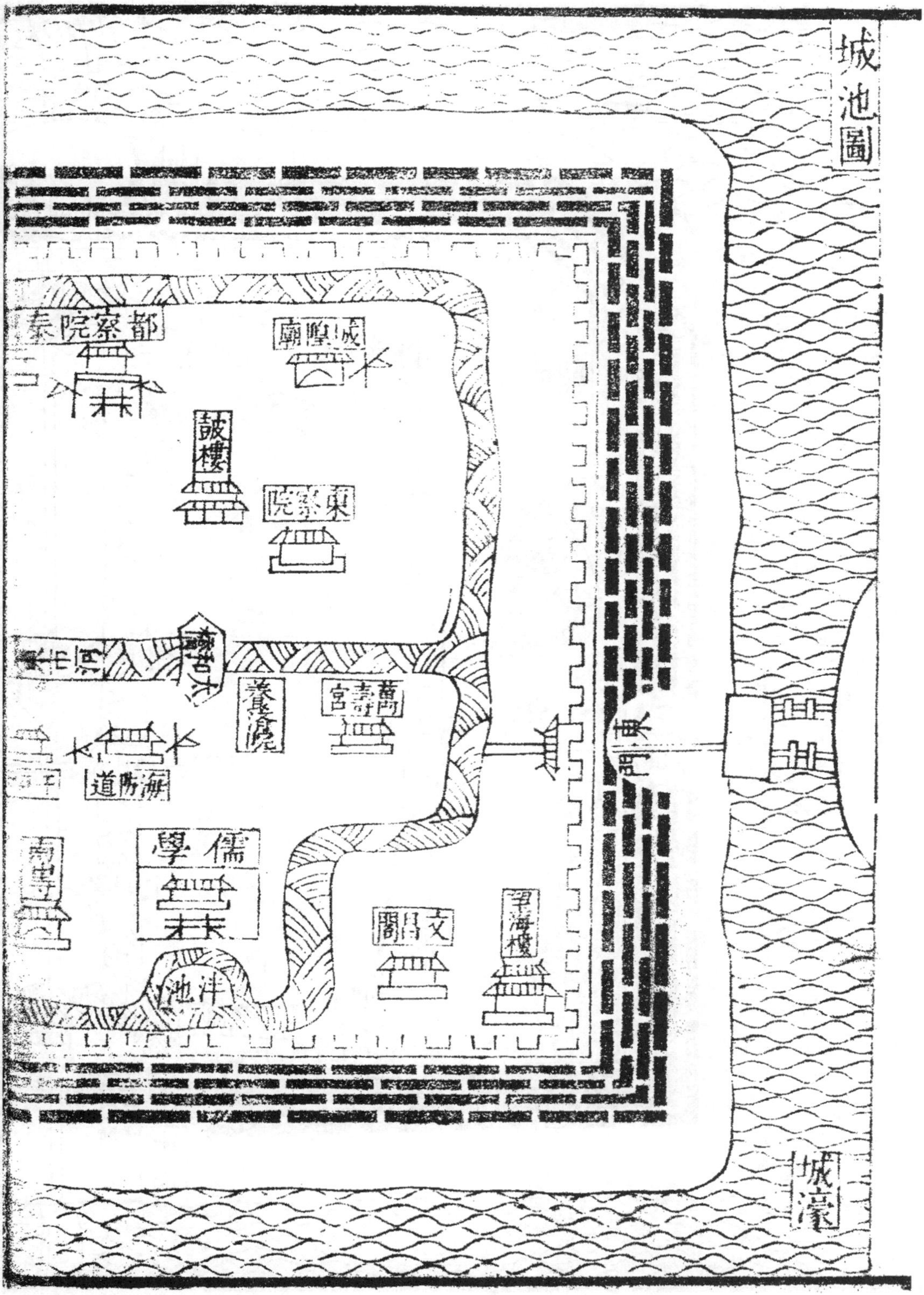
城池圖
都察院
城隍廟
鼓樓
東察院
萬壽宮
養濟院
海防道
儒學
文昌閣
望海樓
泮池
東門
城濠

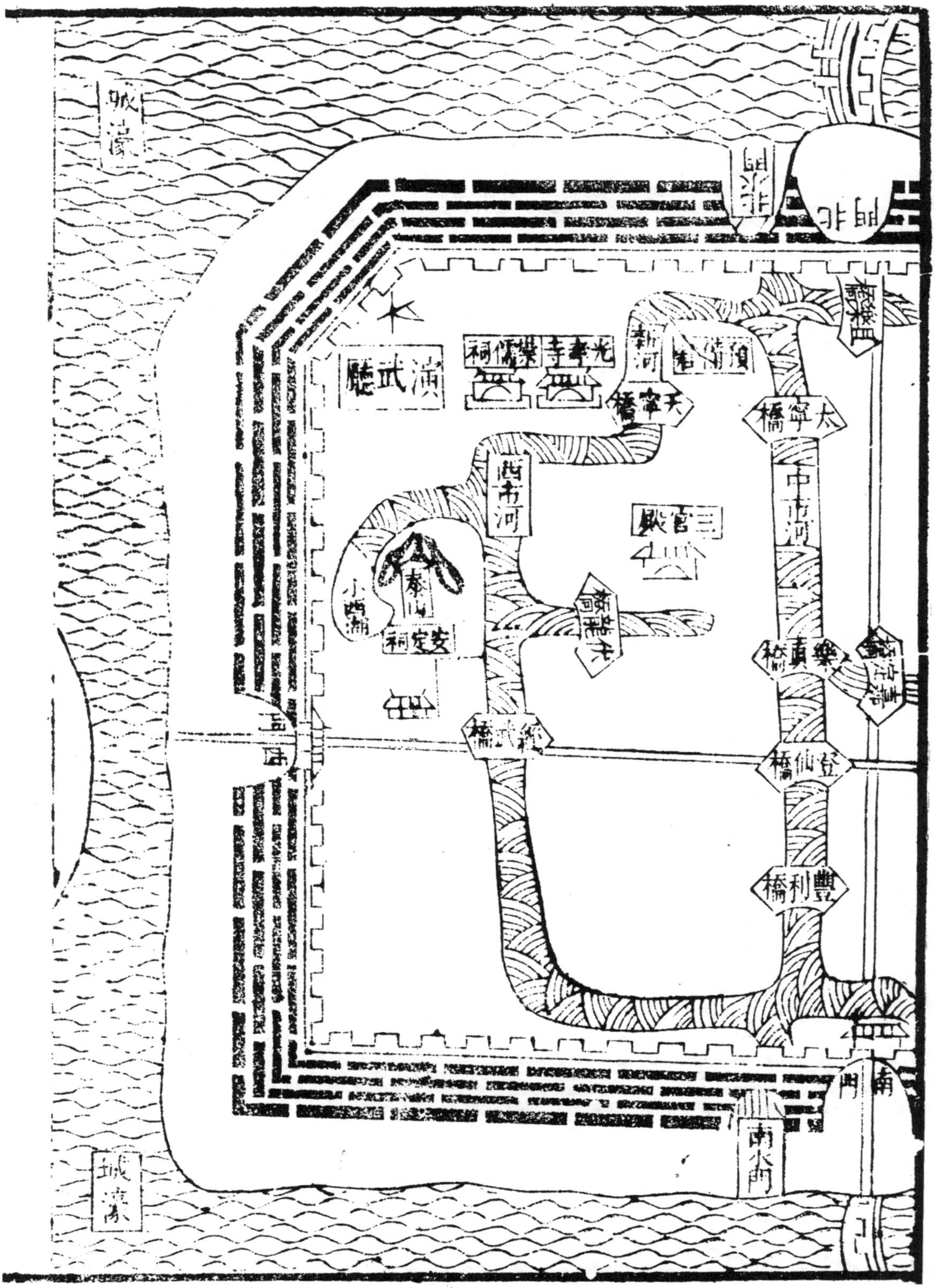

泰州城池图 / 选自雍正《泰州志》

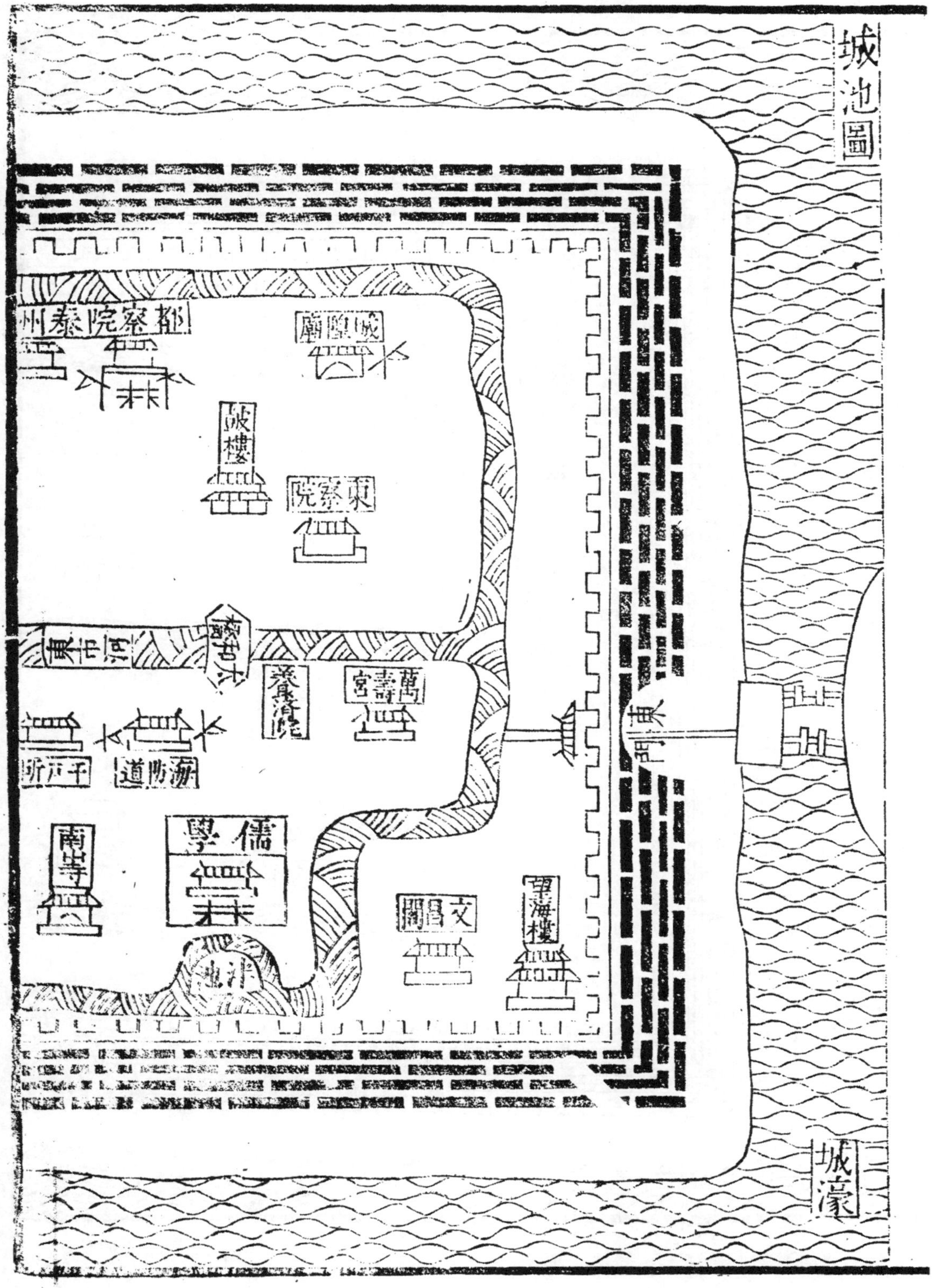
城池圖
都察院泰州
城隍廟
鼓樓
東察院
萬壽宮
養濟院
千戶所
海防道
儒學
南寺
文昌閣
望海樓
泮池
東門
城濠

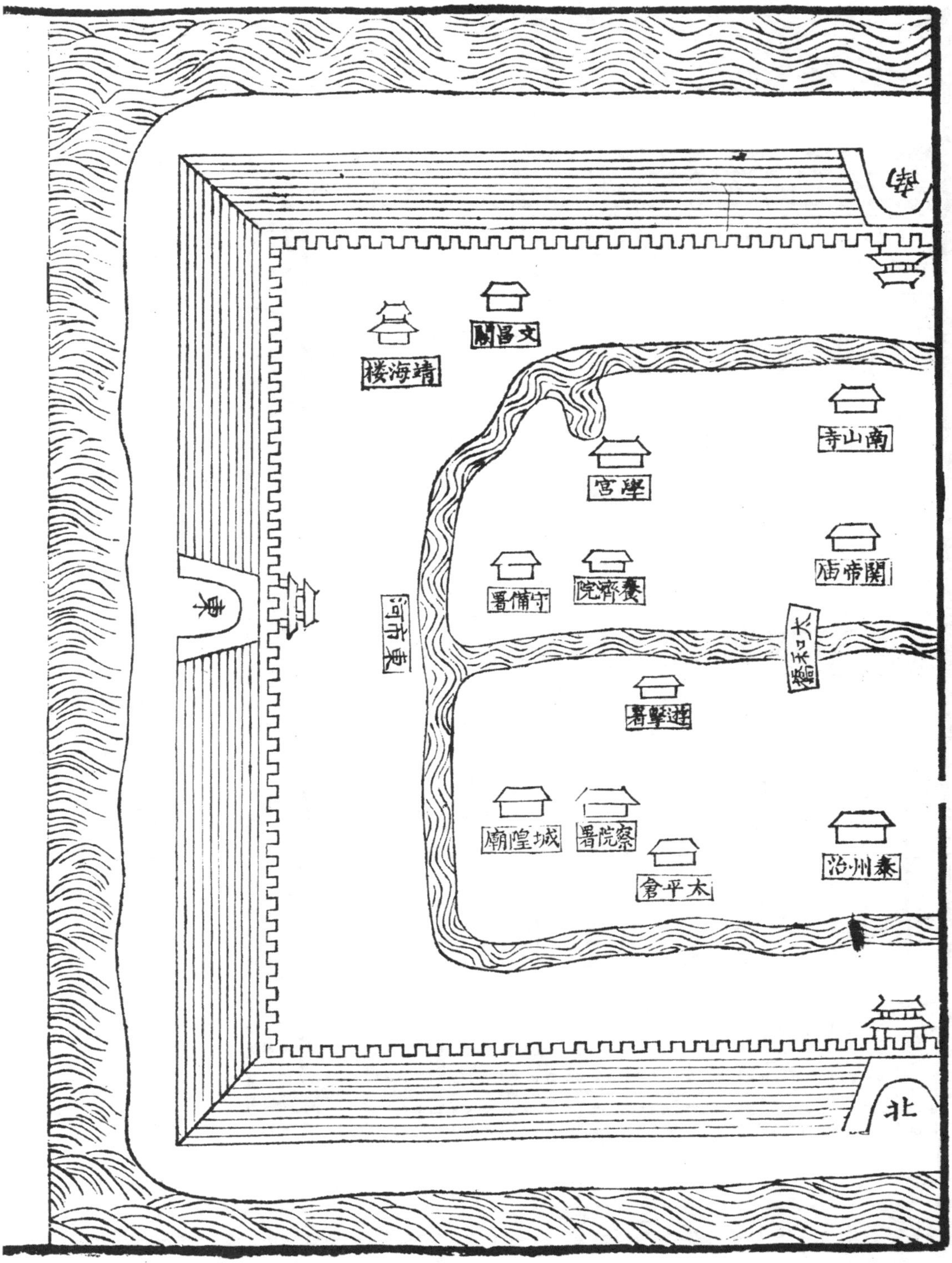

泰州城池图 / 选自嘉庆《重修扬州府志》

泰州城池圖

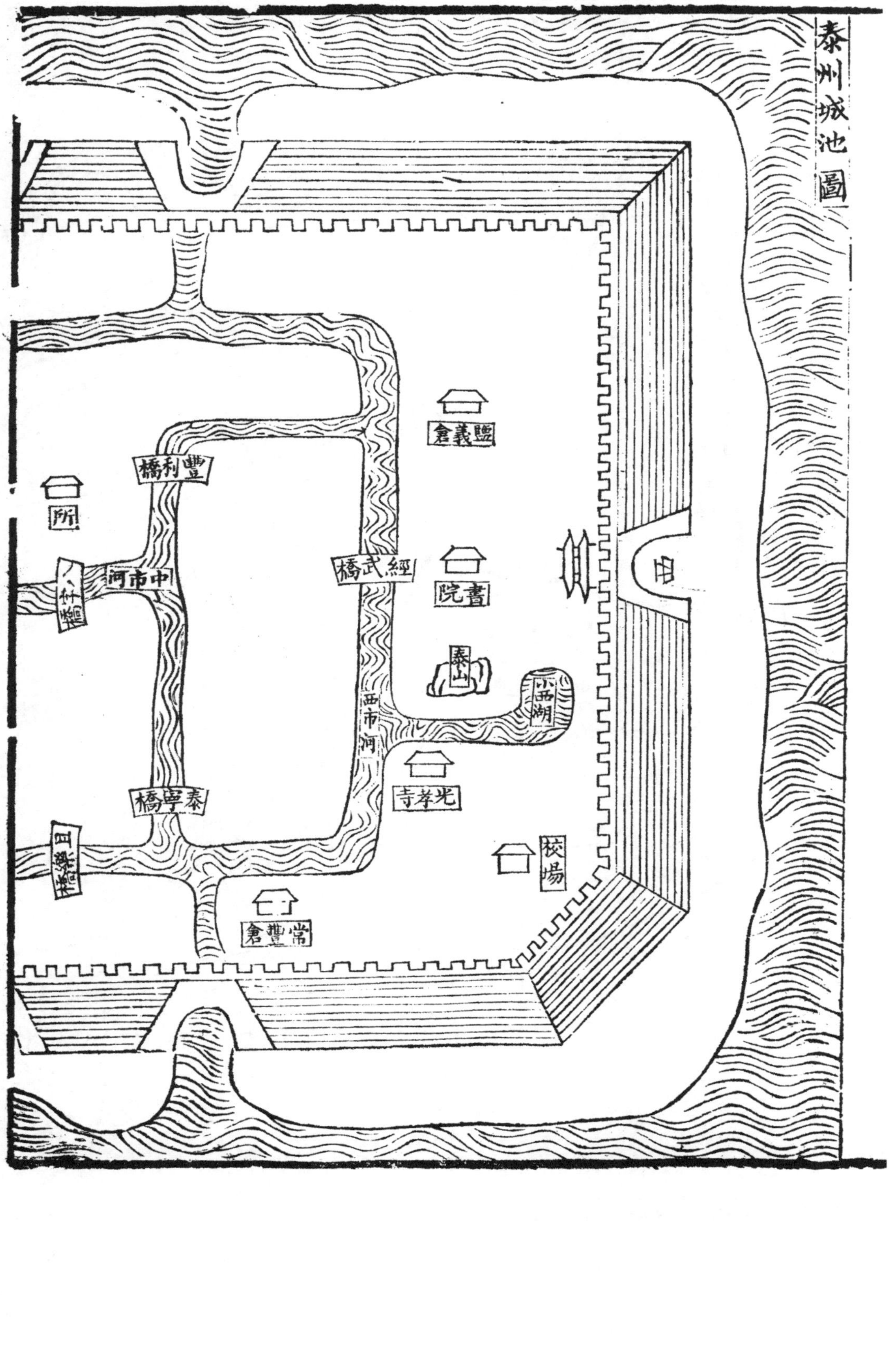
鹽義倉
豐利橋
所
中市河
經武橋
書院
泰山
小西湖
西市河
泰寧橋
光孝寺
校場
常豐倉

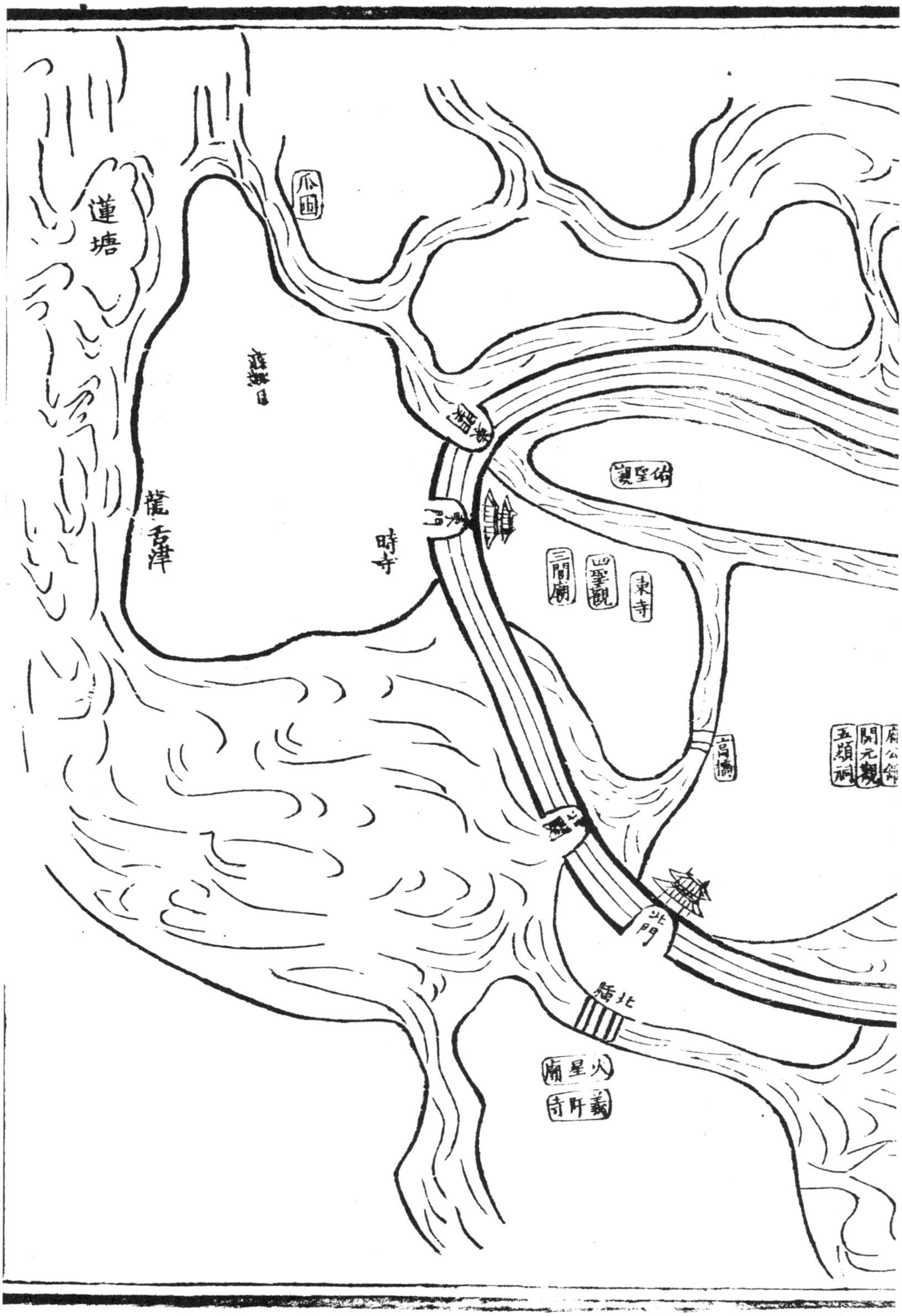

宋元兴化县城池图 / 选自咸丰《重修兴化县志》

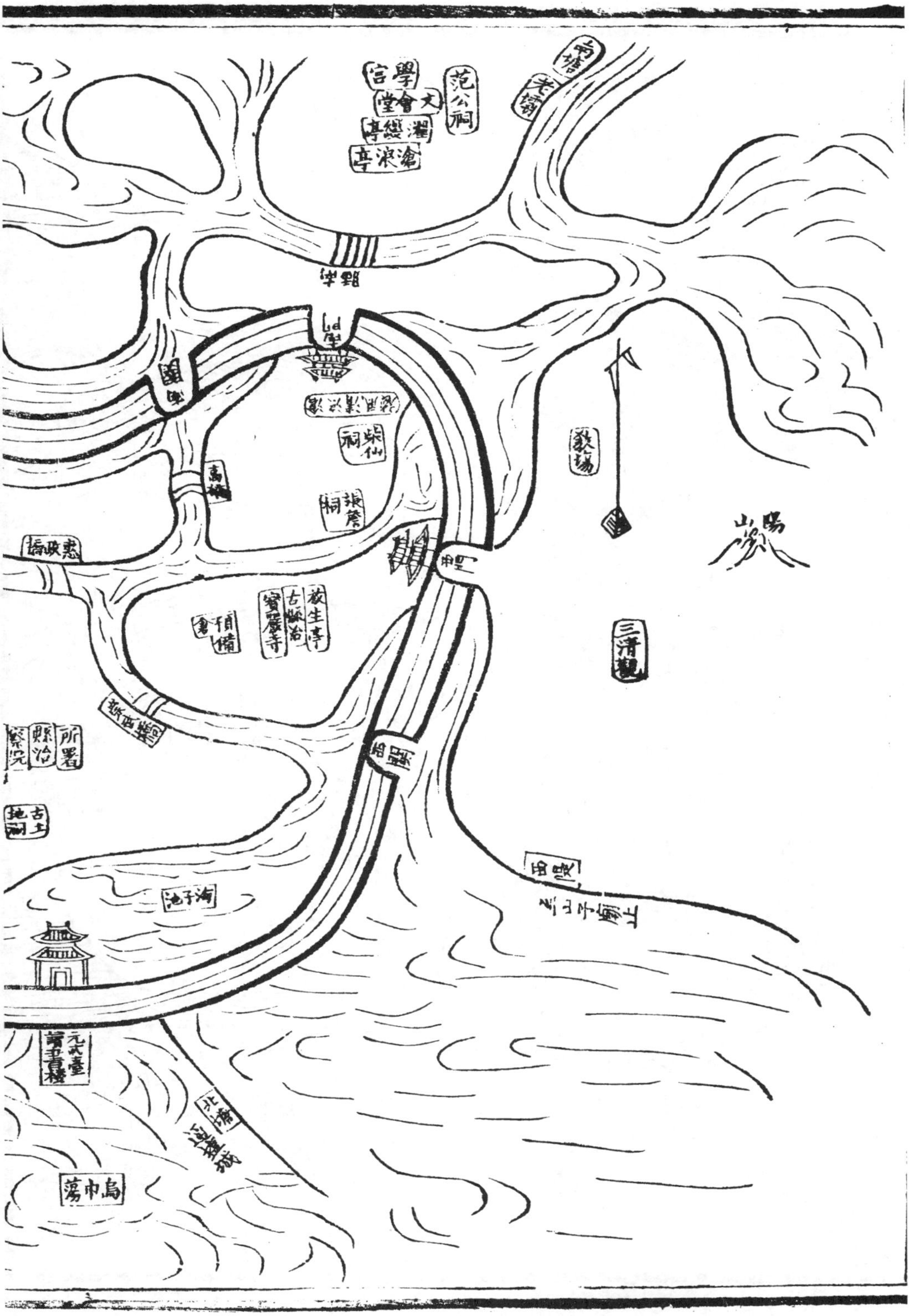

泰州

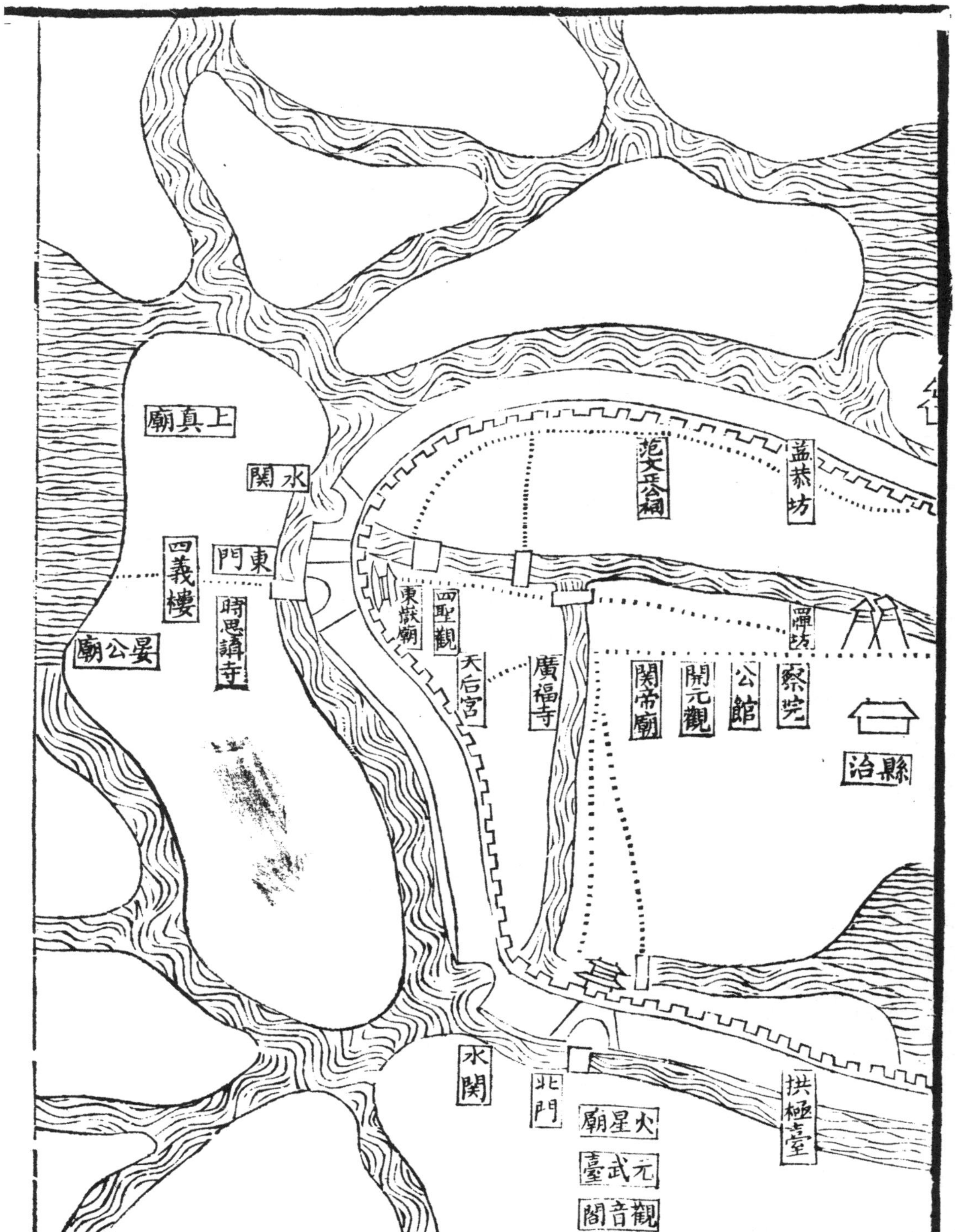

兴化县城池图 / 选自嘉庆《重修扬州府志》

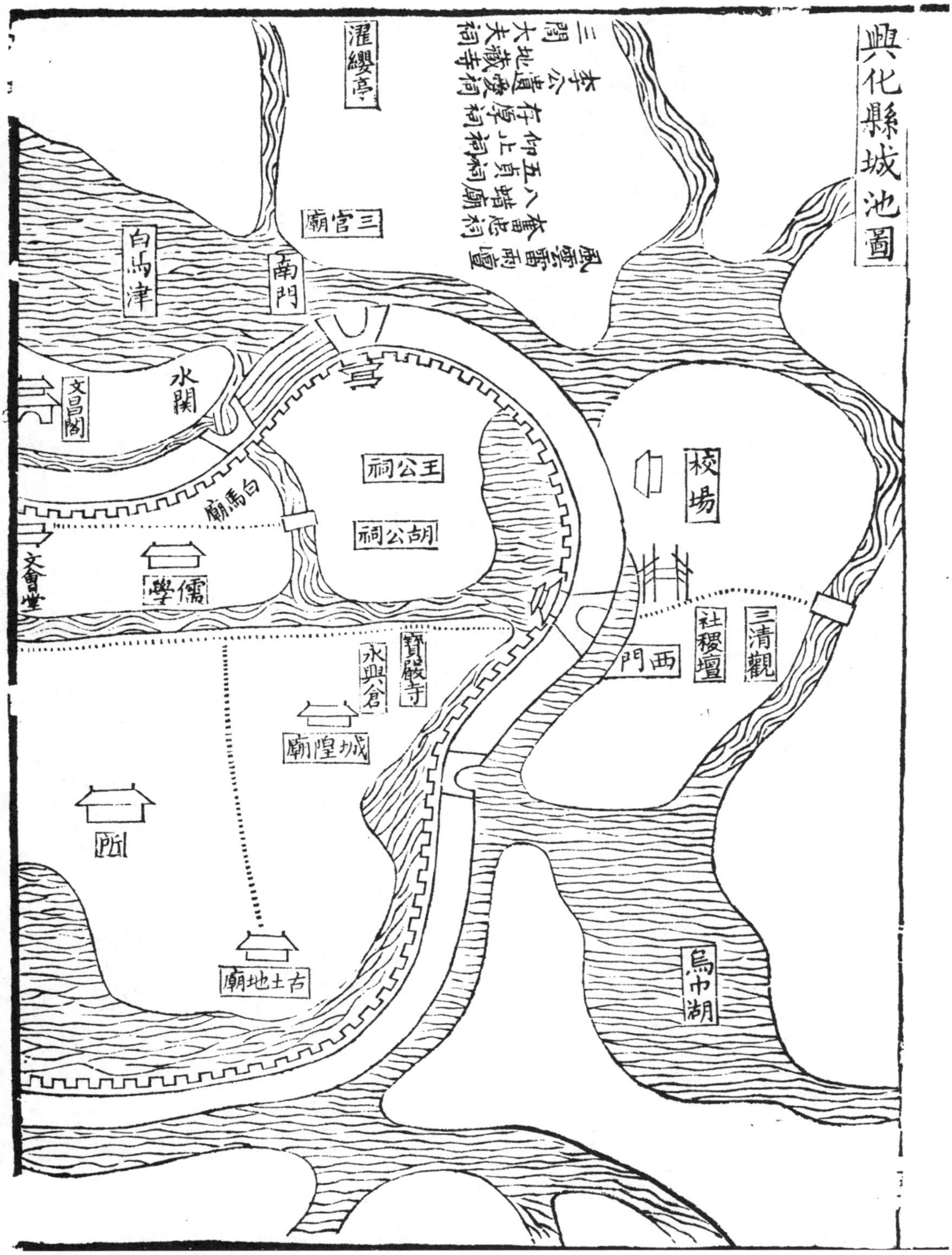
興化縣城池圖
三閭大夫祠
地藏寺
李公遺愛祠
存厚祠
仰止祠
五貞祠
八蜡廟
奮忠祠
風雲雷雨壇
濯纓亭
三官廟
南門
白馬津
水關
文昌閣
王公祠
胡公祠
白馬廟
文會堂
儒學
校場
社稷壇
三清觀
西門
寶嚴寺
永興倉
城隍廟
所
古土地廟
烏巾湖

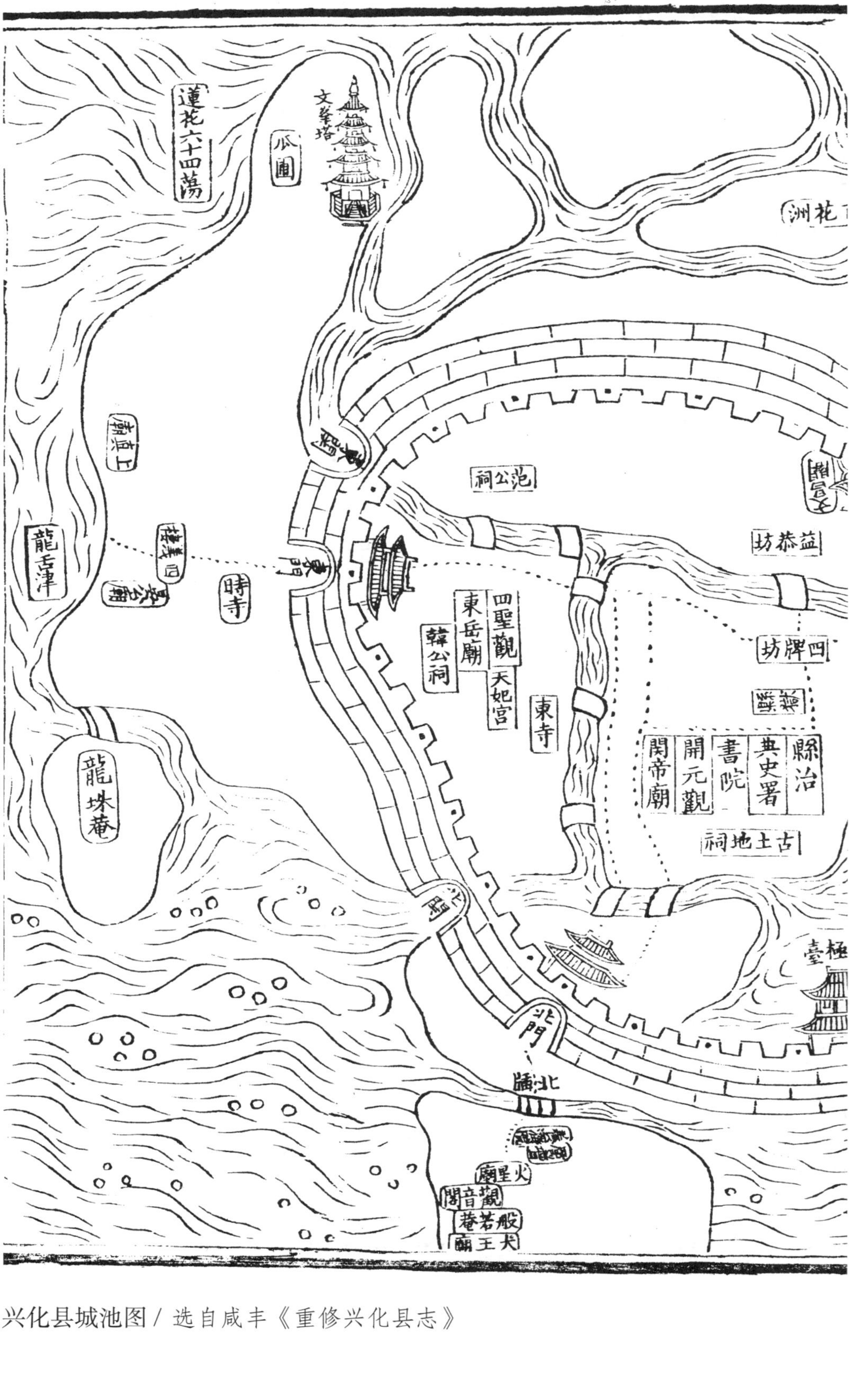

兴化县城池图 / 选自咸丰《重修兴化县志》

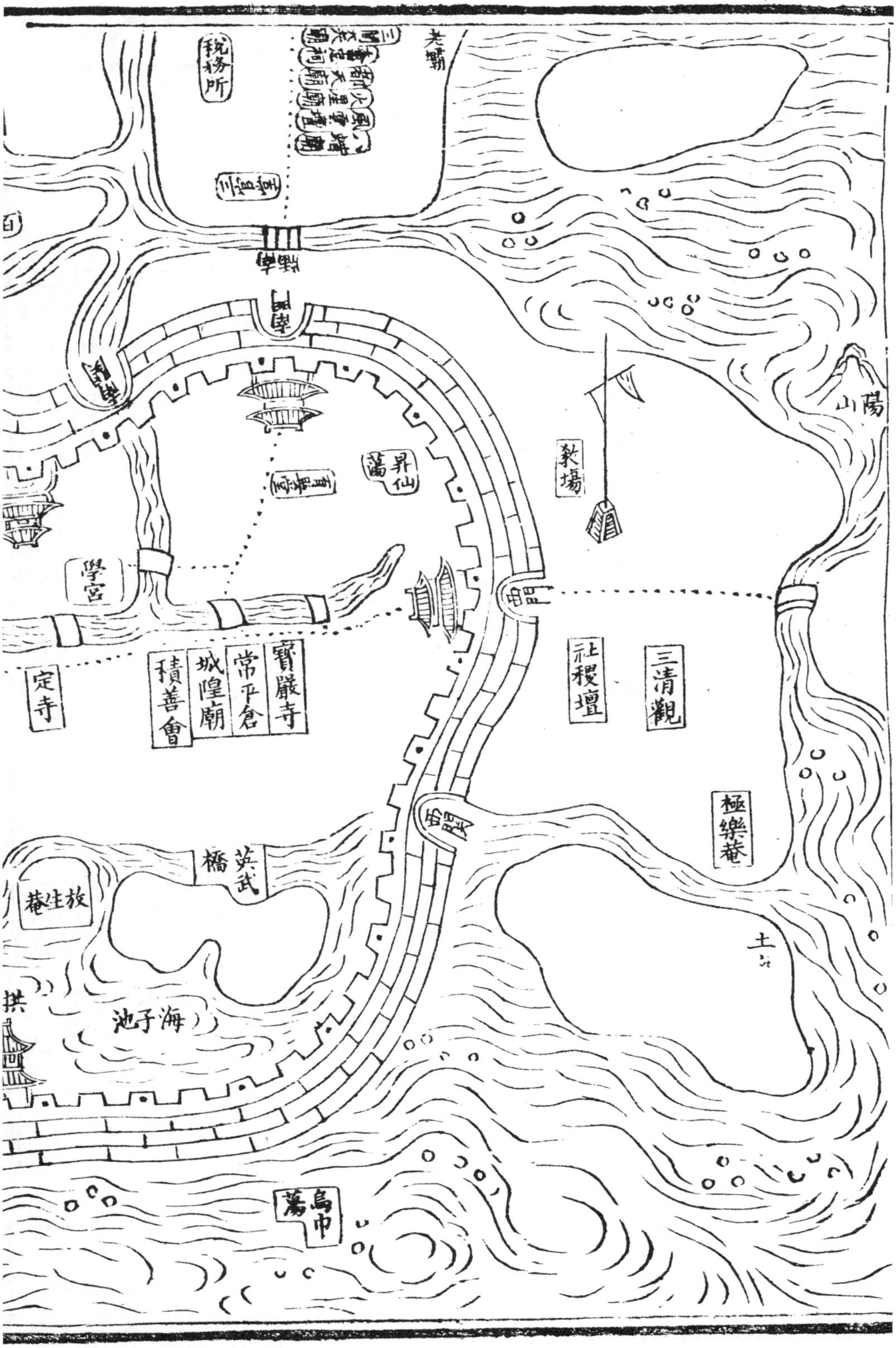
税務所
教場
陽山
昇仙蕩
學宮
定寺
寶嚴寺
常平倉
城隍廟
積善會
社稷壇
三清觀
極樂菴
英武橋
放生菴
海子池
烏巾蕩

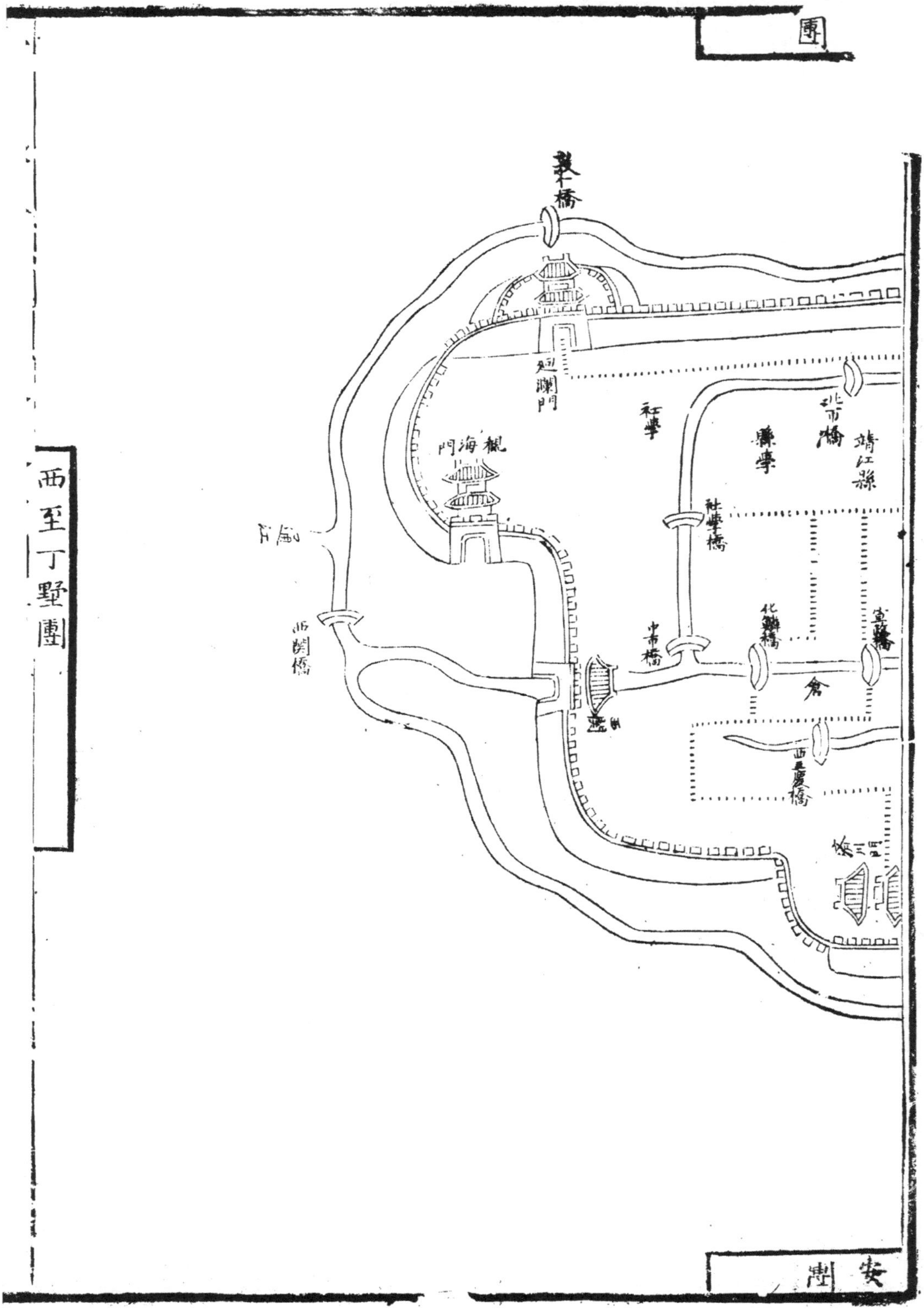

靖江县城图 / 选自康熙《靖江县志》

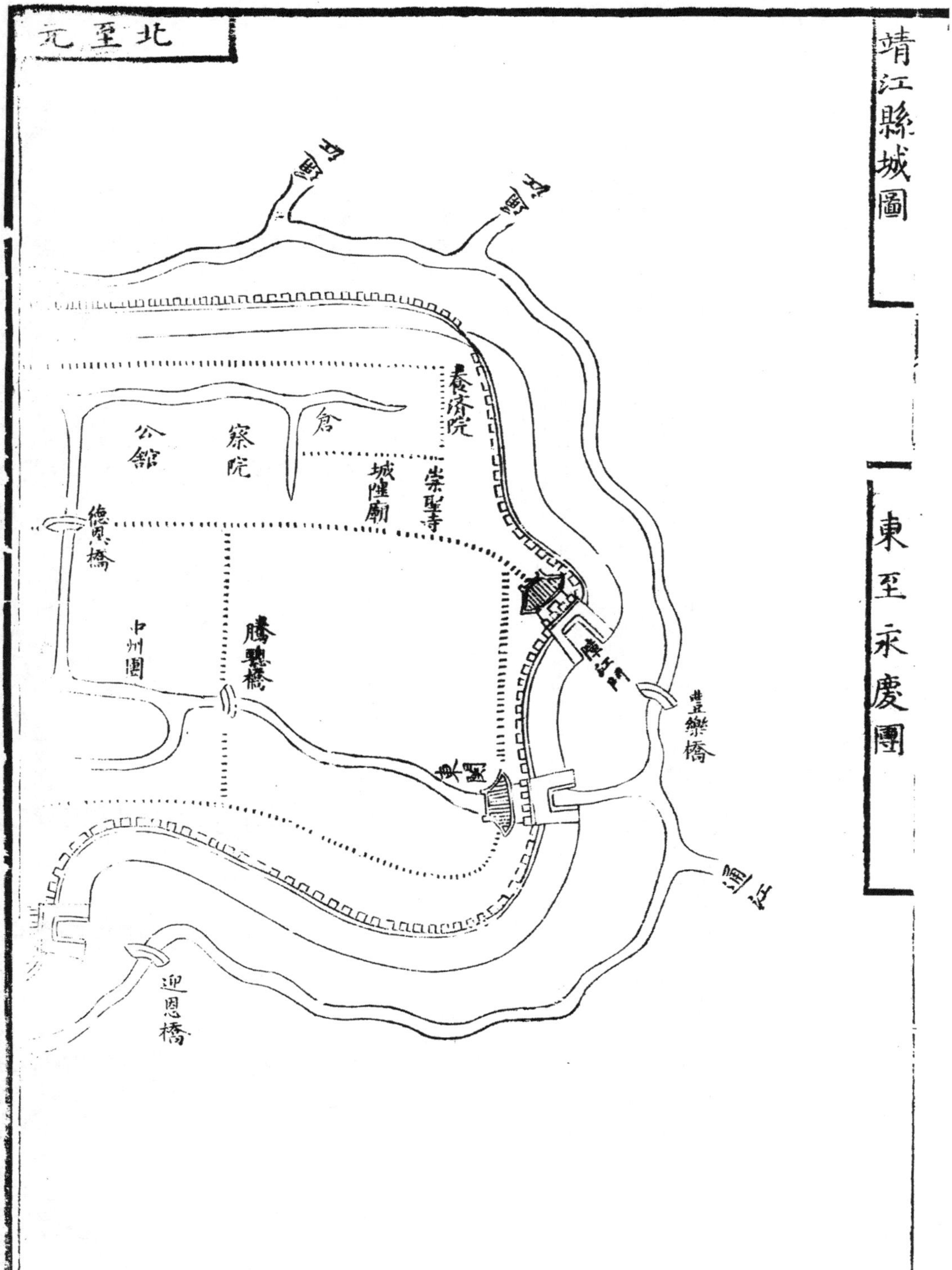

靖江縣城圖
北至
東至永慶團
南至
春濟院
倉
公館
察院
城隍廟
崇聖寺
中州園
東門
豐樂橋
通江
迎恩橋

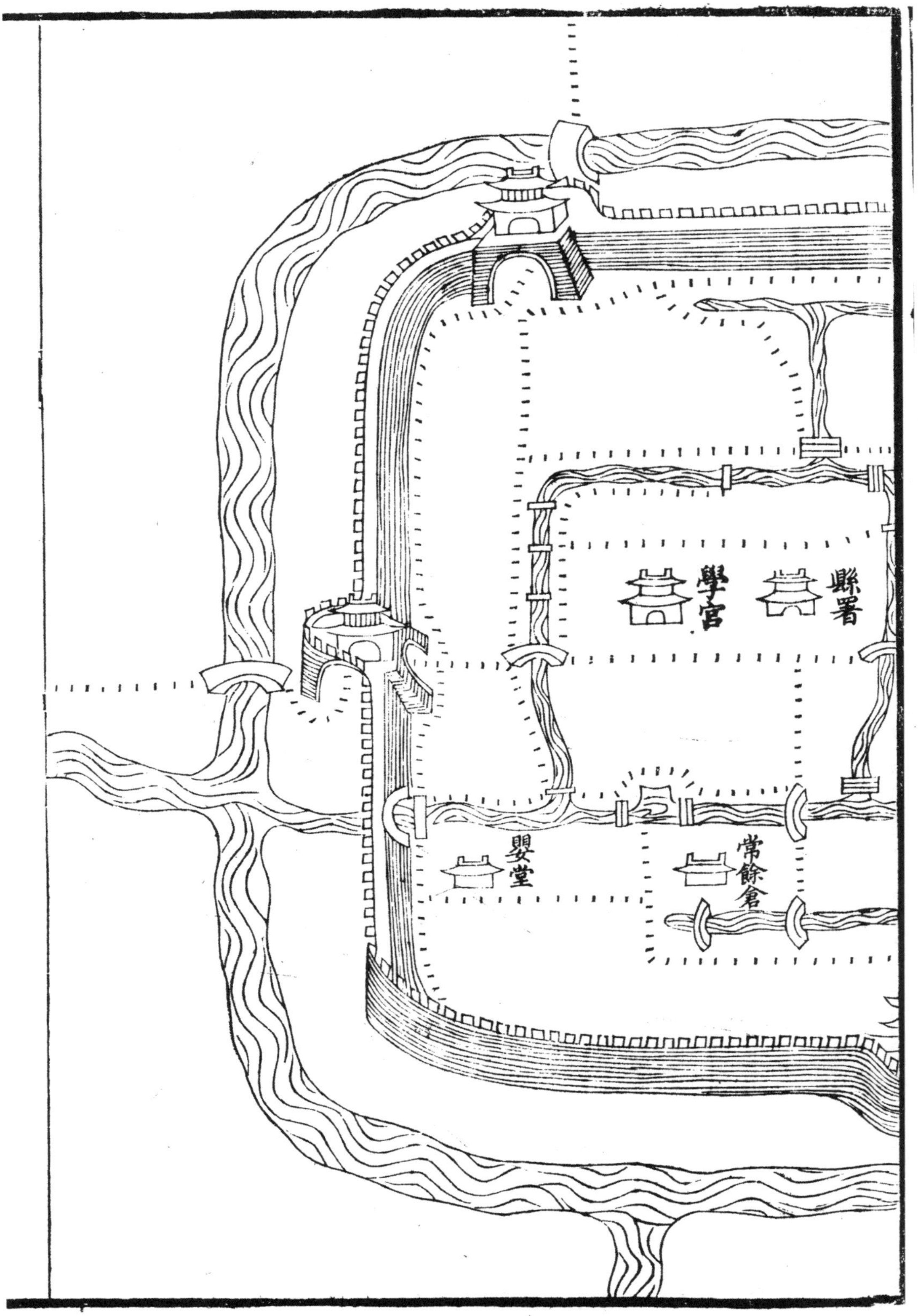

靖江县城图 / 选自光绪《靖江县志》

縣城圖

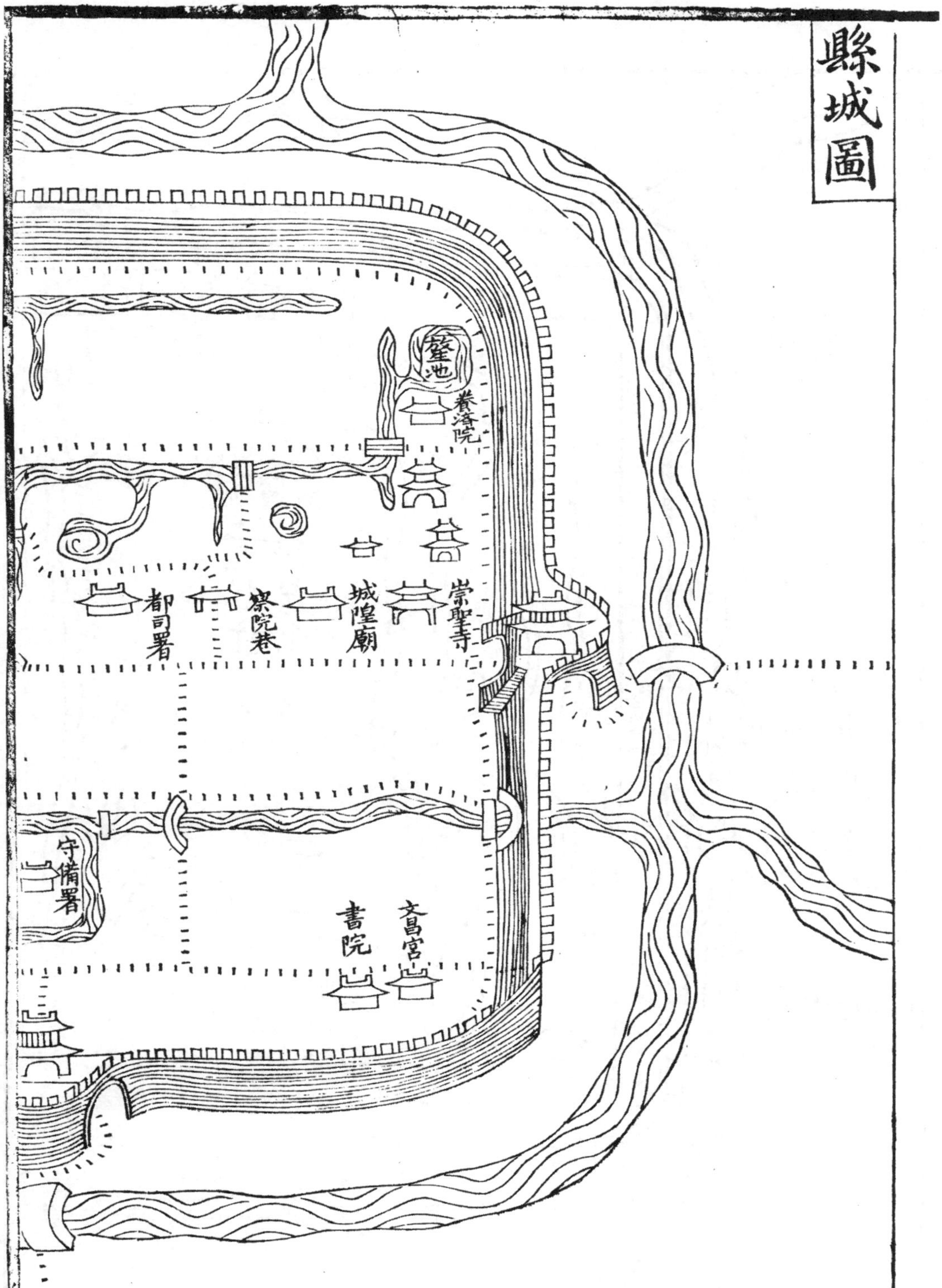
養濟院
崇聖寺
城隍廟
察院巷
都司署
守備署
文昌宮
書院

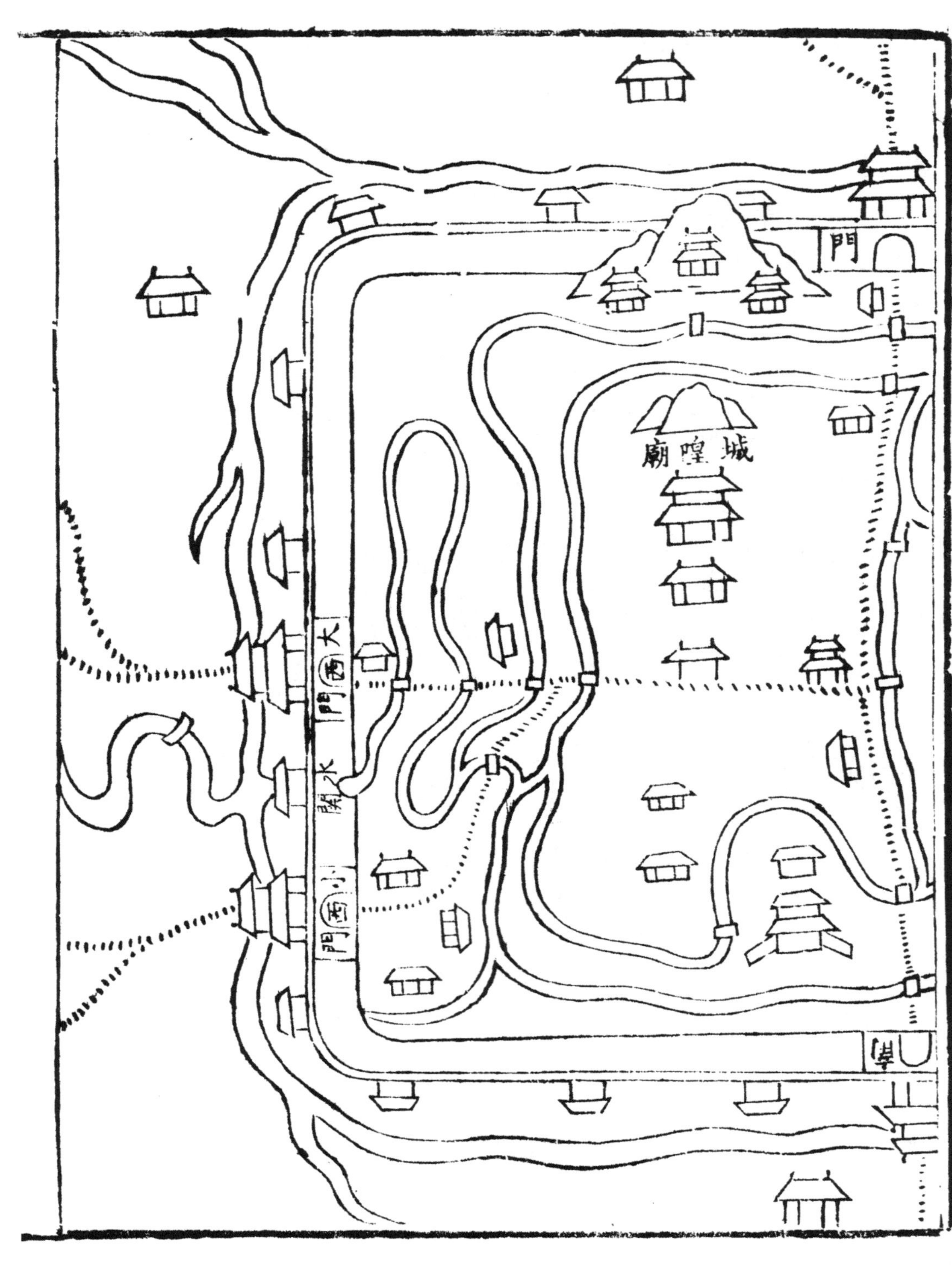

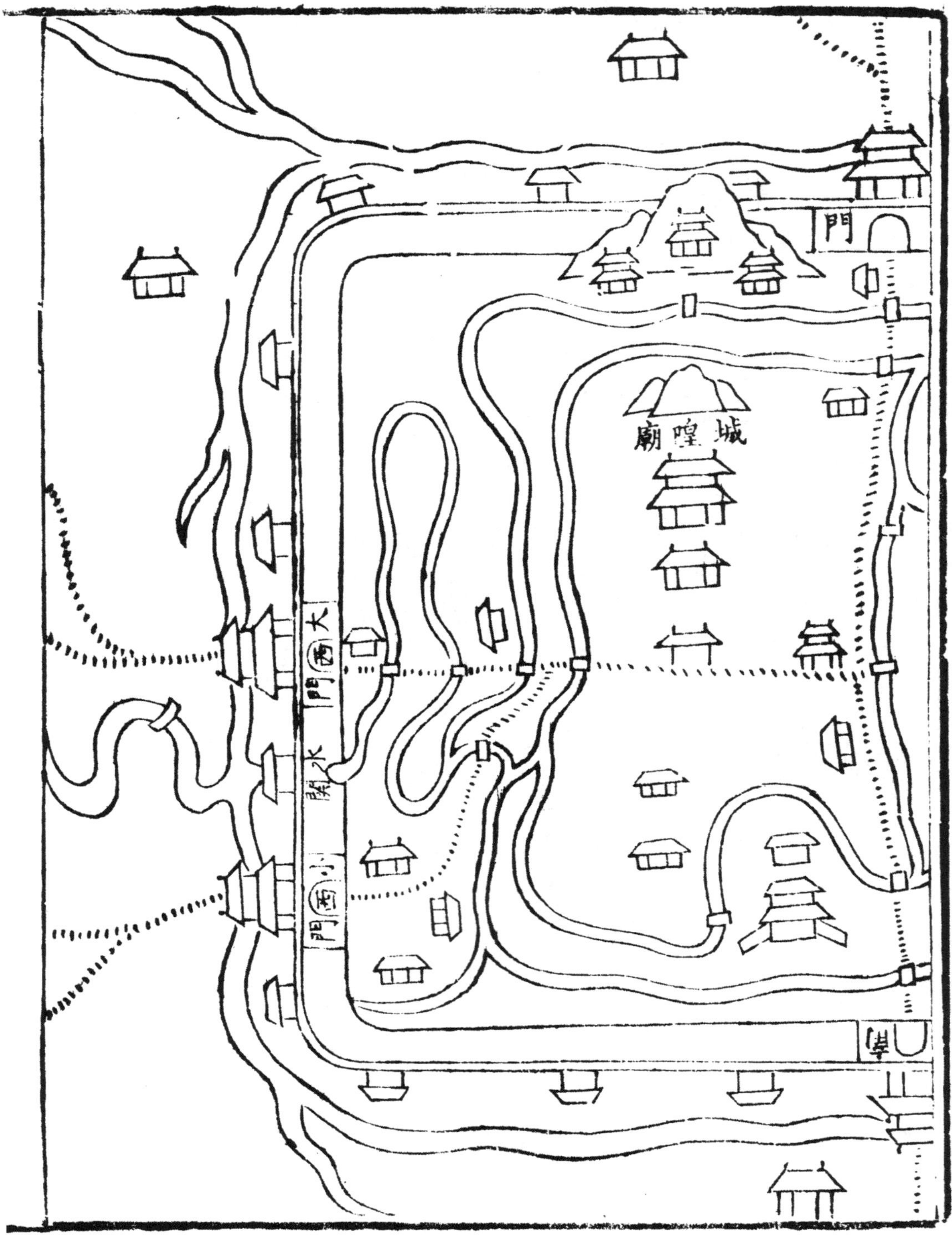

泰兴县城新图 / 选自乾隆《直隶通州志》

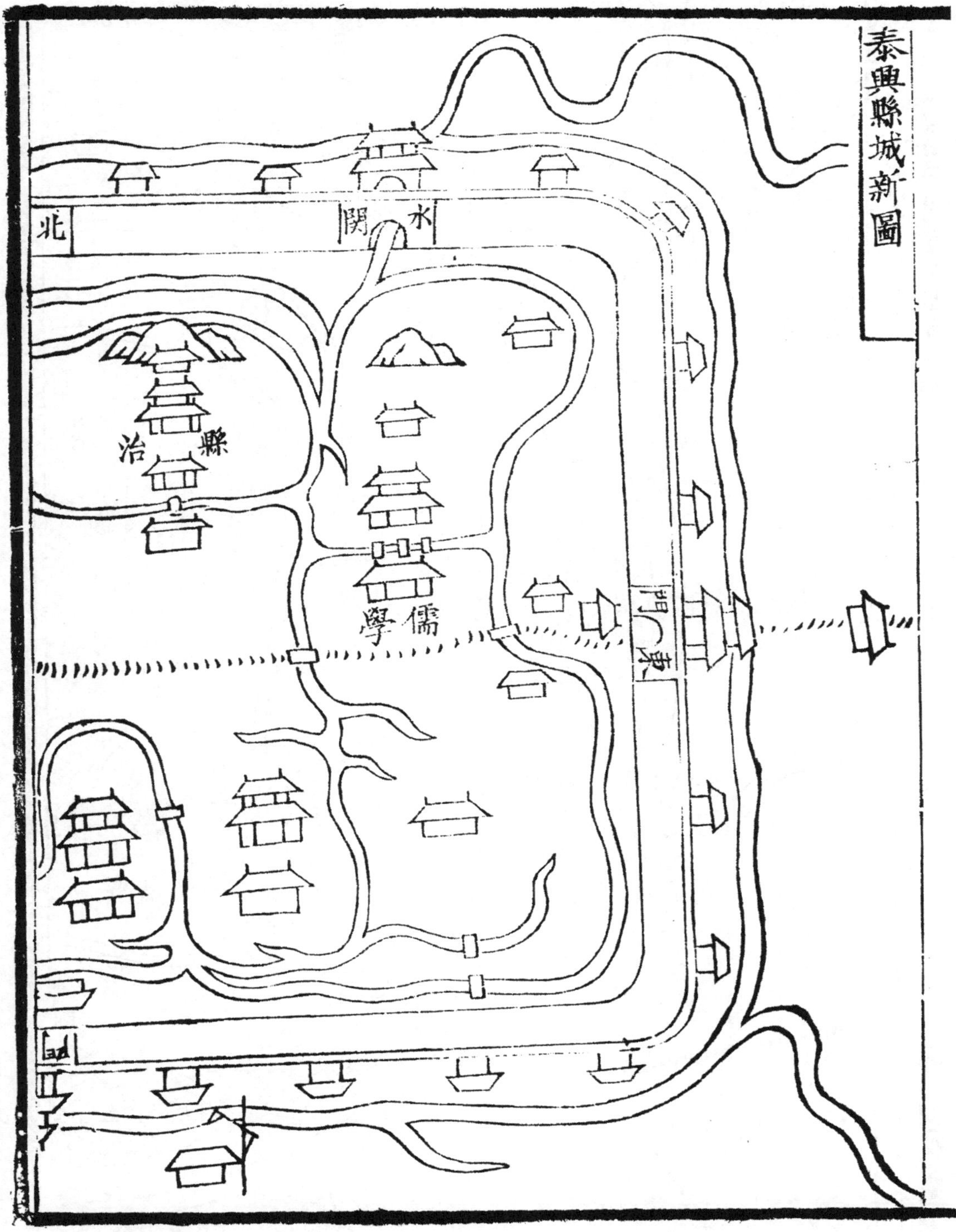
泰興縣城新圖
北
水關
縣治
儒學
東門

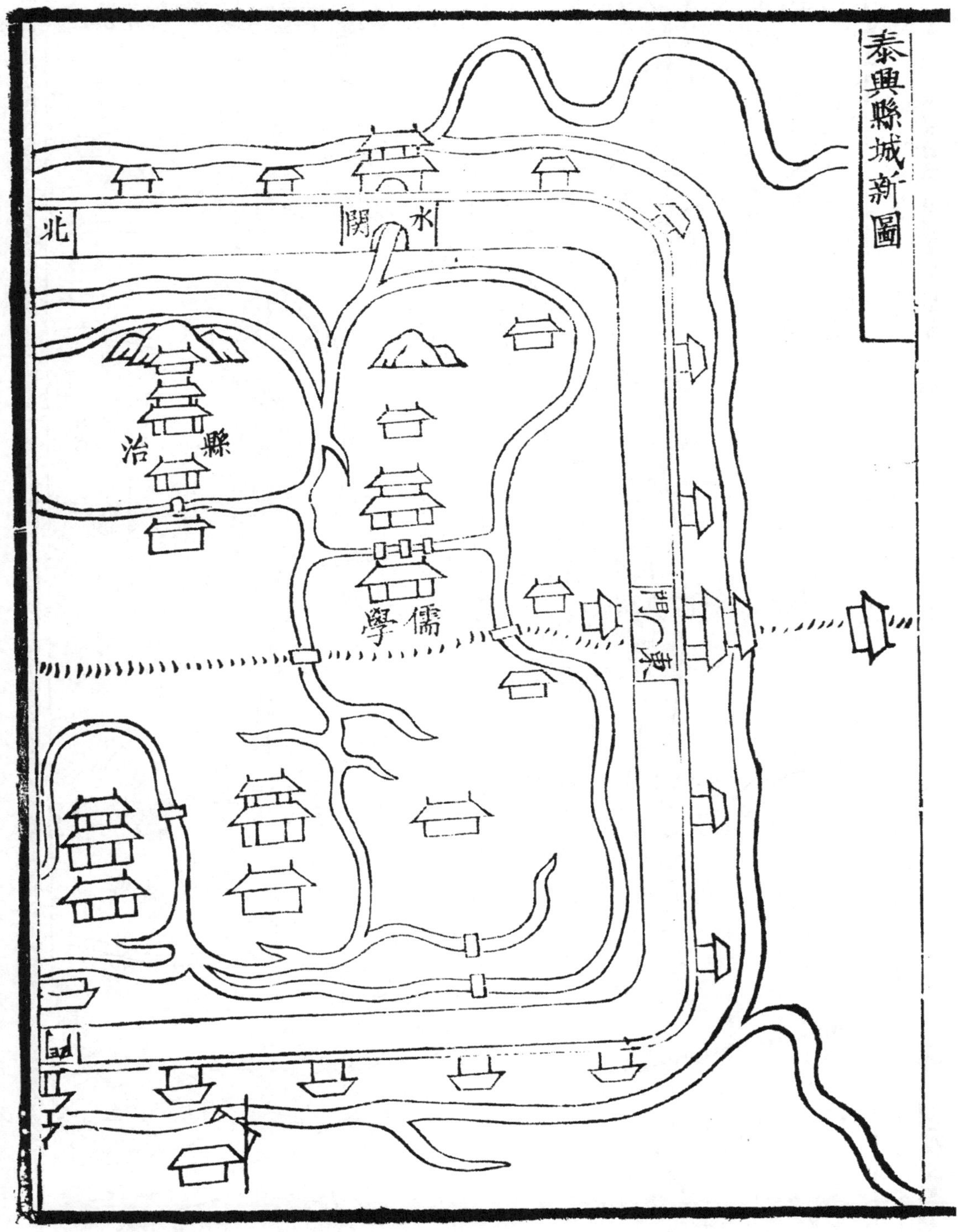

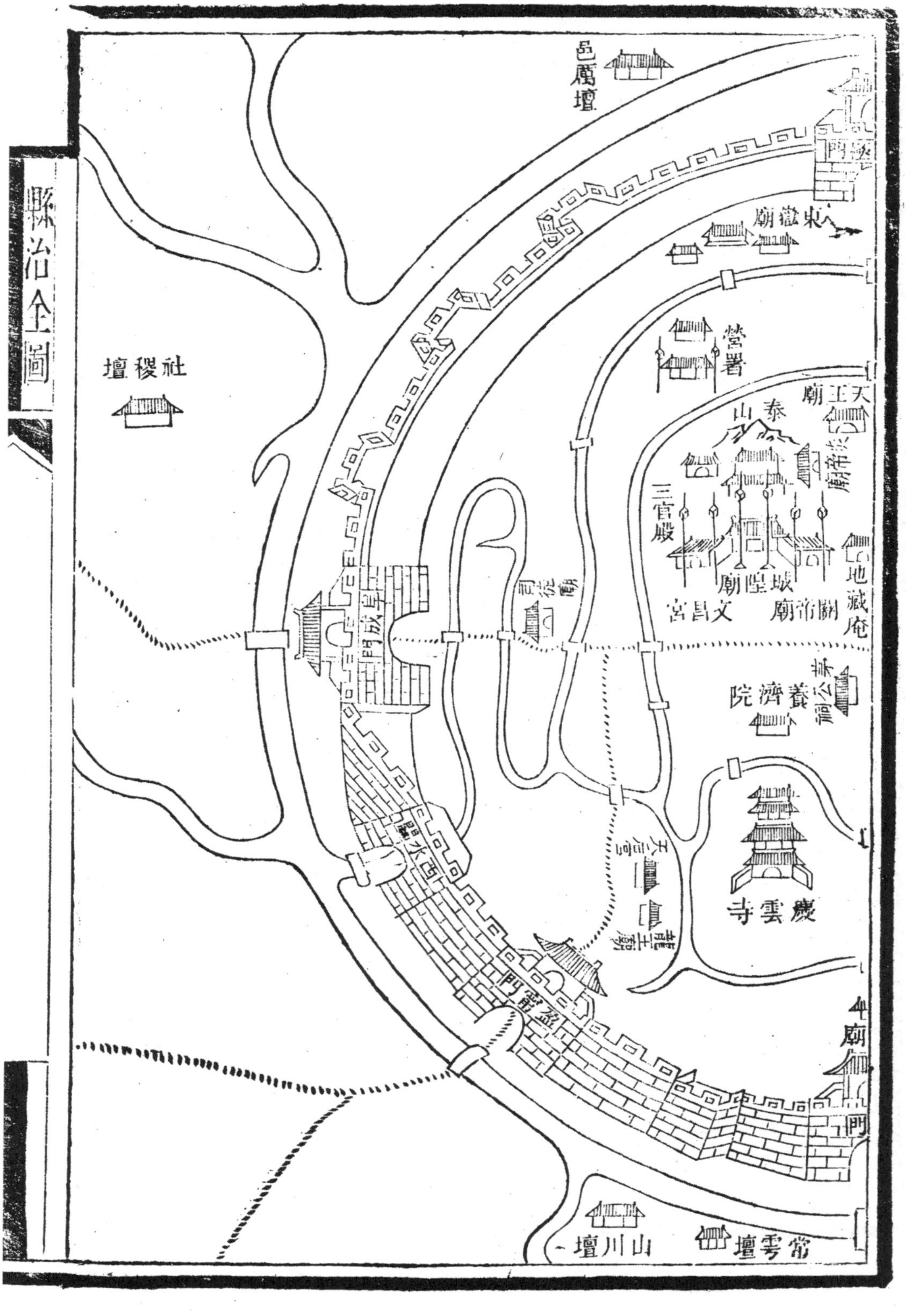

泰兴县治全图 / 选自光绪《泰兴县志》

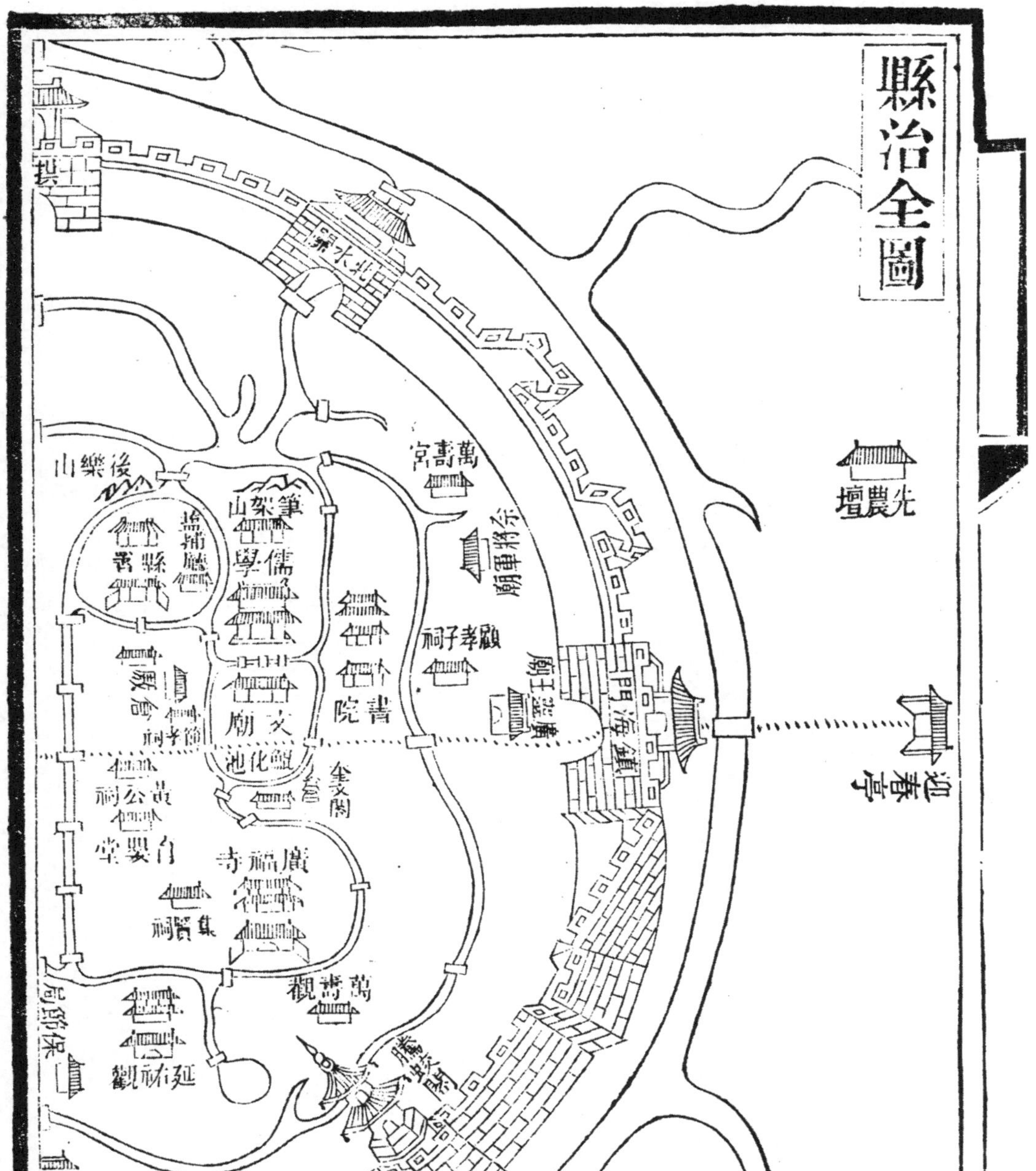
縣治全圖
先農壇
迎春亭
鎮海門
北水關
萬壽宮
顧孝子祠
書院
文廟
儒學
筆架山
後樂山
縣署
節孝祠
黄公祠
育嬰堂
廣福寺
集賢祠
萬壽觀
延祐觀
關帝
澄江
演武場

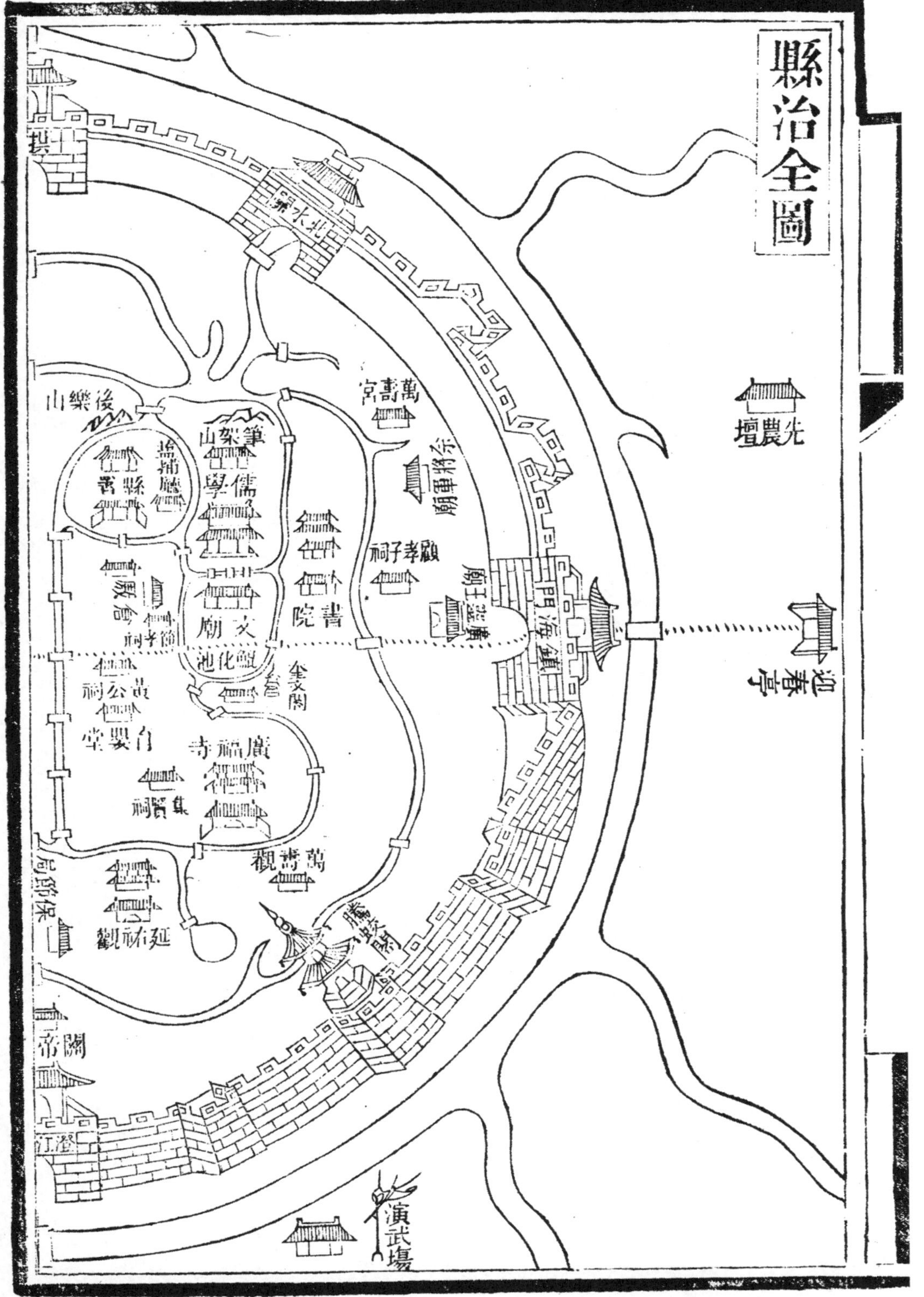

南通

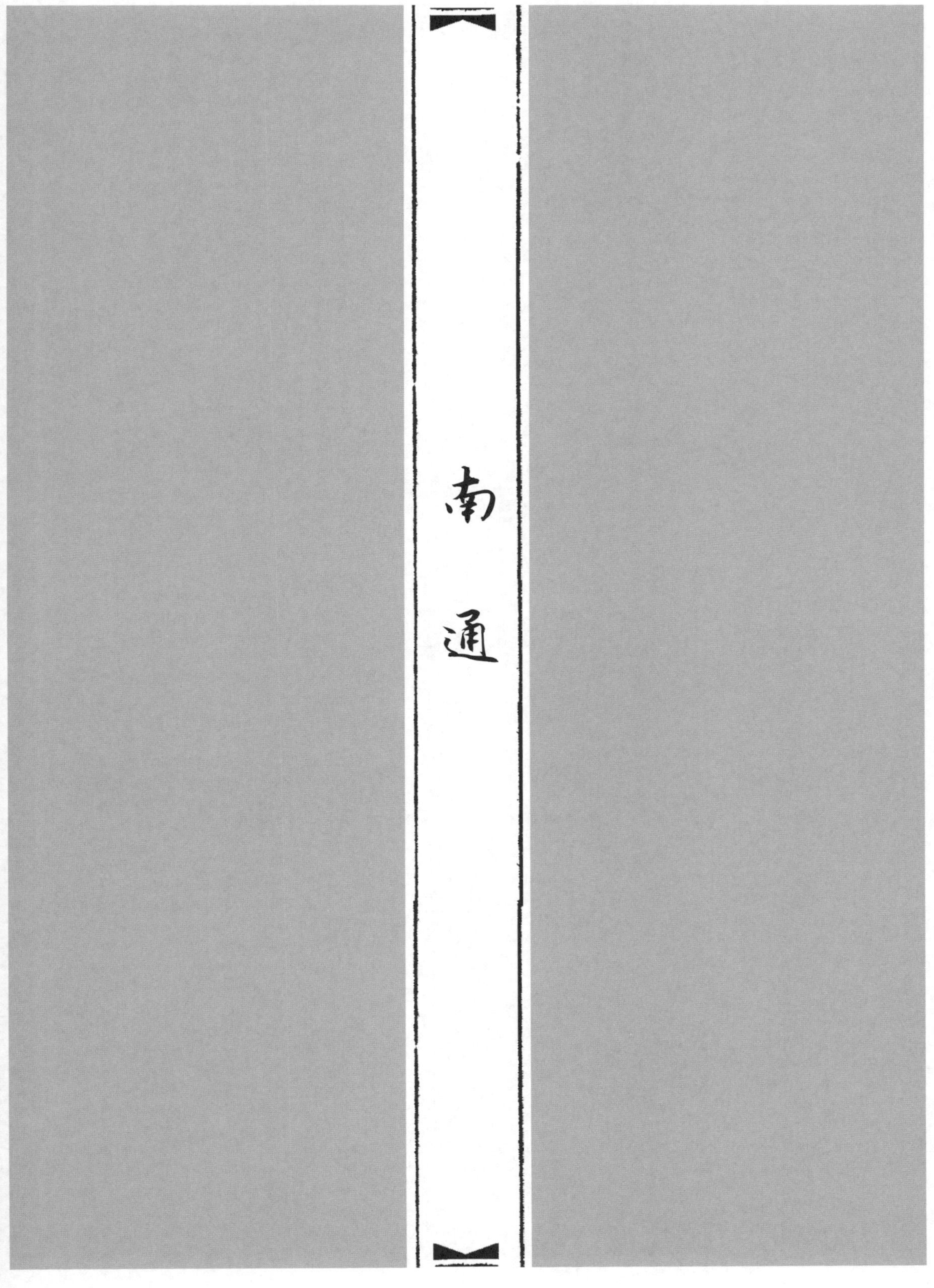

汉、晋、唐，本海陵县东境地。五代南唐，置静海都镇制置院。周，改静海军，寻置通州，领海门县，以僻在海隅名。宋，改崇州，寻复为通州，领静海、海门二县。元，升通州路，后复为州，属扬州路，领县如故。明，仍为州，属扬州府，省静海，领崇明、海门二县。洪武初，割崇明属苏州府，州领县一。今上皇帝康熙十一年，以海门县城被海潮冲圮，废为海门乡，其编户一十四里，归并通州，共编户九十一里。

康熙《江南通志》卷第二《建置沿革》

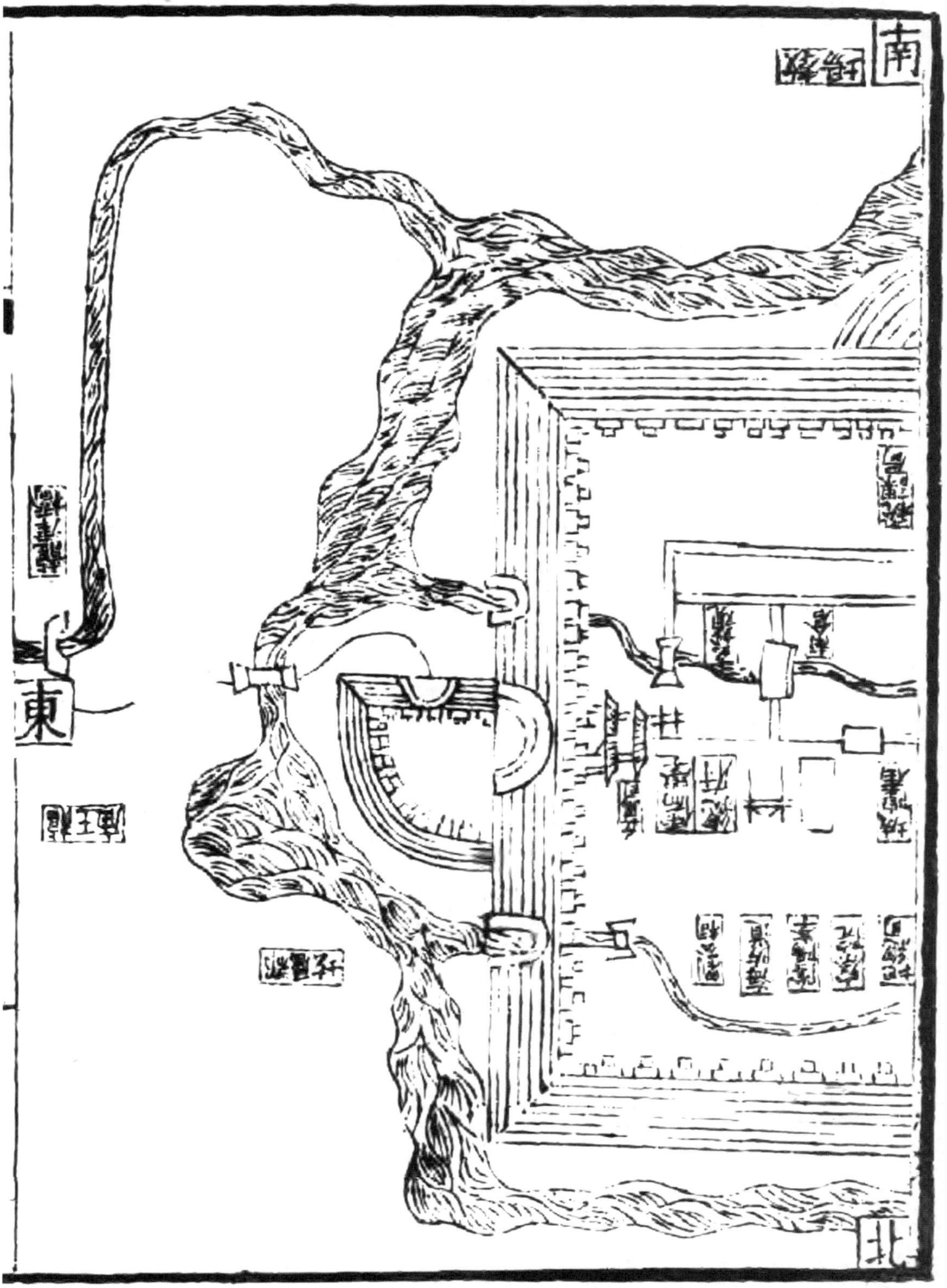

通州治图 / 选自万历《通州志》

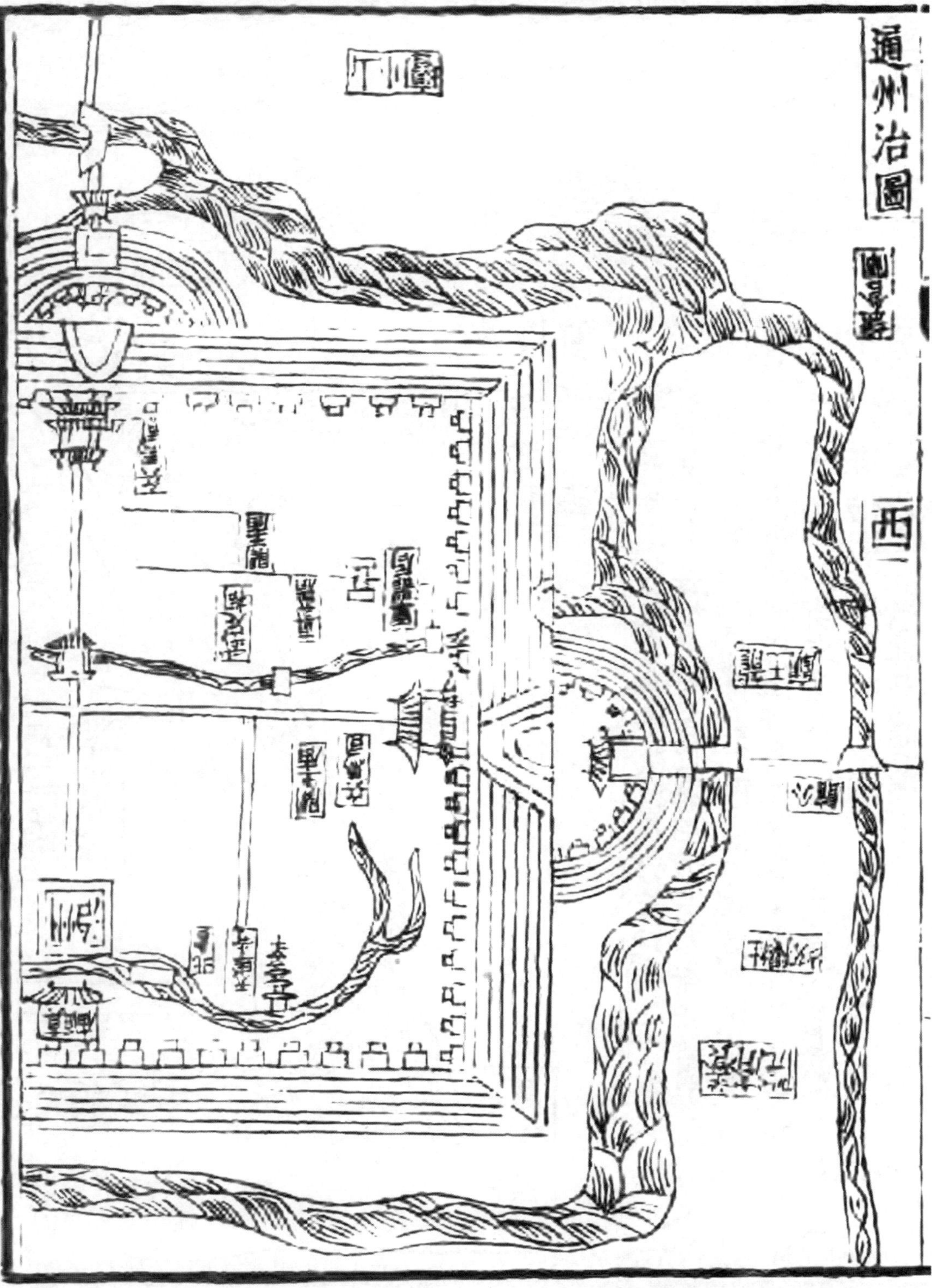
通州治圖
西

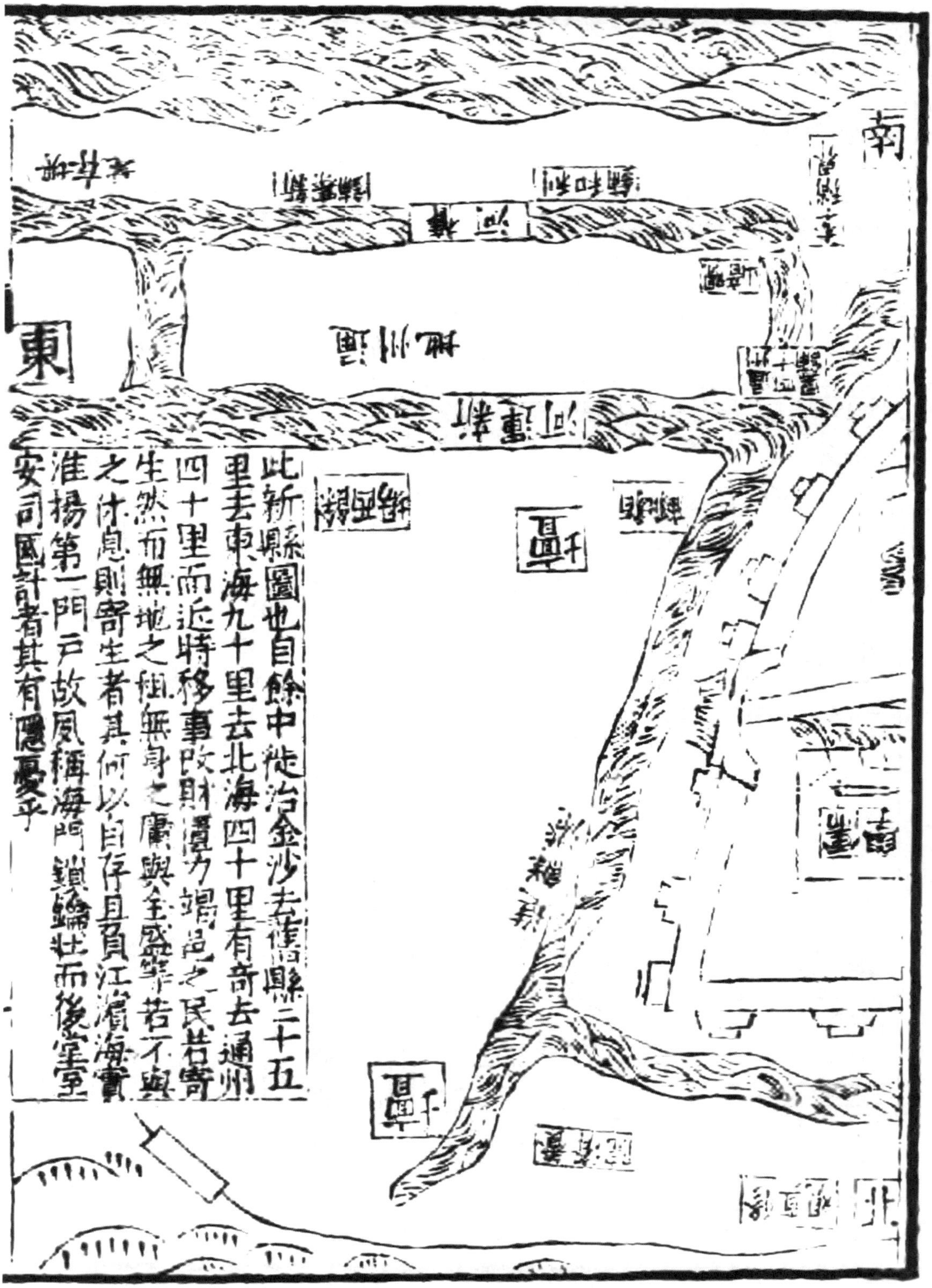
此新縣圖也自餘中徙治金沙去舊縣二十五
里去東海九十里去北海四十里有奇去通州
四十里而近特移事改財匱力竭邑之民若寄
生然而無地之租無身之庸與全盛等若不與
之休息則寄生者其何以自存且負江濱海實
淮揚第一門户故夙稱海門鎖鑰壯而後室
安司國計者其有隱憂乎

海门新县图 / 选自万历《通州志》

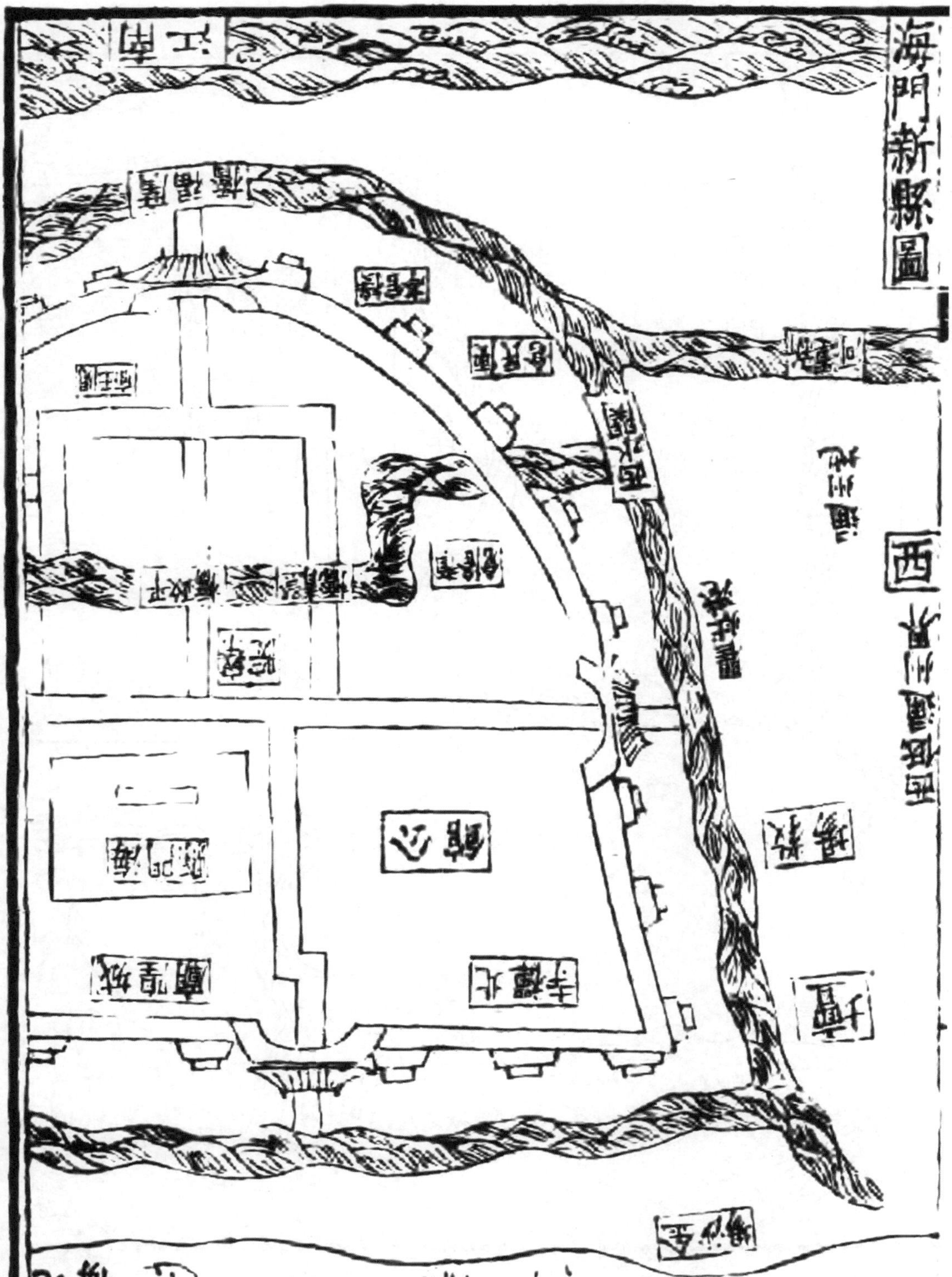
海門新縣圖

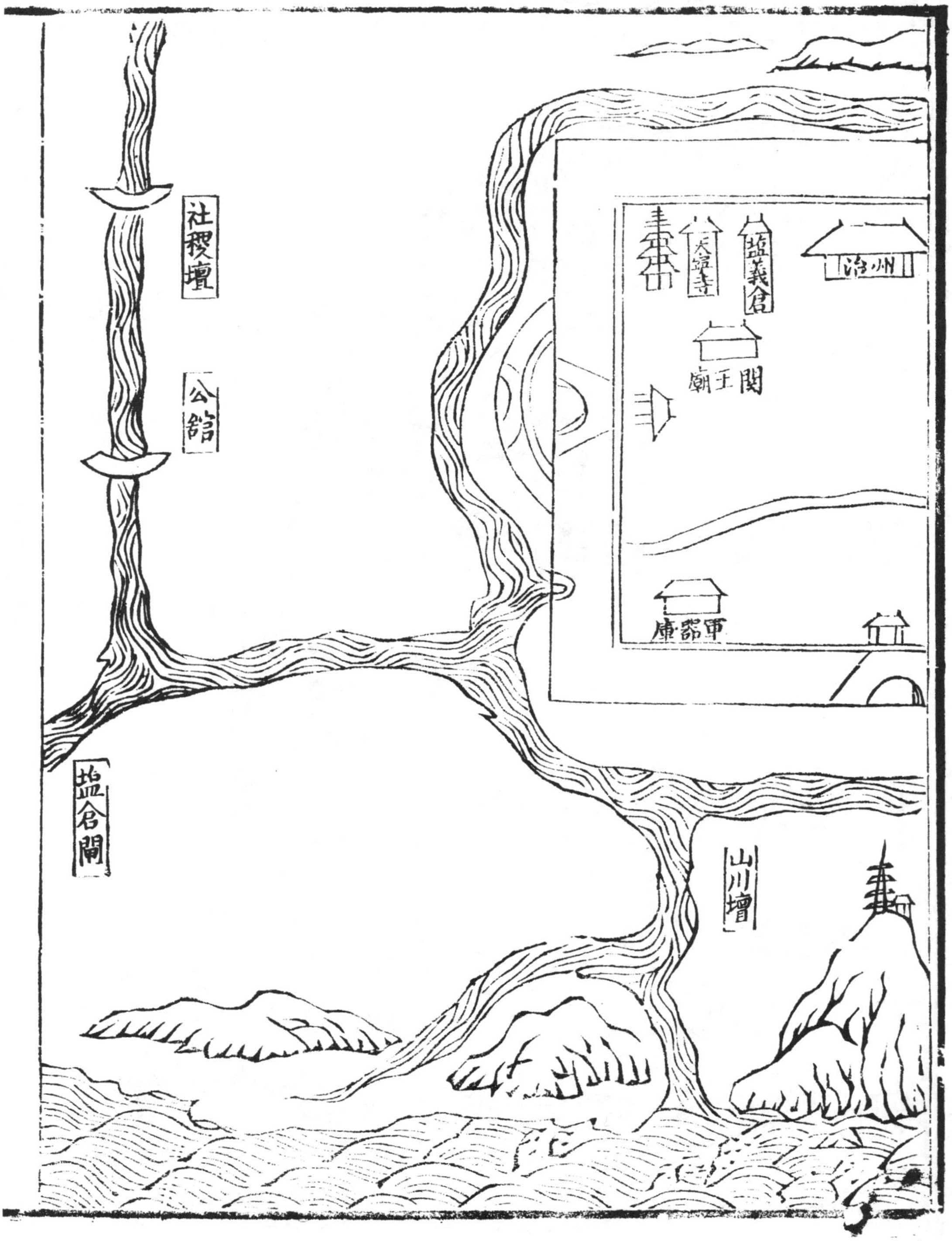

通州州治旧图 / 选自乾隆《直隶通州志》

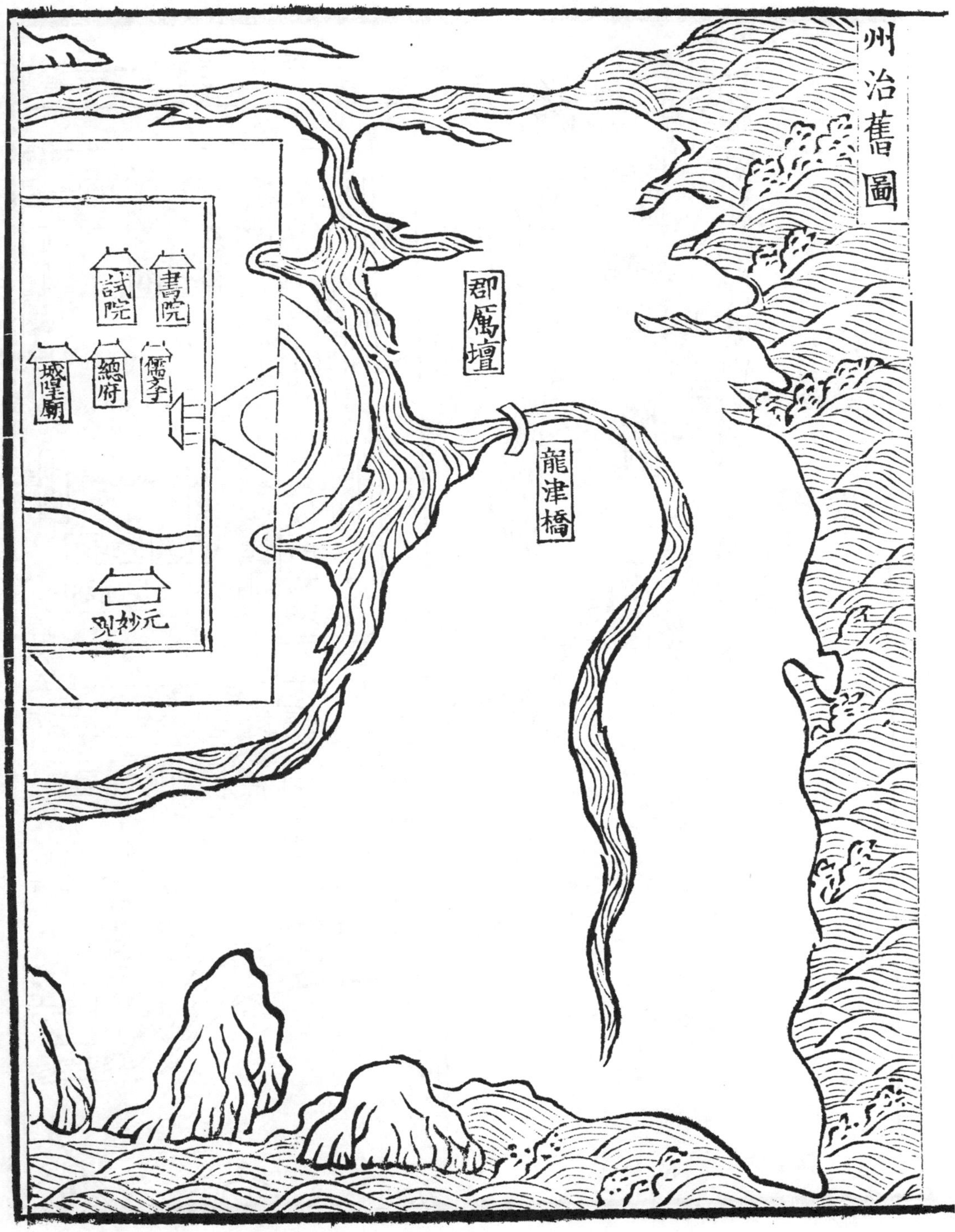
州治舊圖
郡厲壇
龍津橋
書院
試院
總府
儒学
城隍廟
元妙观

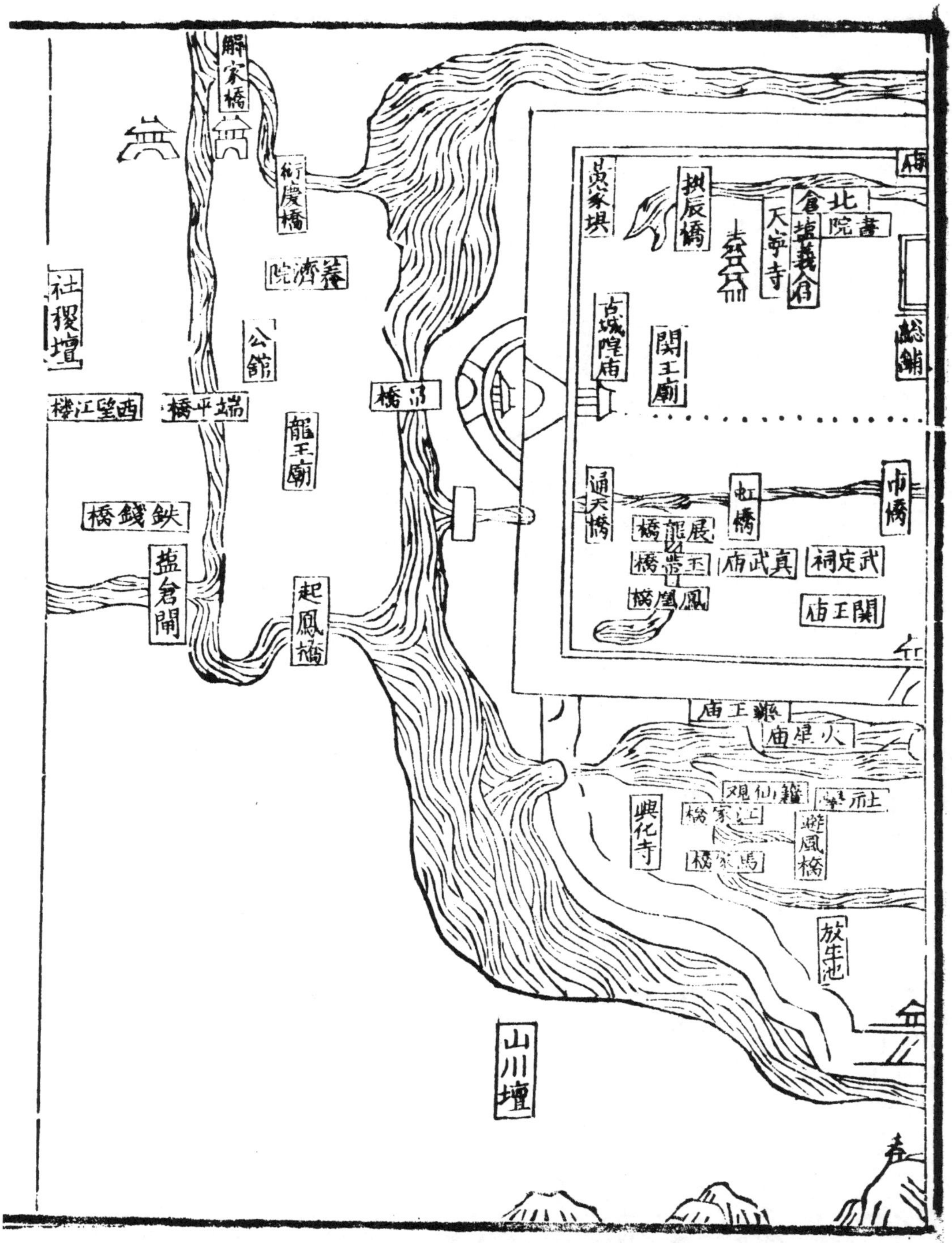

通州州治新图 / 选自乾隆《直隶通州志》

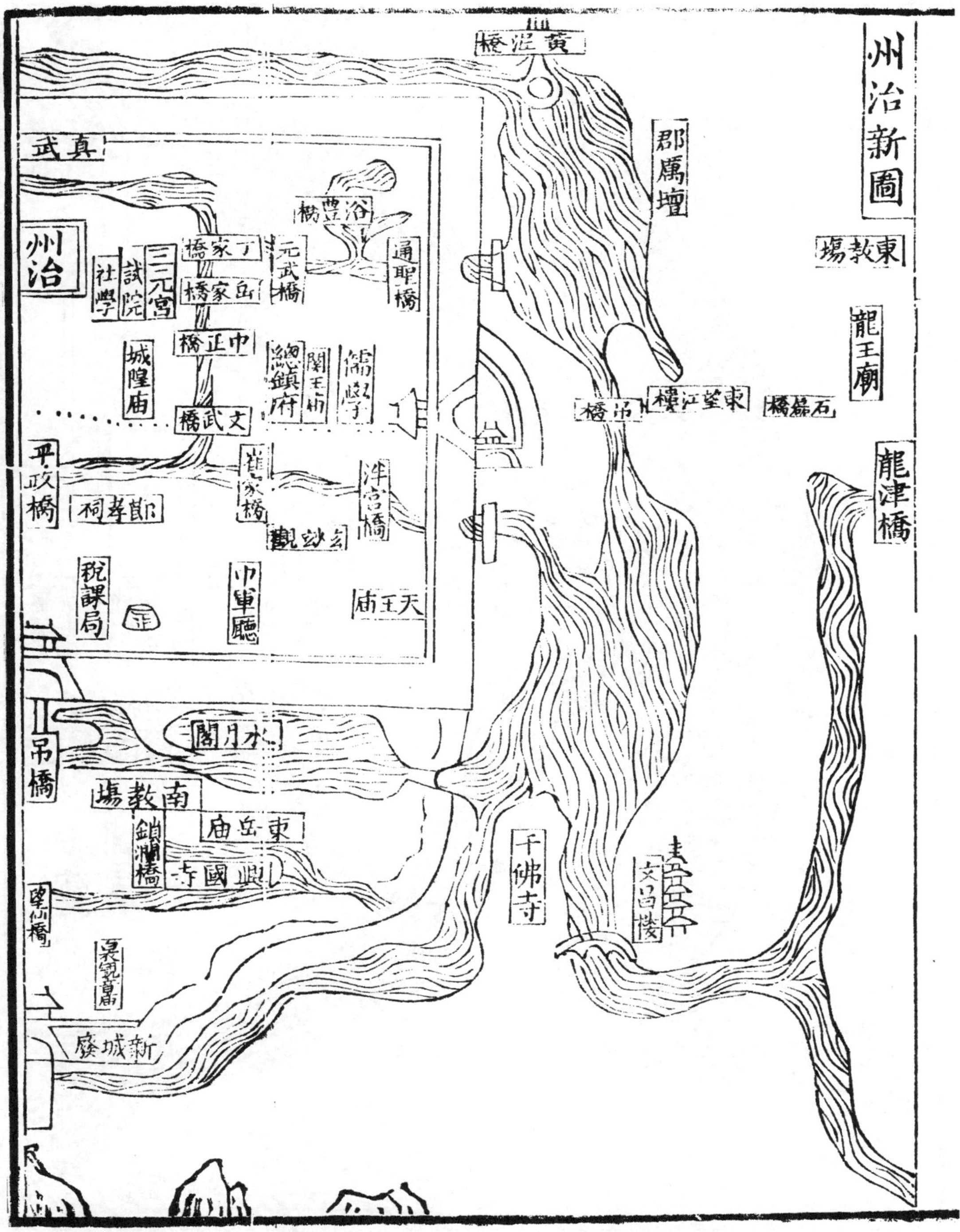
州治新圖
黃泥橋
郡厲壇
東教場
龍王廟
東望江樓
吊橋
龍津橋
真武
州治
丁家橋
岳家橋
中正橋
文武橋
三元宮
試院
社學
城隍廟
浴豊橋
元武橋
通聖橋
總鎮府
關王廟
儒學
平政橋
節孝祠
崔家橋
泮宮橋
玄妙觀
稅課局
中軍廳
天王廟
水月閣
吊橋
南教場
東岳廟
鎖瀾橋
興國寺
千佛寺
文昌樓
望仙橋
新城濠

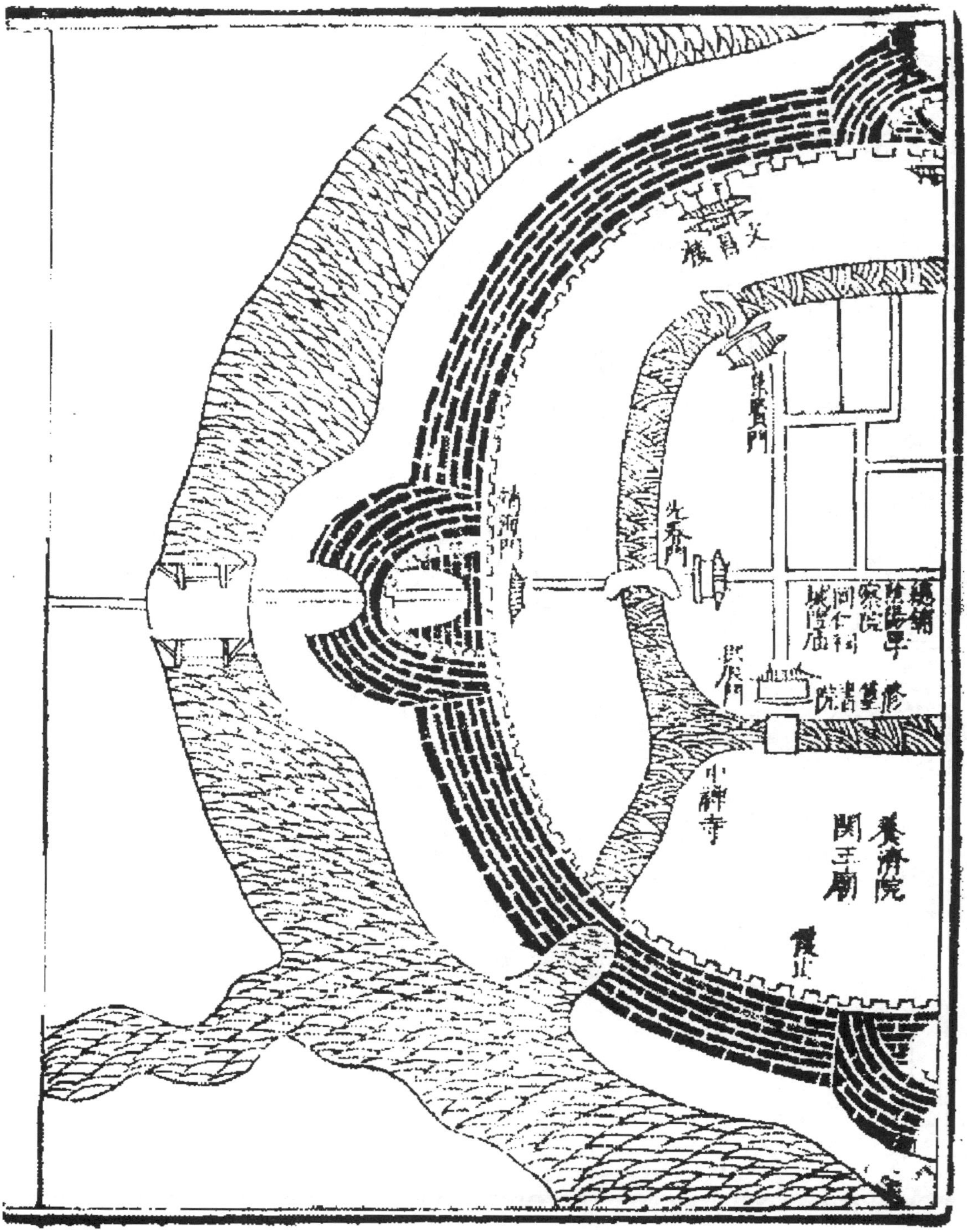

如皋县城池图 / 选自万历《扬州府志》

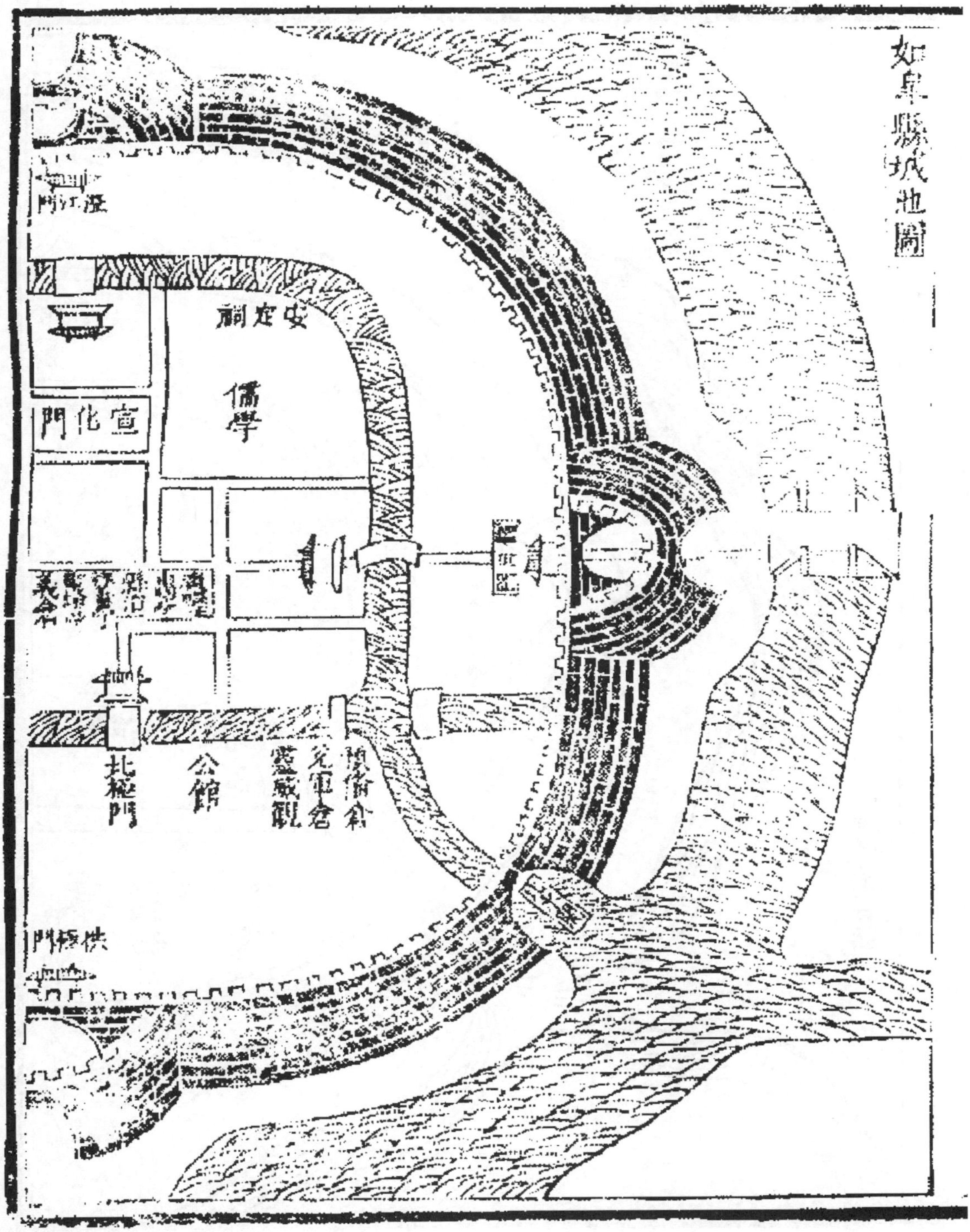
如皋縣城池圖
澄江門
安定祠
儒學
宣化門
北極門
公館
預備倉
充軍倉
靈威觀
拱極門

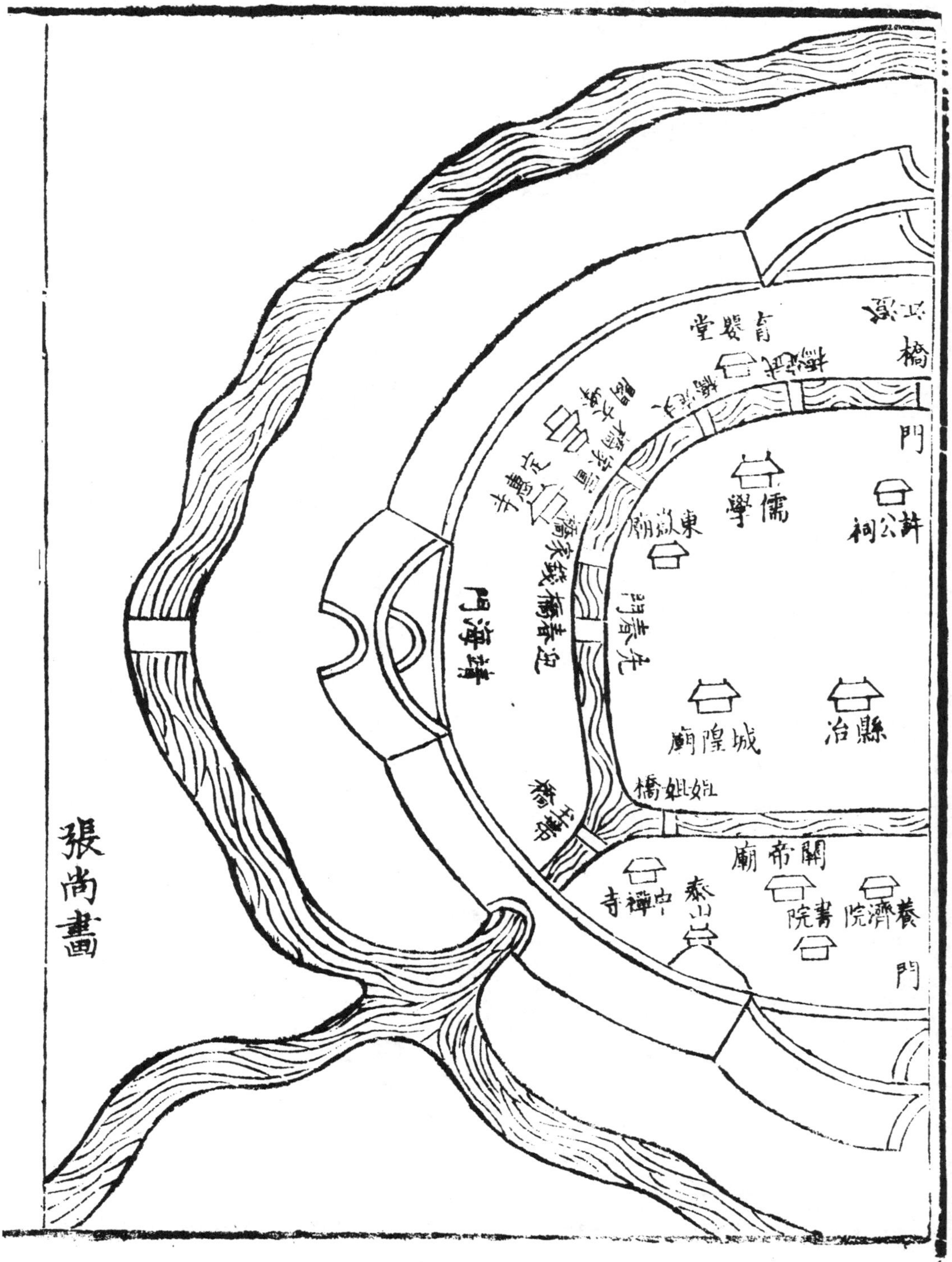

如皋县城池图 / 选自乾隆《直隶通州志》

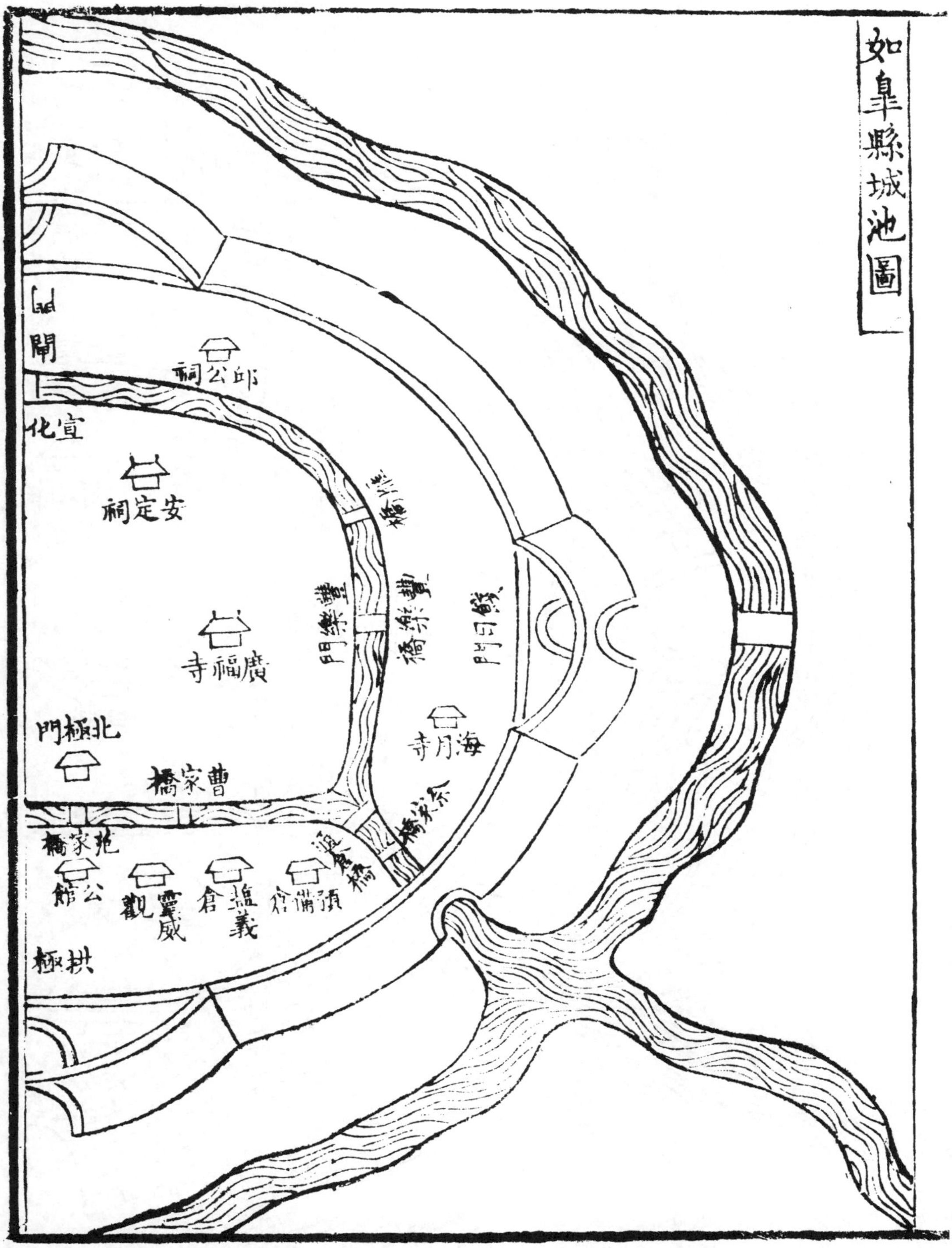
如皋縣城池圖
閘
郎公祠
宣化
安定祠
廣福寺
北極門
曹家橋
海月寺
池家橋
公館
靈威觀
義鹽倉
預備倉
拱極

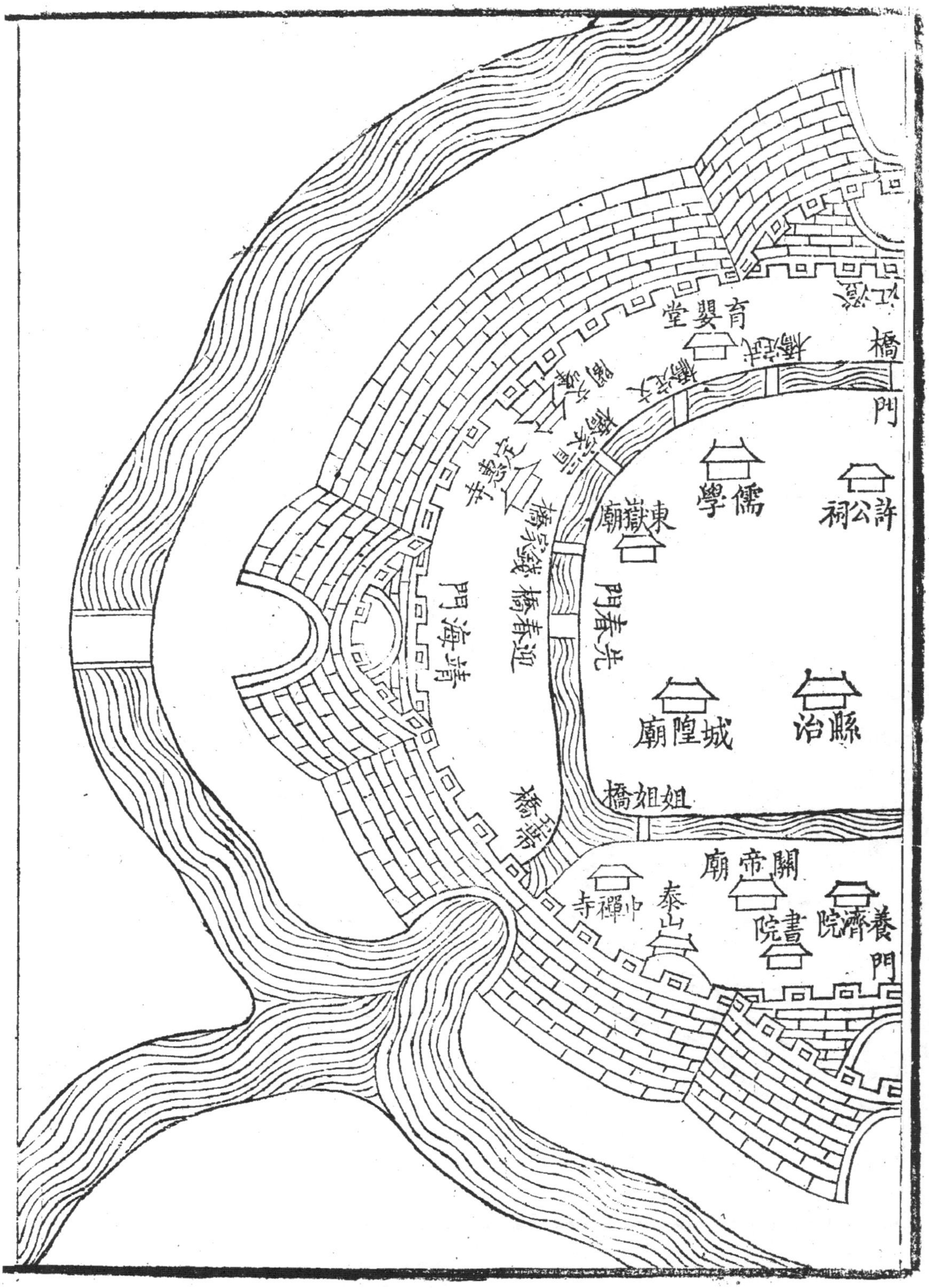

如皋县城池图／选自乾隆《如皋县志》

城池圖

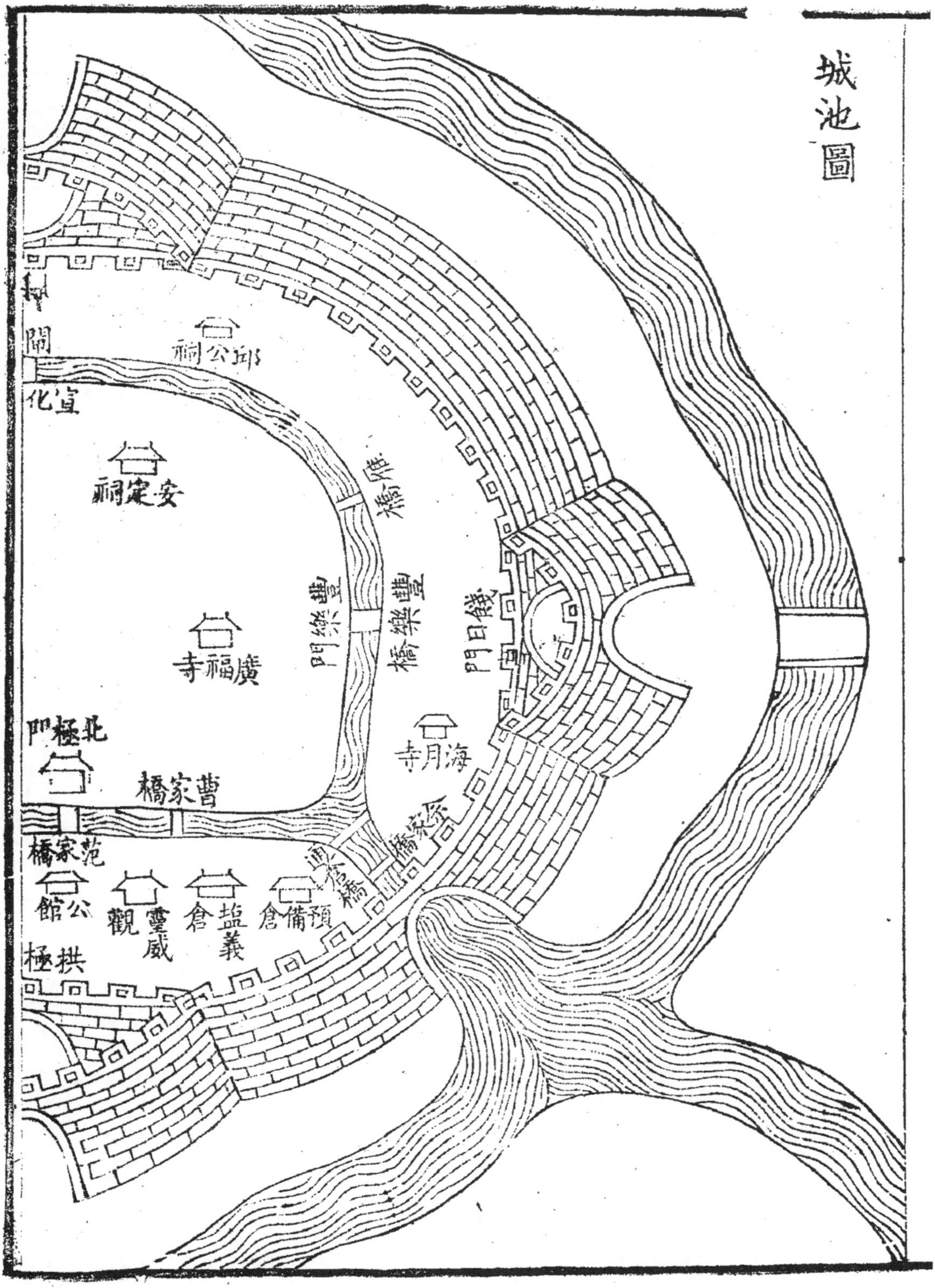

邱公祠
宣化
安定祠
廣福寺
豊樂門
豊樂橋
北極門
曹家橋
海月寺
范家橋
公館
靈威觀
義鹽倉
預備倉
拱極

上海

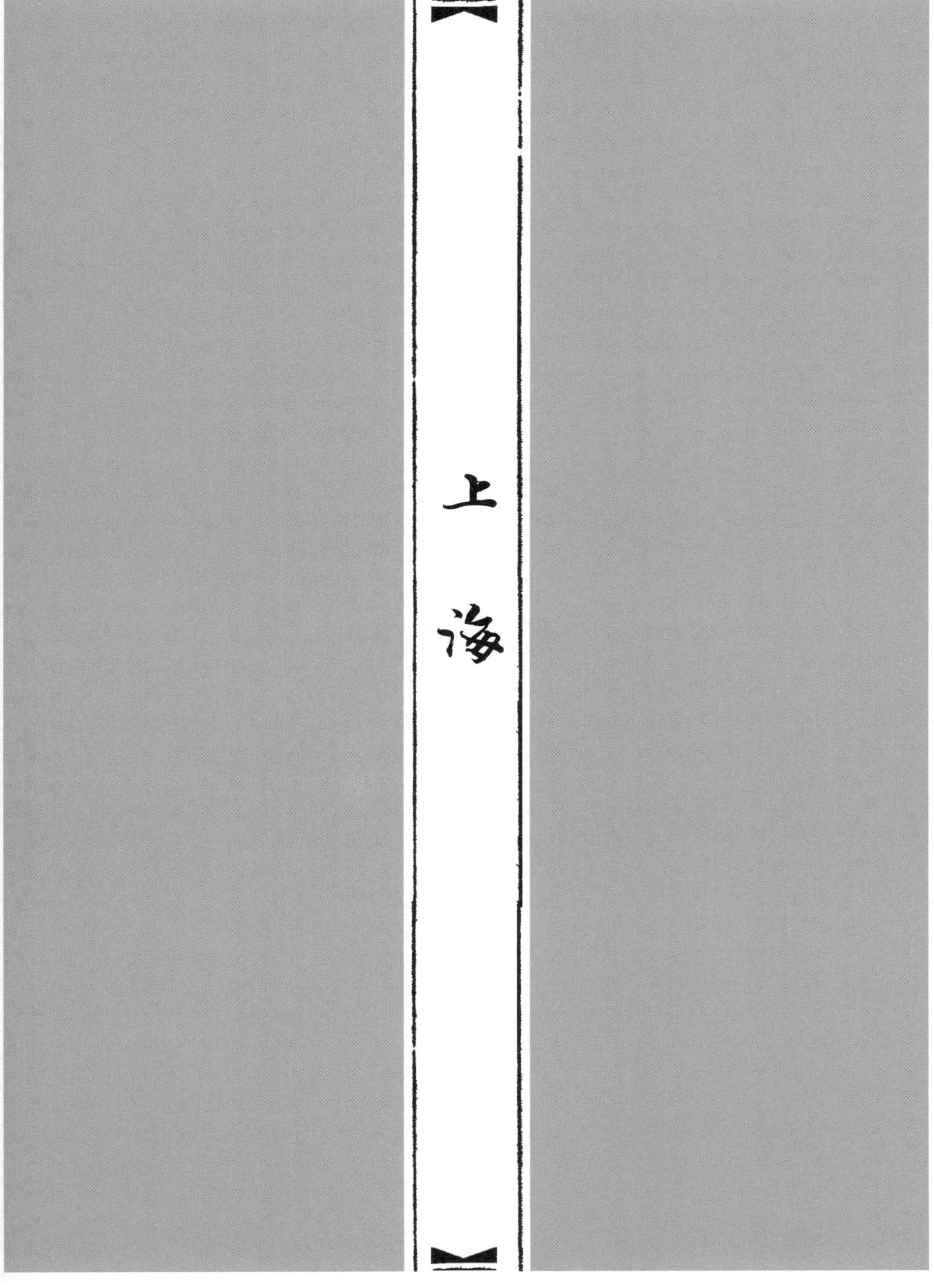

松江府全属图说

从来筹海者以沿海会哨为上策，以循塘拒守次之。松江三面距海，北据扬子江口，南据钱塘江口，中处其间，形如箕舌，为江浙关键之区。其会哨与循守二者，实有不可偏废。何则？川沙、南汇当长江之门户，遥与通州廖嘴为犄角，近与崇明、宝山相纲维，其东则沧溟万里，马迹、洋山皆旷荡而无垠。迤逦南行，历衢山、舟山则为钱塘门户，而松属之奉贤、华亭、金山又适当其冲，内江纷歧，无可扼要。惟恃不分畛域、互为唇齿之依，此会哨之不可废也。海塘绵亘二百余里，起平湖，讫宝山，虽无港口可以椗泊，而沿塘沙如铁板，非密设墩台以联声应、编团保甲以固边疆，则不能预防于登陆先，即无能议缉于燎原后，此循塘拒守之不可废也。至于黄浦一江，尤为紧要，松属止此一口可以深入江浙内地，外须于宝山会堵，内宜与上南合防，此又并哨守以兼用者也。向设提督驻府城，控上海之要，而分拨沿海之防，居重驭轻，亦可谓胜算矣。若夫全属之水，三面阻塘，涓滴不泄，惟黄浦泄薛淀及浙西之水，又恃吴淞以分其势。吴淞畅流则清水汇而下行支港，浊流可湍激而归于黄浦，清足以敌浊，斯潮汐往复，流沙可以奔赴，而下游乃无沉壅虞。薛淀为黄浦西北源，上承太湖，下临泖淀，令泖湖果无阻塞，则太湖下流不致壅为诸荡，太湖宣泄得其宜，江震之利也，亦松属脉络所通也。总之，论兵防则黄浦为最要，海塘为次；论水利则修塘为最要，浚泖为次。至各邑之缓急，又分系于县图焉。

华亭县图说

唐天宝十载，割嘉兴、昆山、海盐地置华亭县，元分上海，明分青浦，国朝分娄县、奉贤，再分南汇、金山、川沙，并隶松江，而仍以华为首邑焉。跨浦凭海，佤邪参错，北扼七宝镇，中扼黄浦江，南扼捍海塘，联南、上诸邑，策应之势，为苏、松两府管钥之司。邑辖海塘二十七里奇，西割金山卫城，东苞柘林营城，与奉贤、金山互为联络。自金山至南厍，旧筑石塘，今犹无恙也。自南厍以东至奉贤交界之外塘，内外土塘二，亦完砌如初。外塘之外旧有上横塘，水通海为辽帆出入之路。今则塘垣层阻，无复泊舟港矣。然地当沿塘冲海，舟不必入口，亦在在可以登岸，是以华邑海防，实与金、奉并重。黄浦为畅达水道，虽距海甚远，而声势本自相联。北境横塘桥薄近七宝，乃上海入里之通衢。东境莘庄、颛桥两镇，可与上海遥相应。浦南之亭林、叶榭两镇，尤为商贾丛杂处，向由提标分派。柘林、金山两营，为城乡黄浦海塘防守汛也。其水道则较异邻邑，盖邑北青浦专蓄止水，邑西娄、金专泄清水，邑东奉、南专受浦水，而华亭一邑壤与相错，承清水之来源，受浊流之倒灌，浊与清迎，势或有阻，则冲刷难。今测浦南横河如后冈塘、杨胥浦、上横泾及沿海塘之运石河，皆自金山境受浙西之水，其纵河如大洋泾以南至方西塘，叶榭渡以南至龙泉港，皆与横河午贯，北受黄浦浊流。浦北横河如南北俞塘、西横塘皆自娄境受太湖水，而近浦之盐铁塘、语儿泾，则又浊潮所吐纳，其间为浚为蓄，要在相流泉而利道之。

娄县图说

娄县，梁为昆山县地，唐为华亭县地，国朝顺治十三年仍秦县名之旧，析华亭而置娄，为松江负郭邑。襟泖带浦，交错华离。外联海疆诸邑，内固苏郡重籓，西南与浙省嘉兴接，西北与苏郡元和接，自南而东为华、金、奉、南、川、上诸邑，俱海疆要邑也。东北境泗泾、七宝两镇，乃上海迤西之孔道。西南境枫泾镇，乃嘉善迤东之孔道，估客骈集，向称蕃庶。其境内黄浦，东曰横潦泾，西曰悬星泾，又西曰大征塘，北受泖水，南吸浙流，支派深通，并利舟楫。虽不若下游诸邑冲要指臂，自是相联境内农田，向号膏腴，其水道之资乎？蓄泄者，北境之水由淀湖历泖而注东南；南境之水由嘉善至白牛塘而注东北，汇于黄浦，入于海。近日浙之水势向北逼㮊淀湖，南下之力稍稍弱矣。下流弱而上流溢，则吴江当其冲，次即青、娄也。古浦塘直接圆泖，由斜塘入浦为宣泄第一要道，北有走马塘、葑澳塘之分流下注，而斜塘尤与黄浦贯。黄浦浊潮至斜塘干泾汇流之处而止，此处犹阔三十丈。又西则悬星渡，阔二十七丈。又西则大征塘，阔仅五丈。疏瀹而深广之，数郡之利也。郡有九峰，邑辖其四，为横云山、天马山、机山、昆山。天马又名干山，形高而隳，磈磊露脊，树木阴翳，山北则怪石拱立，耸出云表。机山在右，中夹通衢，可设伏而出奇。横云在其南，岩壑深幽，峰峦起伏。又西南为昆山，圆如覆盎，旁无附丽。惟西北有小径，攀跻可上耳。

奉贤县图说

奉贤东包汇嘴，南控海疆，与南、上分任巡防，为华、金独当保障。明洪武时，置青村所，守御千户，属金山卫。今县即青村故城也。境内海塘五十里奇，东承南汇，突入大海，转屈而西，迤逦至华亭界，东受海涛抽掣，南受钱江漩洑塘之漴激，向固甚于邻邑。今测鳖子门水势，改向西北，冲突浙省之海盐，正当其锋，而奉、华诸邑受冲较缓，详审形势，东嘴与羊山遥对，为苏镇外洋之汛。邑城与小普陀遥对，为海舟准望之山塘，外旧有头墩至五墩及大门、朱家、戚漴、王家各墩，由提标青村、柘林等营拨兵守之，与华亭、南汇左右联络，故上海、南汇各汛可无南顾忧，乃得专防。黄浦海防固，则浦防益固也。邑境不辖黄浦，而水利必资黄浦，如小闸港、金汇塘、沙冈等水，俱北由南汇境承黄浦来源，又有萧塘及华邑交界之望河泾，俱为境内之通流。自望河泾折而东，迢迢横亘，名南桥塘。至青村汛，直达城濠，名青村港，为邑内第一干河。其南桥镇为境内巨镇，阛阓蝉联，檐牙高错，向分县丞驻防之。次则胡桥、泰石桥、萧塘、新方等镇，亦系鱼盐之利。至于沿塘之涵水、红庙、大衖、高家诸马头，系海舟傍沙登岸处，稽守有责，沿塘墩铺所由设也。

金山县图说

金山，旧华亭地。明洪武时，置金山卫。国朝顺治间，析娄县，因为娄地。雍正二年，析置金山，并隶松江，立县治于卫城。后以县城僻，遂莅治于朱泾镇。邑后扼浦江，前临海岸，东联华、奉之声势，允为松属屏籓。西结乍浦之巡防，兼作嘉兴门户。松属海防最重者川、南，次即金山也。金之扼要三：一为外洋要，东南大洋乃江、浙会哨之界。大羊山、淡水门，皆海艅所出没，借东南风力，扬帆直达塘外铁沙滩脚徙立港口，虽堙，登塘甚便。一为塘路要，境辖石塘十里有奇，西承平湖，东递华亭，环匝东南，直至宝山。迢迢数百里，平坦如砥，最利车马行。故金邑之塘，不仅防海，兼资控陆。一为内地要，黄浦水道自宝山来，至境为大横潦泾，西北由娄县达苏府，西南由小泖港入秀州塘达嘉兴，亦入掘石港、泗浦塘、六里塘达平湖，俱深阔可通大舰，非如东北诸港，仅通细流已也。至张堰，直达府城吕巷镇旁达嘉善，为陆路通衢。而泖泾一镇，尤居中要。今金山营员弁分守华、金、奉三邑及浙境之平湖县，汛声应均足相连矣。西山塘以南受平湖县莘埭、新仓、衙前诸水东来，北注秀州塘等河，入黄浦，借为灌溉之资。迨东至张泾，清水力弱，浊流壅之，是以松隐、张堰两镇，支流间宜浚治。其余港浦，俱受清水，黄姑塘一带止水而已。境南海中有金山，旧为分哨之地，微茫一点，不能泊舟。平陆之山，如城北之查山，城西北之秦山，高皆不过十丈云。

上海县图说

上海不近海滨，而实为海疆之岩邑；不依省治，而实为省治之外屏。北承宝山、嘉定，东接南汇、川沙。黄浦一江，自华亭境来，绕邑城之南、东、北三面，北与吴淞合流，东北由宝山境出海，阔则一里至三里有差，深则五丈至六丈有差，外口无冈身阻中砥，无礁浅阻登莱，闽、广巨舶，樯密于林，无不扬帆飞驶。而火轮夹板诸船，游行尤便。自海口宝山城与草庵渡，为黄浦第一层门户。入本邑，东沟镇炮台与东西马头，为黄浦第二层门户。吴淞虹口与陆家嘴，为黄浦第三层门户。由此历邑城至董家渡，尤为全局关键。西北一路，从嘉定至省城；西南二路，由松江至浙省，皆四达通衢，别无阻隘，则所以扼其要者，惟浦而已。浦东之东沟炮台与洋泾、陆家嘴、董家渡、白莲泾，相距七八里而近；浦西之虬江口、东马头外虹桥，相距七八里而遥，控制颇易，声援可通。至邑城及大洪港，尤输运总揽一途也。循浦以南，龙华嘴、鳗鲤嘴等处，及闵行镇之与南汇对岸，亦皆有可设之险。故就大局形势计之，黄浦为水路要。野鸡墩之达嘉定蒲、汇塘之达青浦、闵行镇之达松江，为陆路要。而大洪港又为水陆交重之要，中外商民交相懋迁，所当权轻重之势，审主客之形者也。内地水道自吴淞涨狭以后，黄浦专泄上游之水，日渐深阔。余如西南乡之横沥、车沟、华泾、长桥，滨西乡之龙华港、赵家滨，东乡之三林塘、白莲泾，俱系黄浦支流，农田灌输，均于此取便焉。至城北为洋人贸易处，中外丛居，俗称彝场，又别识一图。

南汇县图说

南汇，旧华亭地。雍正二年，始析上海置南汇。嘉定十年，又析置川沙厅，并隶松江府。右临黄浦，左滨沧海，守海塘孔道，当黄浦要冲，与川、宝、华、娄相为唇齿。邑城东倚护塘，碱筑坚厚不通潮，沿塘浚濠以蓄清流。其外为小护塘，又外为盐场沙瘠，沙瘠之外旧有大勒、灶港诸口，今沿海平坦，并无洪港，尽为铁板沙矣。沿塘内外，向设墩汛，以稽海舶之往来，以御飓潮之啸溢。无泊舟港浦，有拒守濠塘，非比上海、宝山之可以瞬息扬帆、直薄城下也。唯马步则于海塘较便耳。塘外沙嘴暗伏浪底，斜亘而东约五六十里，名曰高家嘴，为江海交汇。邑近海而阻浦，冠盖商贾所罕至，其民诚而朴。其分汛稽防，则有黄浦之三林塘、塘口市、王家滨及闸港以西各口，俱与上海对岸。而闸港一镇，当黄浦折角，尤为扼要区。余则周浦镇、下砂镇之居中控驭，新场镇、大团镇之商贾丛居，亦有关于内地之形势也。僻处海滨而鲜通潮汐，专借黄浦支流以为蓄泄，邑之水利，实有依赖。惟地势高于上海闸港，王家滨、周浦畅流如昔。内地经河东盐塘、横沔港、内地纬河、二灶、七灶、三灶、六灶等港，亦通畅可资灌输，其余港浦，半多淤滓而有待于深浚者也。境内新场镇左右，最为沃壤，余地半多斥卤。护塘之外曰团地，小护塘之外曰草场，俱听灶丁煎晒、输纳盐课。旧传下砂场、大团镇等处，盐荚綦饶。今土脉渐淡，煮海之利盖稍微矣。

青浦县图说

青浦，古娄地。明万历三年，复建于塘行镇，属松江府，即今县治也。左控淀湖，前襟泖水，北倚吴淞故道，为上海入省之衢。南临佘、辟诸山，扼松郡北来之路。旧时吴淞畅流，青为冲要。迨江塞浦通，而上、南为要，青邑缓矣。然幅员错杂，浦荡纷歧，介八邑之间，亦一郡次冲也。东境七宝镇，为上、娄交会处；北境黄渡镇，为嘉定交界处，皆上、南诸邑八省孔道。南境广富林镇，当郡城来往之冲；其北则山壑纵横，可资守望；西南珠溪镇，一名朱家角，为邑巨镇，而北与昆山接，亦入省通衢也；西为辟淀湖，自樯子口递西至大朱砂港，皆归青辖，最大为急水港口，次则八门等口，水路均相与错综，而泖湖以西至章练塘，又为娄县、吴江、元和及浙省嘉兴交错之所也。邑中巨浸，辟淀之外，厥惟泖湖。志载长泖、大泖、圆泖为三泖。今测长泖淤狭，在金山、平湖之间，等支渠耳。大泖久为田，无流水痕。图中泖湖，即古时近山径之圆泖是也，最阔处不至二百丈，深不过八尺。复有墩圩横梗中流，详考源委，拦路口承淀湖向东南直注。其余横港、清水港、沙田港、曹文港，皆宣泄淀湖并泖湖以入黄浦者也。大征塘、小征塘又引浙西之水直注黄浦者也，诚使相度形势，从事于瀹浚功，岂独一邑利哉！境地较吴江稍高而低于娄县，农田灌输，饶裕逊于华、娄而差胜于昆、新诸邑。北簳山在横泖直东，上有玉窦泉，甚寒冽，南则凤凰山也。东枕通波塘，西接玉屏山，与佘山遥对，中夹孔道。佘山即兰荀山，东西二峰，延亘数里，招提兰若隐见其中。西南与神山、钟贾山相望，扼南北要道，而与娄境诸山可互为策应。其亦天然之罗布也欤！

川沙厅图说

国朝雍正三年，析上海置南汇。嘉庆十年，析上海、南汇地置川沙抚民，属松江府，即明之川沙堡也。东瞰大洋，西联上海。巡哨洋面，与宝山呼吸可通；循守海塘，与南汇首尾相应。遥与崇明犄角，可防御于入海之时；近与上海毗连，可堵扼于进浦之后。辖海塘三层，其外曰外圩塘，南接南汇，北至三甲马头以南而尽，计长十五里有奇；其内曰外护塘，又其内曰护塘，俱南接南汇，北至王家湾，合为一塘，接宝山境，计各长三十余里，高阔坚厚，迢迢斜亘。夹塘有河，内曰运盐河，外曰御寇河，潴蓄清流，不通潮水。塘外旧为卤场，煎刮输课。迨地淡停煎，则历有树艺稼穑者矣。外圩以外旧有洪洼，今惟白龙港略通渔艇，其余一望平坦。沙皆铁板，而三尖嘴突出海中，可为设墩所。万治北距宝境草庵渡四十余里，南距南汇城五十余里，居中控扼，则南北海防俱可交相应。向有参将驻防分守本境及南汇各汛，星罗棋布，居民恃为长城倚焉。幅员虽不广，而烟户稠密，港渚纵横。东为重塘所遏，水尽西流，吐纳黄浦浊流，借为滋灌。其南北纵河，以夹塘之运盐、御寇两河及都台浦为全邑大干，其横河甚众，具载于图，虽无大泽深荡以供蓄泄，而东境可资清水，西境可资浊流，地势高仰，略同宝山，水利胜之，故土性虽瘠于华、青而农植尚饶。城以北为小湾、大湾、曹家路、赵家路等镇，俱依塘为市，乃沿海往来衢路。若内地之王家港镇、四灶镇及界邻之高圩、天宝两镇，俱为市肆丛聚，初非四达之冲衢，然则川固专以海防为要务者矣。

崇明县图说

崇明屹峙江海间，于唐为镇，于宋为场，于元为州，明初为县，隶于苏州。弘治时，又兼隶太仓。国朝雍正三年，属太仓直隶州。自元迄今，城历五迁。万历十四年，迁于长沙，甃石筑城。顺治十八年，复外围土垣，即今县城也。邑砥柱中流，众沙环拱，北届海门厅境，田制各别，籍贯各殊。崇之疆域，独分水面流水，界内沙俱崇属，硗瘠斥卤，地势平衍。周围港汊七十余处，浊潮来往浸没，是以田畴坍涨靡常。其水道之险，如外洋之蛇山、羊山为洋艎要道，由此入江，则南汇高家嘴、通州廖角嘴为江海交汇，所以南驻水师于吴淞，北驻水师于崛港，中驻水师于崇明。境以西为长江万里，荆襄江镇籍崇为关键焉；境以东通外洋，诸国视崇为门径焉。昔称万里门户、十郡屏藩，非虚语也。旧设苏松水师四营，统以总兵。近移奇营于福山，仅存中、左、右三营。巡洋遗法：内洋则与狼、福等营互相巡察，外洋则与浙江总兵会哨于羊山，联络声势，稽察岛屿，悉由于此。是以崇之险要，甲于他邑。而守崇之法，防城不如防汛，防汛不如防海。今中外相安，商舶去来江海渐熟，视其针路，必由崇境之南，所谓控驭节制之方，固当为之预筹矣。至于崇邑，盐政不设，商引不经，官运刮煎，供邑民之常食。课税入地丁以滩征，此又有与他邑不同者。

嘉定县图说

宋嘉定时，分昆山地置嘉定县，因以纪年为名。今又析东境为宝山县，并属太仓直隶州焉。邑北枕刘河，南襟吴淞，贯城而南北者曰横沥，贯城而东西者曰练祁，向为水陆孔道。自上海为通商之地，公私舟车不绝于道，而嘉邑益为要冲。其南境则吴淞北岸之江桥镇，迤北南翔镇，迤西黄渡镇、安定镇；吴淞南岸之诸翟镇，迤南纪王镇至四江口，皆上海通省要津，而庄轨通衢足资重镇者，惟南翔镇最厄要。其北境自宝山罗店镇交界，循界泾北至刘河，又递西石家塘、陆渡桥至北岸十八港口，为邑西北要冲，而以城北娄塘镇厄其要。自镇洋交界之葛隆镇，迤西南钱门塘至安亭镇，为邑西要冲，而以城西外冈镇厄其要。然西北陆渡桥汛、西南四港口汛，实为全局关键也。而西南与上海接壤，管钥视西北尤严。邑境水道，旧惟分水墩以下，东南入吴淞，余以练祁、横沥为经纬大干，练祁西引吴淞，历顾浦、吴塘、盐铁、横沥各经河，由宝山之蕰藻，会黄浦入海。横沥南入吴淞，北历虬江、走马、马陆、练祁、黄姑诸塘各纬河，由刘河入海。其外经纬犂然，要皆近北则通刘，近南则通淞者也。现测黄渡左右之吴淞江为清浊相遇处，余如北之黄姑塘、东之走马塘、东南之虬江，俱与吴淞相为表里云。

宝山县图说

宝山，嘉定县东鄙地也，据长江、大海之冲，厄黄浦、吴淞之户。凡出入上海者必经宝山吴淞口，凡出入长江者必沿宝山捍海塘。今日之宝邑，实为全省边防，非仅作捍海计也。图中宝山距崇明四十五里奇，距川沙五十六里奇，遥为外海之犄角。胡巷口距草庵渡三里奇，距崇、宝、沙东白港一十四里奇，近为内口之犄角。明嘉靖三十六年，曾于高桥镇设立协守吴松中千户所。今既于宝山、川沙、胡巷、高桥分驻参将、员弁，防御之法当如良医之治病于未萌，然后有备而无患。邑之水利，东枕沧海，南襟吴淞，灌溉因时，旱涝有备。然滨海港浦，吐纳泥沙而地形高仰，土性卤硗。吴淞江蕰藻滨，不能引低洼之水北灌高田，海溢塘内，骤难宣泄，又不能南入蕰藻。现测西南乡之桃树浦、大场浦，西乡之泗塘、湄塘、荻泾，西北乡之彩绹港、东练祁、川沙港、陈华滨，均有待于疏决。惟北乡之顾泾，由罗店至石洞；西南乡之蕰藻滨，由陈家行至胡巷，各汇流以达于海。走马塘北受蕰藻浊流，南受吴淞浊流，通行难，必其久畅。故治宝邑之水，既坚塘以御潮水，更浚浦以蓄清流，然后堵通海小口，使水势并而可涤泥沙。浚高地支河，则土堰筑而无忧。亢旱宣泄之法，两洽其宜矣。西北有月浦、罗店镇，西有杨巷、刘行镇，西南有陈家行镇，南有胡巷、殷行、江湾各镇，又西有真如、大场各镇，江口东有高桥镇，人烟均素称稠密，而高桥尤为要地。循高桥而北，有旧城基址，相传筑土为山，因以名县。沿海旧筑石塘，以之御潮，以之设屯，兵防、水利兼有所资，虽僻处一隅，而实称岩剧焉。

以上《苏省舆地图说》

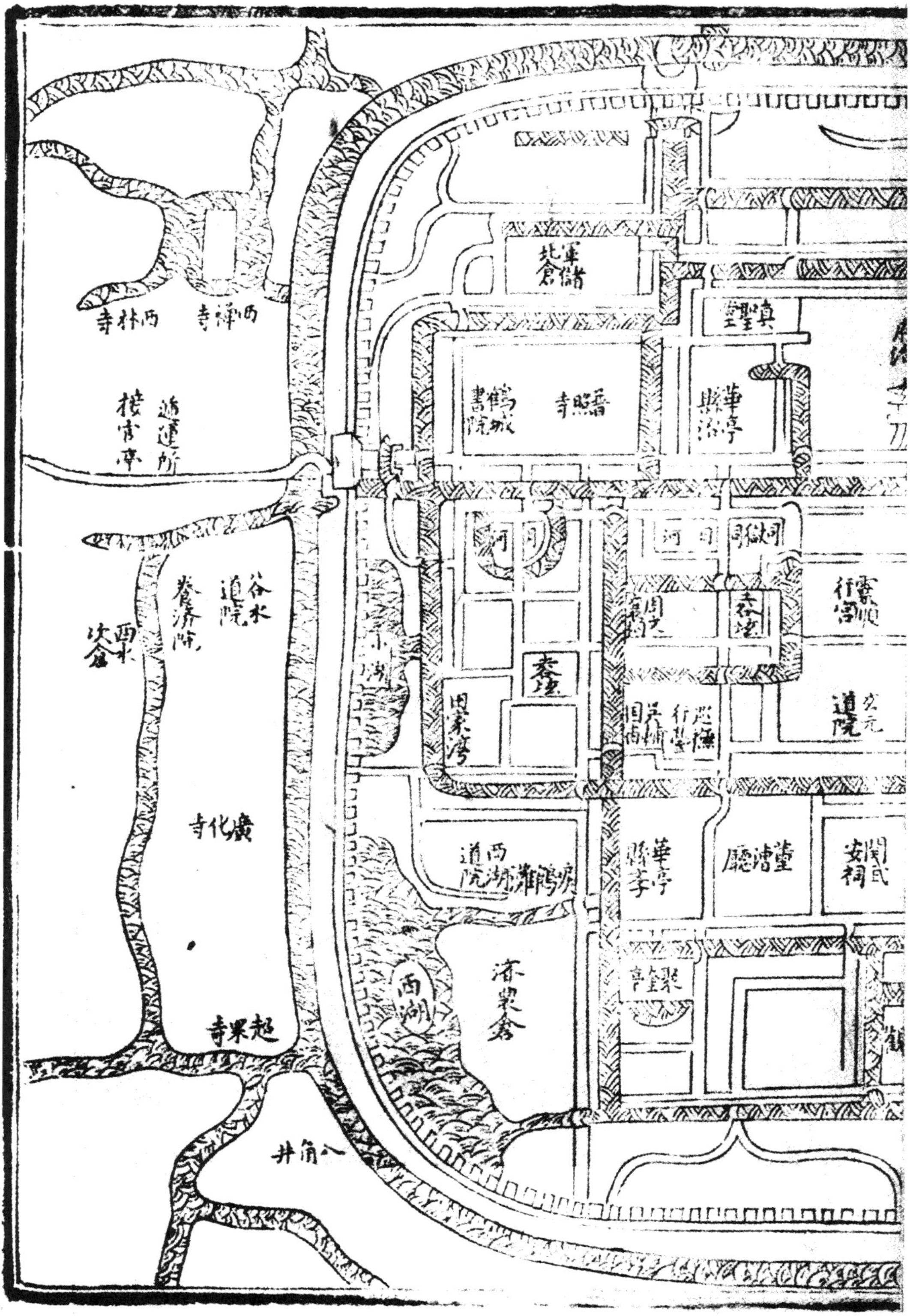

松江府城图 / 选自崇祯《松江府志》

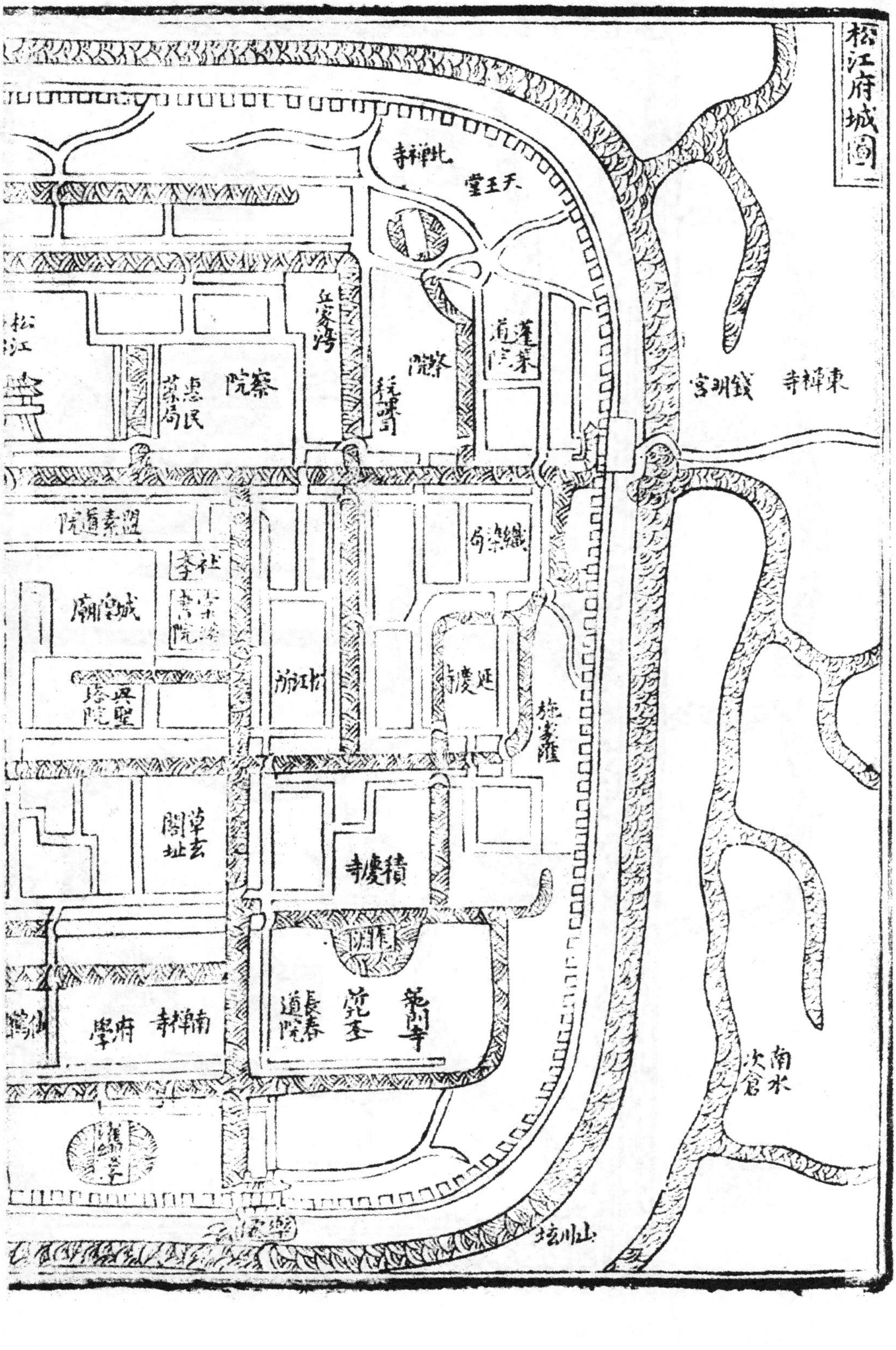
松江府城圖
北禪寺
天王堂
東禪寺
錢明宮
蓬萊道院
察院
惠民藥局
織染局
城隍廟
積慶寺
南禪寺
府學
長春道院
南水次倉
山川壇

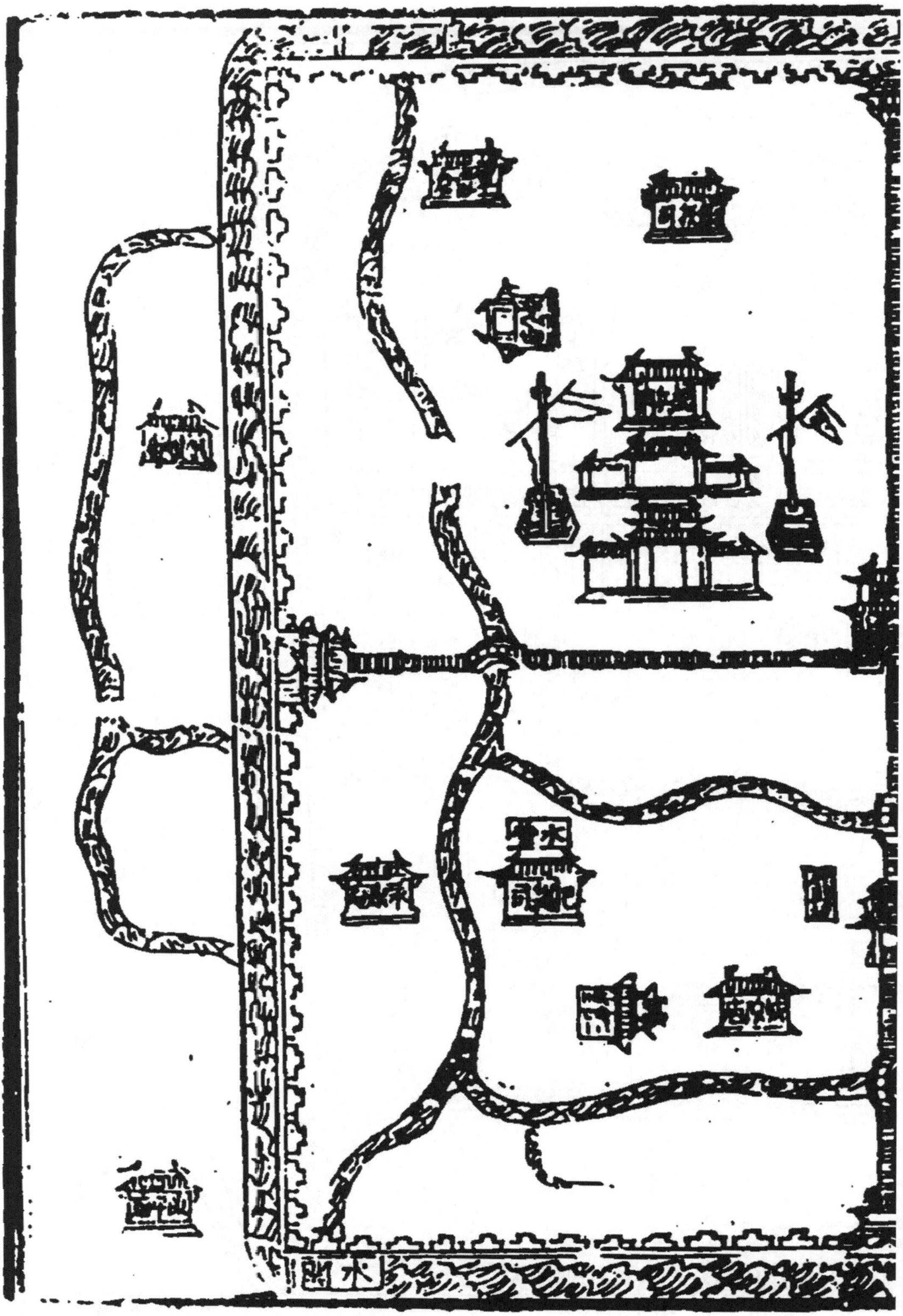

吴淞所城图 / 选自万历《嘉定县志》

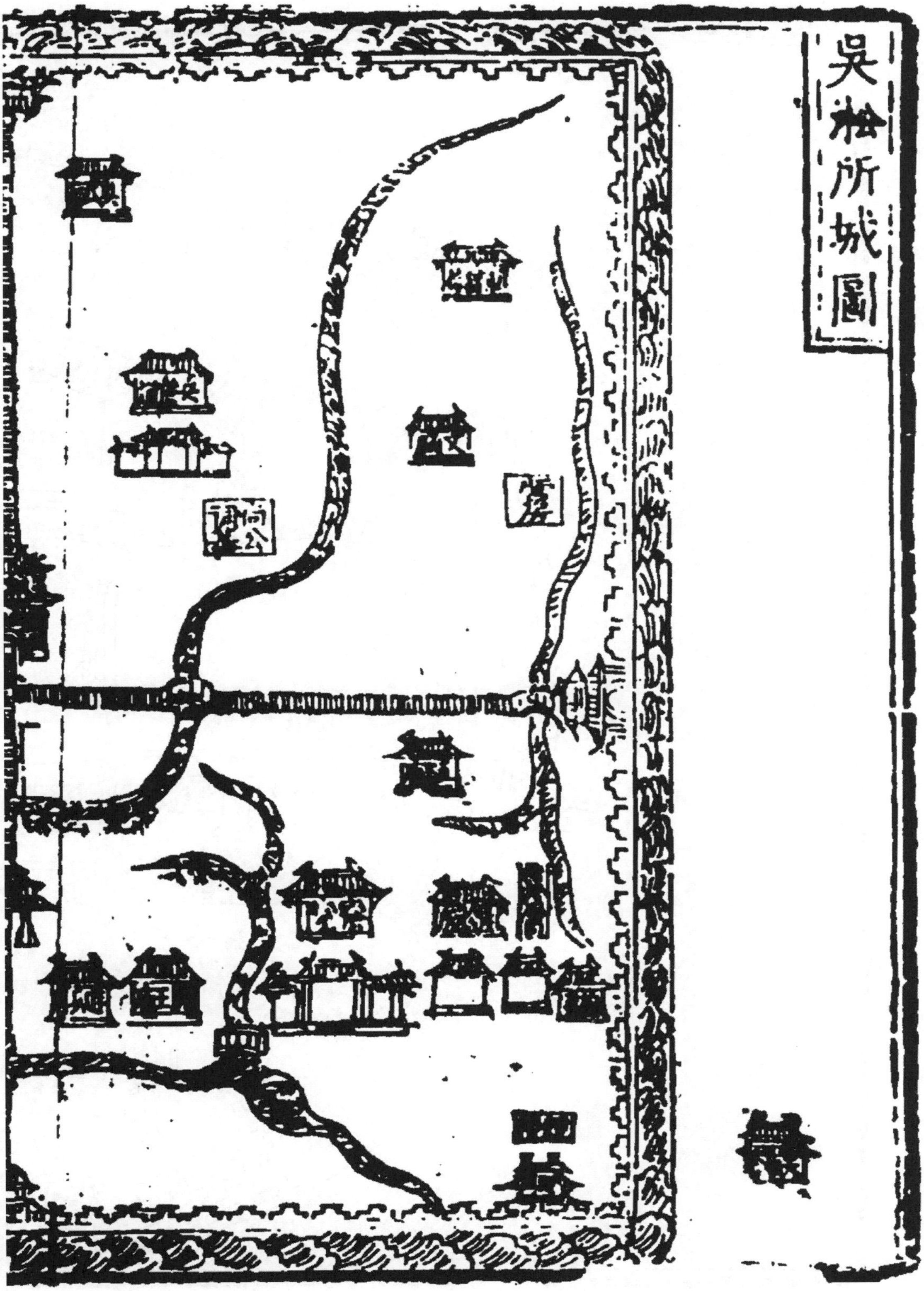
吳淞所城圖

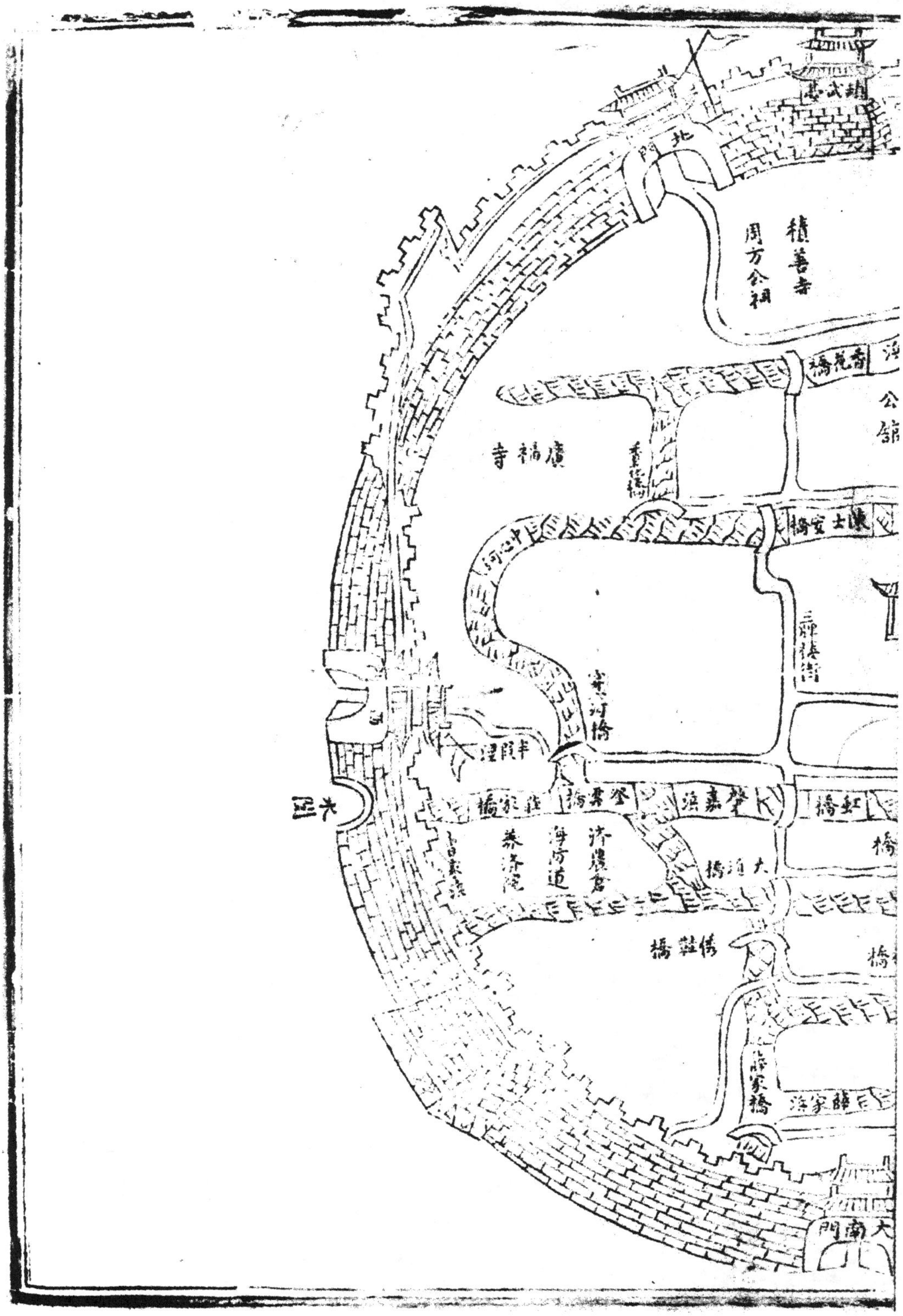

上海县城图 / 选自崇祯《松江府志》

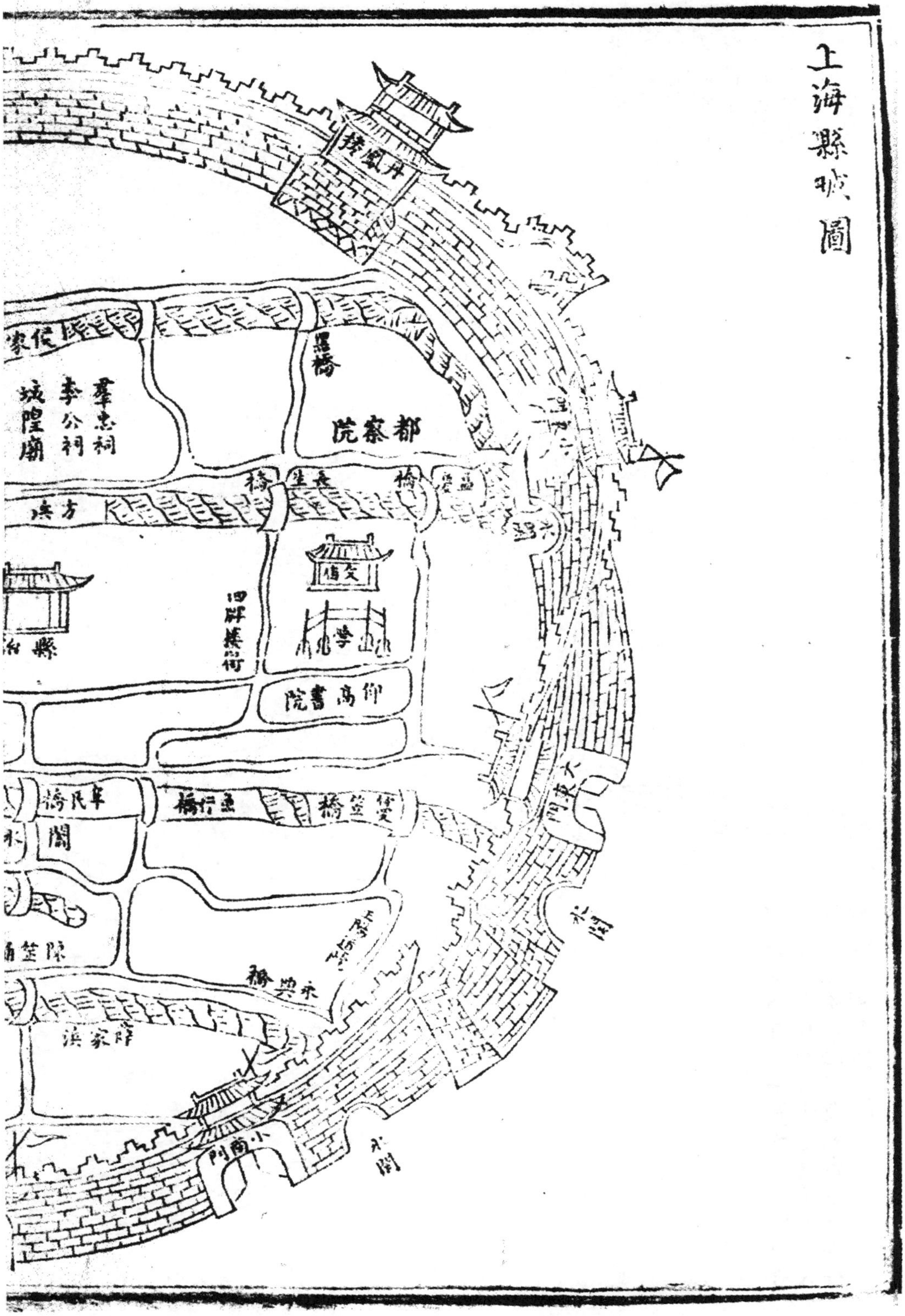
上海縣城圖
丹鳳樓
都察院
羣忠祠
李公祠
城隍廟
方浜
長生橋
縣治
仰高書院
阜民橋
陸家浜
永興橋
小南門
水閘

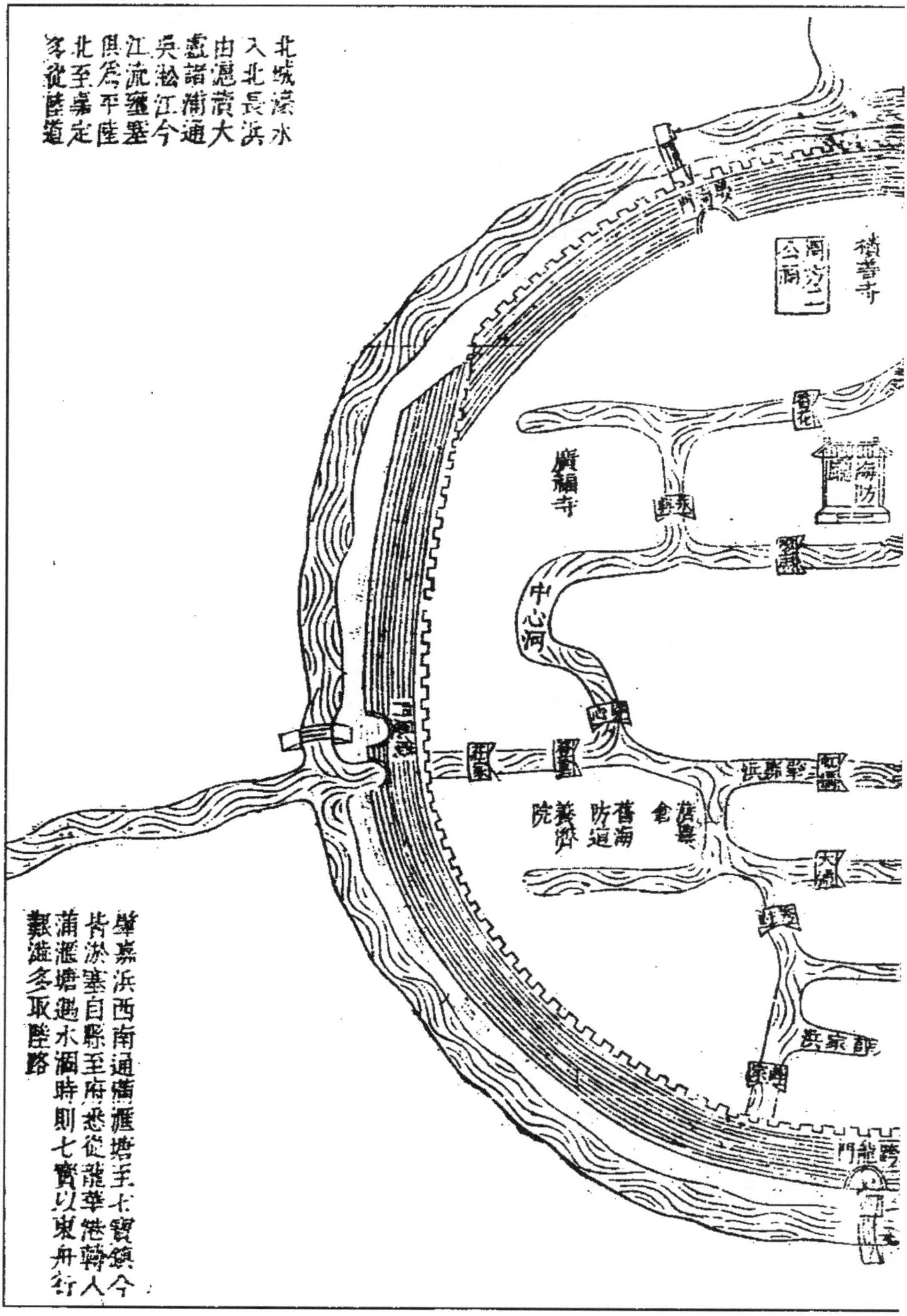

上海县治图 / 选自康熙《松江府志》

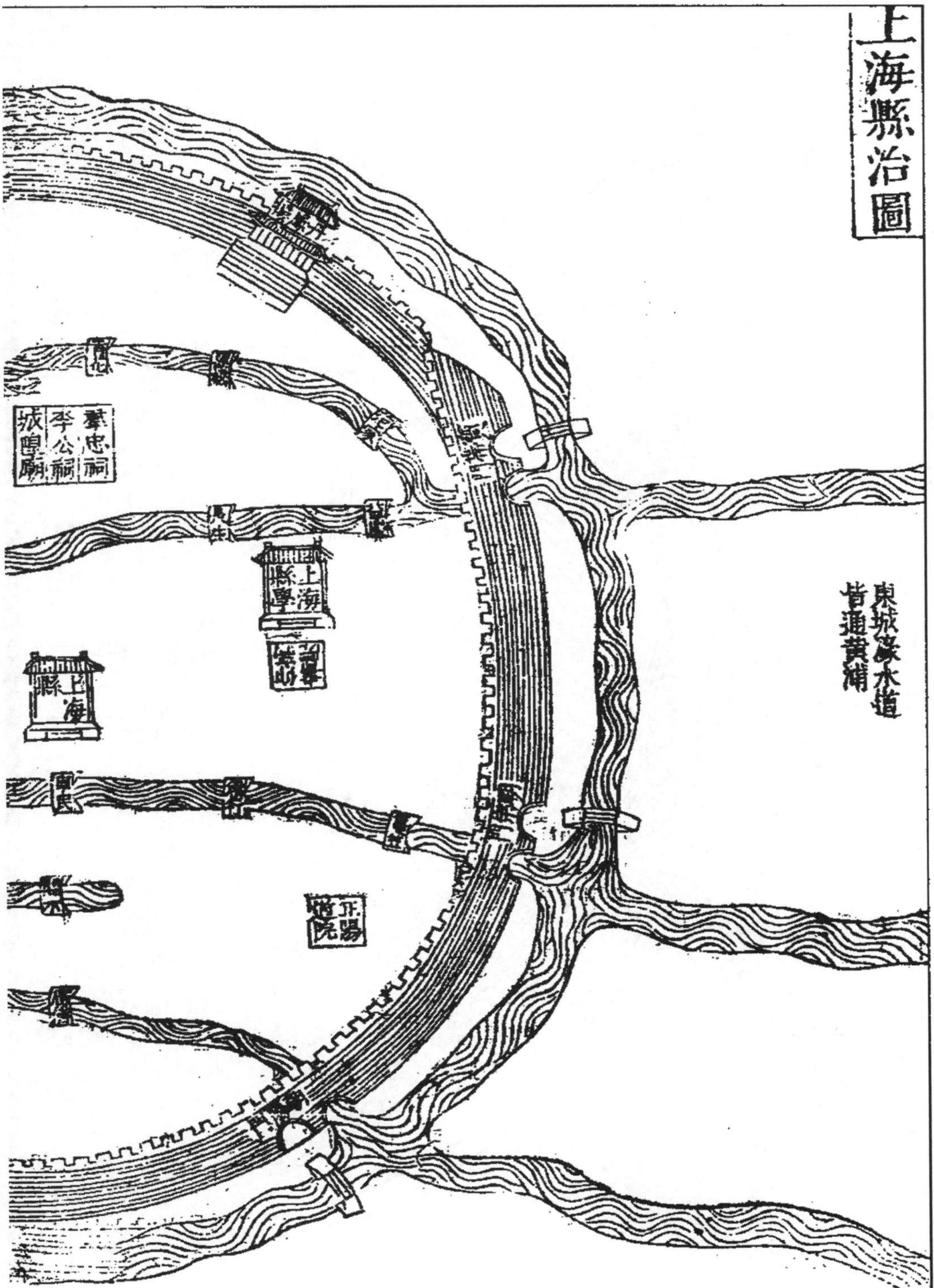
上海縣治圖
東城滾水道
皆通黃浦
李公祠
城隍廟
上海縣學
上海縣

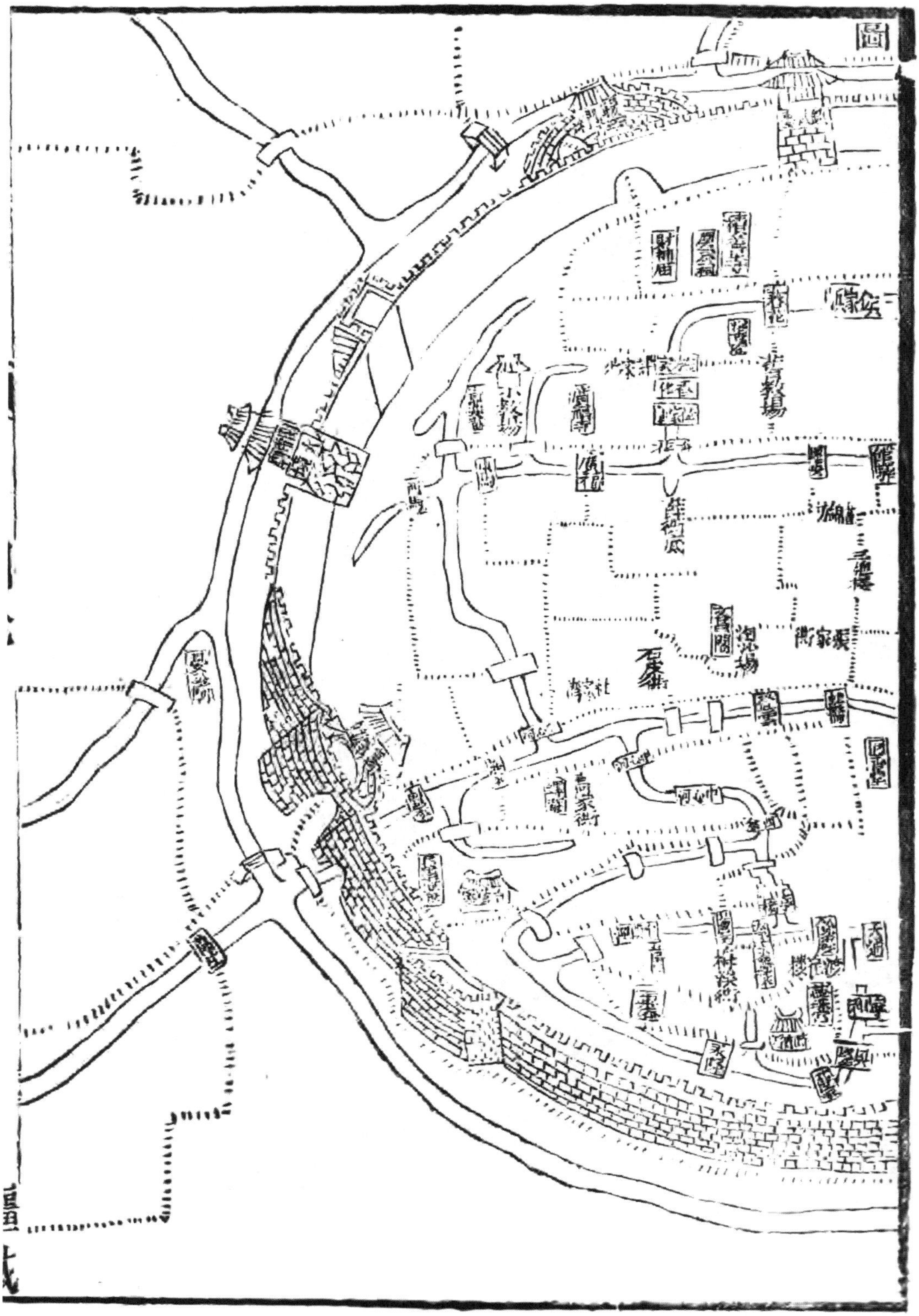

上海县城图 / 选自嘉庆《上海县志》

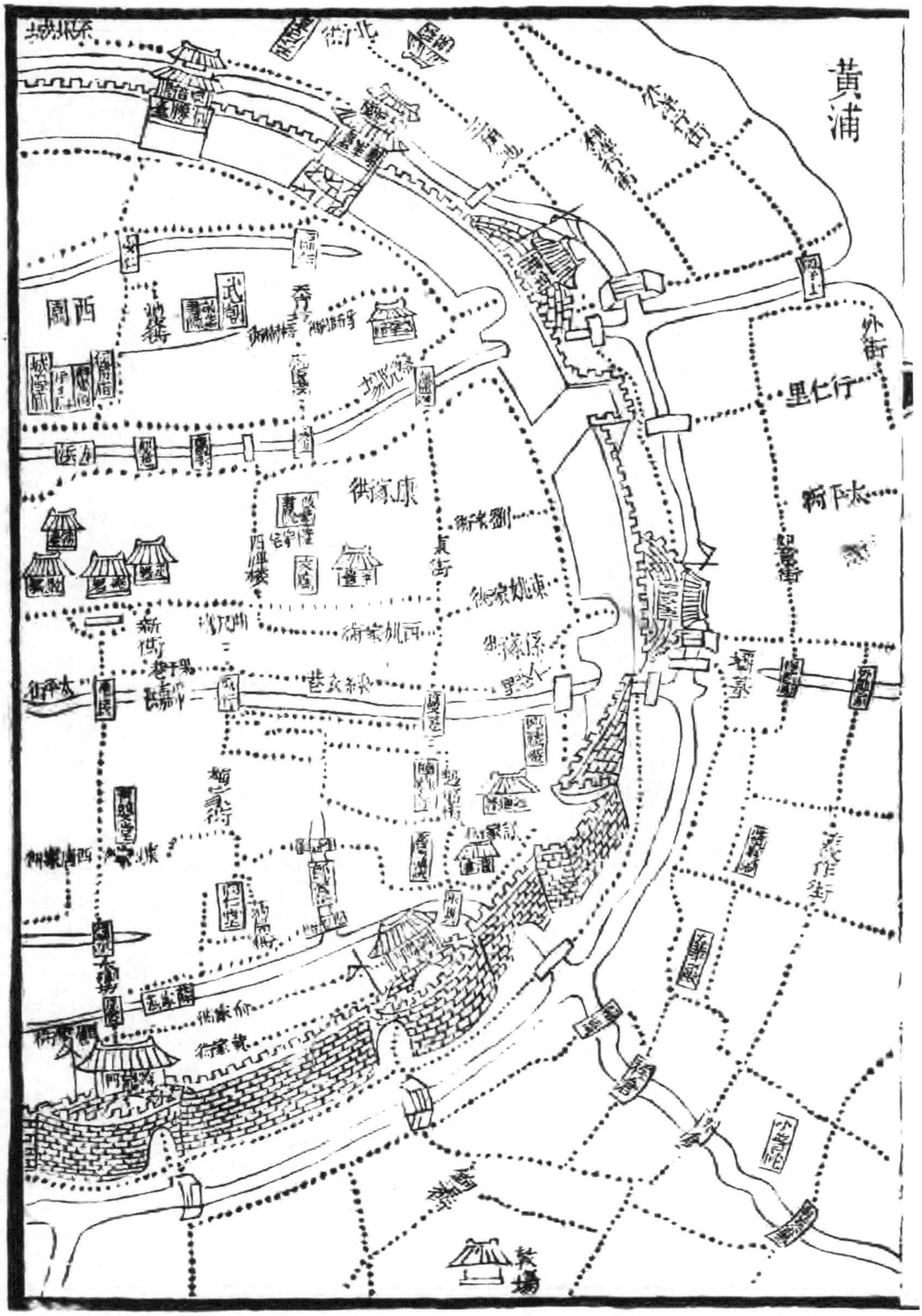
黃浦
教場

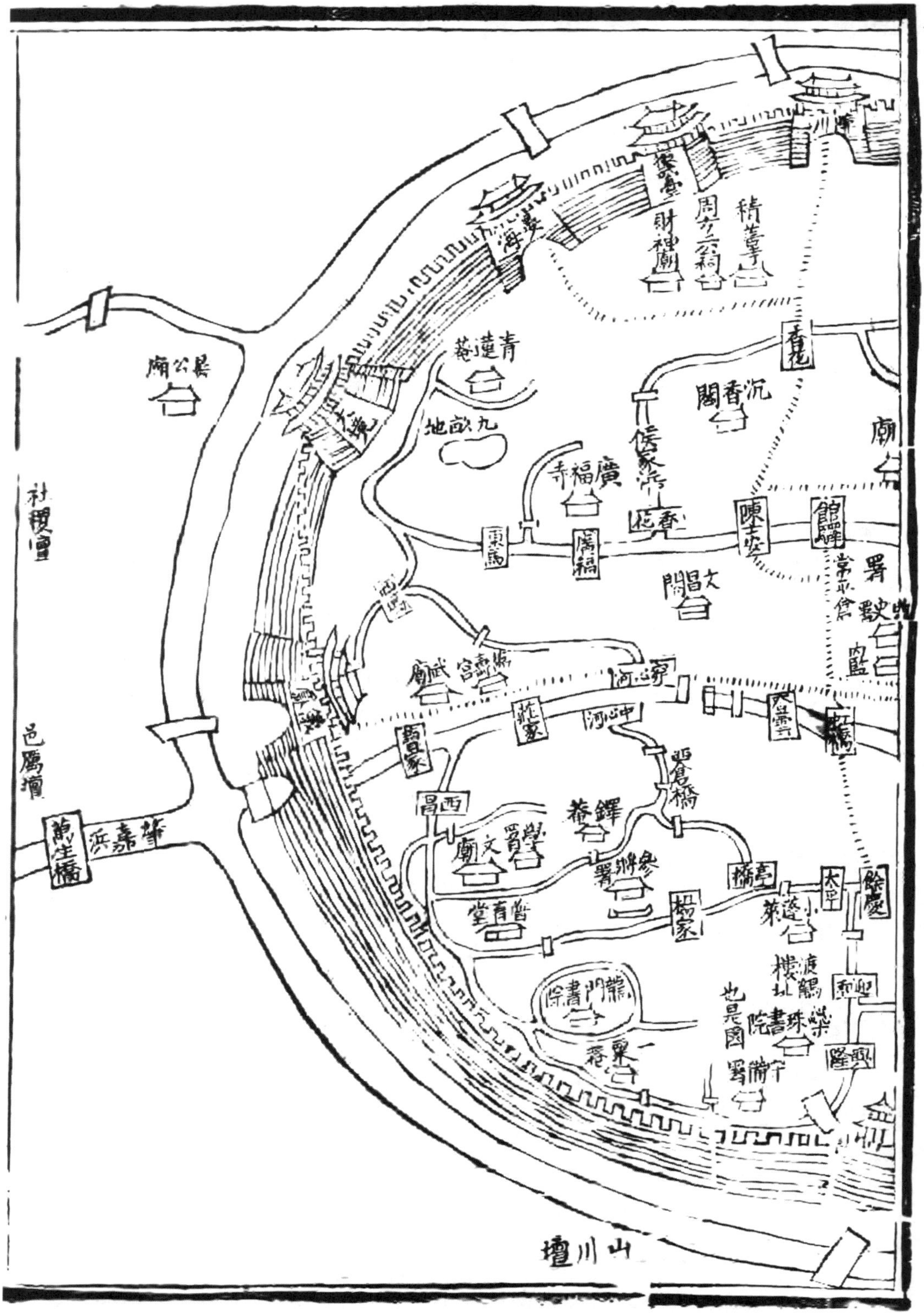

上海县城图 / 选自同治《上海县志》

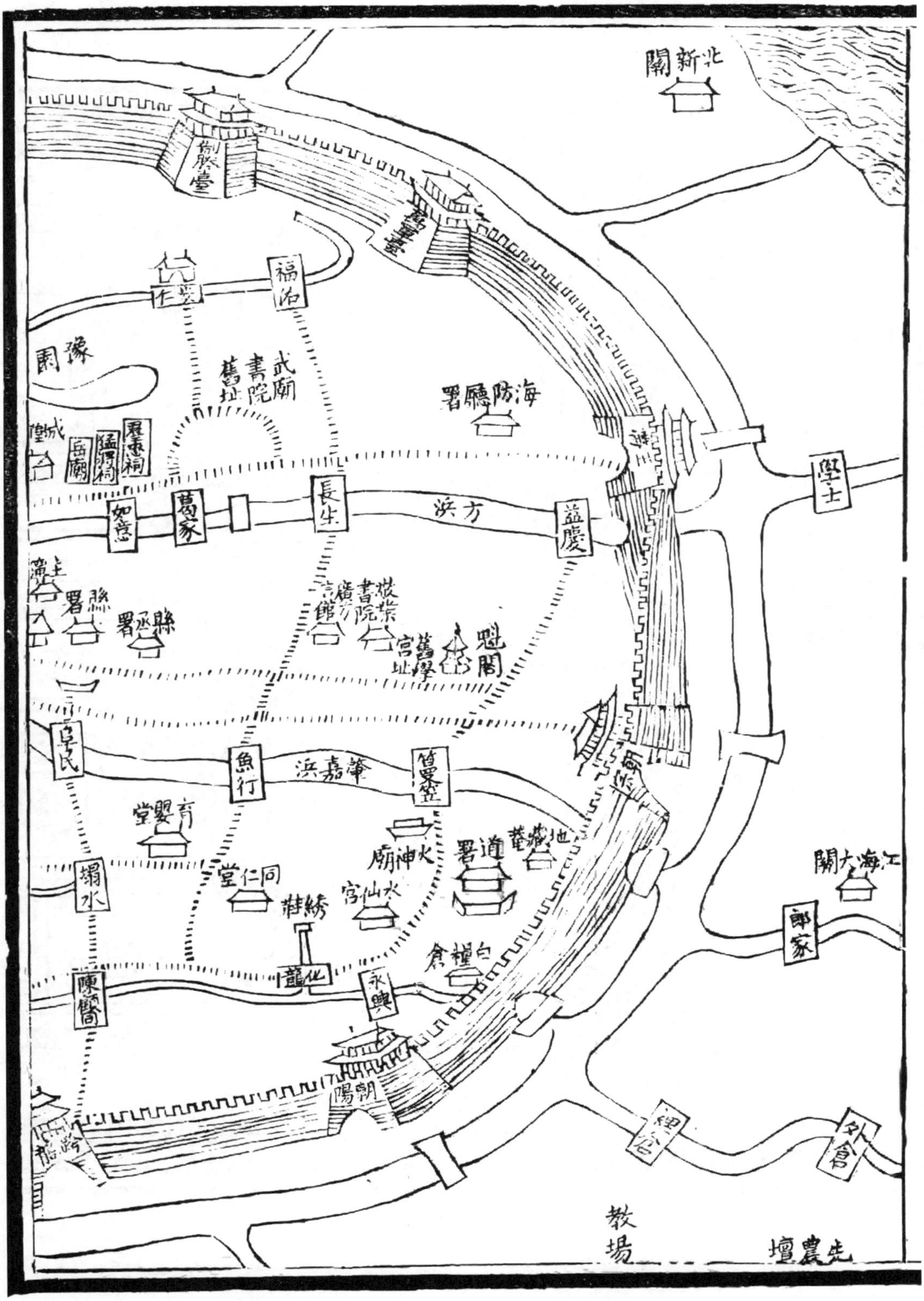
北新關
福佑
豫園
武廟書院舊址
海防廳署
城隍
岳廟
猛將祠
如意
長生
方浜
益慶
學士
縣署
縣丞署
廣方言館
敬業書院
學宮舊址
魁閣
阜民
魚行
肇嘉浜
育嬰堂
火神廟
道署
同仁堂
水仙宮
化龍
永興
白糧倉
朝陽
江海大關
郎家
外倉
教場
先農壇

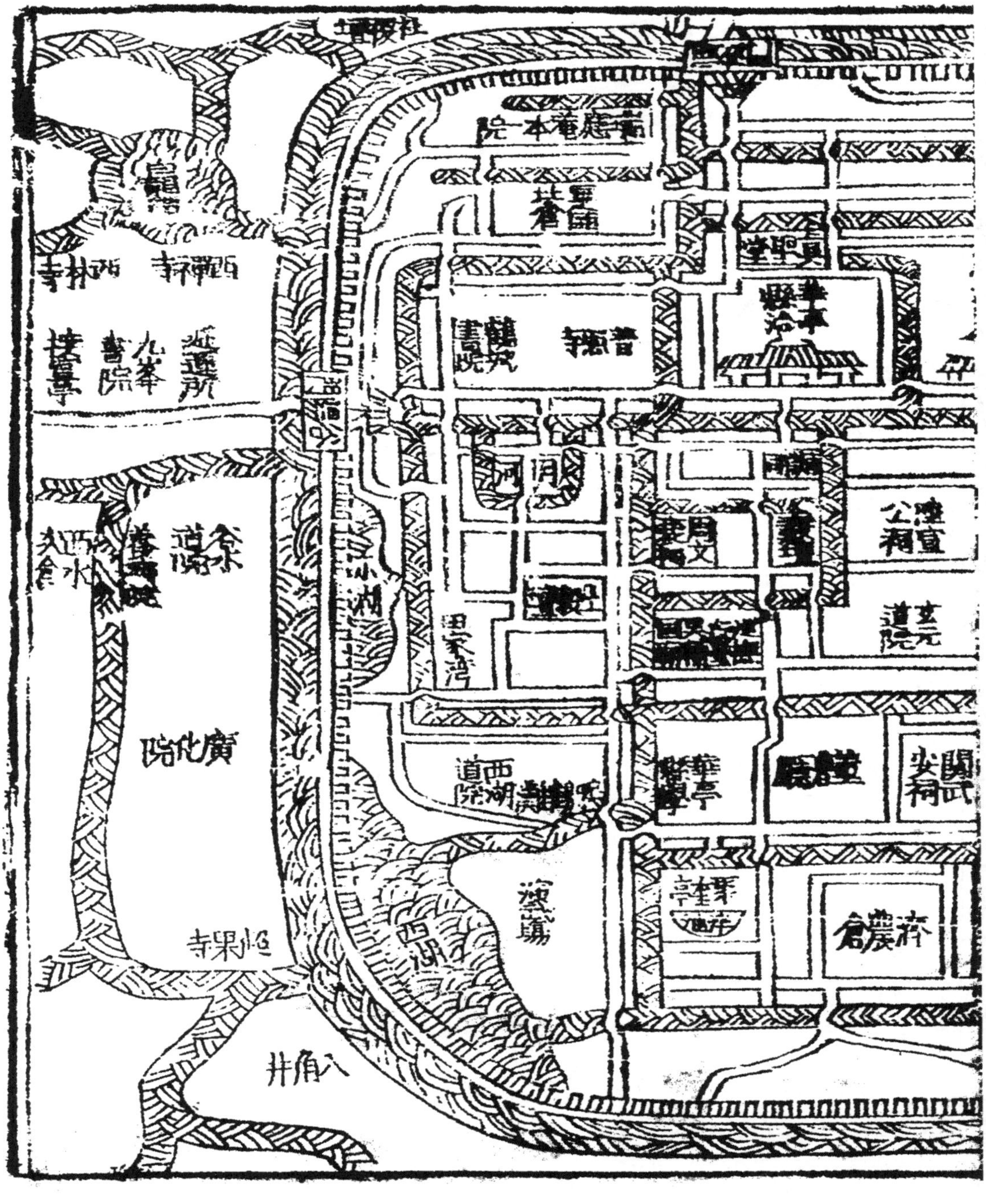

华亭县附府城图 / 选自明正德《华亭县志》

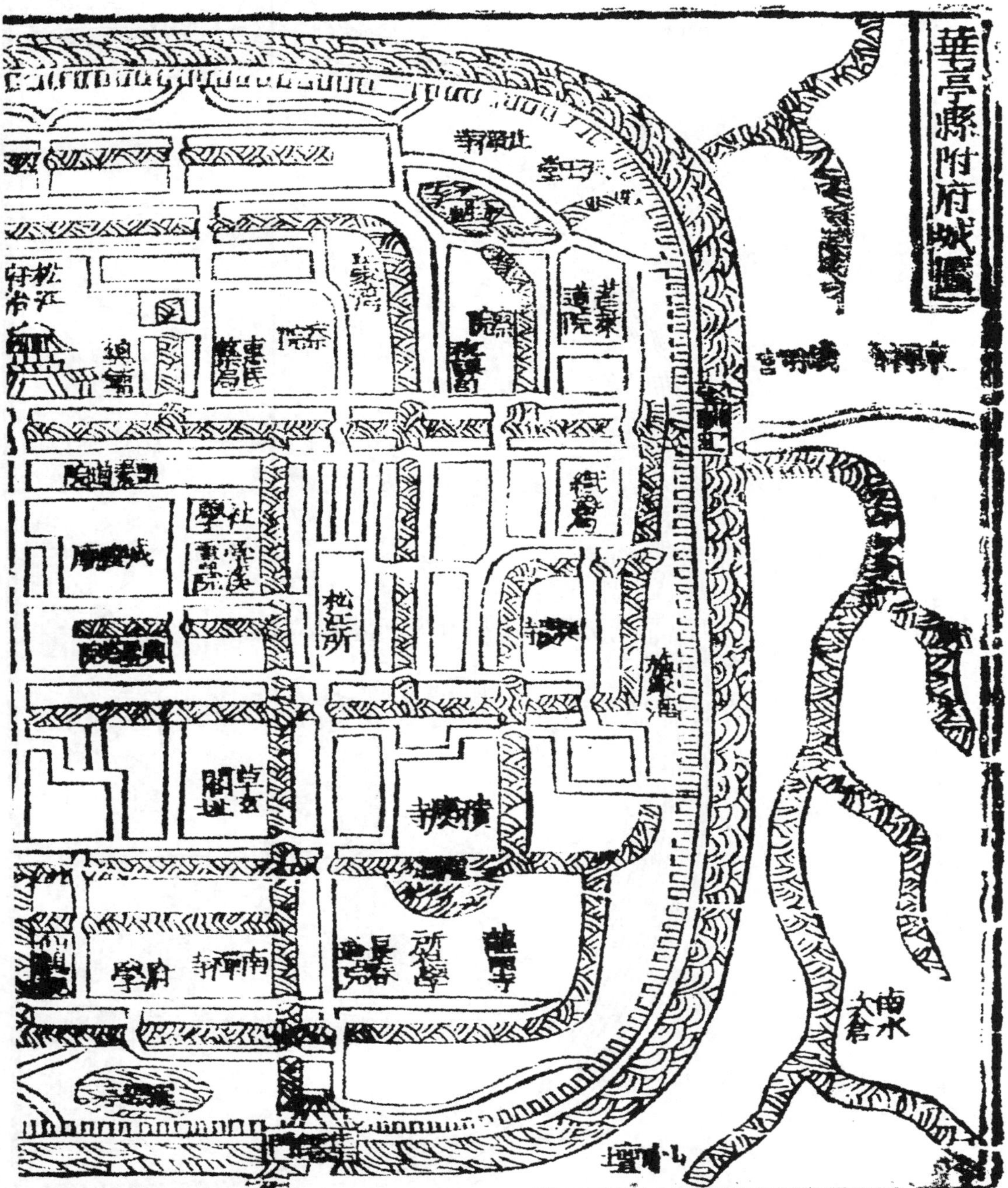
華亭縣附府城圖
松江所
府學
南禪寺

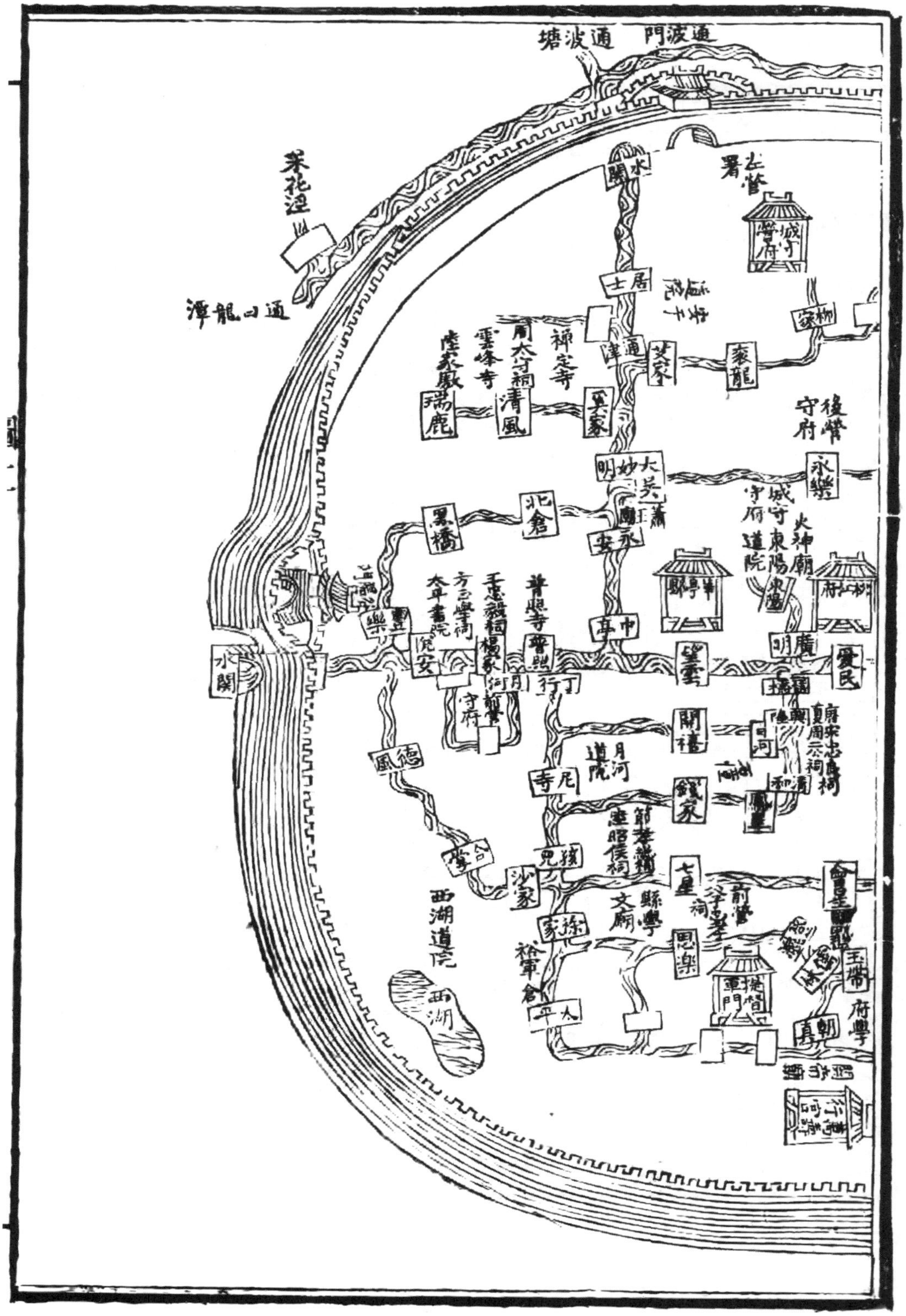

华亭附郭城池图 / 选自乾隆《华亭县志》

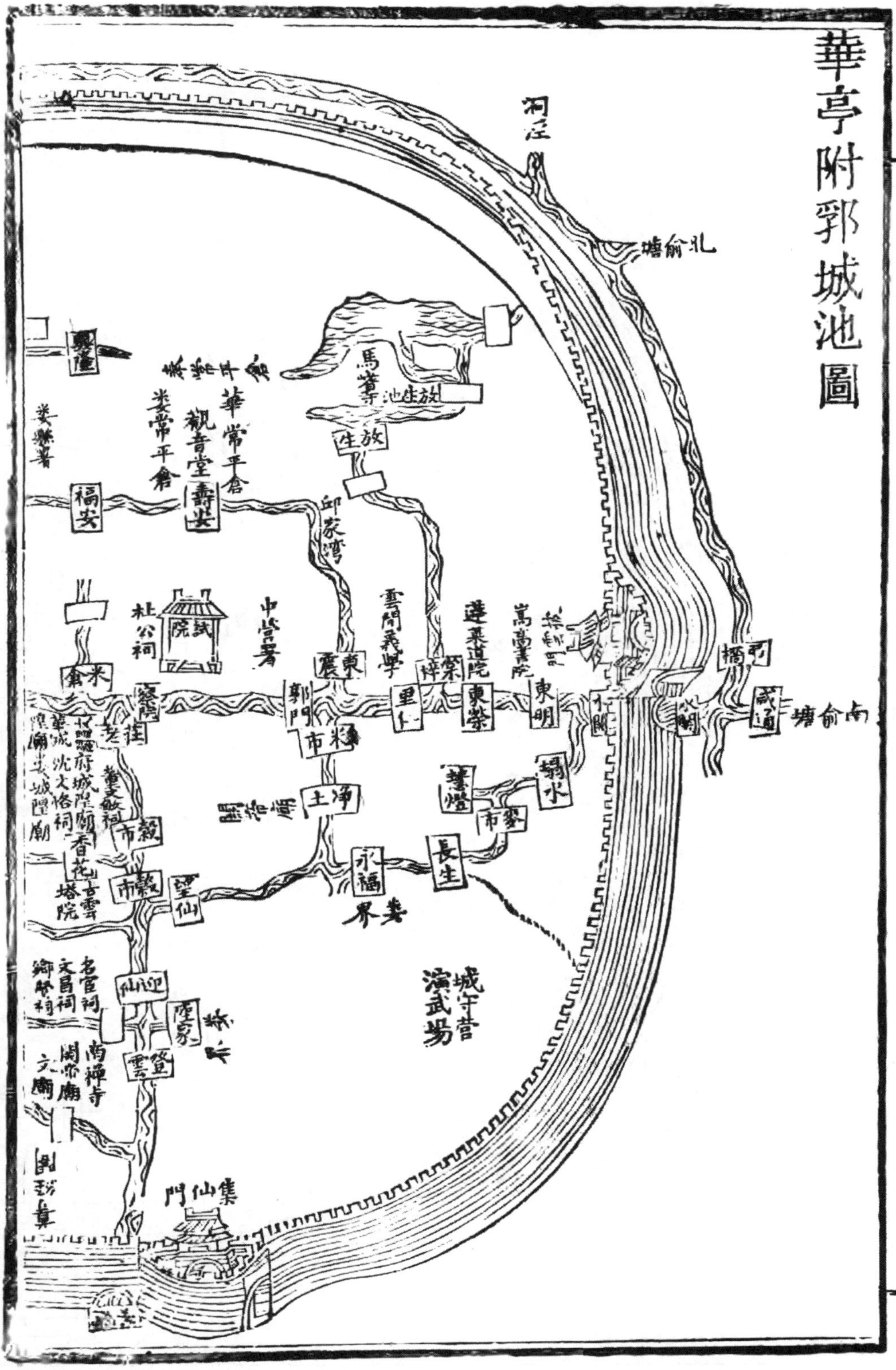
華亭附郭城池圖
北俞塘
南俞塘
放生
觀音堂
華常平倉
婁常平倉
福安
壽安
試院
杜公祠
中營署
雲間義學
東明
里仁
東榮
長生
永福
望仙
迎仙
城守營
演武場
名宦祠
文昌祠
鄉賢祠
南禪寺
關帝廟
文廟
集仙門

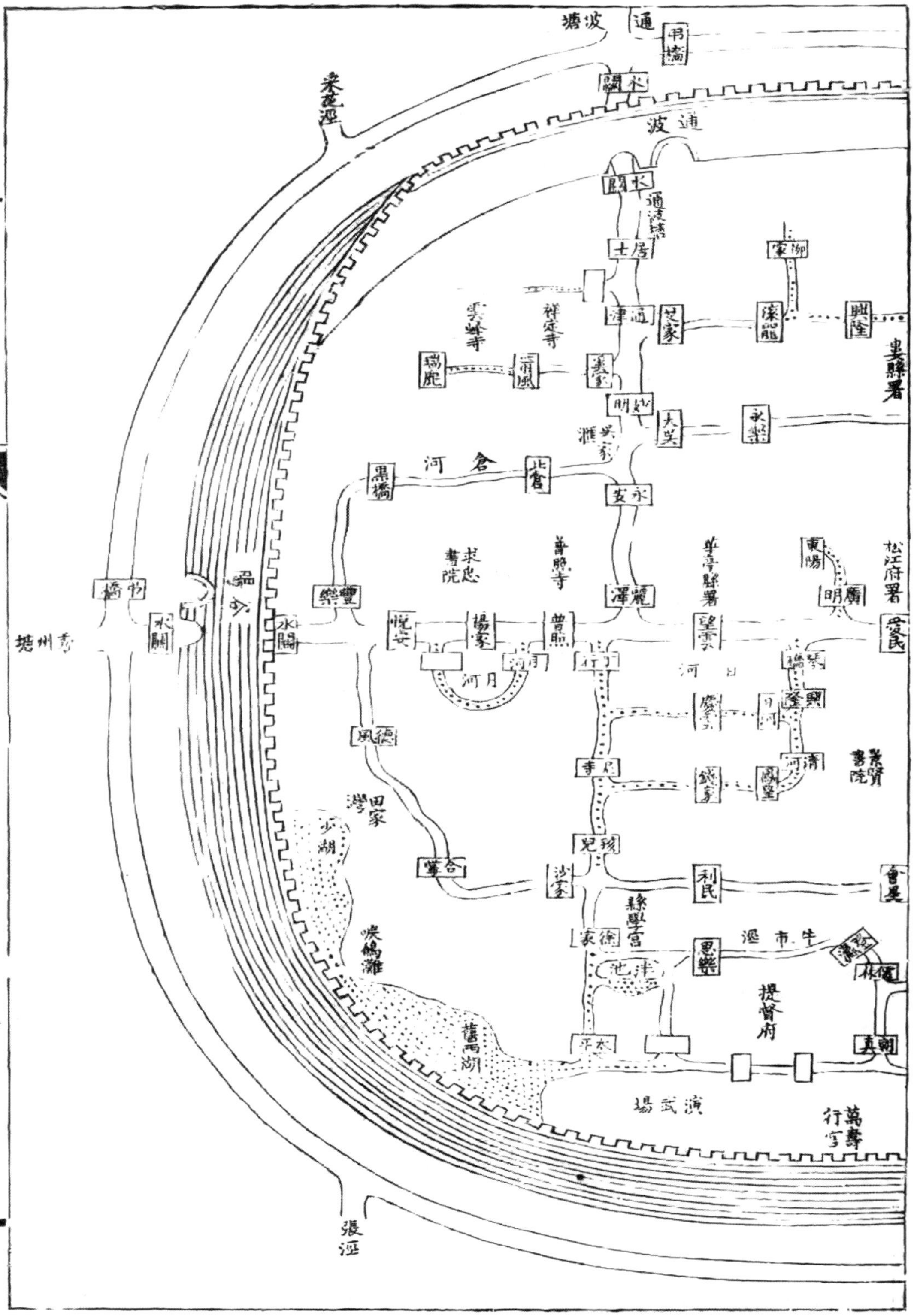

华亭县城河图 / 选自光绪《重修华亭县志》

城河圖

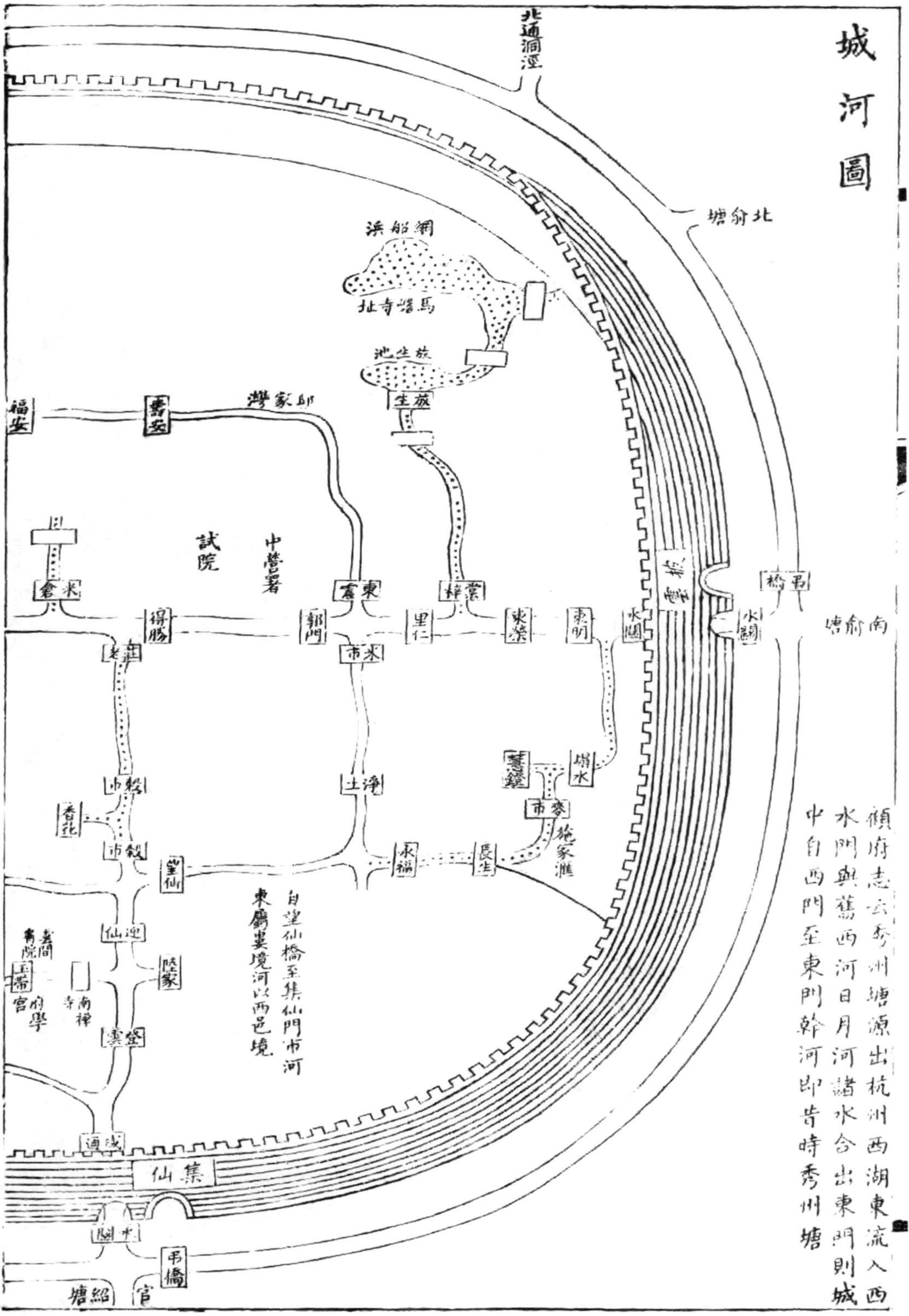

顧府志云秀州塘源出杭州西湖東流入西水門與舊西河日月河諸水合出東門則城中自西門至東門幹河即昔時秀州塘

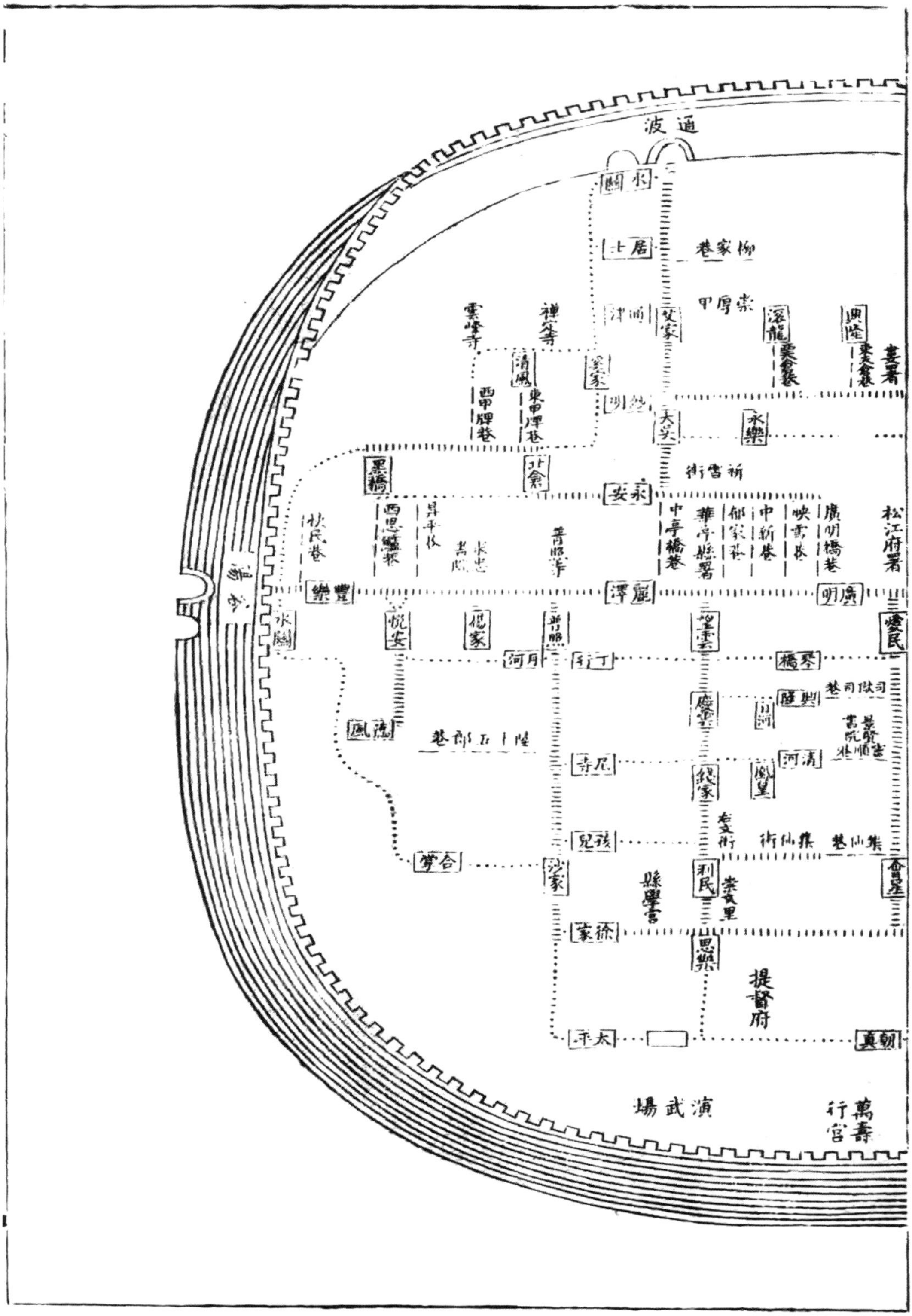

华亭县城内街巷图 / 选自光绪《重修华亭县志》

城内街巷圖

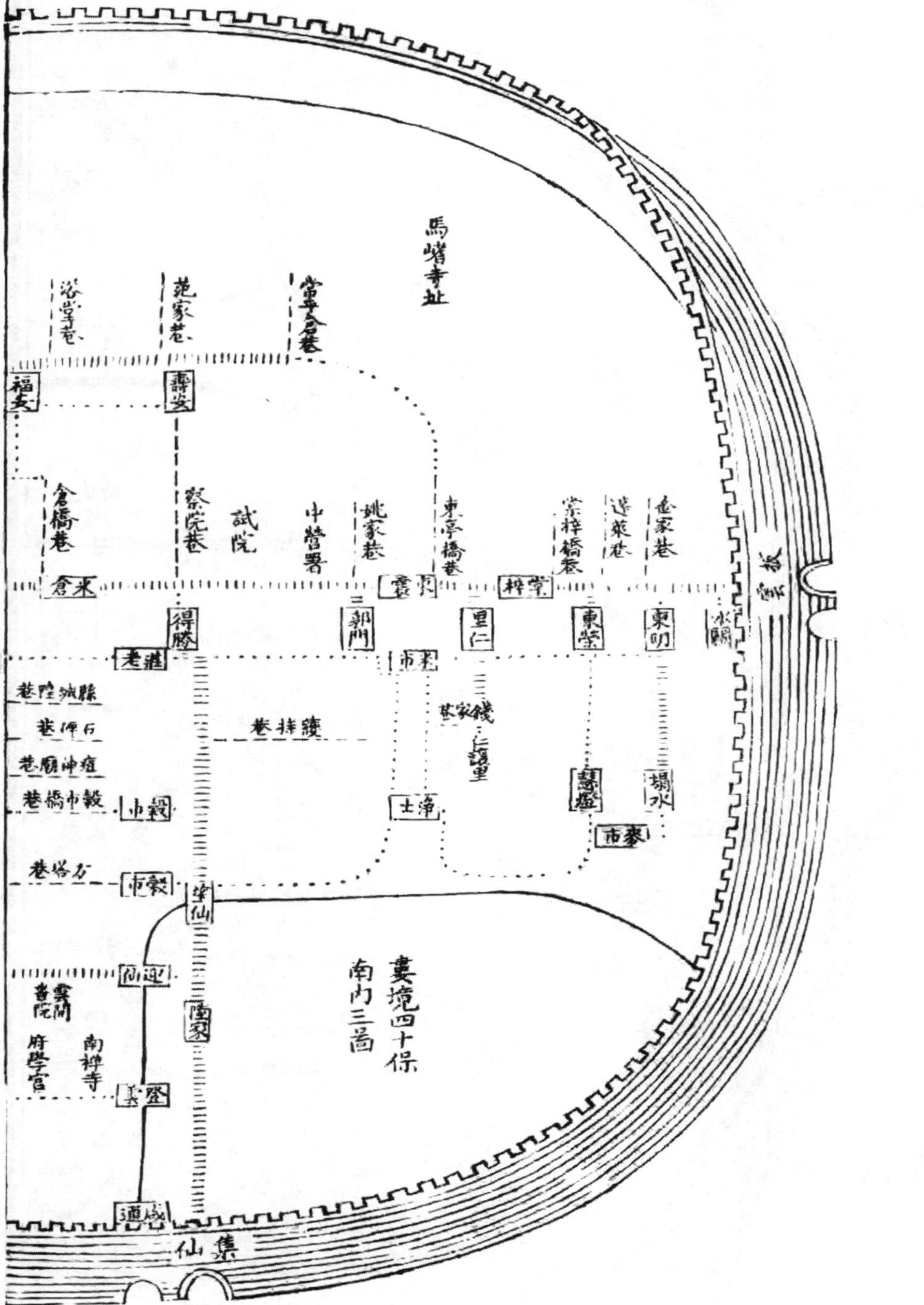

馬蹟寺址
范家巷
試院
中營署
姚家巷
東亭橋巷
倉橋巷
察院巷
縣城隍巷
石坊巷
瘟神廟巷
穀市橋巷
方塔巷
錢家巷
讓里
雲間書院
府學宮
南禪寺
婁境四十保
南內三啚
集仙

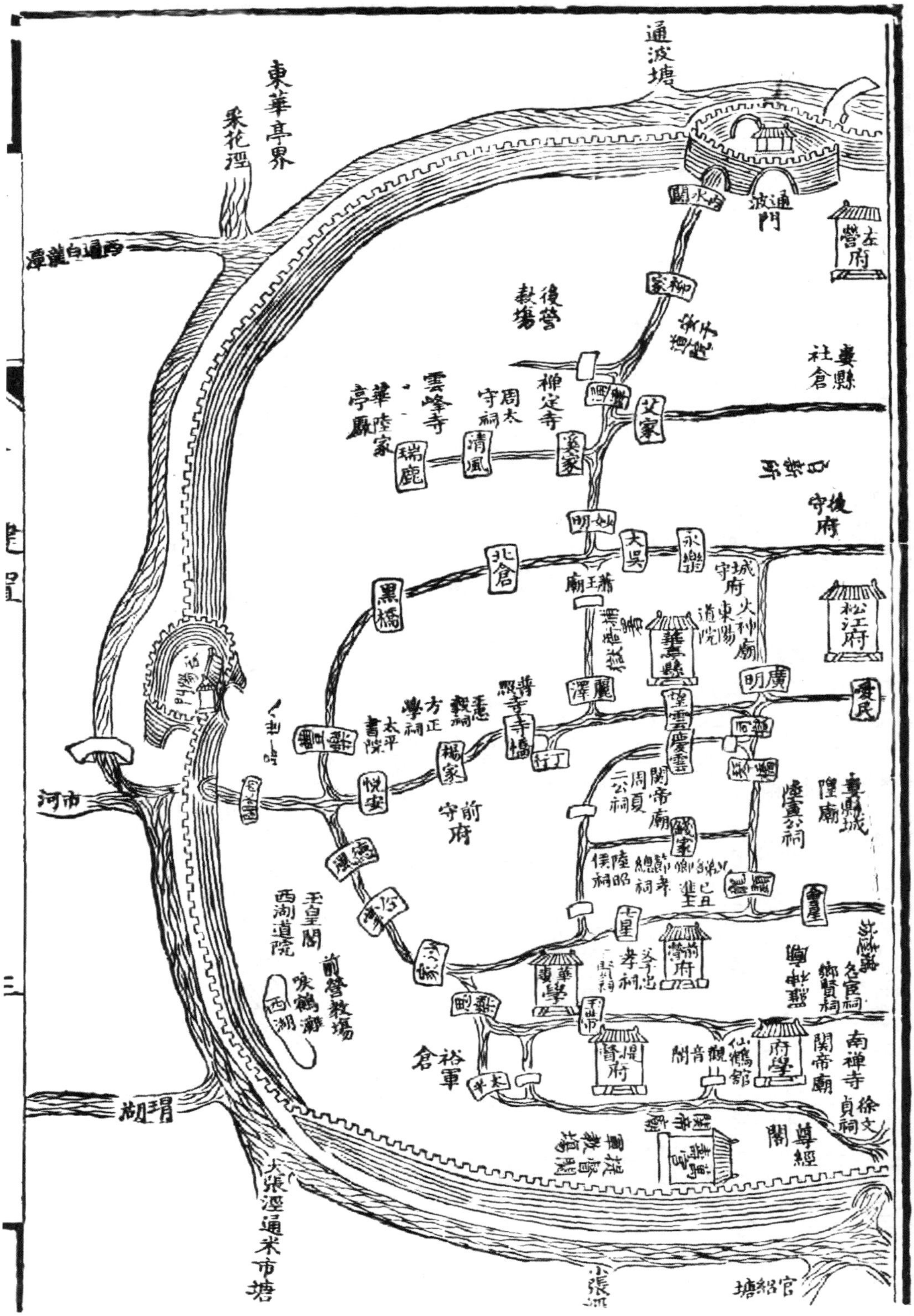

娄县附郭城图 / 选自乾隆《娄县志》

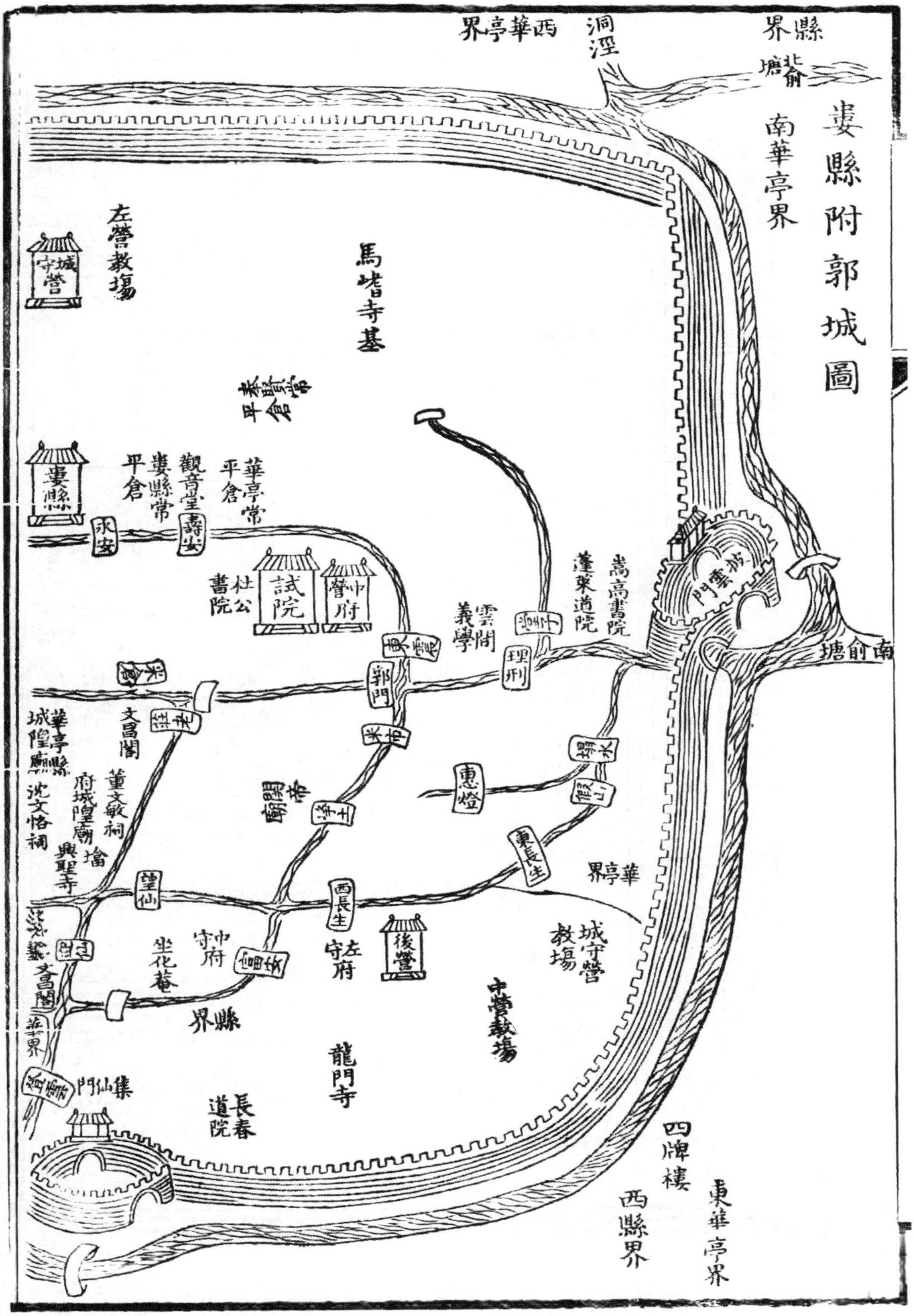
婁縣附郭城圖
西華亭界
洞涇
縣界
北俞塘
南華亭界
左營教場
城守營
馬嗜寺基
婁縣
永安
觀音堂
婁縣常平倉
華亭常平倉
試院
中營府
杜公書院
雲間義學
嵩高書院
蓬萊道院
披雲門
南俞塘
郭門
理刑
米市
文昌閣
華亭縣城隍廟
府城隍廟
董文敏祠
沈文恪祠
興聖寺
關帝廟
淨土
望仙
西長生
東長生
華亭界
中府守
左府守
後營
城守營教場
坐化菴
縣界
中營教場
龍門寺
長春道院
集仙門
四牌樓
西縣界
東華亭界

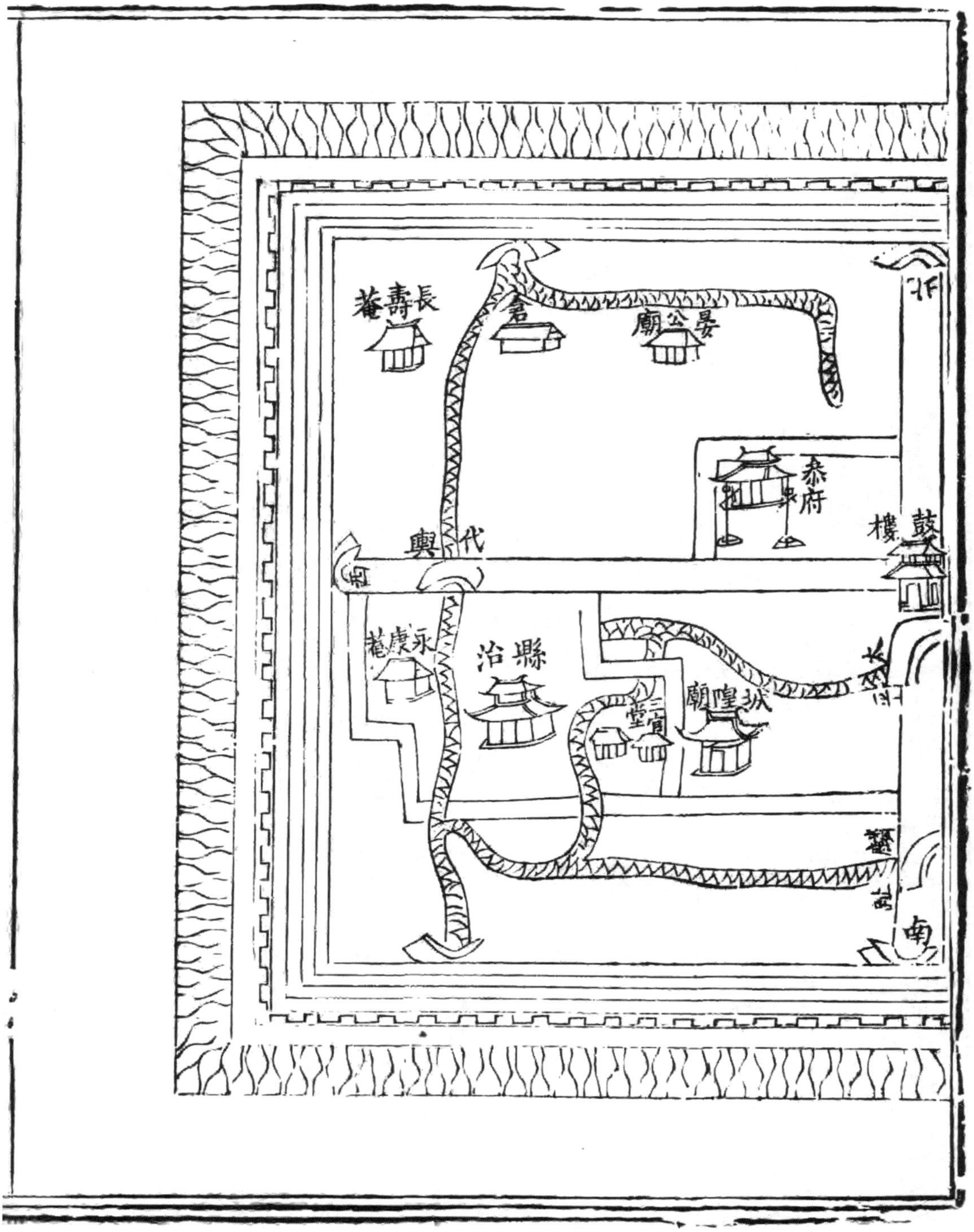

宝山县城图 / 选自乾隆《宝山县志》

縣城圖

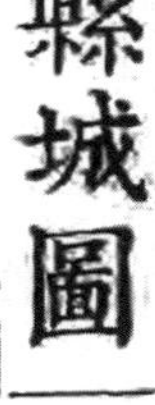

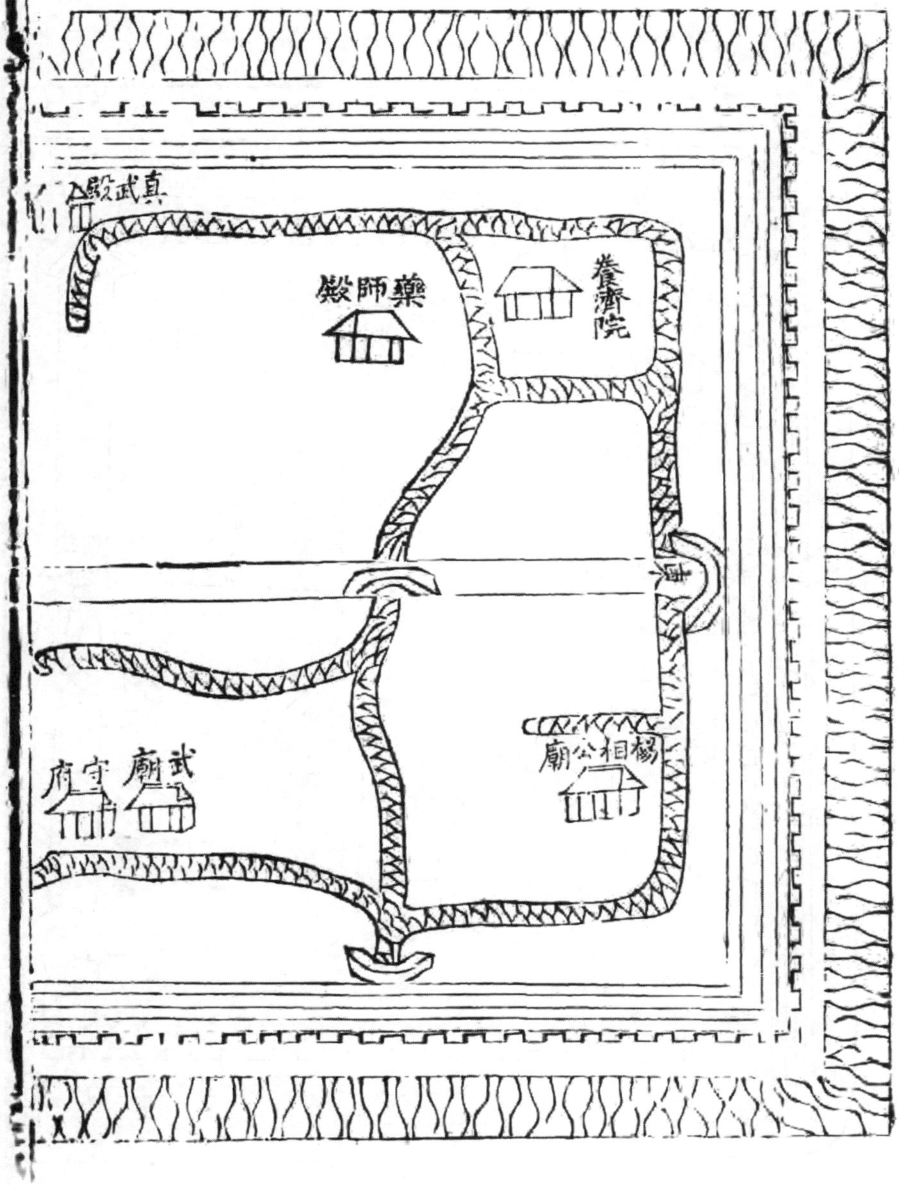
真武殿
藥師殿
養濟院
東
楊相公廟
武廟
守府

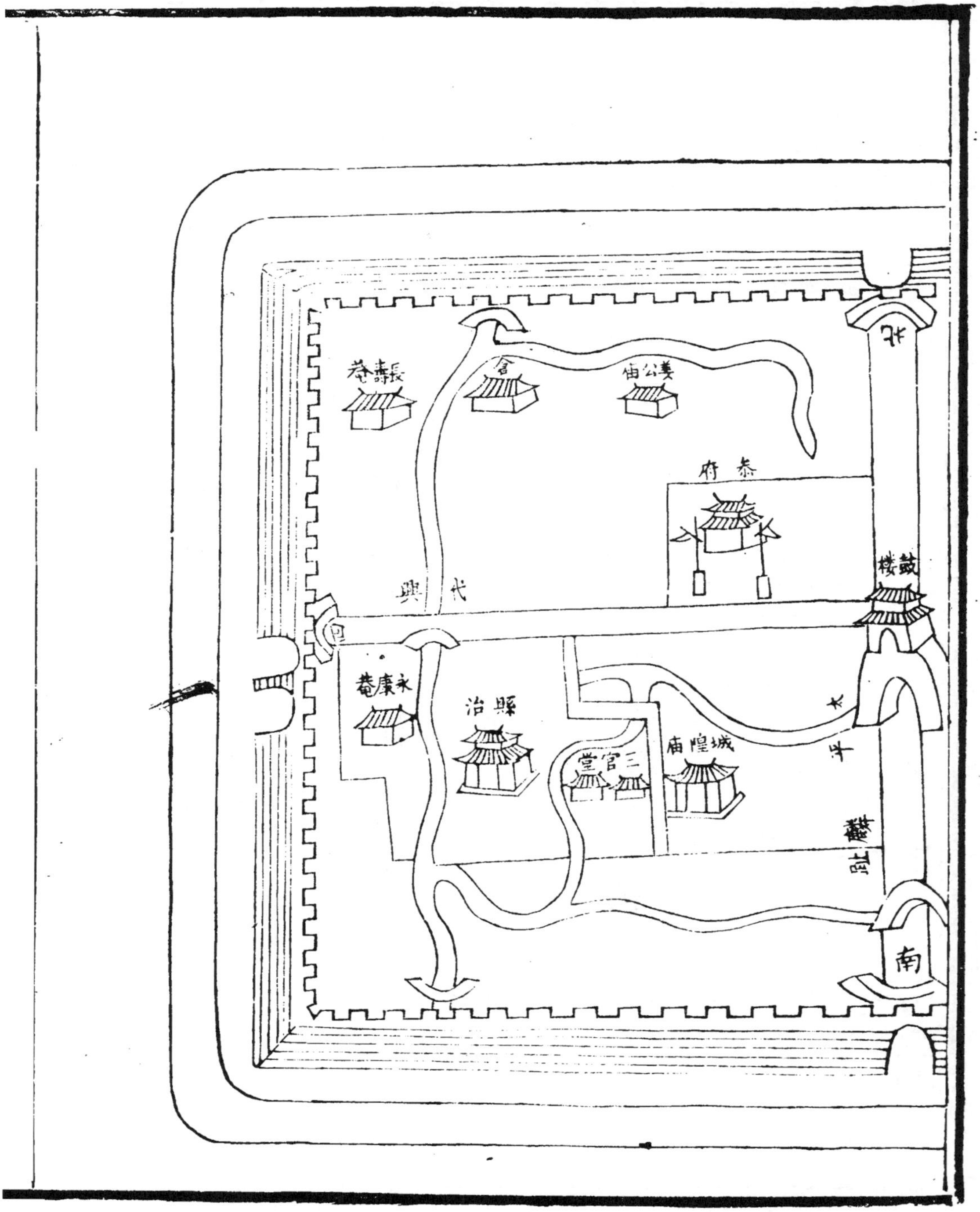

宝山县城图 / 选自嘉庆《直隶太仓州志》

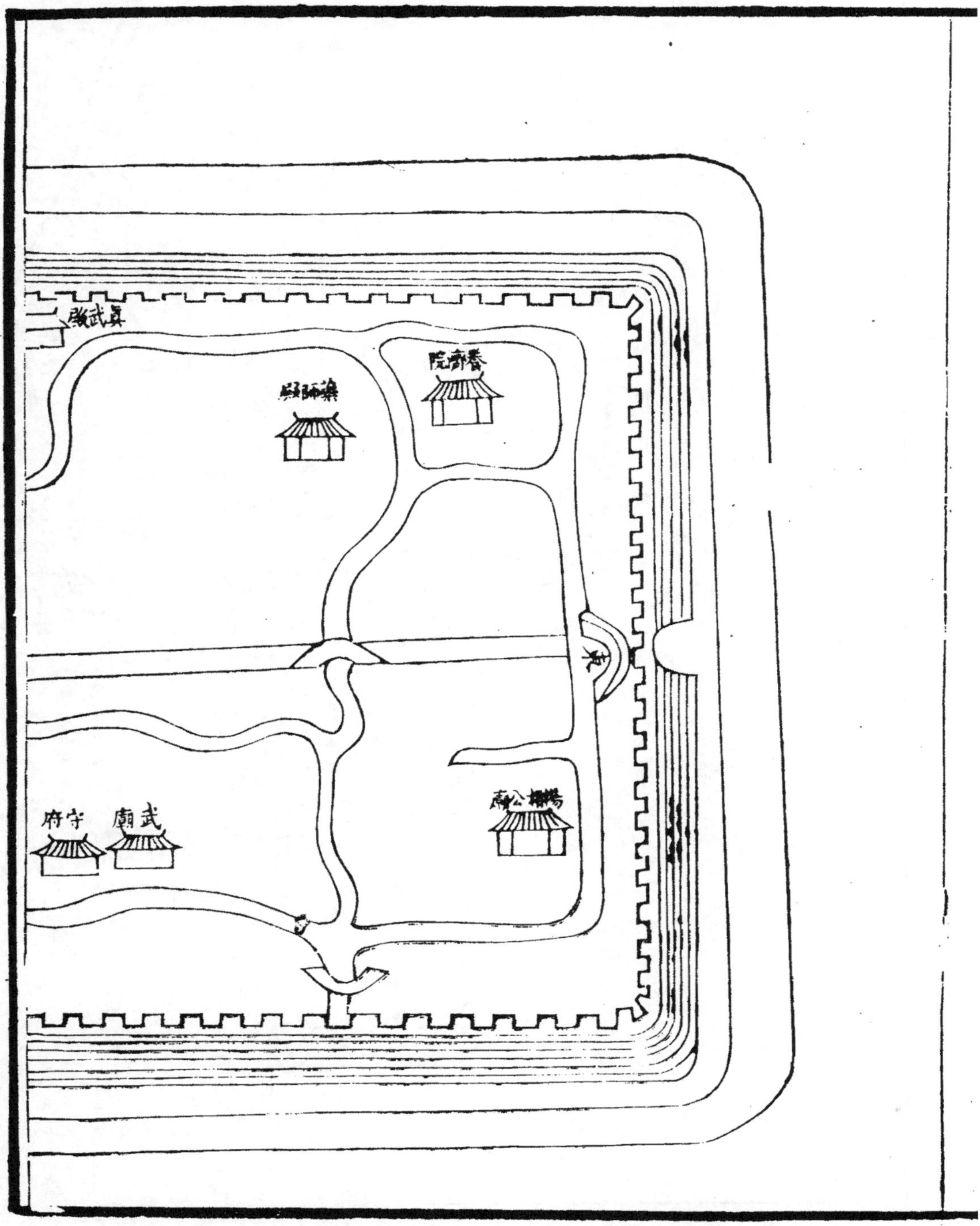

上海

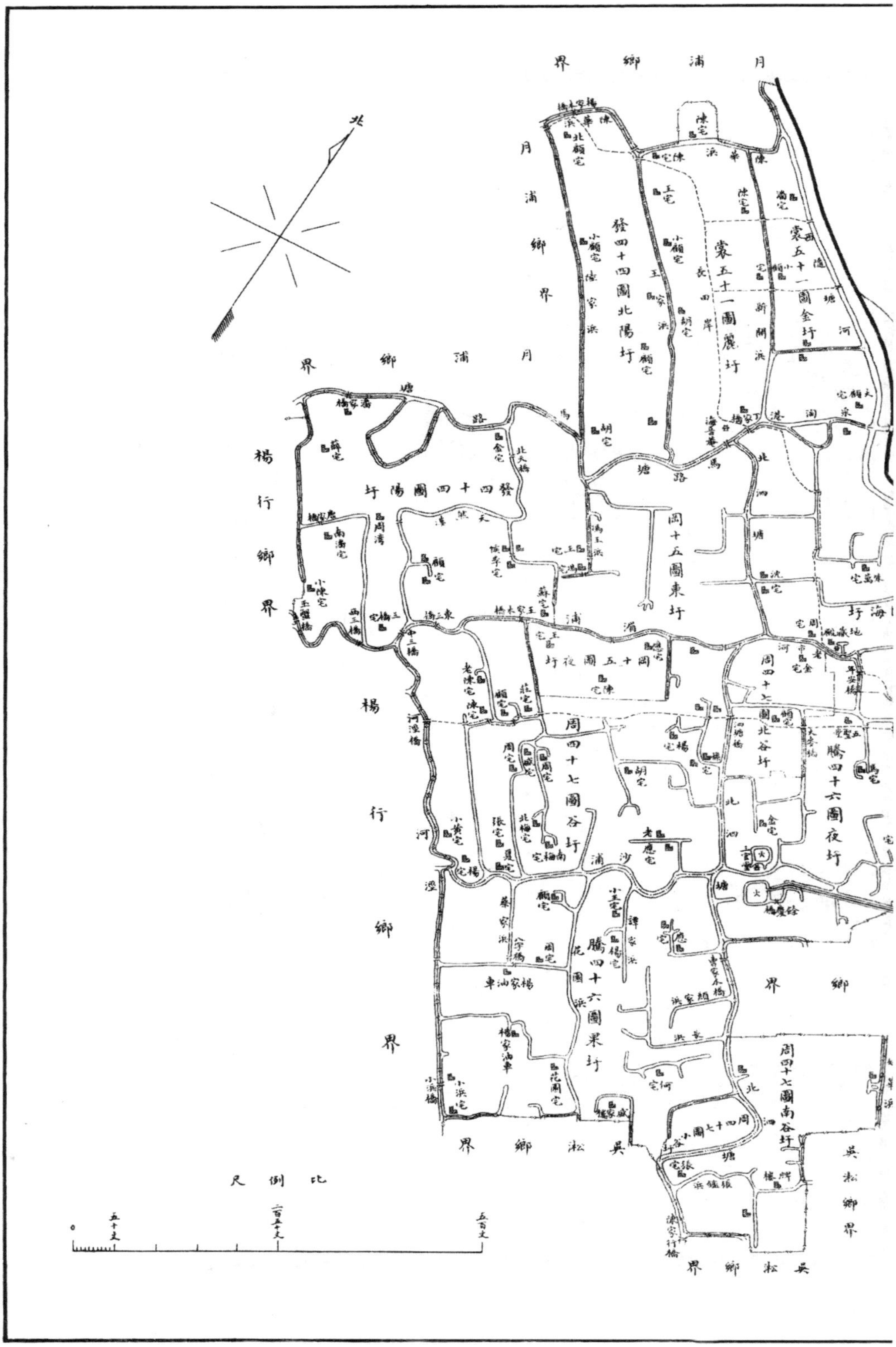

宝山县城厢市图 / 选自民国《宝山县续志》

城廂市圖
說明
本市所轄長興鼎興石頭三沙孤懸海中在城治東南隅相距有三四十里之遥因限於篇幅不能按照距離比例繪入茲特縮短距離附繪於下至其確實形勢可查閱全縣區域圖
海
比例尺
寶山縣城
小沙背
北稱圩
騰四十二圖
南稱圩
吳淞
鄉界
石頭沙
長興沙
符號
市鄉界
圖界
圩界
護塘
城垣
河流
街道
道路
石路
馬路
縣署
學校
廟宇
教堂
村宅
火藥局
橋梁
城門
鼓樓
警所

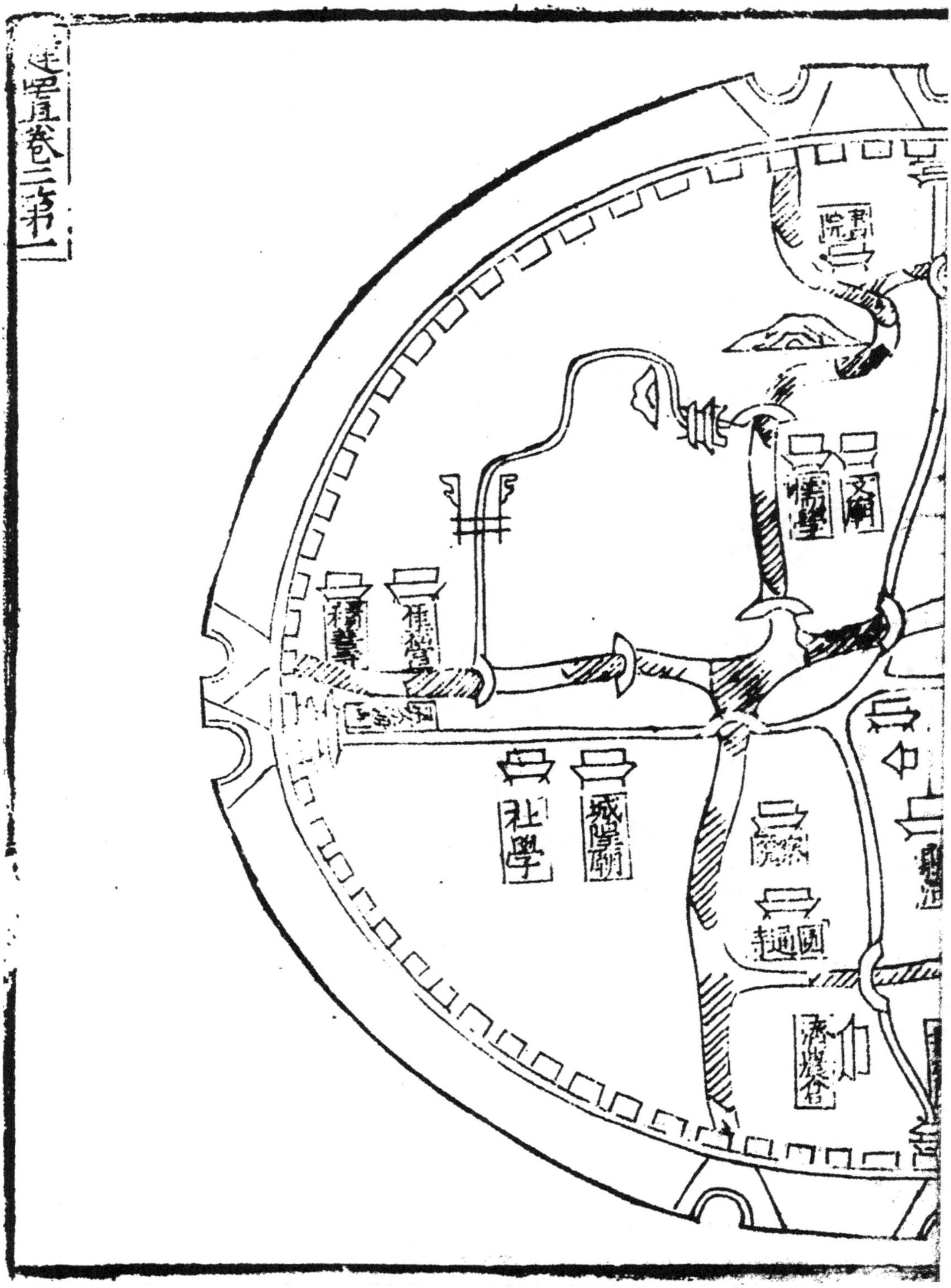

嘉定县城图 / 选自嘉靖《嘉定县志》

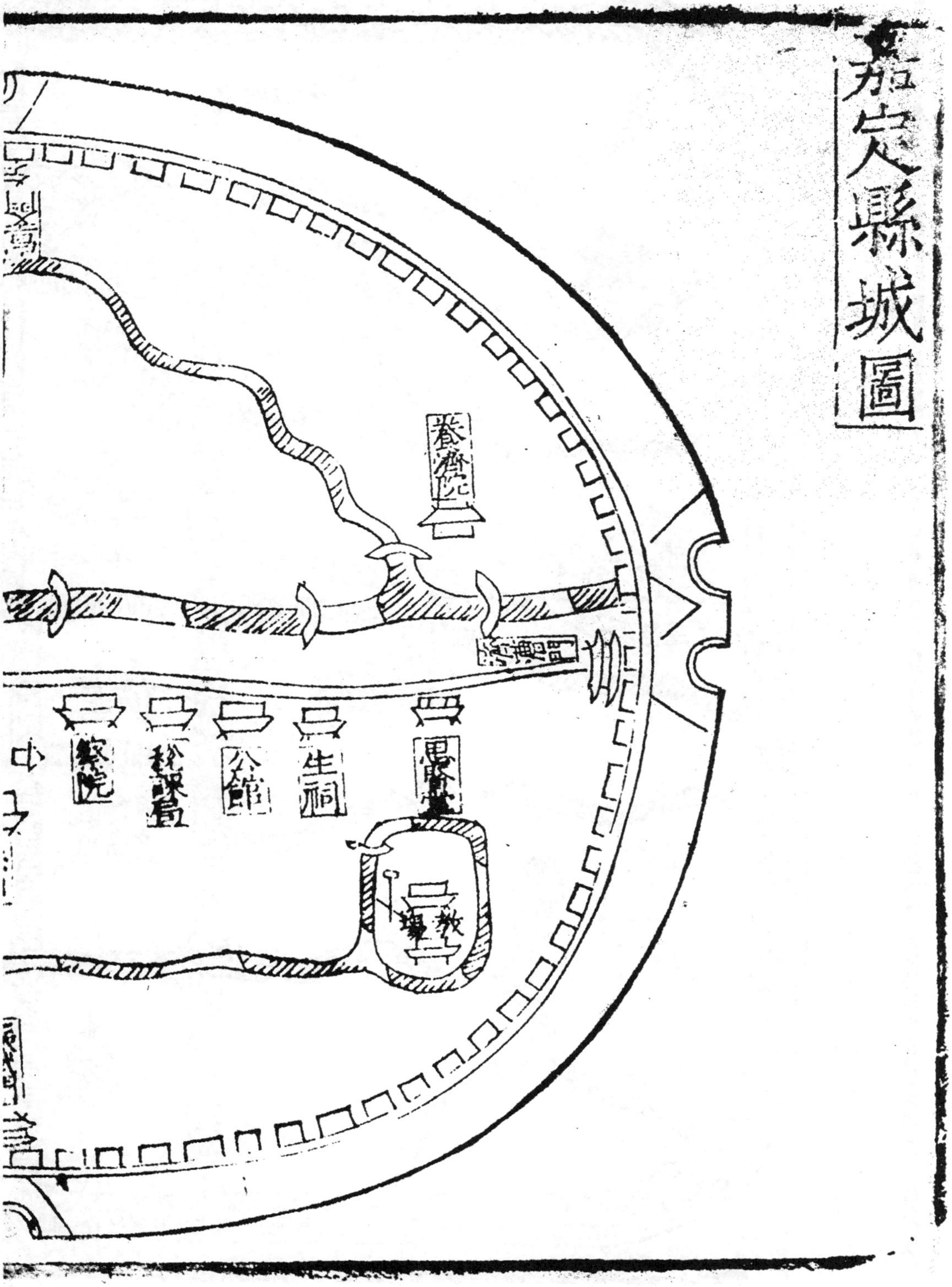
嘉定縣城圖
養濟院
察院
稅課局
公館
生祠
教場

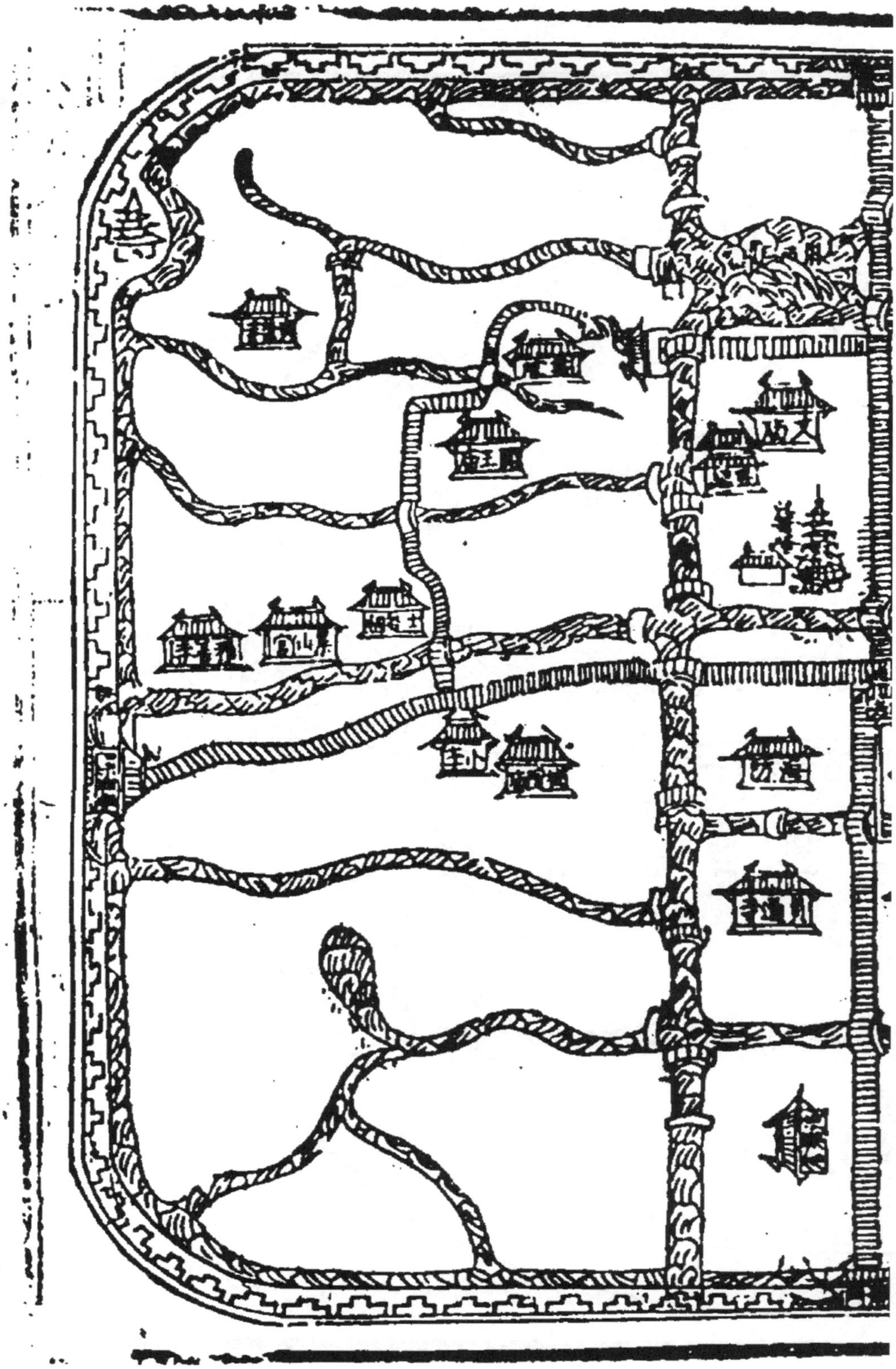

嘉定县城图 / 选自万历《嘉定县志》

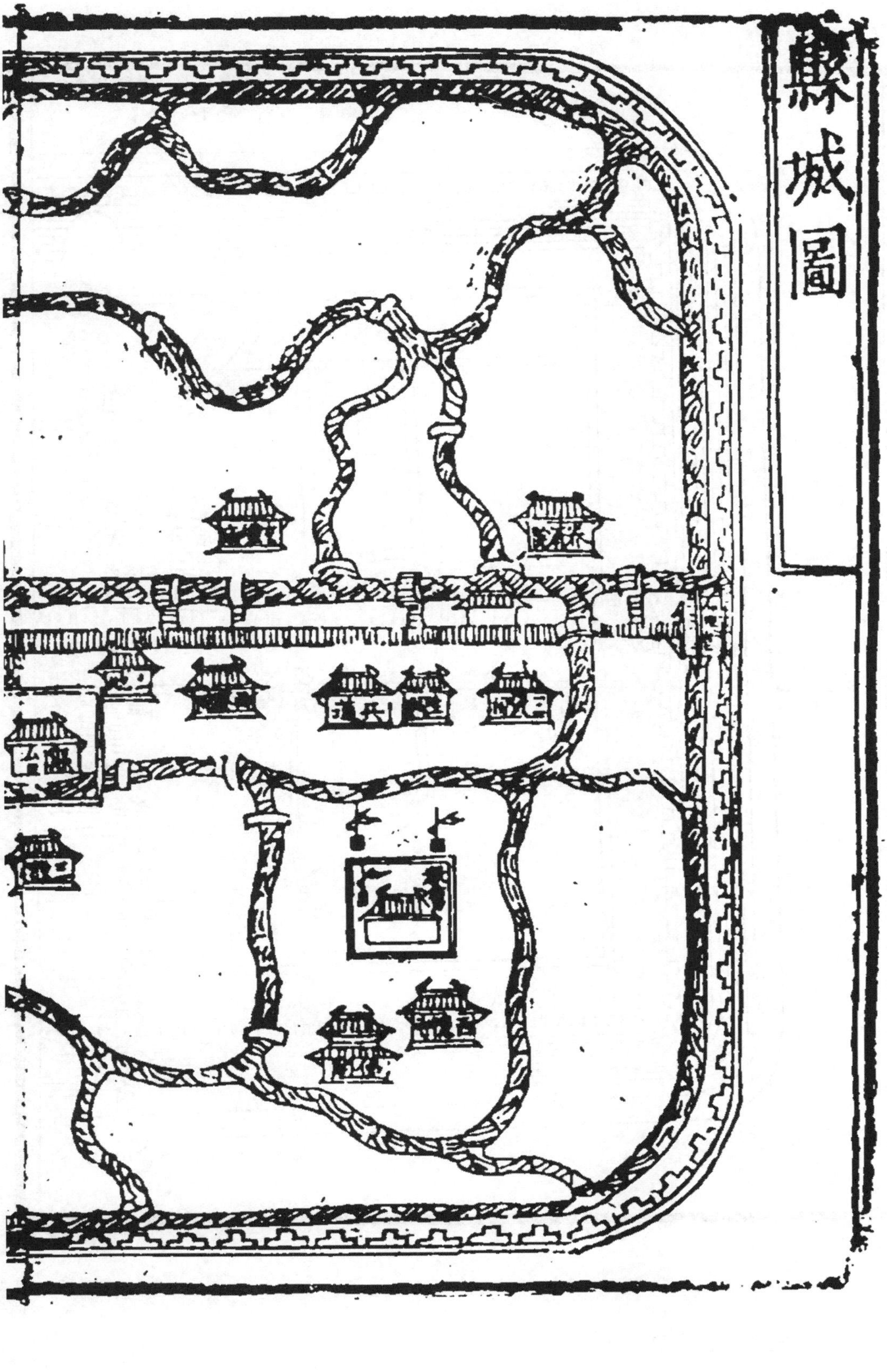
縣城圖

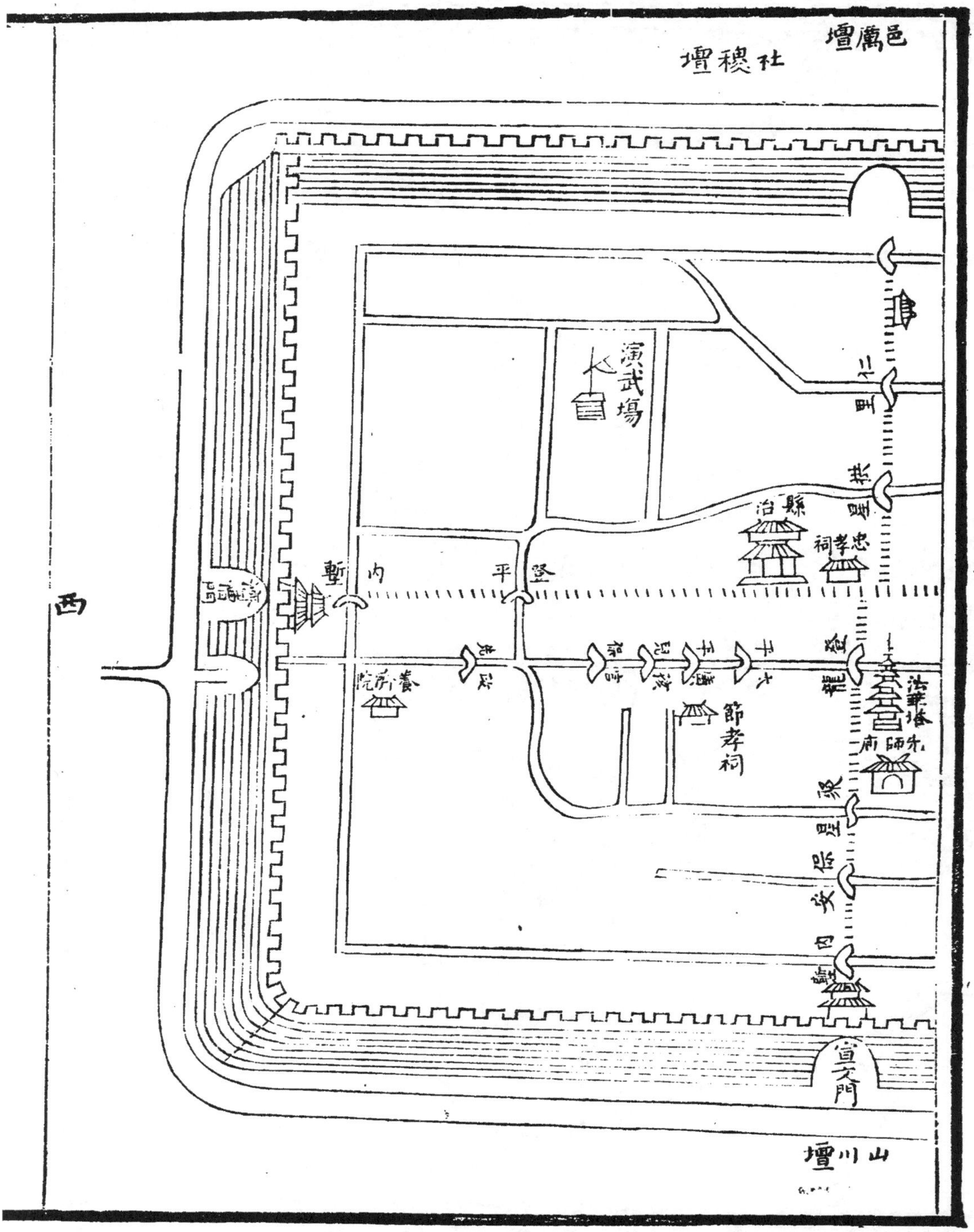

嘉定县城图 / 选自嘉庆《直隶太仓州志》

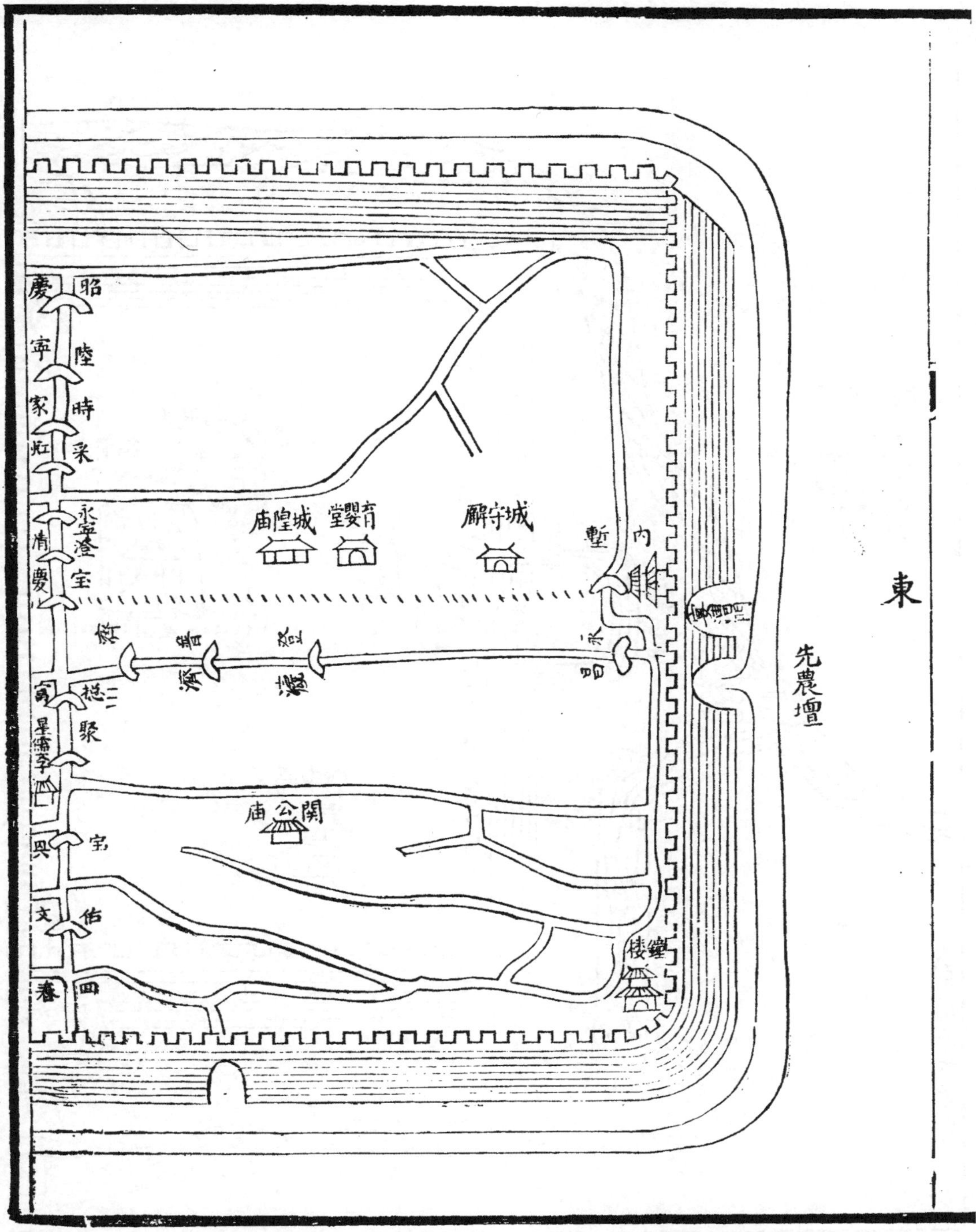
東
先農壇
城隍庙
育嬰堂
城守廨
關公庙
鐘樓

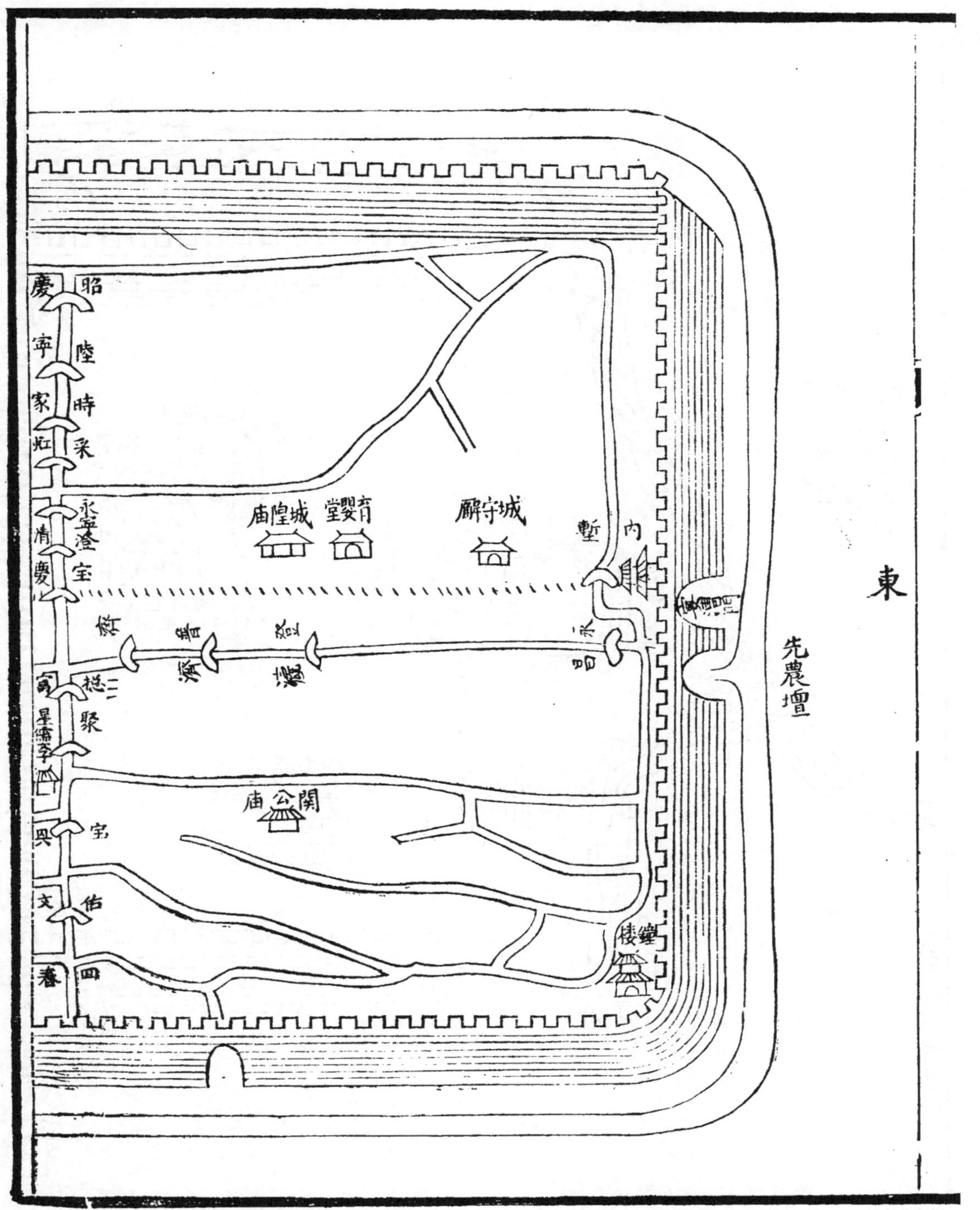

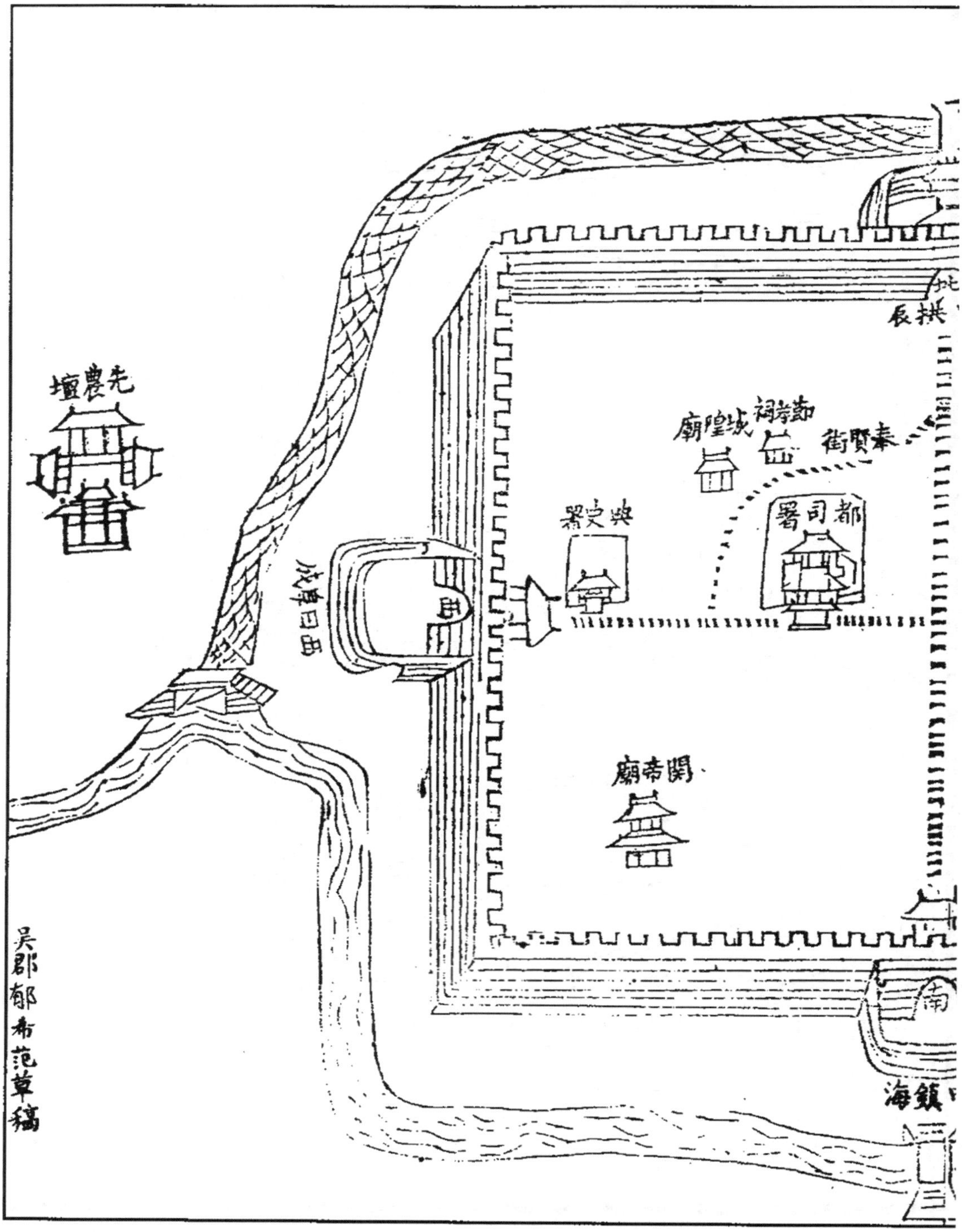

奉贤县城图 / 选自乾隆《奉贤县志》

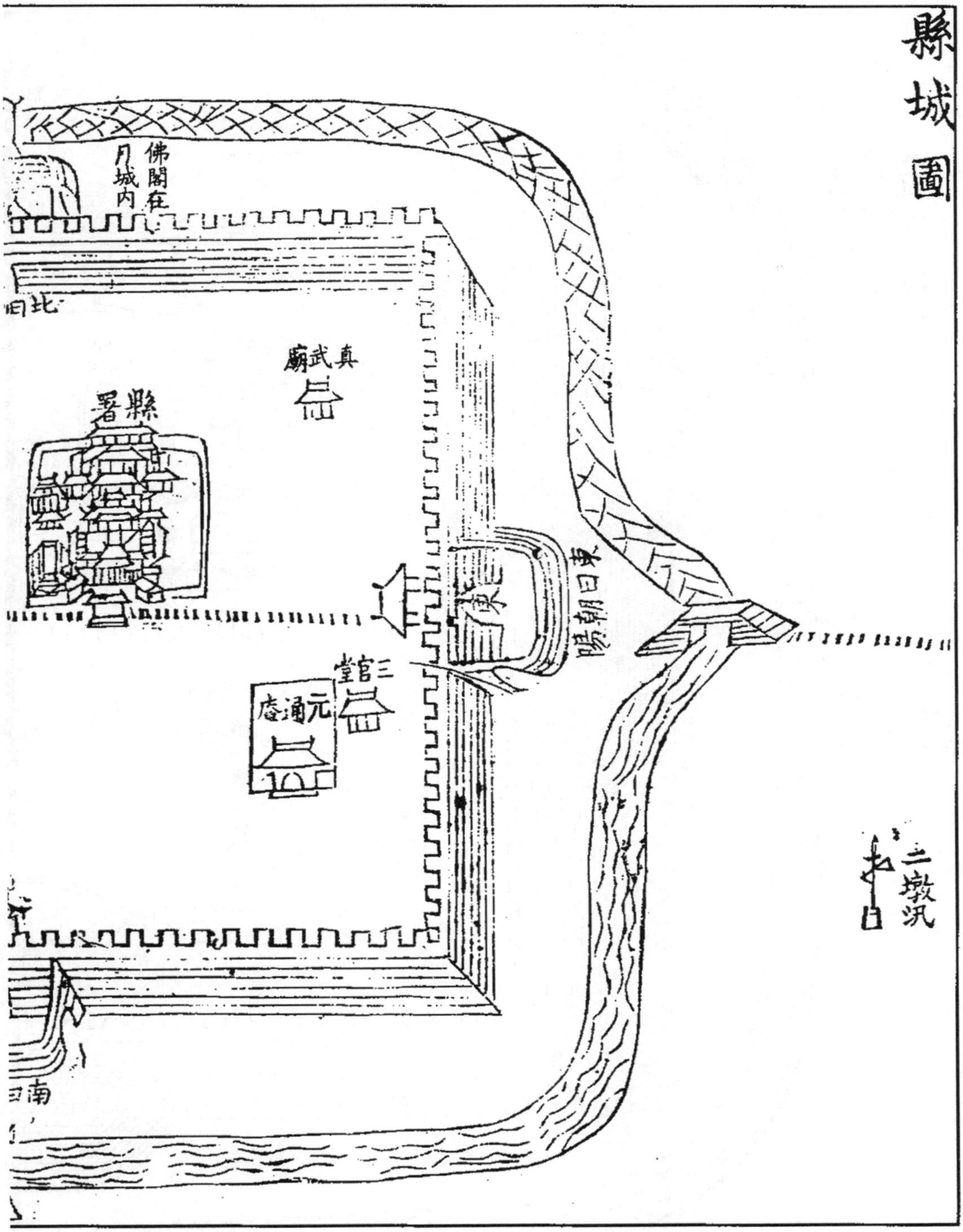
縣城圖
佛閣在月城内
真武廟
縣署
三官堂
元通庵
二墩汛

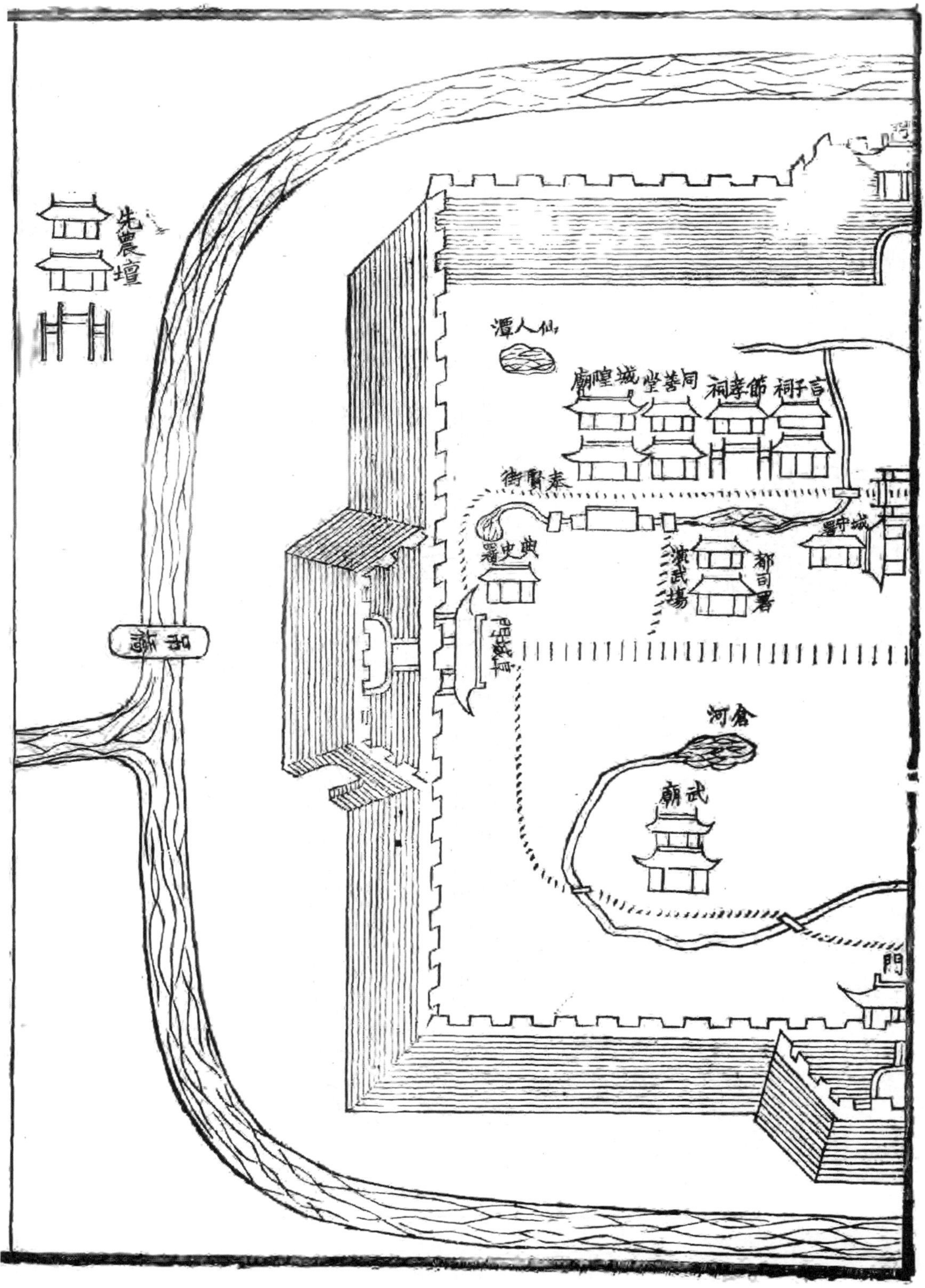

奉贤县城图 / 选自光绪《重修奉贤县志》

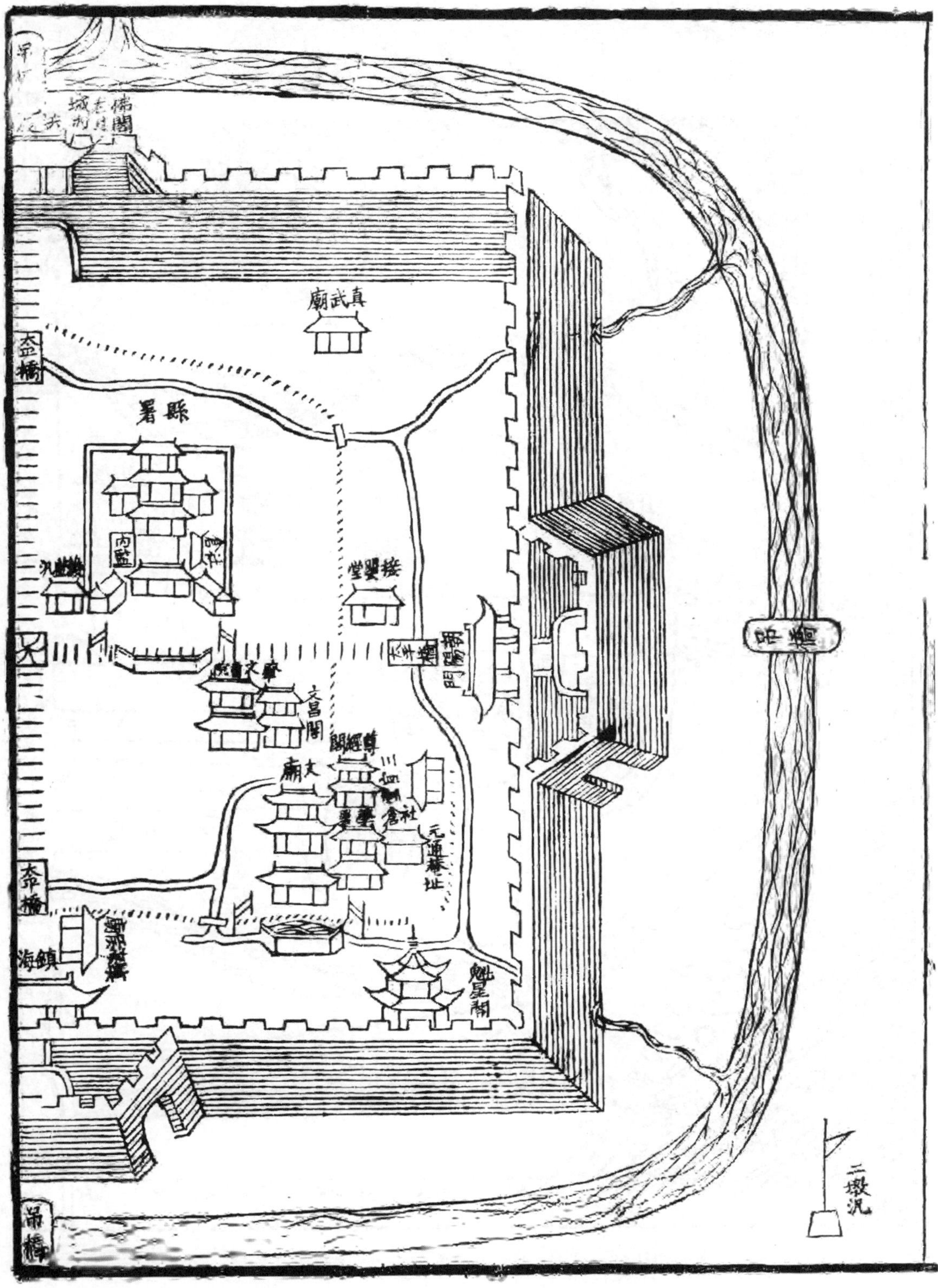
真武廟
縣署
接嬰堂
文昌閣
尊經閣
文廟
社倉
學署
元通菴址
魁星閣
二墩汛
吊橋

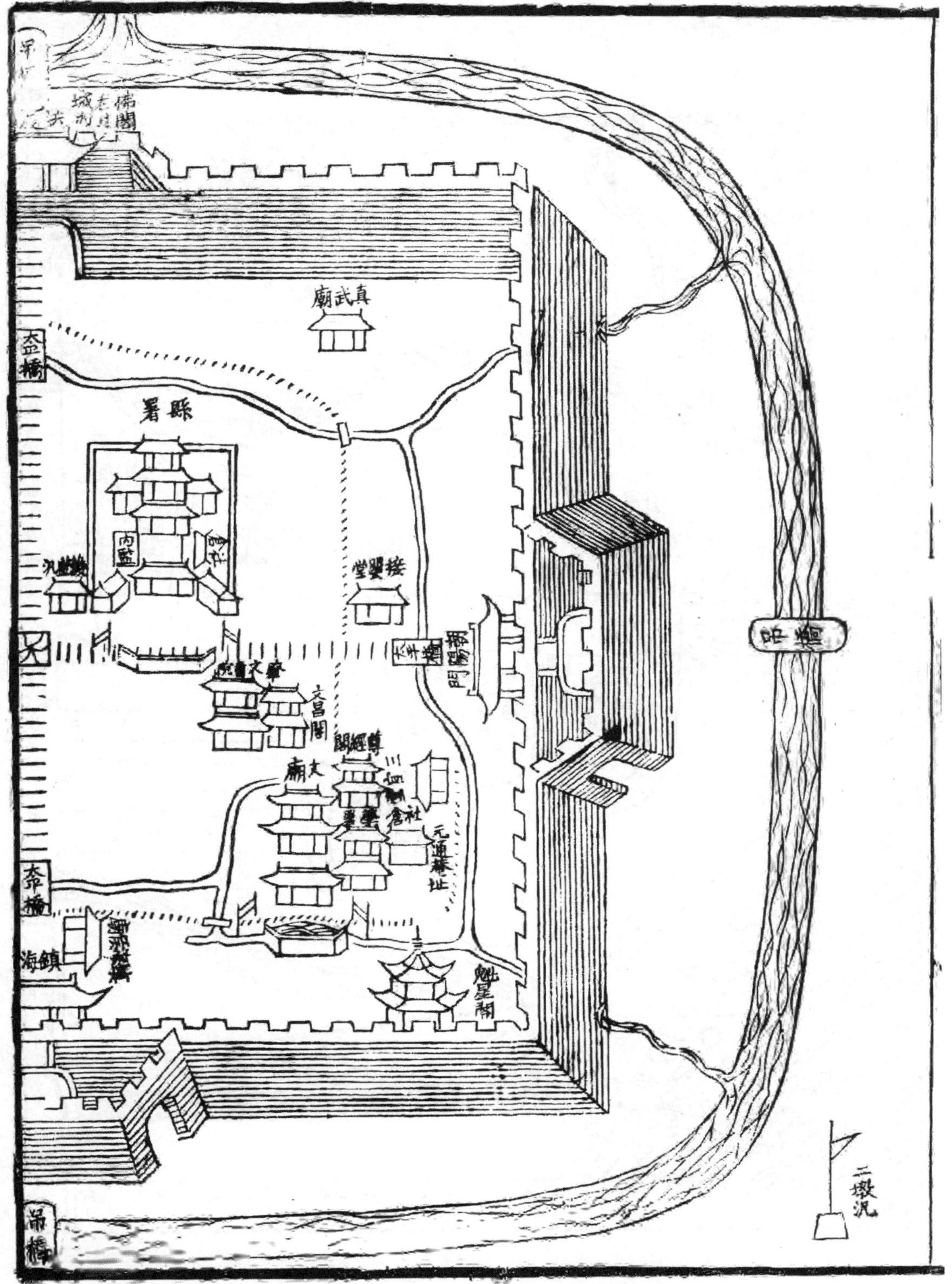

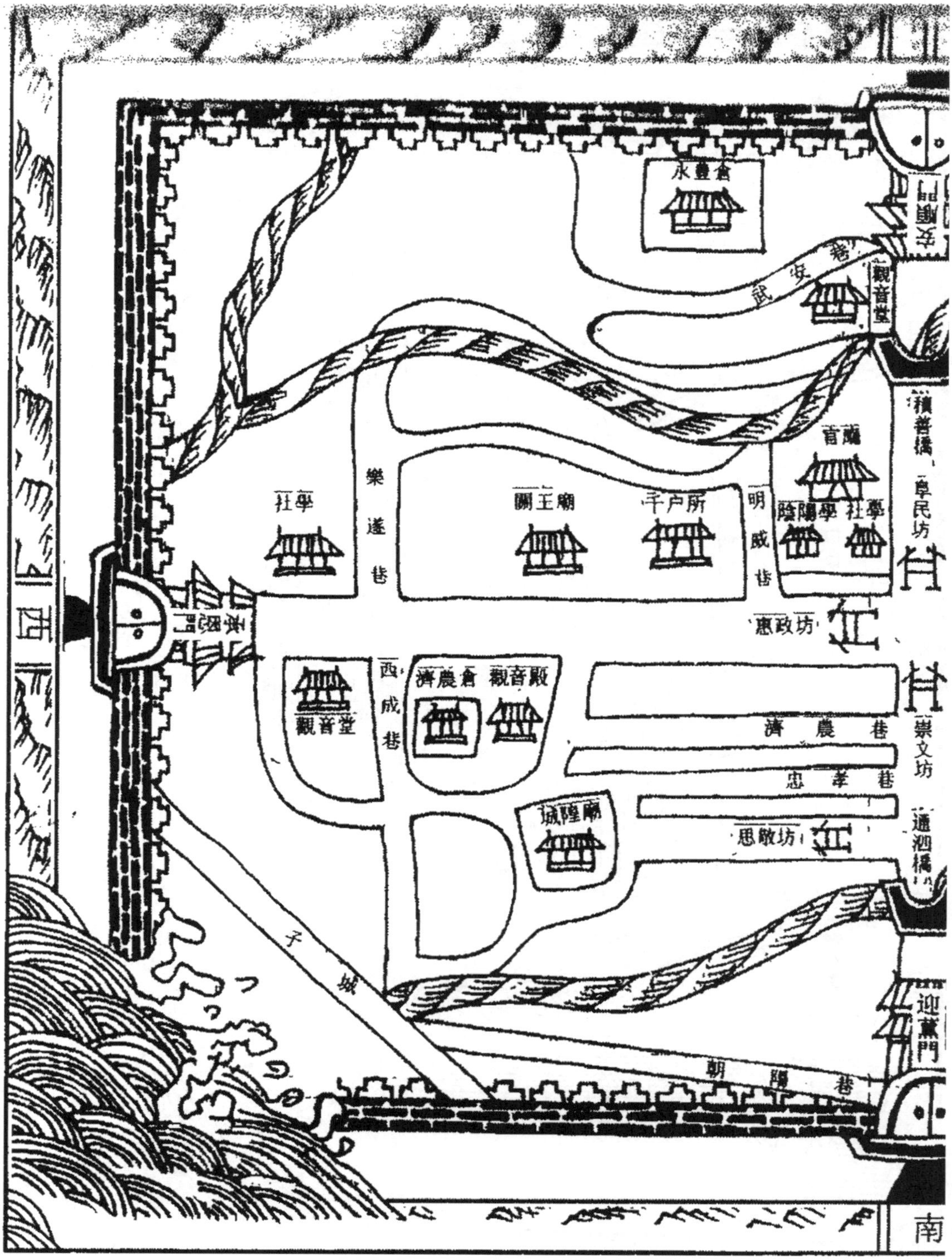

崇明县城池图 / 选自正德《崇明县志》

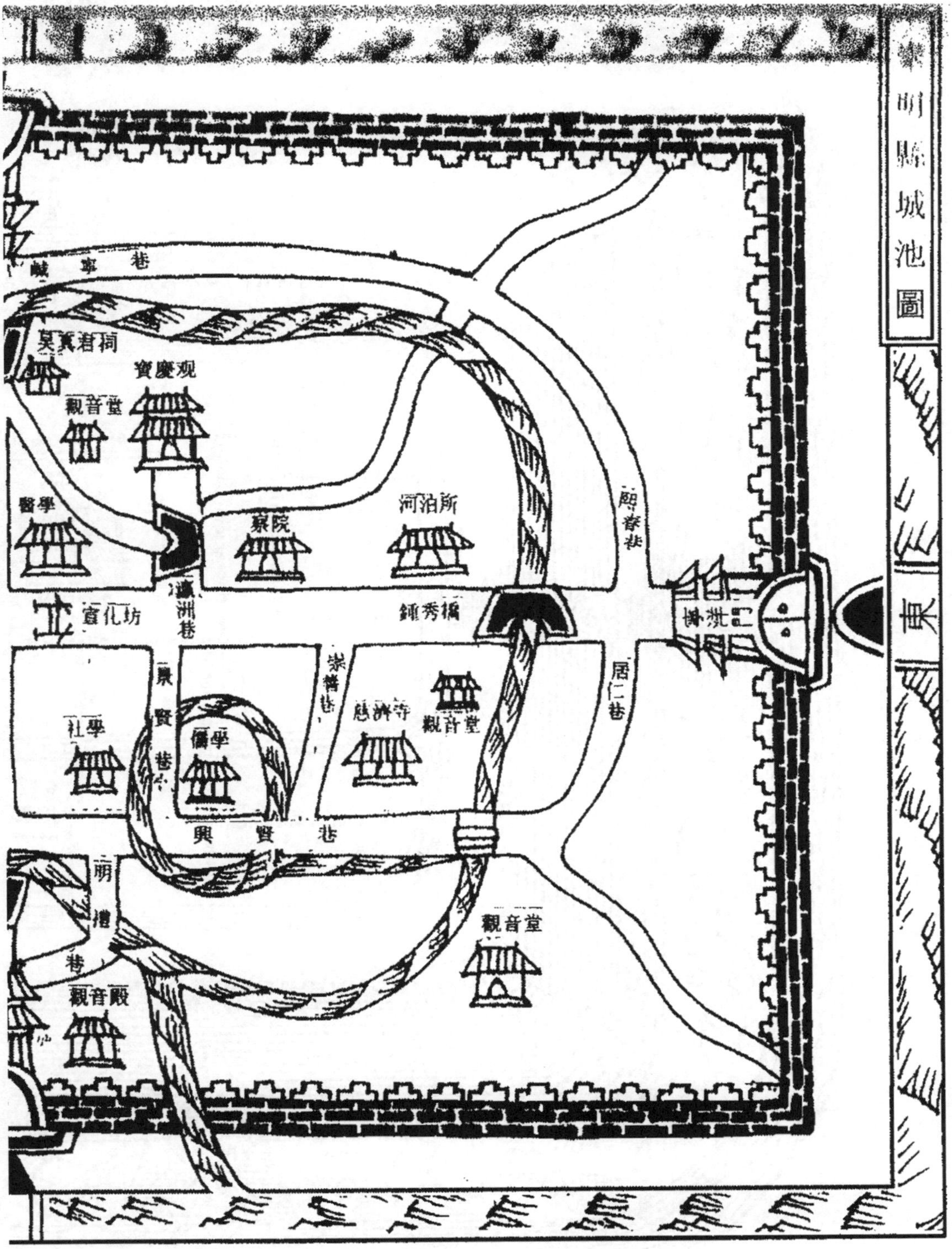
明縣城池圖
東
城寧巷
昊寶君祠
寶慶观
觀音堂
醫學
察院
河泊所
熙春巷
宣化坊
瀛洲巷
鍾秀橋
東洪門
崇善巷
慈濟寺
觀音堂
居仁巷
聚賢巷
社學
儒學
興賢巷
明禮巷
觀音殿
觀音堂

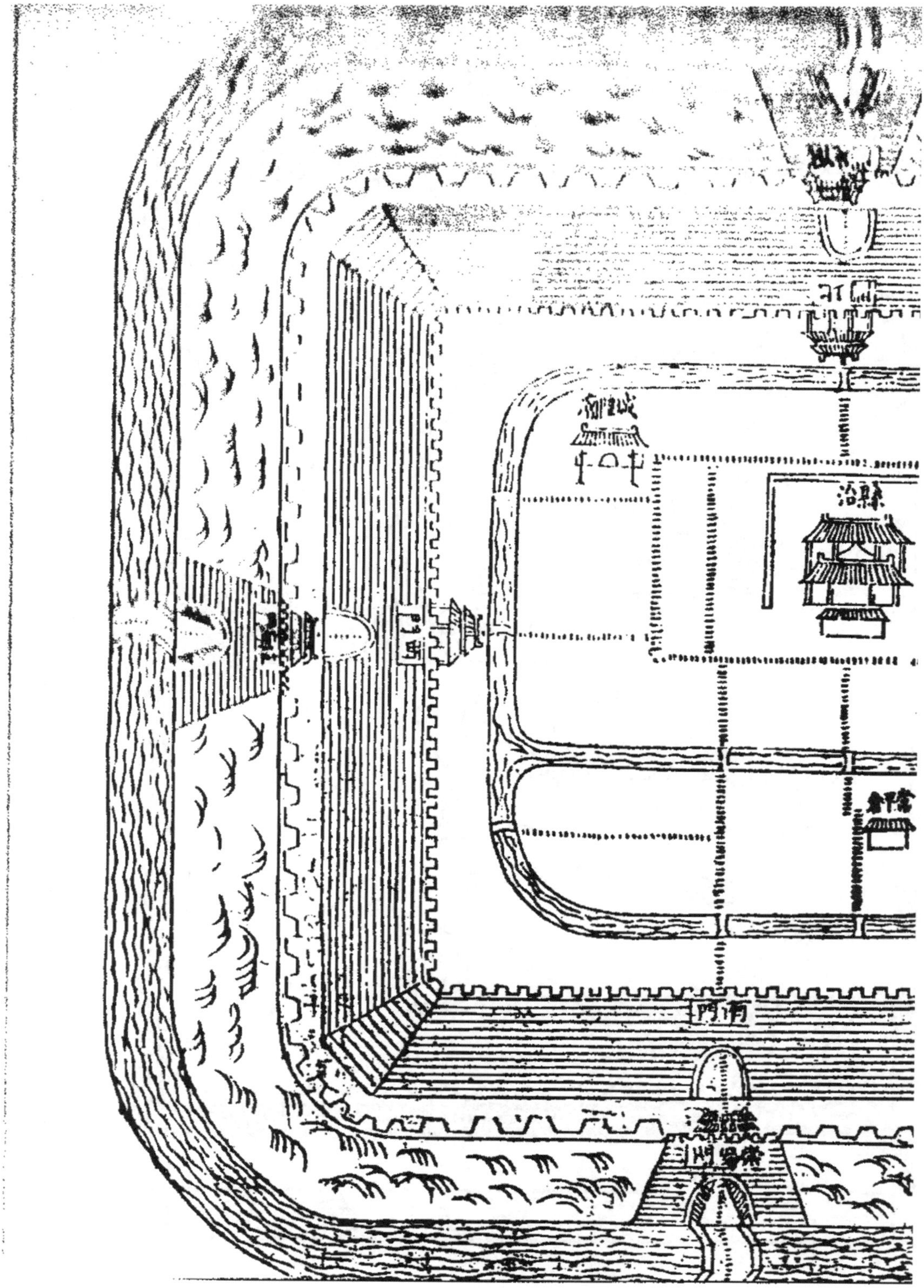

崇明县城图 / 选自乾隆《崇明县志》

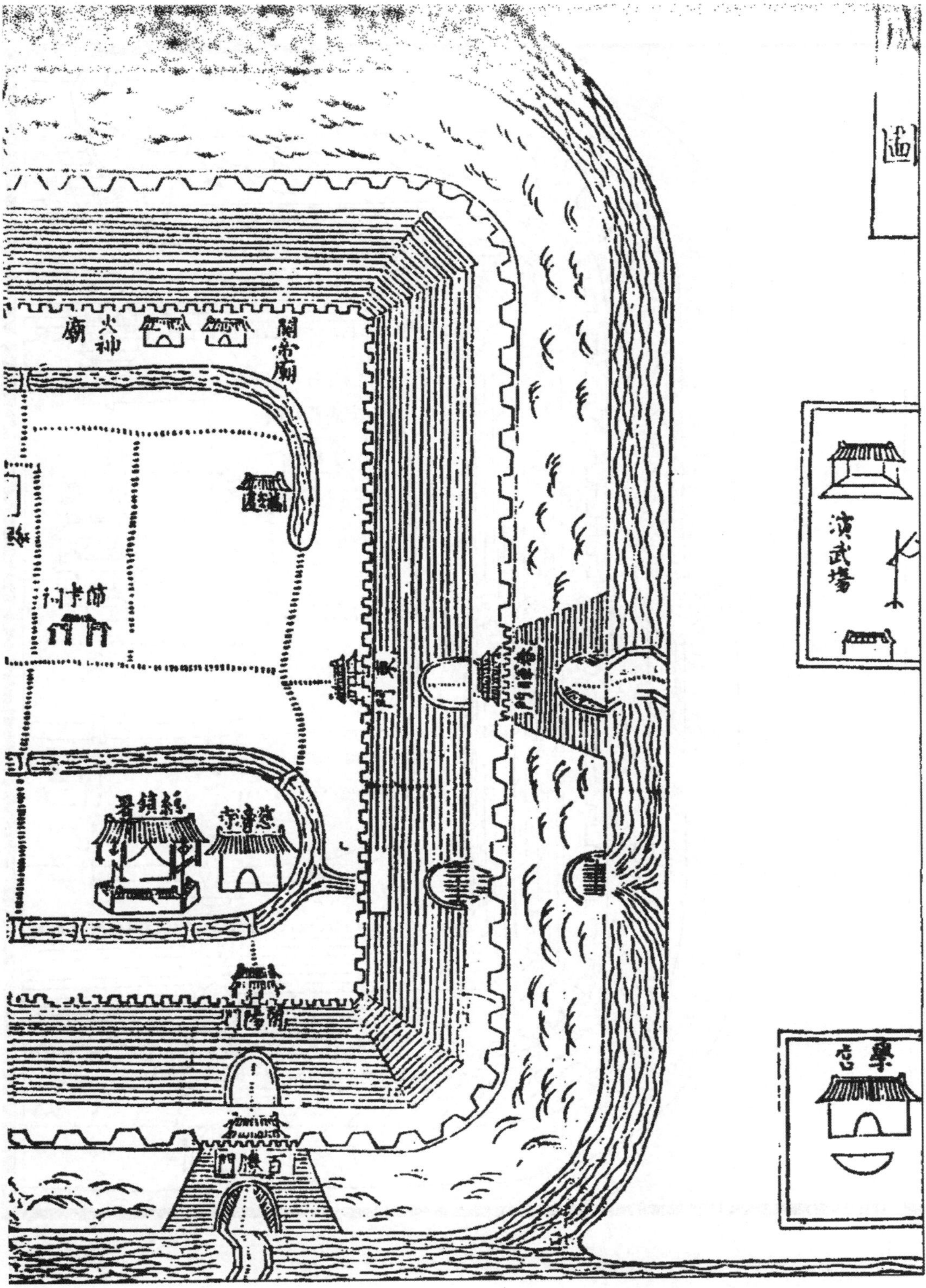
關帝廟
火神廟
演武場
學宮

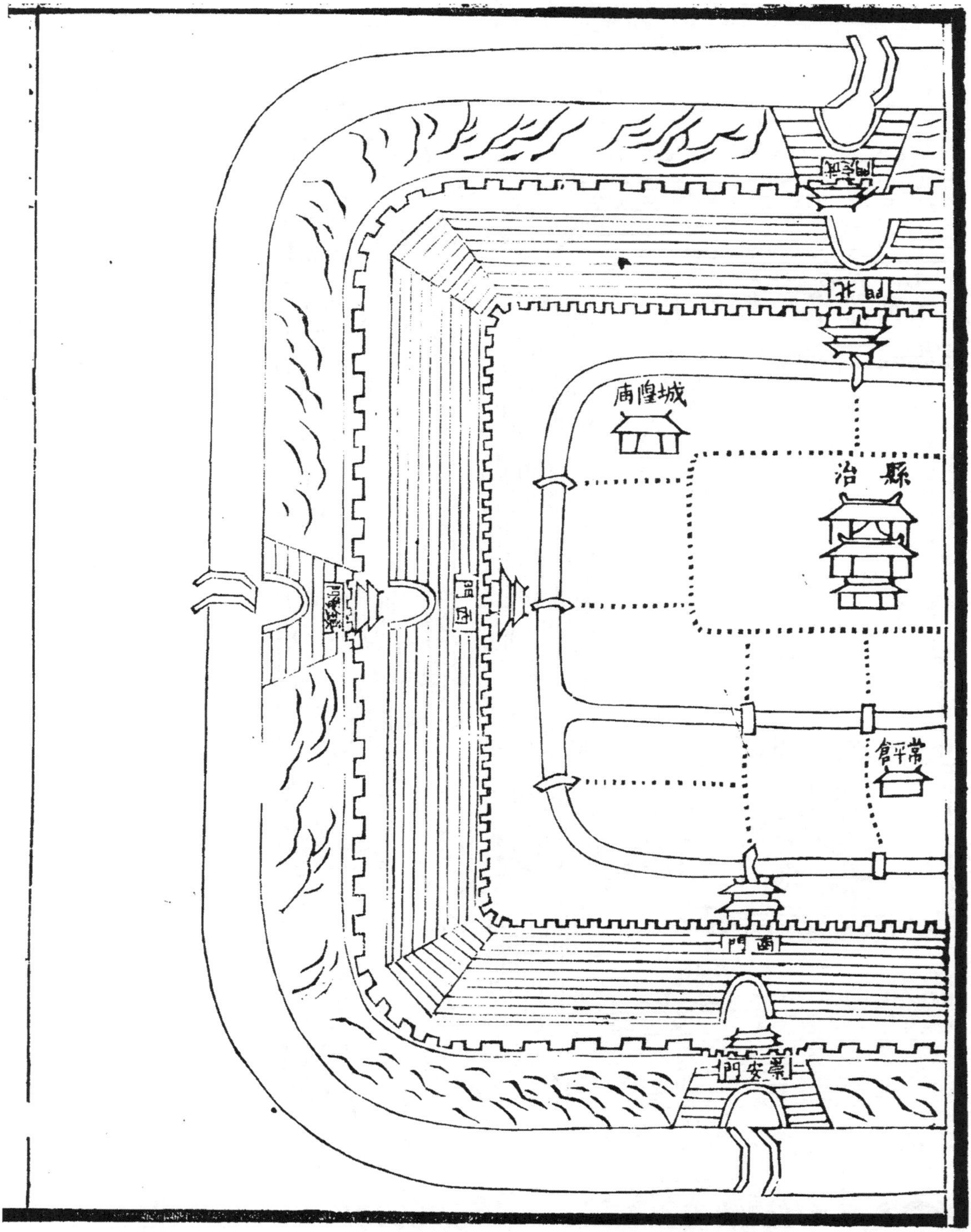

崇明县城图 / 选自嘉庆《直隶太仓州志》

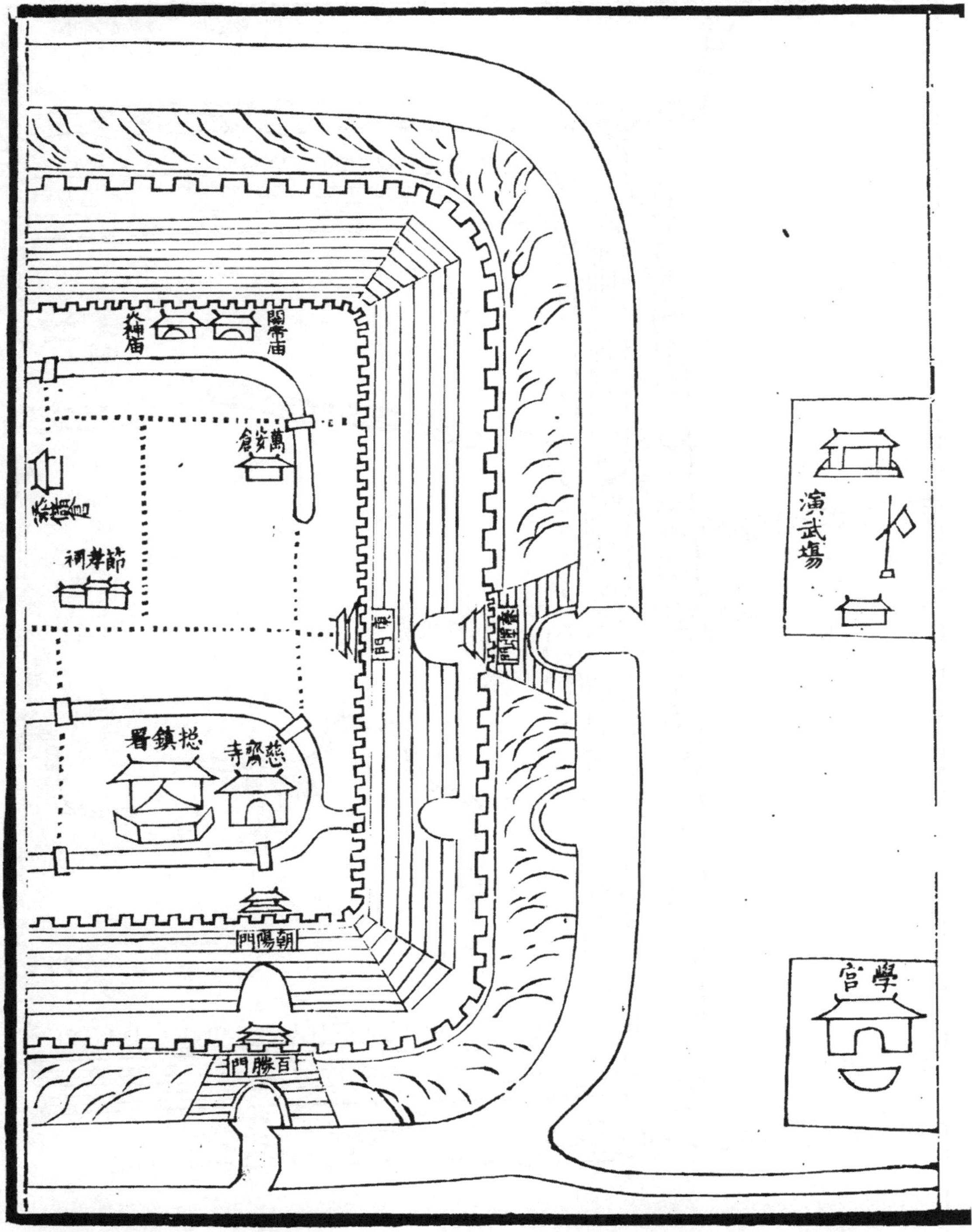
火神庙
關帝庙
萬安倉
節孝祠
總鎮署
南門
朝陽門
百勝門
演武場
學宮

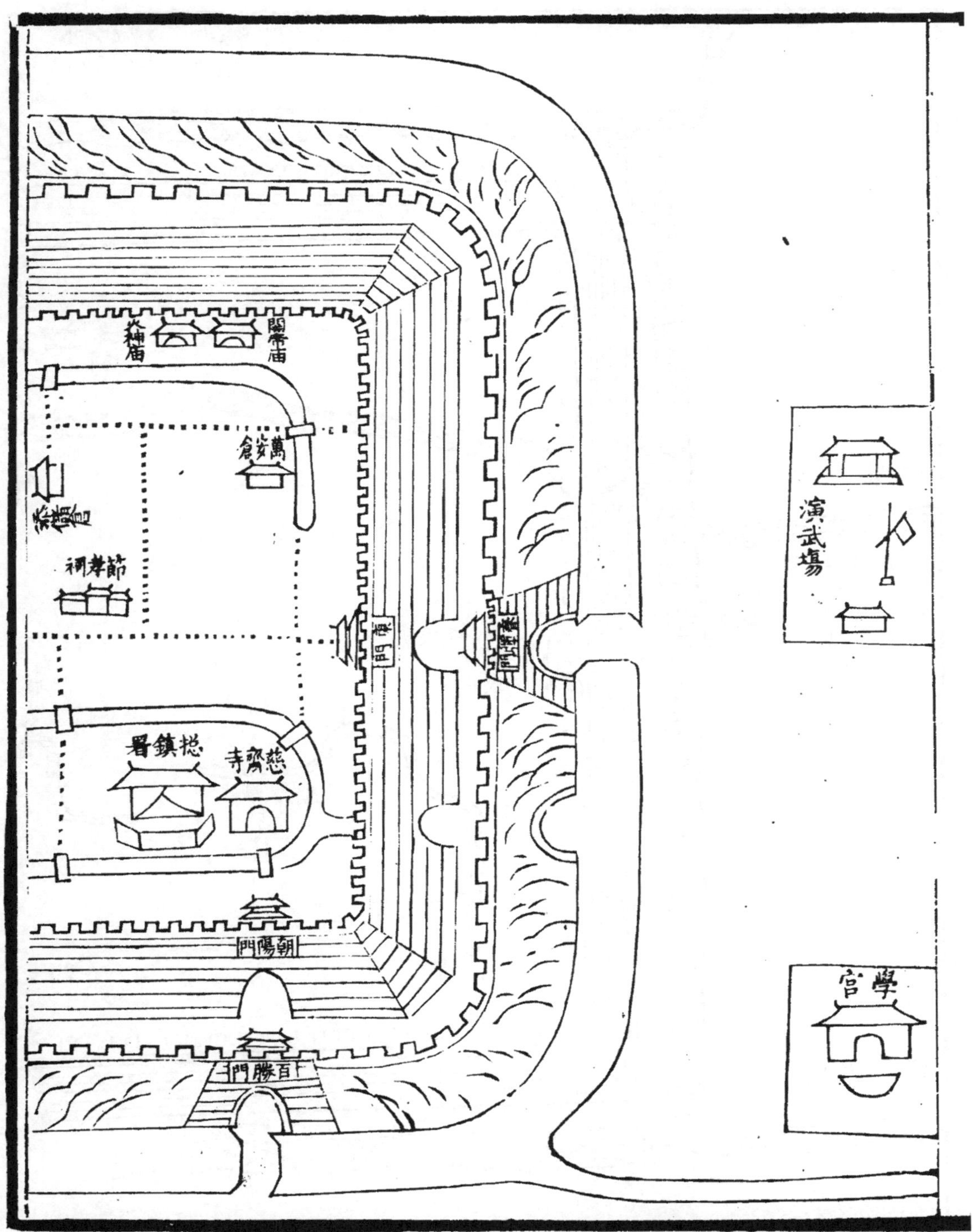

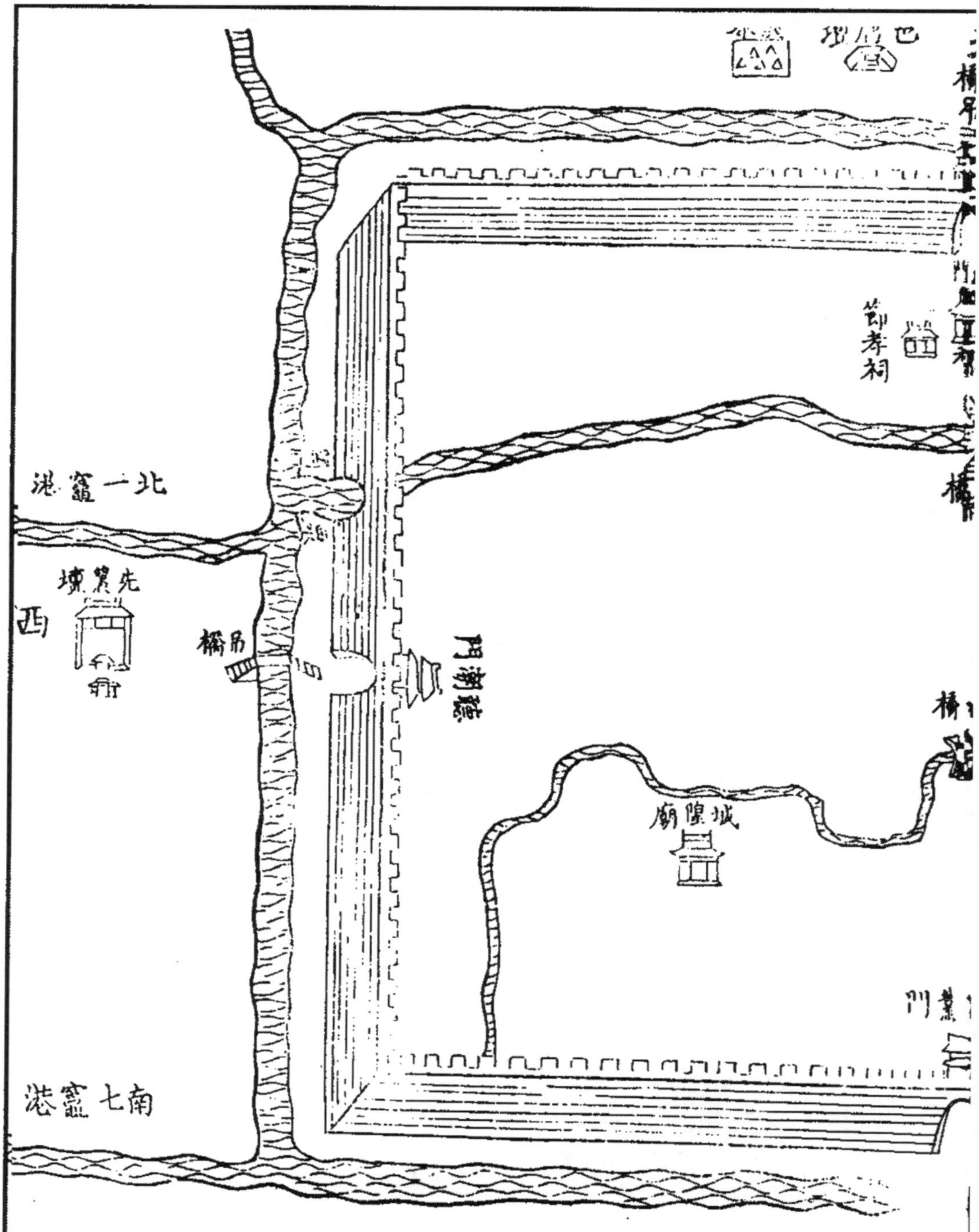

南汇县城图 / 选自雍正《南汇县志》

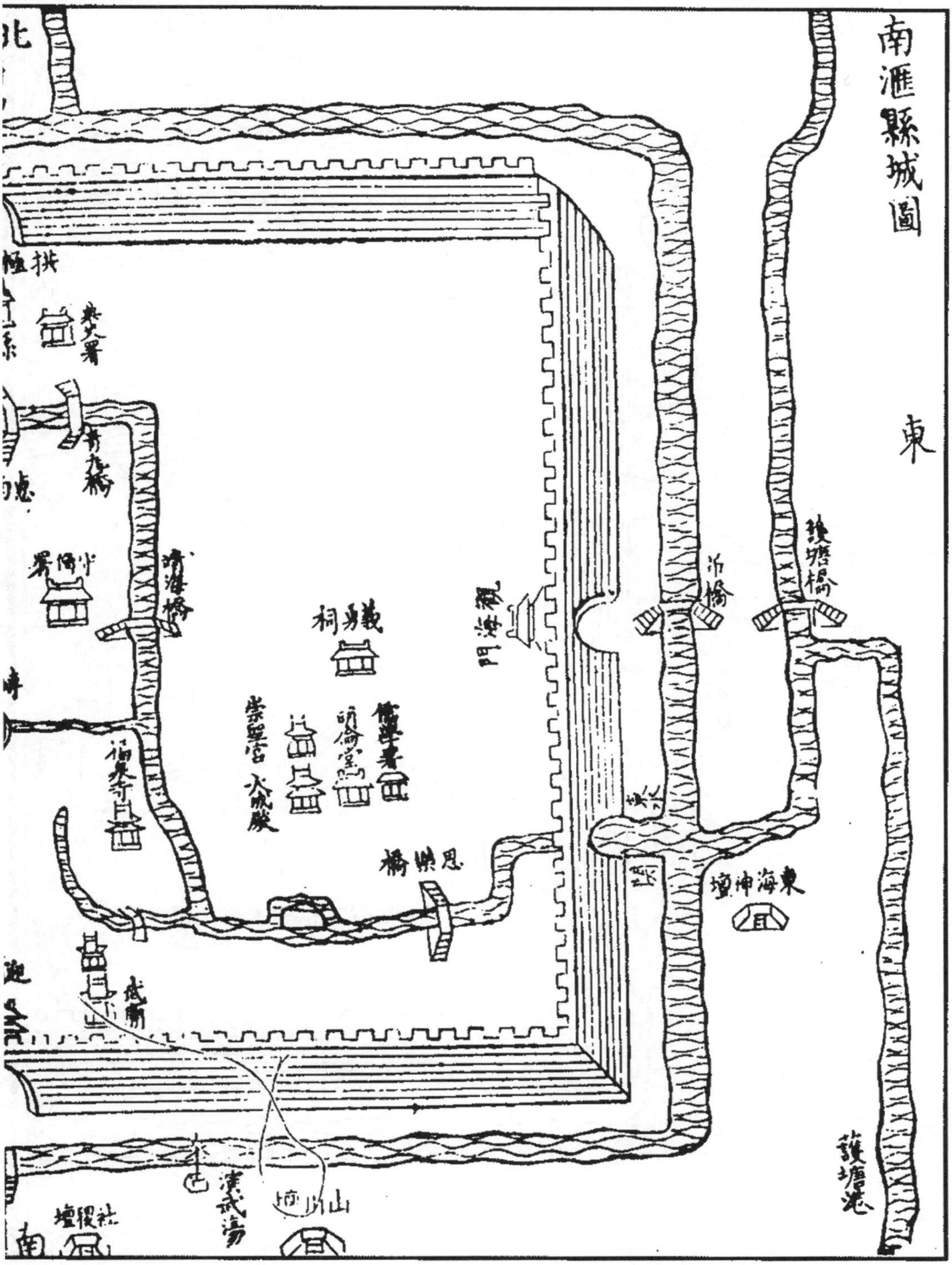
南滙縣城圖
東
北
南
護塘橋
東海神壇
義勇祠
崇聖宮
大成殿
明倫堂
儒學署
演武場
山川壇
社稷壇
護塘港

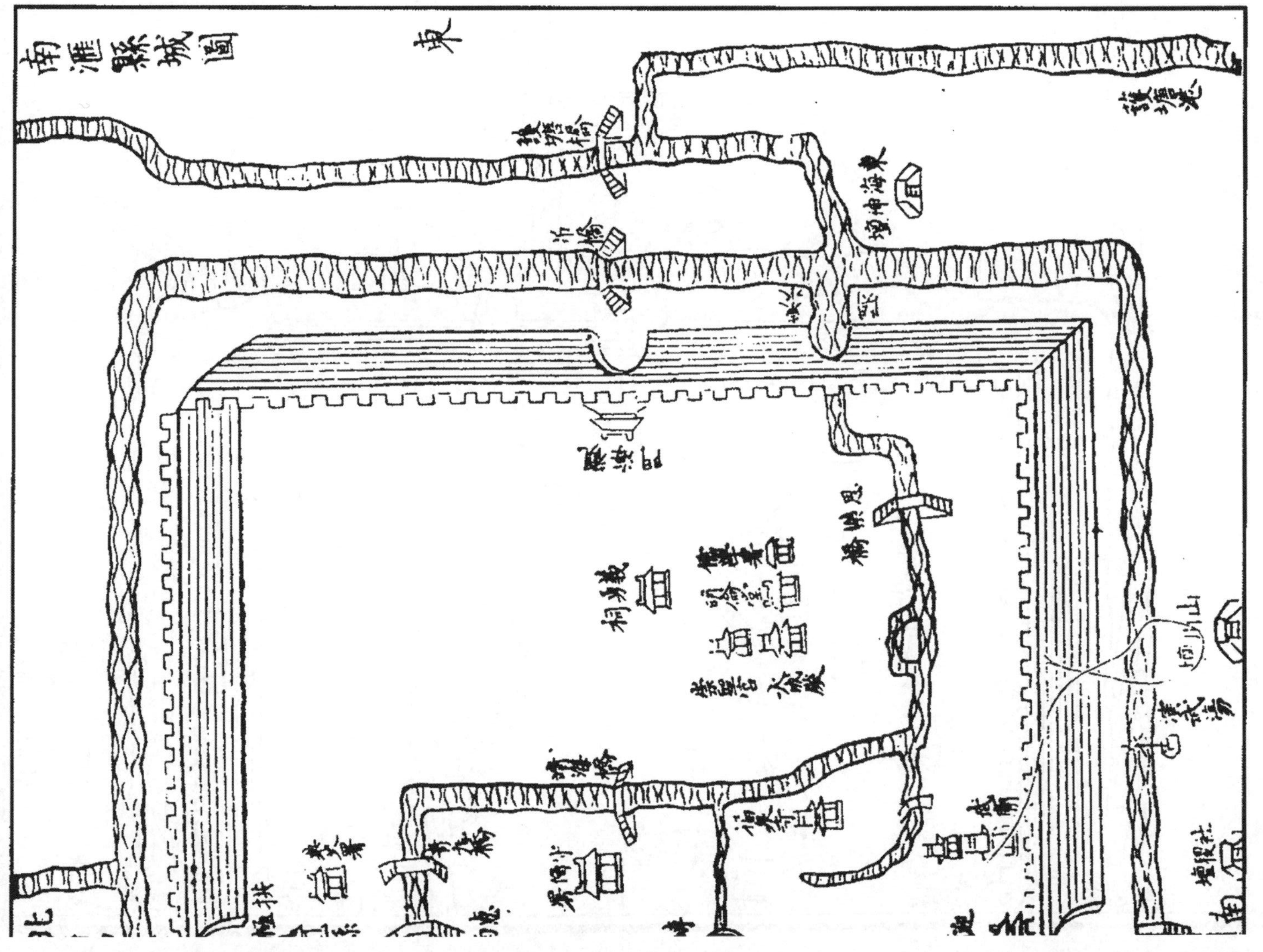

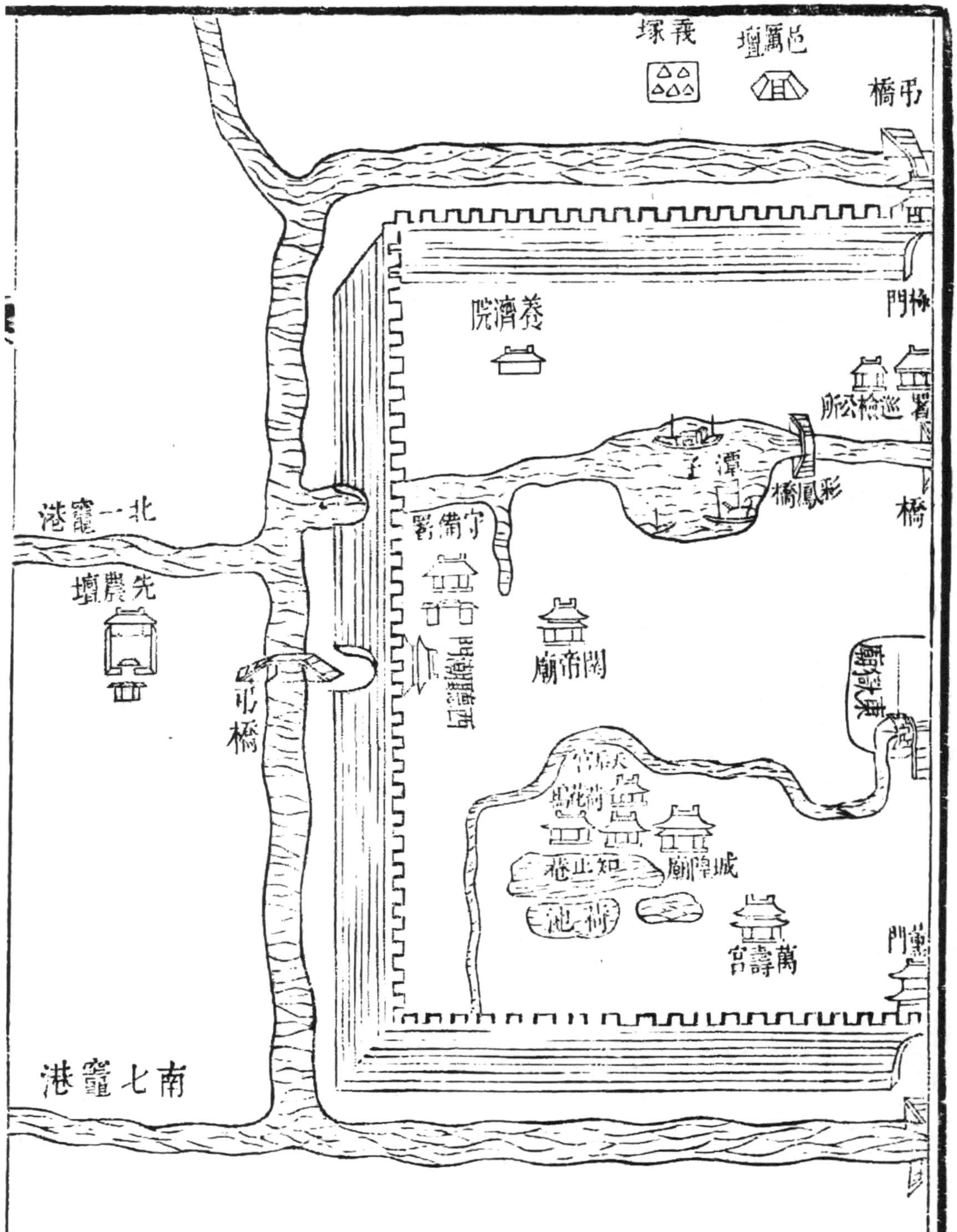

南汇县城图 / 选自乾隆《南汇县新志》

南滙縣城圖

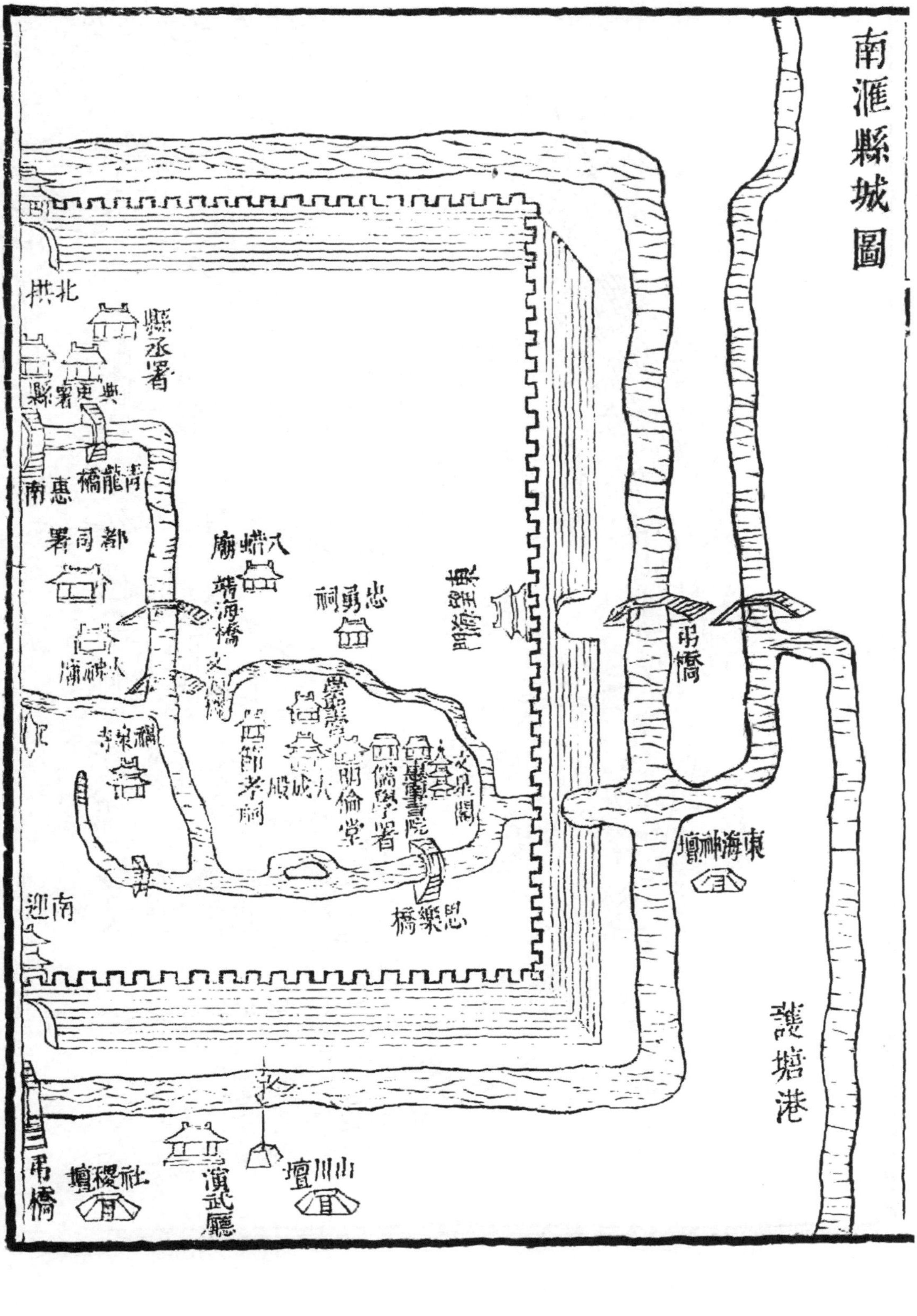
縣丞署
典吏署
青龍橋
都司署
八蜡廟
忠勇祠
靖海橋
大成殿
明倫堂
儒學署
文昌閣
節孝祠
福泉寺
思樂橋
弔橋
東海神壇
護塘港
社稷壇
演武廳
山川壇
弔橋

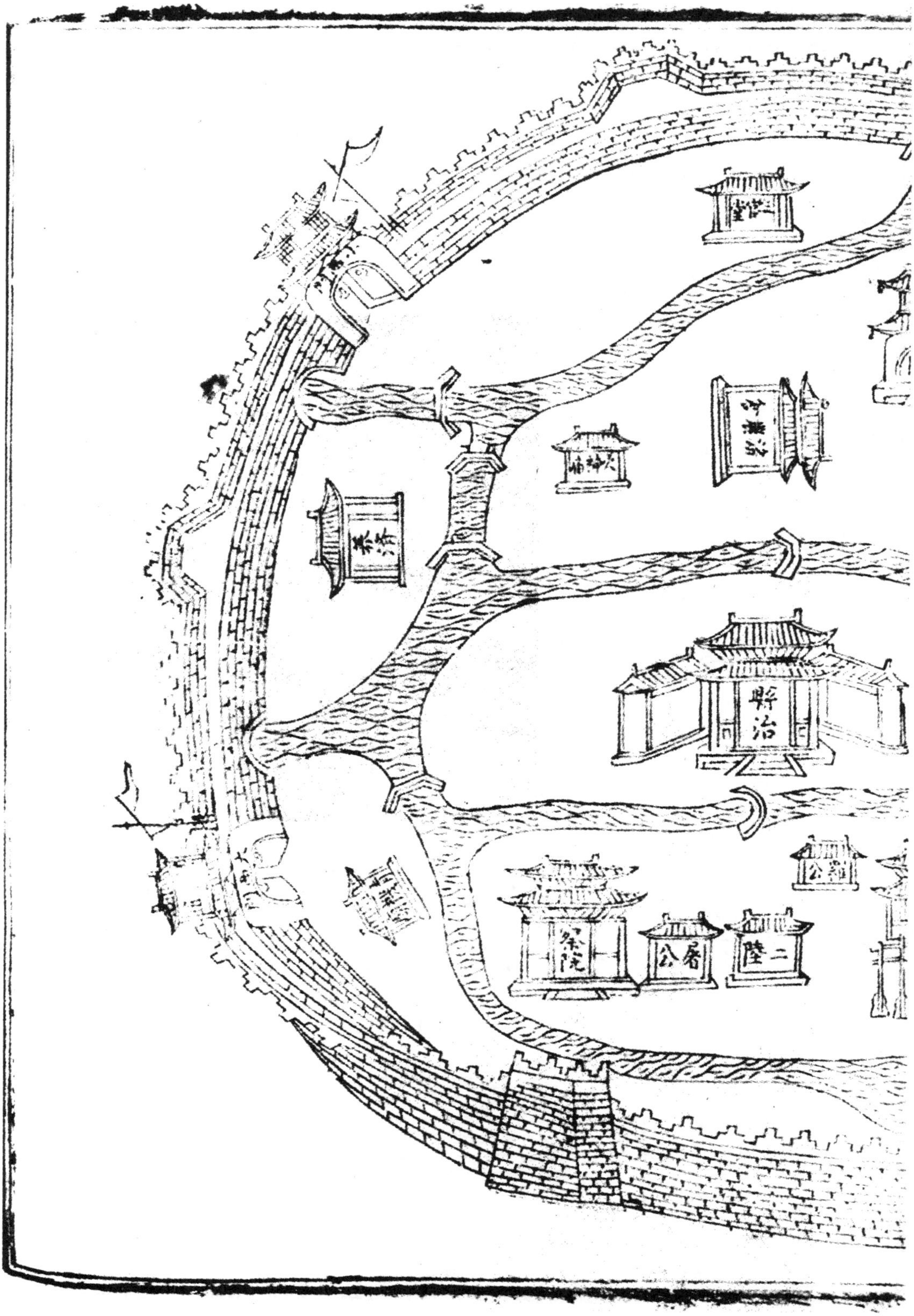

青浦县治图 / 选自崇祯《松江府志》

青浦縣治圖

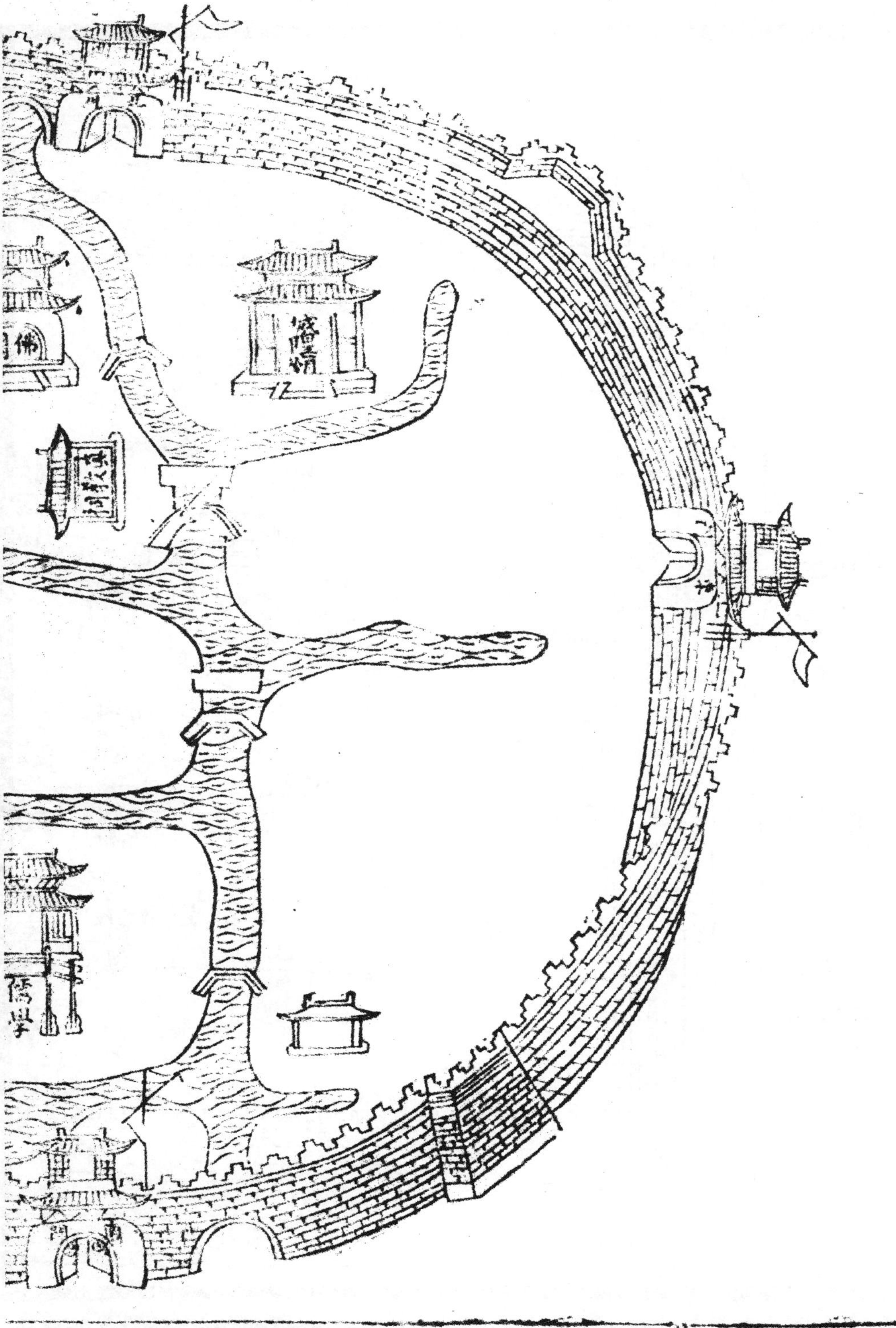

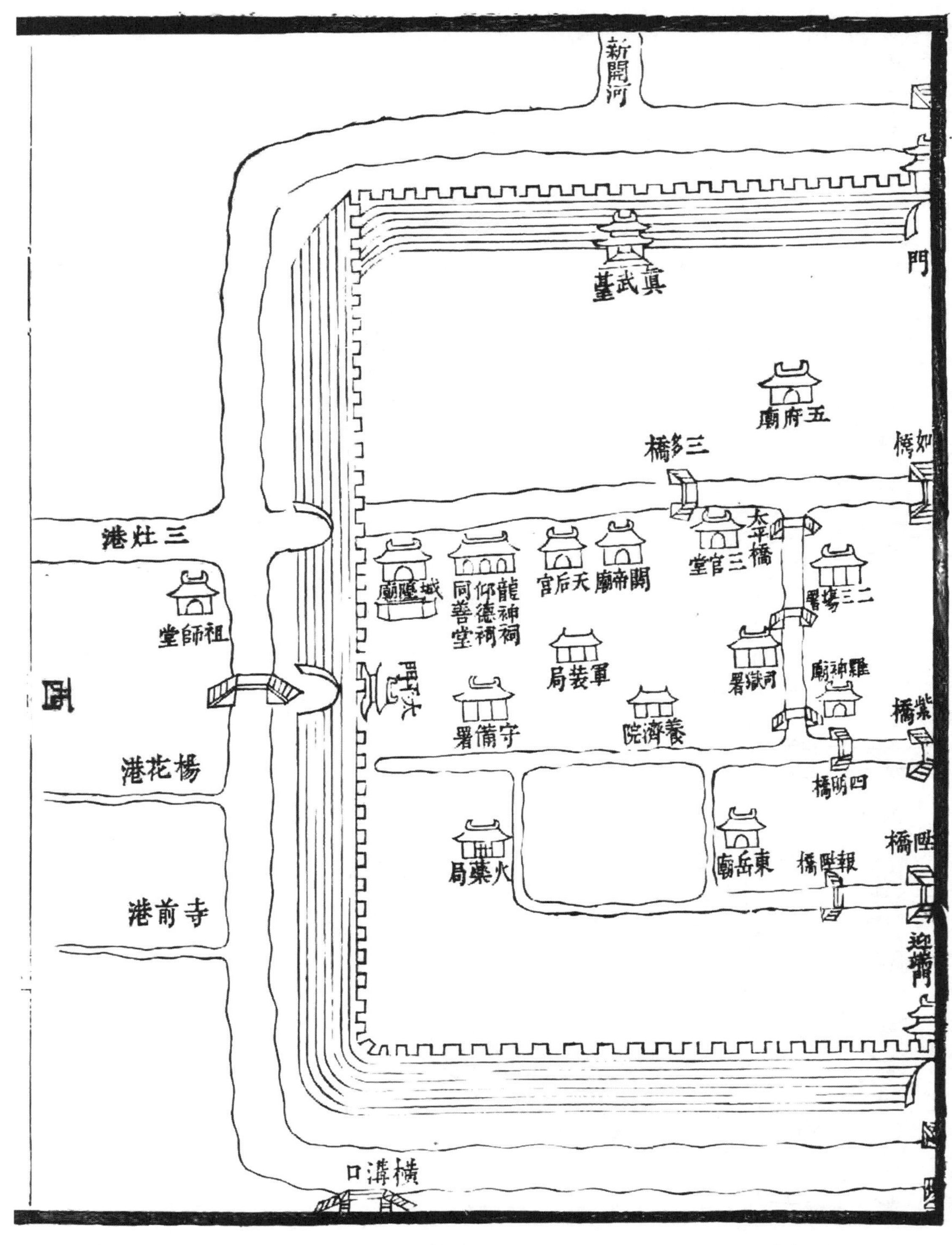

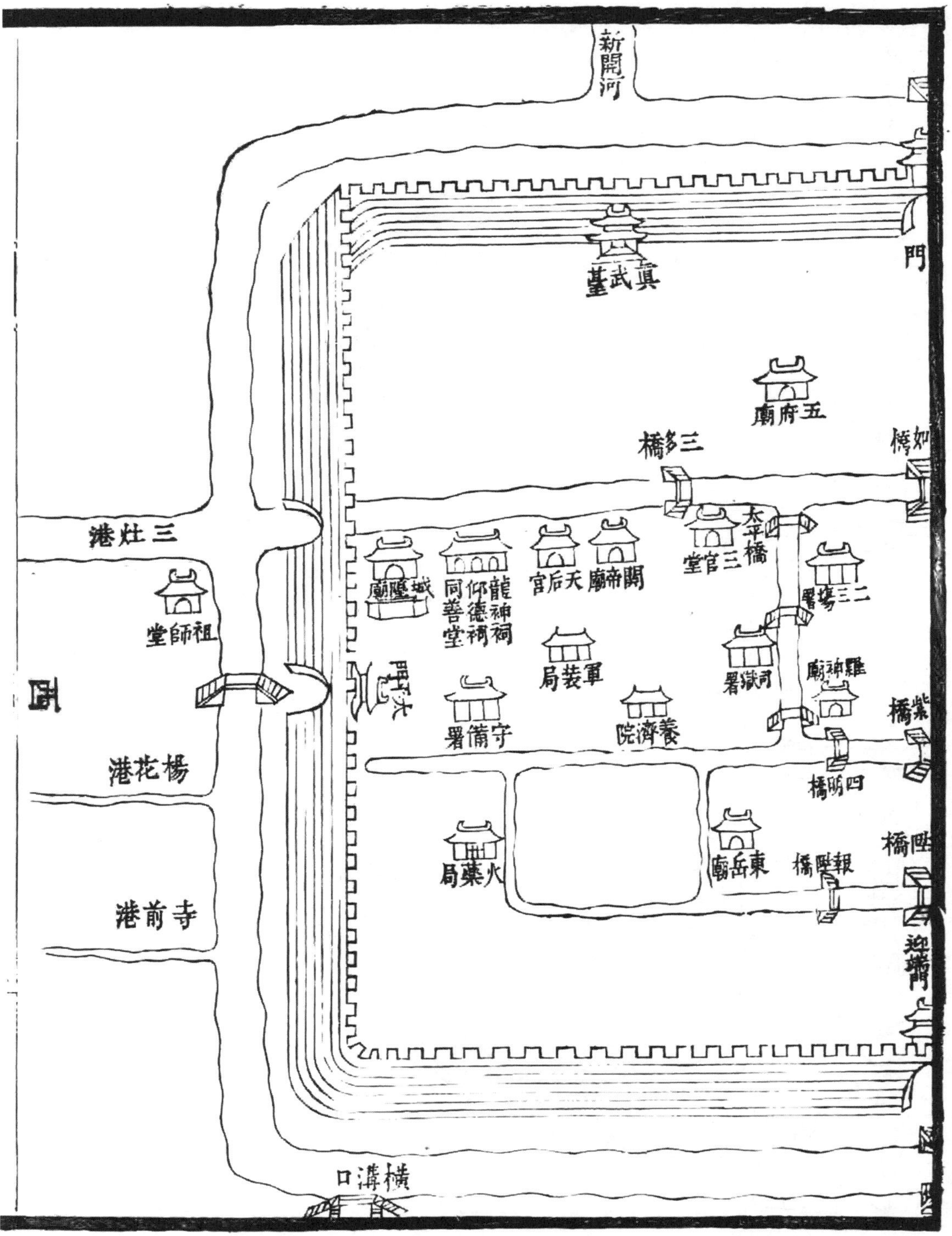

川沙城图 / 选自道光《川沙抚民厅志》

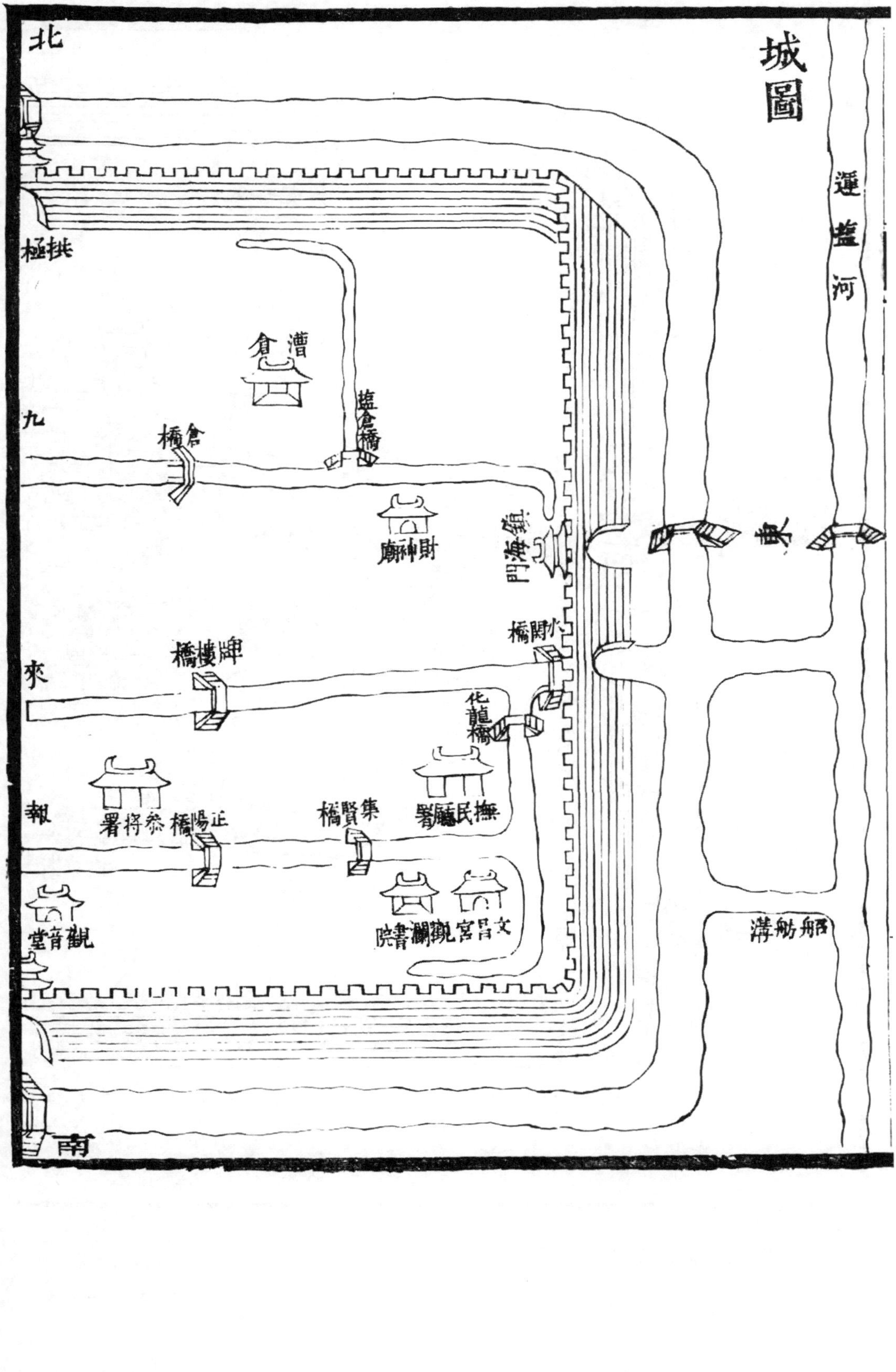
城圖
北
運鹽河
拱極
漕倉
鹽倉橋
九
倉橋
財神廟
鎮海門
東
小閘橋
牌樓橋
來
化龍橋
撫民廳署
報
參將署
正陽橋
集賢橋
觀音堂
文昌宮
觀瀾書院
船舫溝
南

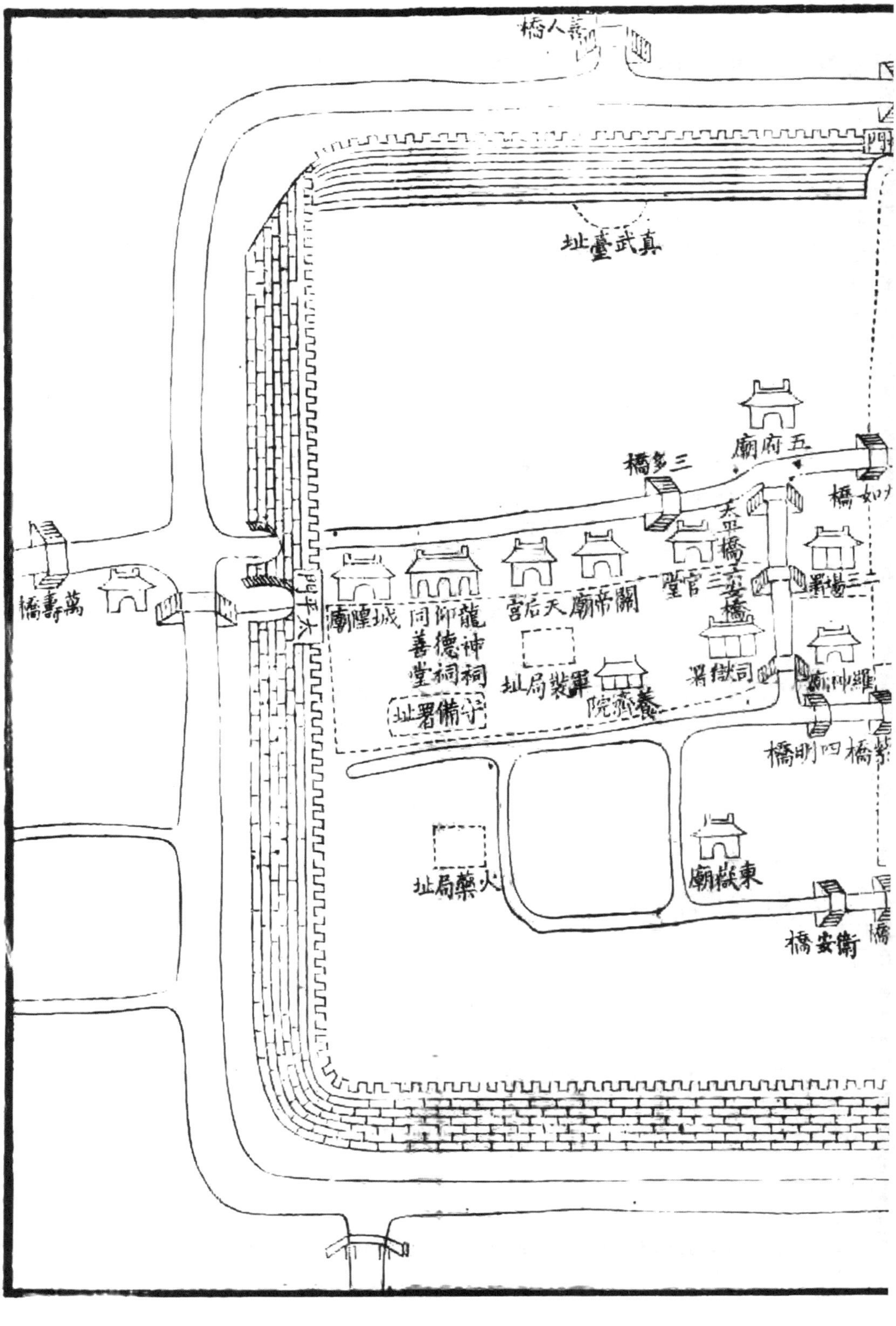

川沙城图 / 选自道光《川沙厅志》

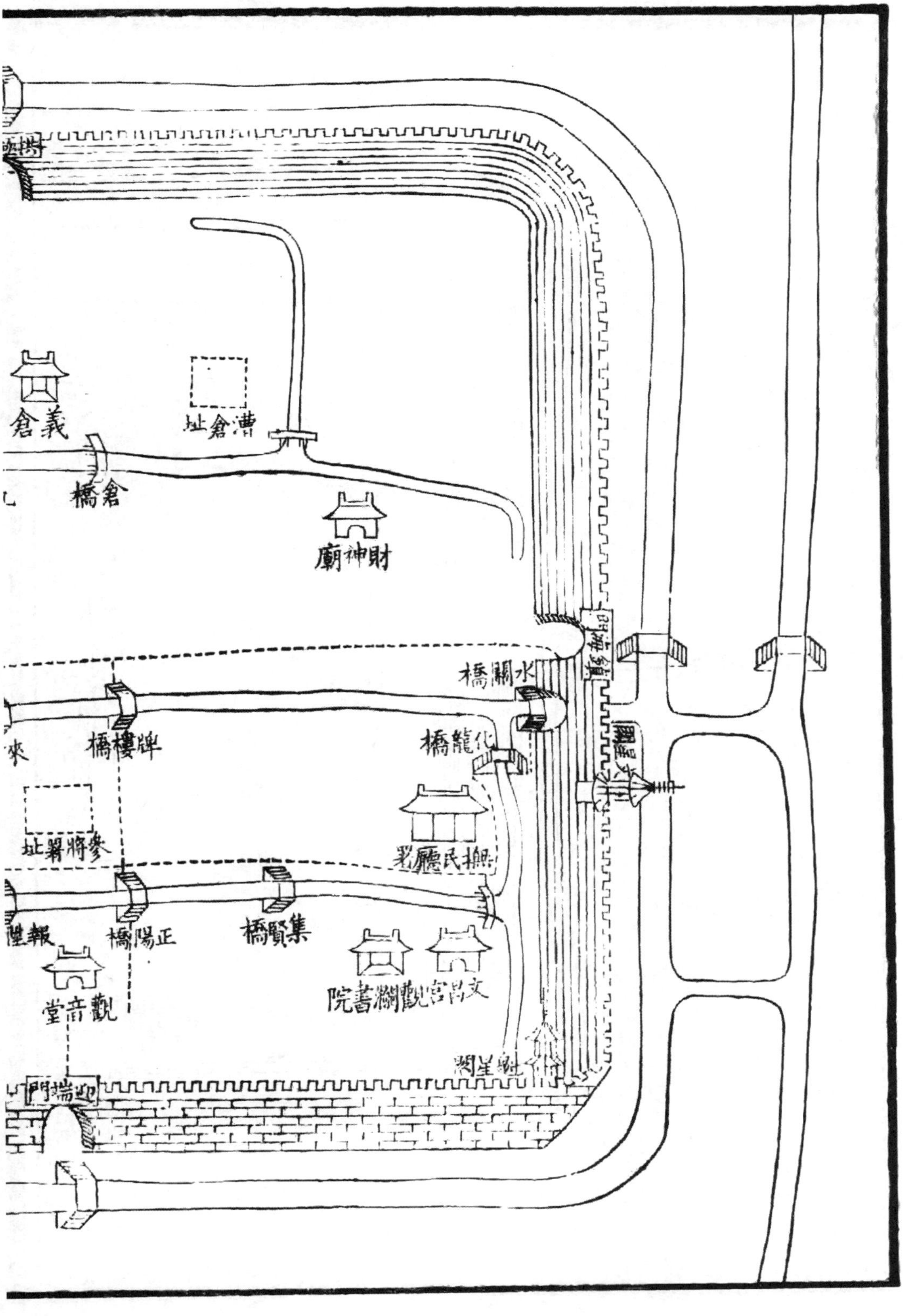
義倉
漕倉址
倉橋
財神廟
水關橋
牌樓橋
化龍橋
參將署址
撫民廳署
正陽橋
集賢橋
觀音堂
文昌宮
觀瀾書院
魁星閣

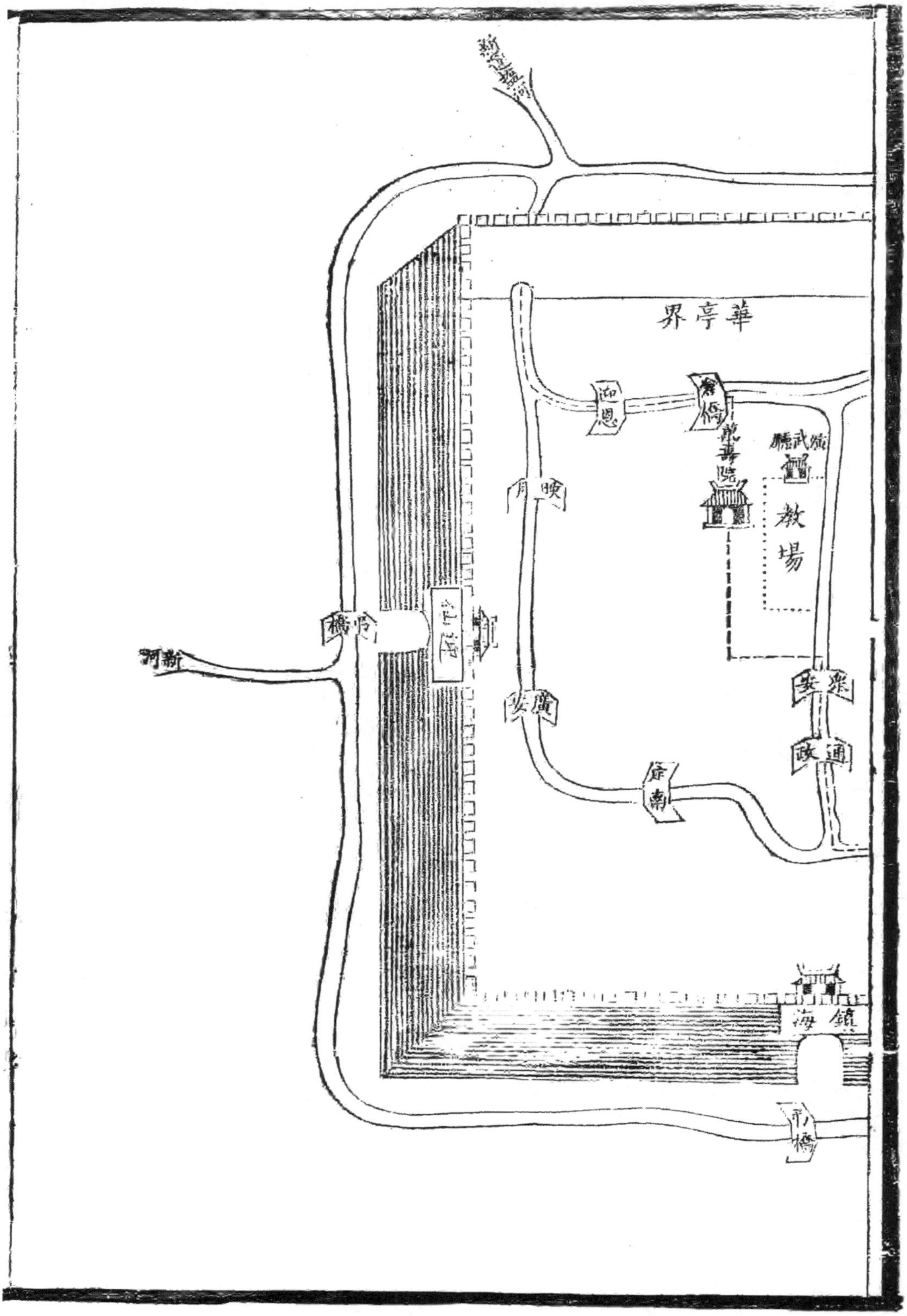

金山县卫城图 / 选自光绪《金山县志》

衛城圖

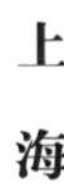

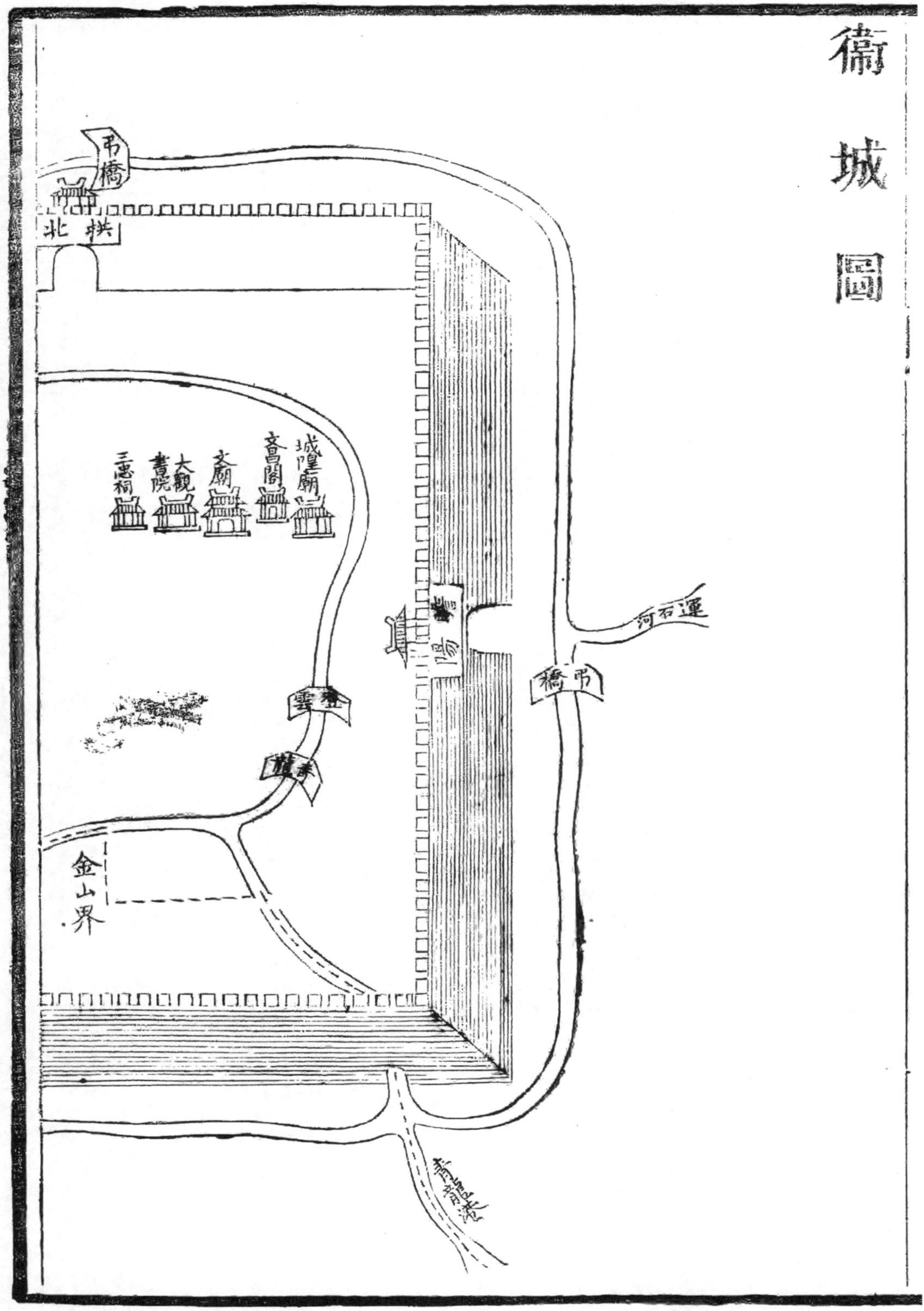
吊橋
拱北
城隍廟
文廟
大觀書院
登雲
運石河
吊橋
金山界

杭州

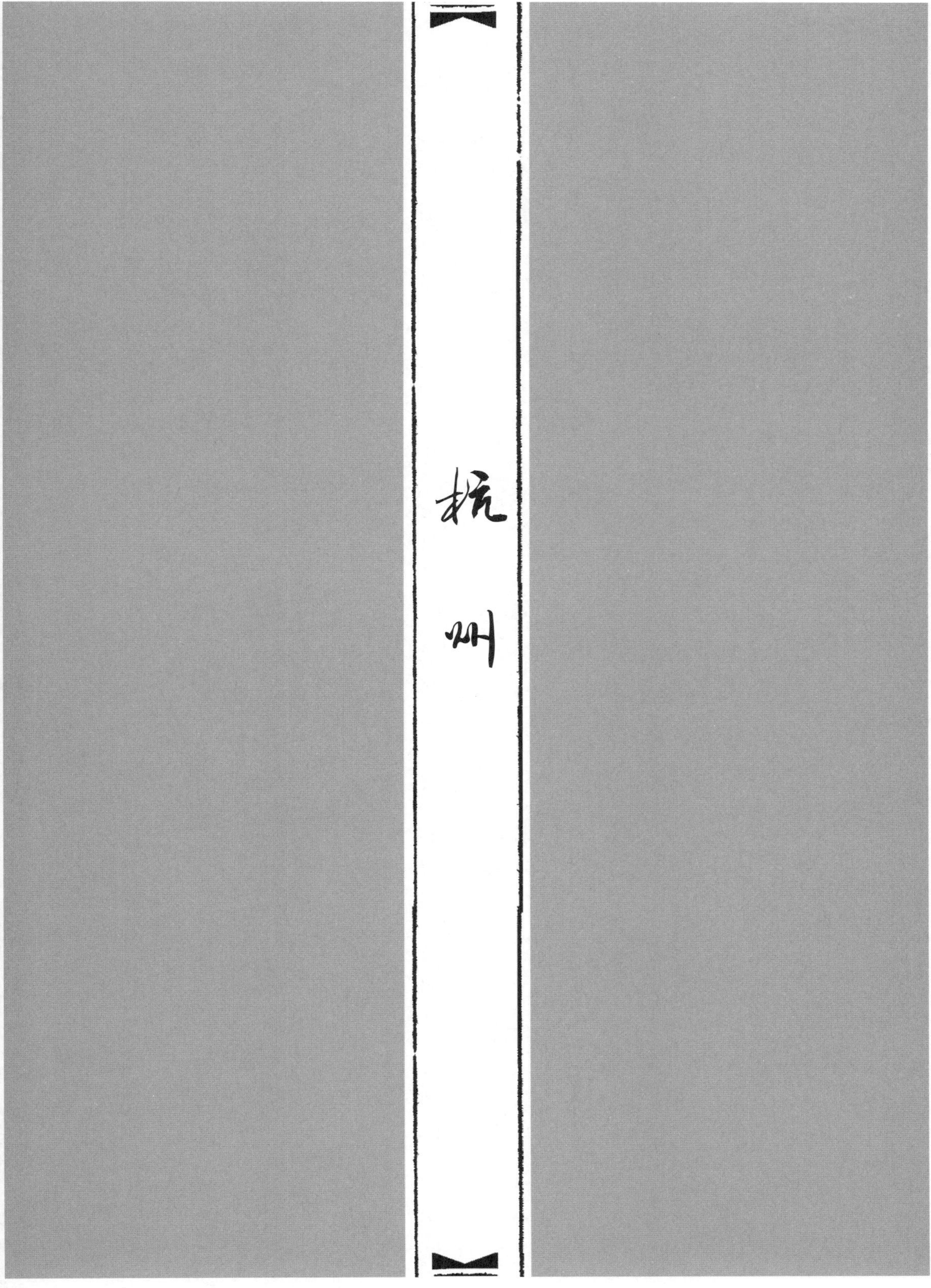

杭州府图说

两浙为东南奥区，领郡十一，而杭为首郡，九县属焉。钱塘、仁和并附于郭，海宁在其东，余杭、临安在其西。富阳、新城，郡西南也；於潜、昌化，郡西北也。郡之得名以武林山，而山脉发源于天目，故以天目为主山，跨临安，越於潜，而横亘于昌化之北境。毗连江省有五关之险，独松黄花实一郡之门户也。县之得名以钱塘江，而江流委注于海，为水口潮水逆流而上，直趋西陵，达渔浦，抵富春，雷击霆砰，震天沃日，龛、赭二山，实一郡之锁钥也。下辖钱塘县、仁和县、海盐县、富阳县、余杭县、临安县、於潜县、新城县、昌化县。

雍正《浙江通志》卷一《图说》

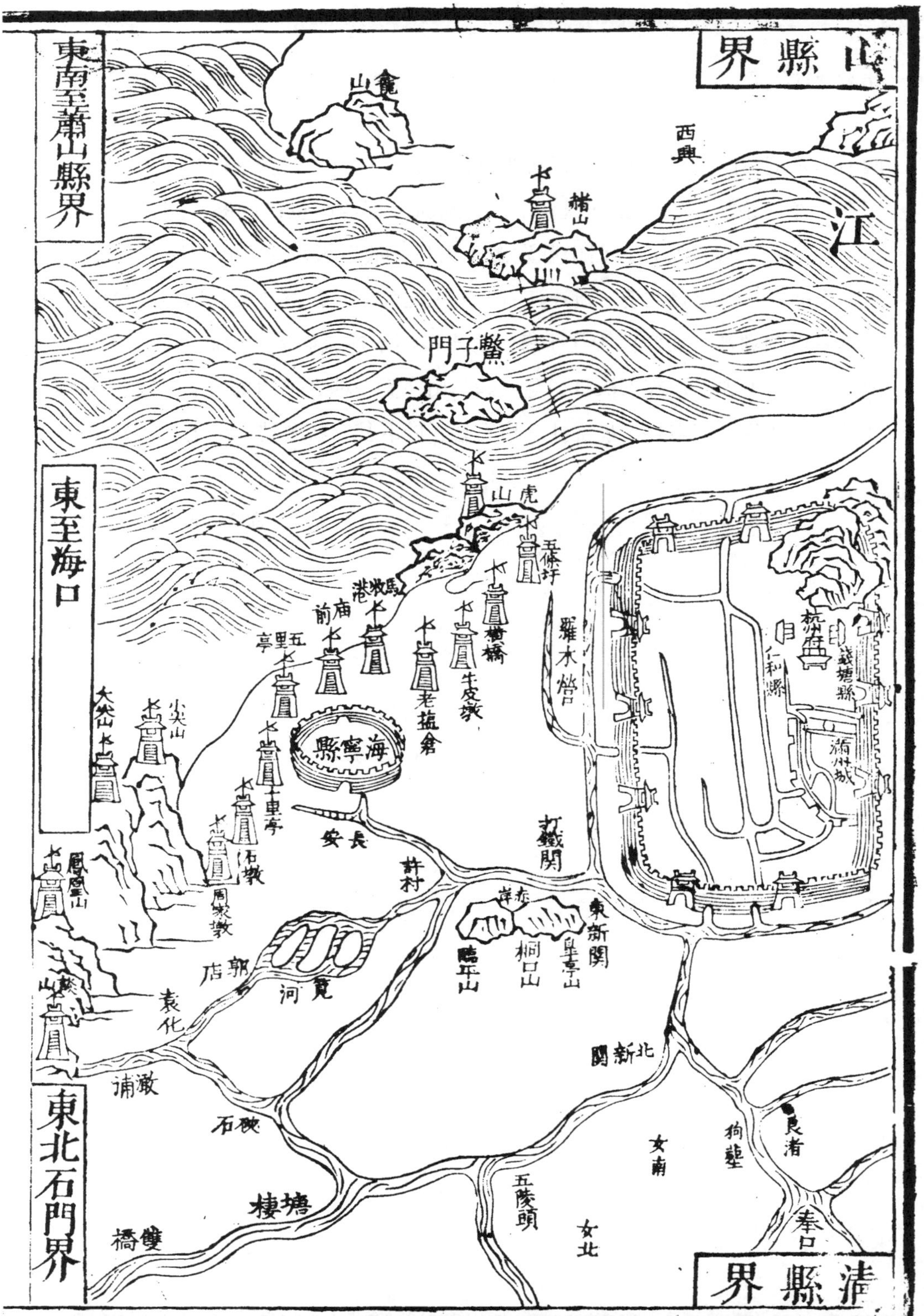

杭州府图 / 选自康熙《浙江通志》

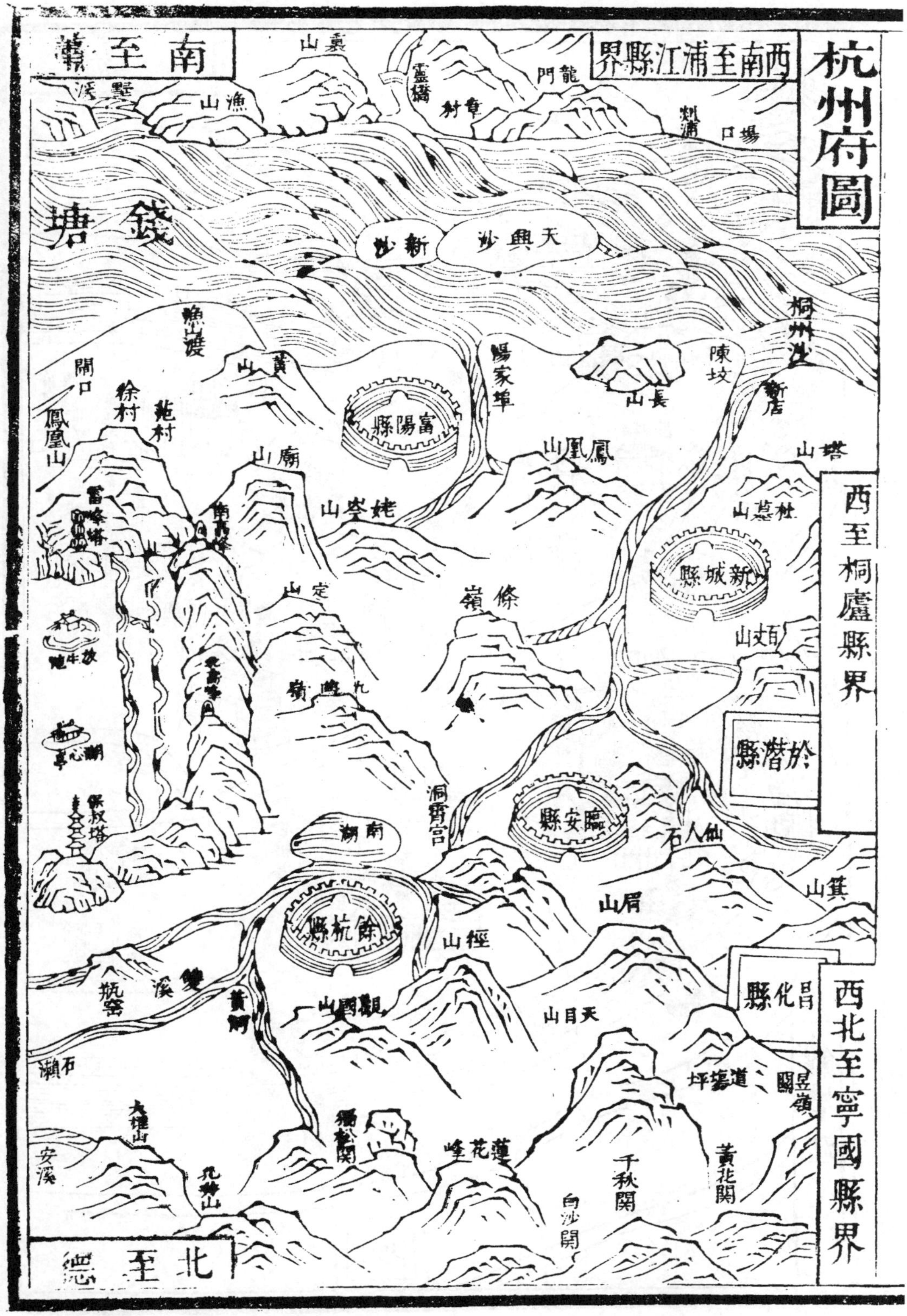
杭州府圖
南至蕭
西南至浦江縣界
西至桐廬縣界
西北至寧國縣界
北至德
錢塘
天興沙
新沙
漁山
龍門
楊口
富陽縣
新城縣
臨安縣
餘杭縣
於潛縣
昌化縣
鳳凰山
長山
黃山
廟山
定山
條嶺
九龍嶺
南湖
洞霄宮
仙人石
箕山
眉山
徑山
天目山
雙溪
石瀨
安溪
蓮花峰
千秋關
白沙關
黃花關
塔山
杜慕山
陳坟
楊家埠
徐村
雷峰塔
南高峰
北高峰
保叔塔
湖心亭
放牛塘

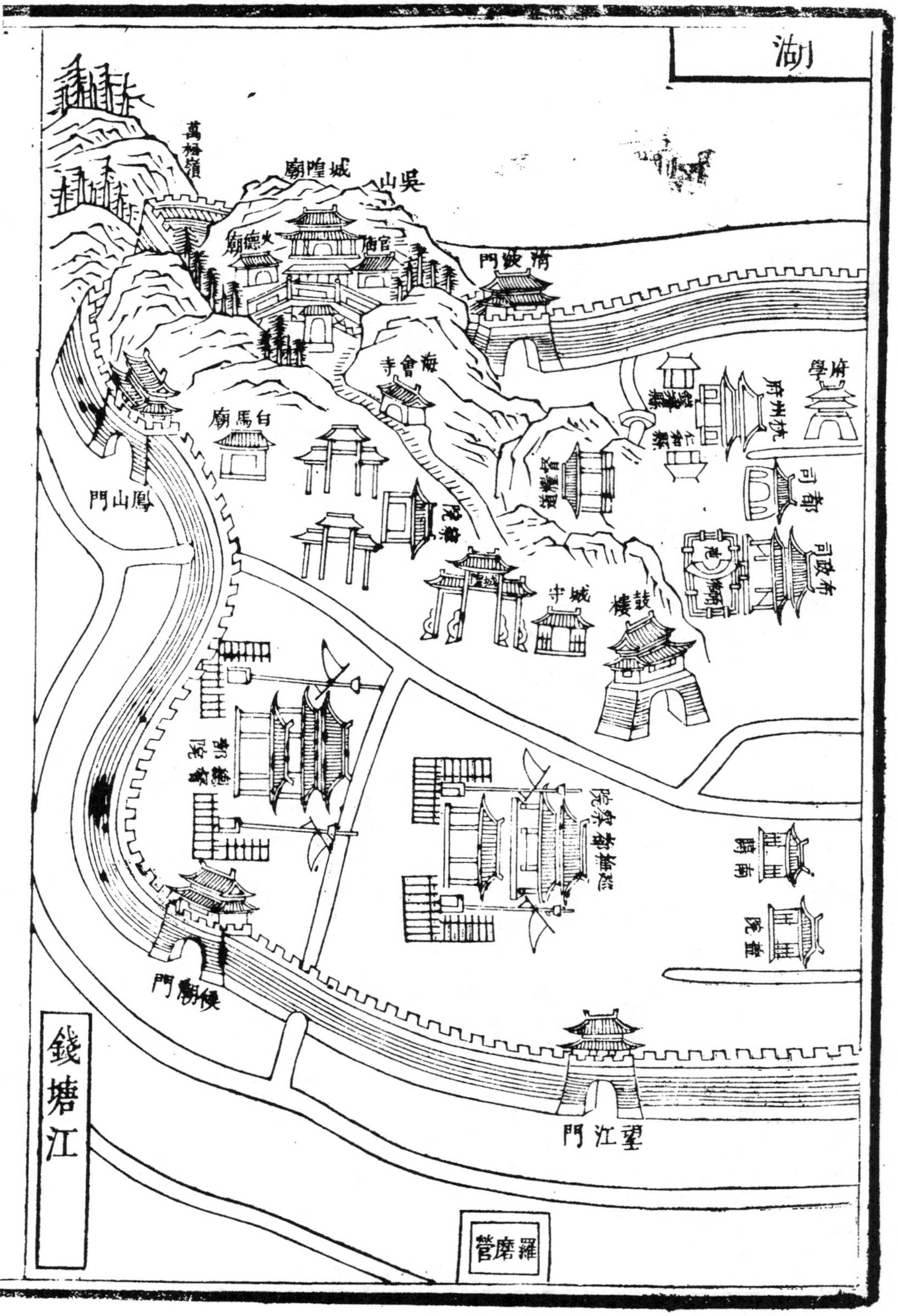

会城图 / 选自康熙《浙江通志》

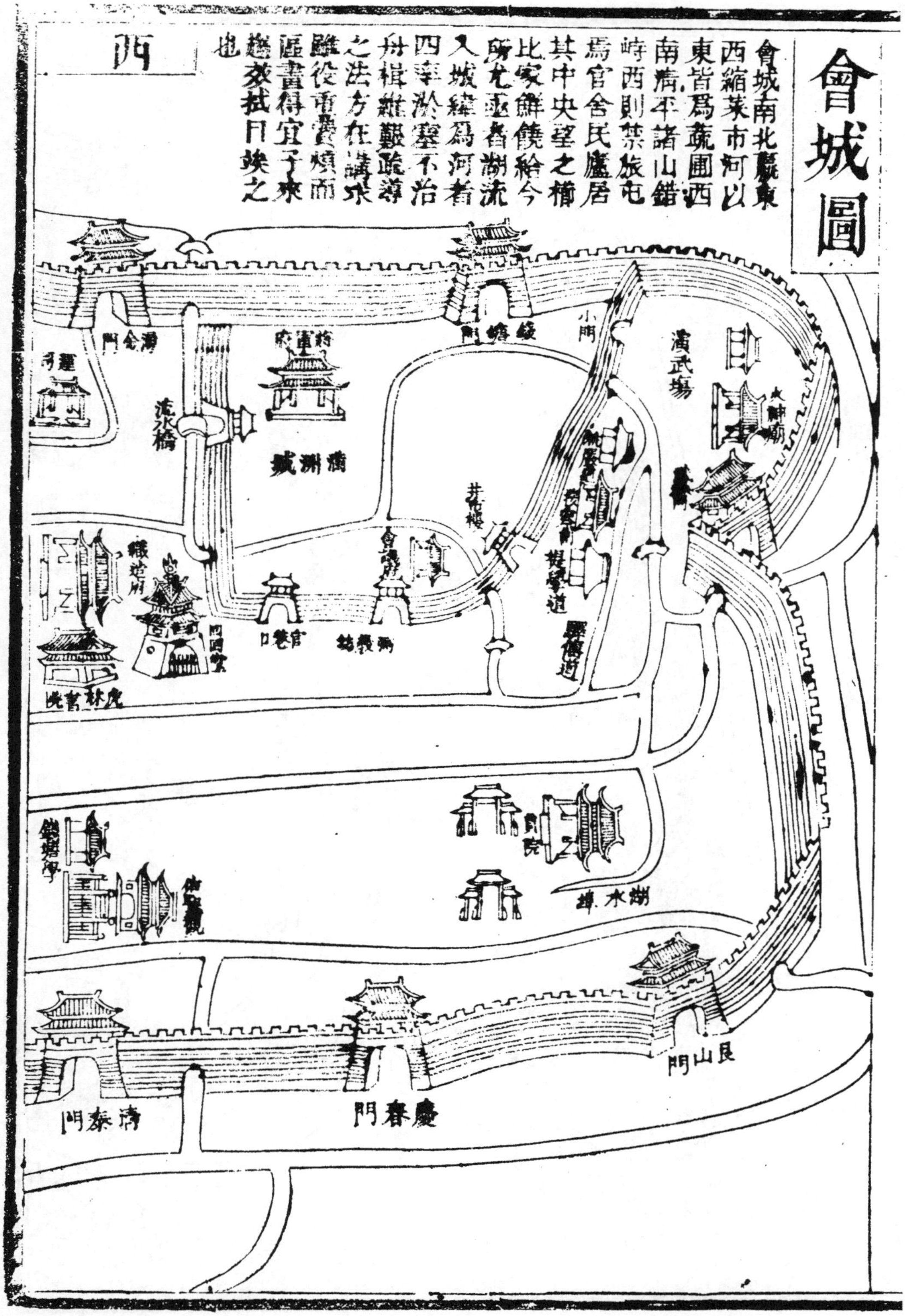
會城圖
會城南北贏東西縮萊市河以東皆爲蔬圃西南病平諸山錯峙西則禁旅屯焉官舍民廬居其中央望之櫛比家餅饒給今所尤亟者湖流入城縱爲河者四率淤塞不治舟楫維艱疏導之法方在講求雖役重費煩而區畫得宜于來趍亥拭目竢之也
湧金門
運司
將軍府
流水橋
錢塘門
小門
演武場
織造府
官巷口
虎林書院
井亭橋
提學道
驛傳道
貢院
淸泰門
慶春門
艮山門

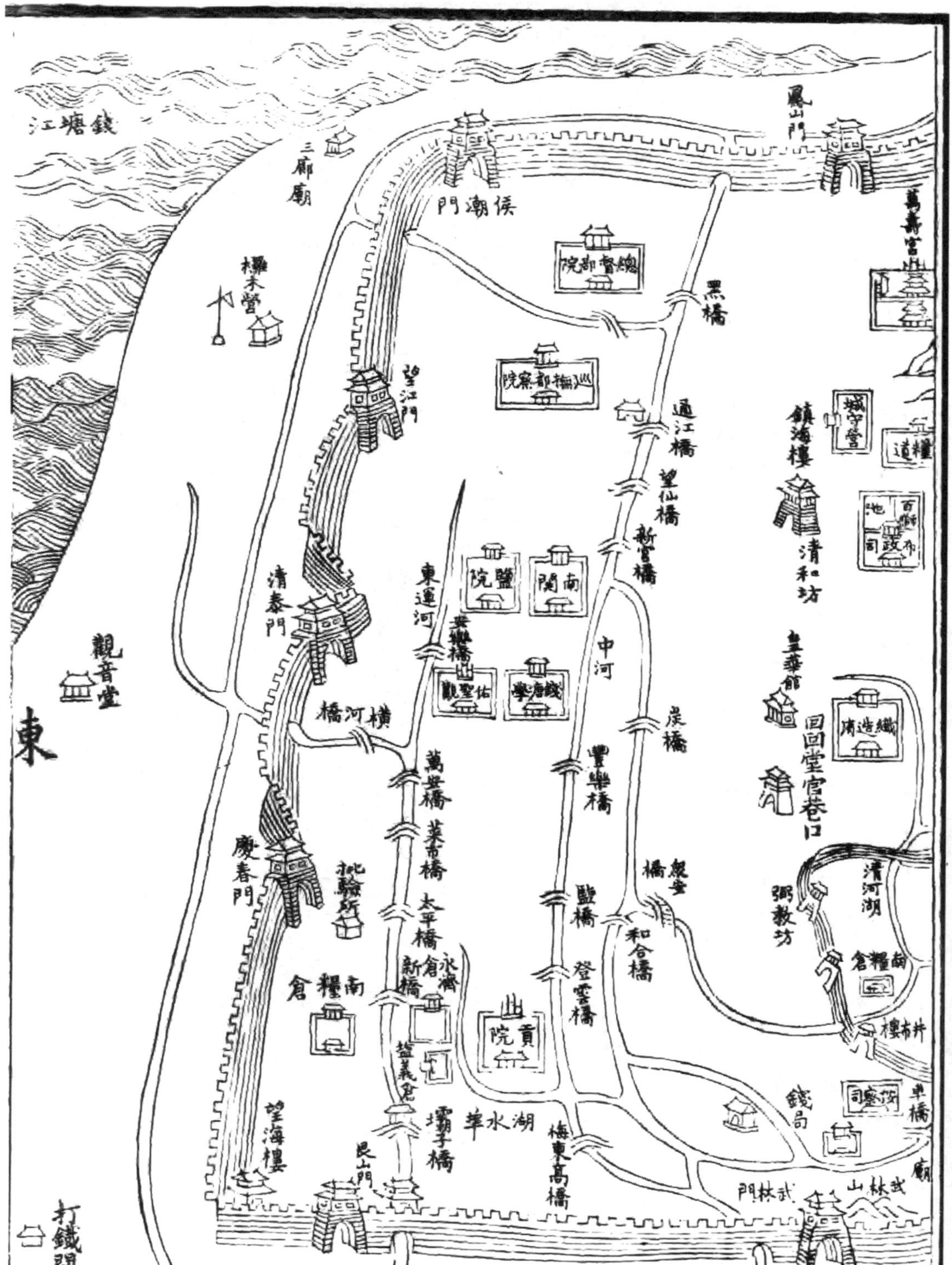

会城图 / 选自雍正《浙江通志》

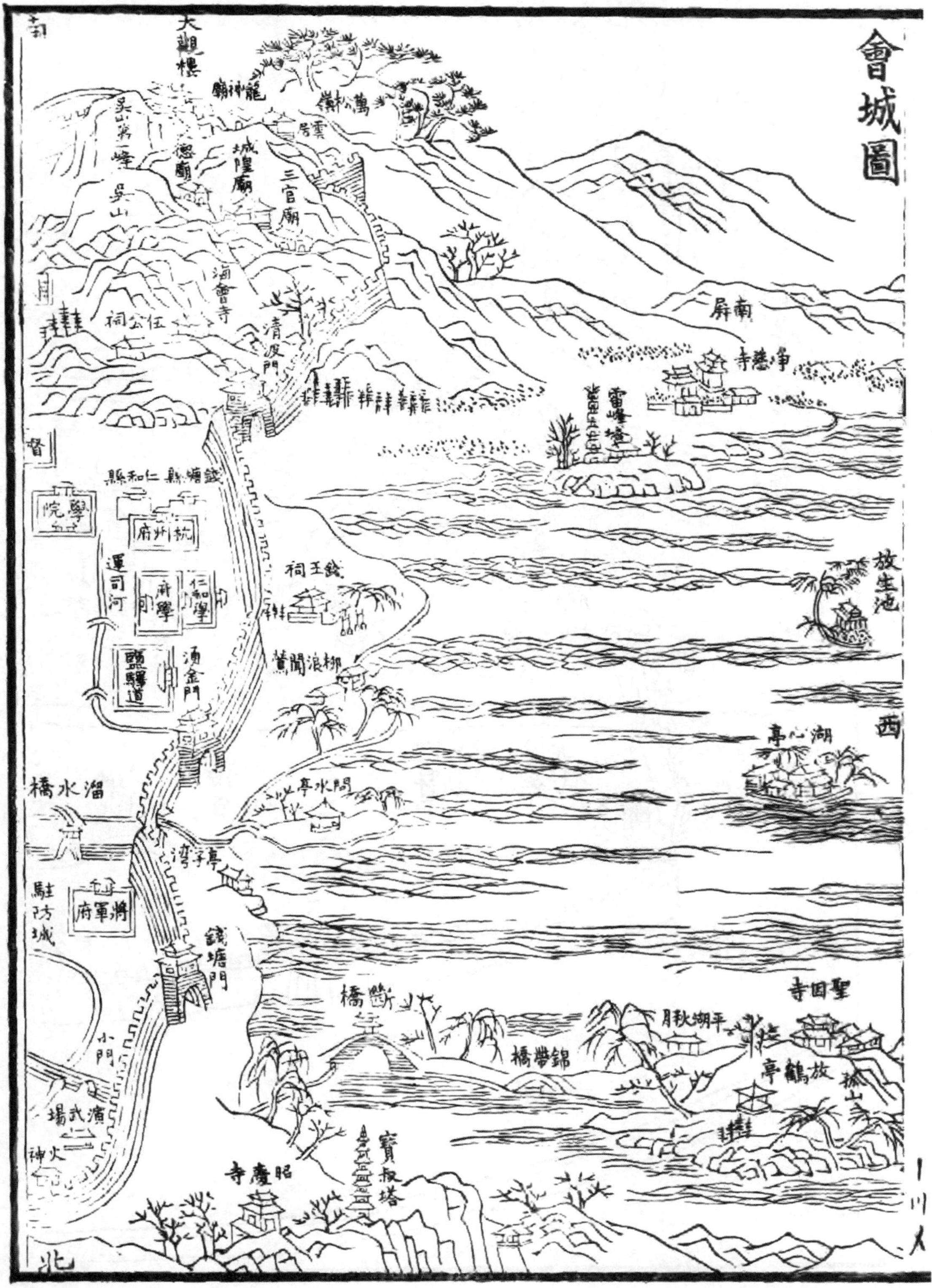
會城圖
大觀樓
龍神廟
萬松嶺
雲居
吳山第一峰
城隍廟
三官廟
吳山
海會寺
伍公祠
清波門
南屏
淨慈寺
雷峰塔
錢塘縣
仁和縣
學院
杭州府
運司河
府學
仁和學
鹽驛道
湧金門
錢王祠
柳浪聞鶯
放生池
湖心亭
西
溜水橋
問水亭
駐防城
將軍府
錢塘門
斷橋
聖因寺
平湖秋月
錦帶橋
放鶴亭
孤山
小門
演武場
火神
昭慶寺
寶叔塔
北

省城图 / 选自康熙《仁和县志》

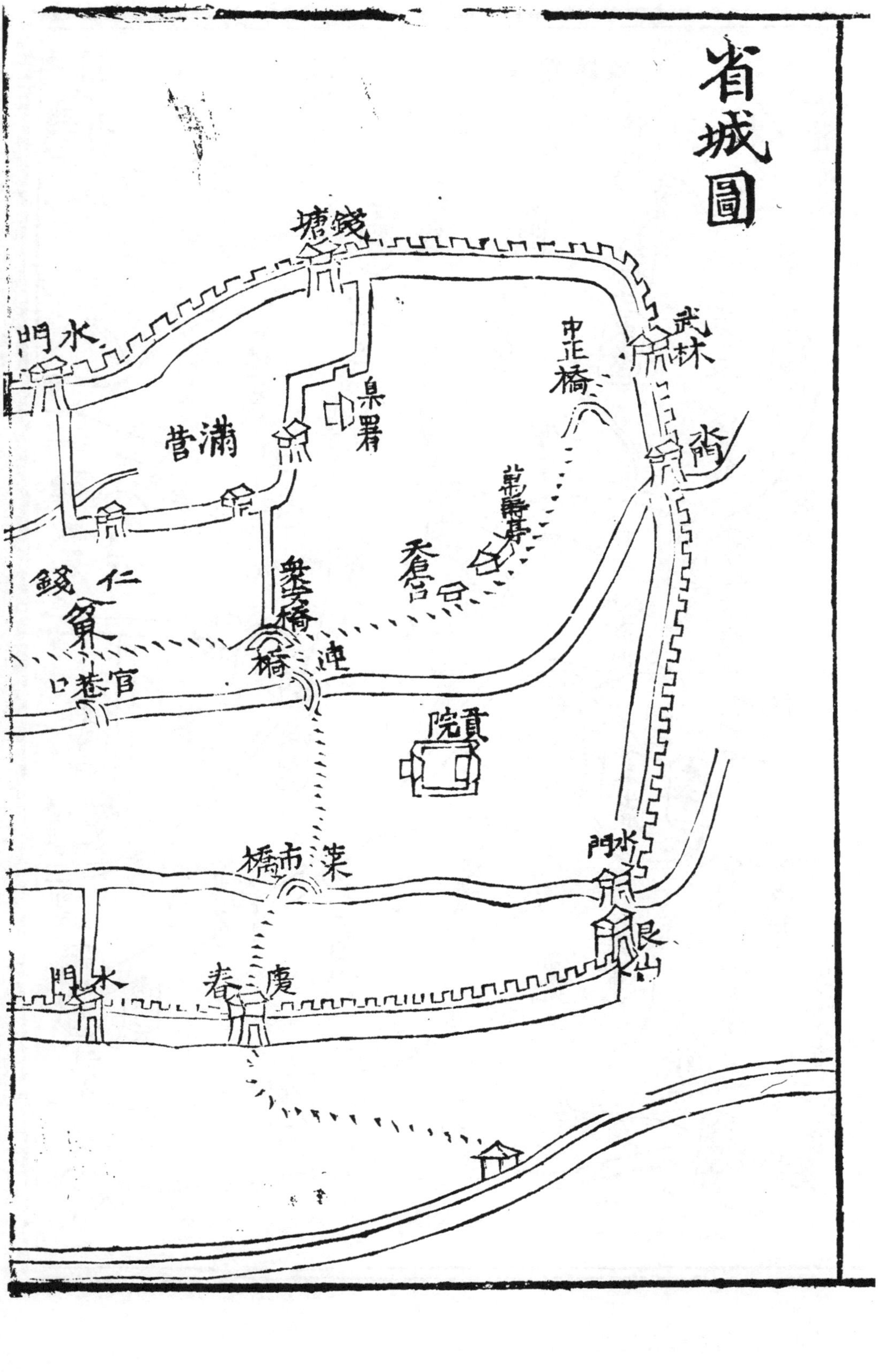
省城圖
錢塘
水門
滿營
臬署
中正橋
武林
仁錢
衆安橋
官巷口
貢院
菜市橋
水門
艮山
慶春
水門

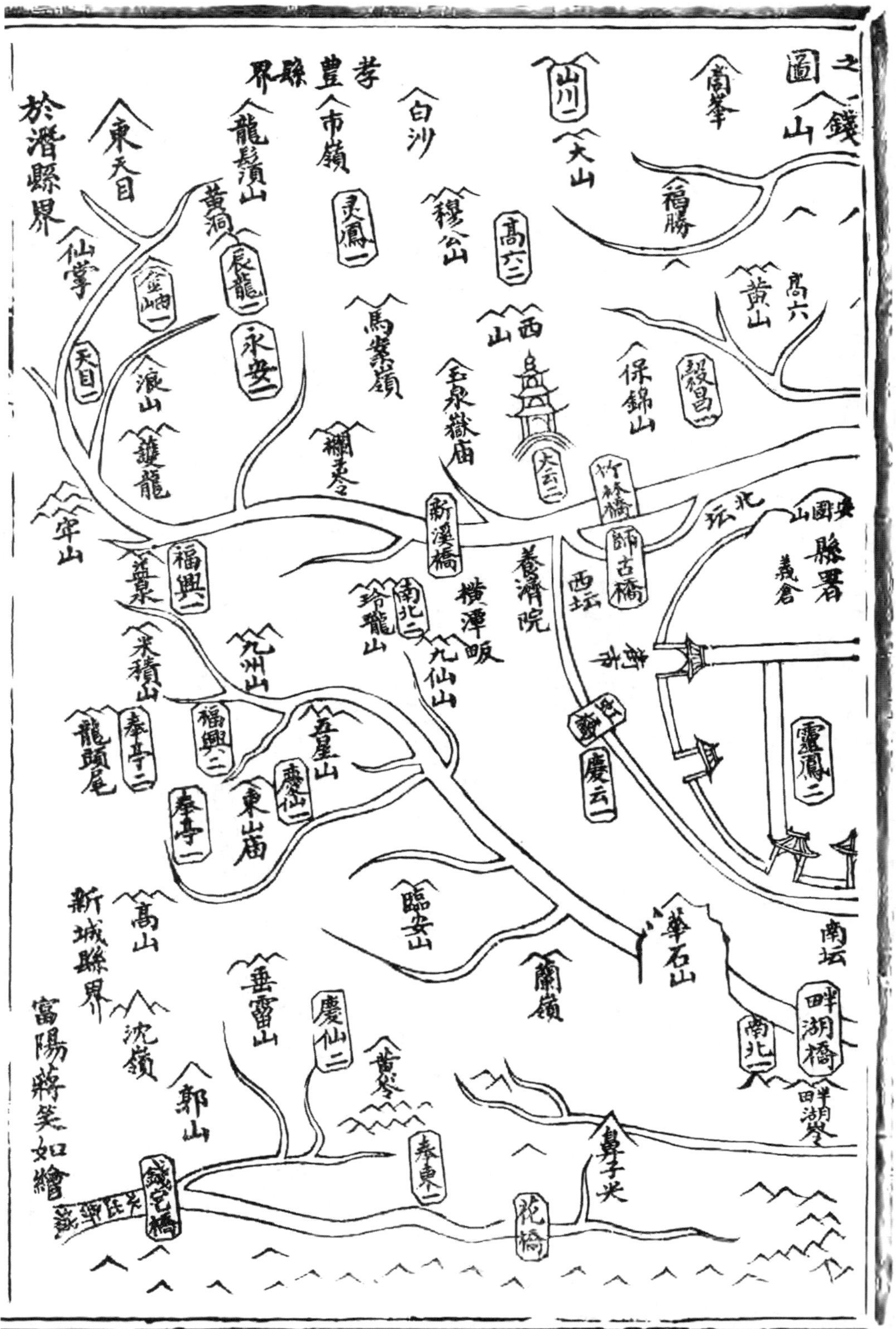

临安县城区图 / 选自宣统《临安县志》

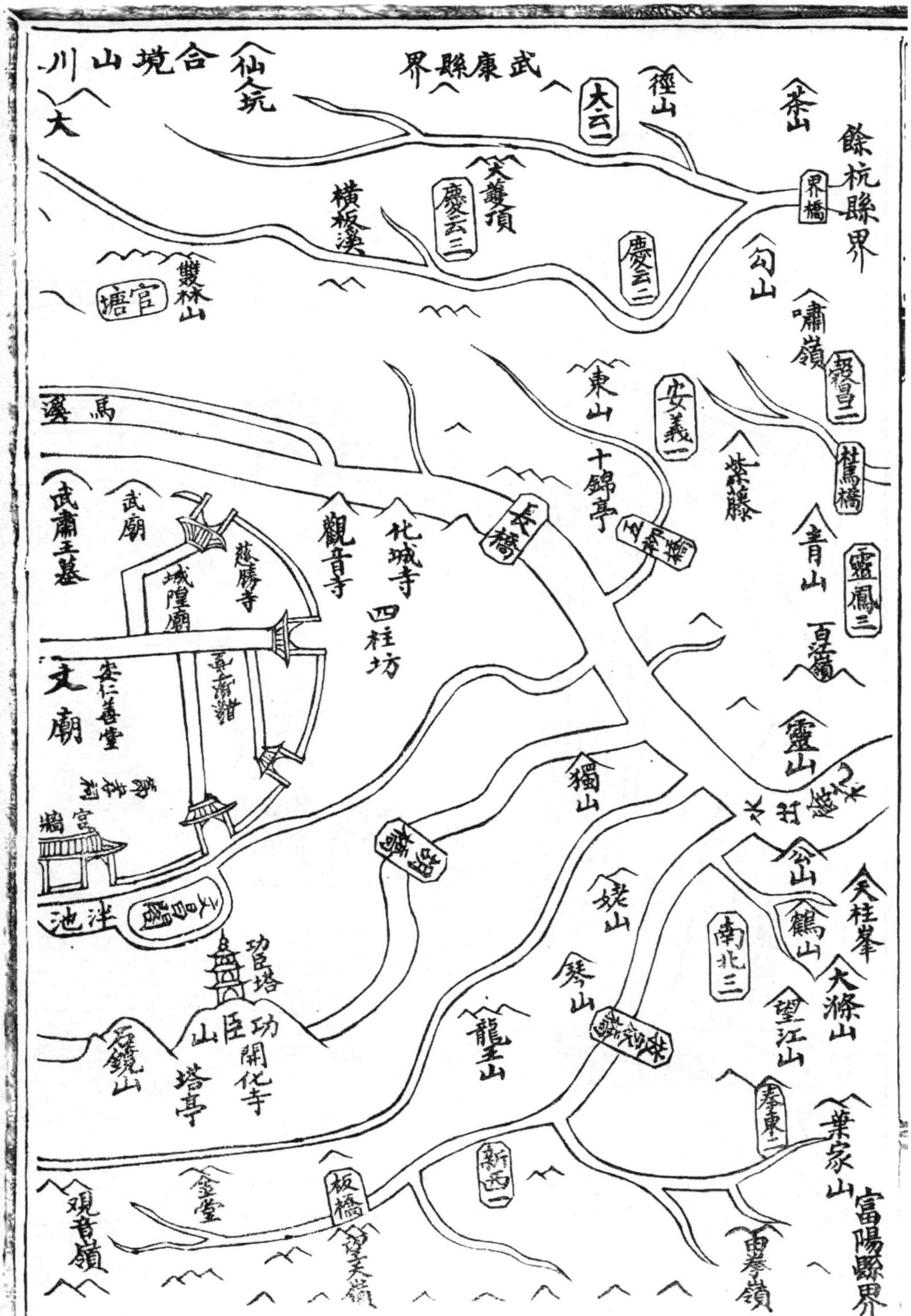
合境山川
武康縣界
餘杭縣界
富陽縣界
仙人坑
茶山
徑山
大云二
橫板溪
慶云二
慶云三
界橋
勾山
雙林山
官塘
馬溪
東山
安義一
十錦亭
紫藤
靈鳳三
青山
長橋
觀音寺
化城寺
四柱坊
武肅王墓
武廟
慈勝寺
城隍廟
文廟
安仁善堂
泮池
獨山
靈山
公山
天柱峯
鶴山
南北三
大滌山
望江山
龍王山
功臣塔
功臣山
開化寺
塔亭
石鏡山
觀音嶺
板橋
新西一
葉家山
由拳嶺

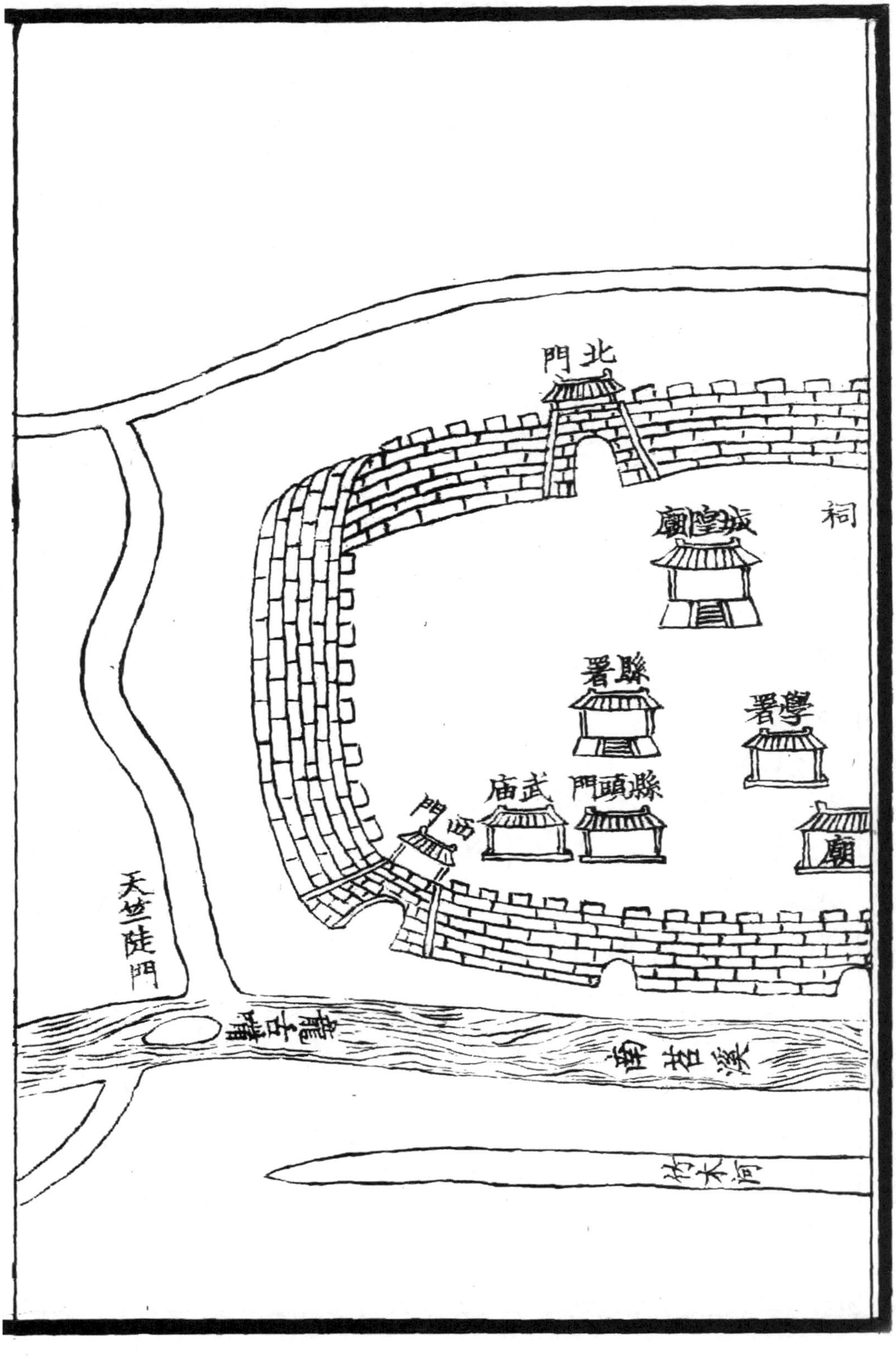

余杭县城图 / 选自嘉庆《余杭县志》

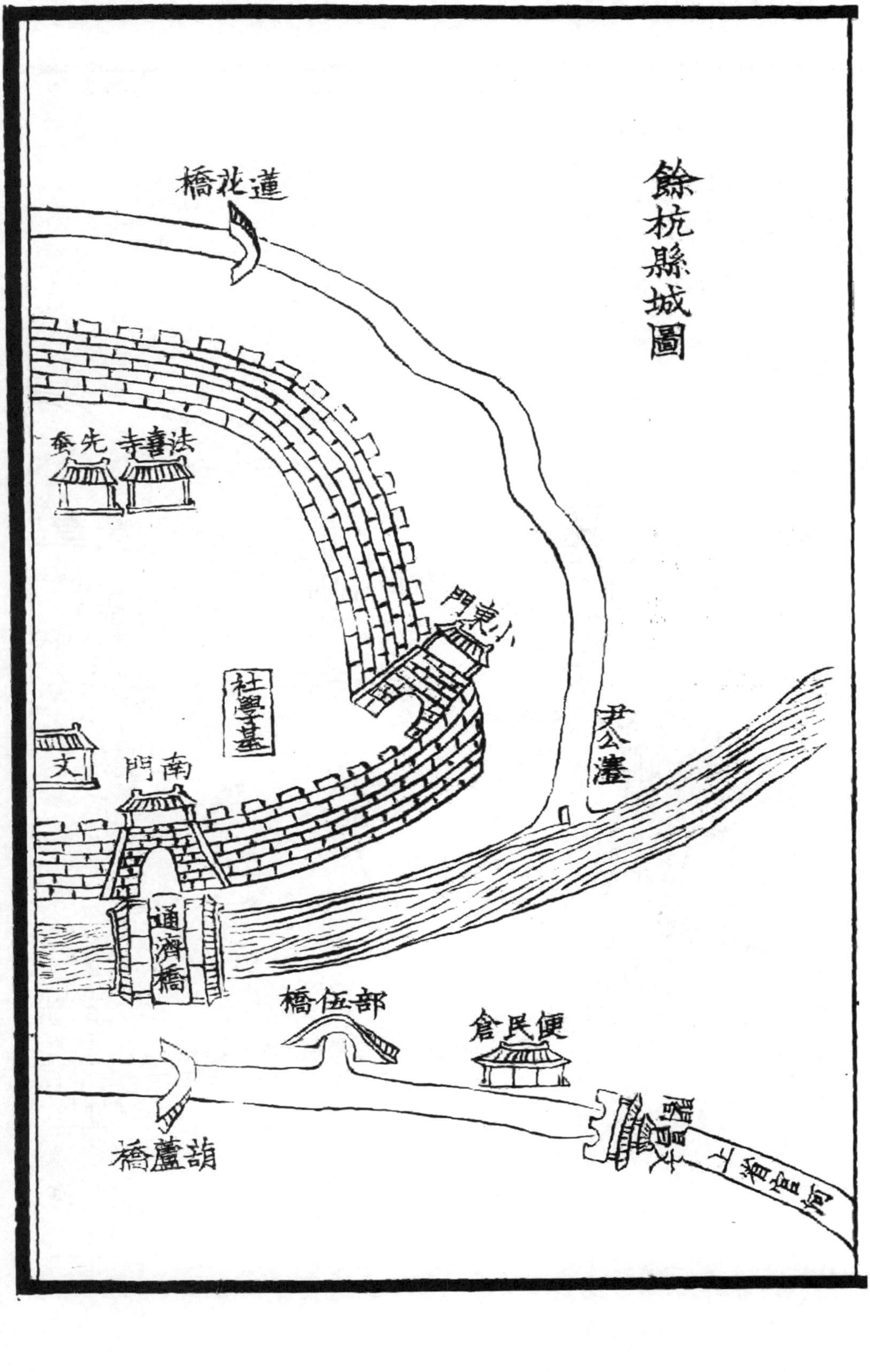
餘杭縣城圖
蓮花橋
法喜寺
先蠶
小東門
社學基
文
南門
通濟橋
部伍橋
便民倉
葫蘆橋

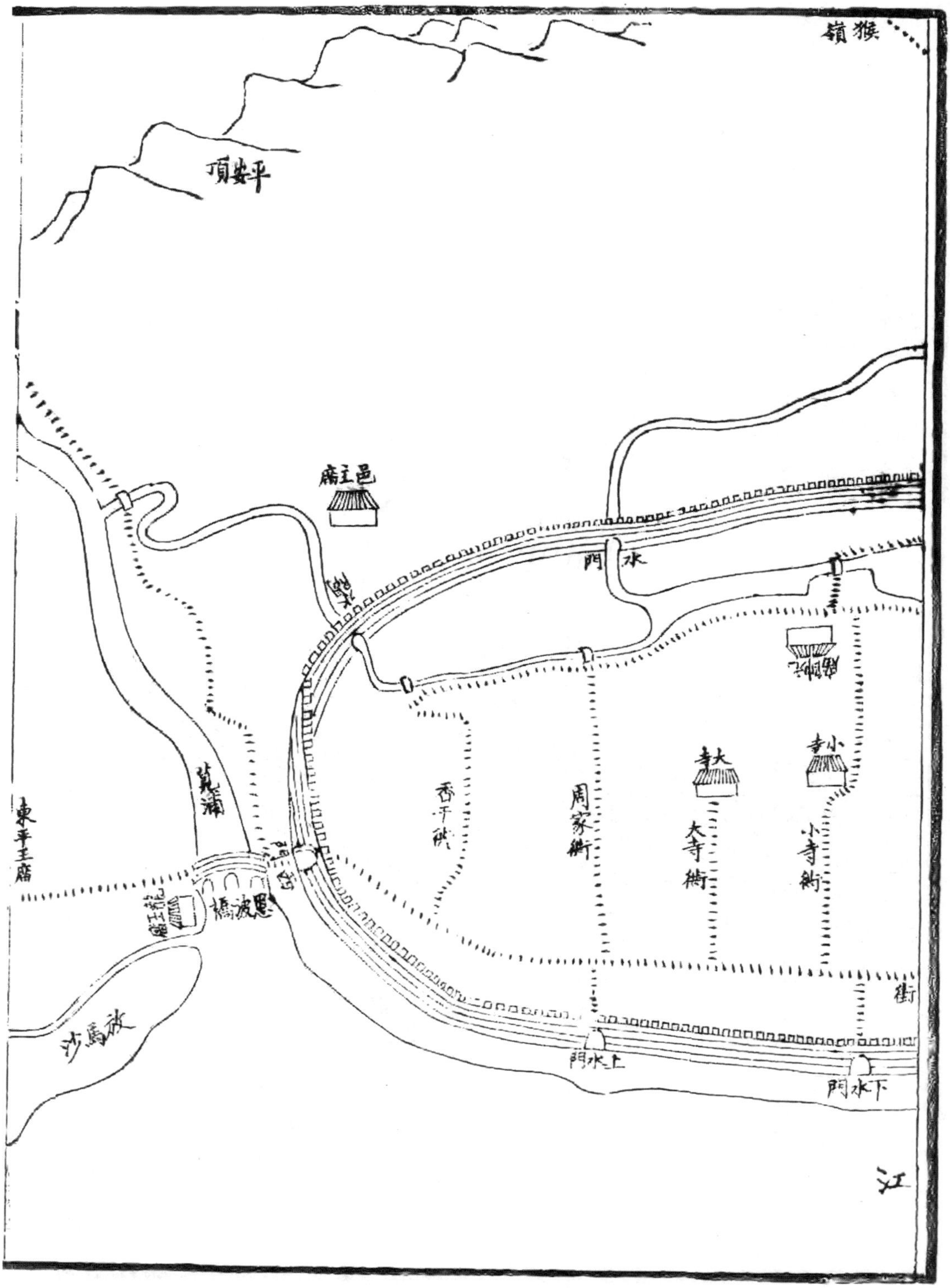

富阳县城图 / 选自光绪《富阳县志》

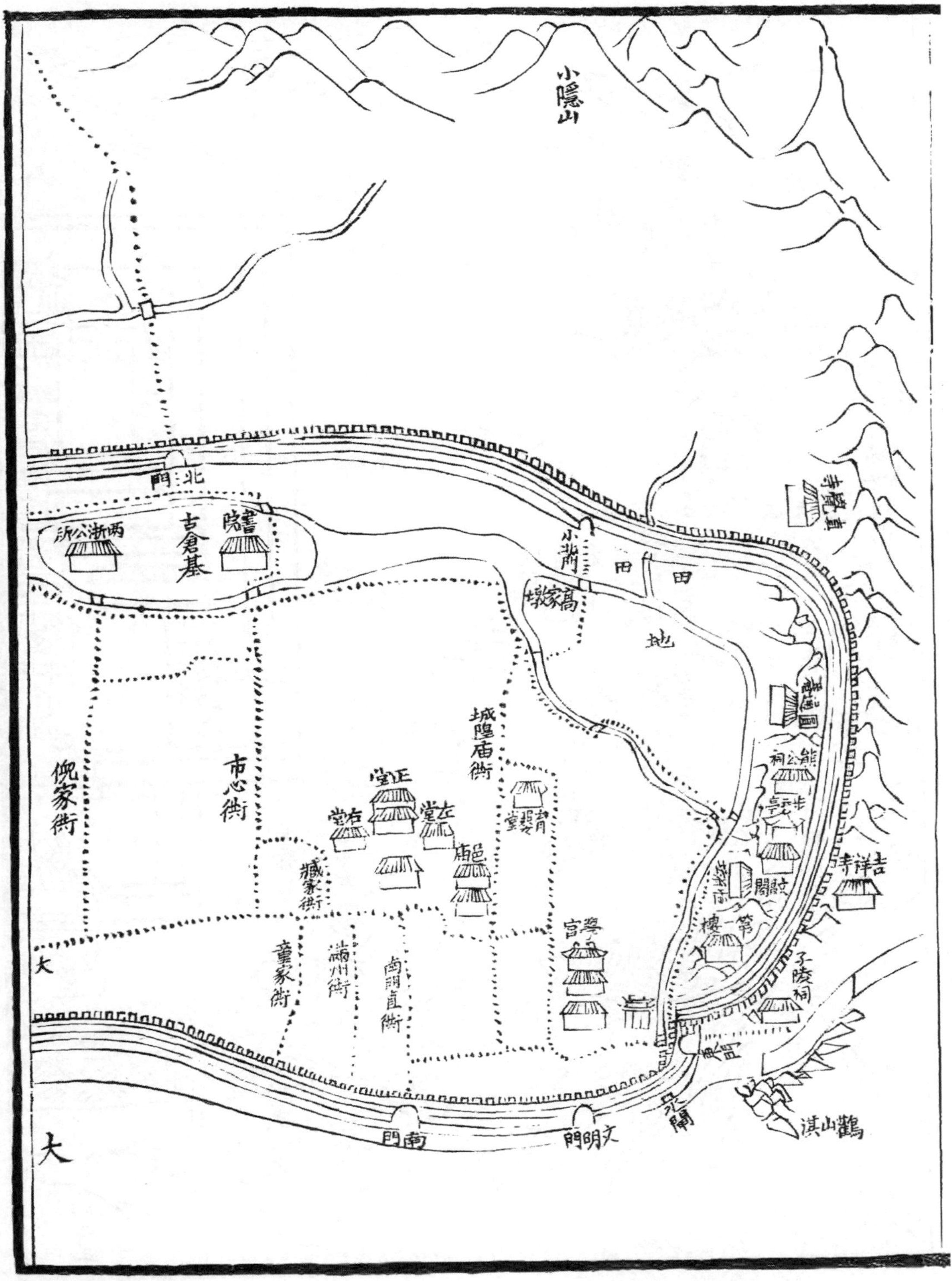
小隱山
北門
書院
古倉基
小北門
高家墩
田
田
地
城隍廟街
市心街
倪家街
正堂
左堂
右堂
邑廟
育嬰堂
臧家街
童家街
滿州街
南門直街
學宮
第一樓
吉祥寺
子陵祠
南門
文明門
大
大

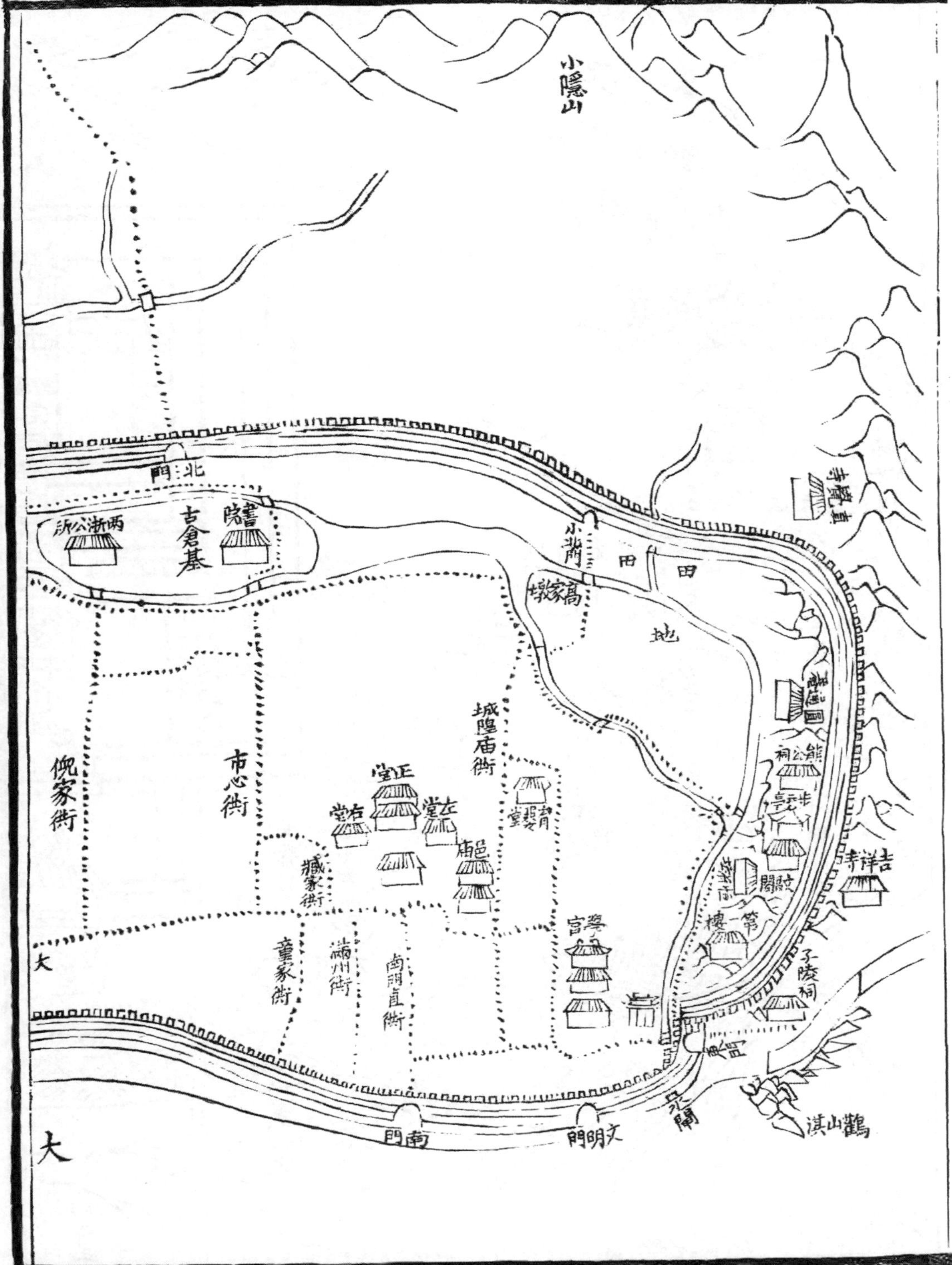

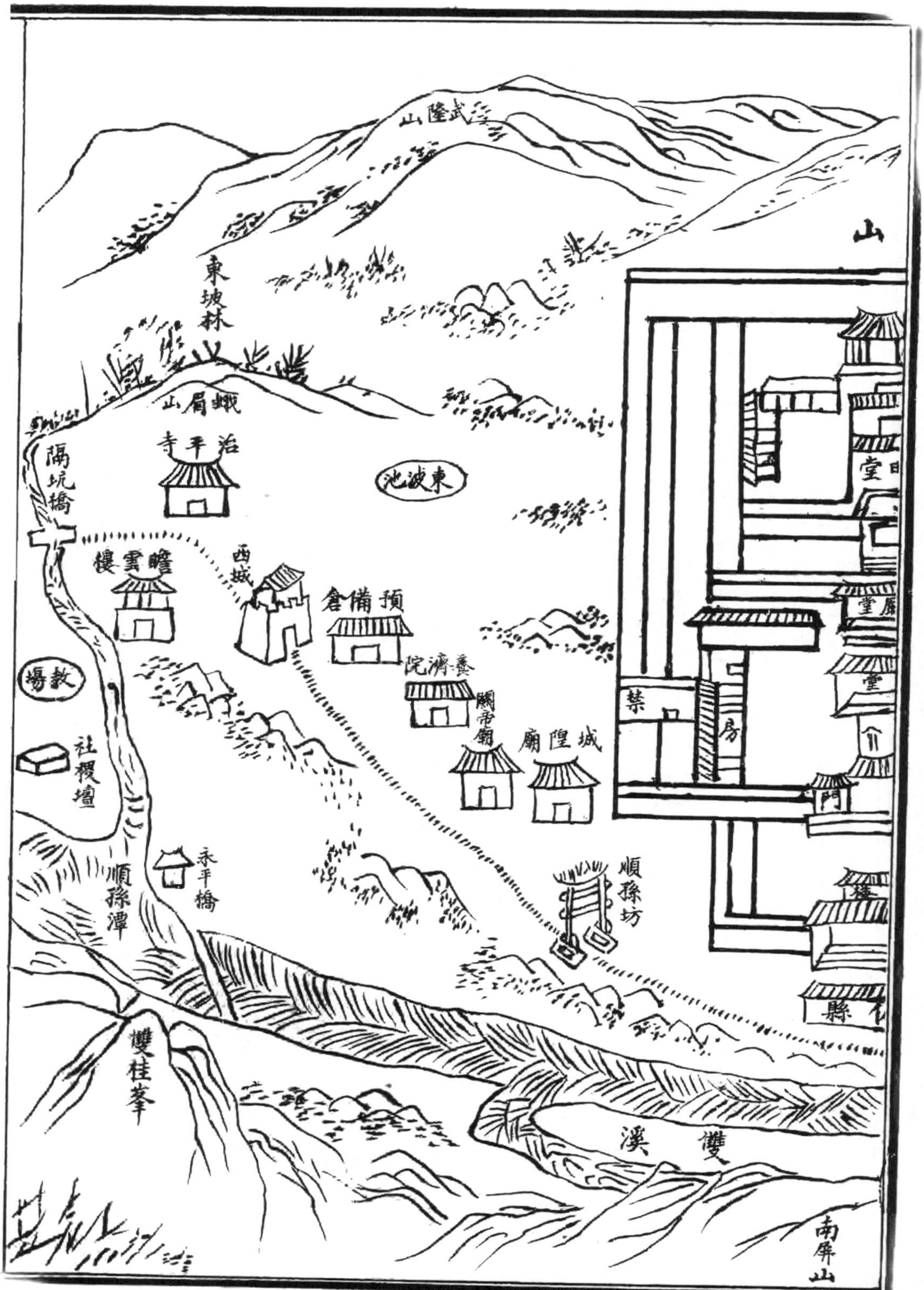

昌化县治旧图 / 选自民国《昌化县志》

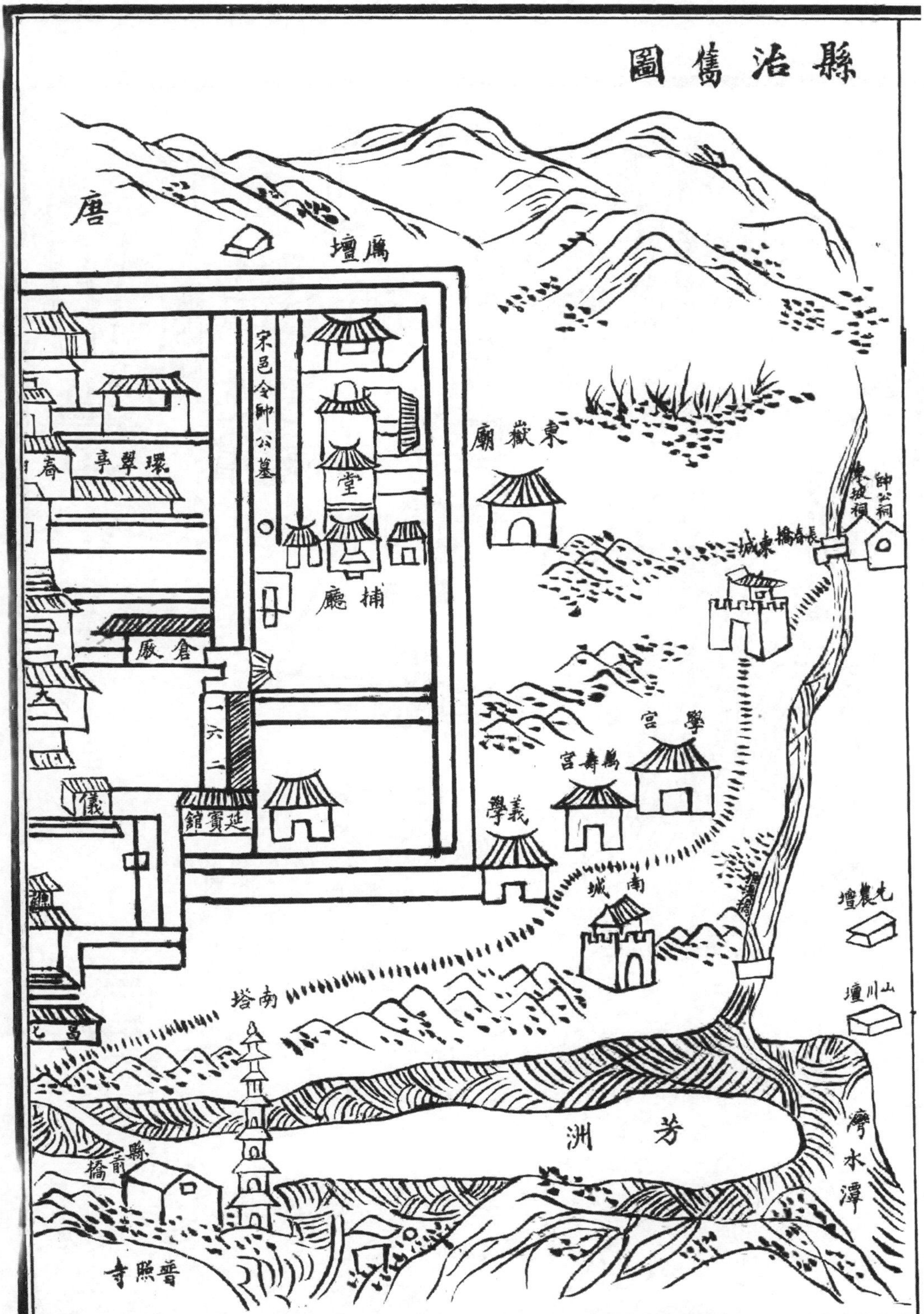
縣治舊圖
唐
厲壇
東嶽廟
宋邑令鄭公墓
堂
捕廳
環翠亭
倉廒
延賓館
儀
義學
鶴壽宮
學宮
東城長春橋
東坡祠
南城
先農壇
山川壇
南塔
芳洲
縣前橋
普照寺

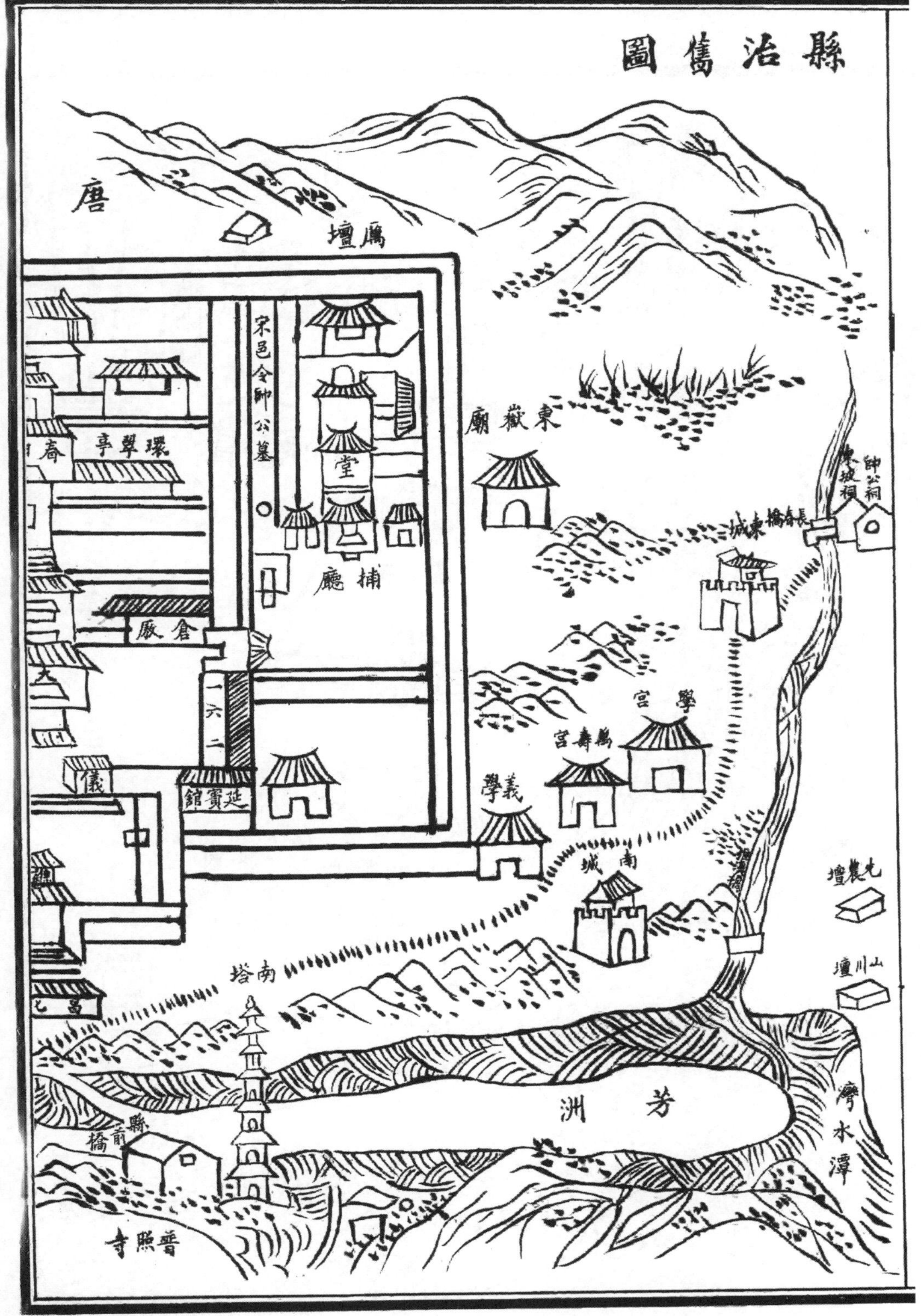

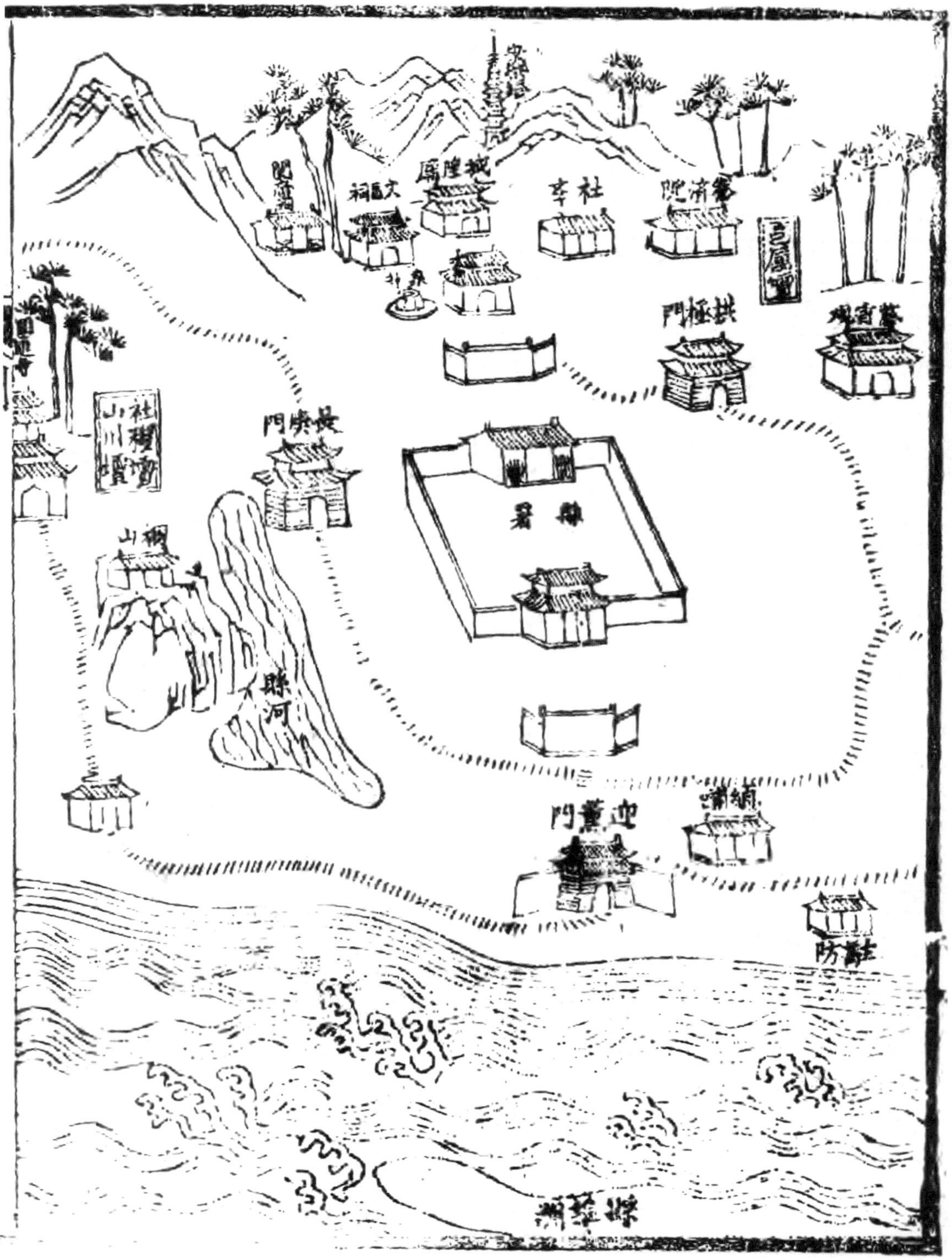

桐庐县治四隅图 / 选自乾隆《桐庐县志》

縣治四隅圖
義塚
儒學
泮池
仰聖興賢
公館
關帝廟
演武場

嘉兴

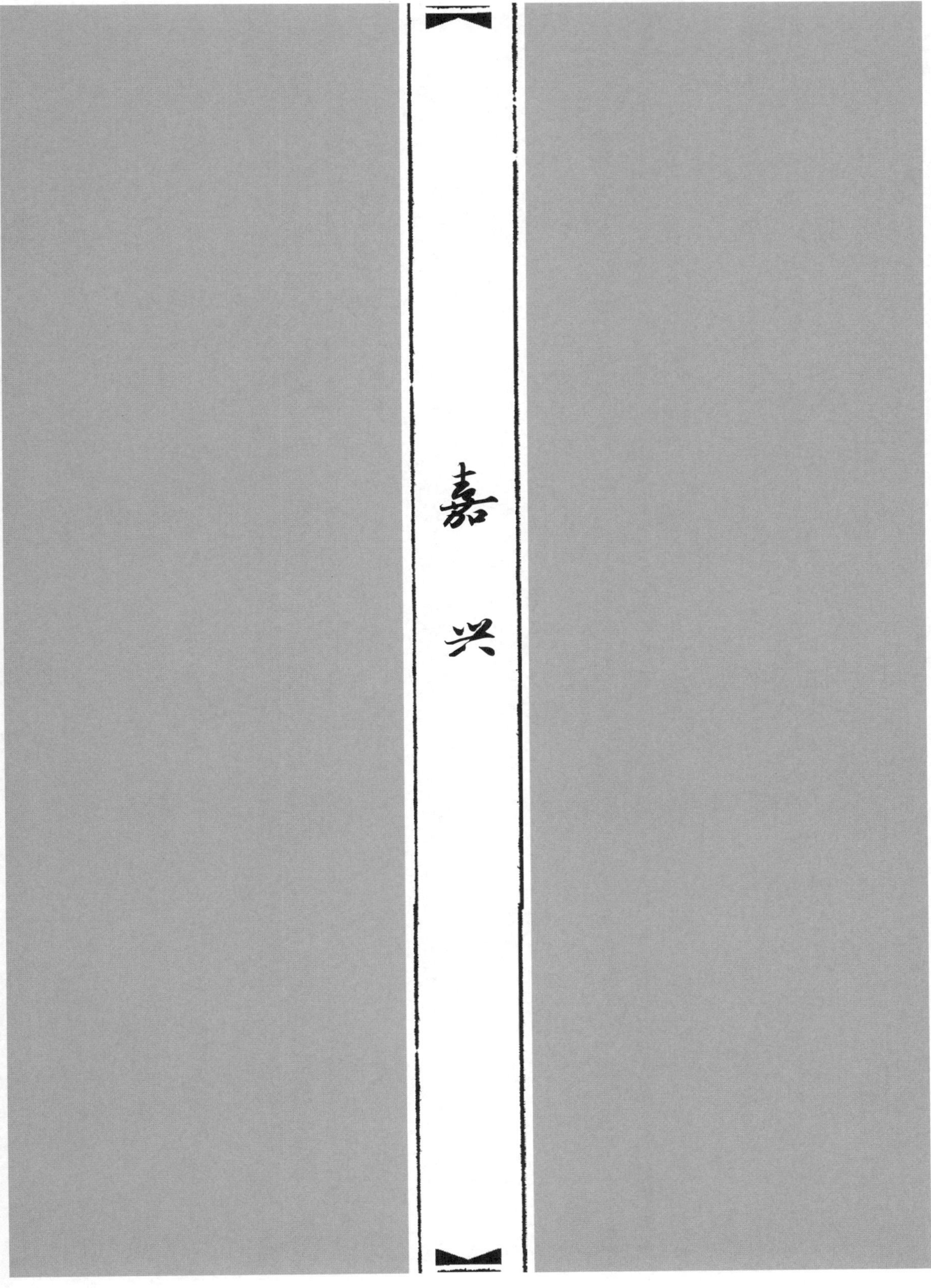

嘉兴府图说

浙江列郡多倚山负壑，独嘉兴四境之内弥望平衍，无培塿之观，而南控大海，北枕震泽，东接淞泖，西连苕霅，盖古所称泽国也。附郭之县二，嘉兴、秀水皆与江南苏州之吴江、震泽壤接；而桐乡、石门二邑之水，亦北流而委输于具区。石门之西曰语溪，旧为吴越分疆之地。语溪之西，则与湖之清溪合流而入于太湖者也。府东为嘉善界，于朱泾北汇汾湖，与江南松江之三泖合。直走吴淞滨大海者，为海盐，为平湖。澉、乍二浦均为入海门户，而重湖、叠溆又与黄浦泖淀弥漫相接。陆游《入蜀记》云几日夜行大泽中，盖谓是也。地既卑湿，厥上涂泥，介在苏杭，赋役繁重。下辖嘉兴县、秀水县、嘉善县、海盐县、石门县、平湖县、桐乡县。

雍正《浙江通志》卷一《图说》

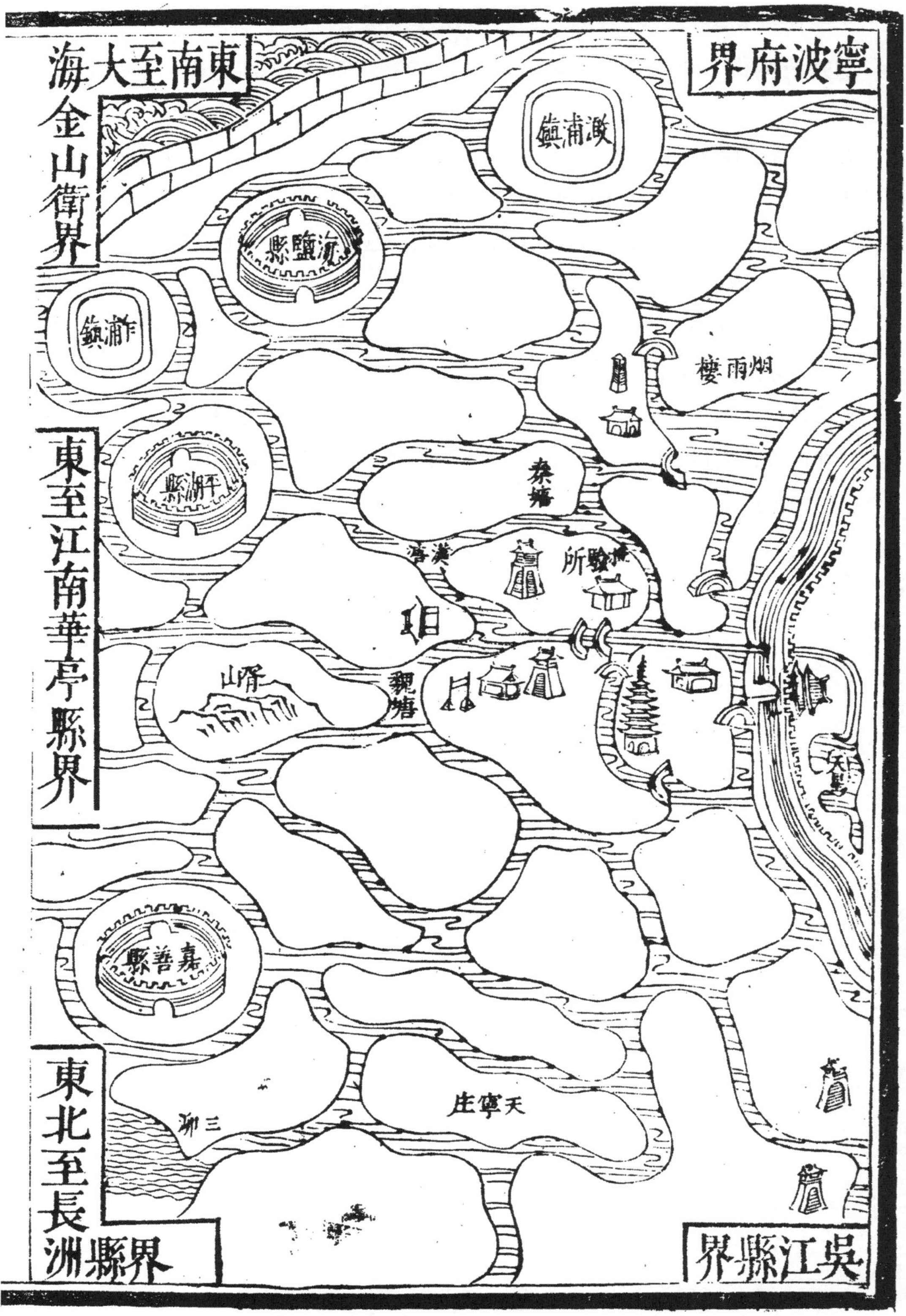

嘉兴府图 / 选自康熙《浙江通志》

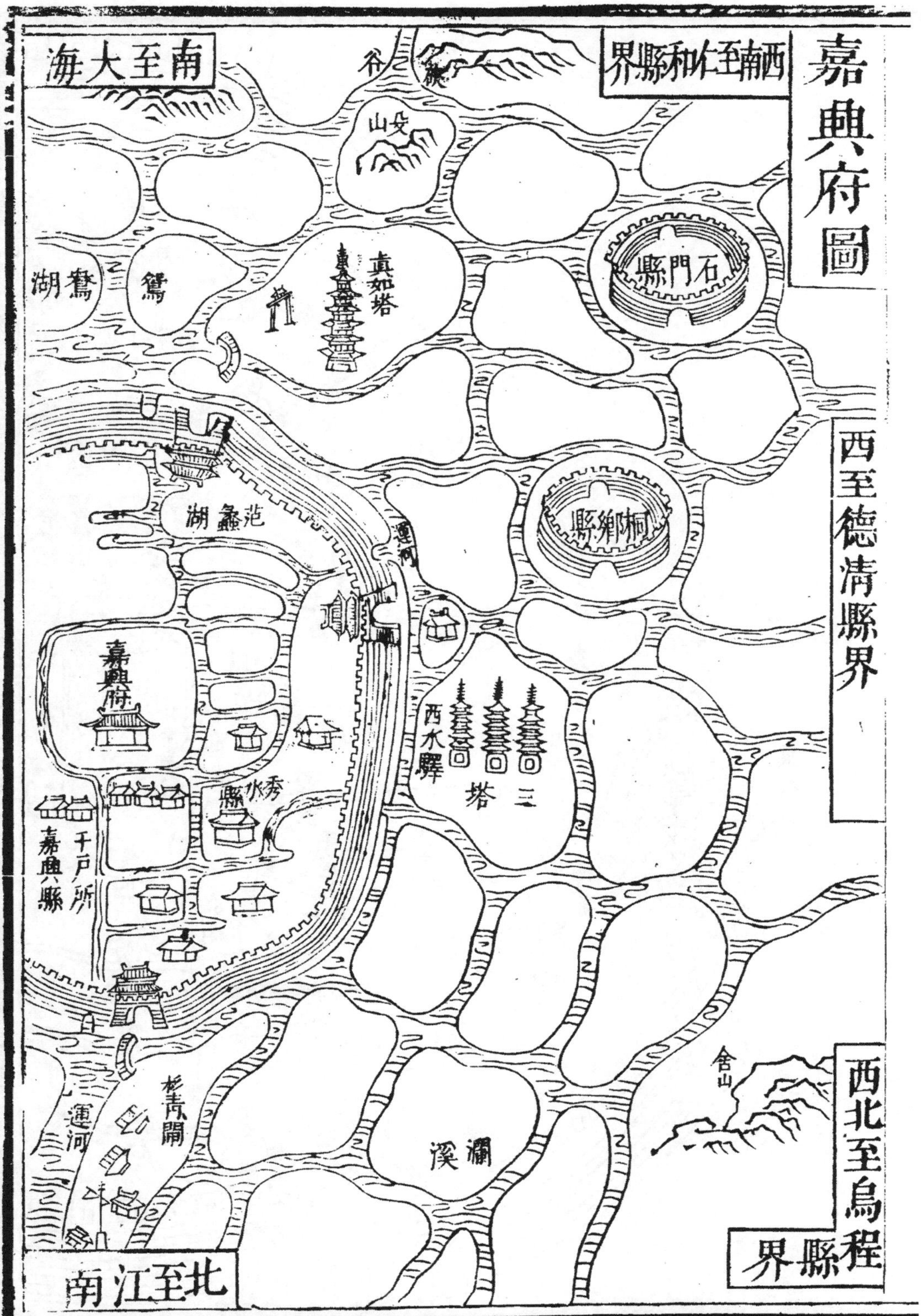
嘉興府圖
南至大海
西南至仁和縣界
西至德清縣界
西北至烏程縣界
北至江南
安山
鴛鴦湖
真如塔
石門縣
范蠡湖
運河
桐鄉縣
嘉興府
西水驛
三塔
秀水縣
千戶所
嘉興縣
杉青閘
運河
瀾溪
含山

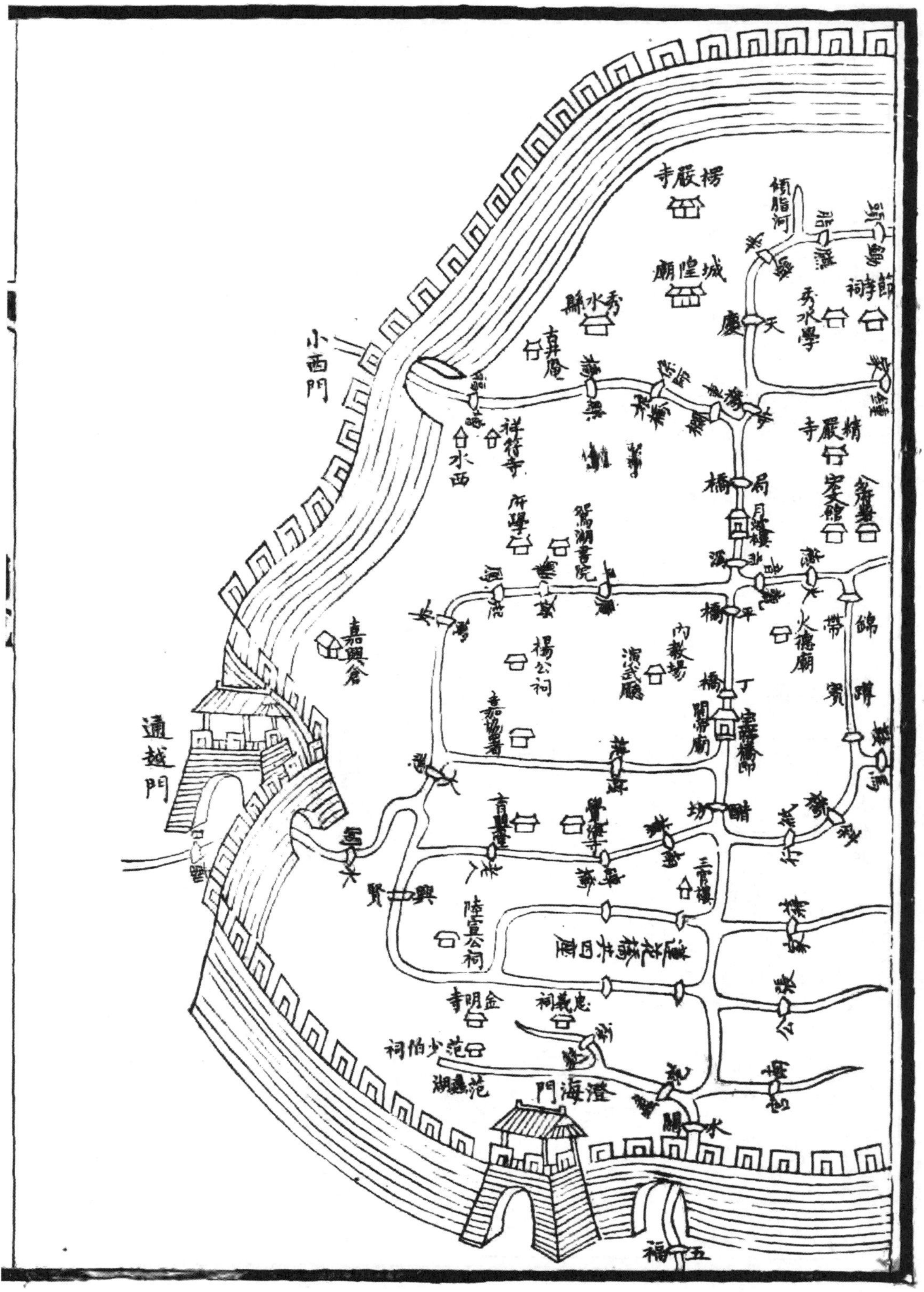

嘉兴府城图 / 选自光绪《嘉兴府志》

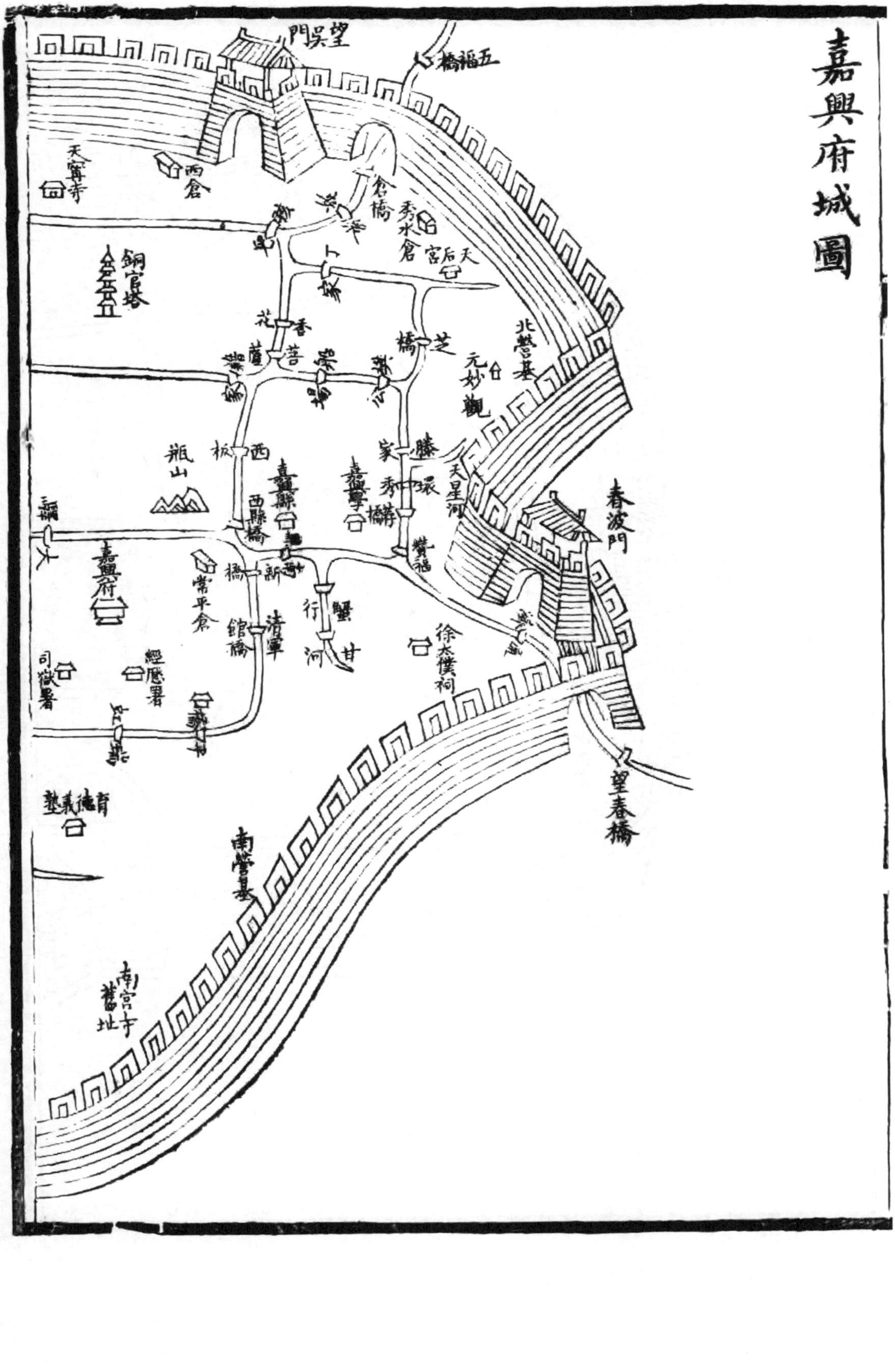
嘉興府城圖
望吳門
五福橋
天寧寺
西倉
倉橋
秀水倉
天后宮
銅官塔
北營基
元妙觀
瓶山
嘉興縣
西縣橋
嘉興府
常平倉
天星河
春波門
徐太僕祠
司獄署
經歷署
育德義塾
南營基
望春橋
南宮寺舊址

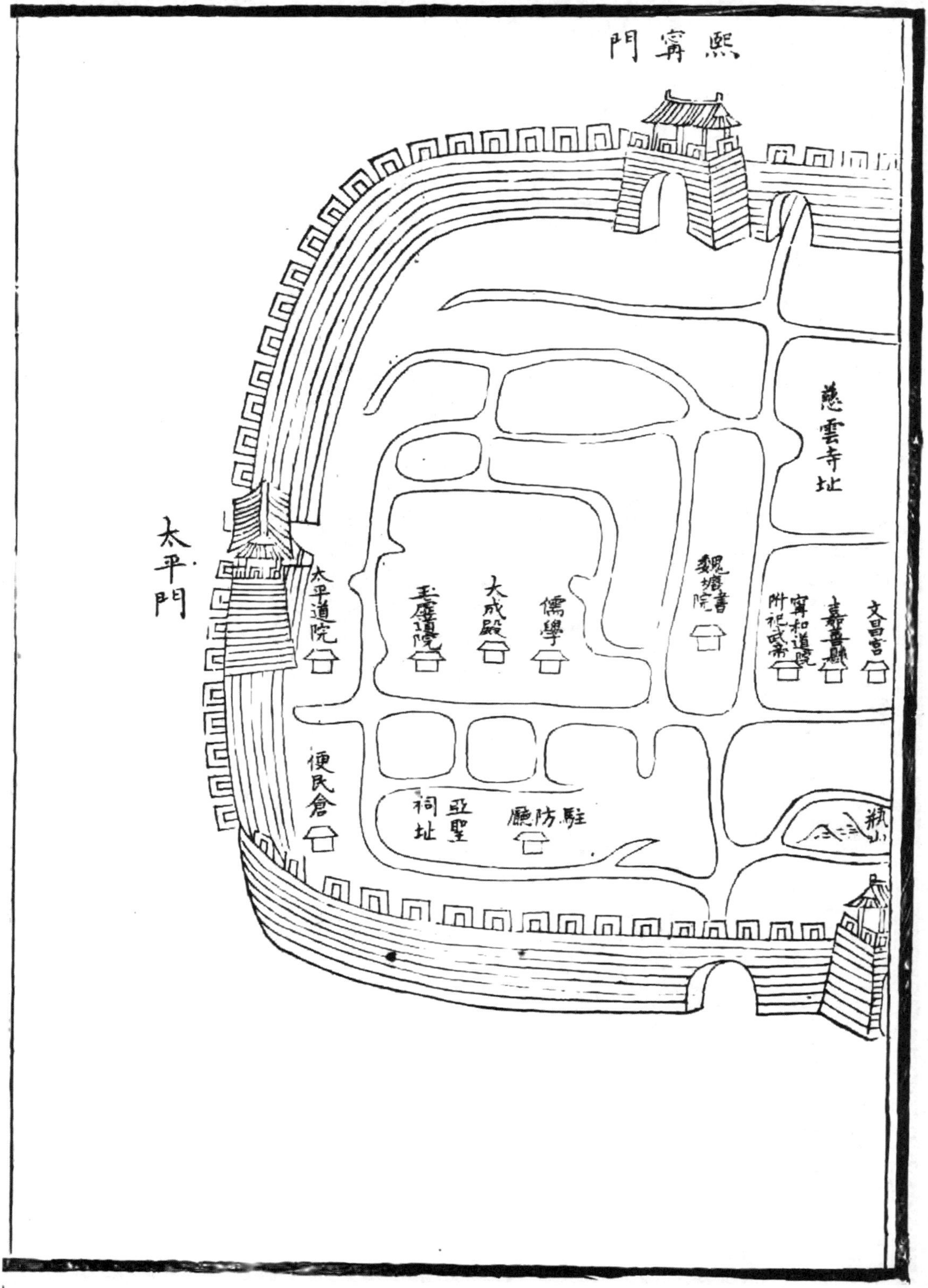

嘉善县城图 / 选自光绪《嘉兴府志》

嘉善縣城圖

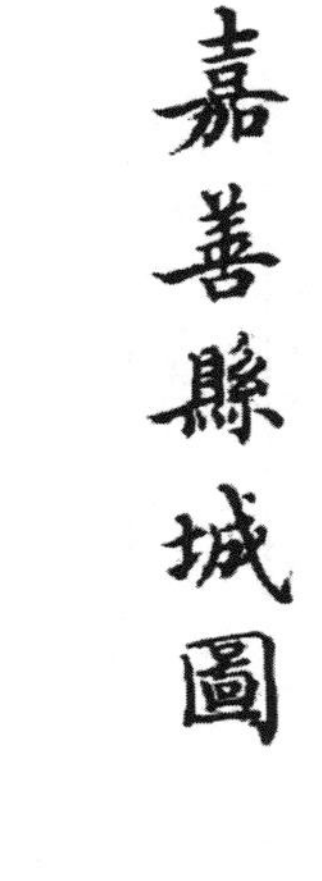

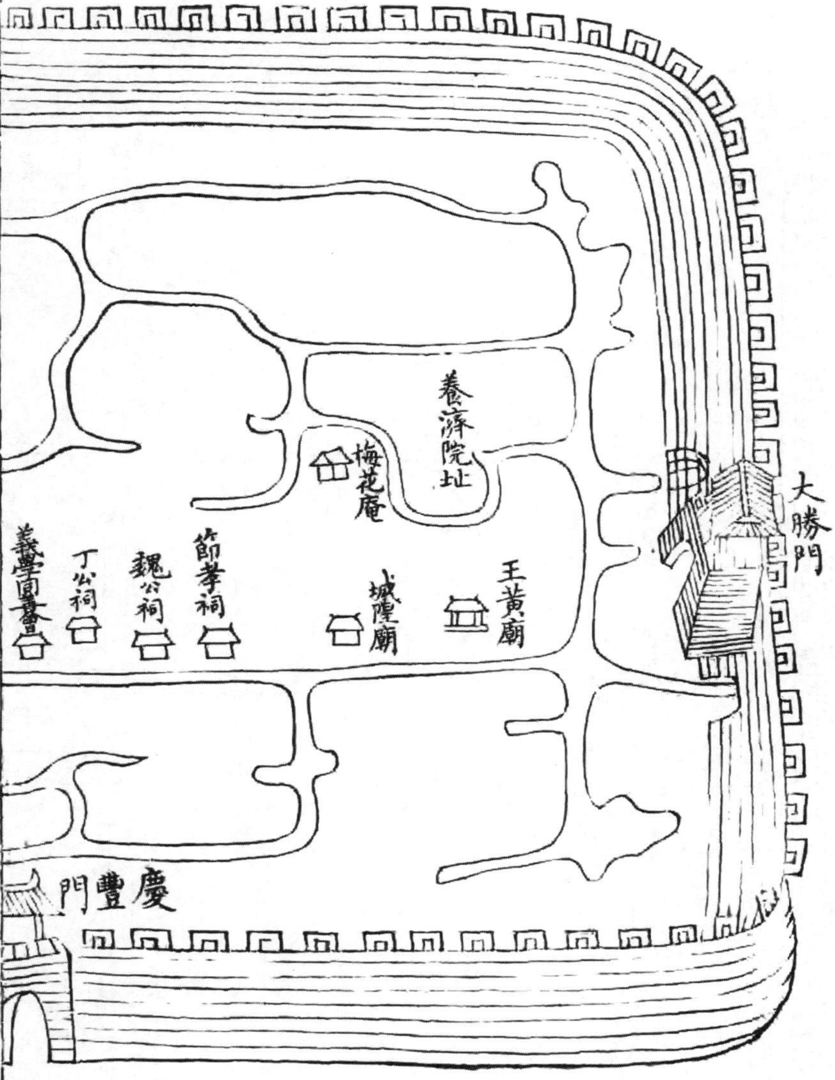
養濟院址
梅花庵
大勝門
王黃廟
城隍廟
節孝祠
魏公祠
丁公祠
慶豐門

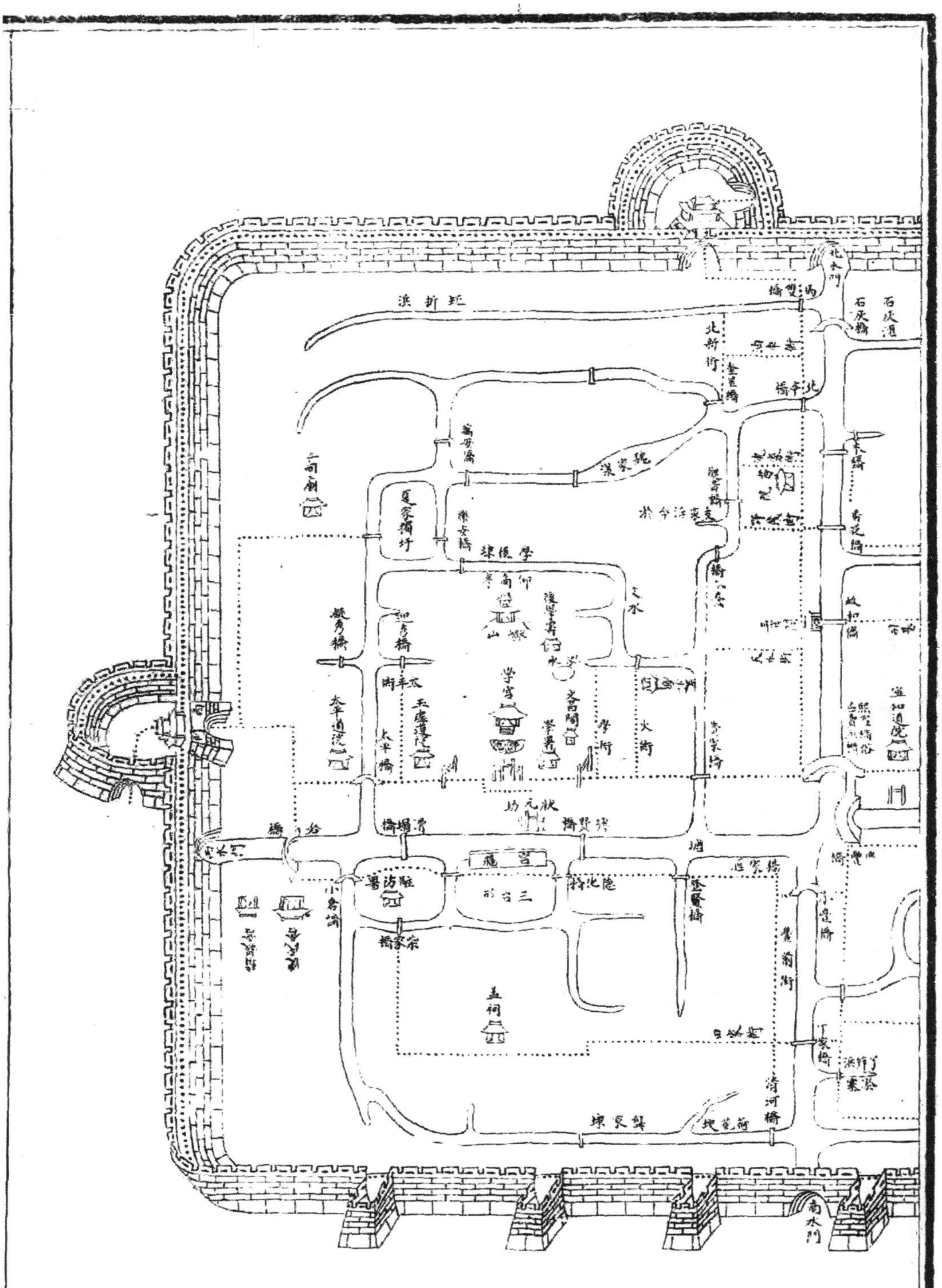

嘉善县城内图 / 选自光绪《嘉善县志》

嘉善縣城內圖

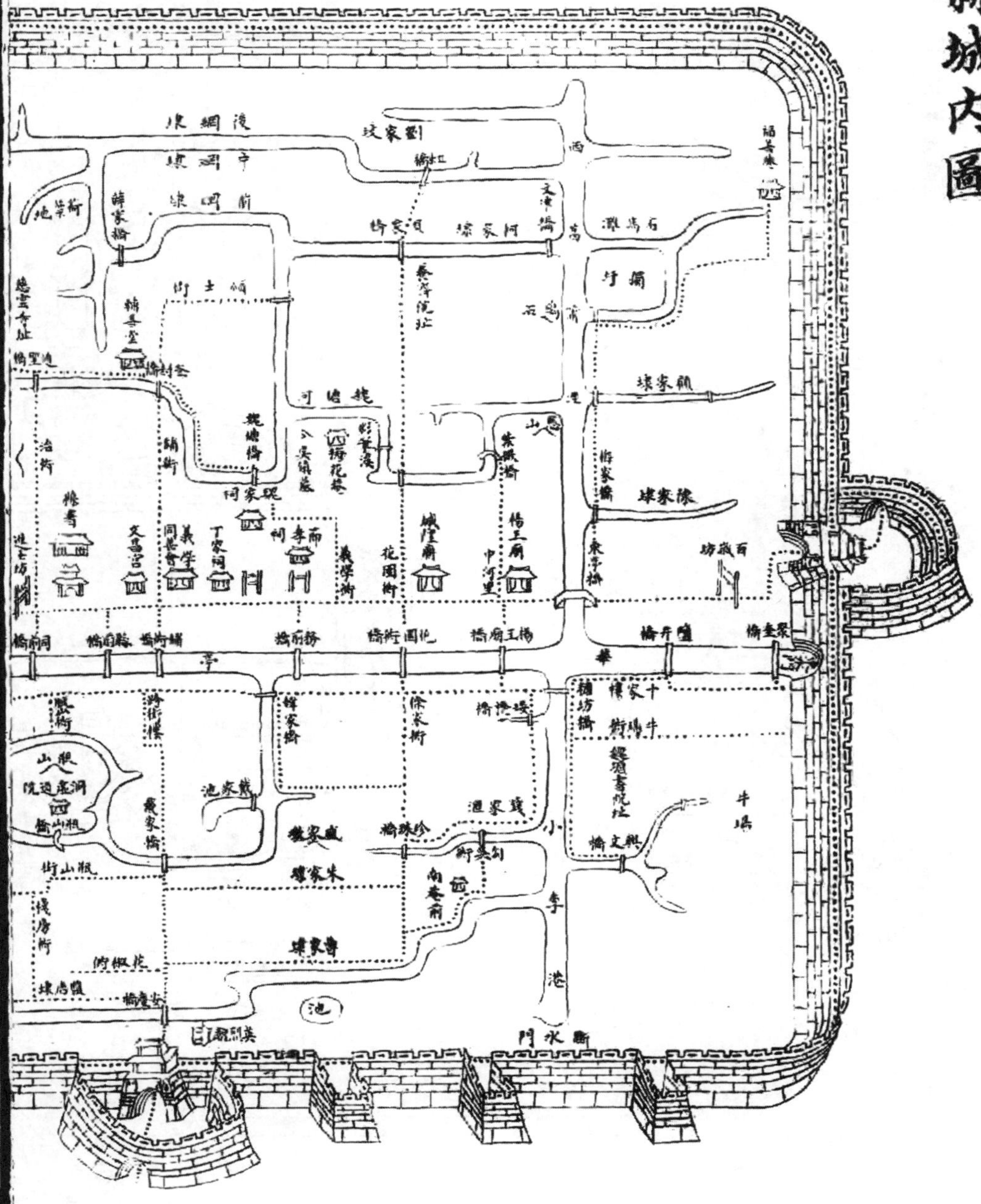

劉家坟
西
石馬灘
東門
牛場
斷水門
池
小
李
港

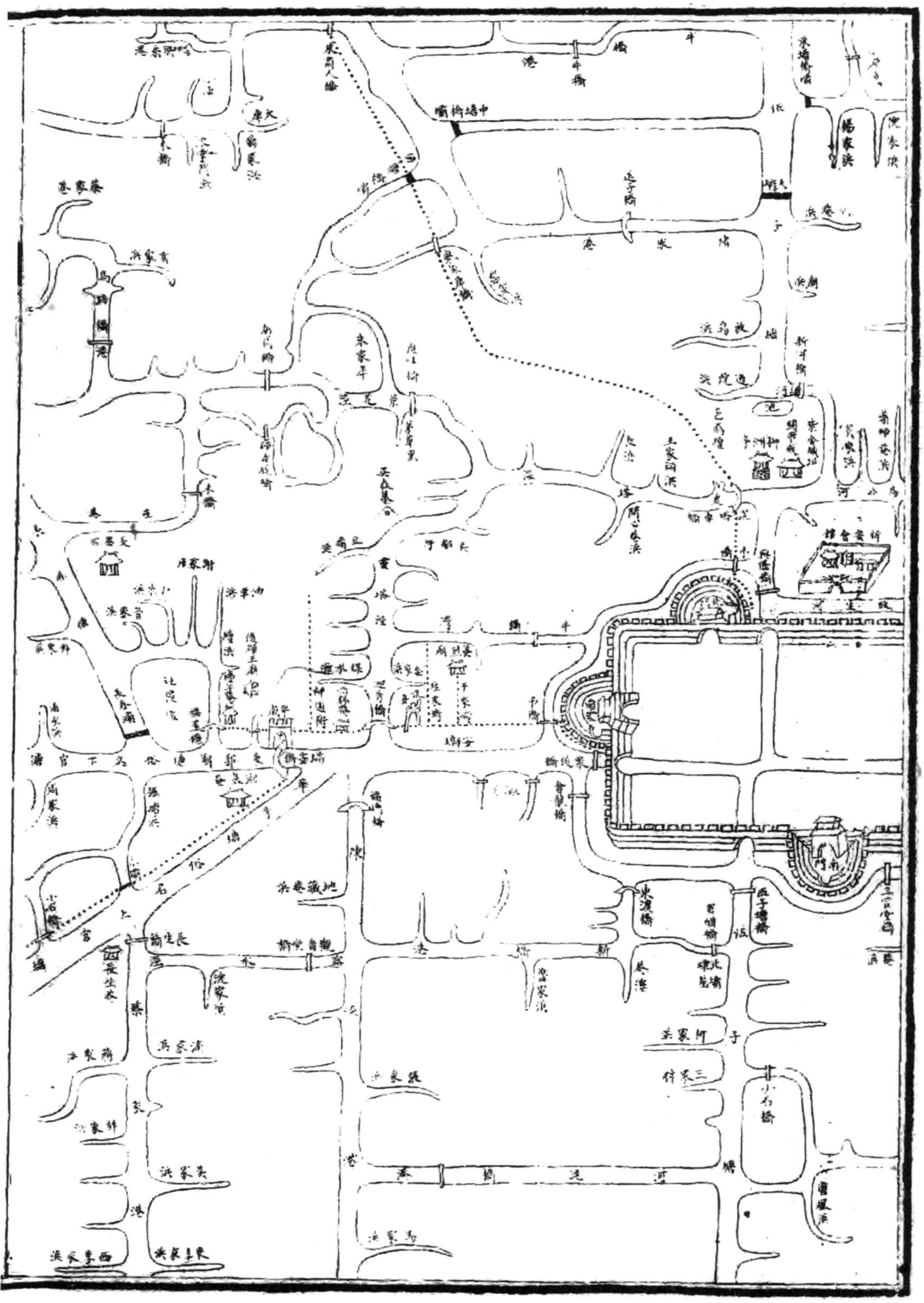

嘉善县城外图 / 选自光绪《嘉善县志》

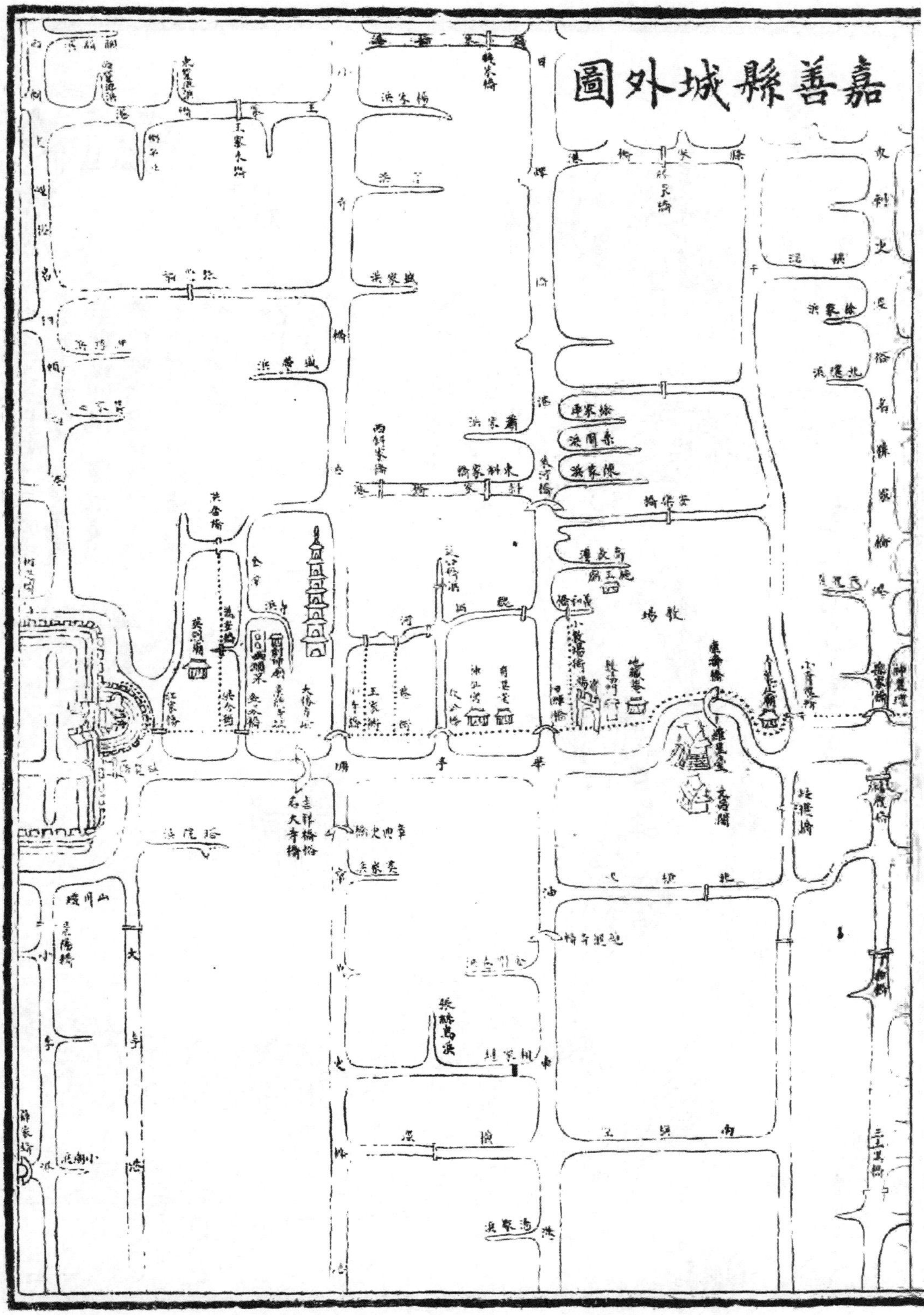
嘉善縣城外圖

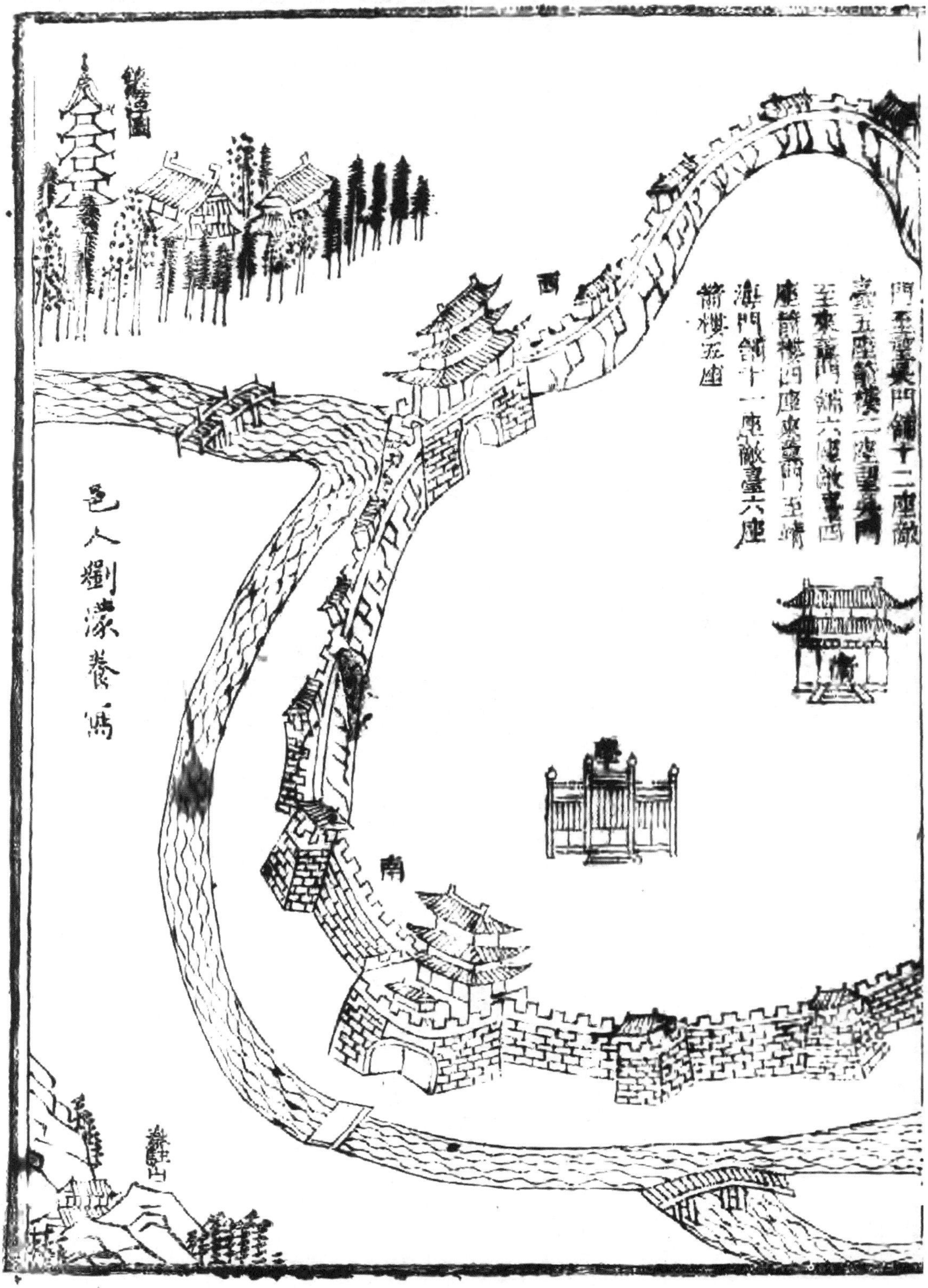

海盐县城池图 / 选自乾隆《海盐县图经》

北
靖海門至鎮潮門舖四座
敵臺三座敵樓二座鎮潮
縣
東

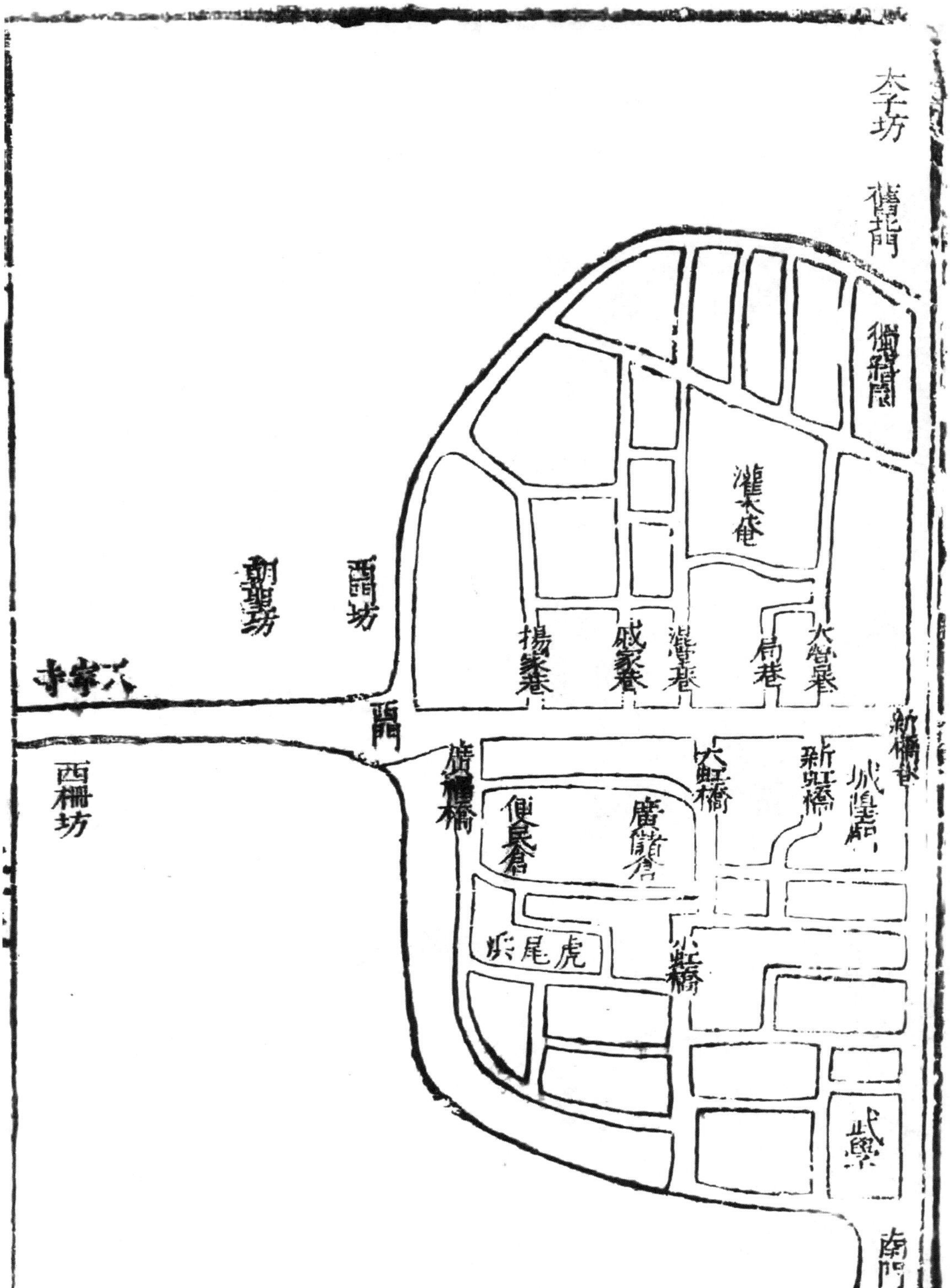

五之县坊镇乡图 / 选自乾隆《海盐县图经》

五之縣坊鎮巷圖

坊巷圖

有圖

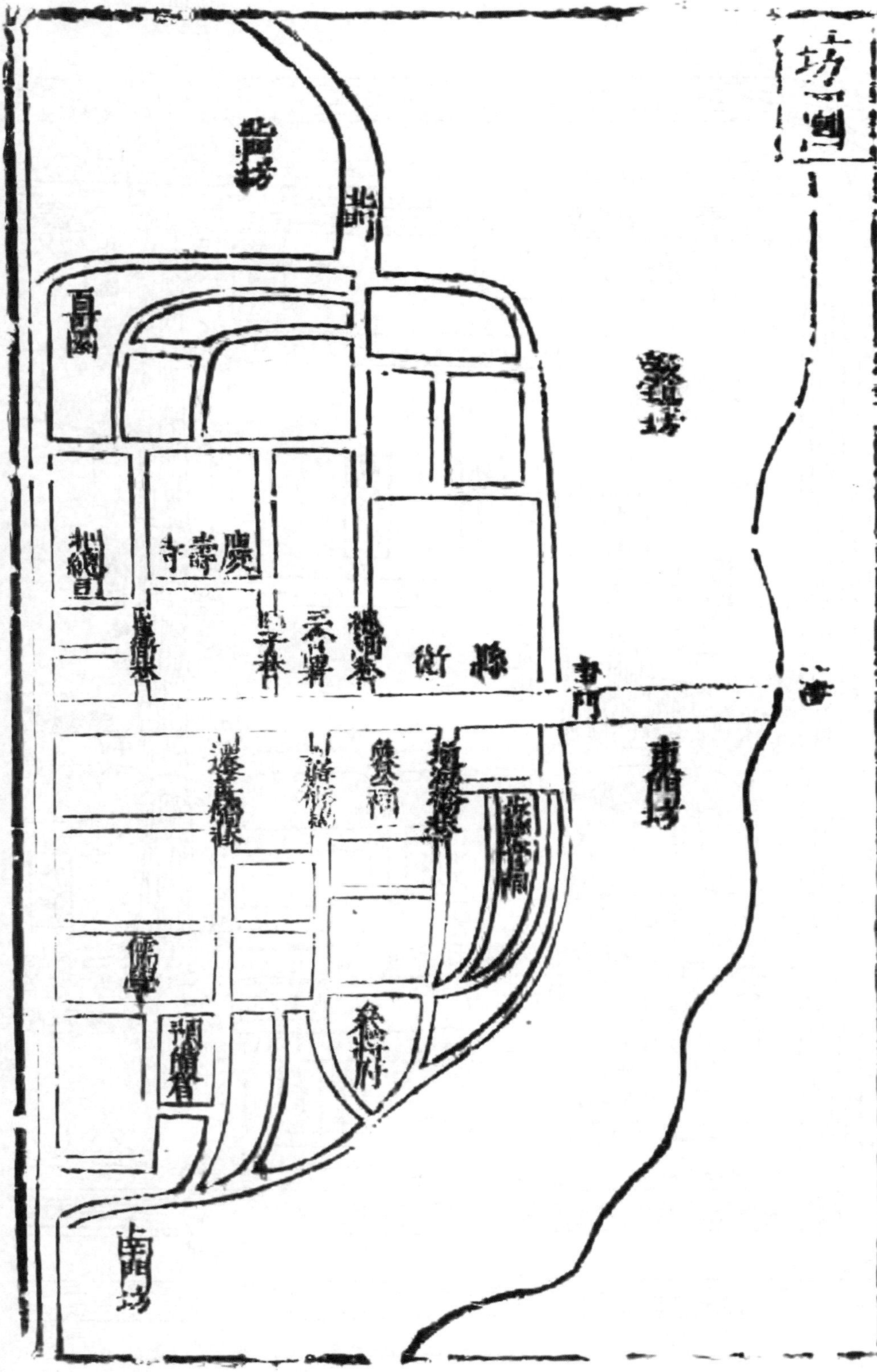

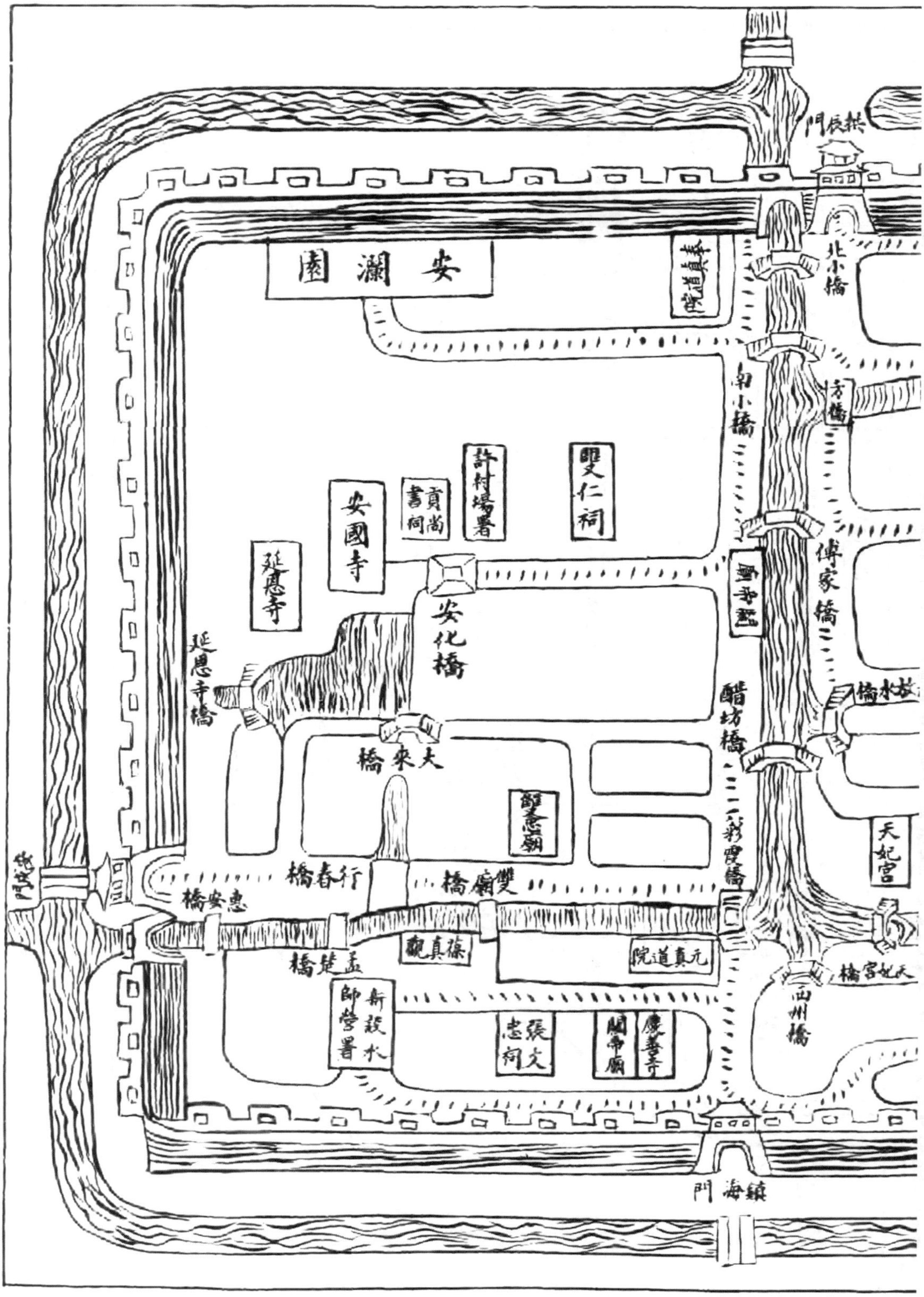

海宁州城内图 / 选自民国《海宁州志稿》

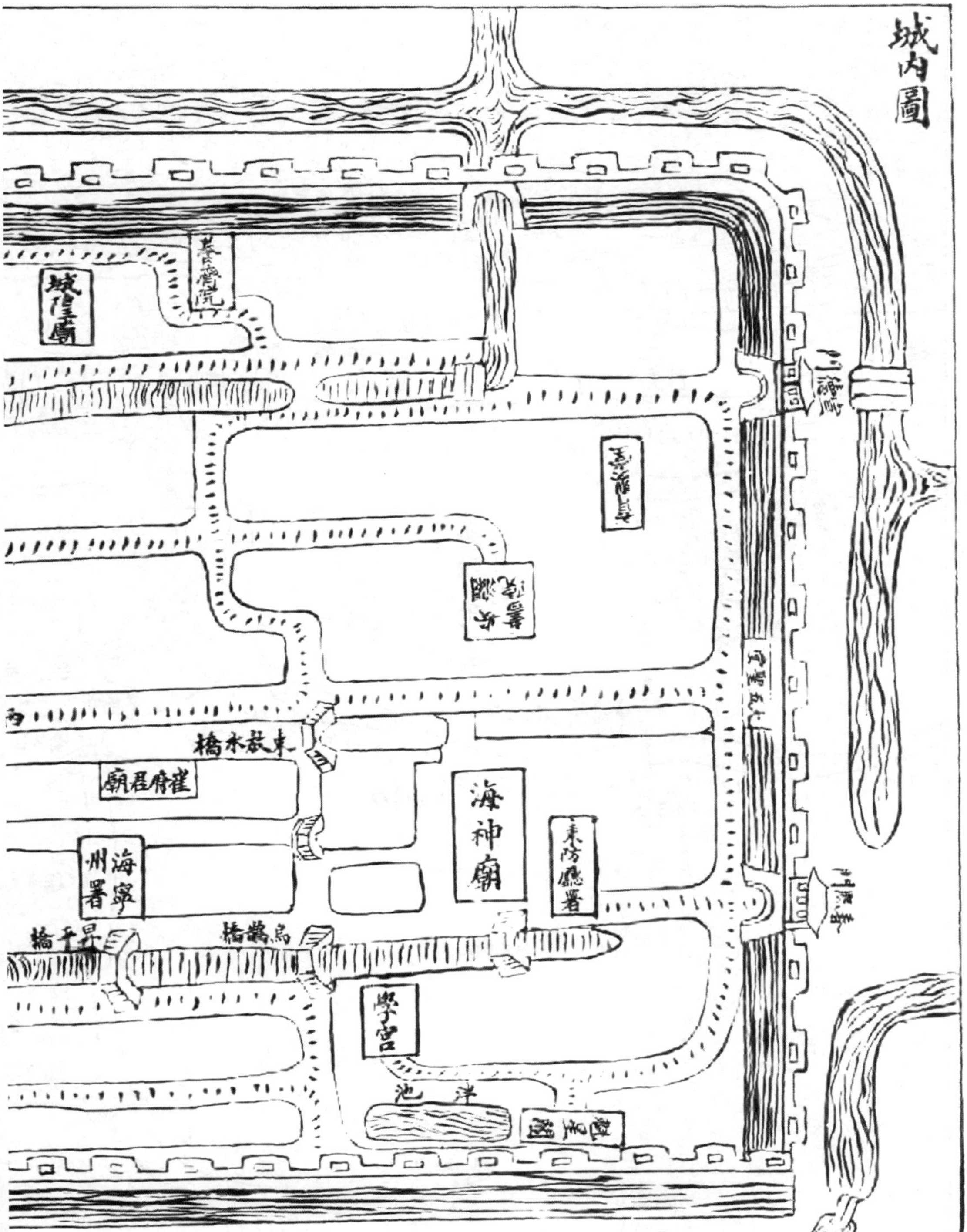
城內圖
城隍廟
海神廟
學宮
海寧州署
崔府君廟
烏鵲橋
泮池

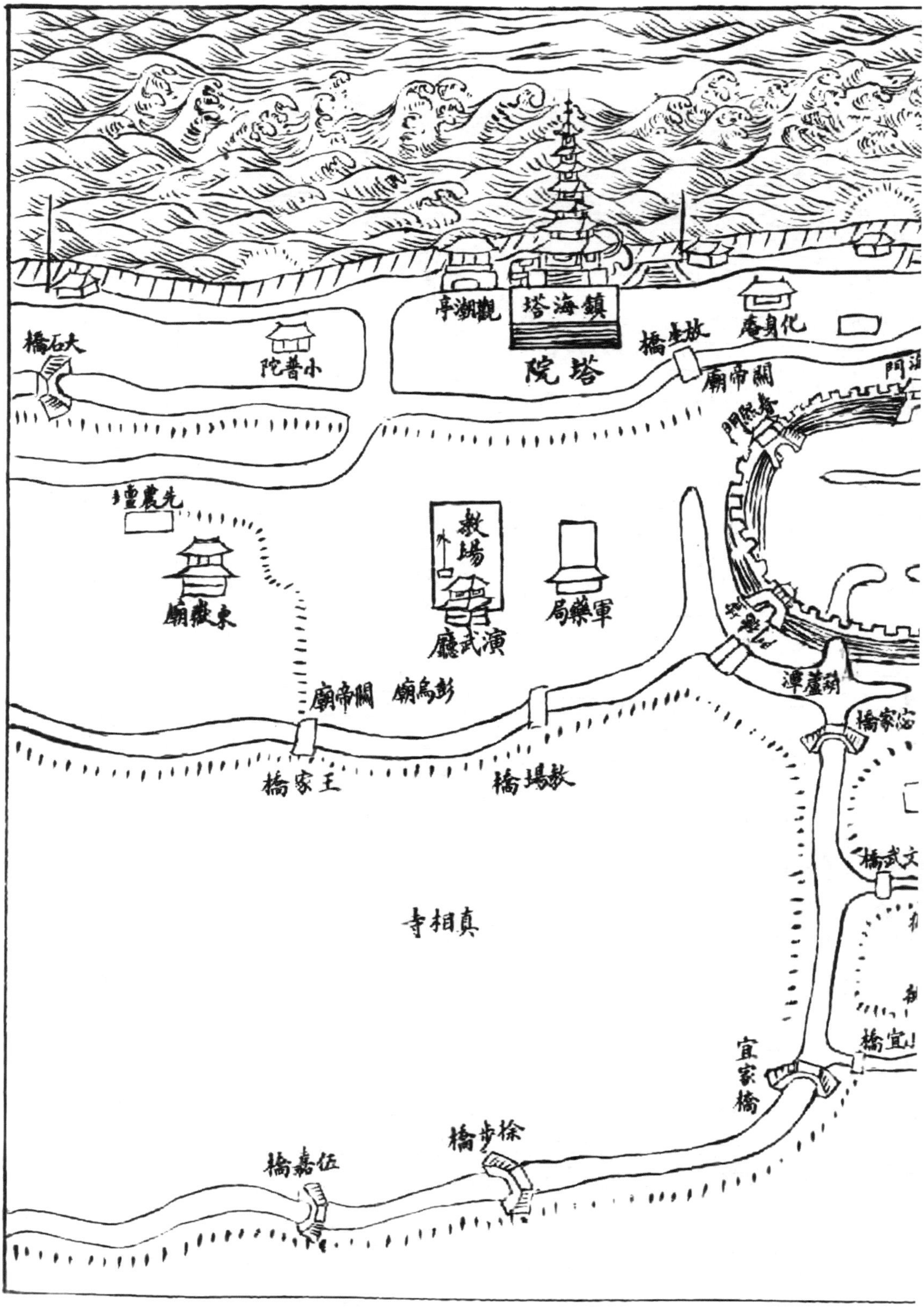

海宁州城外图 / 选自民国《海宁州志稿》

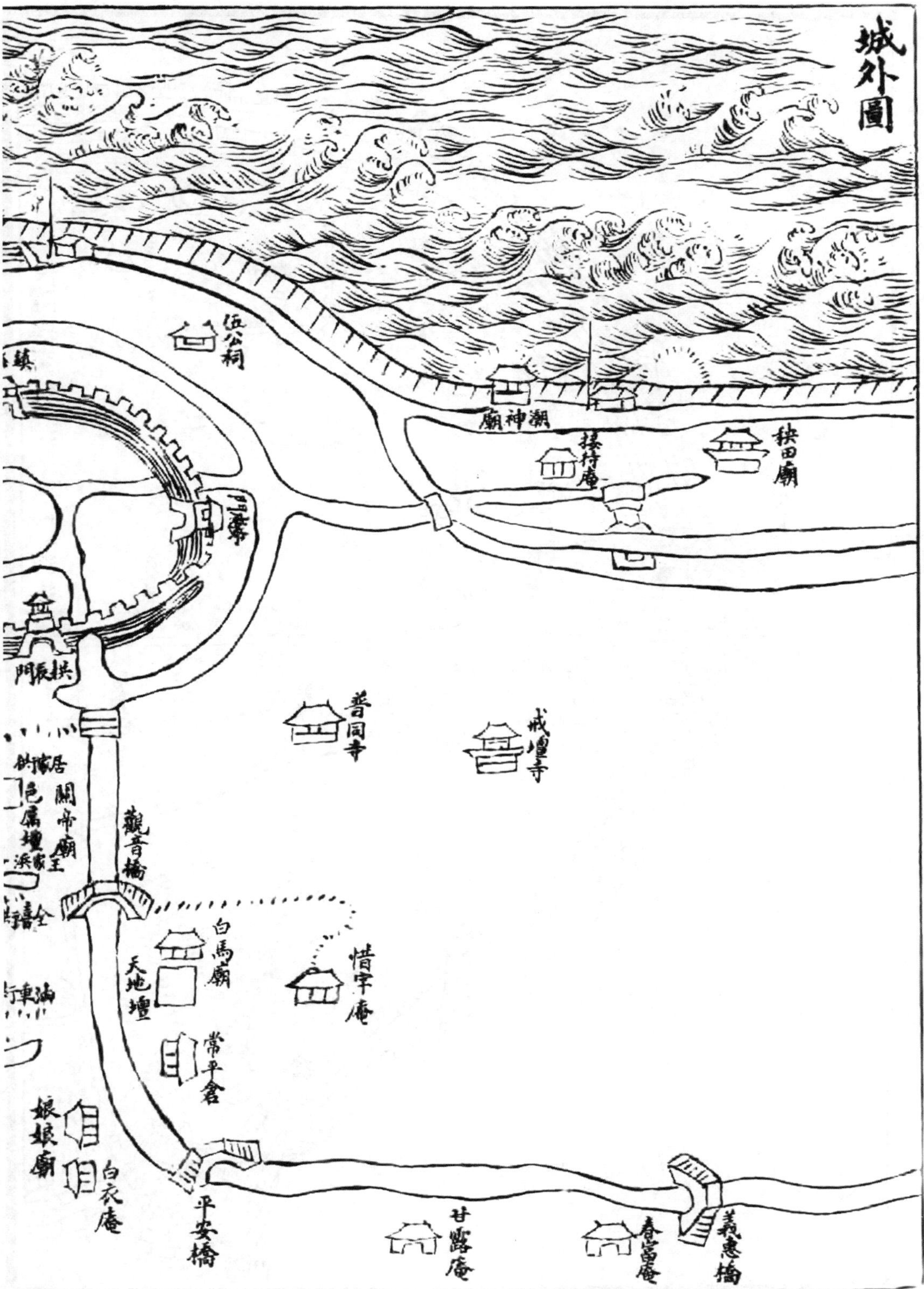
城外圖
伍公祠
潮神廟
接待庵
秧田廟
拱辰門
普同寺
戒壇寺
觀音橋
關帝廟
白馬廟
天地壇
惜字庵
常平倉
娘娘廟
白衣庵
平安橋
甘露庵
春富庵
義惠橋

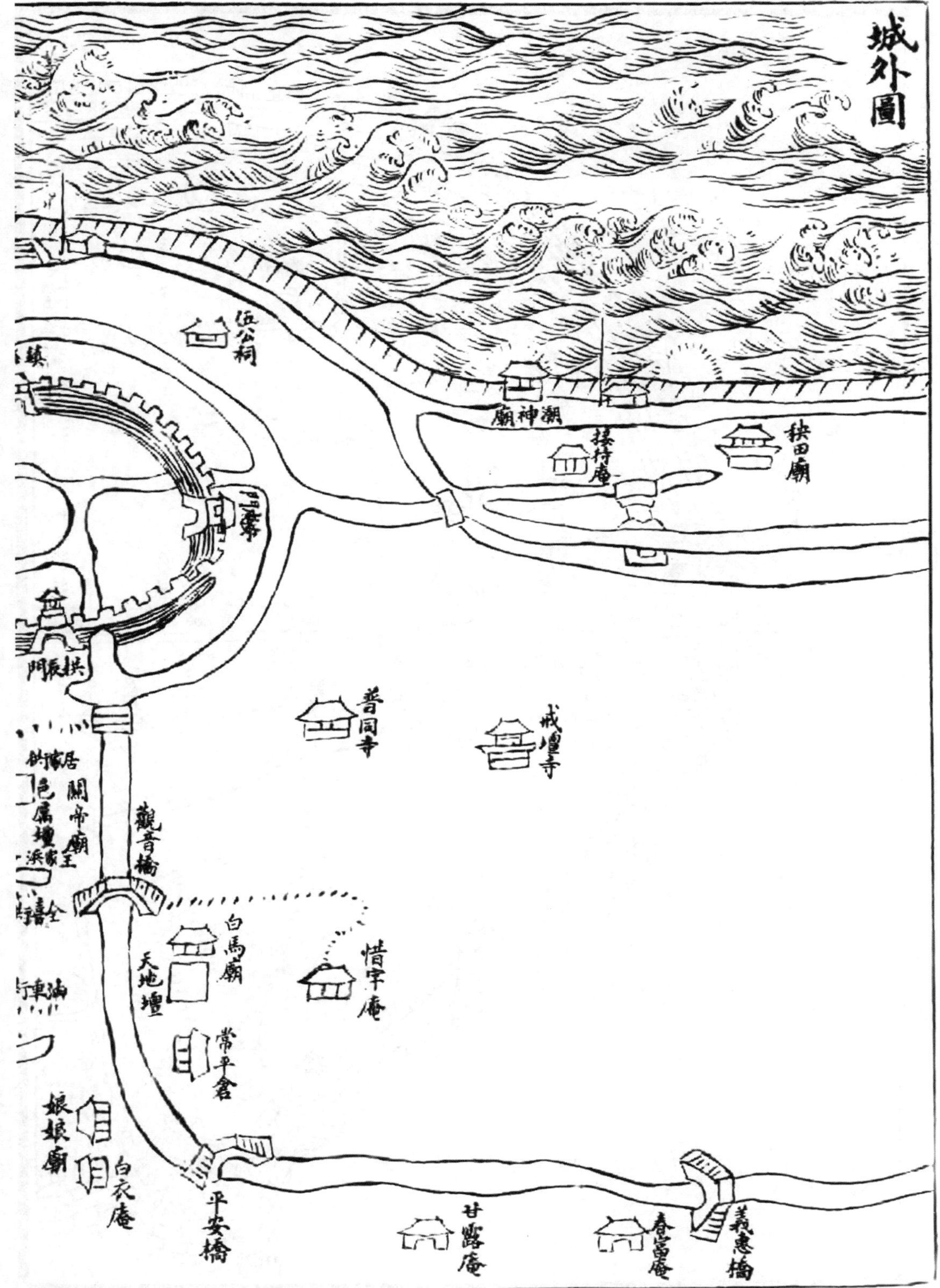

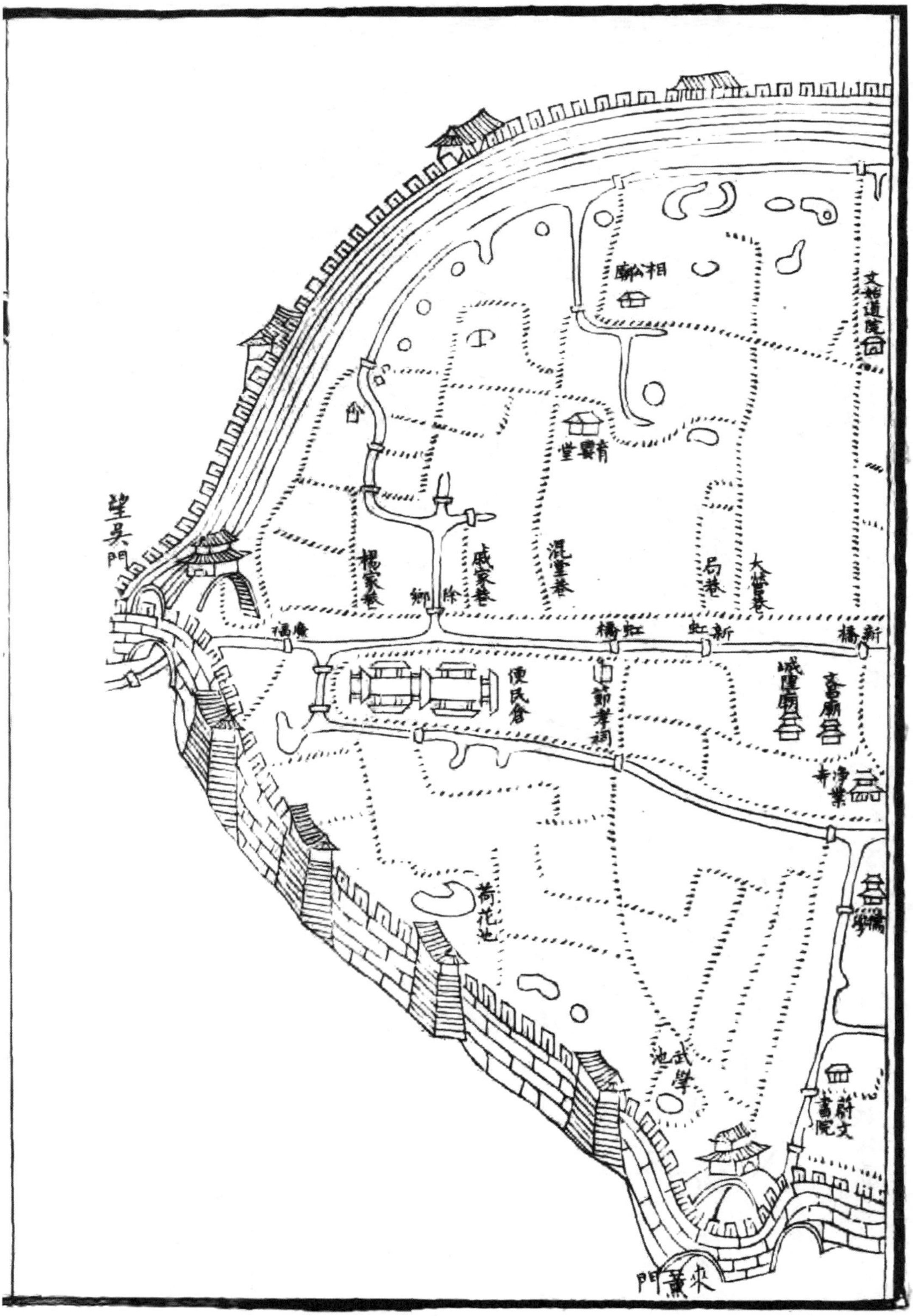

海盐县城图 / 选自光绪《嘉兴府志》

海鹽縣城圖

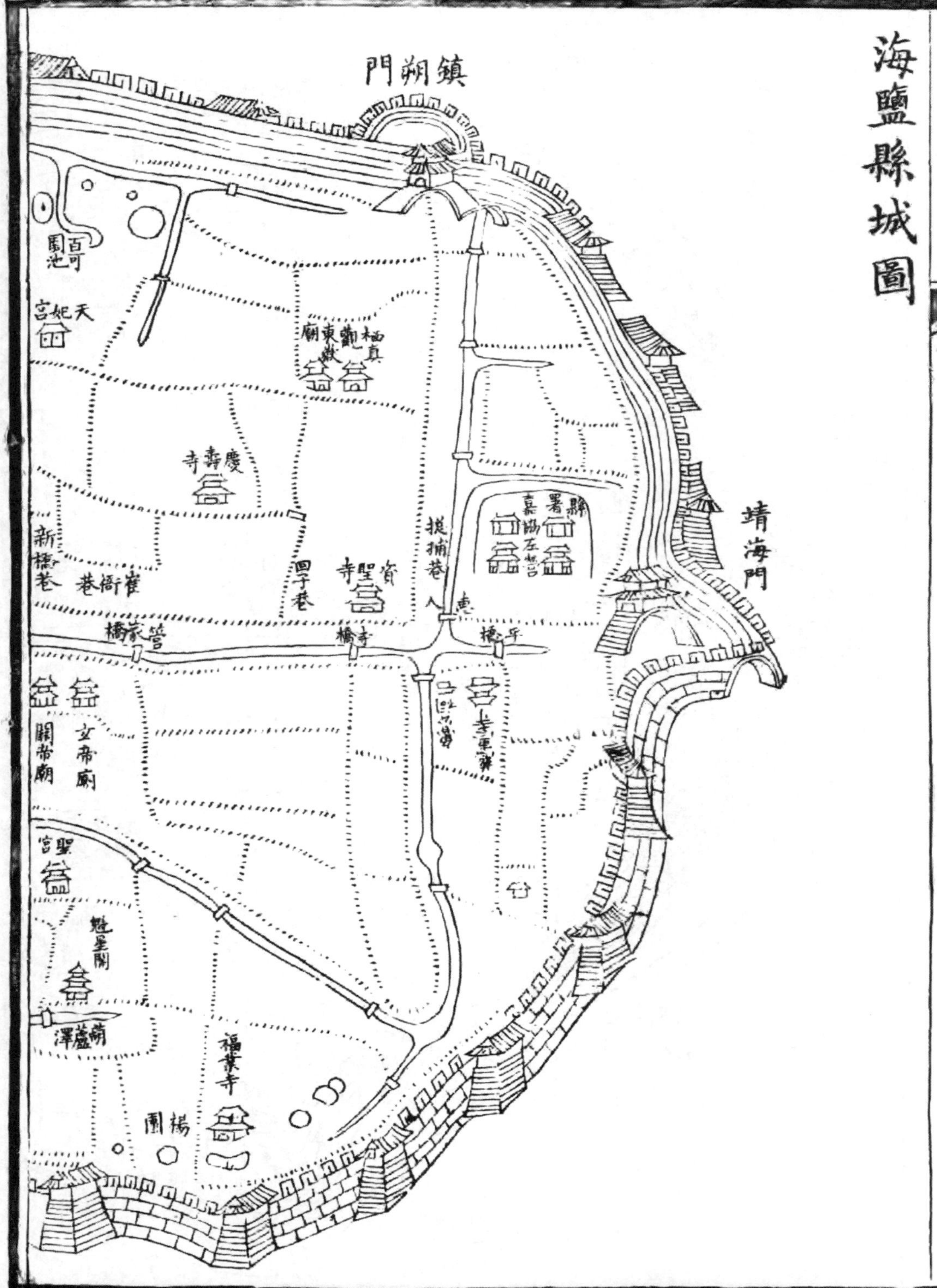

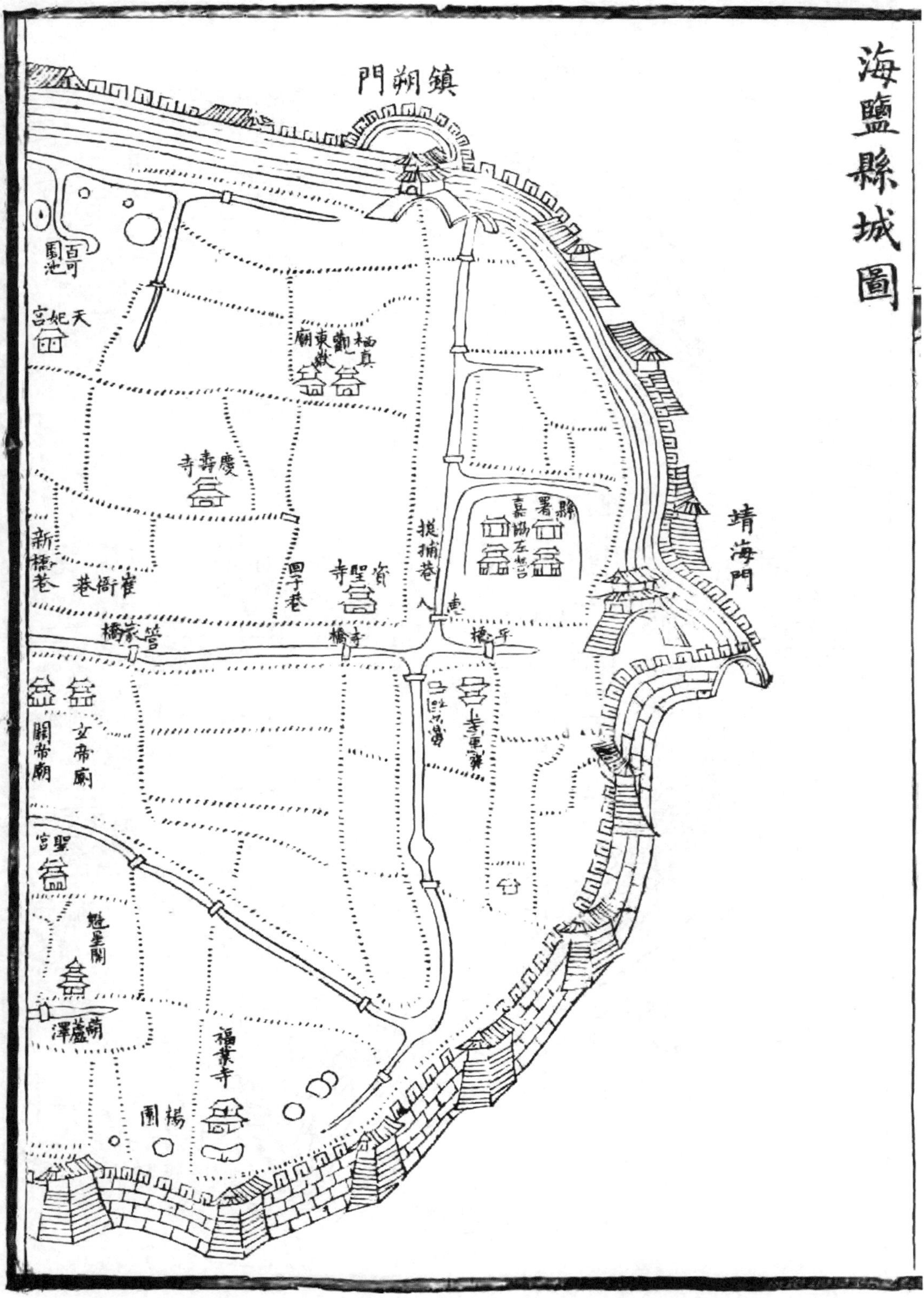
鎮朔門
天妃宮
慶壽寺
新橋巷
霍衙巷
管家橋
資聖寺
寺橋
提捕巷
縣署
嘉協左營
靖海門
關帝廟
文帝廟
聖宮
魁星閣
楊園

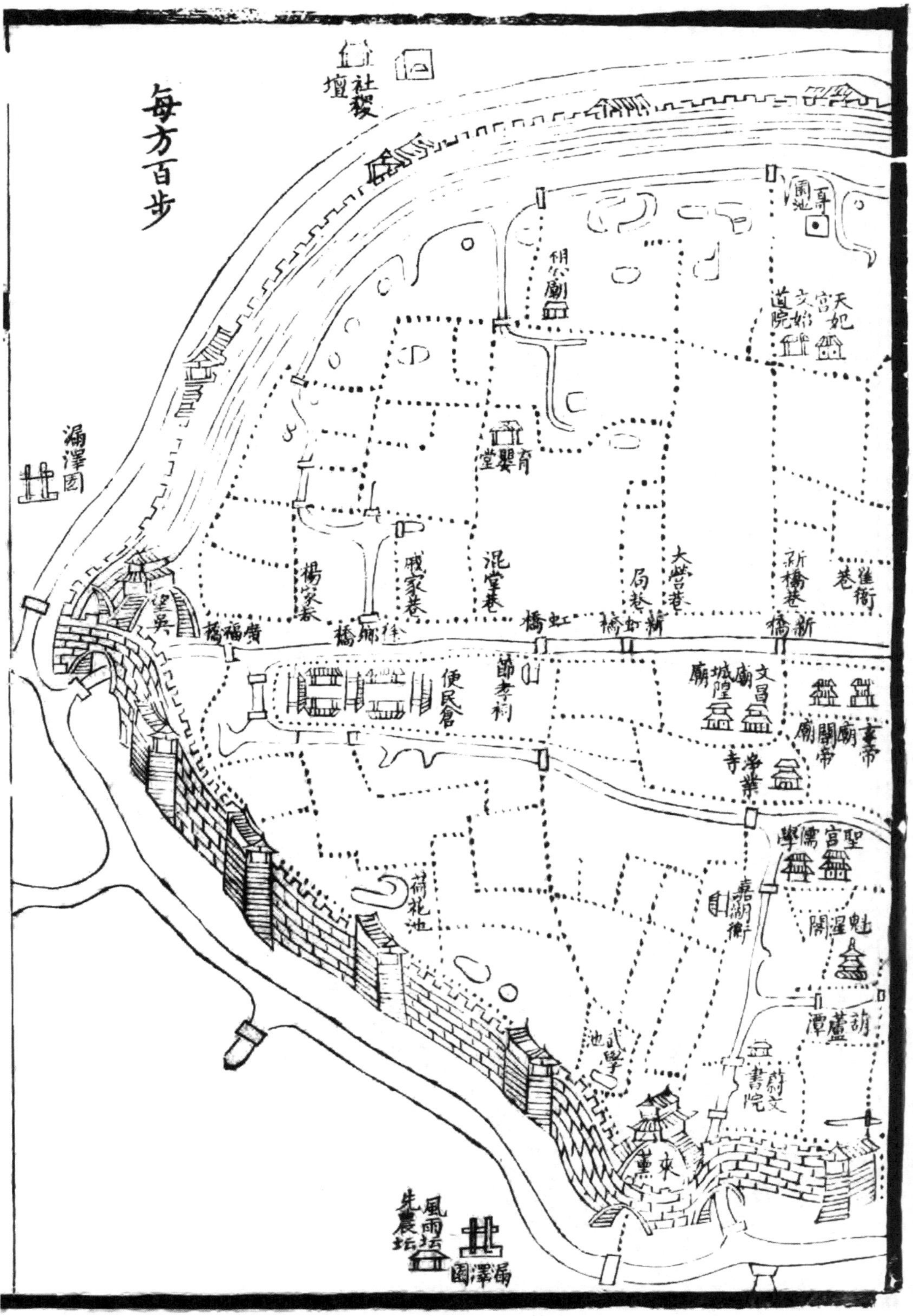

海盐县城图 / 选自光绪《海盐县志》

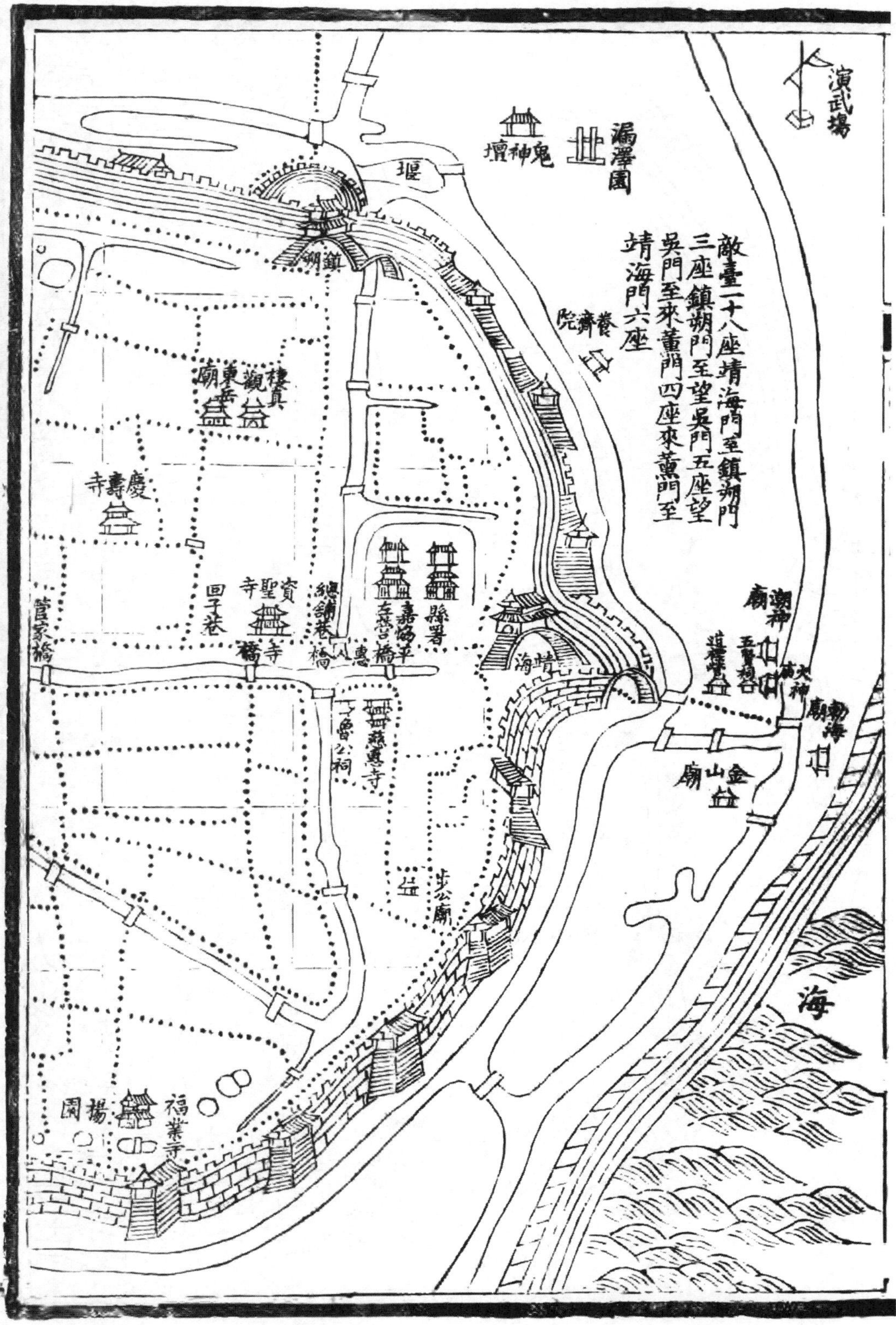
演武場
鬼神壇
漏澤園
堰
鎮湖
敵臺一十八座靖海門至鎮湖門三座鎮湖門至望吳門五座望吳門至來薰門四座來薰門至靖海門六座
養濟院
棲真觀
東岳廟
慶壽寺
資聖寺
回子巷
總舖巷
縣署
嘉協左營
管家橋
寺橋
惠八橋
平橋
靖海
潮神廟
天神廟
五聖祠
道標營
勅海廟
金山廟
蘇惠寺
于魯公祠
步公廟
海
福業寺
楊園

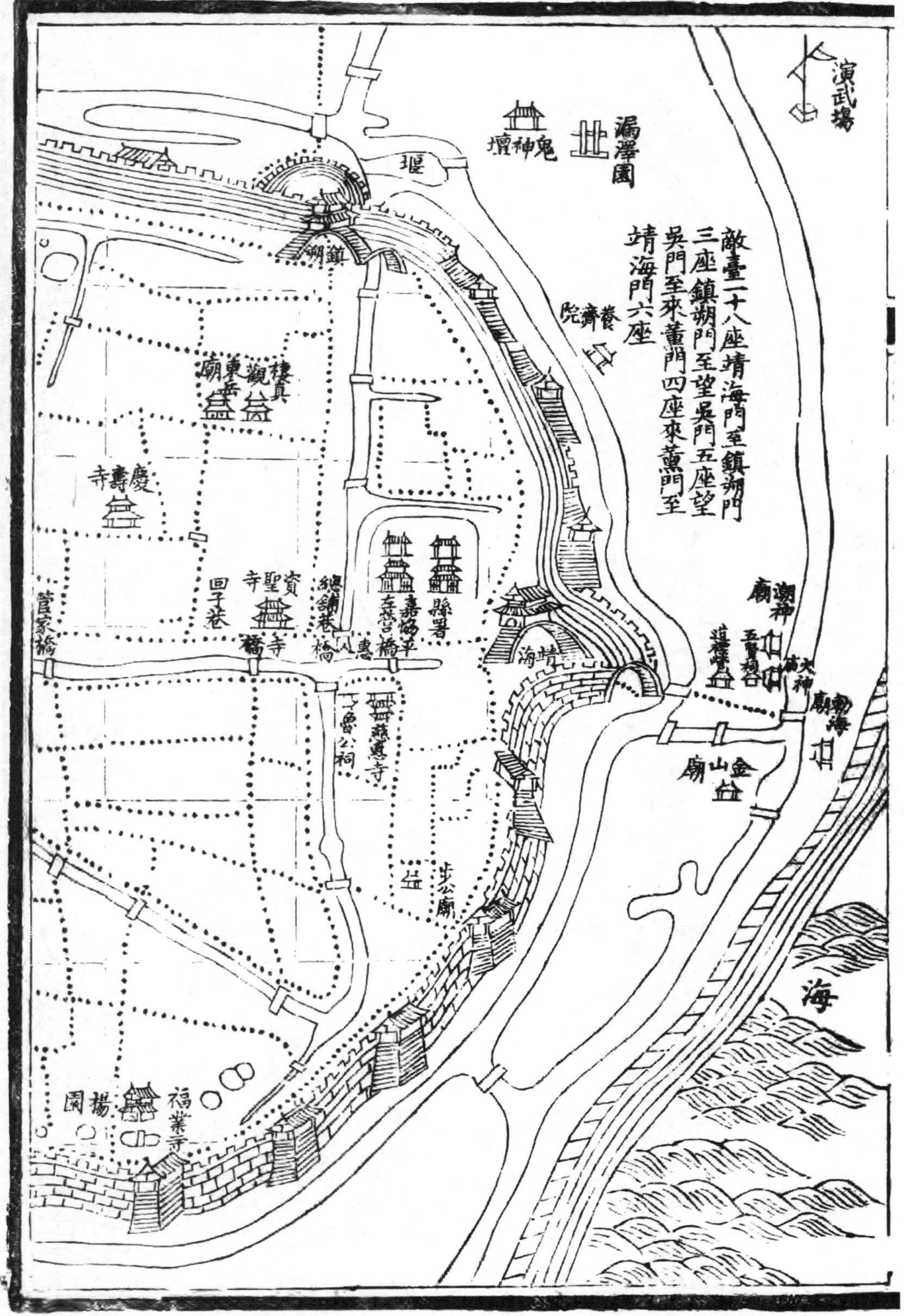

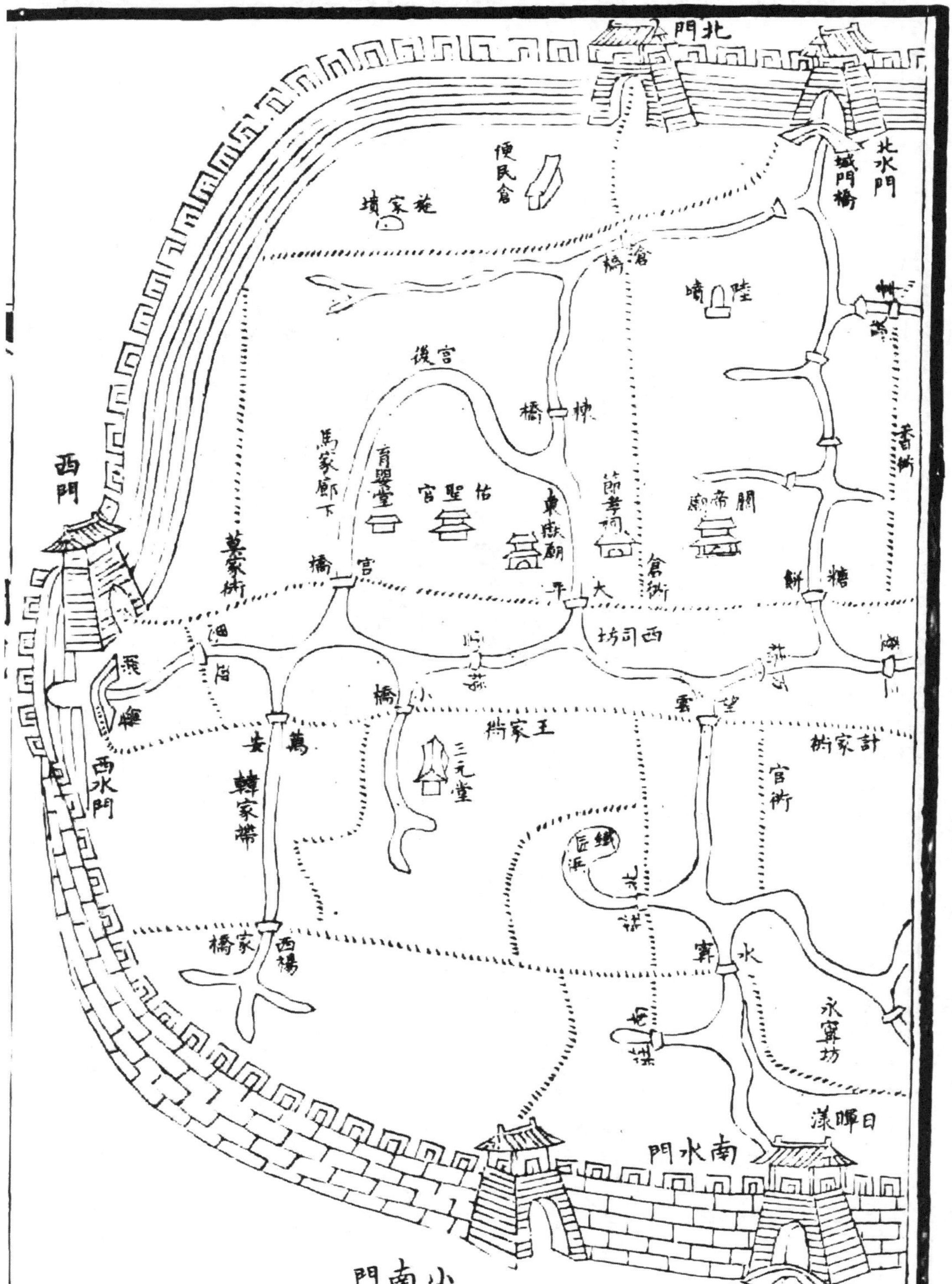

平湖县城图 / 选自光绪《嘉兴府志》

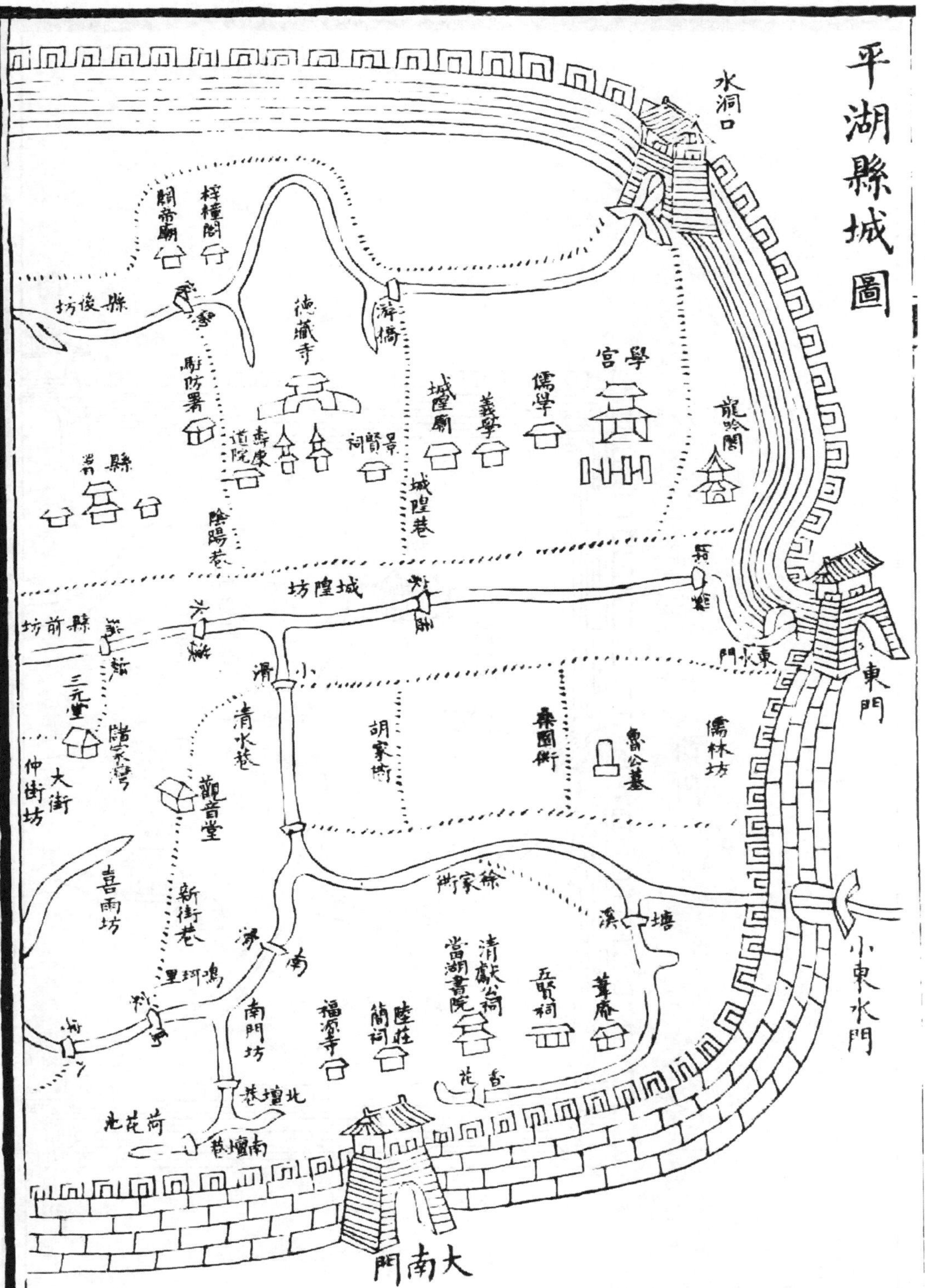
平湖縣城圖
水洞口
關帝廟
梓橦閣
縣後坊
德藏寺
泮橋
駐防署
學宮
儒學
城隍廟
義學
龍吟閣
縣署
壽康道院
景賢祠
城隍巷
陰陽巷
城隍坊
縣前坊
小東門
東門
小
滑
三元堂
清水巷
胡家衖
桑園衖
儒林坊
大街
仲街坊
觀音堂
喜雨坊
新街巷
徐家衖
溪
塘
清獻公祠
當湖書院
五賢祠
葦庵
南
南門坊
福源寺
陸莊簡祠
香花
北壇巷
荷花池
南壇巷
小東水門
大南門

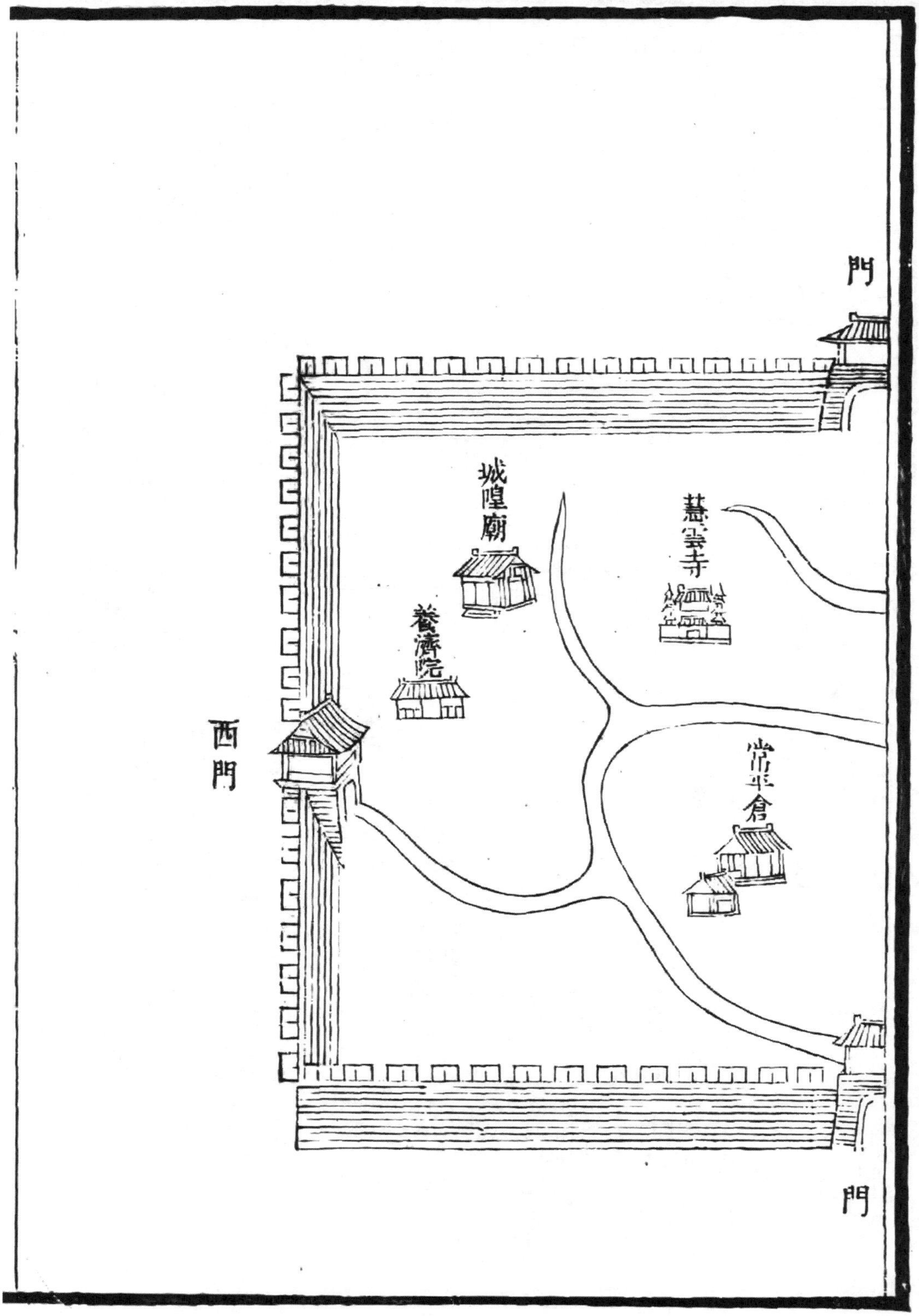

桐乡县城图 / 选自光绪《嘉兴府志》

桐鄉縣城圖

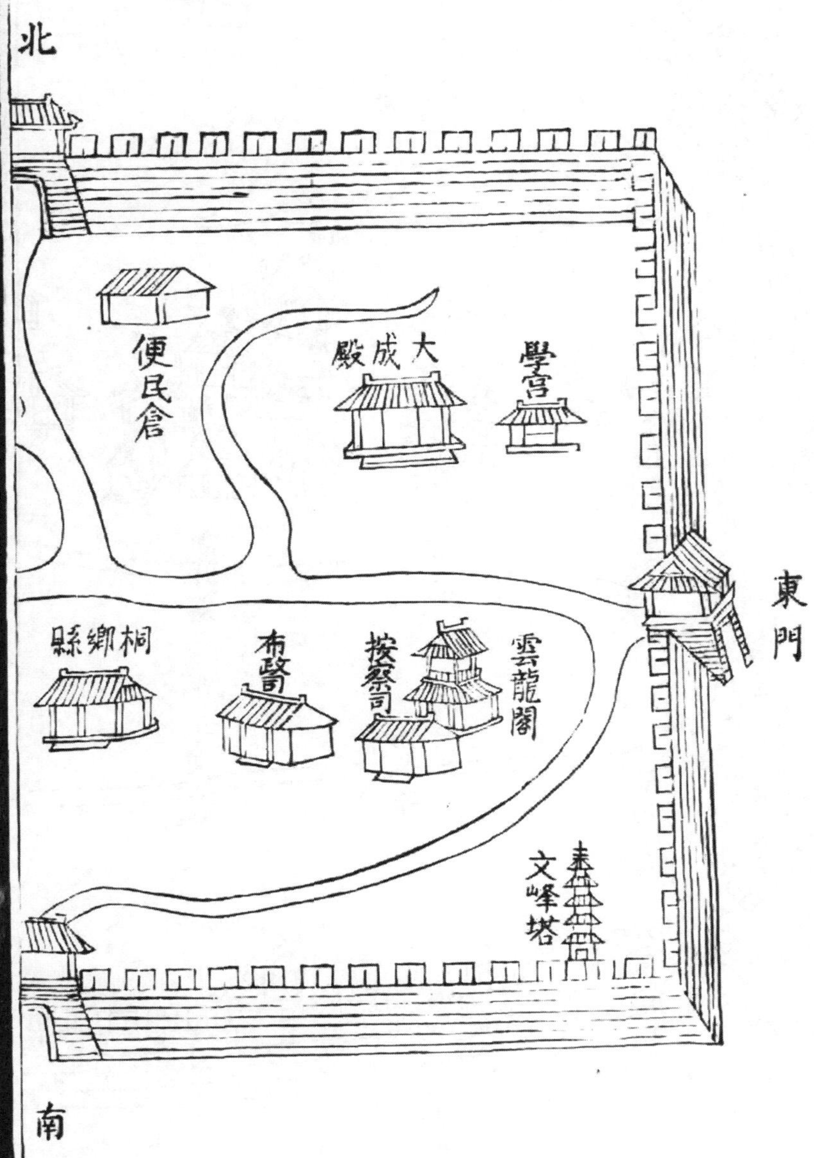
北
便民倉
大成殿
學宫
東門
桐鄉縣
布政司
按察司
雲龍閣
文峰塔
南

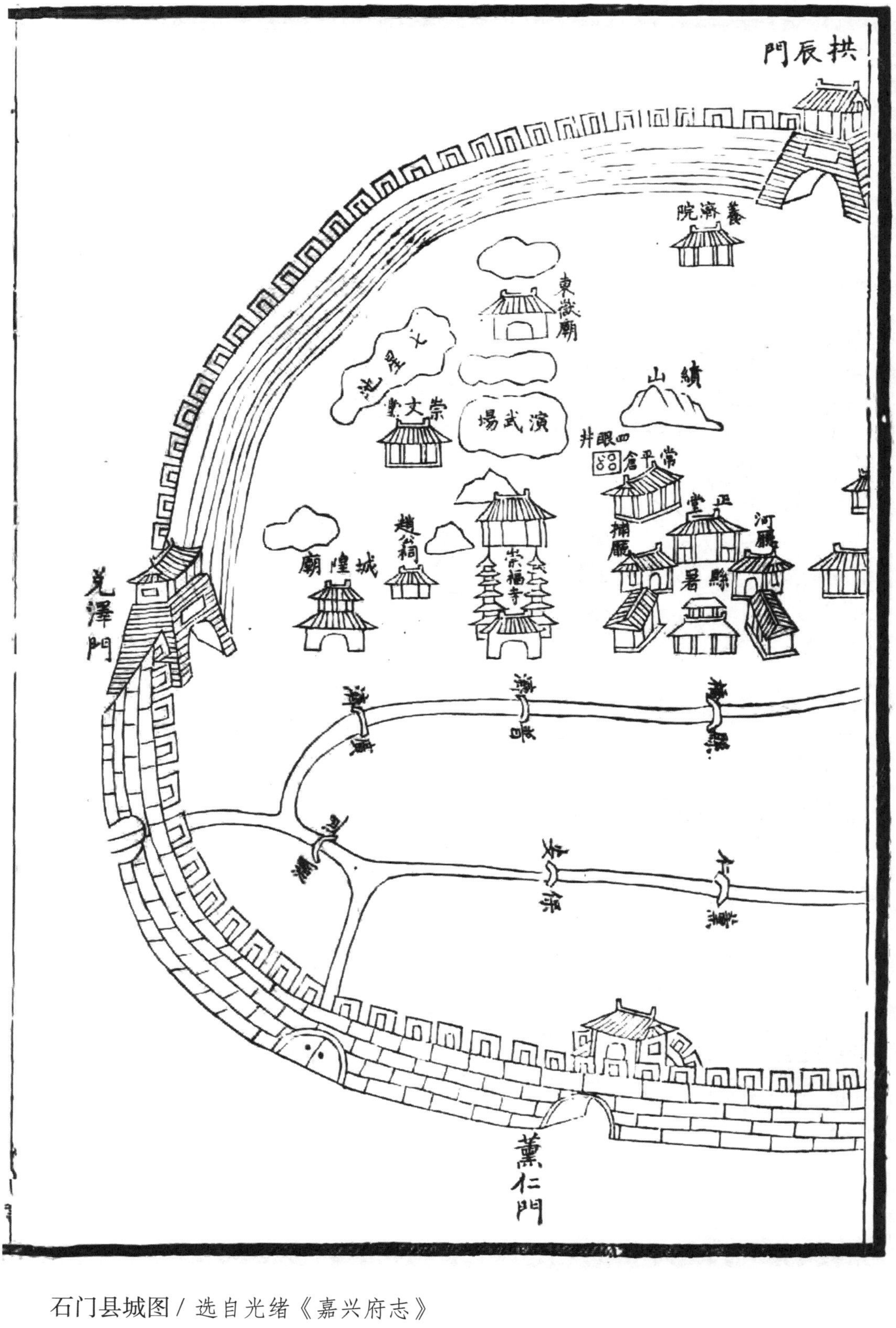

石门县城图 / 选自光绪《嘉兴府志》

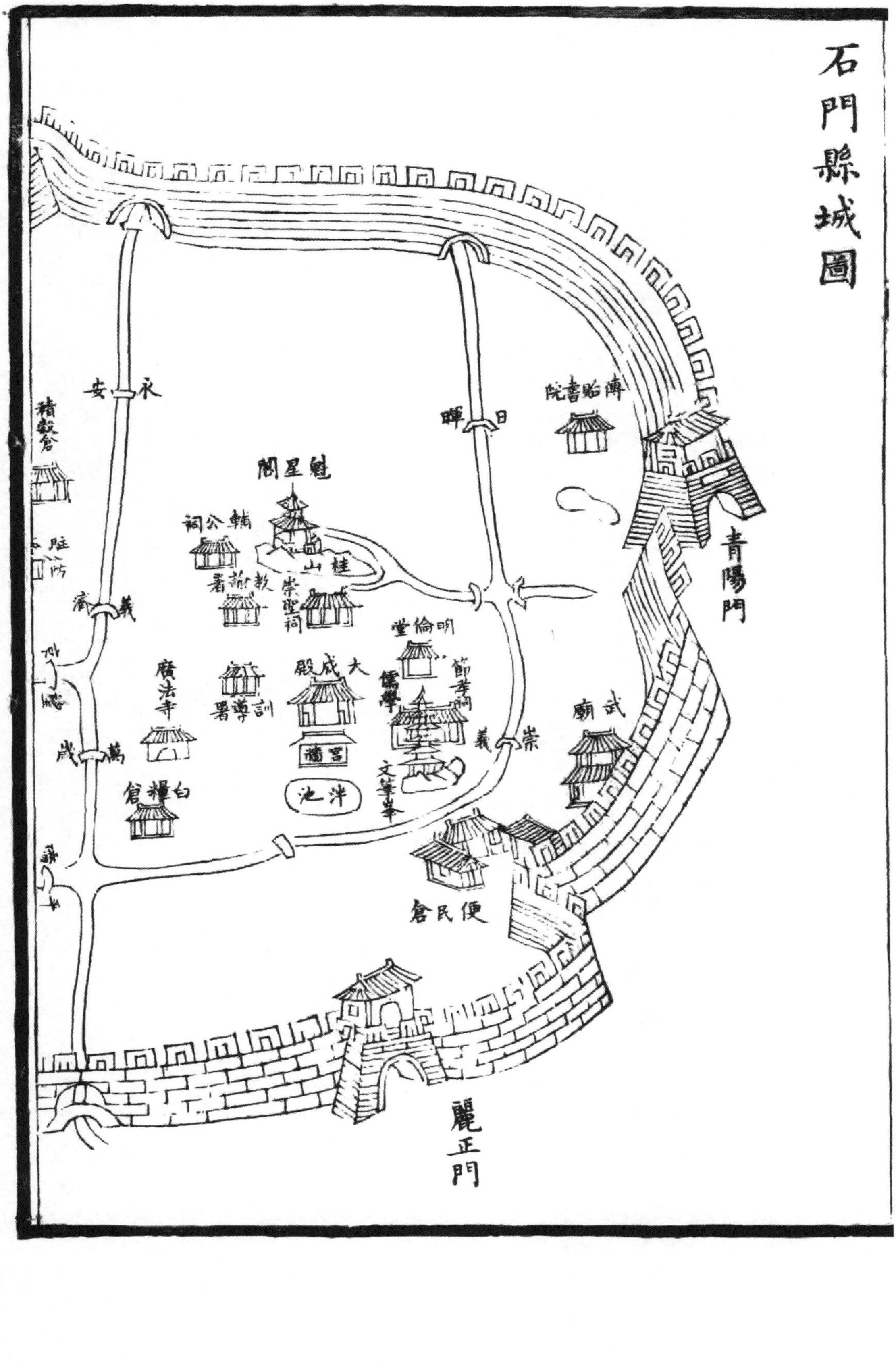
石門縣城圖
傳貽書院
日暉
永安
積穀倉
魁星閣
輔公祠
桂山
教諭署
崇聖祠
明倫堂
大成殿
儒學
節孝祠
訓導署
廣法寺
武廟
崇義
萬歲
宮牆
泮池
文筆峯
白糧倉
便民倉
青陽門
麗正門

湖州

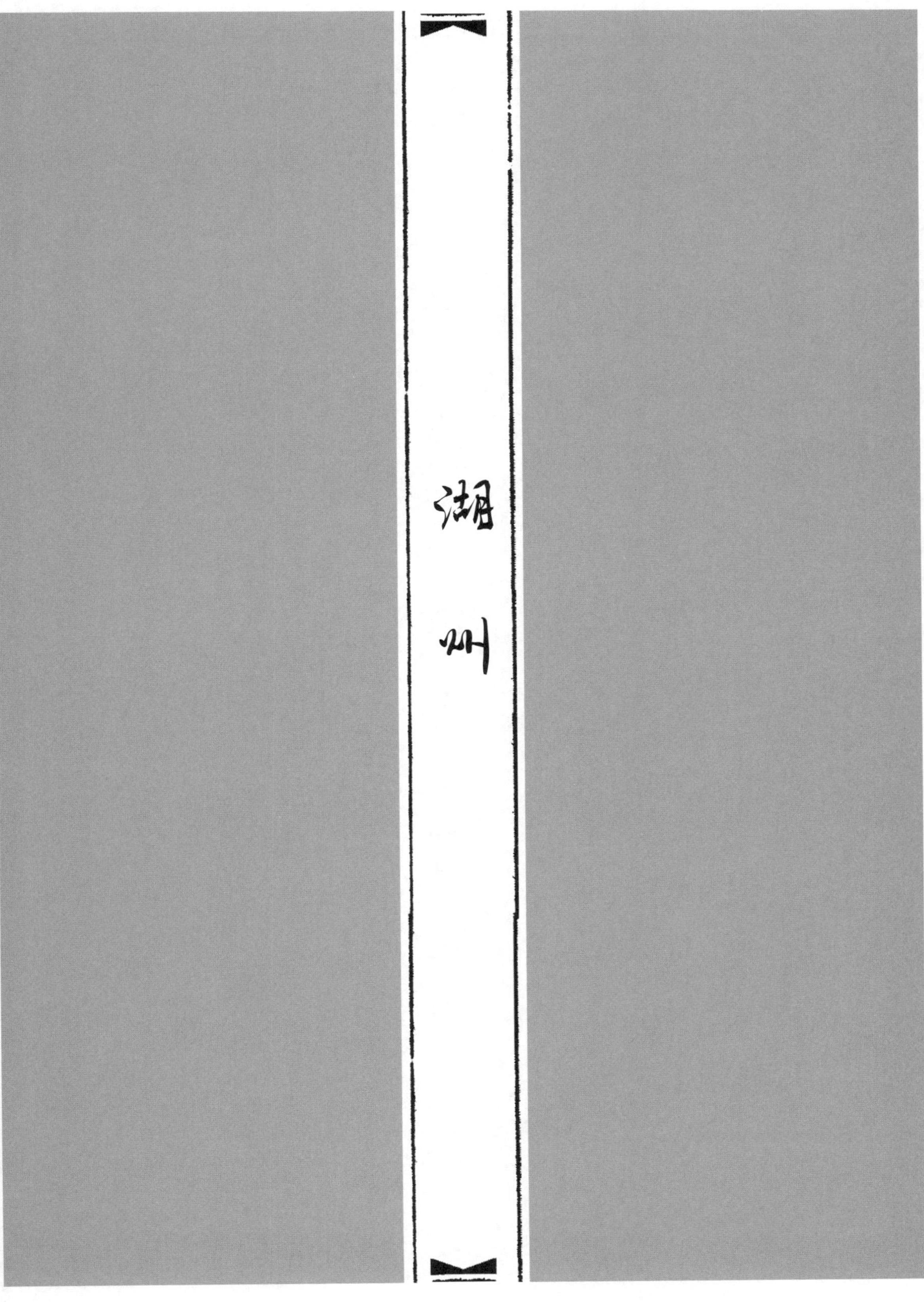

湖州府图说

五湖之表曰湖州，山发源于天目，泽汇流于具区，逶迤盘礴，渫泄演漾，苏轼所称“山水清远地”也，属县六、州一，附郭者为乌程、为归安。郭南有水曰苕，出天目之阴，入清源门，其流浊。西南有水曰霅，合四水为一，入安定门，其流清。出天目之阳者为余不溪，德清县在其南。出铜岘山东流四十里为前溪，武康县在其北。苕溪之西南为孝丰县，《寰宇记》所称横溪是也。若夫上若、下若源出合溪，其西北则为长兴、故鄣旧县在焉。天目之东北、铜岘之西南为苕源所从出者曰安吉，明正德间改县为州，而仍隶于府。府濒太湖，地足稻、蟹、茭、菱、菰、蒲之属，而蚕桑之利，岁入尤多，他郡所莫及。国富则示之以礼，自安定胡瑗教授湖学以来，流风余韵犹有存者，非独山川清淑之气有以钟泄于此也。下辖乌程县、归安县、长兴县、德清县、武康县、安吉县、孝丰县。

雍正《浙江通志》卷一《图说》

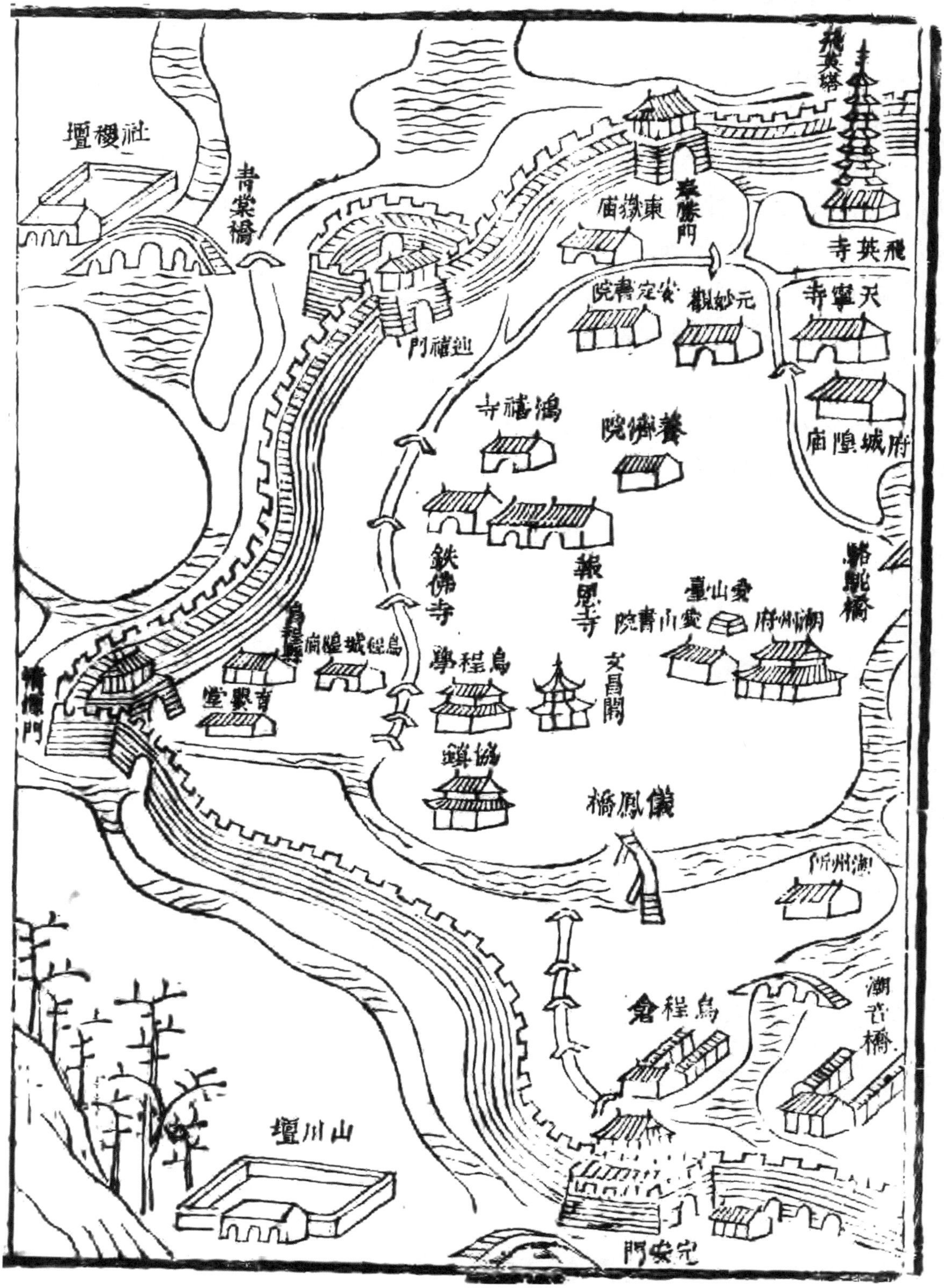

湖州府城图 / 选自乾隆《湖州府志》

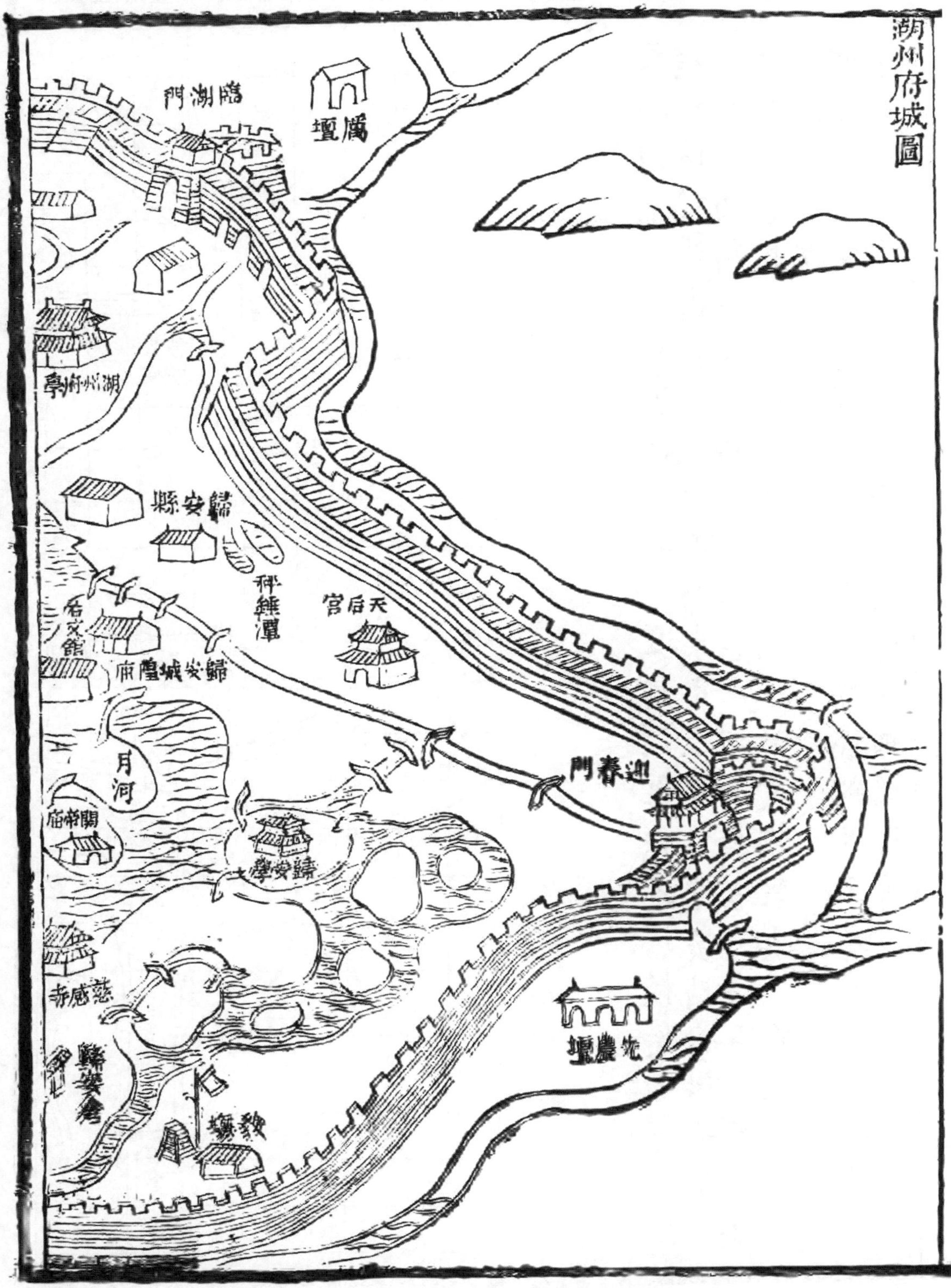
湖州府城圖
臨湖門
厲壇
歸安縣
天后宮
歸安城隍廟
月河
迎春門
關帝廟
歸安學
慈感寺
先農壇
教場

奉勝門至太和坊直街子午
迎禧門至飛英塔横街卯酉
臨湖門俗呼北街丑艮
迎春門東街辰巽
定安門南街壬午
清源門西街酉庚
儀鳳橋卯酉
潮音橋癸丁子午之間
駱駝橋丑未艮坤之間
長橋辰戌
甘棠橋乾巽
前石橋卯酉
隆興橋子午

城垣周圍五千五百九十六垛每垛魯般尺五尺月城垛不在内以方計之周圍六十方而不足得十四里有奇

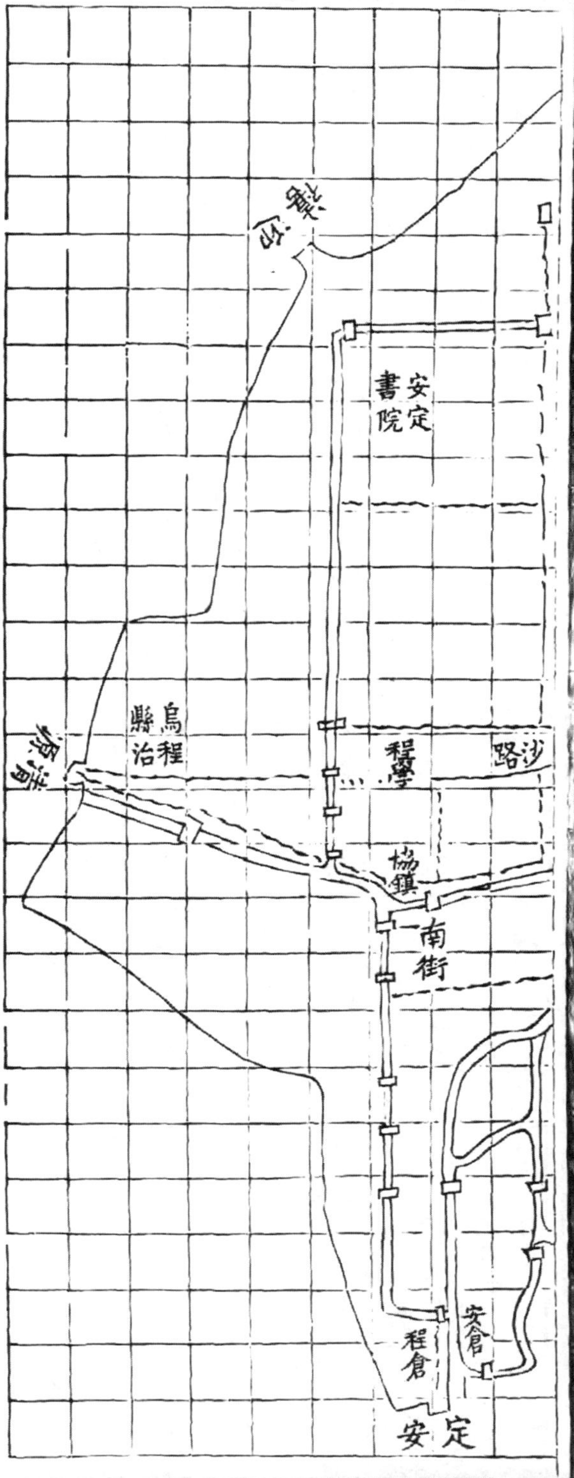

湖州府城全图 / 选自同治《湖州府志》

湖州府城全圖

每方四分里之一

縱四方爲一里城内南北袤六里横四方爲一里城内東西廣四里

府治子午　烏程縣治縣學子午　歸安縣治丑未縣學癸丁

奉勝門癸丑　臨湖門丑艮　迎春門乙　定安門丙　清源門辛　迎禧門乾戌

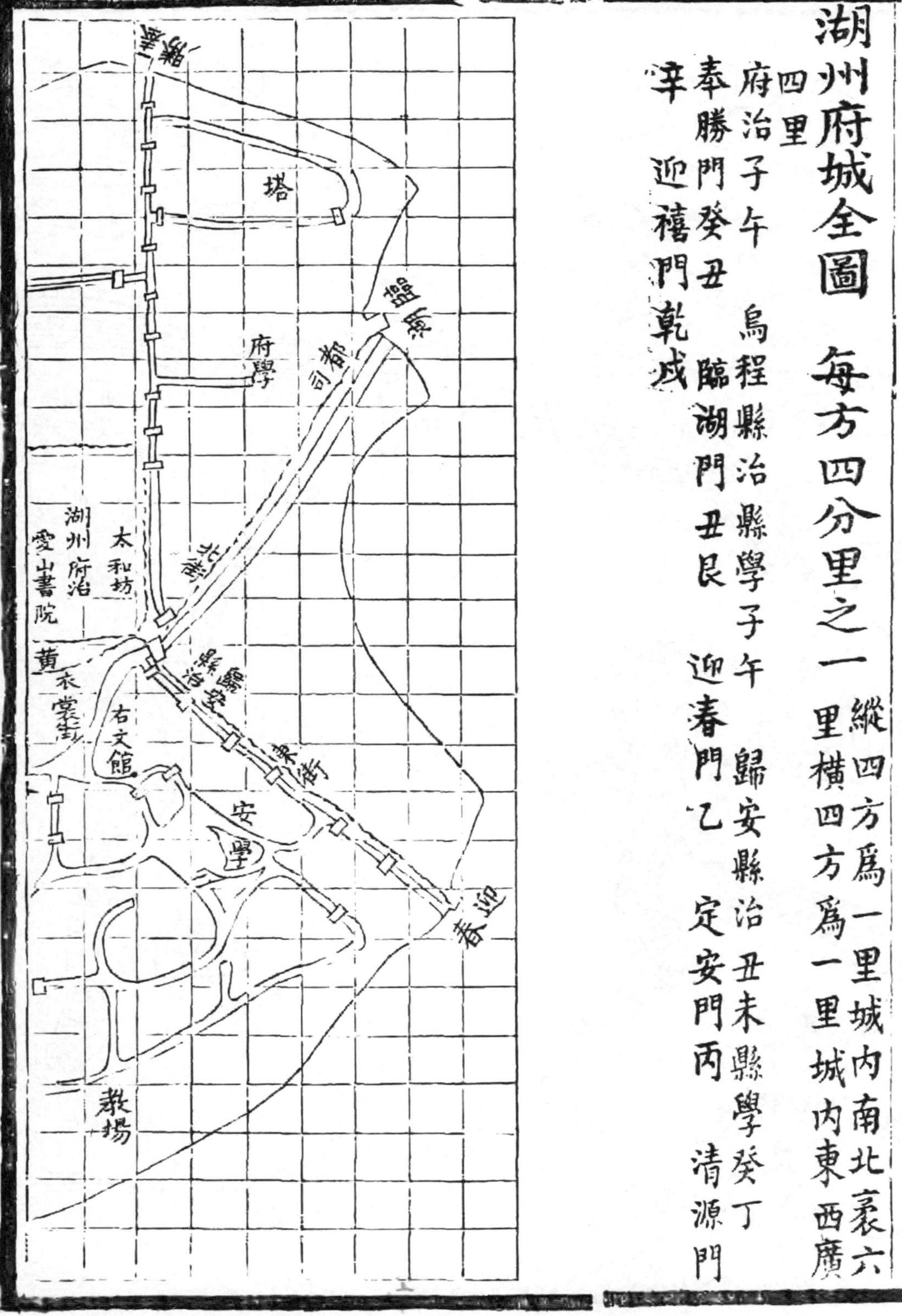

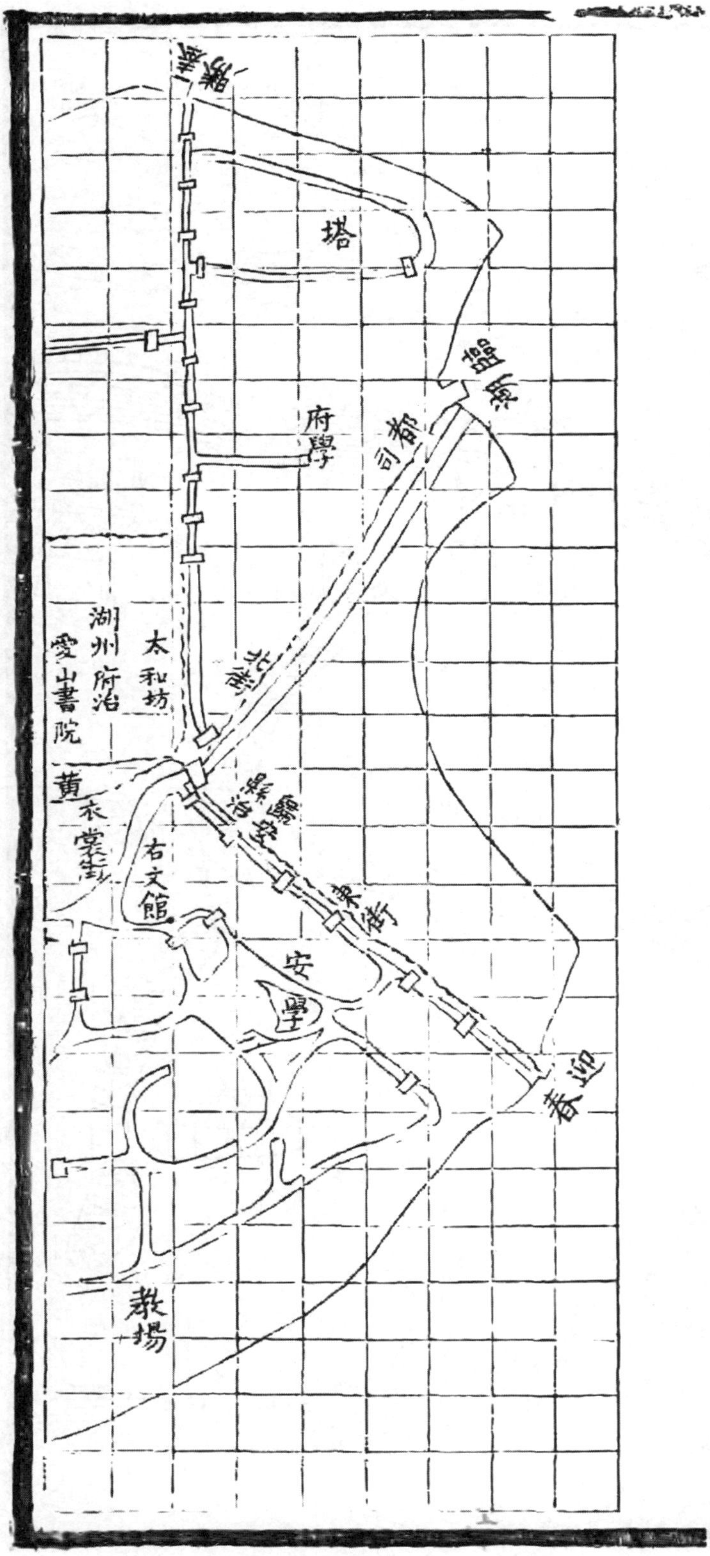

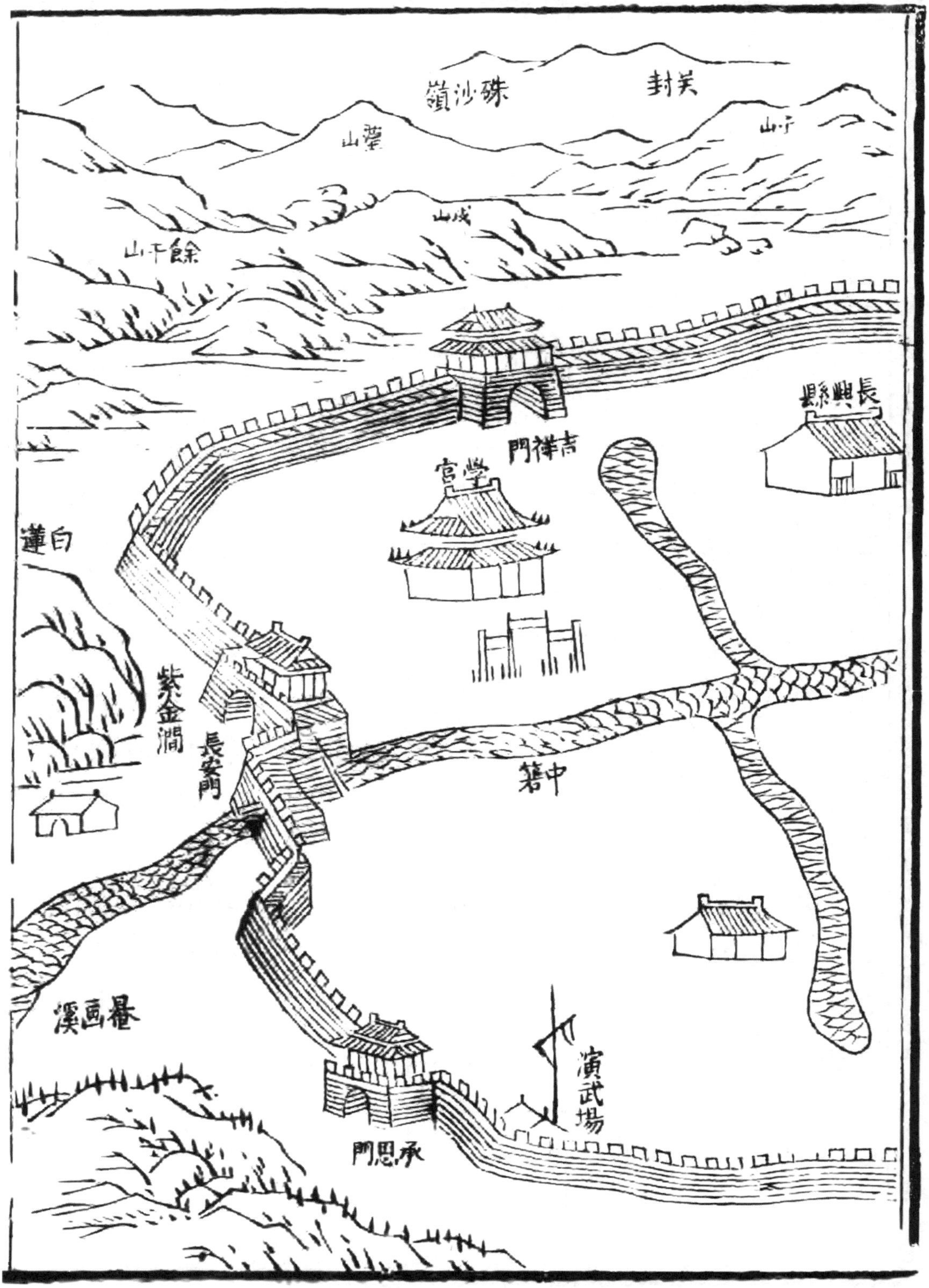

长兴县城图 / 选自乾隆《湖州府志》

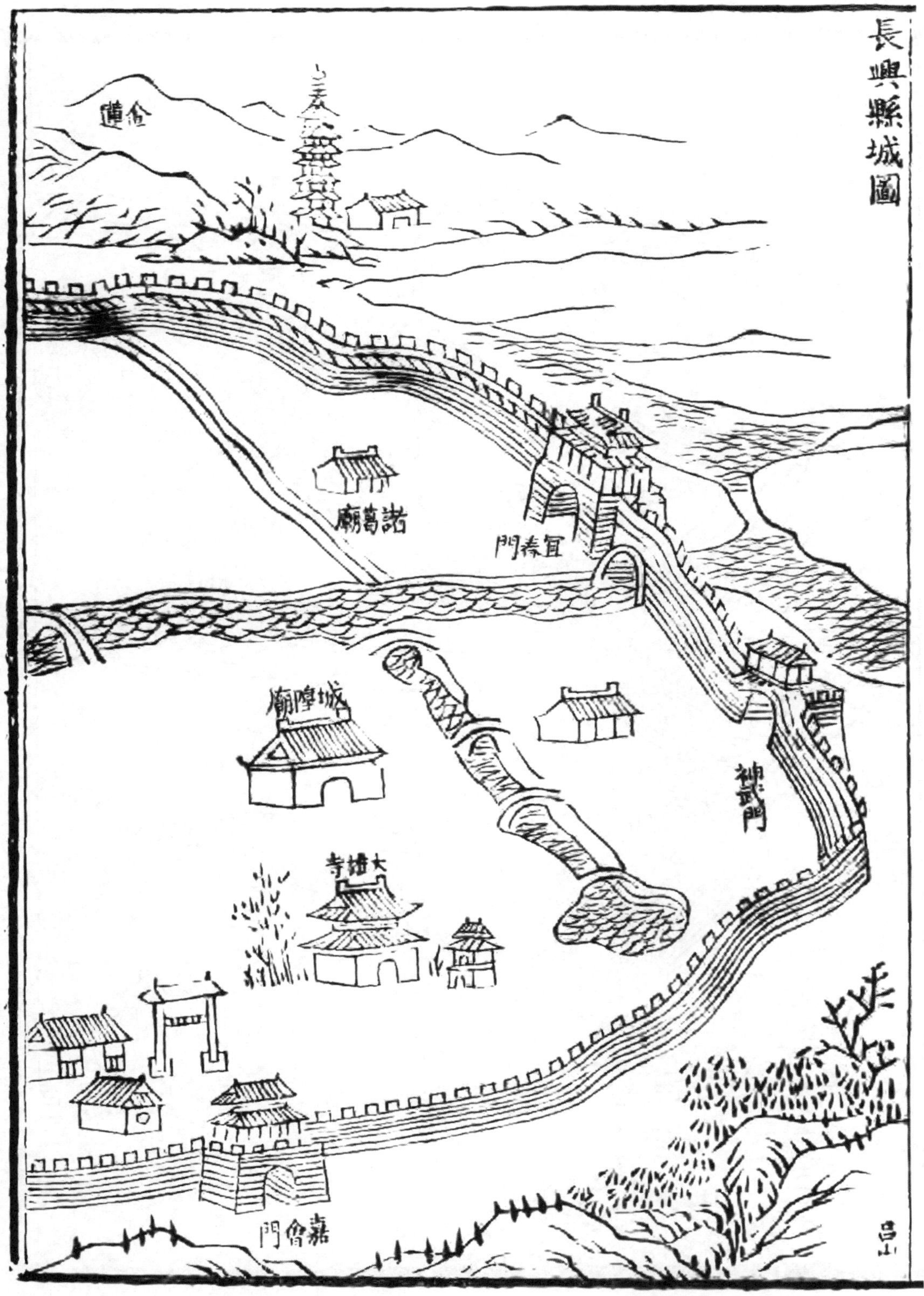
長興縣城圖
諸葛廟
宜春門
城隍廟
大雄寺
神武門
嘉會門

德清县城图 / 选自乾隆《湖州府志》

德清縣城圖
下蘭山
上蘭山
布政分司
學宮
城隍廟
清溪書院
文昌閣
餘不廟
春門
戴侯廟

武康县城图 / 选自乾隆《湖州府志》

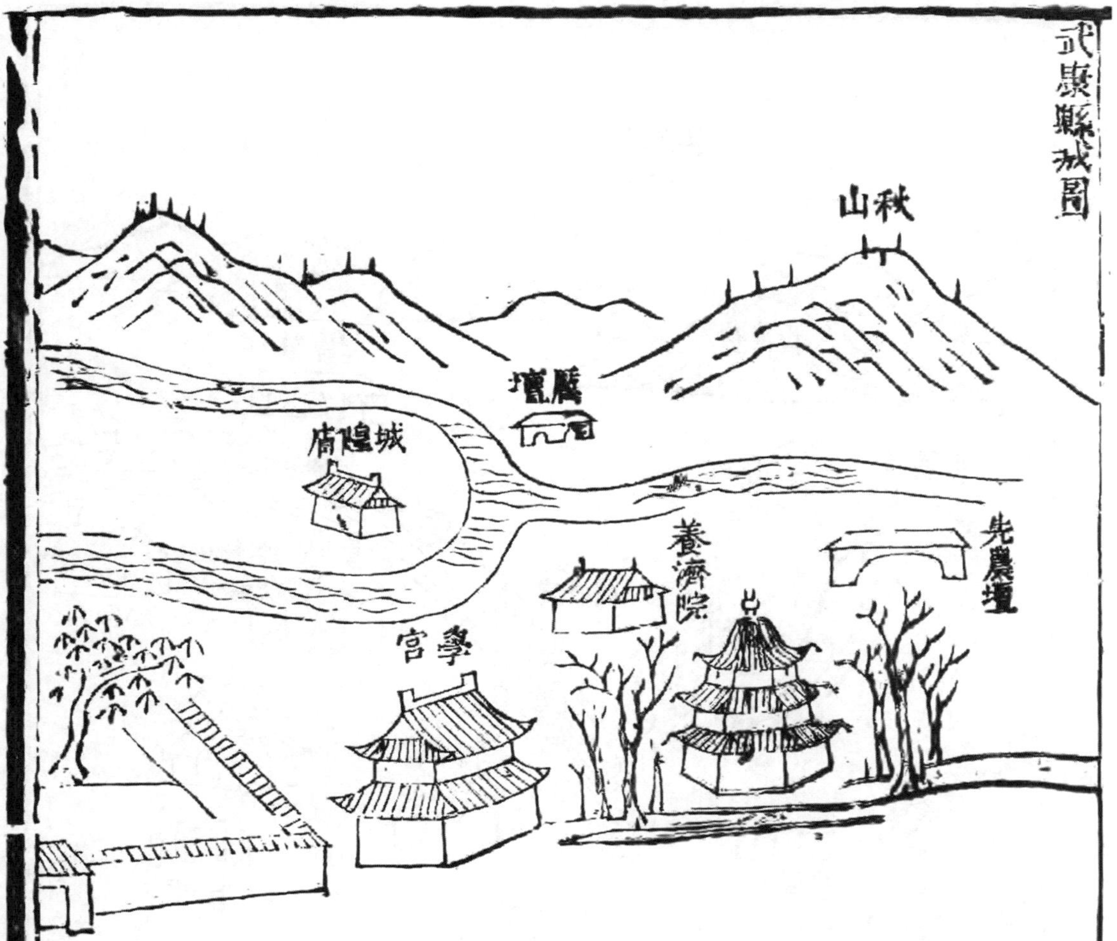
武康縣城圖
秋山
厲壇
城隍廟
養濟院
先農壇
學宮
桂枝橋
華子祠

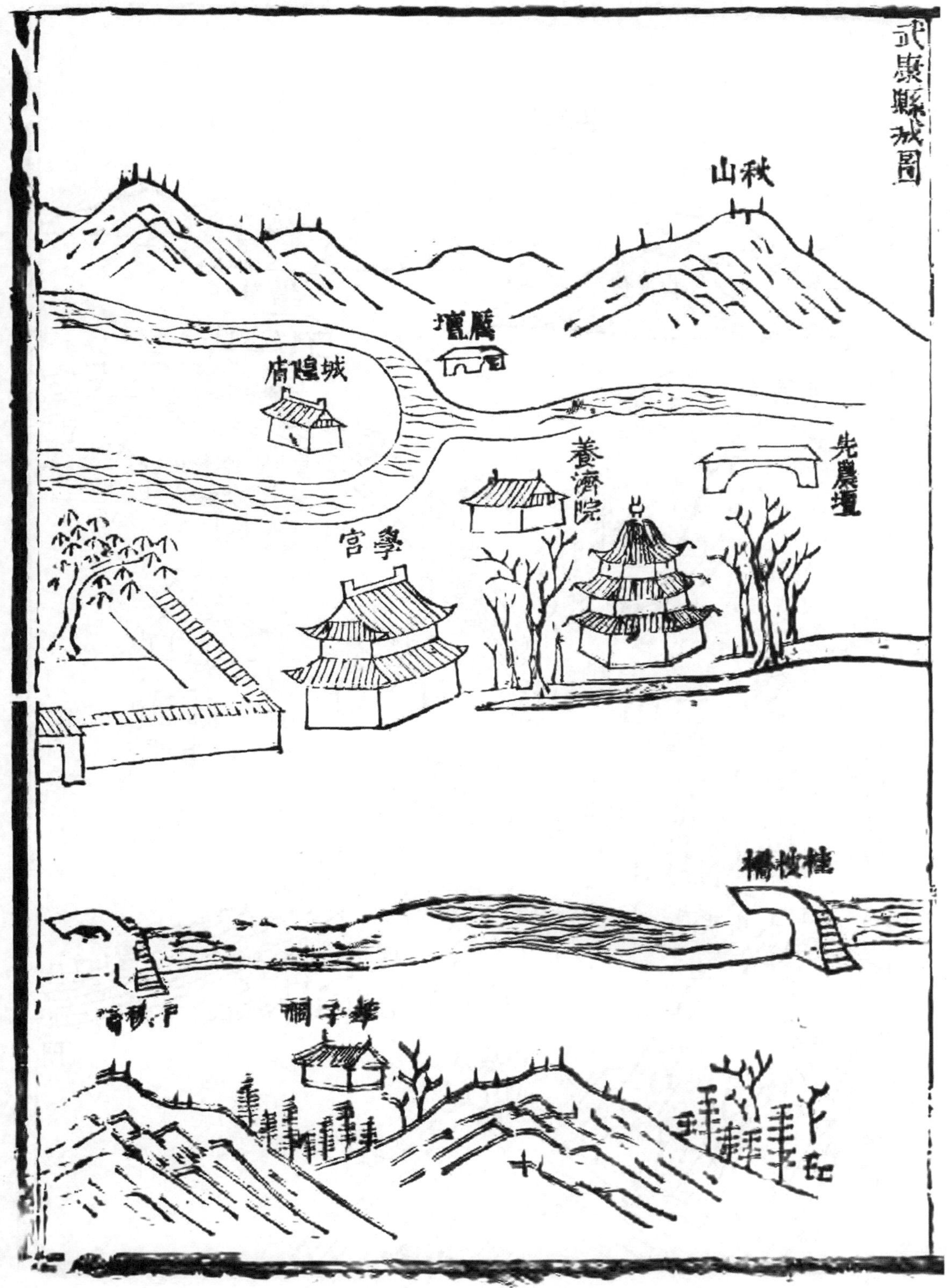

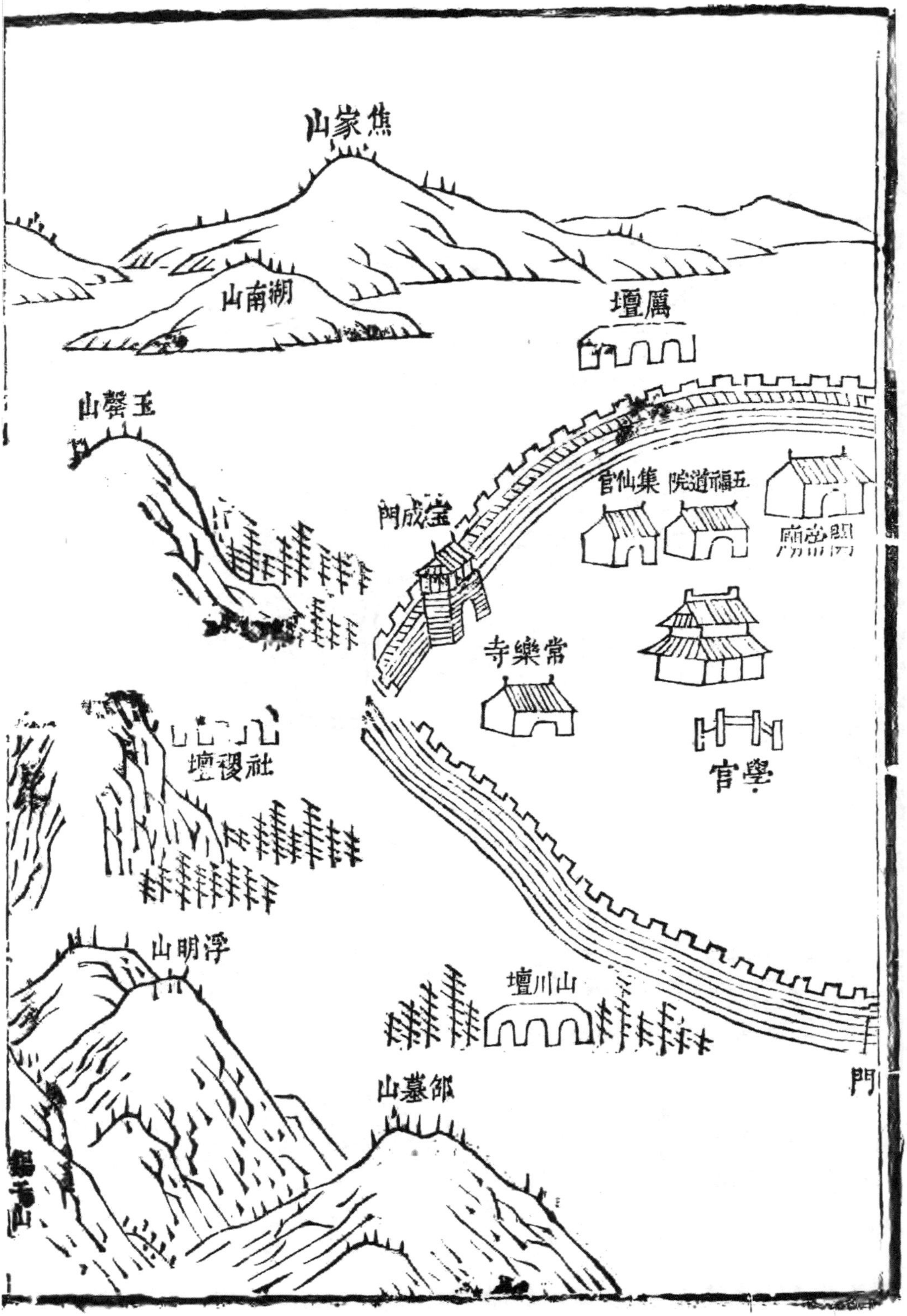

安吉州城境图 / 选自乾隆《湖州府志》

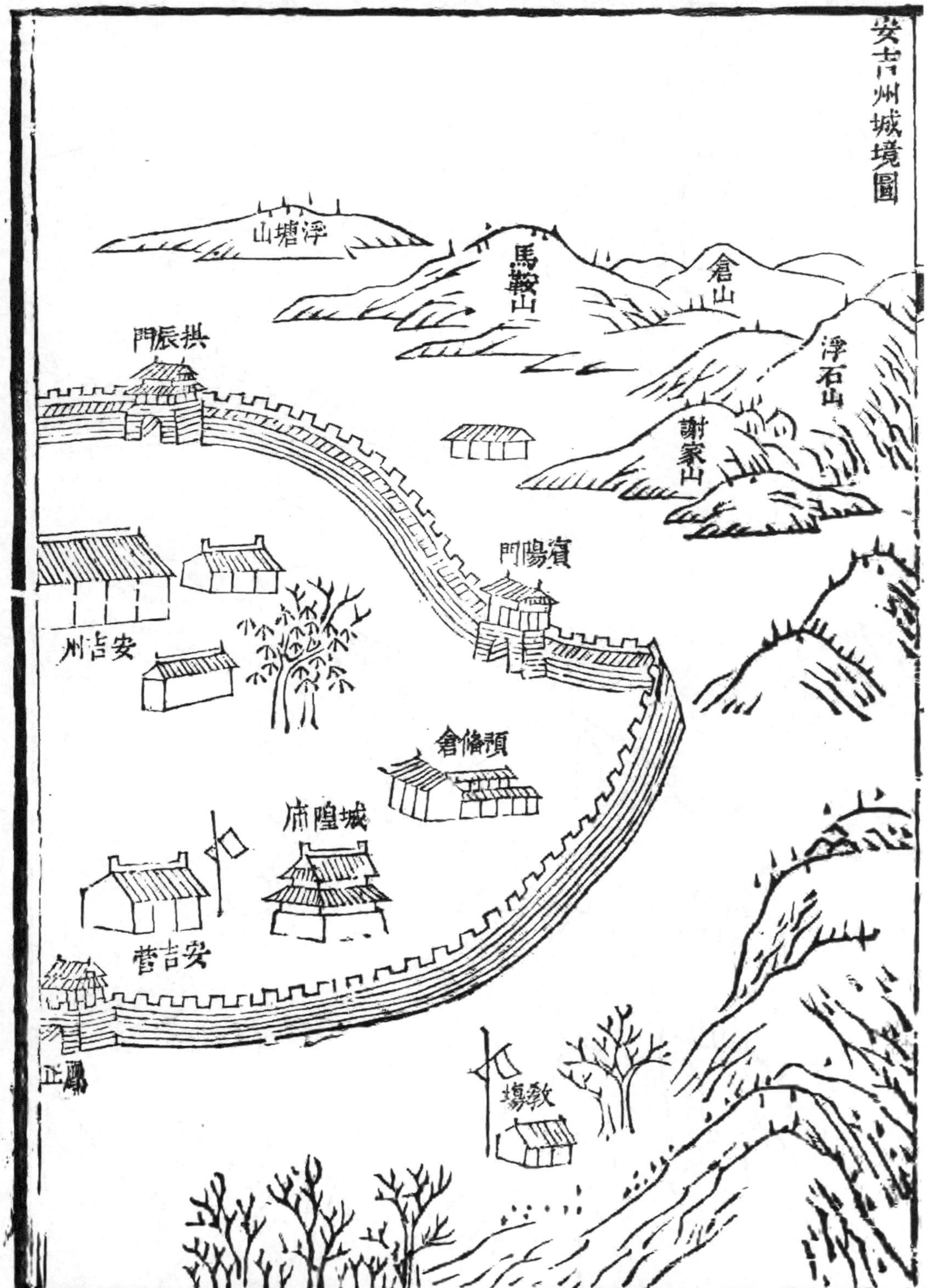
安吉州城境圖
浮塘山
馬鞍山
倉山
浮石山
謝家山
拱辰門
賓陽門
安吉州
預備倉
城隍廟
安吉營
敎場

孝丰县城图 / 选自乾隆《湖州府志》

孝豐縣城圖
五峯山
獅子山
靈岩山
迎賓門
城隍廟
威鳳門
學宫
靈龍門
幽嶺

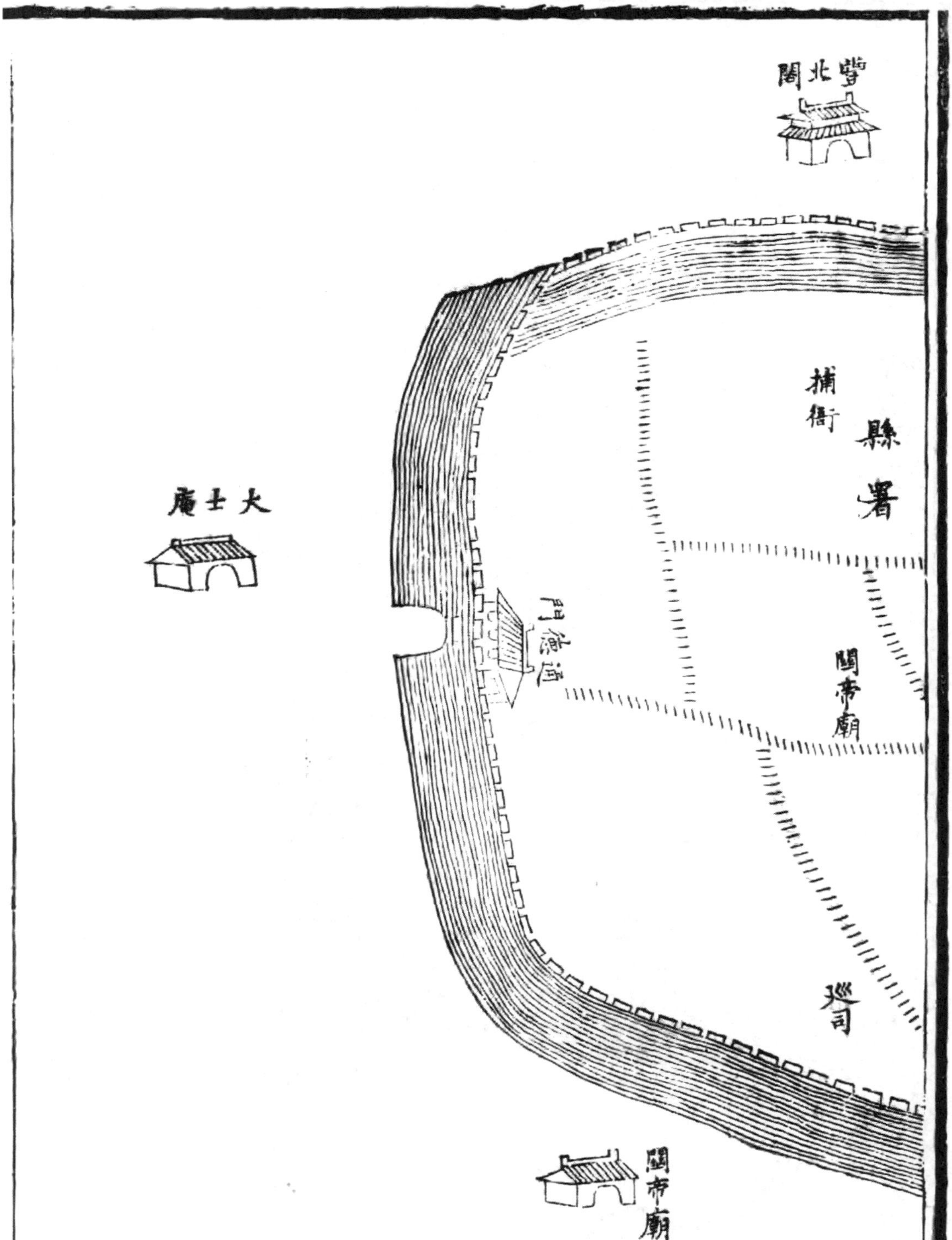

孝丰县治图 / 选自同治《孝丰县志》

縣治圖

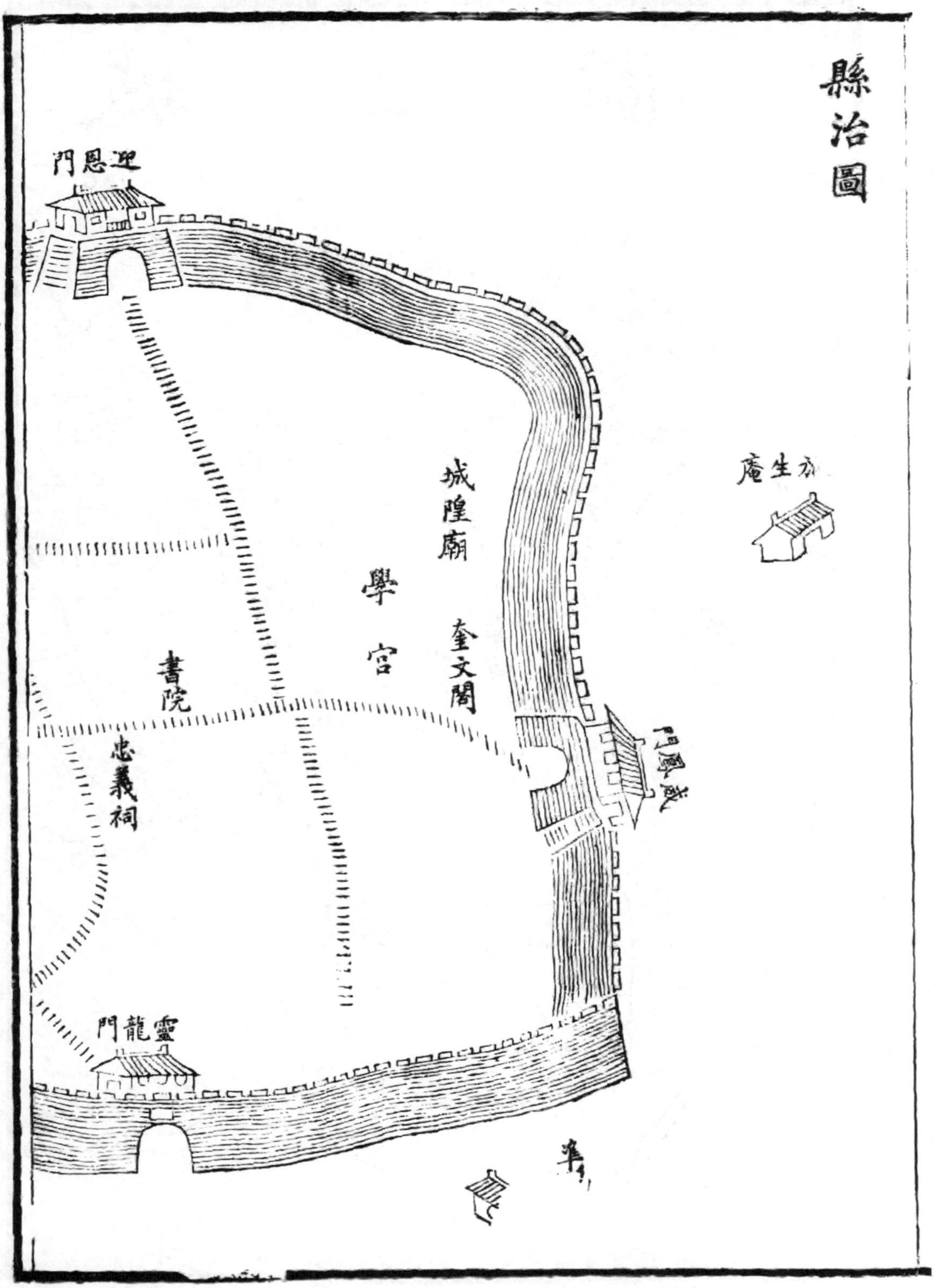

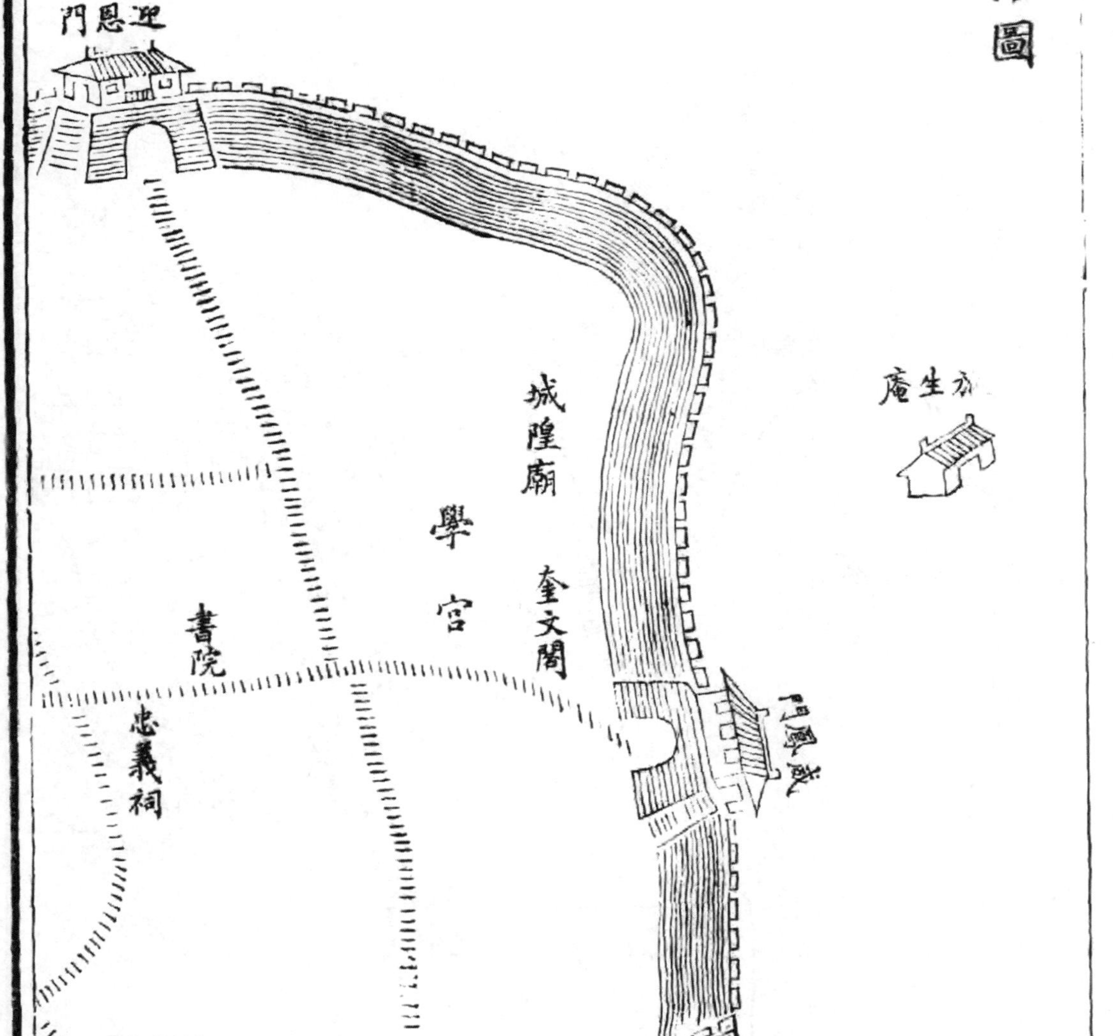
迎恩門
城隍廟
學宮
奎文閣
書院
忠義祠
威鳳門
靈龍門
放生庵

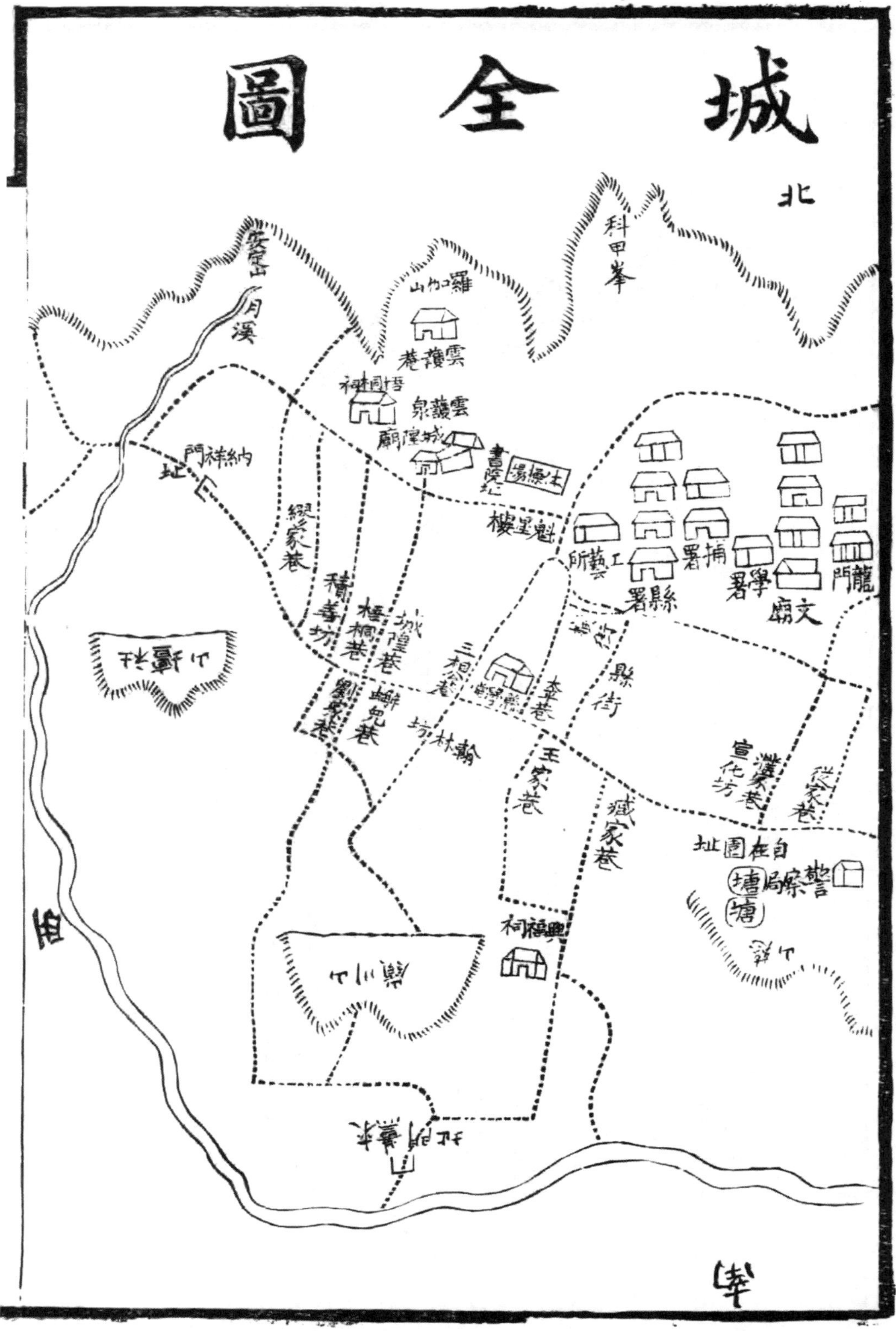

分水县城全图 / 选自光绪《分水县志》

分水縣

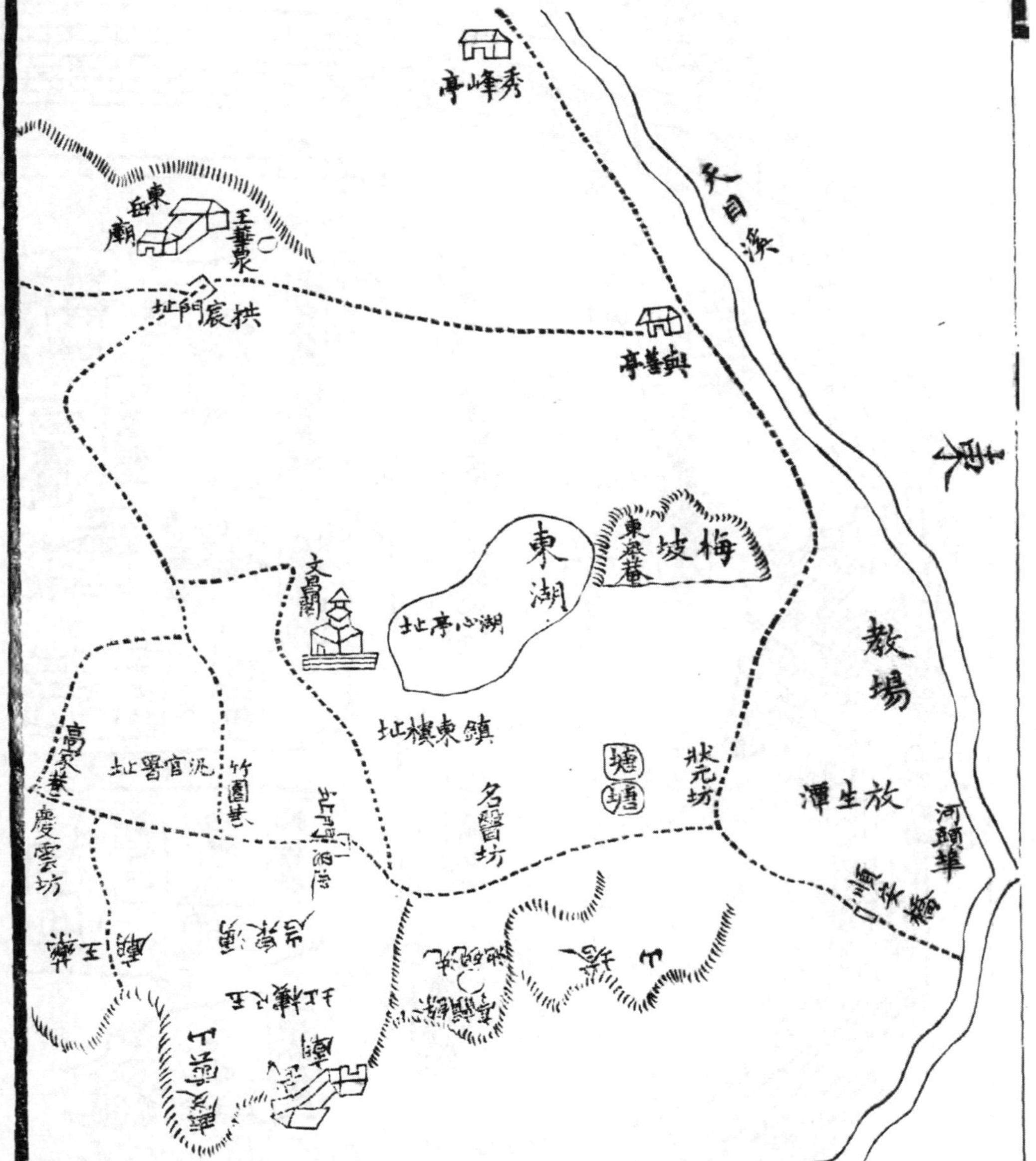
秀峰亭
東岳廟
玉華泉
拱宸門址
與善亭
天目溪
東湖
湖心亭址
梅坡
文昌閣
教場
鎮東樓址
放生潭
狀元坊
名醫坊
竹園巷
慶雲坊

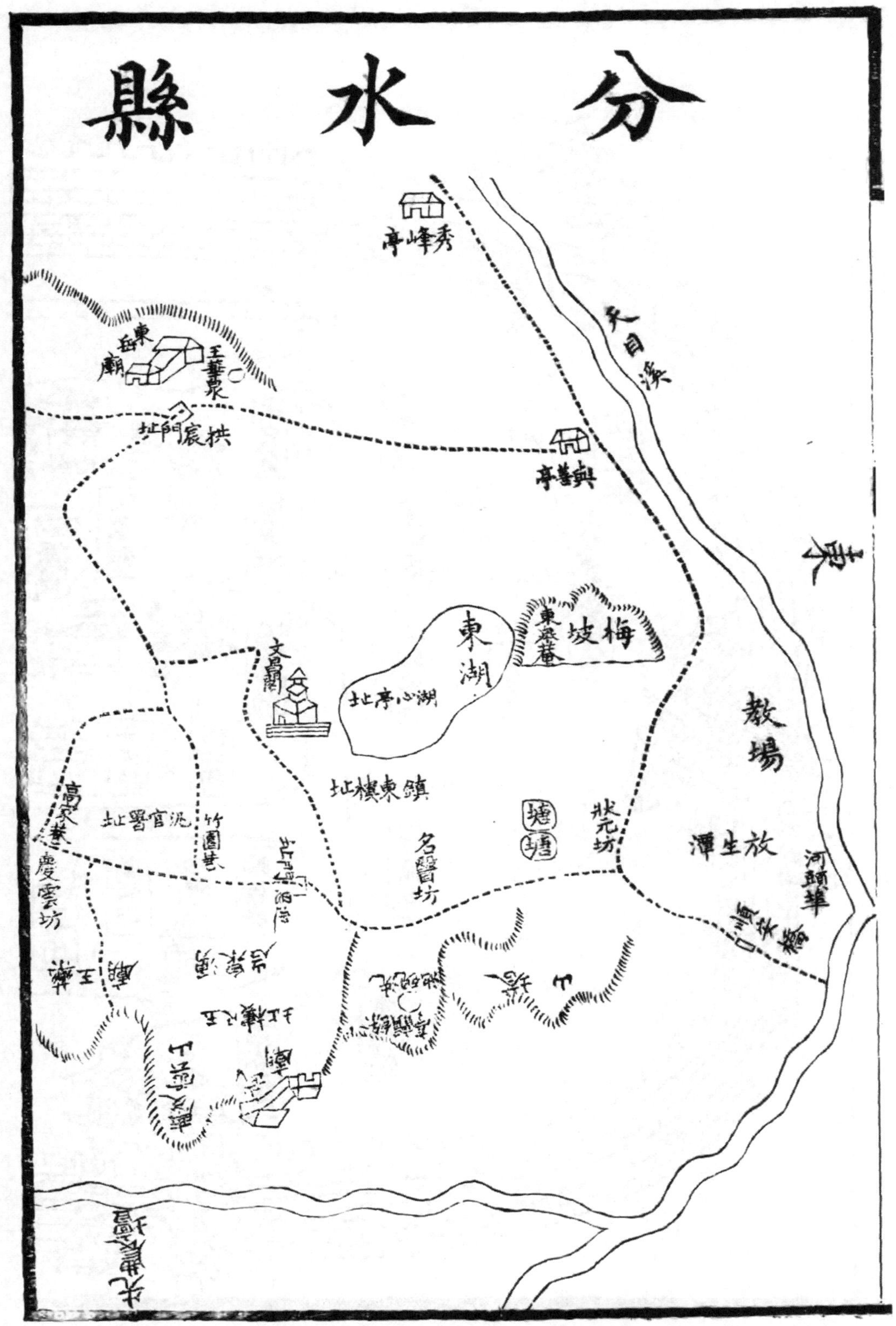

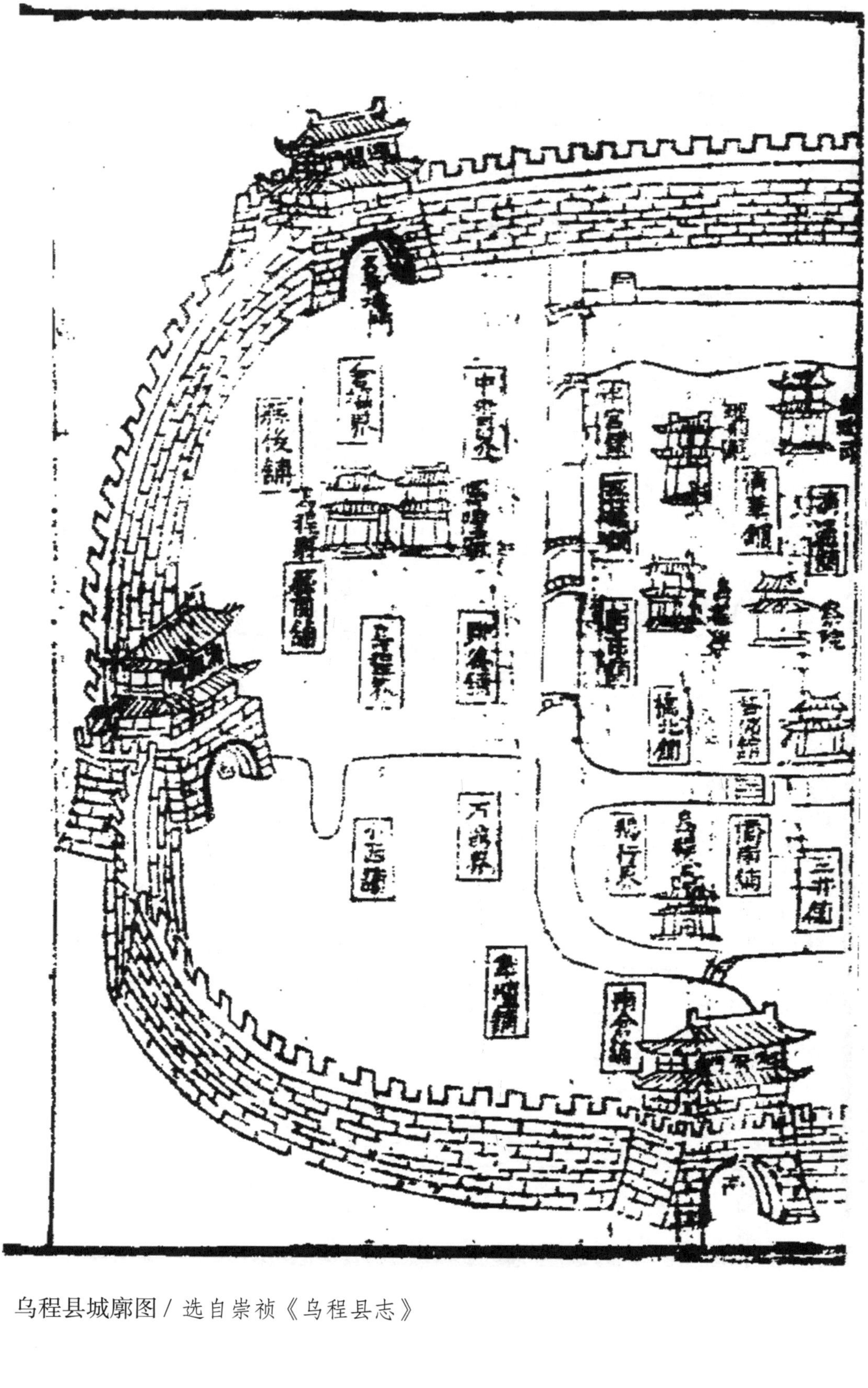

乌程县城廓图 / 选自崇祯《乌程县志》

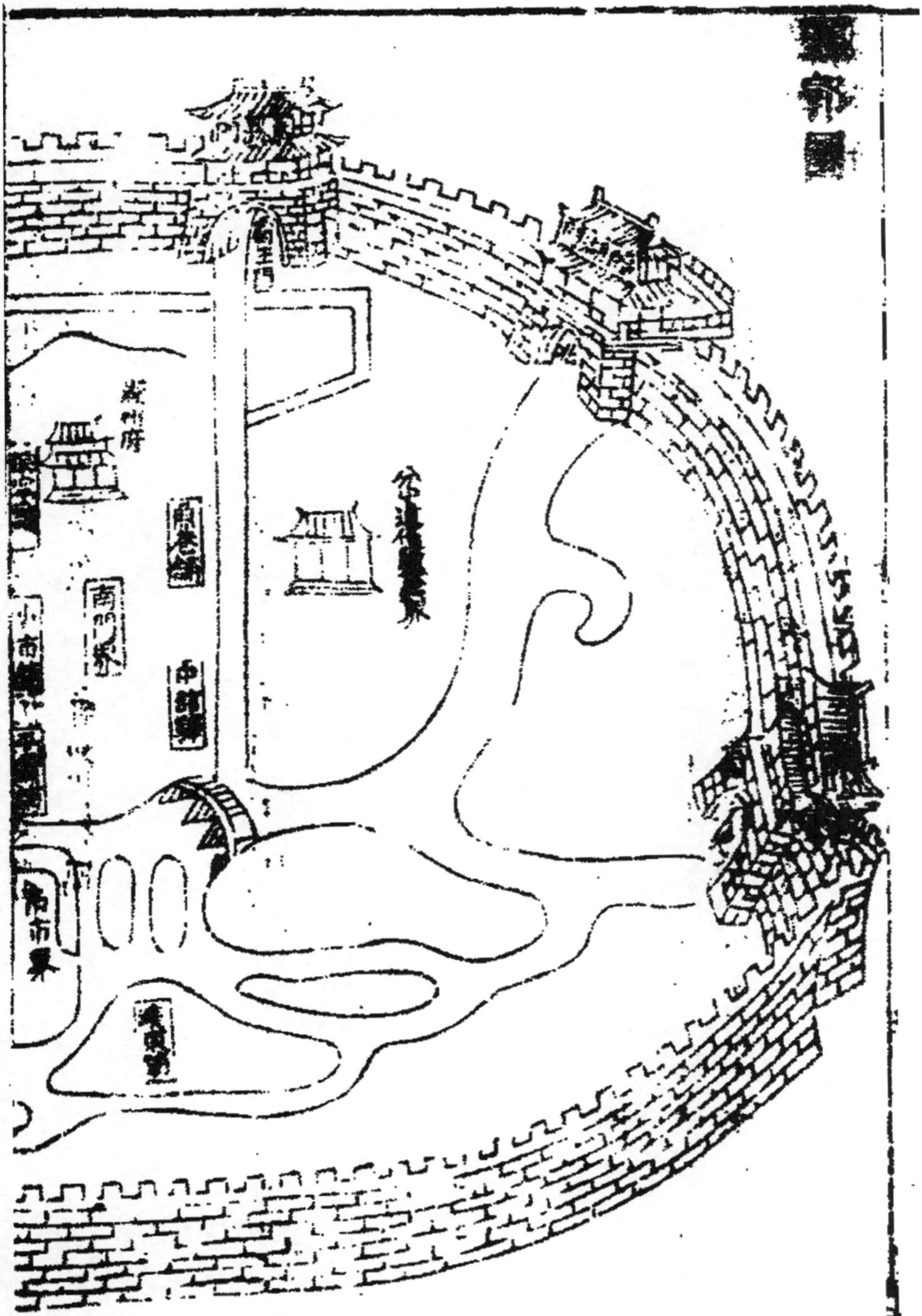
州府
小市

宁波

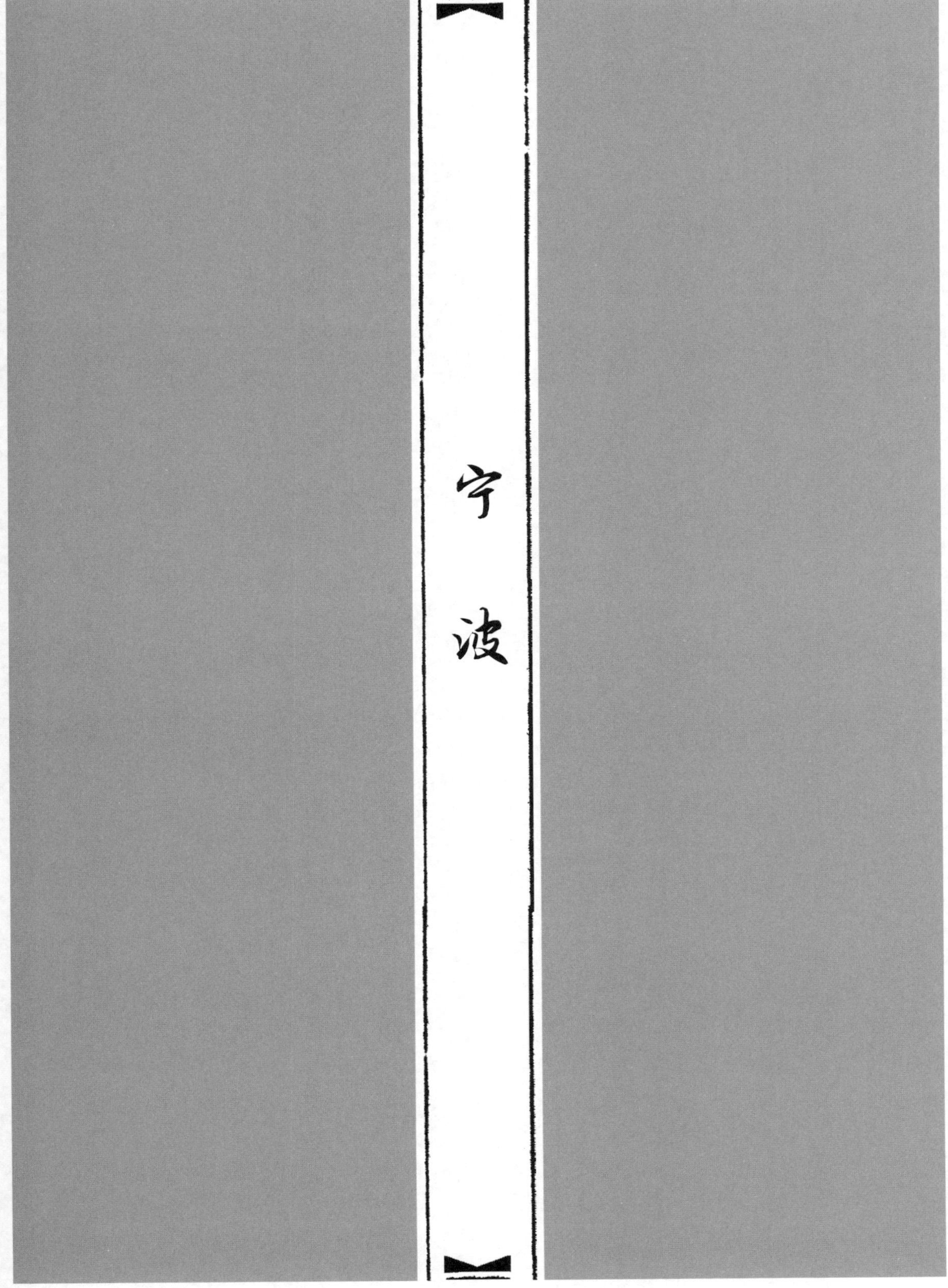

宁波府图说

句章在越为甬东地，海道辐辏之所，陆云谓“北接青徐，东洞交广，放船长驱而千里”者也。唐置明州，宋为庆元路。明改宁波府，缘海为郡，南界台州，西界绍兴，而东北直与大海为际，旧领县五，附郭者曰鄞。府西北曰慈溪，西南曰奉化，东北切于海岸者曰定海，东南曰象山。国朝康熙二十六年，以旧昌国卫经明季迁遣以来，地名舟山，孤悬海中，为海疆门户，展复招徕，特命建立县治，增置重兵，镇守弹压，更名定海。而以旧定海县为镇海，并隶于府。生聚日久，既富且教，遂成壮县。下辖鄞县、慈溪县、奉化县、钱海县、象山县、定海县。

雍正《浙江通志》卷一《图说》

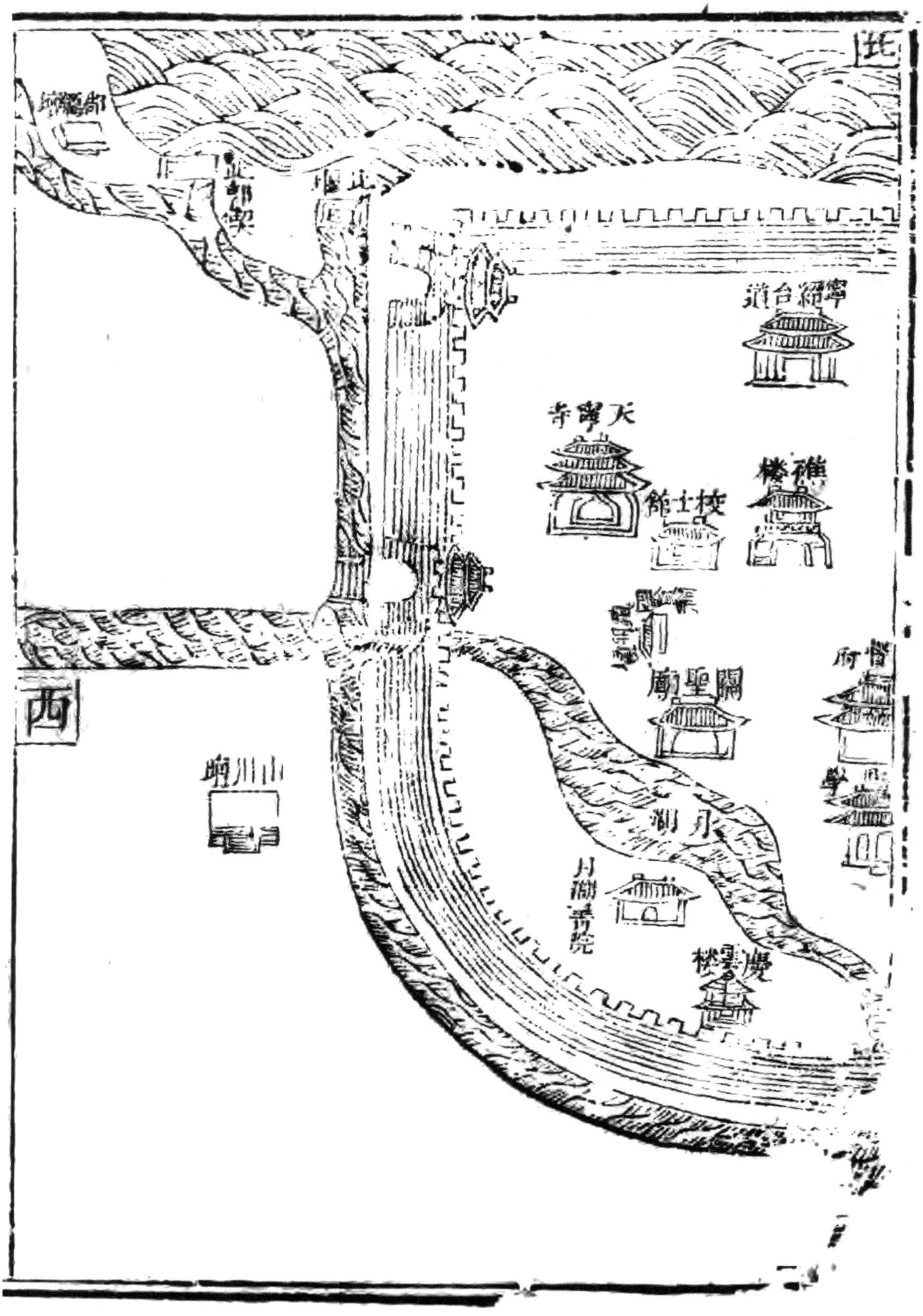

宁波府治图 / 选自雍正《宁波府志》

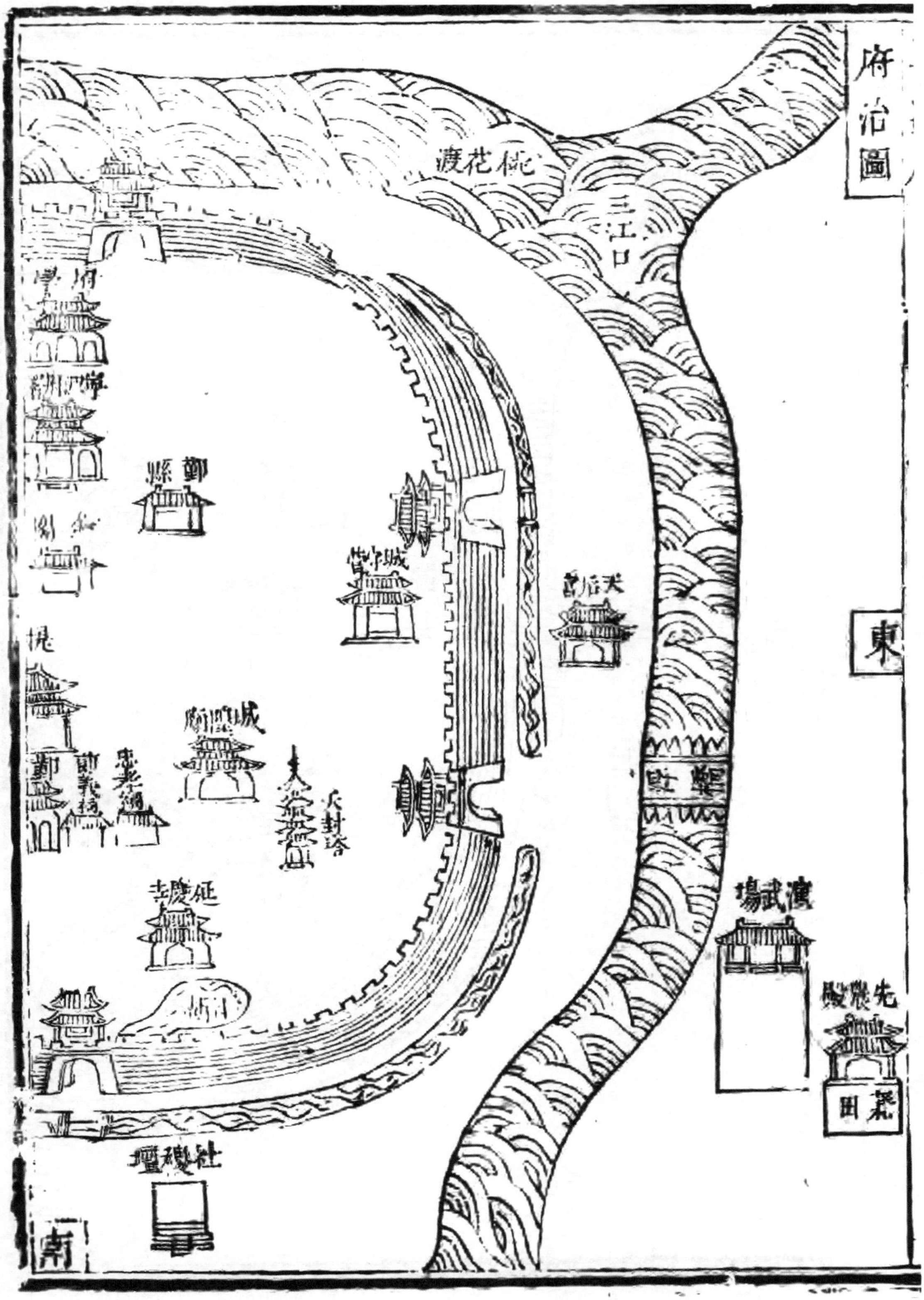
府治圖
桃花渡
三江口
鄞縣
城守營
天后宮
城隍廟
天封塔
延慶寺
社稷壇
演武場
先農殿
籍田
東
南

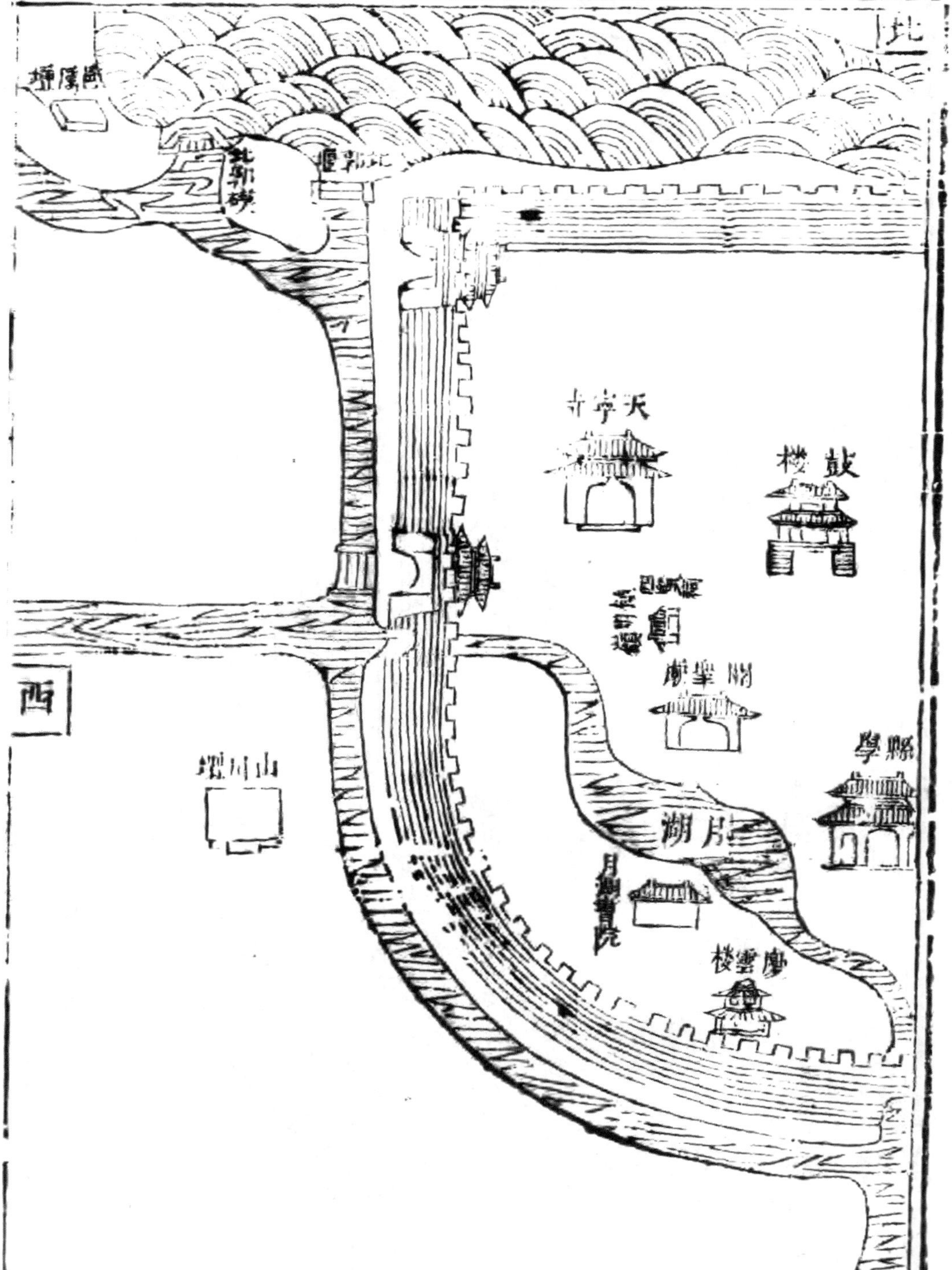

鄞县县治图 / 选自雍正《宁波府志》

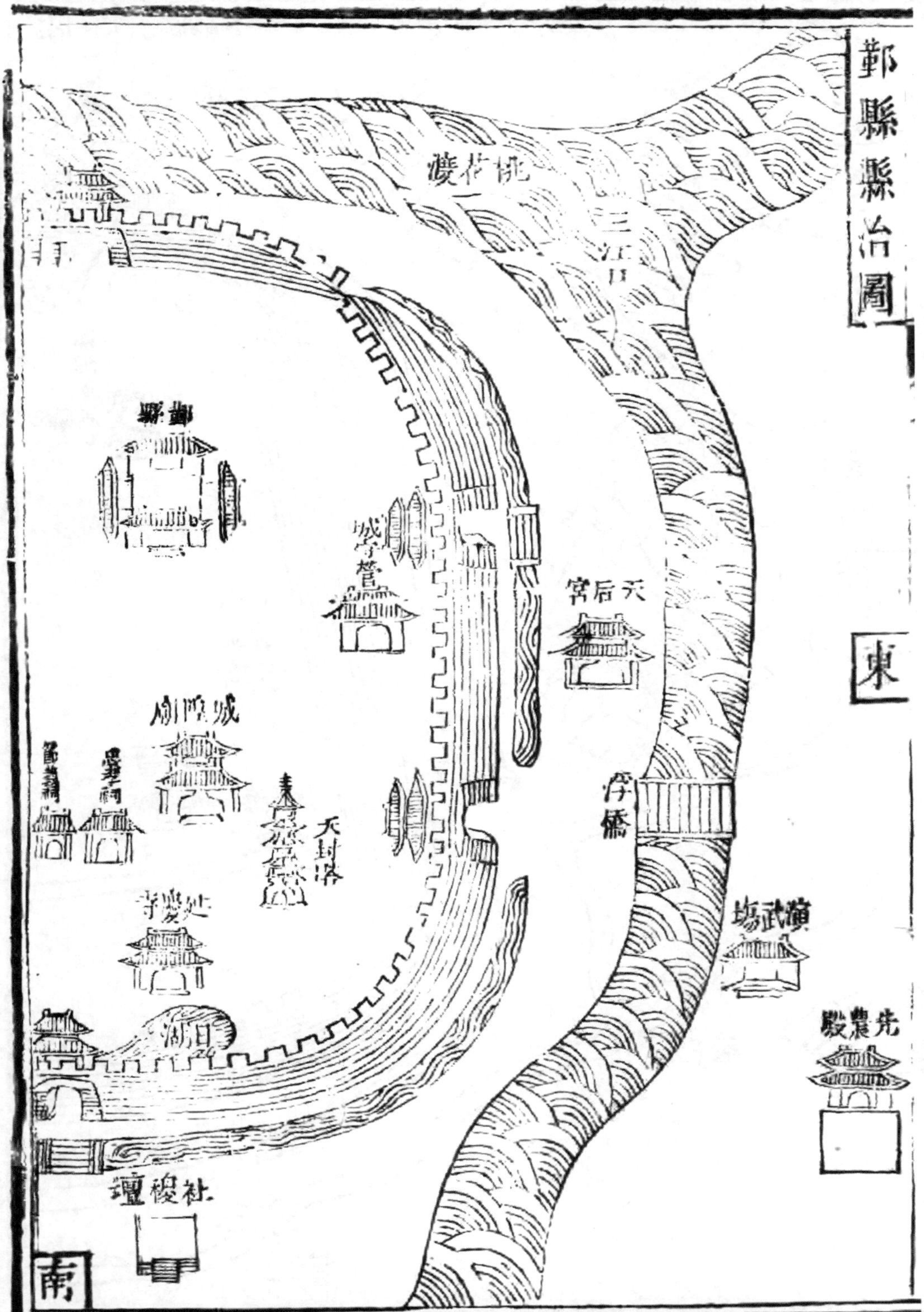
鄞縣縣治圖
桃花渡
三江口
鄞縣
天后宮
東
城隍廟
天封塔
浮橋
延慶寺
演武場
先農殿
日湖
社稷壇
南

宁波

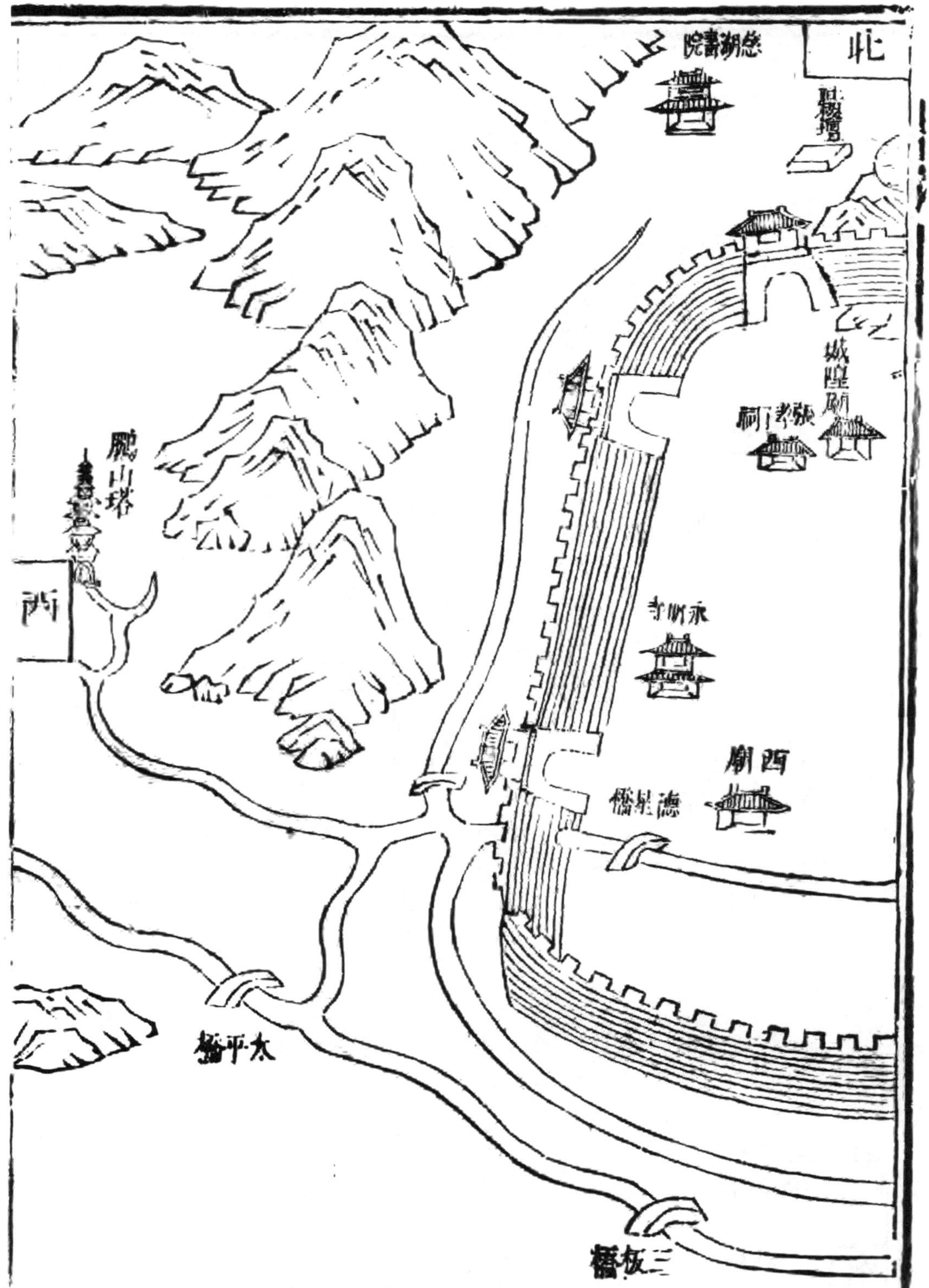

慈溪县治图 / 选自雍正《宁波府志》

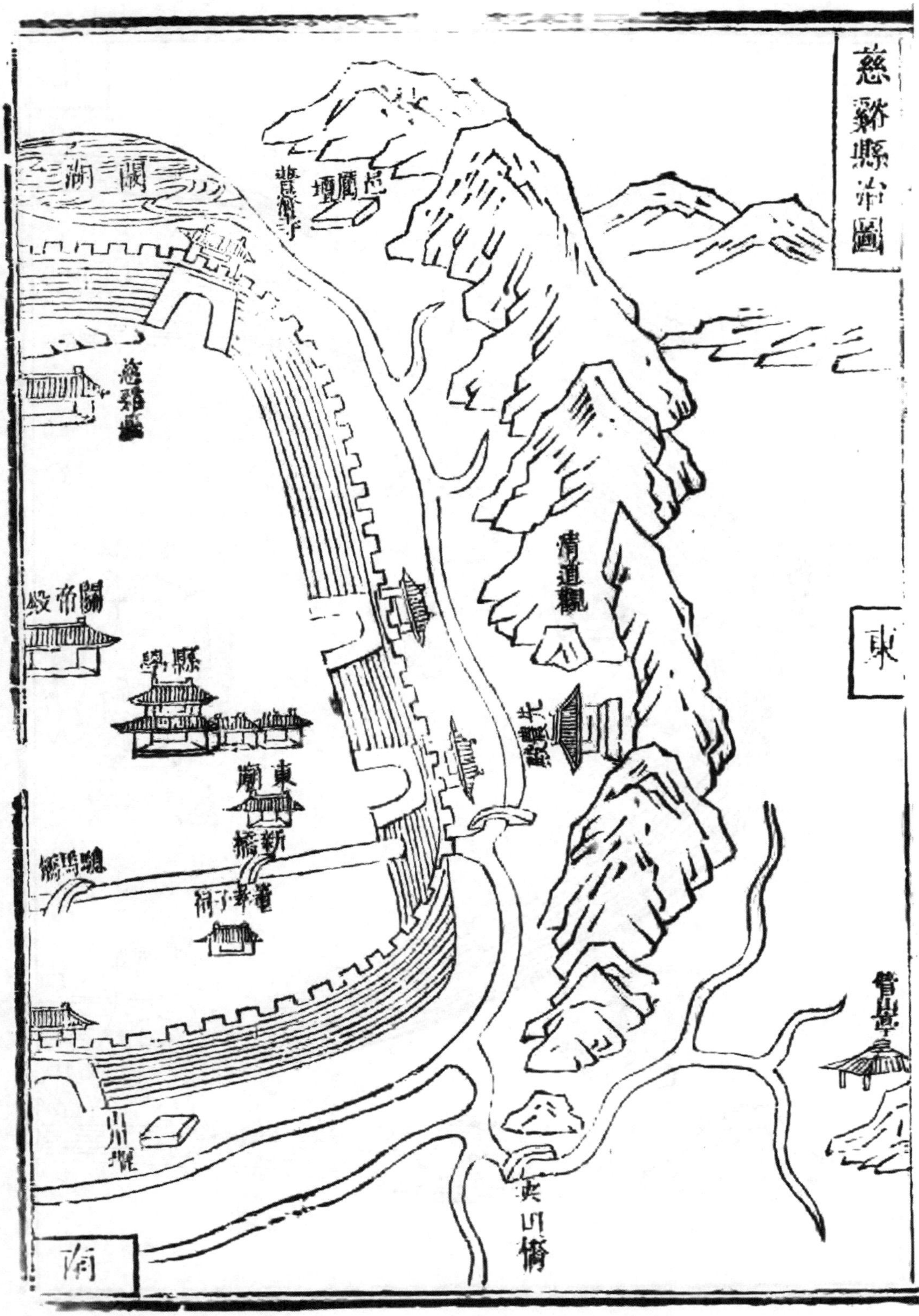
慈谿縣治圖
東
南
清道觀
縣學
東廟
新橋
關帝殿
驄馬橋
夾山橋

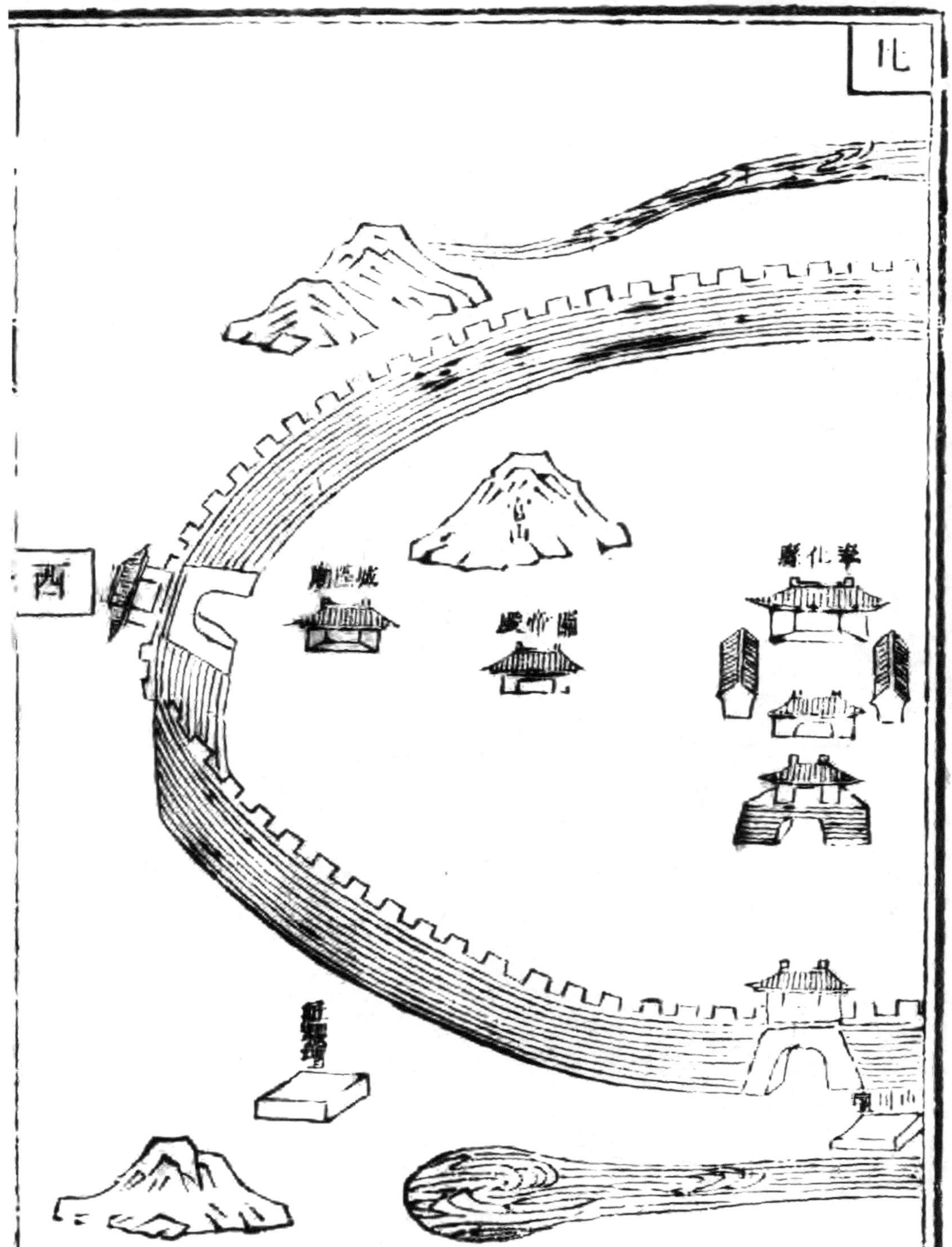

奉化县治图 / 选自雍正《宁波府志》

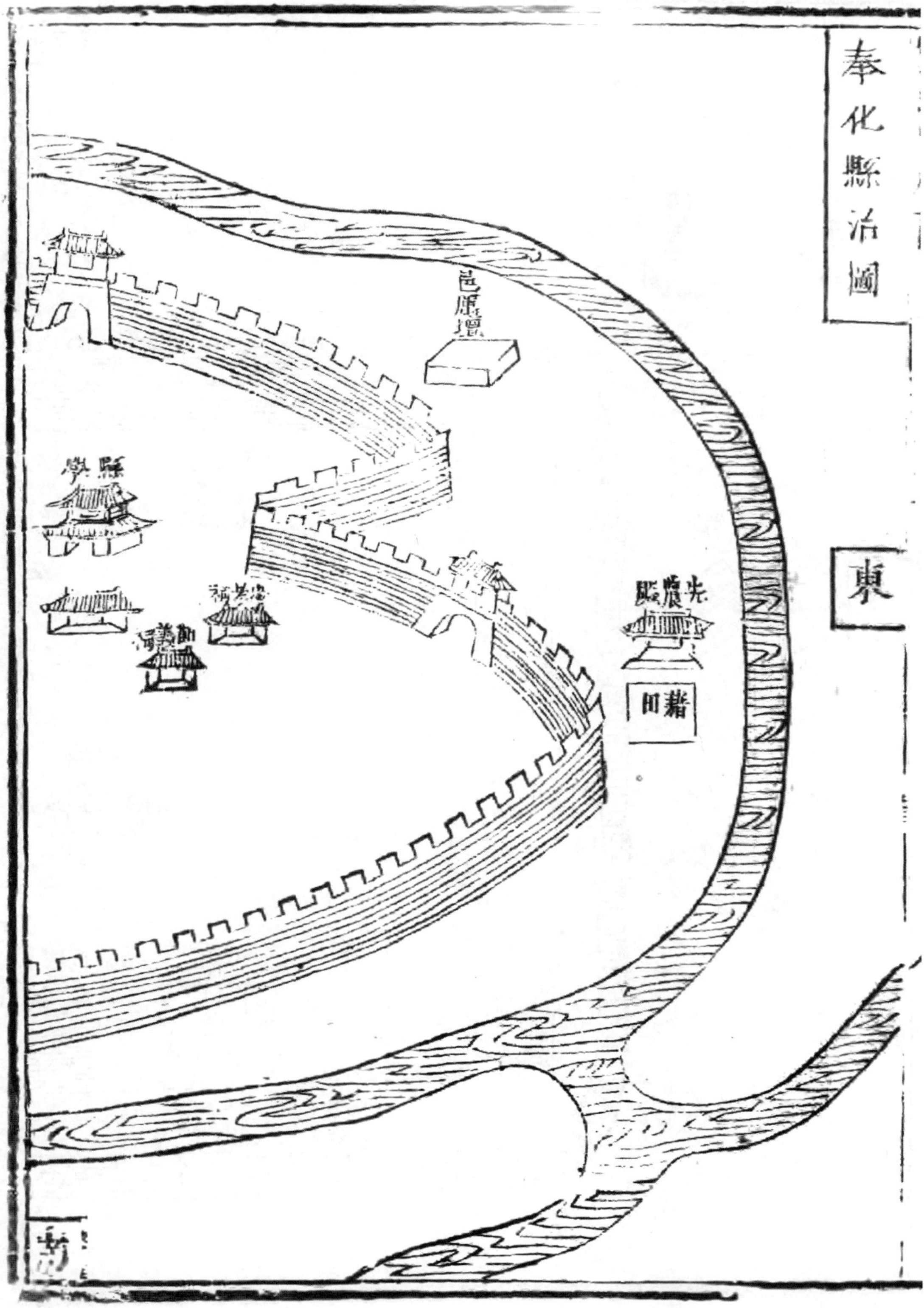
奉化縣治圖
邑厲壇
縣學
忠孝祠
節義祠
先農壇
藉田
東

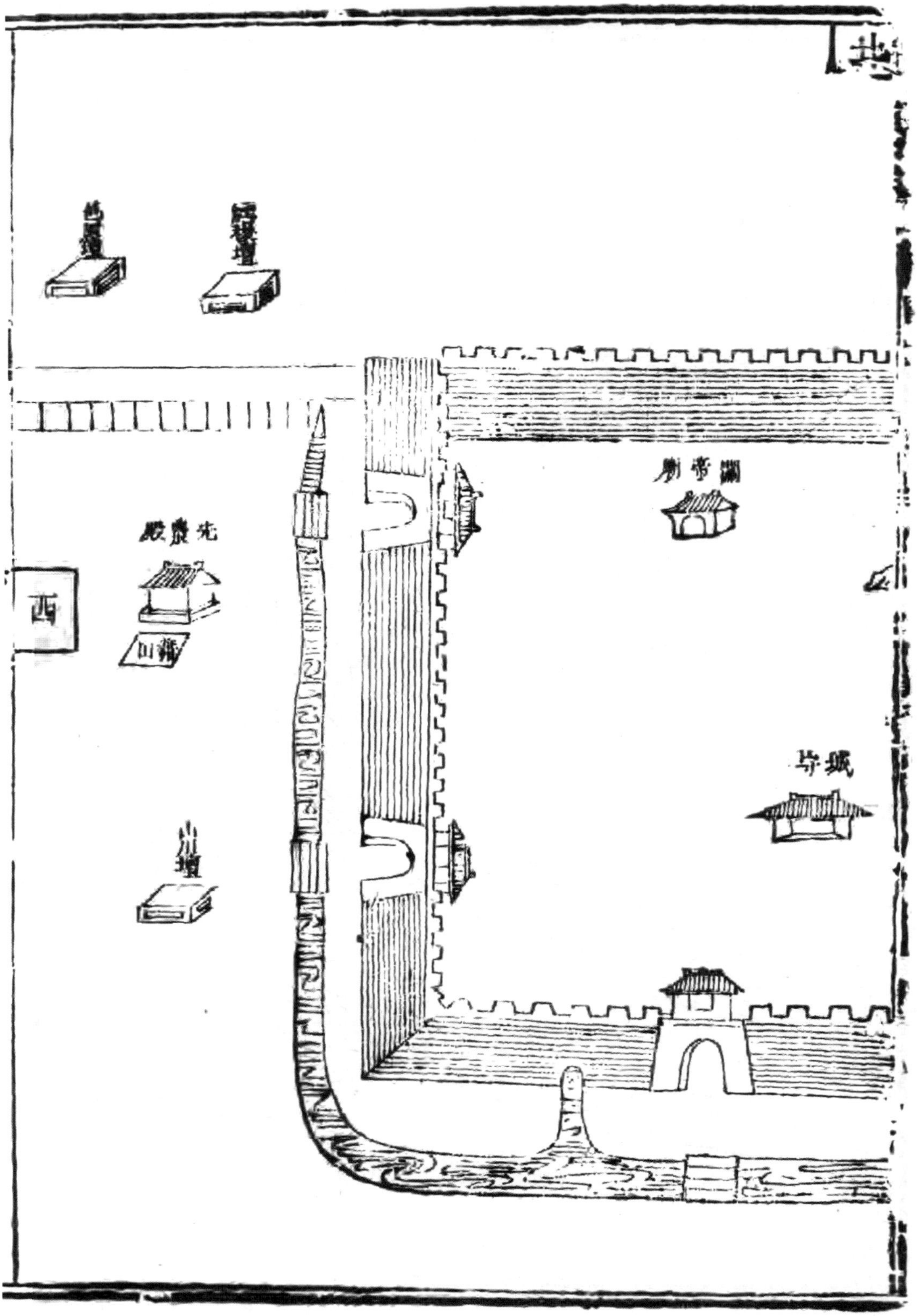

镇海县治图 / 选自雍正《宁波府志》

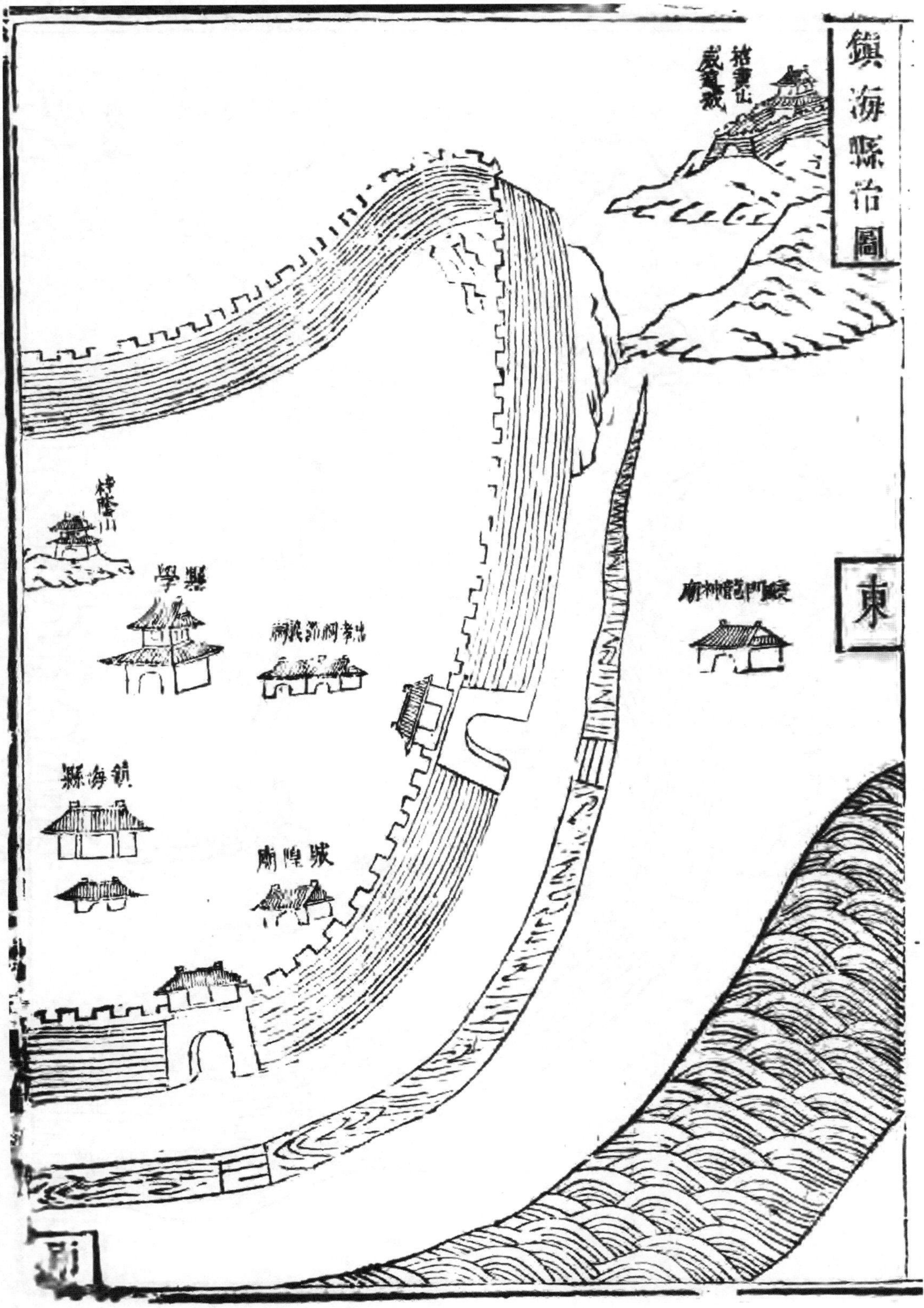
鎮海縣治圖
招寶山
威遠城
梓蔭山
縣學
忠孝祠節義祠
鎮海縣
城隍廟
龍神廟
東
則

宁波

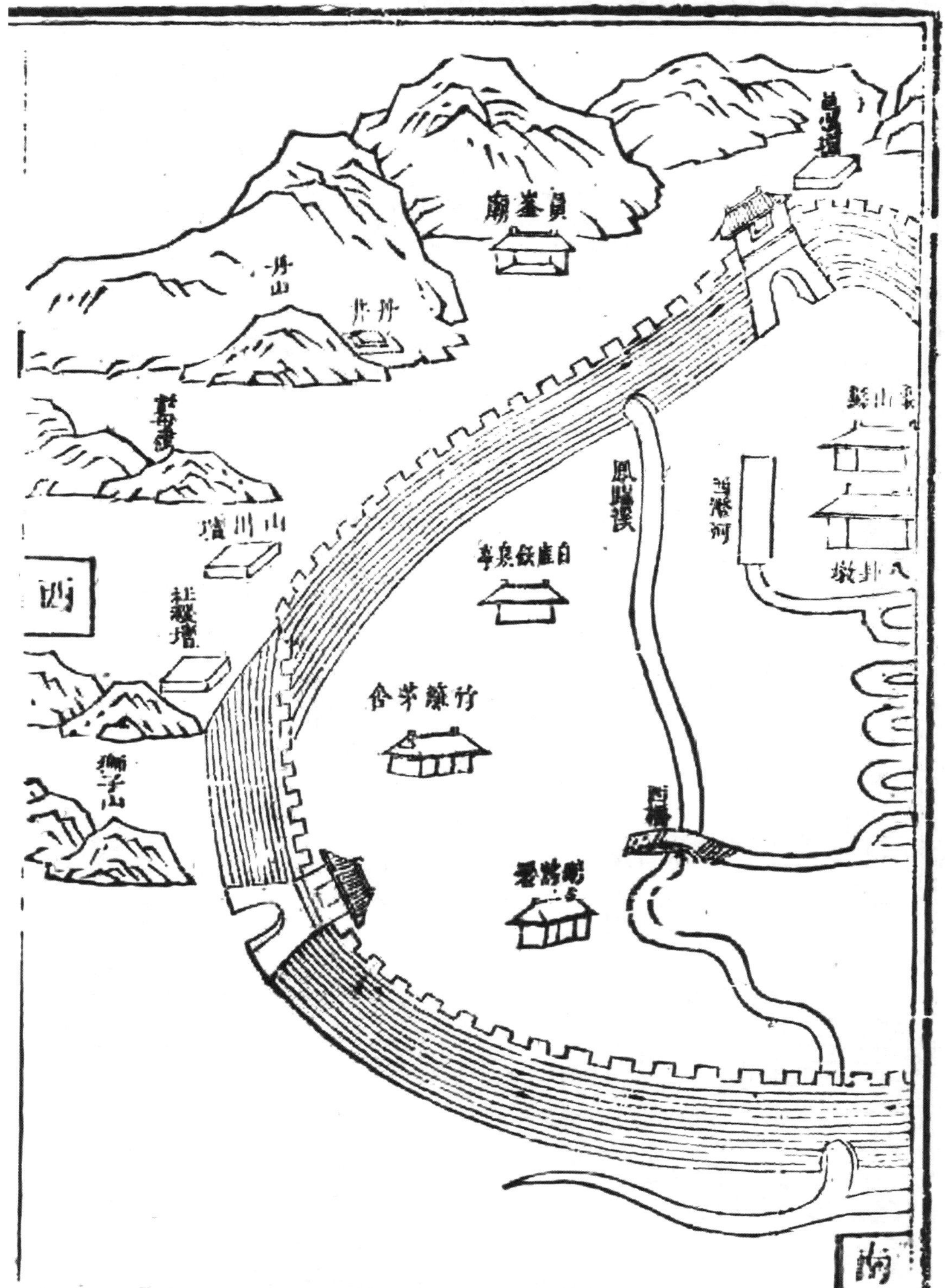

象山县治图 / 选自雍正《宁波府志》

象山縣治圖

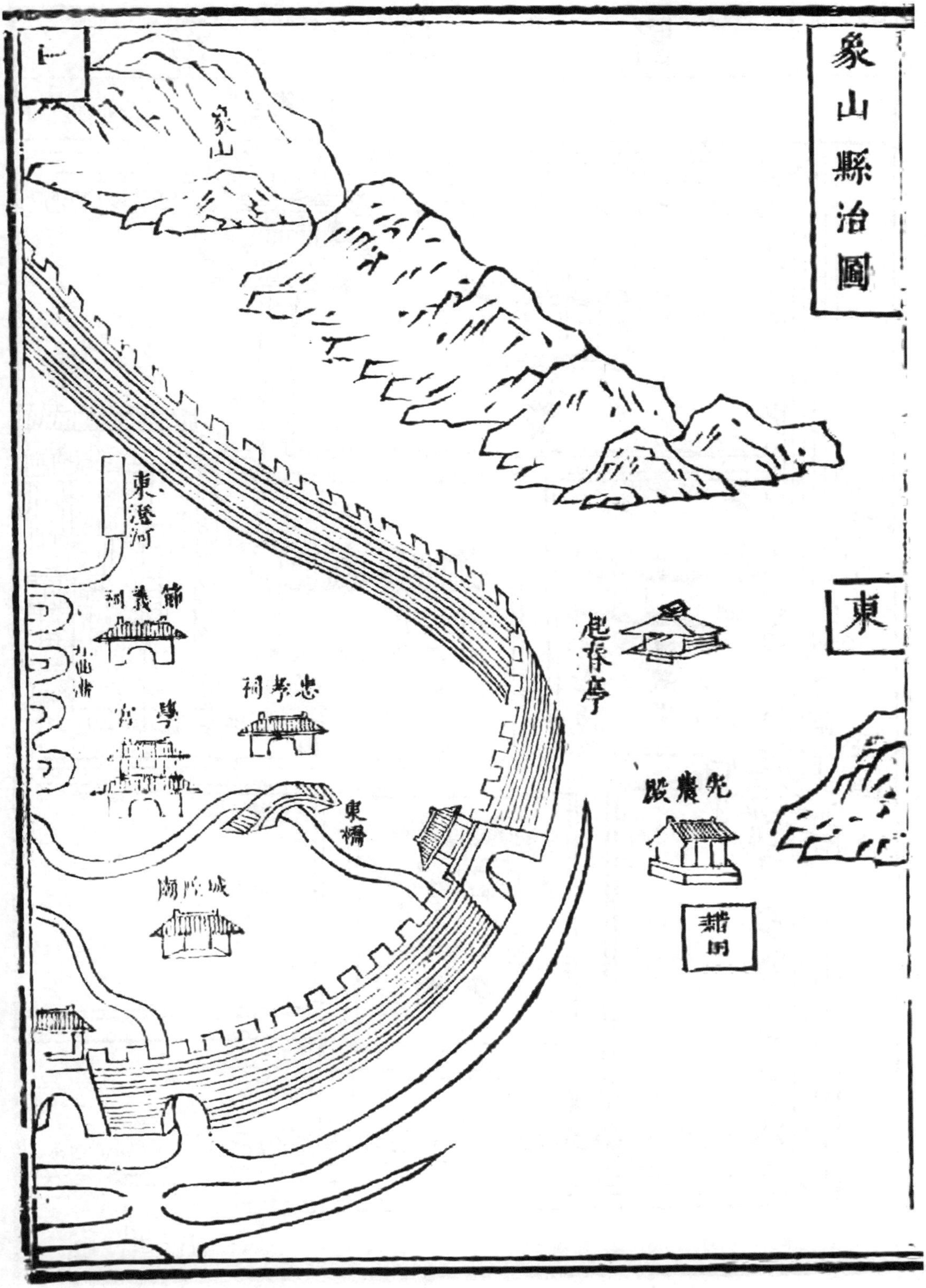
象山
節義祠
忠孝祠
學宮
東橋
城隍廟
迎春亭
先農殿
東

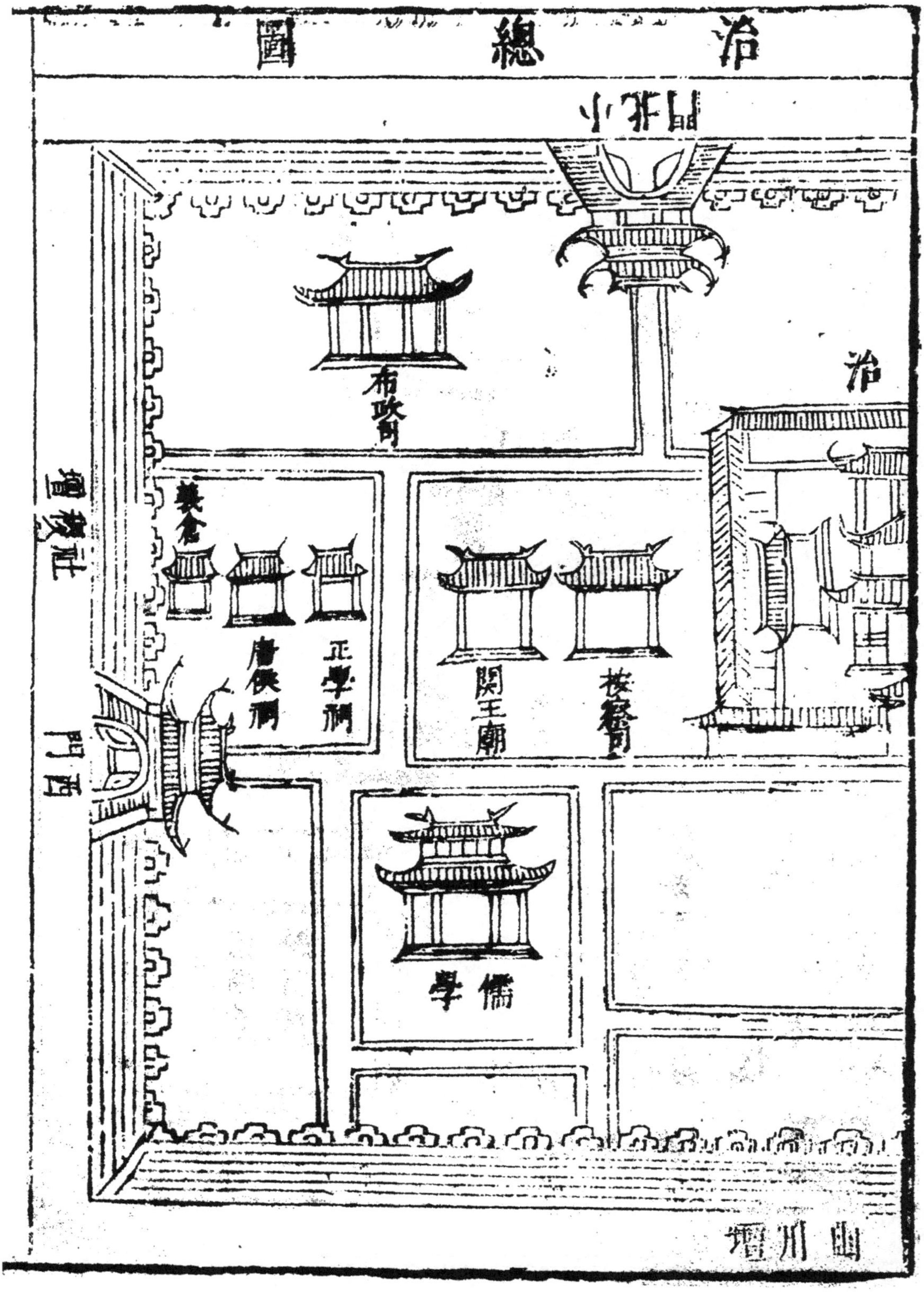

宁海县治总图 / 选自崇祯《宁海县志》

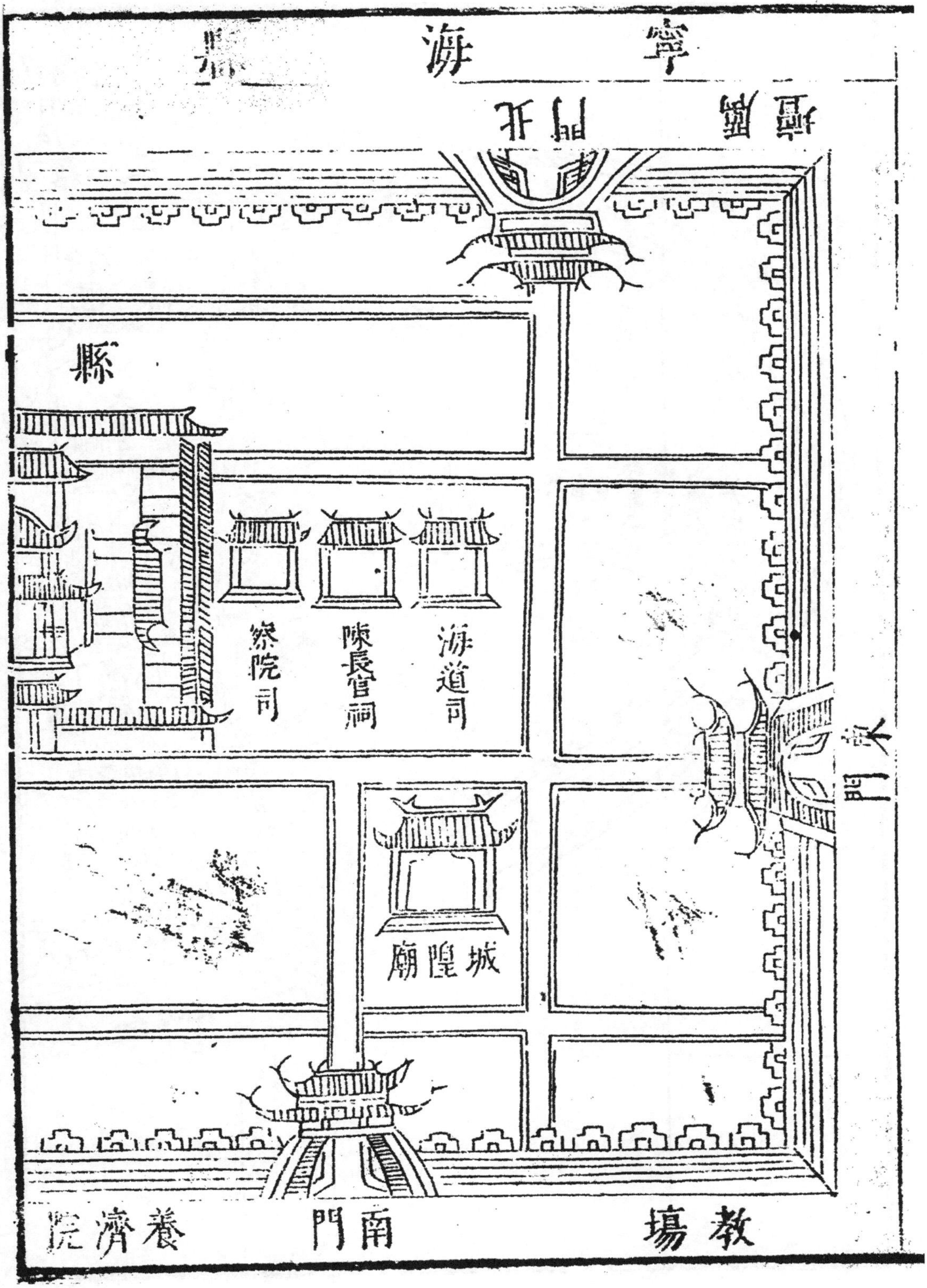
寧海縣
北門
縣
察院司
陳長官祠
海道司
城隍廟
東門
養濟院
南門
教場

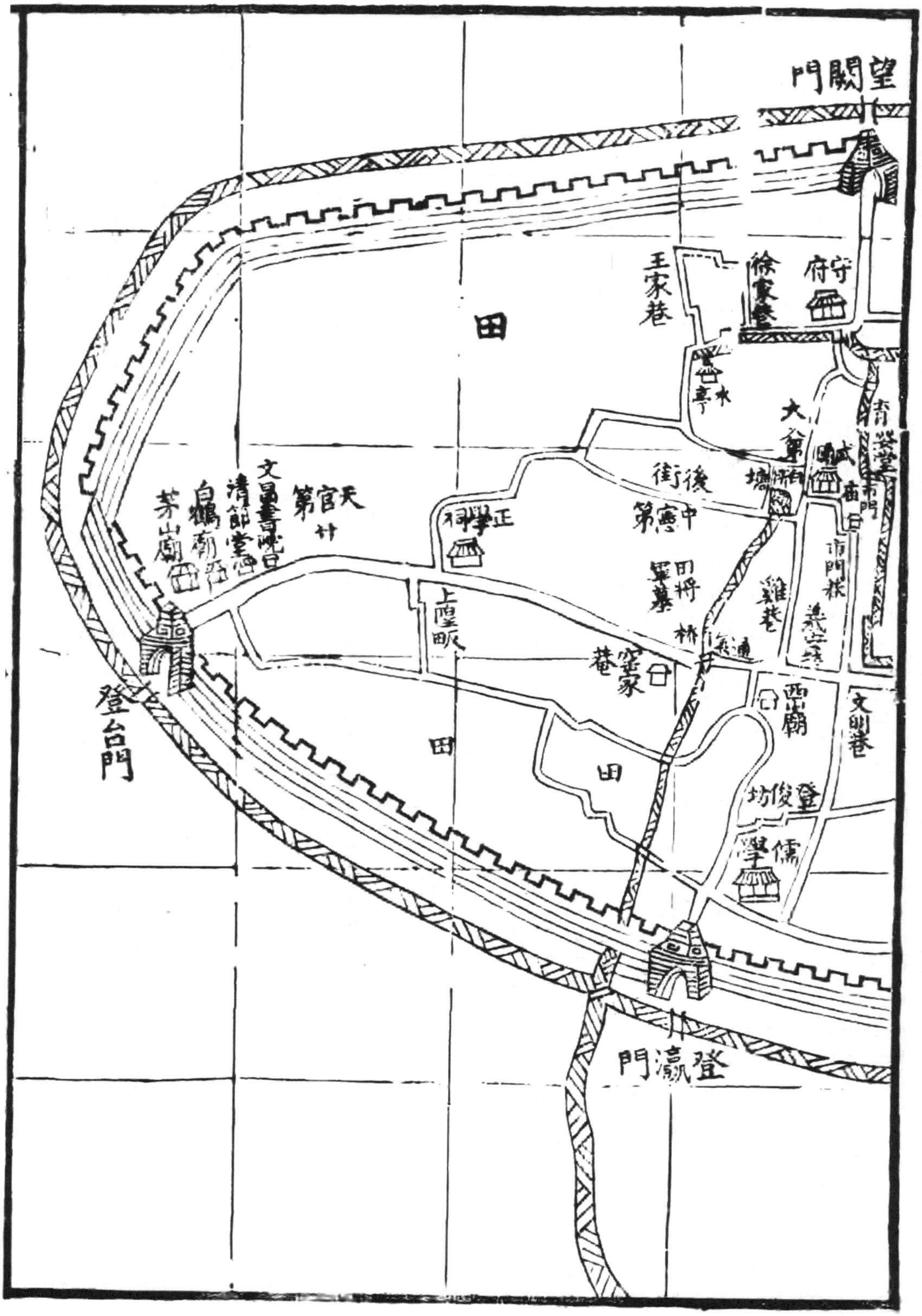

宁海县城池坊巷图 / 选自光绪《宁海县志》

城池坊巷圖
每方七十丈
拱辰門
秧田頭巷
蒲湖
試院
縣後巷
花橋
縣治
田
春浪橋
東嶽宫
楊柳巷
栢屏黃巷
步雲橋
大米巷
小米巷
義井
花樓
桃源橋
正學坊
三皇堂
城隍廟
永春橋
蔡家巷
司馬第
道義坊
善巷
袁家巷
靖海門
泥橋頭
塘
白石頭
沙樸樹巷
書院
趙家塘
財神廟
夢園
迎薰門

绍兴

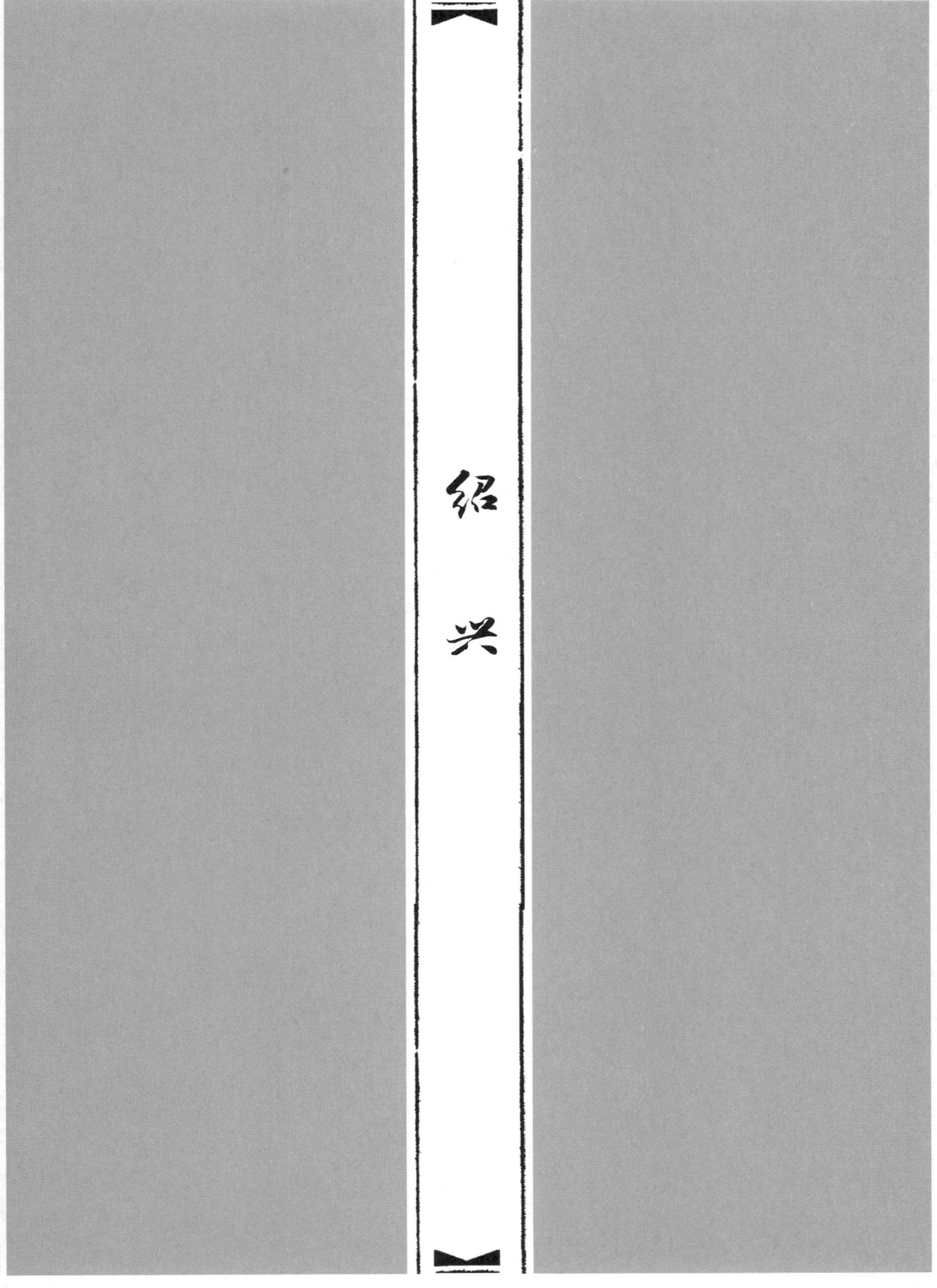

绍兴府图说

绍兴古会稽郡，旧称东南大府，天下无厹者也。《宋·地理志》云：“带山傍海，膏腴重地，以山水为郡，有层冈叠巘而无梯蹬攀陟之劳，有大湖长溪而无冲激漂溺之患。”领县八，首山阴，次会稽，并附于郭，千岩万壑环列于鉴湖之上。次萧山，濒江负固曰固陵。次诸暨，处万山之会，长江汇之。次余姚，壤接四明，与上虞皆在曹娥江之左江，发源浦阳，《水经注》所谓“浦阳江”是也。次嵊，次新昌，俱负会稽山之阳，并带剡溪，擅沃洲、天姥之胜，与天台争奇竞秀于浙东者也。郡之北境五县际海，洪涛奔激，所恃为内外障护者。下辖山阴县、会稽县、萧山县、诸暨县、余姚县、上虞县、嵊县、新昌县。

雍正《浙江通志》卷一《图说》

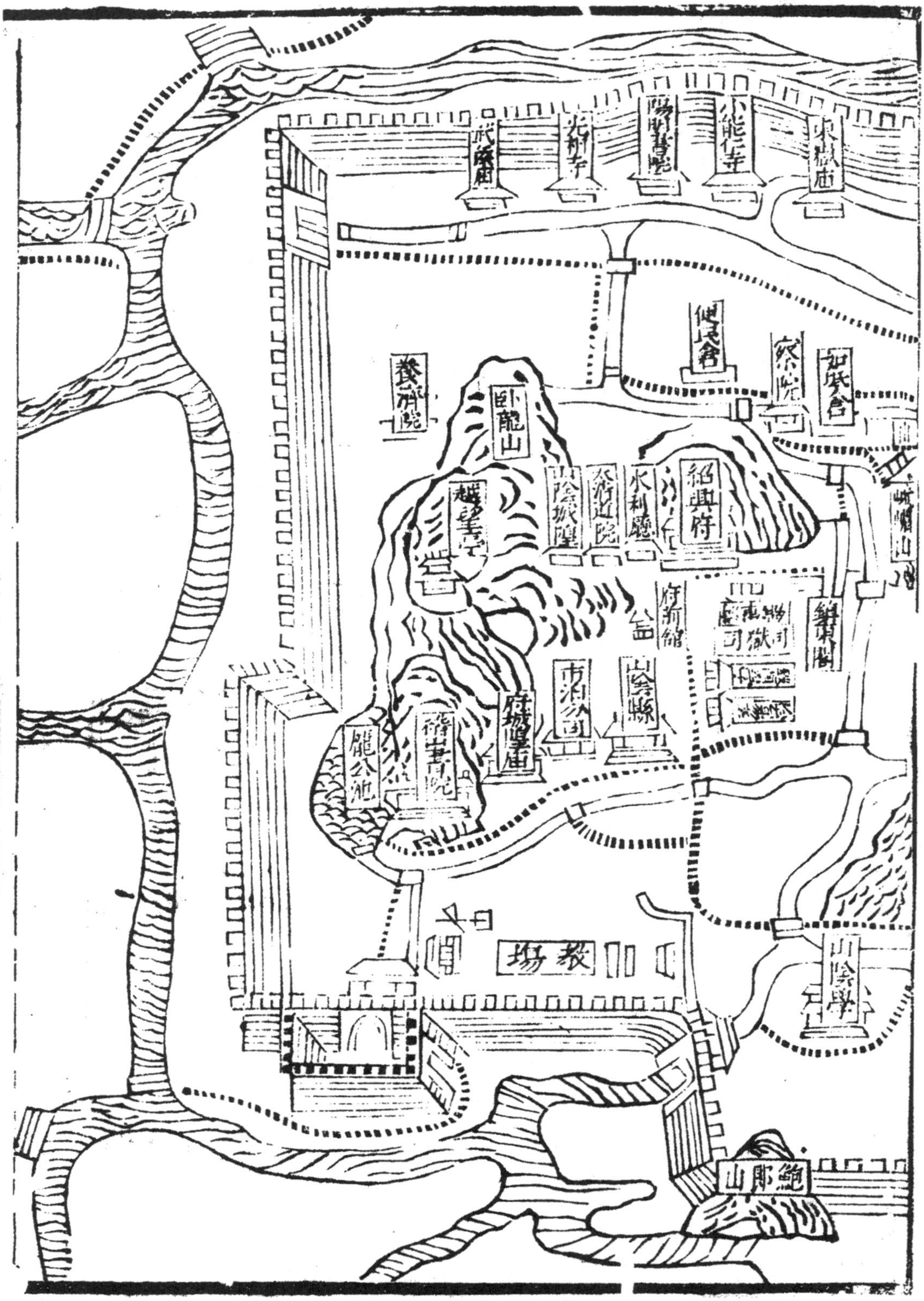

绍兴府城图 / 选自康熙《绍兴府志》

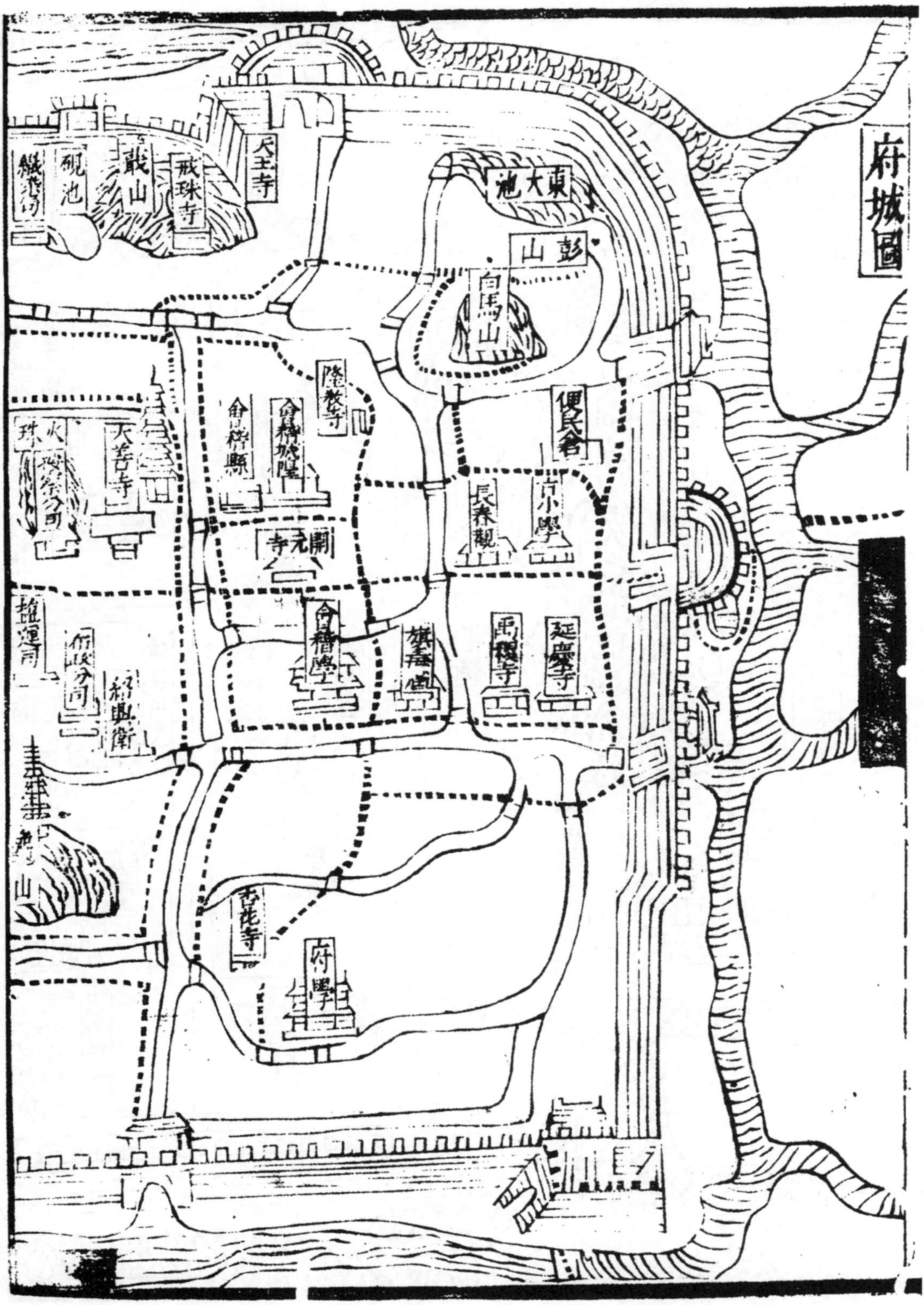
府城圖
東大池
彭山
白馬山
天王寺
戒珠寺
蕺山
硯池
便民倉
隆教寺
會稽縣
會稽城隍
大善寺
開元寺
長春觀
府小學
延慶寺
禹祠寺
旗纛廟
會稽學
杏花寺
府學
塩運司
布政分司
紹興衛

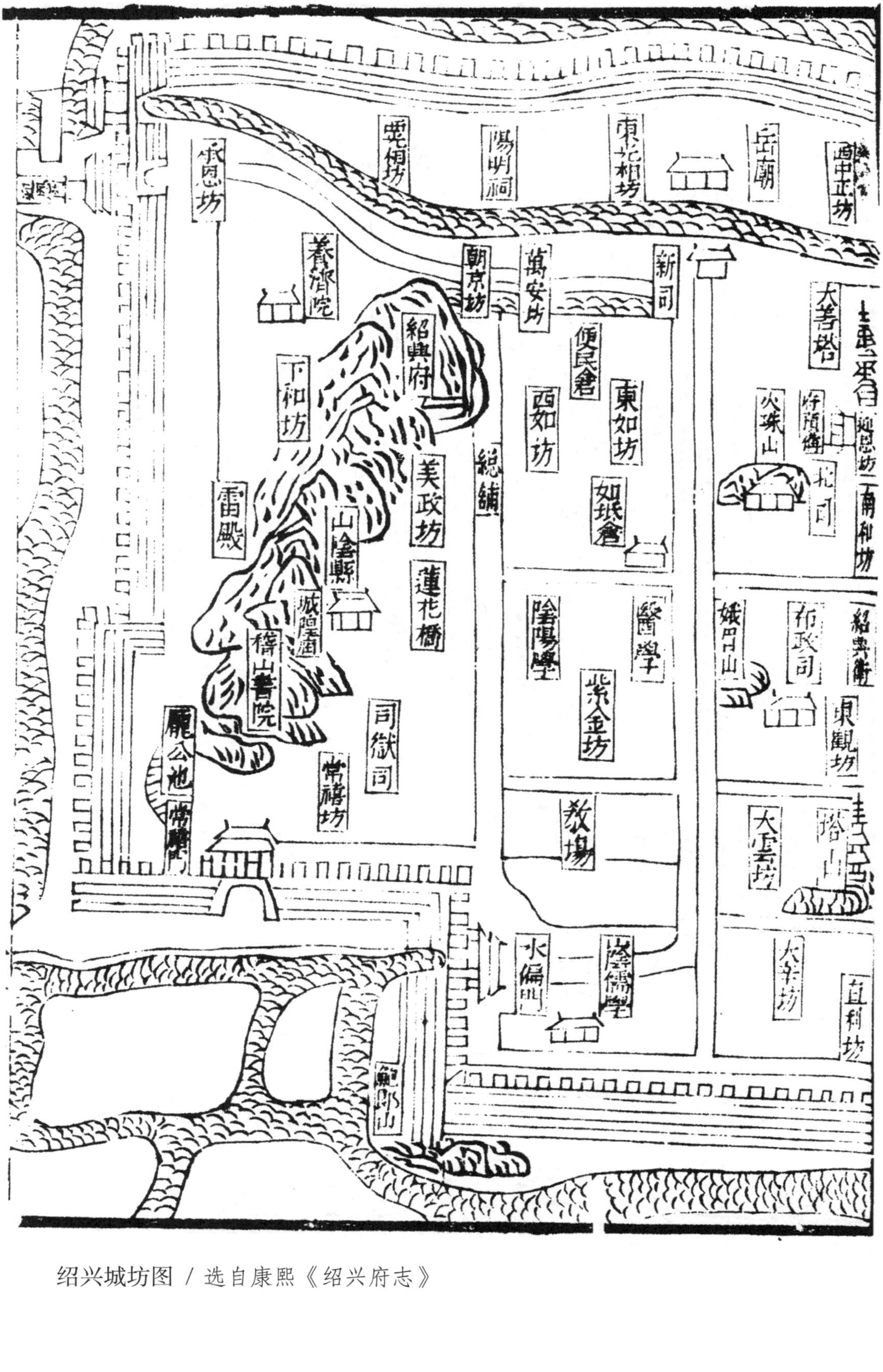

绍兴城坊图 / 选自康熙《绍兴府志》

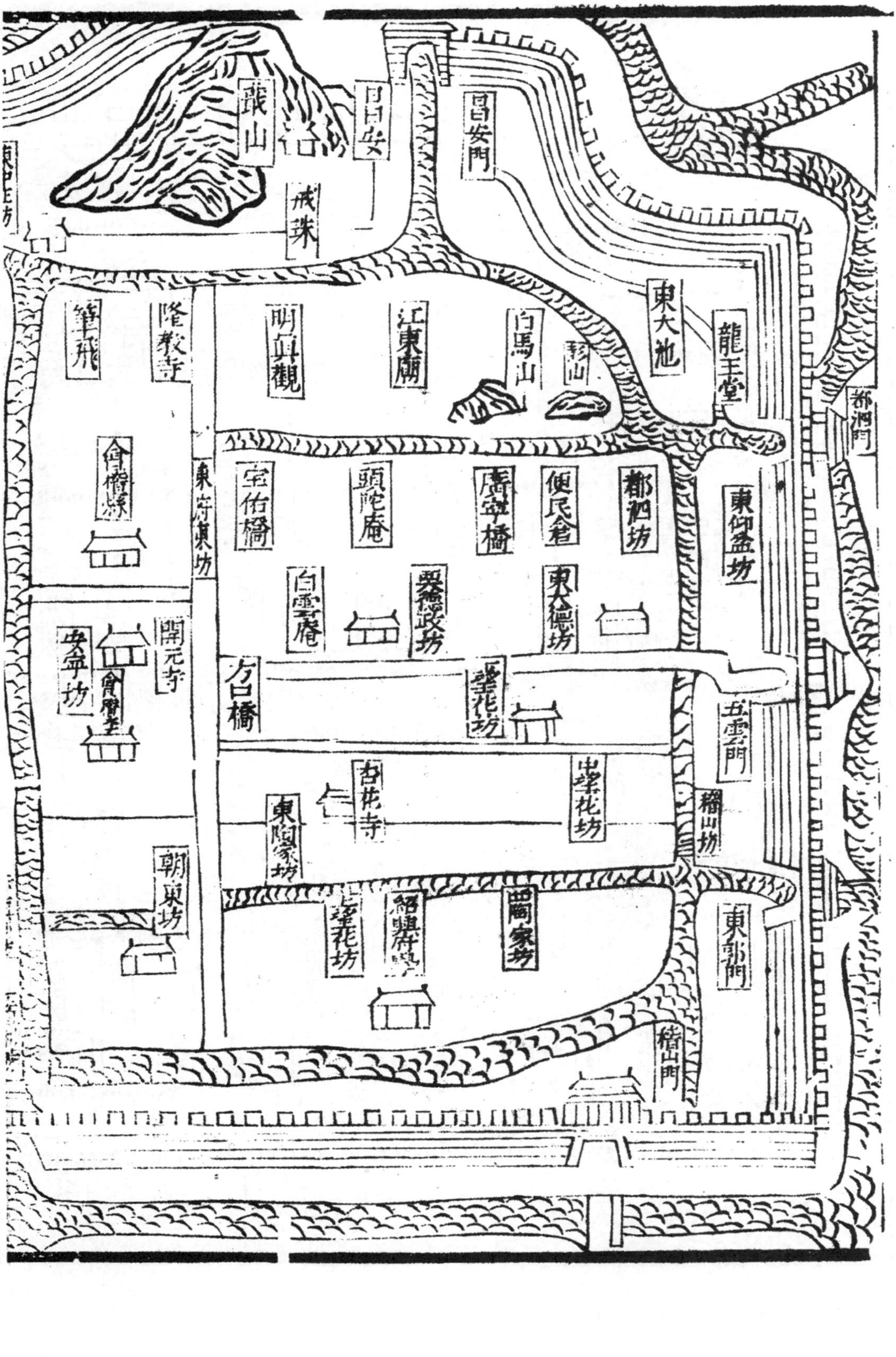
蕺山
戒珠
昌安門
東大池
龍王堂
都泗門
白馬山
江東廟
隆教寺
筆飛
會稽縣
東府坊
宝佑橋
頭陀庵
便民倉
都泗坊
東仰盂坊
白雲庵
開元寺
安寧坊
望花坊
五雲門
杏花寺
東陶家坊
中望花坊
稽山坊
朝東坊
紹興府學
東郭門
稽山門

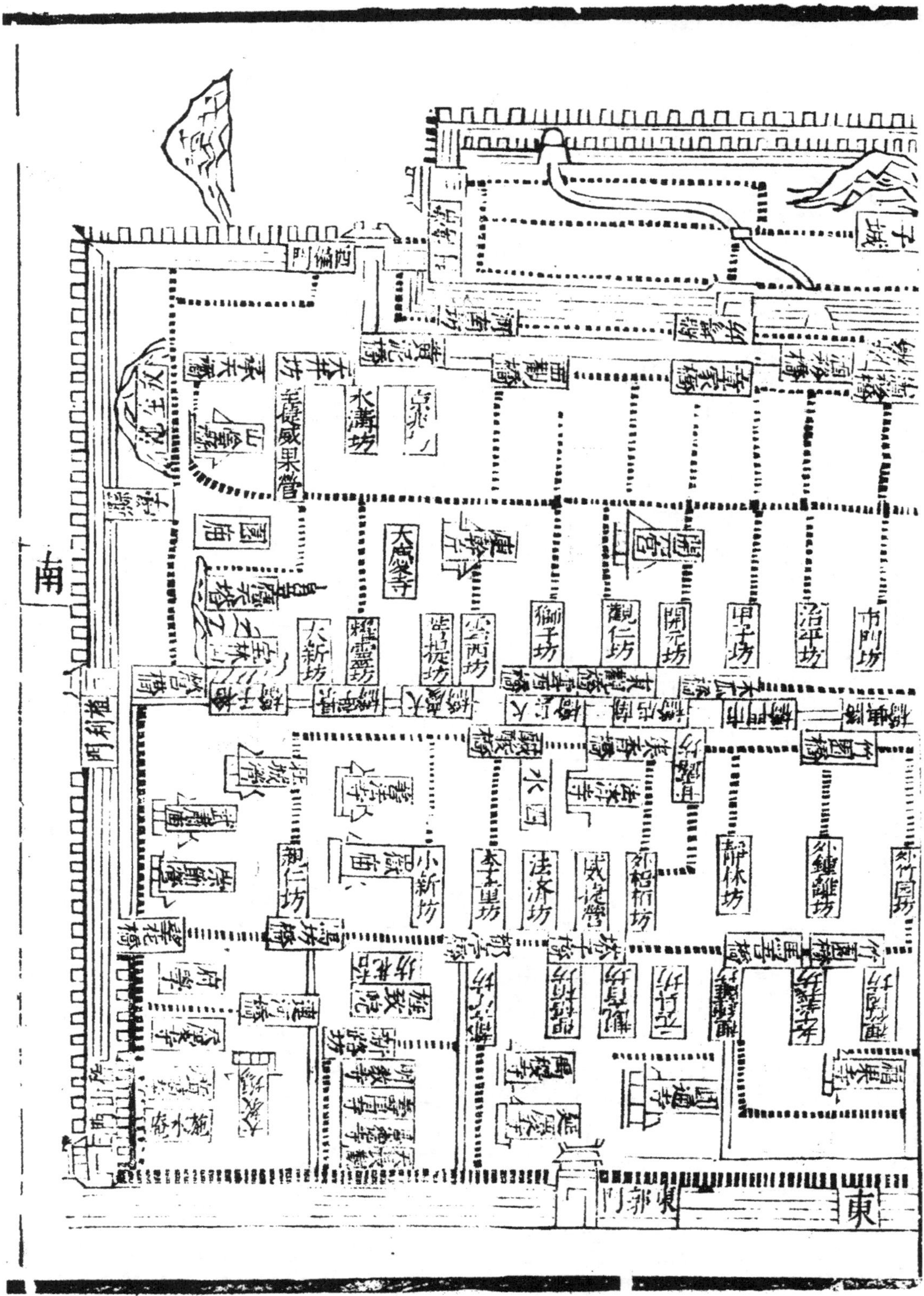

旧越城图 / 选自康熙《绍兴府志》

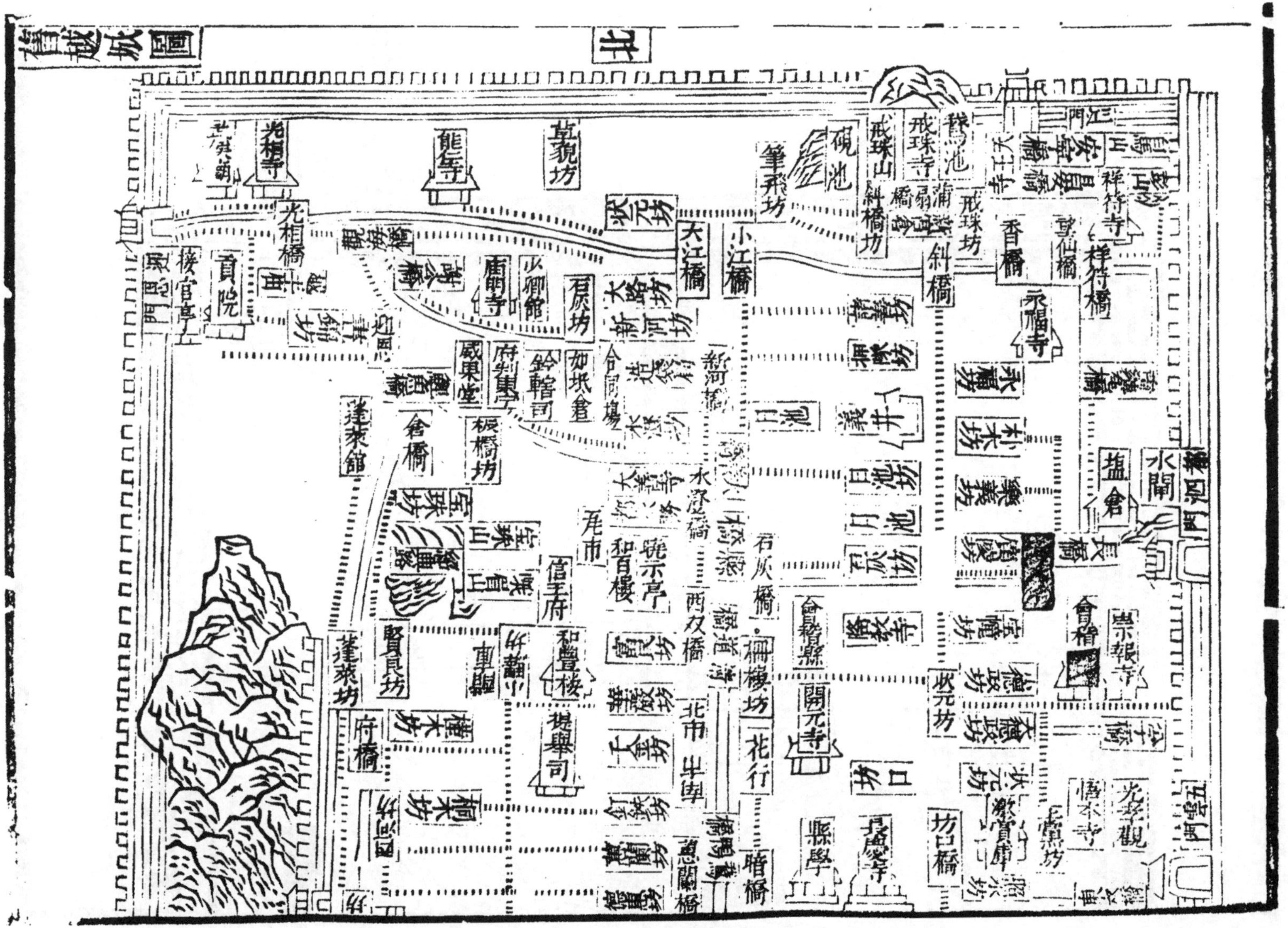
會越城圖
北

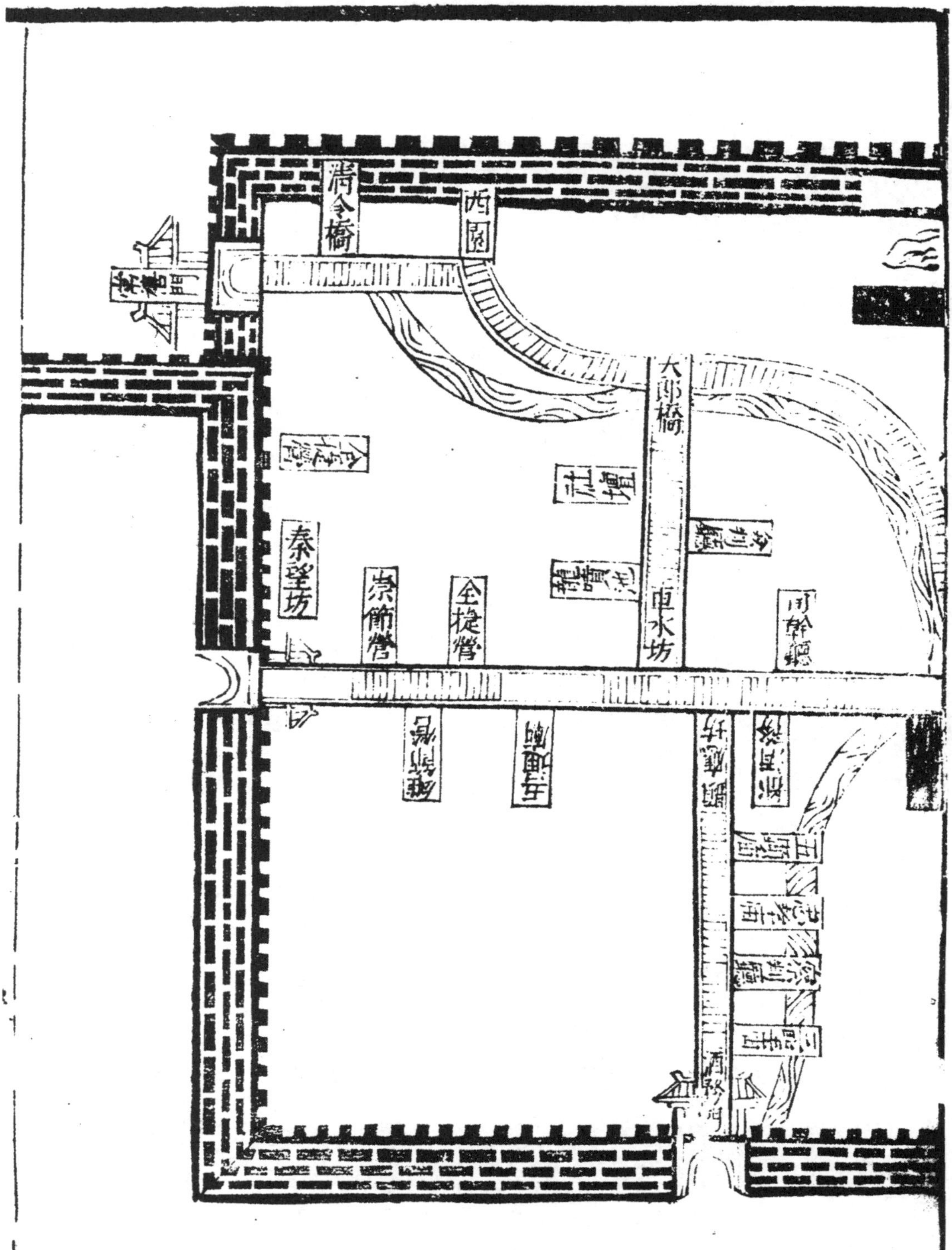

旧子城图 / 选自康熙《绍兴府志》

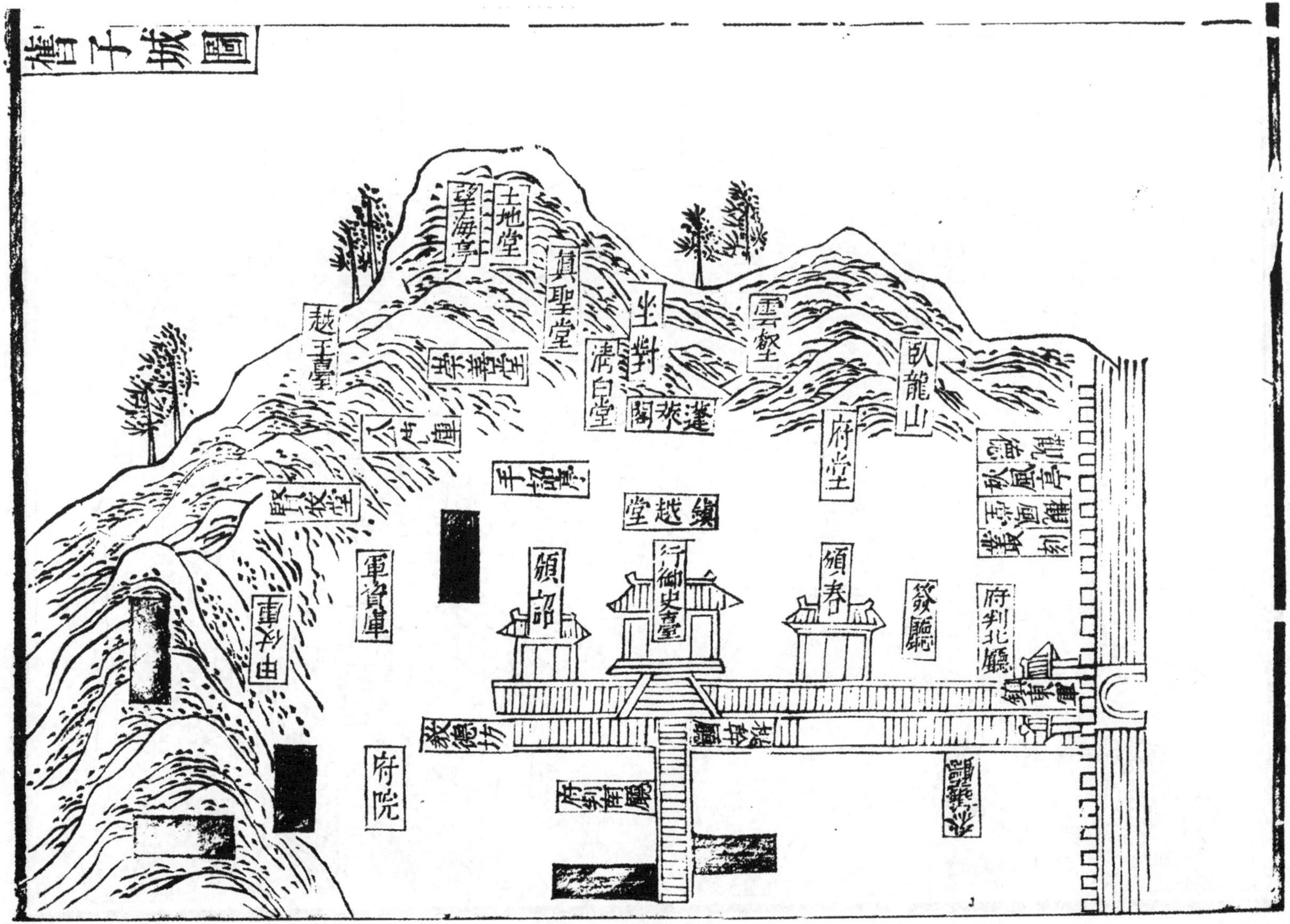
舊子城圖
望海亭
土地堂
真聖堂
越王臺
崇善堂
雲壑
臥龍山
清白堂
蓬萊閣
公使庫
手詔亭
鎮越堂
府堂
賢牧堂
軍資庫
甲仗庫
頒詔
行御史臺
頒春
簽廳
府判北廳
秋風亭
鎮東軍
府院
府判南廳

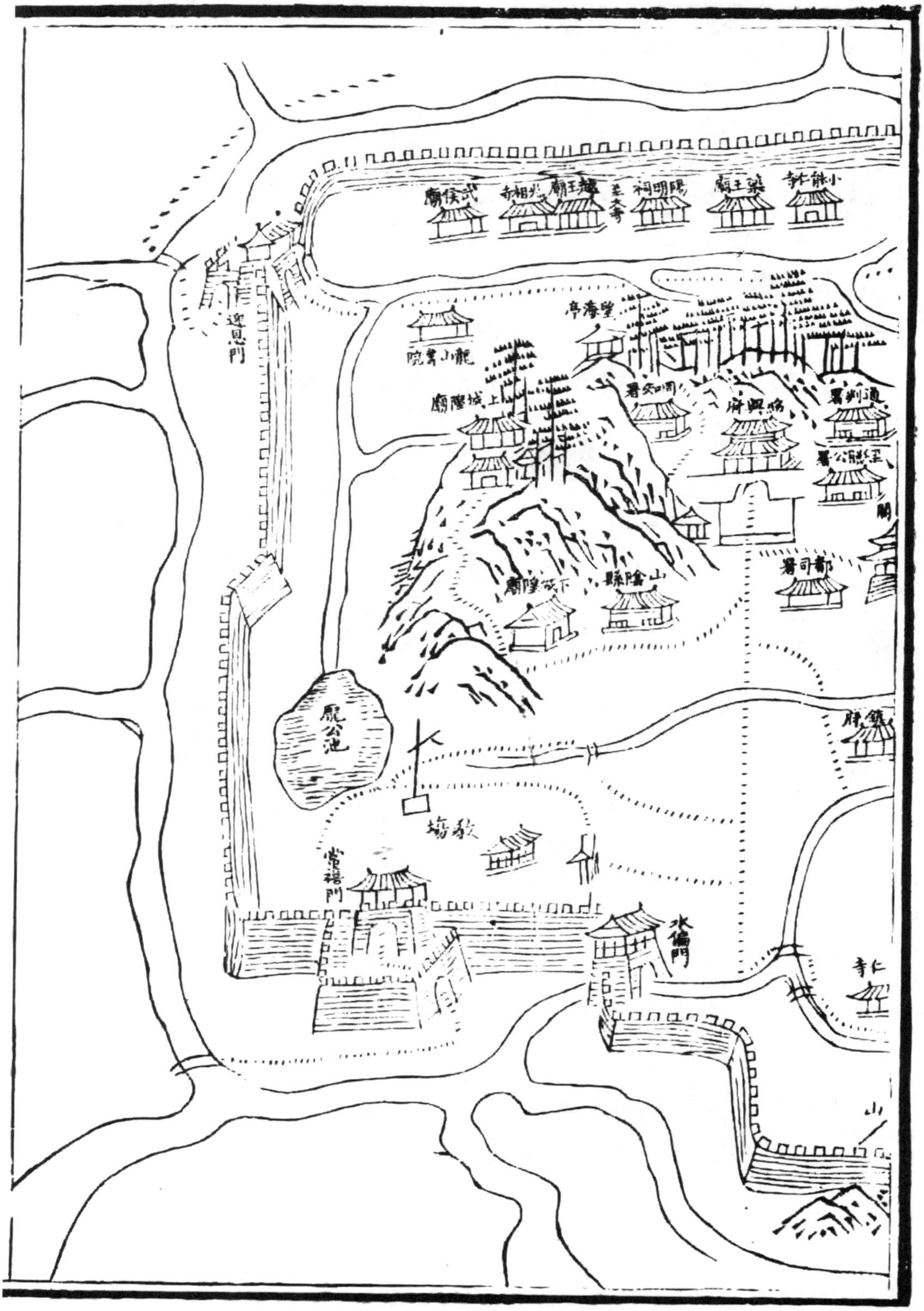

绍兴府城图 / 选自乾隆《绍兴府志》

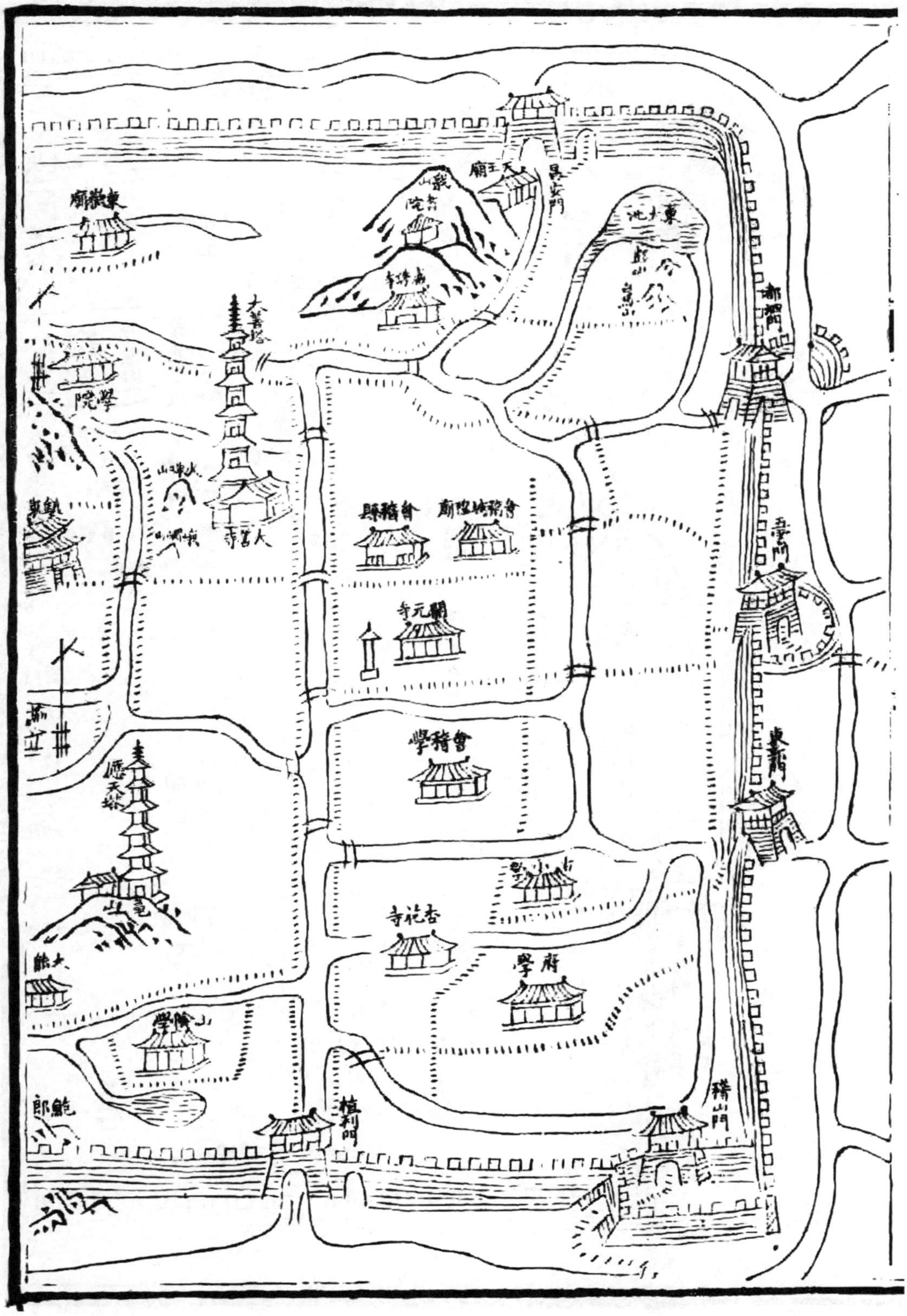
會稽縣
會稽城隍廟
開元寺
會稽學
府學
香花寺
大善塔
大善寺
學院
應天塔
山陰學
天王廟
昌安門
都泗門
五雲門
東郭門
稽山門
植利門

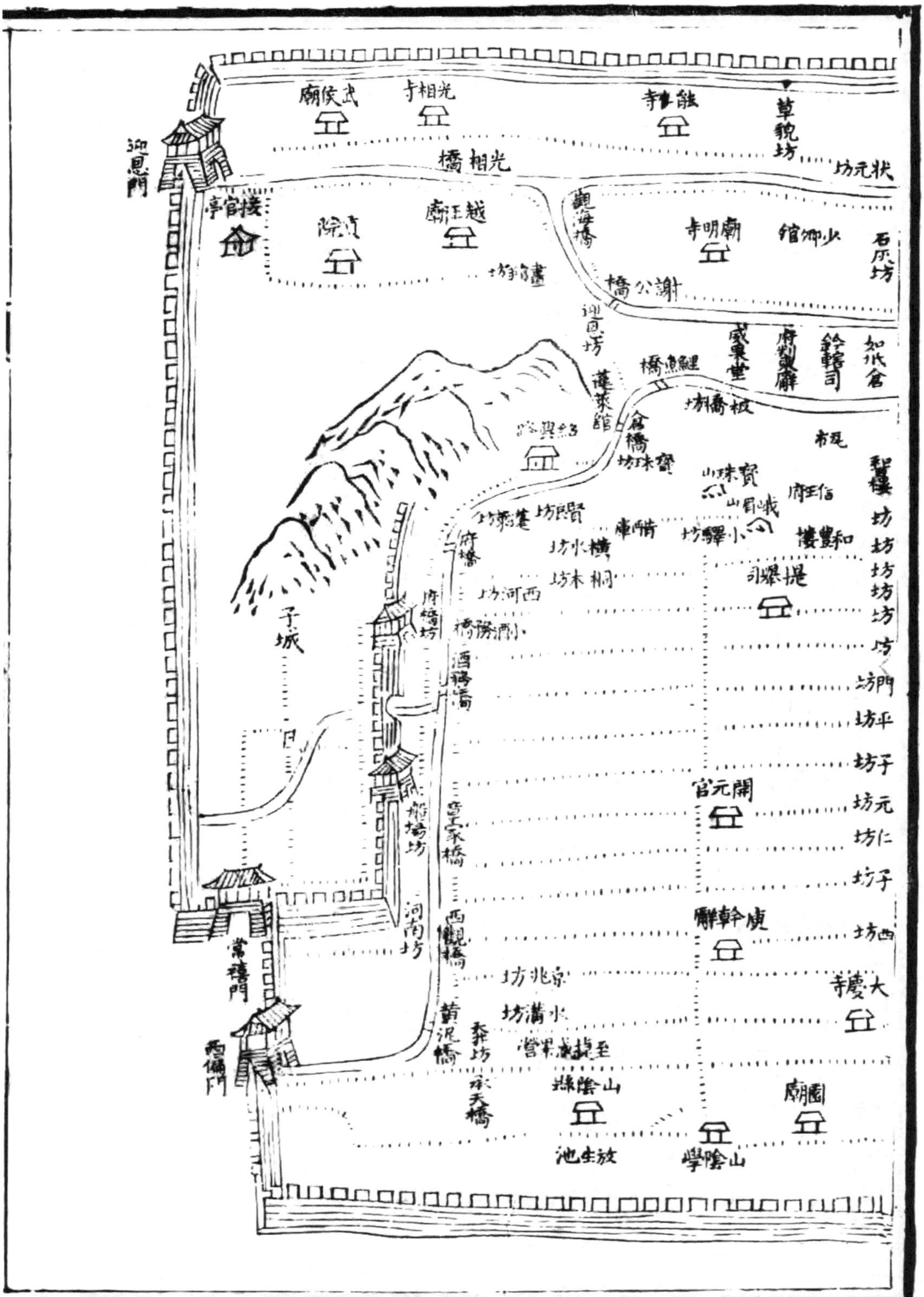

旧越城图 / 选自乾隆《绍兴府志》

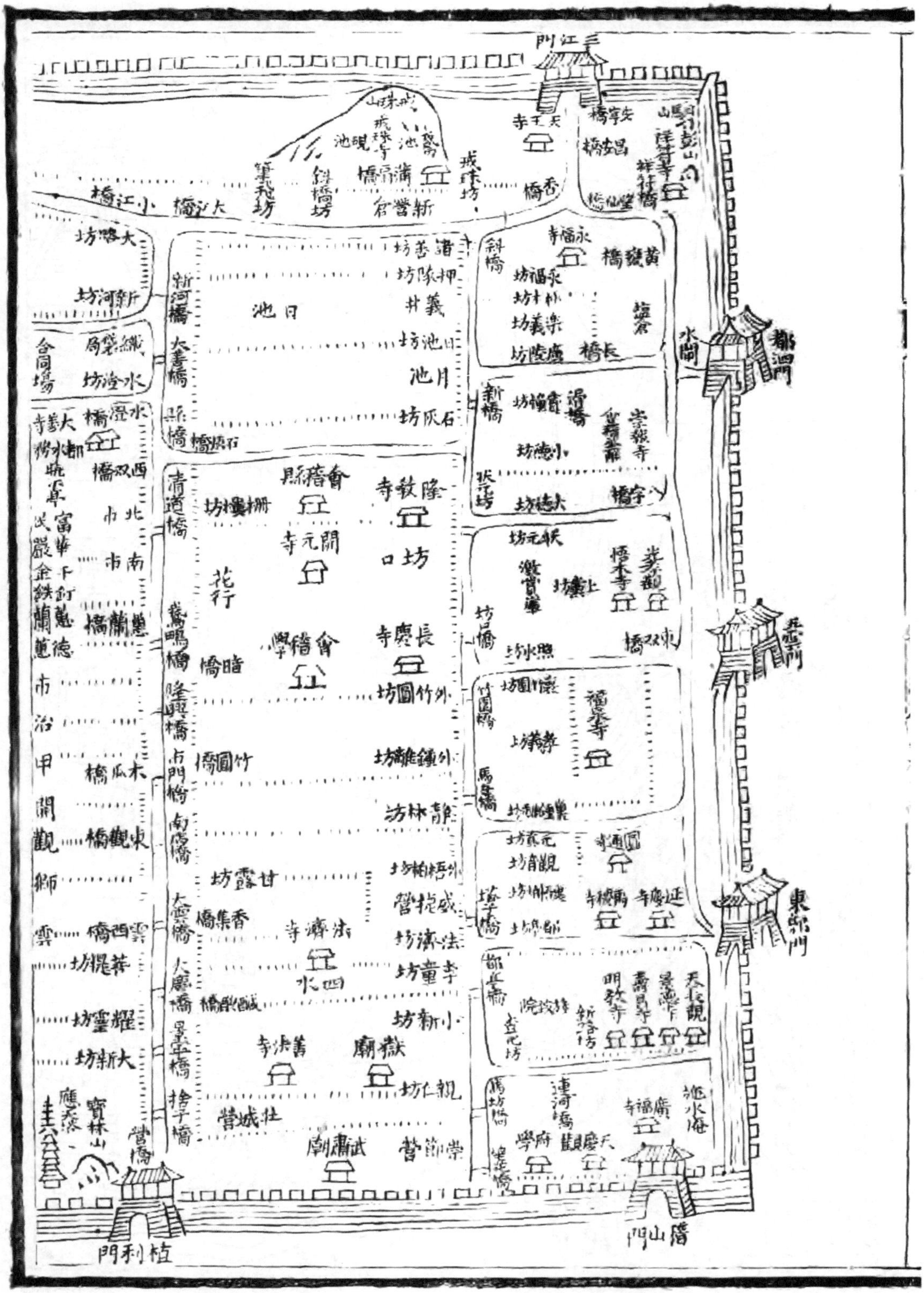
三江門
天王寺
安寧橋
昌安橋
香橋
戒珠寺
戒珠坊
筆飛坊
斜橋坊
新營倉
大江橋
小江橋
大路坊
水澄坊
水澄橋
大善寺
西雙橋
北市
南市
蕙蘭橋
木瓜橋
東觀橋
雲西橋
耀靈坊
大新坊
寶林山
應天塔
植利門
新河橋
日池
義井
月池
石灰坊
石灰橋
押隊坊
諸善坊
會稽縣
隆教寺
開元寺
口坊
花行
清道橋
暗橋
會稽學
長慶寺
外竹園坊
外鐘離坊
靜林坊
甘露坊
香集橋
大雲橋
大慶橋
法濟寺
法濟坊
李童坊
小新坊
善法寺
嶽廟
觀仁坊
壯城營
武肅廟
崇節營
永福寺
斜橋
長橋
新橋
竹園橋
馬坊橋
東雙橋
都泗門
五雲門
東郭門
圓通寺
延慶寺
天長觀
明教寺
府學
天慶觀
稽山門

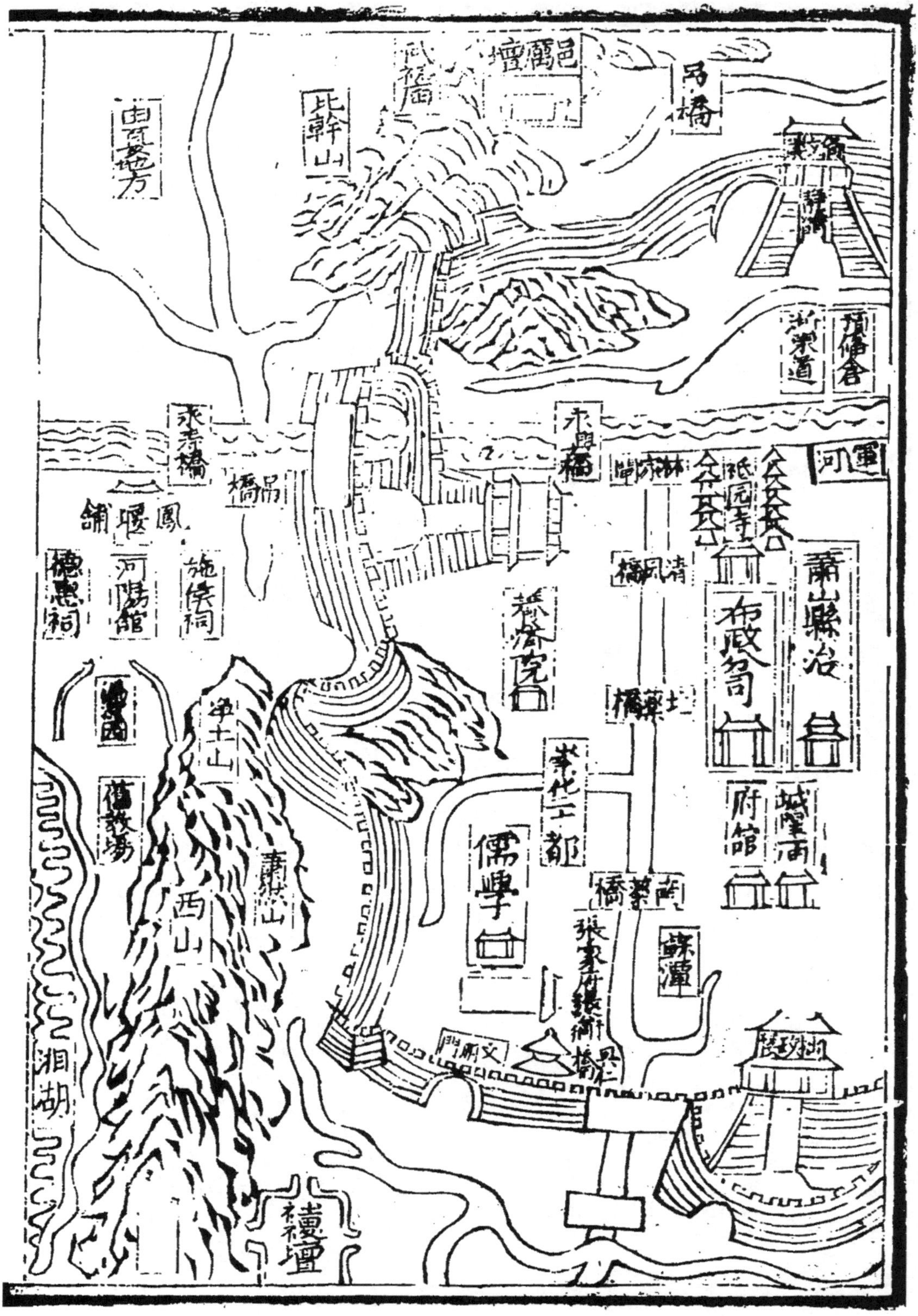

萧山县城图 / 选自康熙《萧山县志》

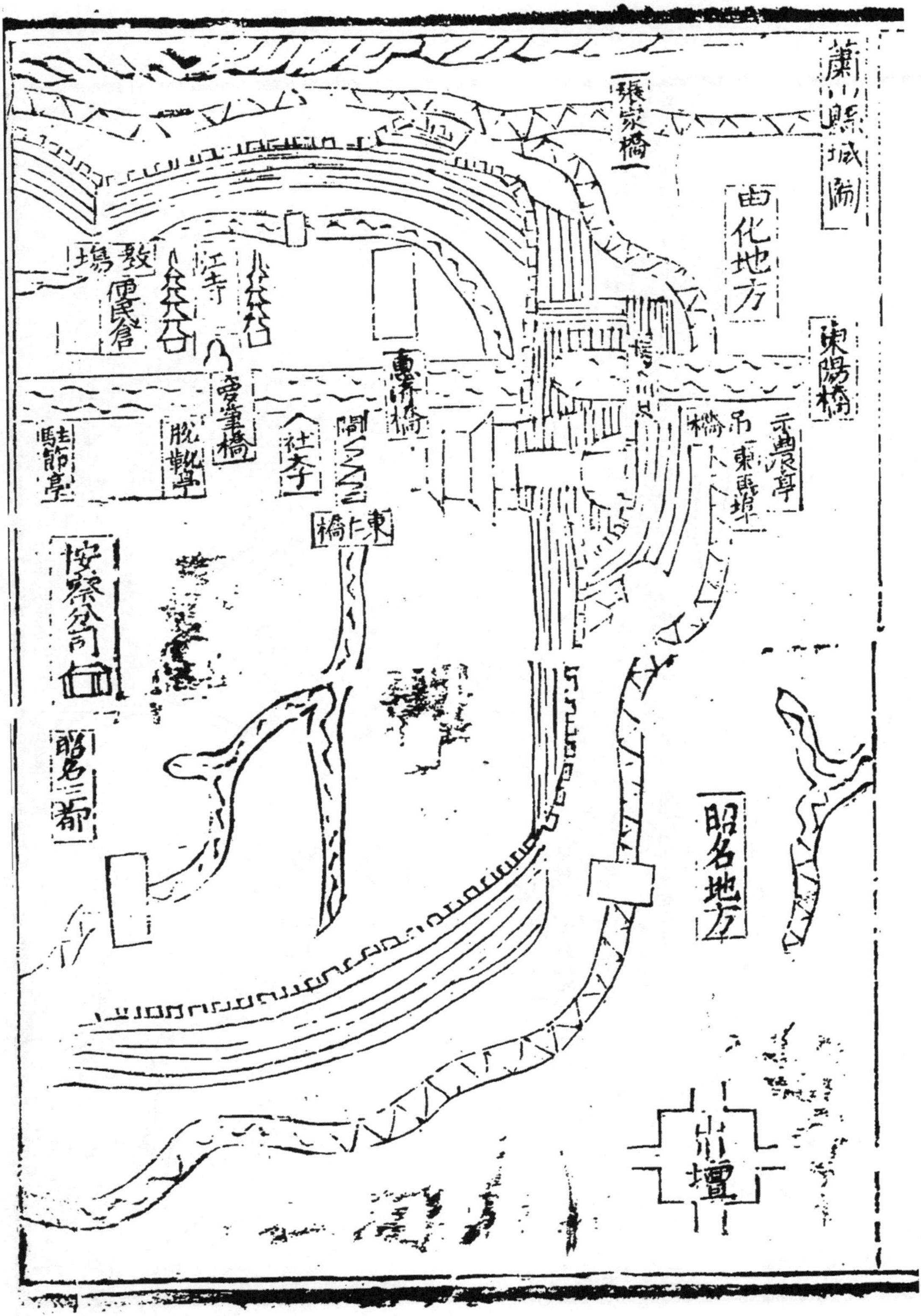
蕭山縣城隍
張家橋
由化地方
東陽橋
敎場
便民倉
江寺
駐節亭
脫靴亭
社亭
東仁橋
示農亭
按察分司
昭名三都
昭名地方
山川壇

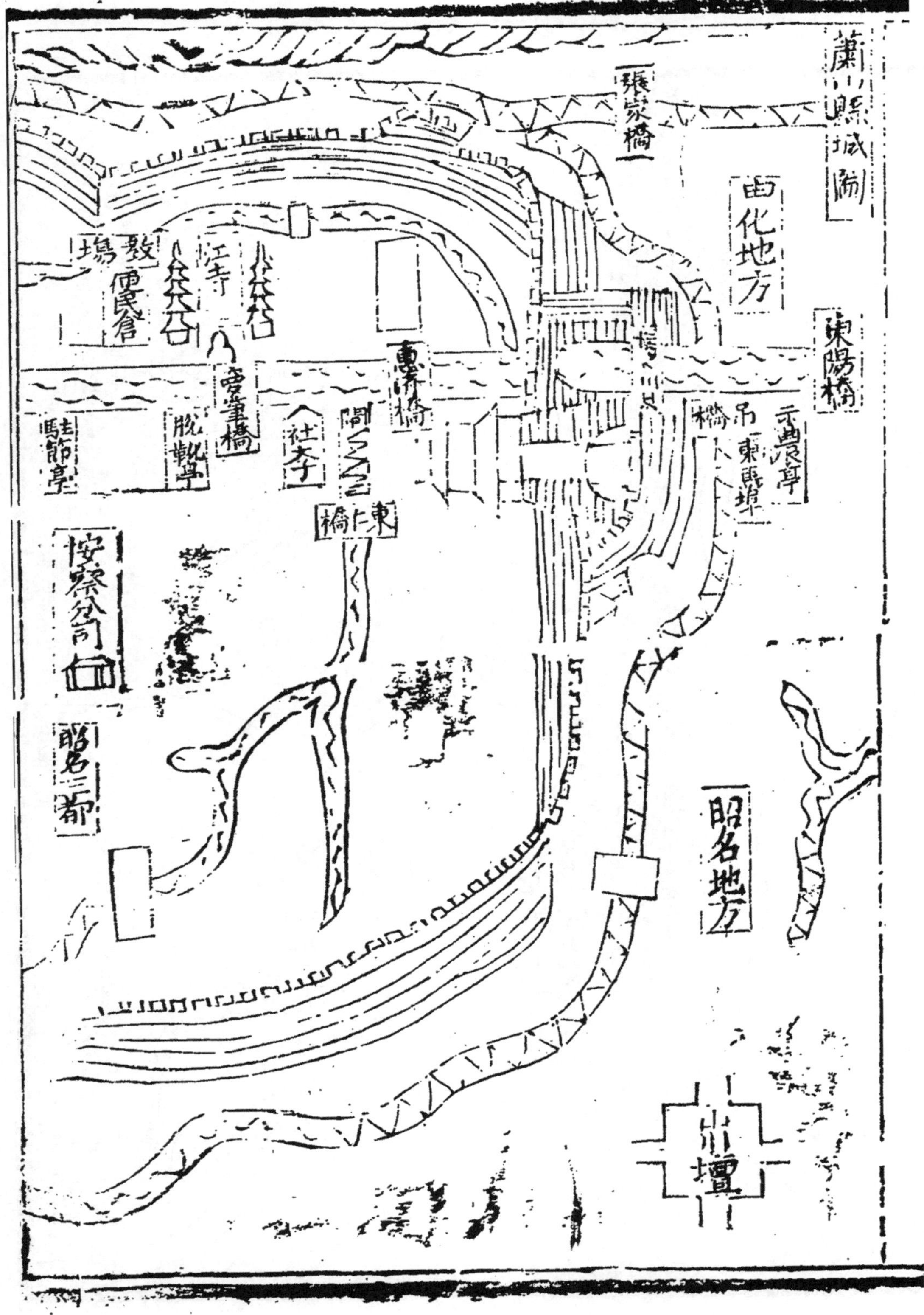

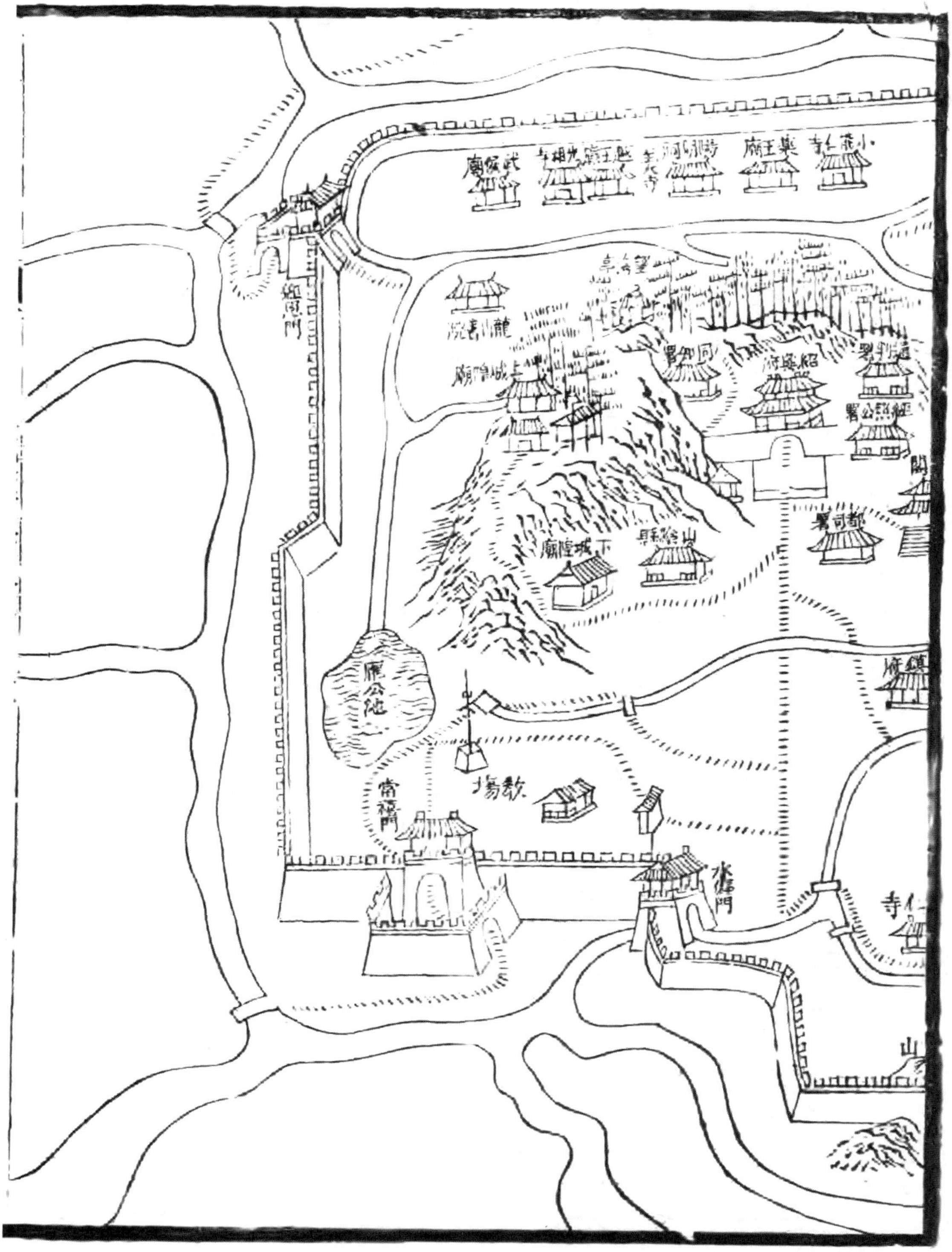

山阴县今城分治图 / 选自嘉庆《山阴县志》

今城分治圖

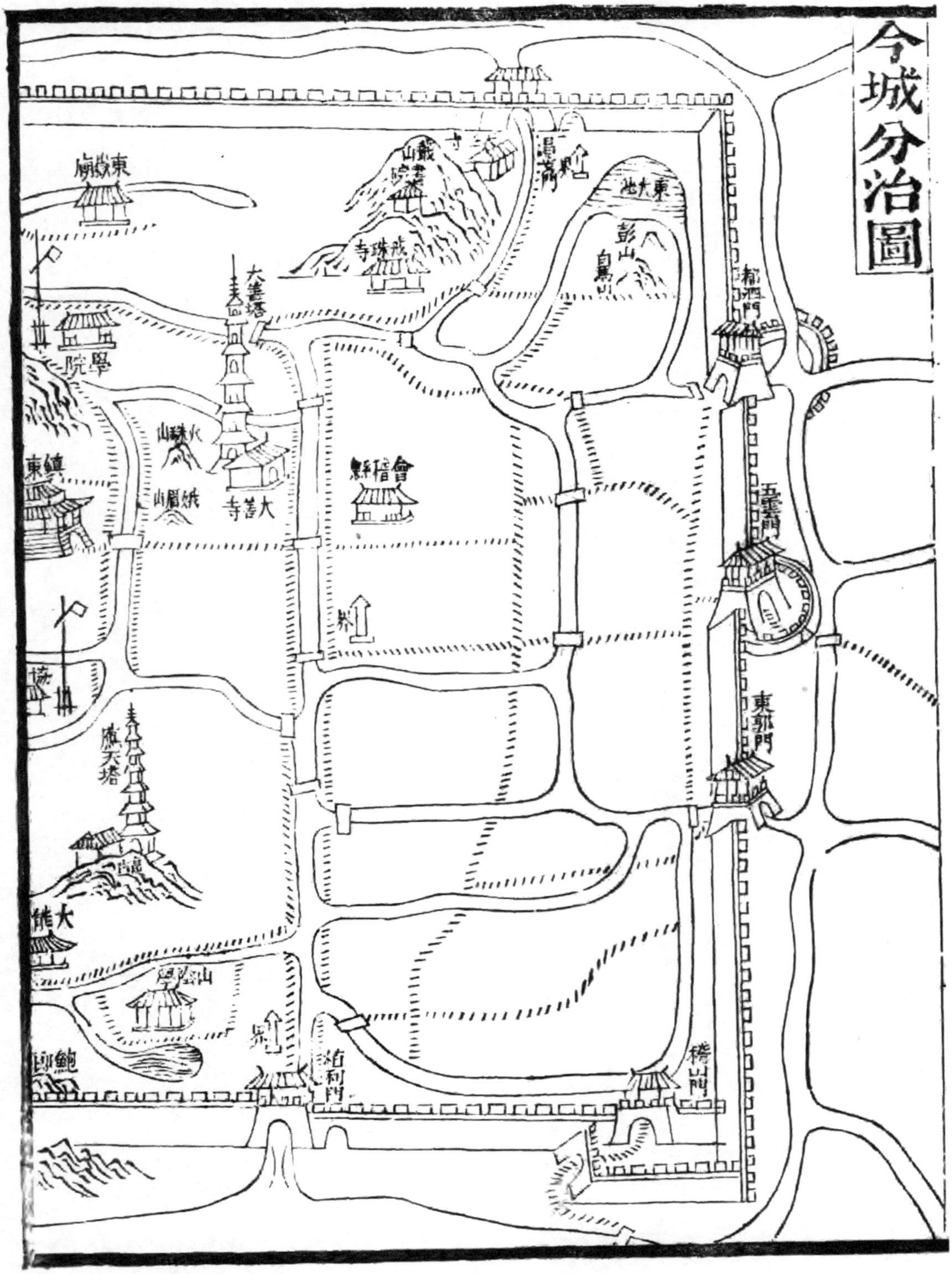
今城分治圖
會稽縣
大善塔
大善寺
應天塔
東郭門
都泗門
五雲門
稽山門
植利門
彭山

安庆

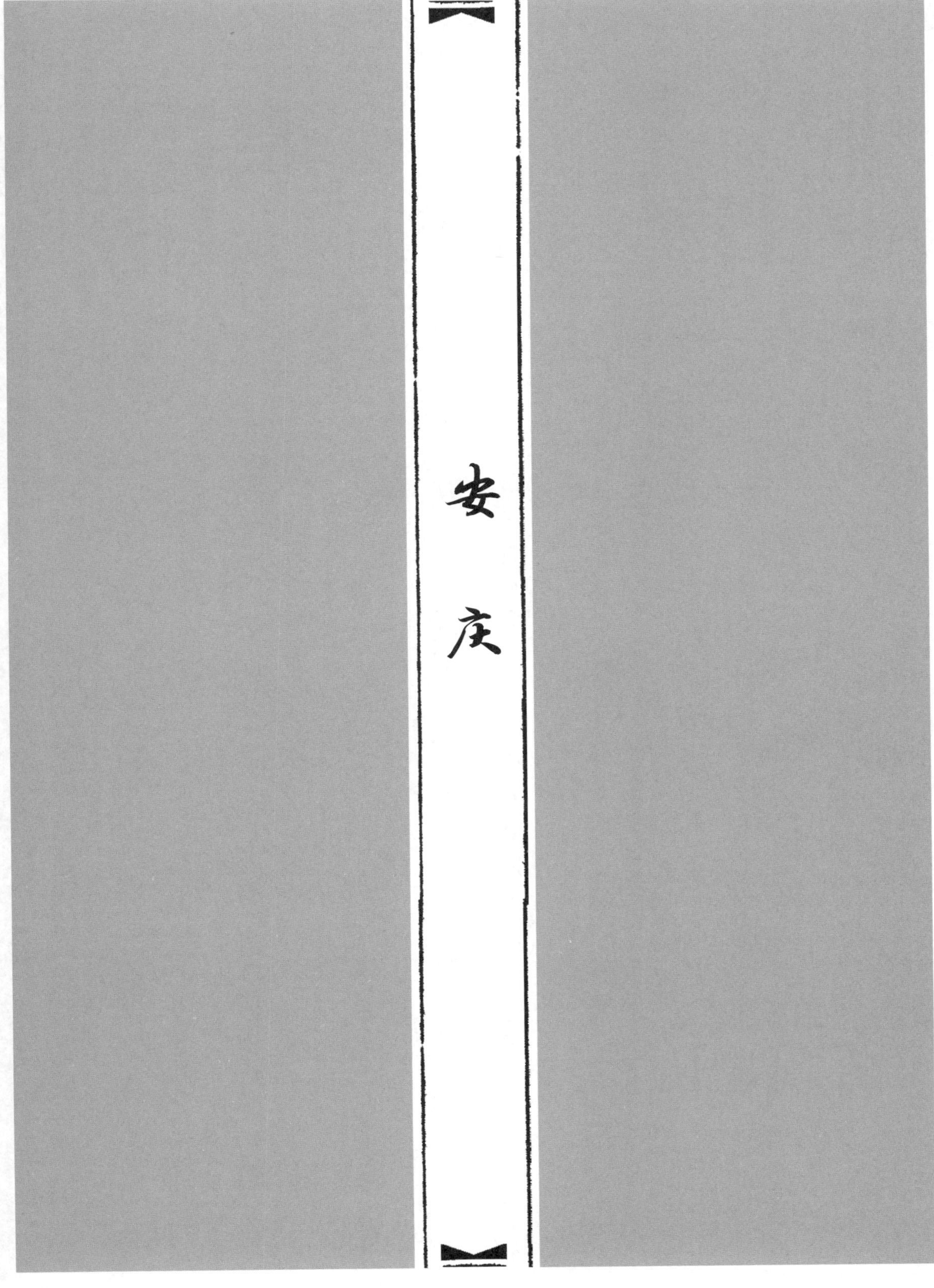

安庆府图说

《禹贡》扬州之域，春秋皖、舒、桐三国地，战国并于楚，秦属九江郡。汉初，属淮南王国。后置庐江郡，龙舒、枞阳、皖、潜、松滋诸县隶之。三国初属魏，后属吴，为重镇。晋仍属庐江，分置晋熙郡，建怀宁。宋齐因之。梁置江州。陈置晋州。隋改熙州。大业中，改同安郡，治怀宁，置太湖、宿松、望江县。唐初，为东安州。寻改舒州。天宝，复为同安郡。至德，改盛唐郡，省枞阳、吕亭、同安，置桐城县。乾元初，复改舒州，俱属淮南道。五代时，初属杨吴，后属南唐。宋属淮南路。熙宁间，属淮南西路。政和中，置德庆军。绍兴中，改安德军。庆元初，升安德府。元至元间，改安庆路，析怀宁地置潜山，属蕲黄宣慰司。后罢司置省，直隶河南江北行省。明初，改宁江府。后名安庆府，属南直隶。皇清因之，隶江南省安徽布政使司，领县六：怀宁县、桐城县、潜山县、太湖县、宿松县、望江县。

康熙《江南通志》

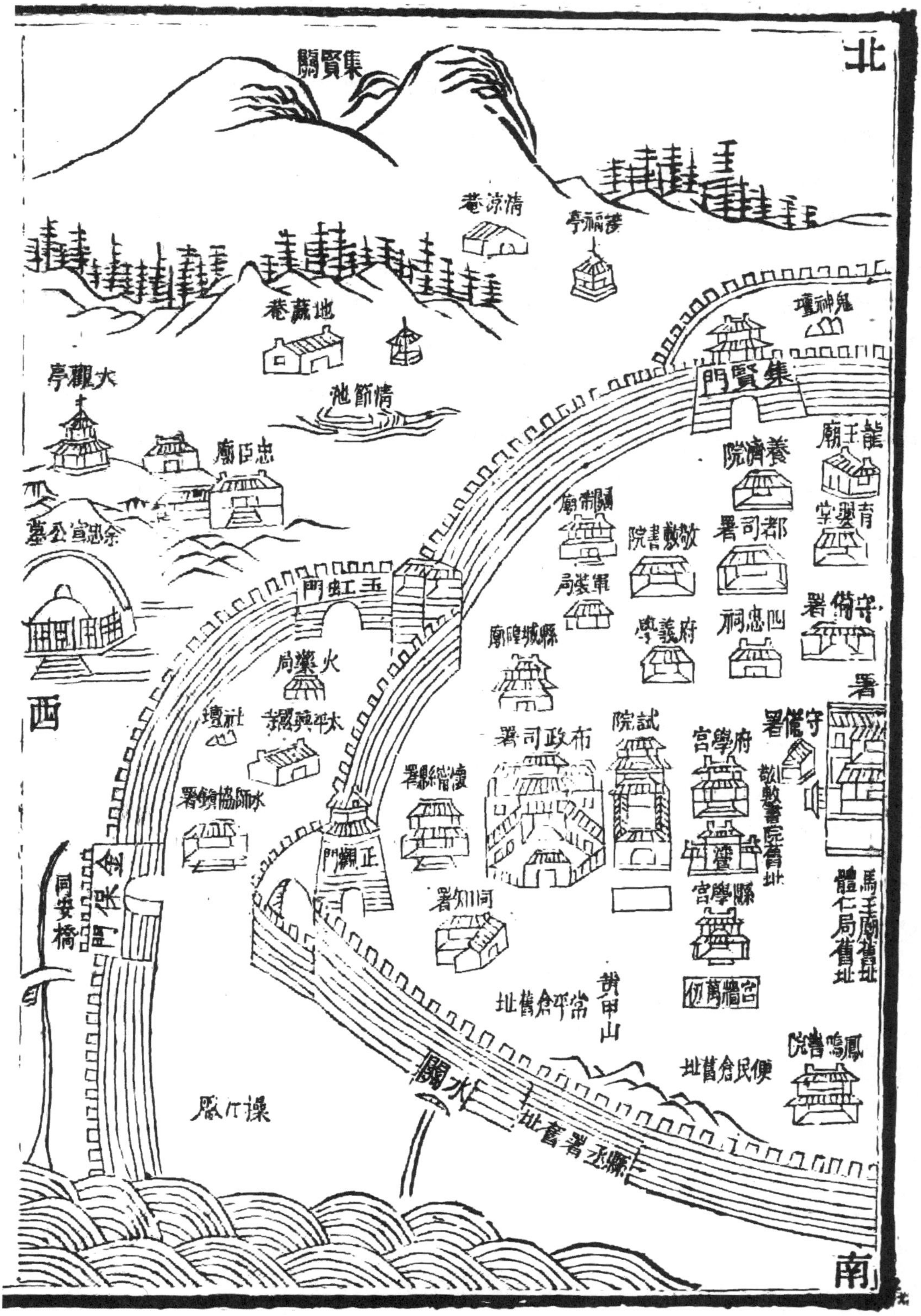

省城图 / 选自光绪《重修安徽通志》

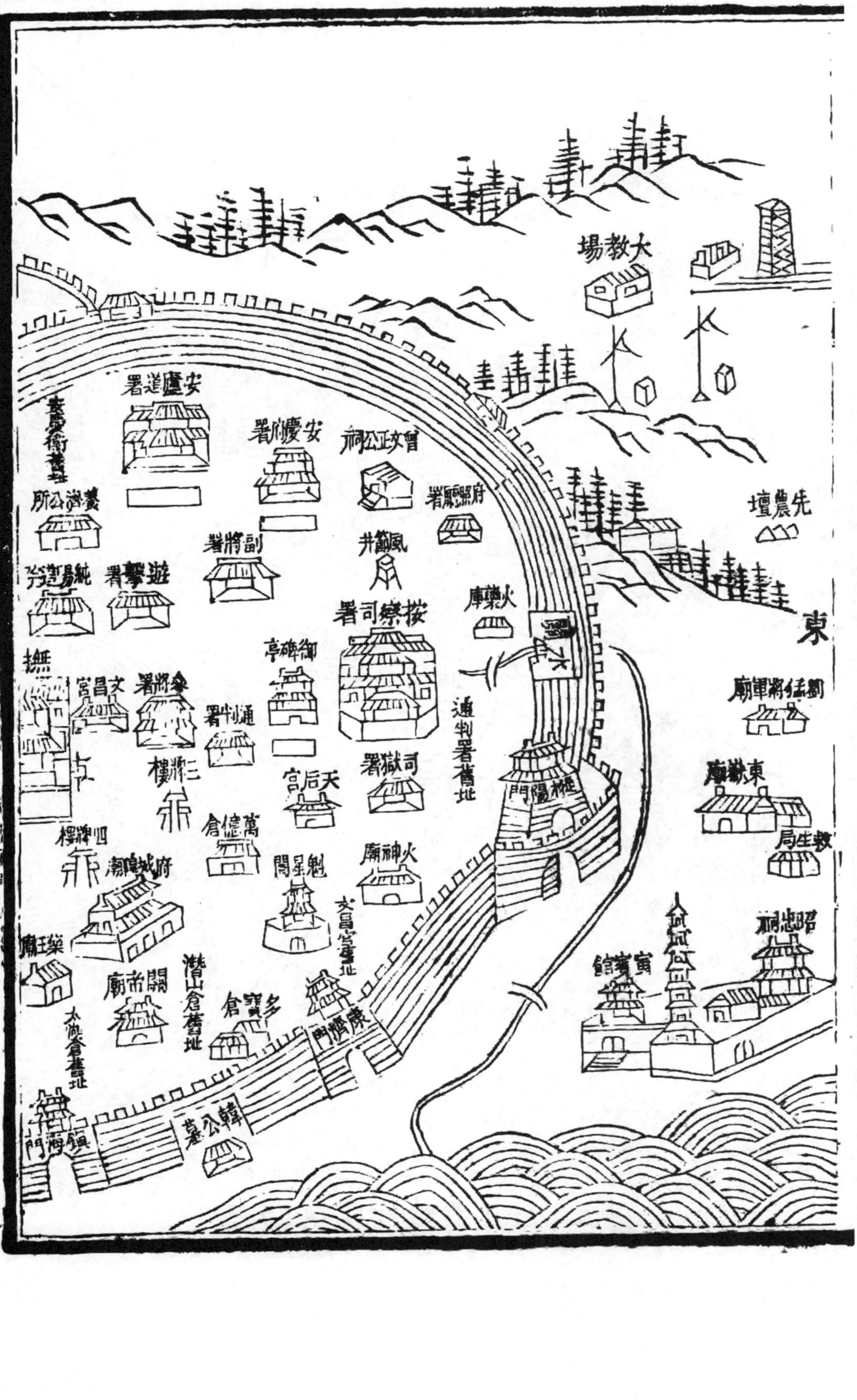
大教場
先農壇
安廬道署
安慶府署
曾文正公祠
府照磨署
副將署
風節井
游擊署
養濟公所
按察司署
火藥庫
東
劉猛將軍廟
御碑亭
參將署
文昌宮
通判署
通判署舊址
東嶽廟
救生局
三牌樓
司獄署
天后宮
樅陽門
四牌樓
府城隍廟
萬億倉
魁星閣
火神廟
文昌宮舊址
昭忠祠
關帝廟
潛山倉舊址
多寶倉
康濟門
太湖倉舊址
鎮海門
韓公墓

安庆

怀宁县图 / 选自康熙《安庆府志》

懷寧縣圖 附郭
北至潛山楓樹嶺一百二十里
東至桐城樅陽鎮九十里
練潭
源潭鋪
大龍山
白麟
門山
杏花村
小龍山
樅陽鎮
菱湖
新開溝
永昌寺塔
大士閣
東岳廟
四宜亭
營房
將軍府
按察司
巡撫察院
書院
府學
縣學
鎮海門
副總府
康濟門
樅陽門
寺觀詳前
大江
新洲

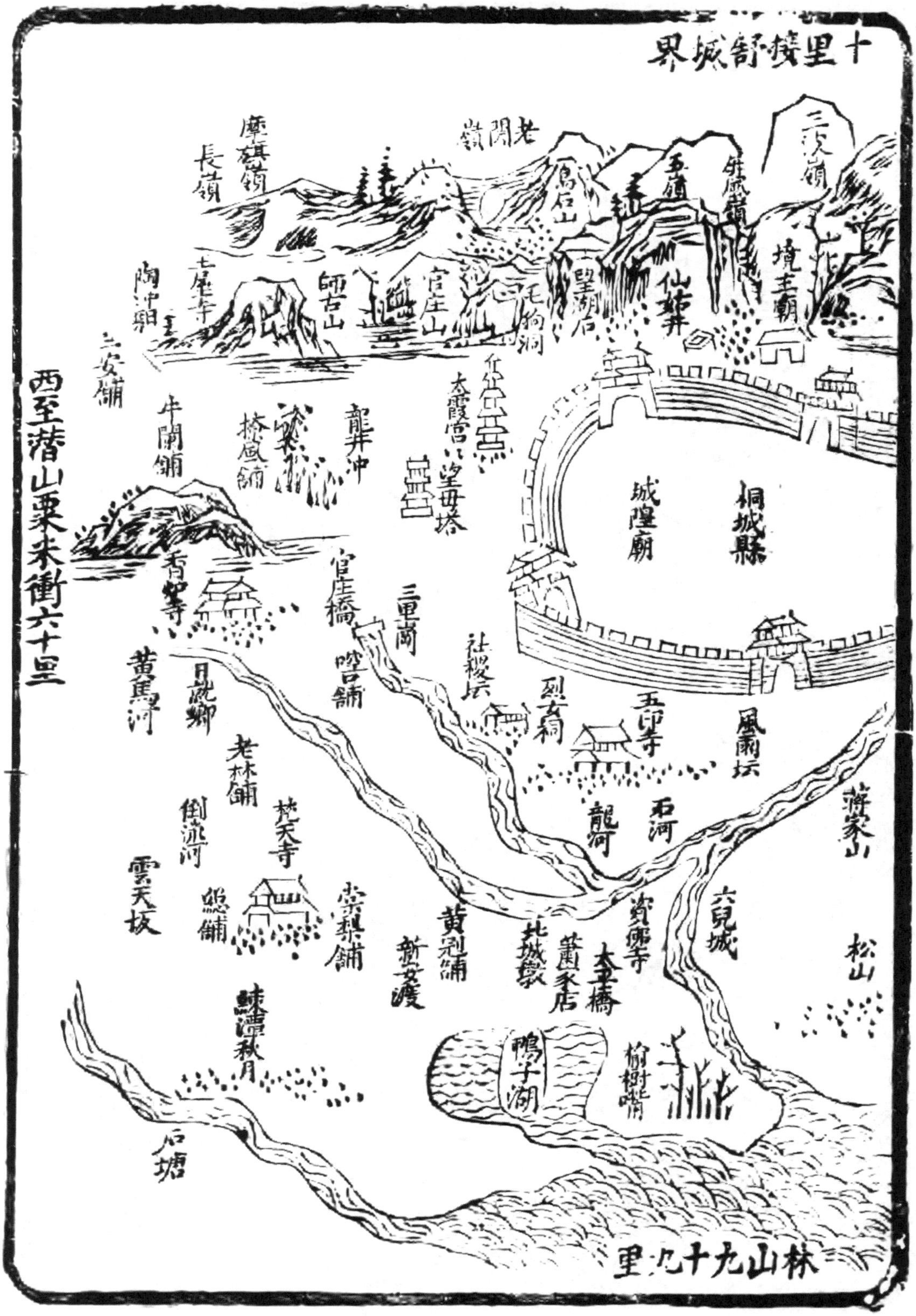

桐城县图 / 选自康熙《安庆府志》

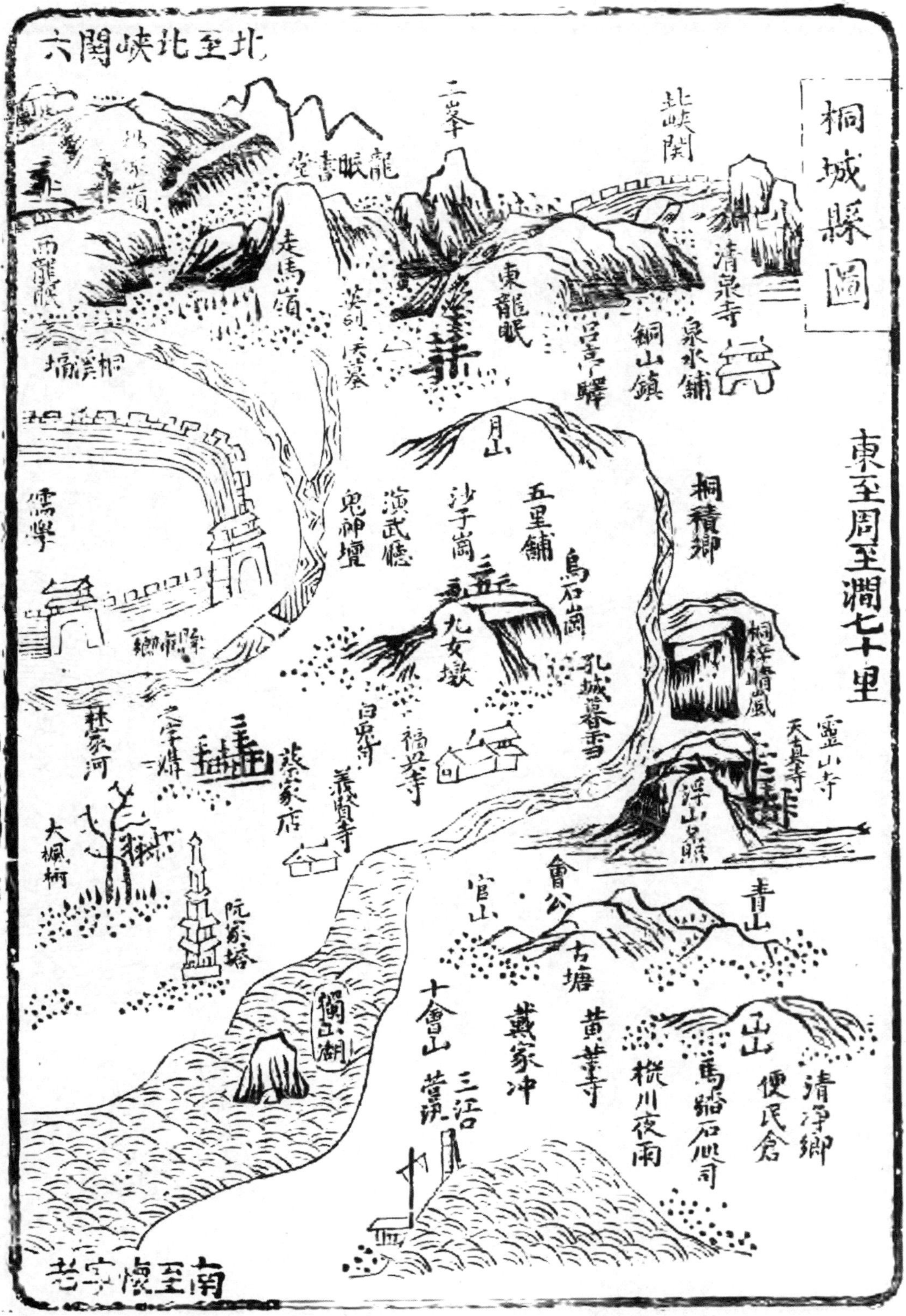
桐城縣圖
北至北峽關六
東至周至澗七十里
南至懷寧老
北峽關
龍眠書堂
清泉寺
泉水鋪
銅山鎮
呂亭驛
東龍眠
走馬嶺
西龍眠
桐溪塘
儒學
月山
五里鋪
沙子崗
演武廳
鬼神壇
桐積鄉
烏石崗
九女墩
孔城暮雪
桐梓晴嵐
靈山寺
白兔寺
蔡家店
之字灘
林家河
大楓樹
阮家塔
會公
官山
青山
古塘
獨山湖
戴家冲
黃葉寺
三江口
桃川夜雨
馬踏石巡司
便民倉
清淨鄉

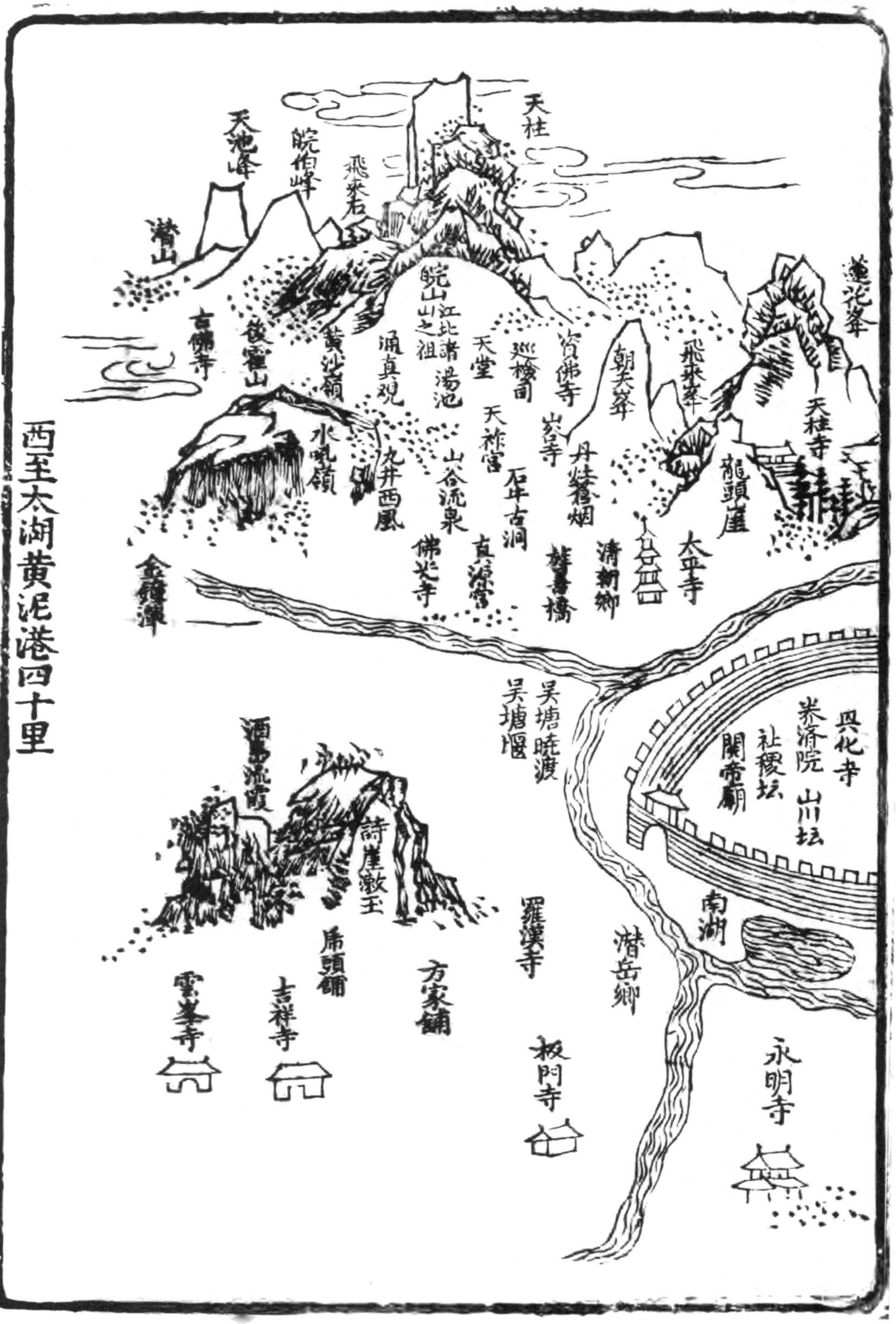

潜山县图 / 选自康熙《安庆府志》

灊山縣圖
北至萊山一百六十里
東至桐城栗米衝七十里
東南至懷寧楓樹嶺一百二十里
龍山
龍潭
崑崙山
大吳山寺
講經堂
鳳凰山
烏石堰
登高寺
大通寺
廣教寺
沙湾鋪
潛山縣
新察院
正察院
忠節祠
城隍廟
儒學
雪湖
學湖
里華山
源潭寺
小市港
時思寺

太湖县图 / 选自康熙《安庆府志》

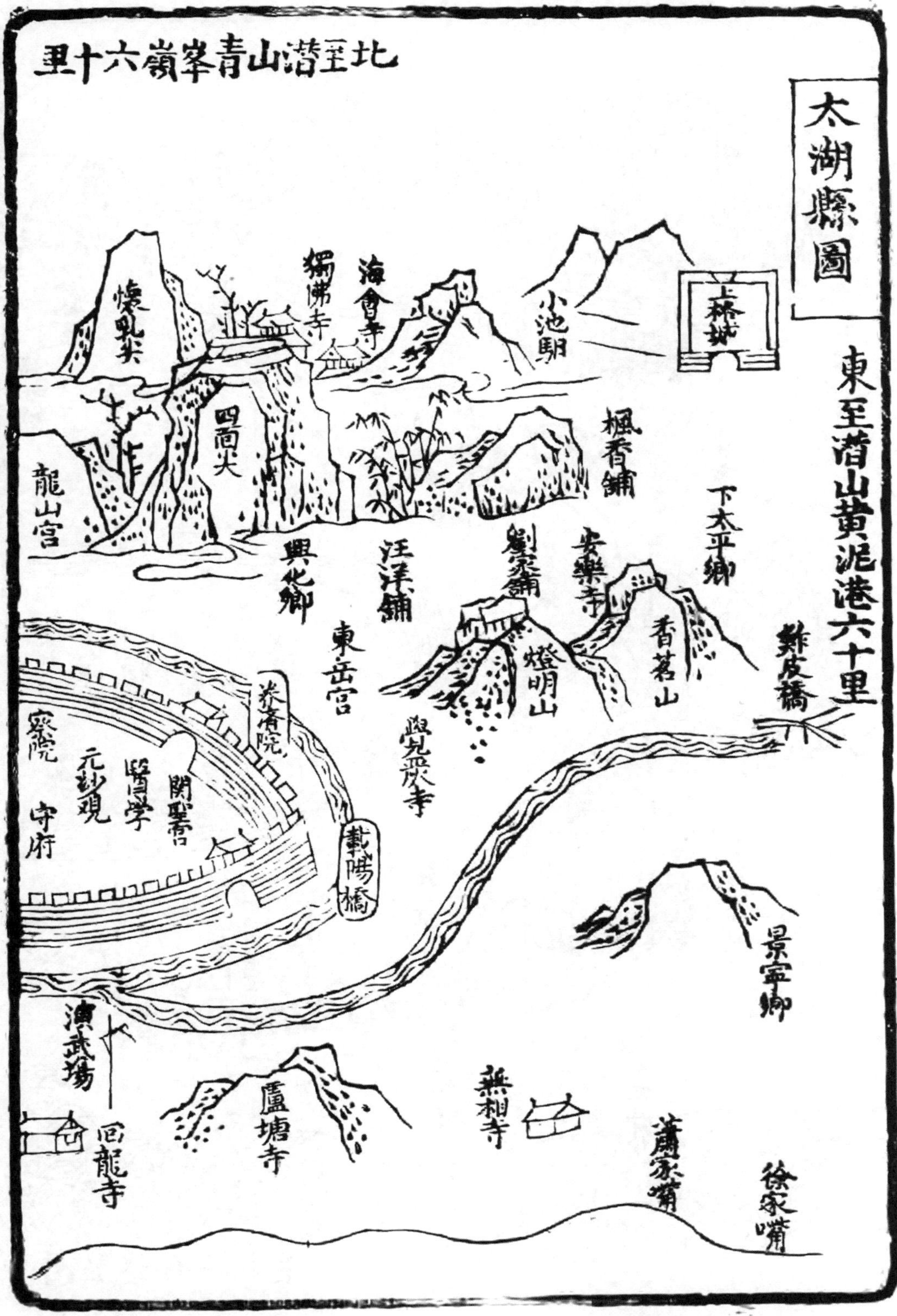
北至潛山青峯嶺六十里
太湖縣圖
東至潛山黃泥港六十里
小池驛
海會寺
四面尖
龍山宮
楓香鋪
下太平鄉
安樂寺
汪洋鋪
興化鄉
東岳宮
香茗山
燈明山
察院
元妙觀
儒學
守府
演武場
回龍寺
盧塘寺
無相寺
蕭家嘴
徐家嘴

宿松县图 / 选自康熙《安庆府志》

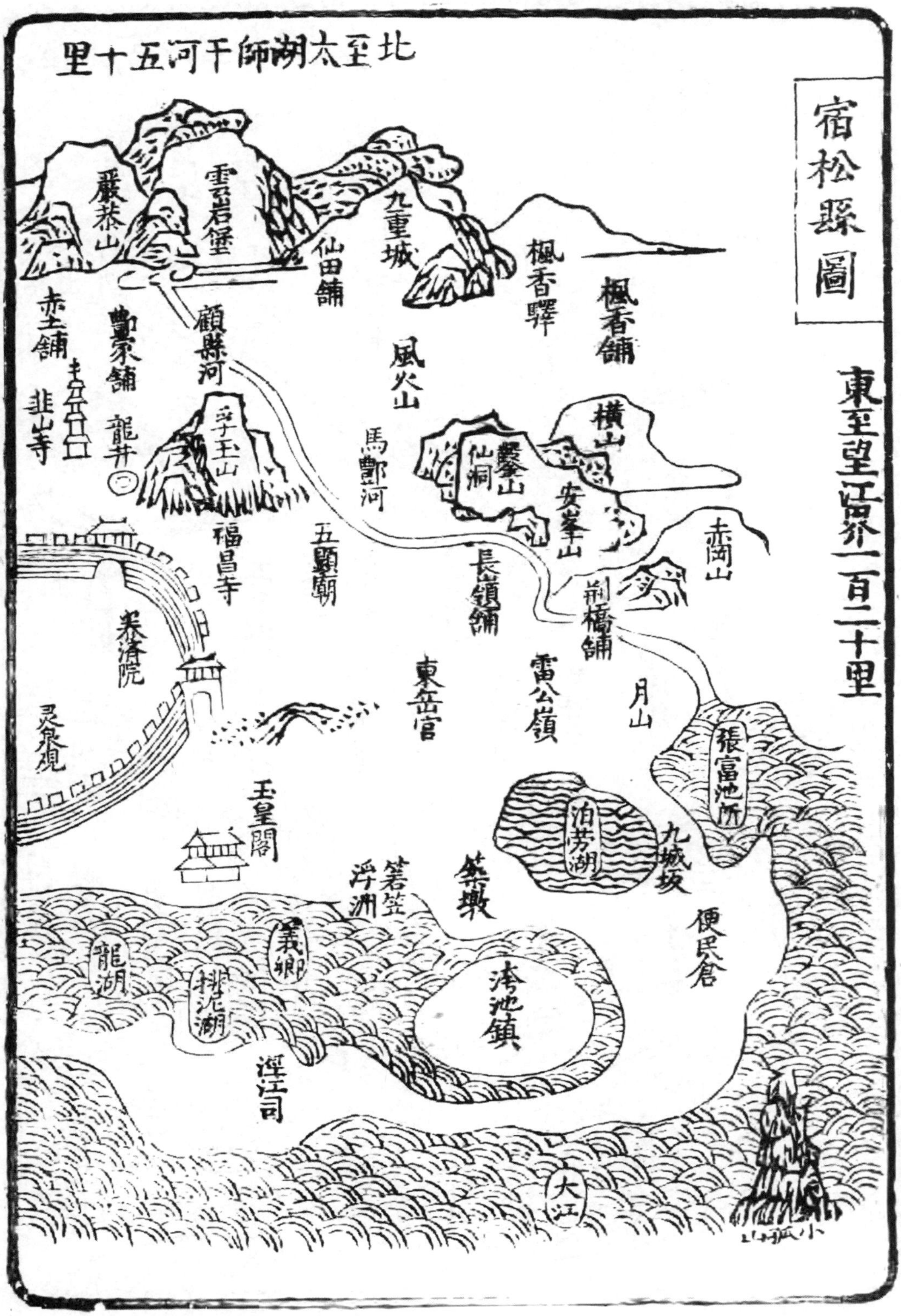
北至太湖師干河五十里
宿松縣圖
東至望江界一百二十里
嚴恭山
雲岩堡
九重城
仙田鋪
楓香驛
楓香鋪
顧縣河
風火山
横山
仙洞
安峯山
馬鄧河
孚玉山
龍井
韭山寺
福昌寺
五顯廟
長嶺鋪
赤崗山
荊橋鋪
普濟院
東岳宫
雷公嶺
月山
靈泉觀
張富池所
泊芳湖
九城坂
玉皇閣
箬笠浮洲
便民倉
龍湖
義鄉
洿池鎮
涇江司
大江
小孤山

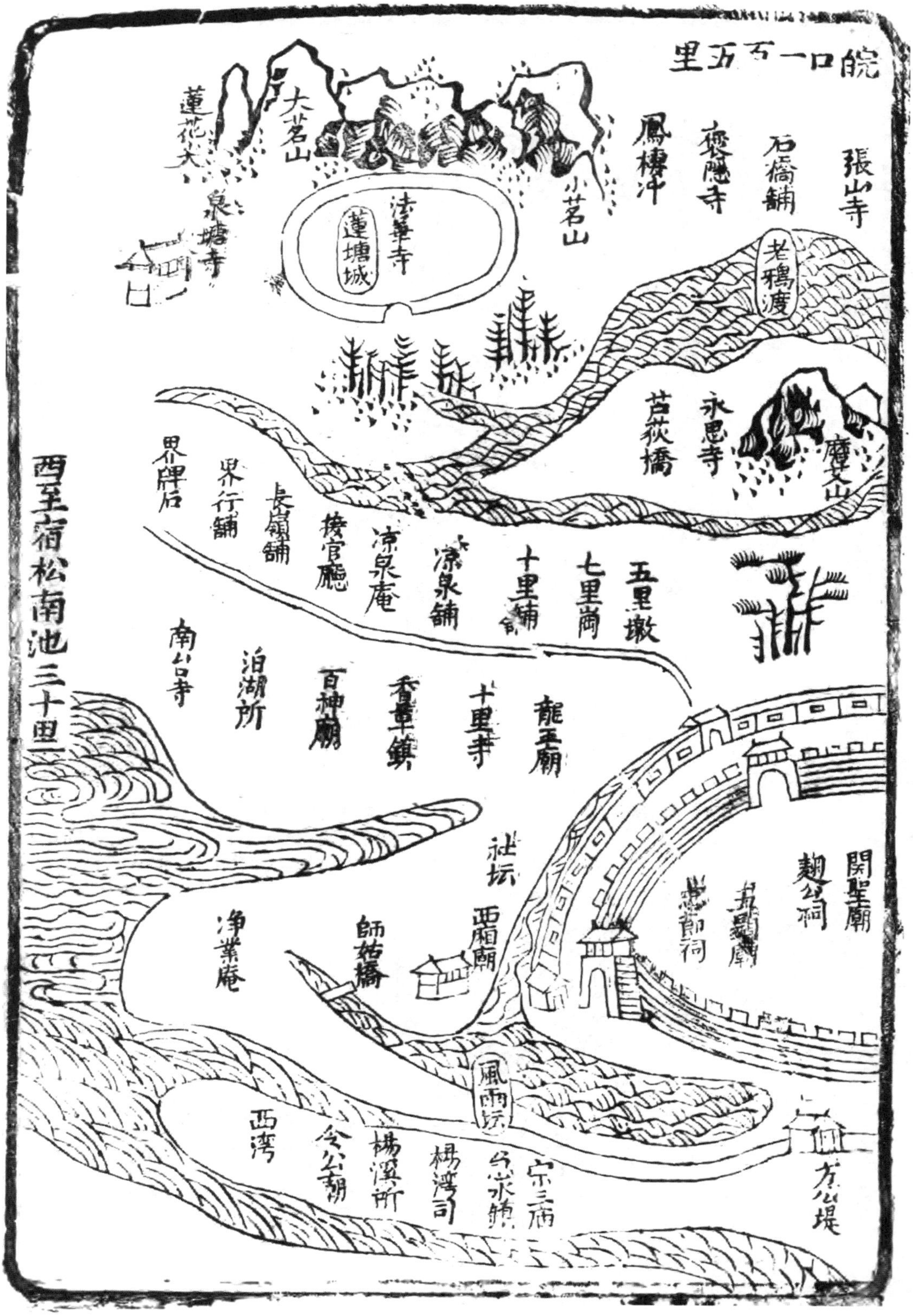

望江县图 / 选自康熙《安庆府志》

望江縣圖
北至懷寧
東至江三十里
妙光寺
西圩
武昌界
周何山
香爐山
司馬祠
相公廟
回龍殿
雷港口
儒學
城隍廟
望江縣
漕倉
察院
養濟院
教場
三官殿
黃家圩
臥冰池
雷港驛
忠王廟
華陽鎮

黄山

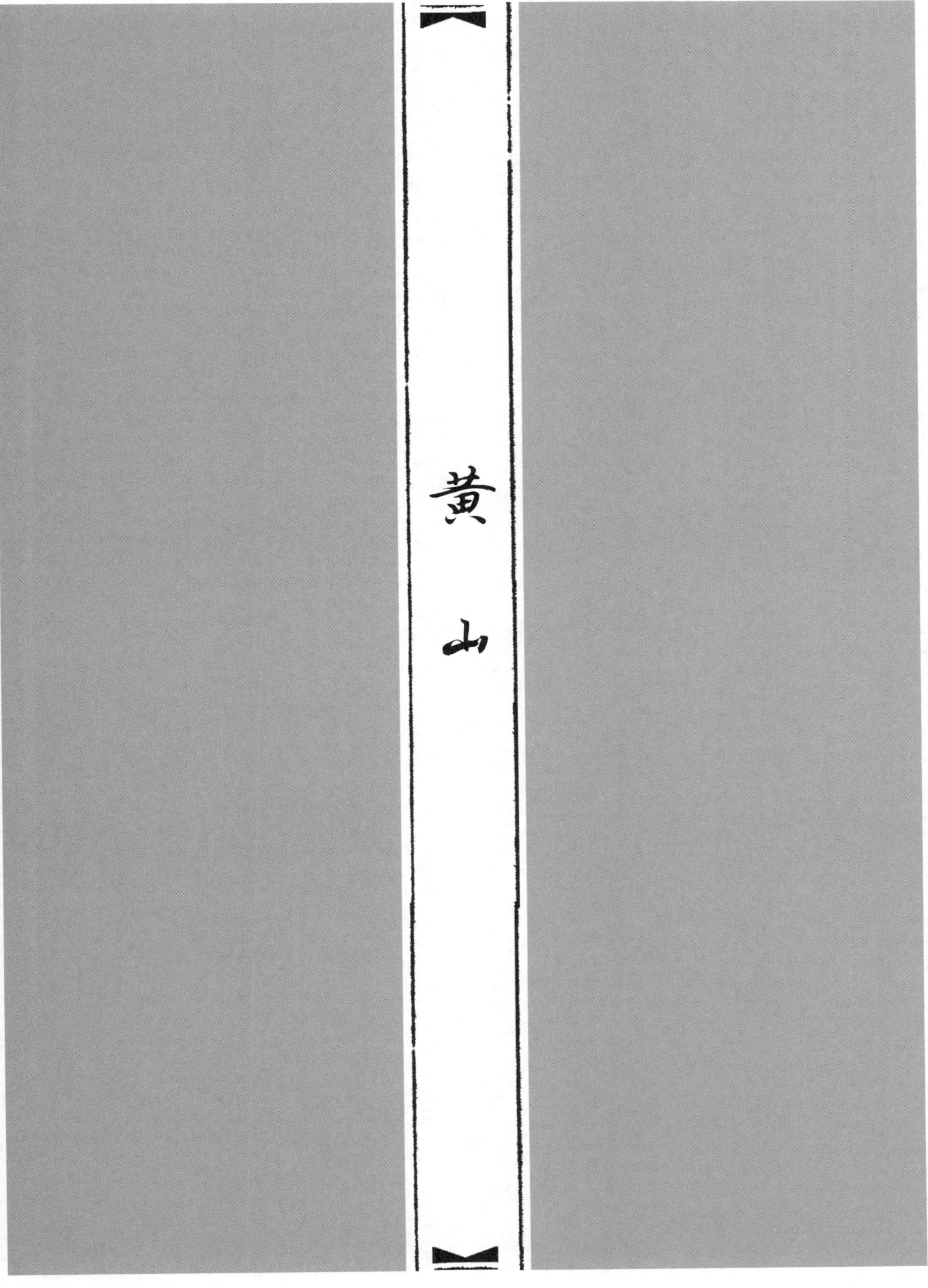

徽州府图说

《禹贡》扬州之域，春秋属吴，继属越，战国属楚，秦置黟、歙二县，属鄣郡。汉属丹阳郡，县如故，设都尉，分治于歙。新莽废东汉，复旧吴，析黟、歙为六县，割丹阳置新都郡。晋改新都曰新安。宋齐因之。梁改新宁。隋废郡，置歙州，改海宁曰休宁。大业初，复新安郡。唐初，复称歙州。天宝初，改新安郡。永徽间，析歙地置绩溪。开元间，析休宁置婺源。永泰初，析黟及饶州之浮梁置祁门。乾元初，复为歙州，隶江南西道。五代属南唐。宋隶建康路。宣和初改徽州。绍兴初，分隶江南东路。元升徽州路，属江东建康道，隶江浙行省。元贞中，升婺源为州。明，先改兴安府，后改徽州府，降婺源复为县，属南直隶。皇清因之，隶江南省安徽布政使司，领县六：歙县、休宁县、婺源县、祁门县、黟县、绩溪县。

康熙《江南通志》

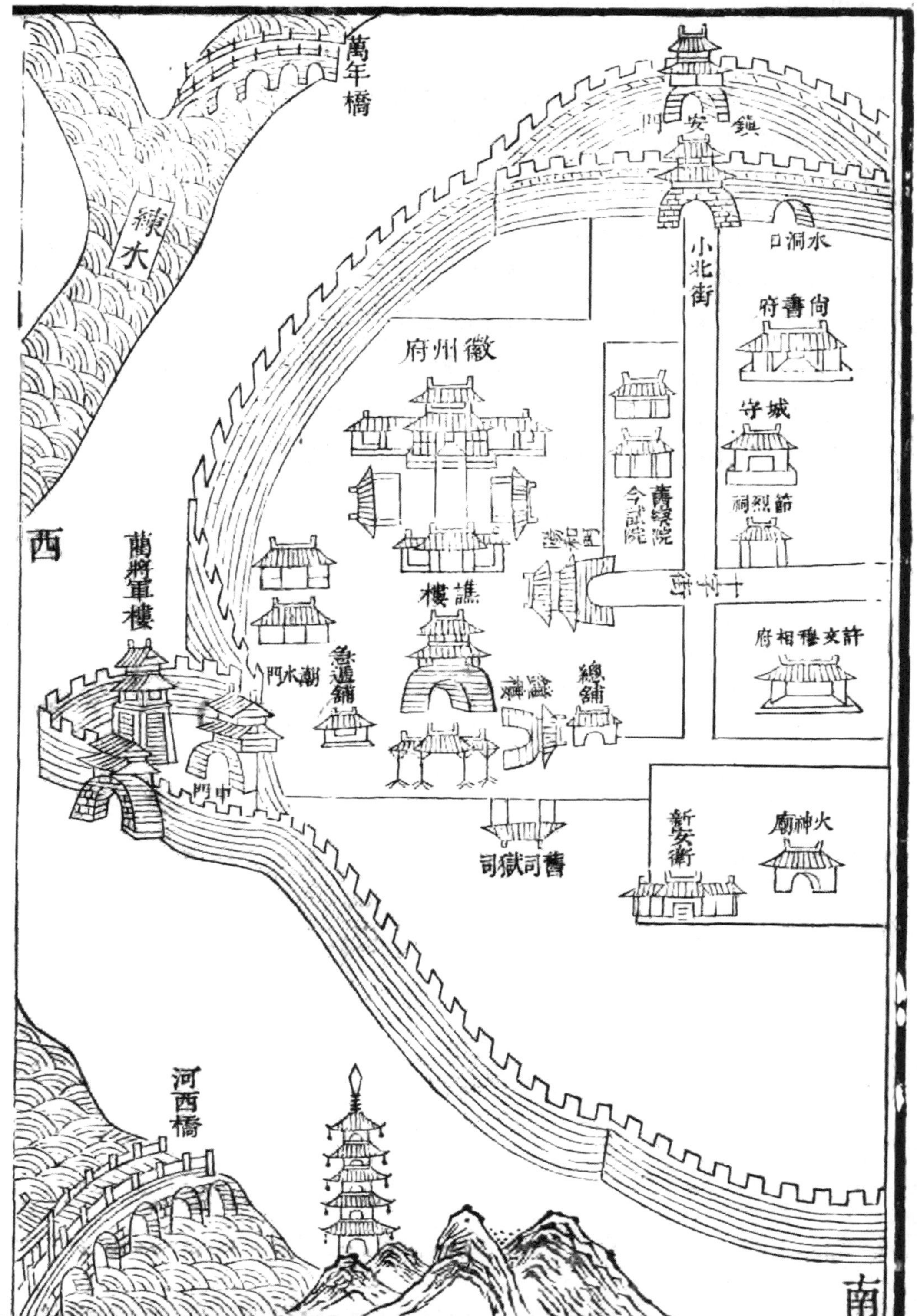

徽州府治城垣图 / 选自道光《徽州府志》

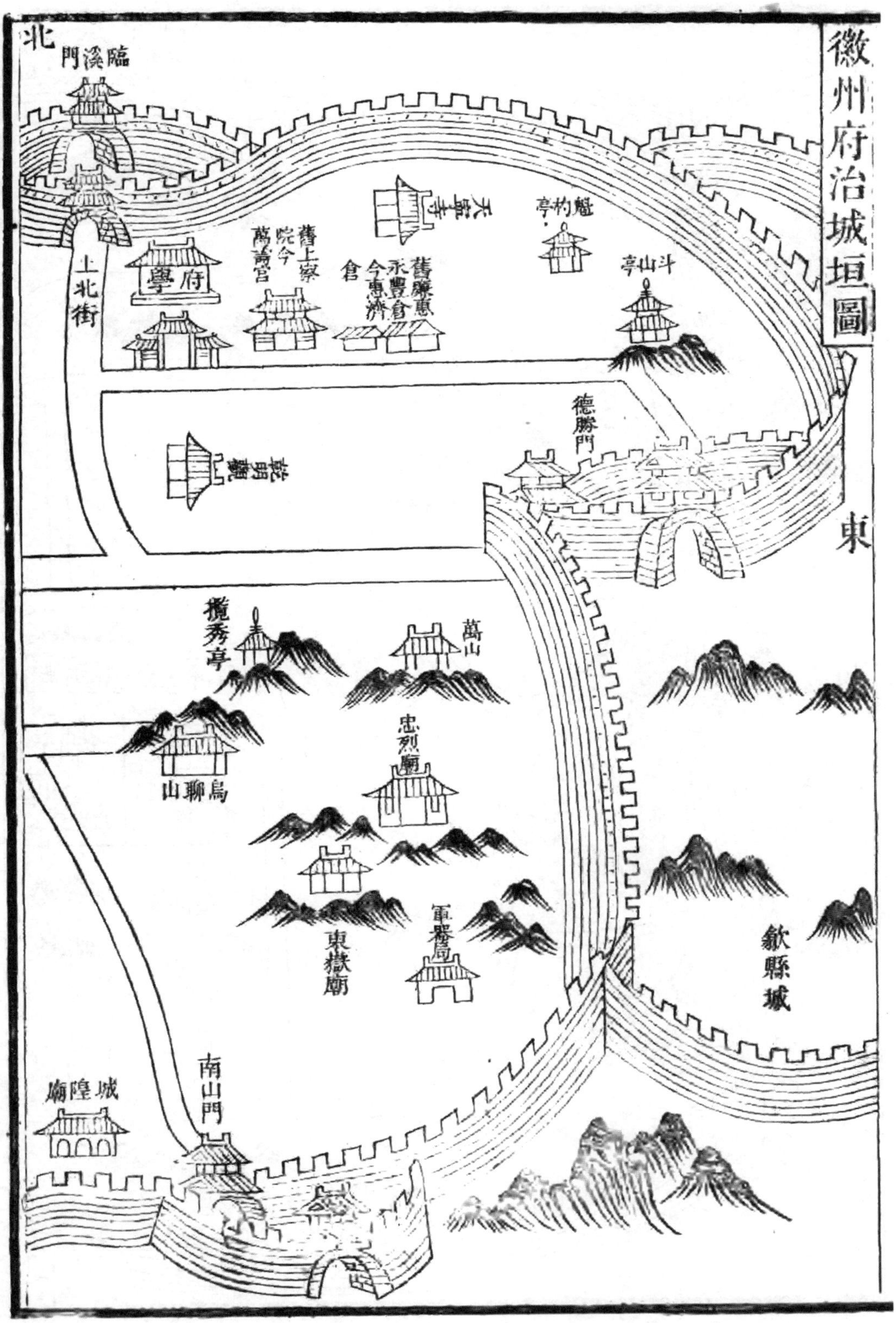
徽州府治城垣圖
北
臨溪門
上北街
府學
舊上察院今萬壽宮
天寧寺
舊廉惠永豐倉今惠濟倉
魁杓亭
斗山亭
德勝門
乾明觀
東
攬秀亭
萬山
忠烈廟
烏聊山
東嶽廟
軍器局
歙縣城
南山門
城隍廟

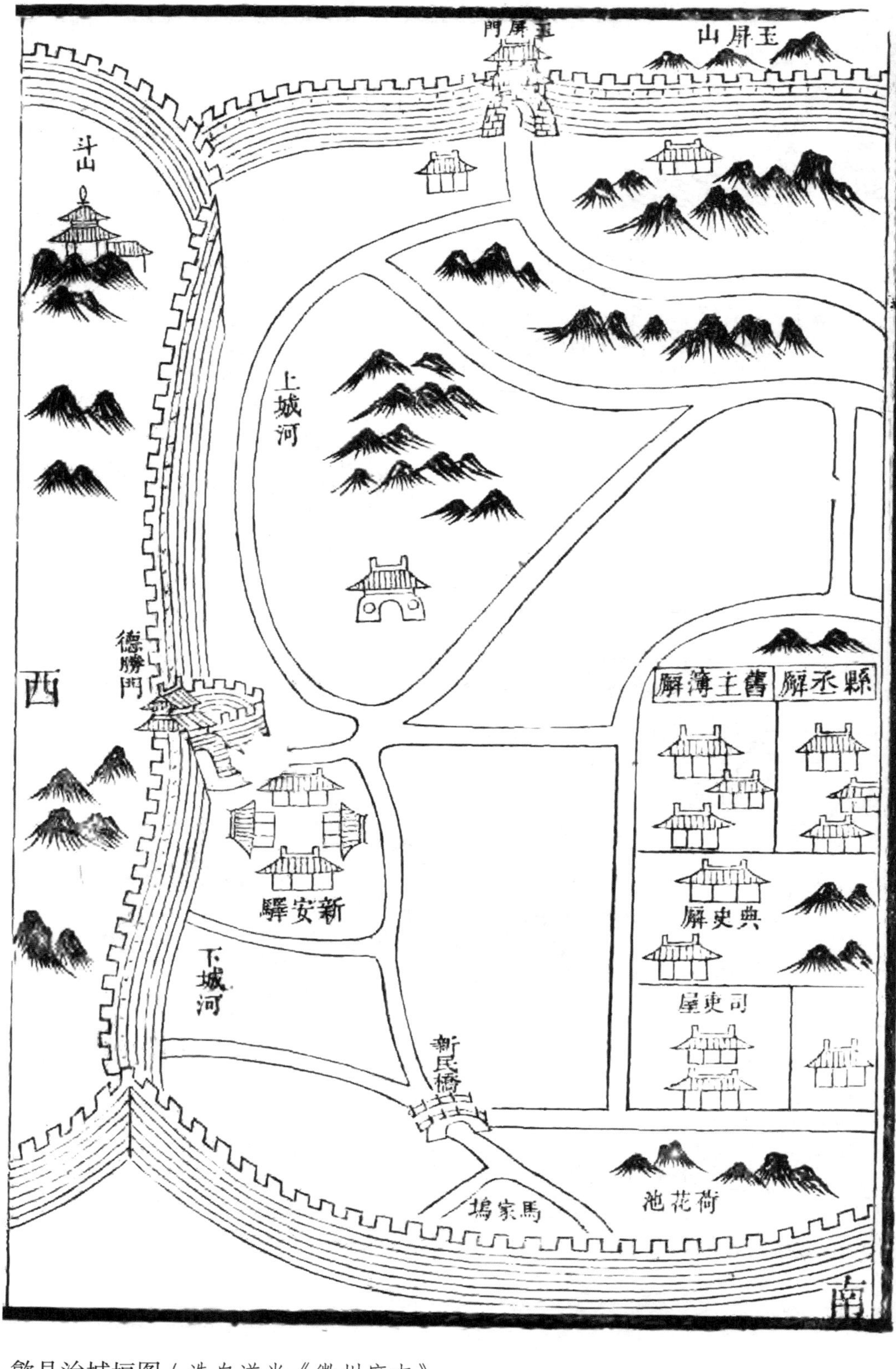

歙县治城垣图 / 选自道光《徽州府志》

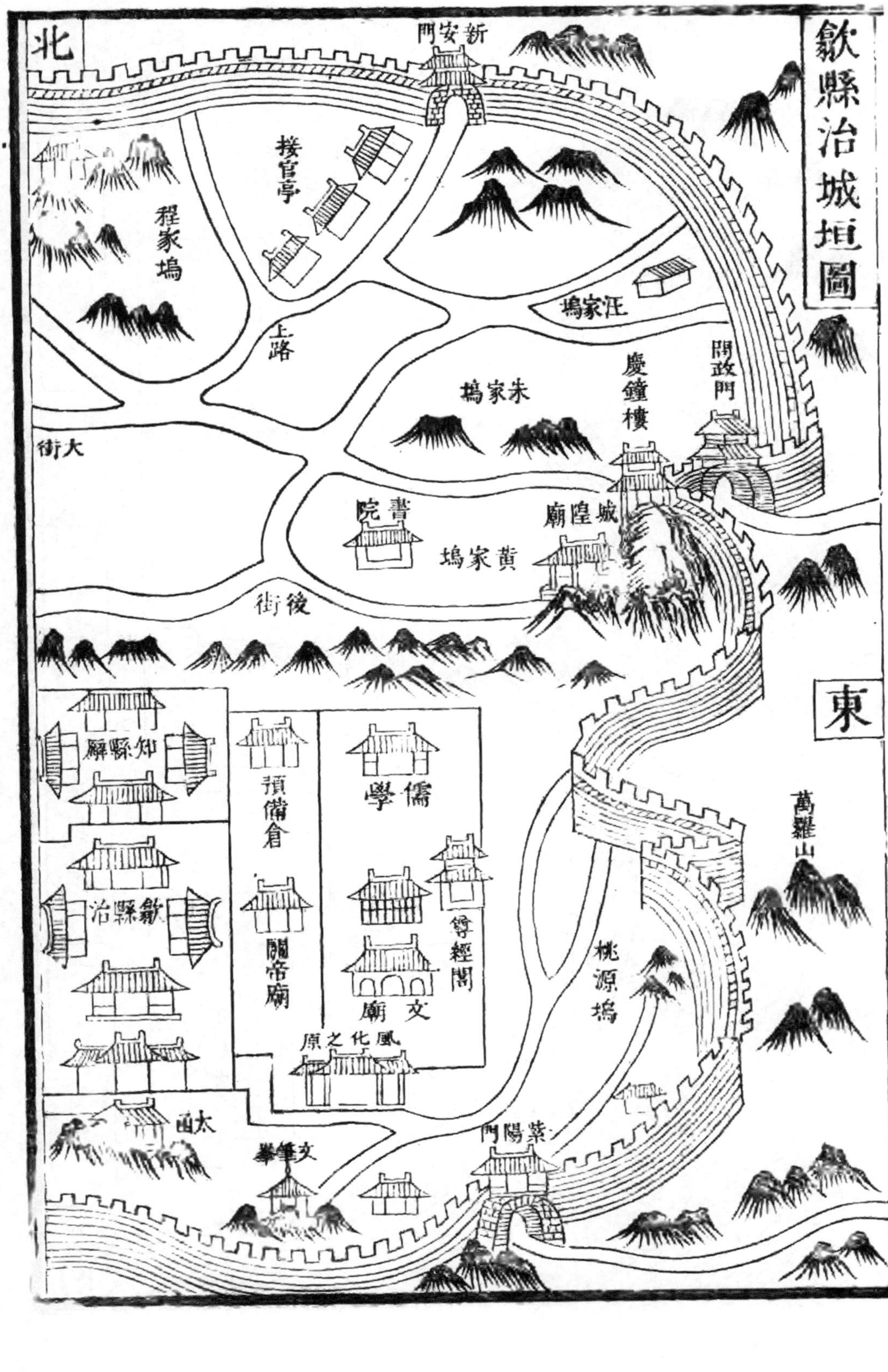

歙縣治城垣圖
北
東
新安門
接官亭
程家塢
汪家塢
上路
朱家塢
慶鐘樓
開政門
大街
書院
城隍廟
黃家塢
後街
知縣廨
預備倉
儒學
歙縣治
關帝廟
尊經閣
文廟
桃源塢
萬羅山
風化之原
太函
紫陽門
文筆峯

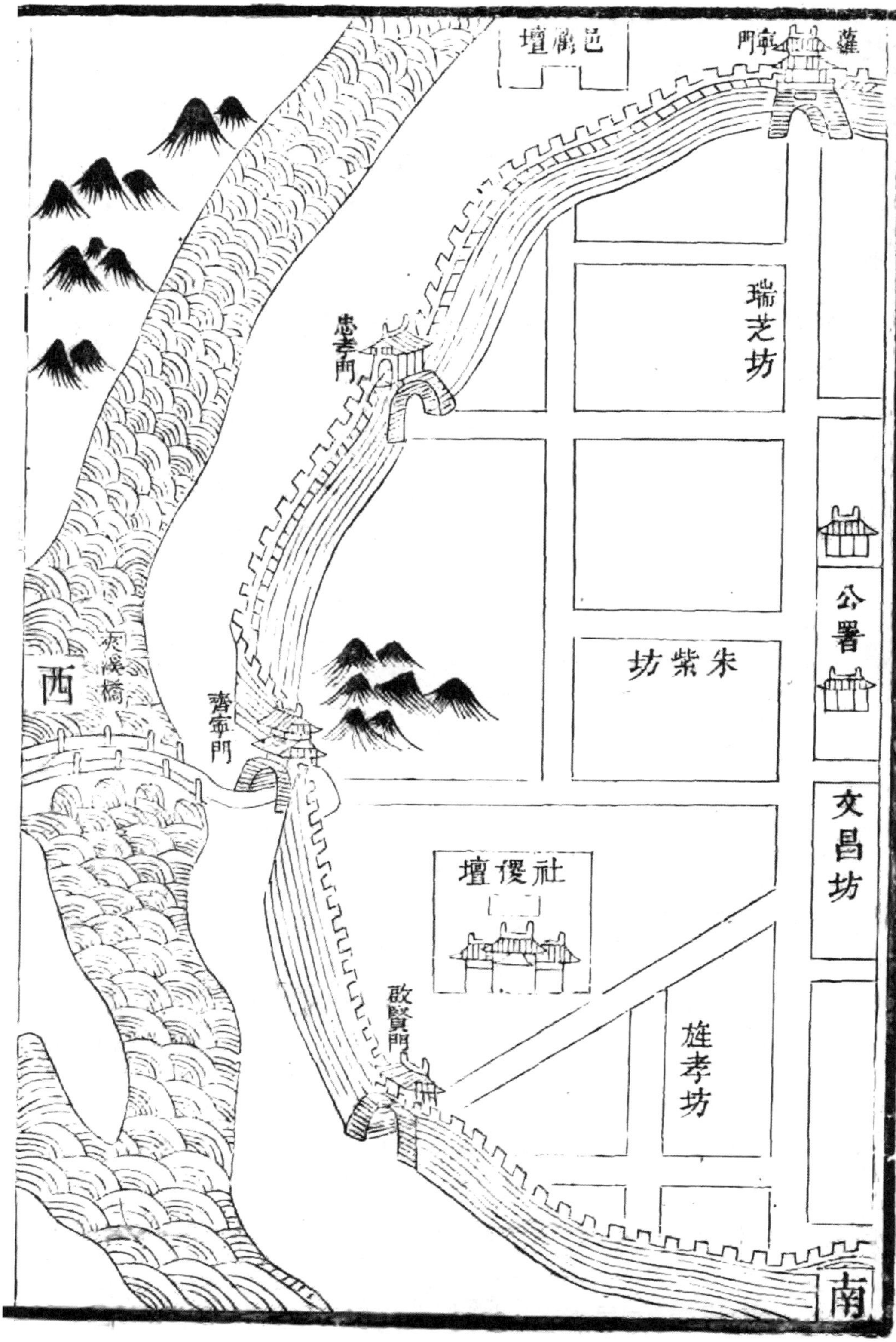

休宁县治城垣图 / 选自道光《徽州府志》

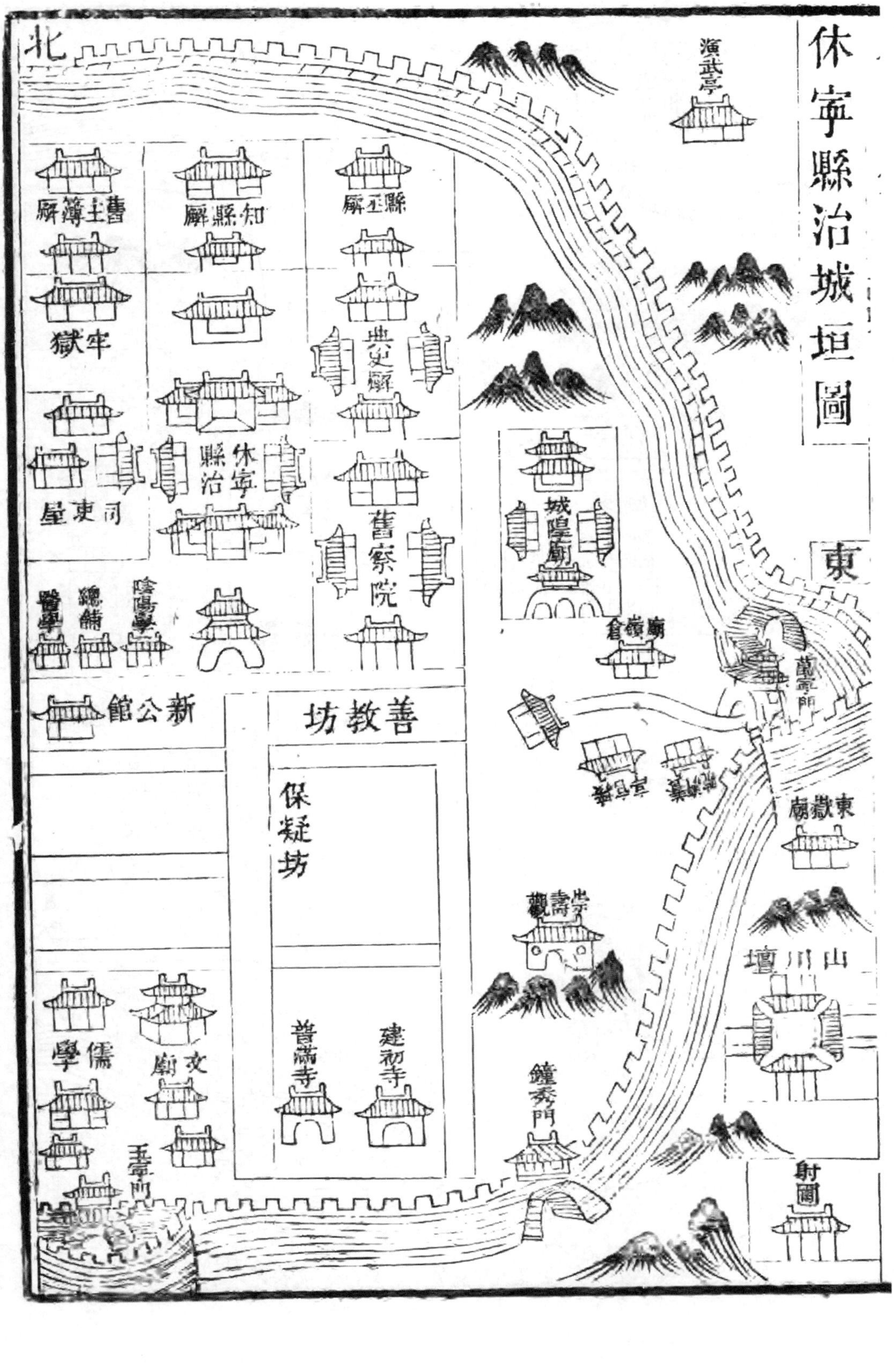
休寧縣治城垣圖
北
東
演武亭
舊主簿廨
知縣廨
縣丞廨
牢獄
典史廨
休寧縣治
司吏屋
舊察院
城隍廟
陰陽學
總舖
醫學
新公館
善教坊
保疑坊
東嶽廟
崇壽觀
山川壇
儒學
文廟
普滿寺
建初寺
鍾秀門
射圃

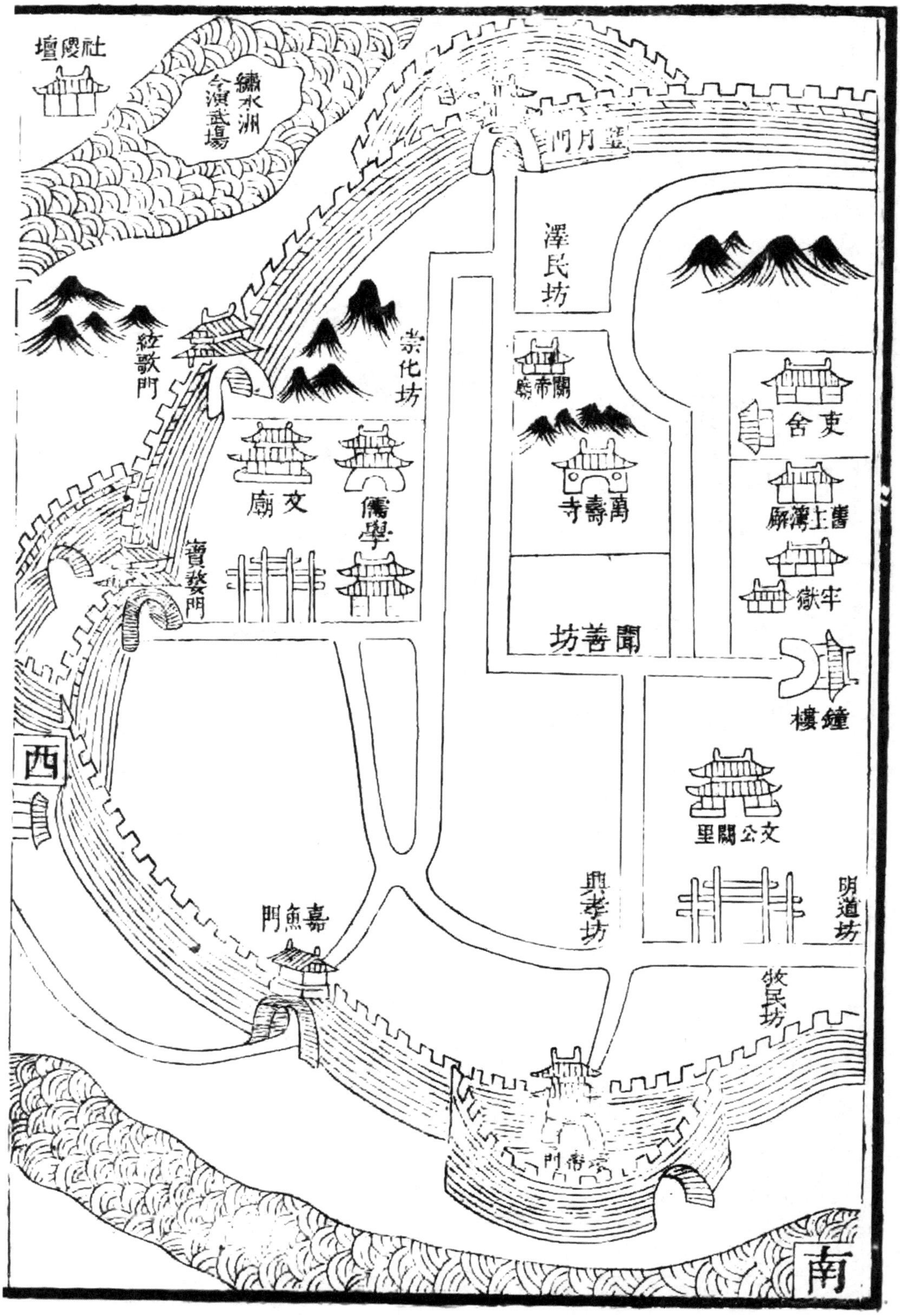

婺源县治城垣图 / 选自道光《徽州府志》

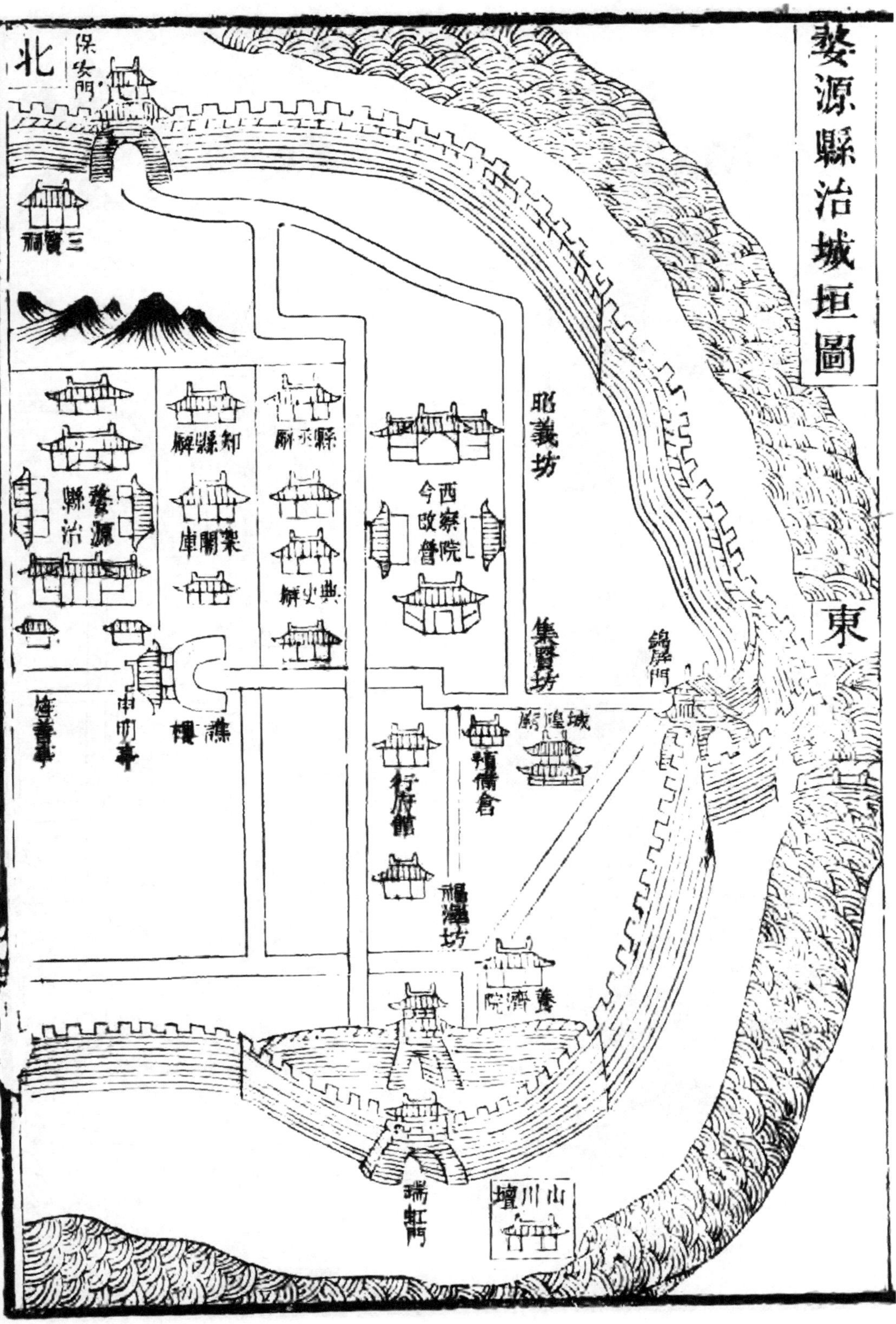
婺源縣治城垣圖
北
東
保安門
三寶祠
知縣廨
縣丞廨
典史廨
婺源縣治
架閣庫
昭義坊
集賢坊
錦屏門
城隍廟
預備倉
行府館
譙樓
申明亭
旌善亭
養濟院
瑞虹門
山川壇

祁门县治城垣图/ 选自道光《徽州府志》

祁門縣治城垣圖
北
厲壇
演武亭
臧公祠
知縣
祁門
典史廨
土地祠
舊察院
潤澤門
迎暉門
新春門
五顯廟
平政橋
上元門
仁濟橋
東
東嶽廟
張王廟
文公祠
東山書院

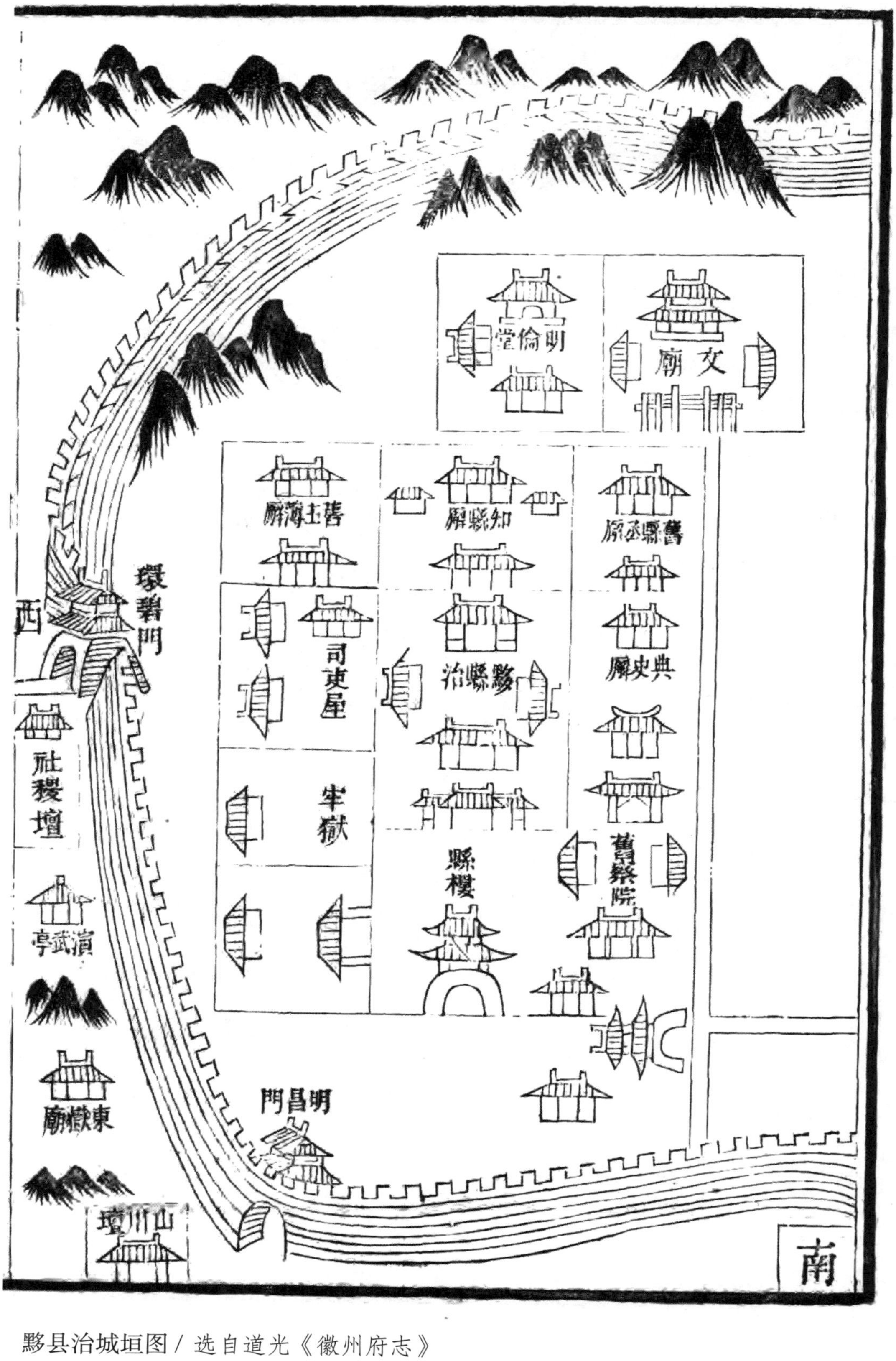

黟县治城垣图 / 选自道光《徽州府志》

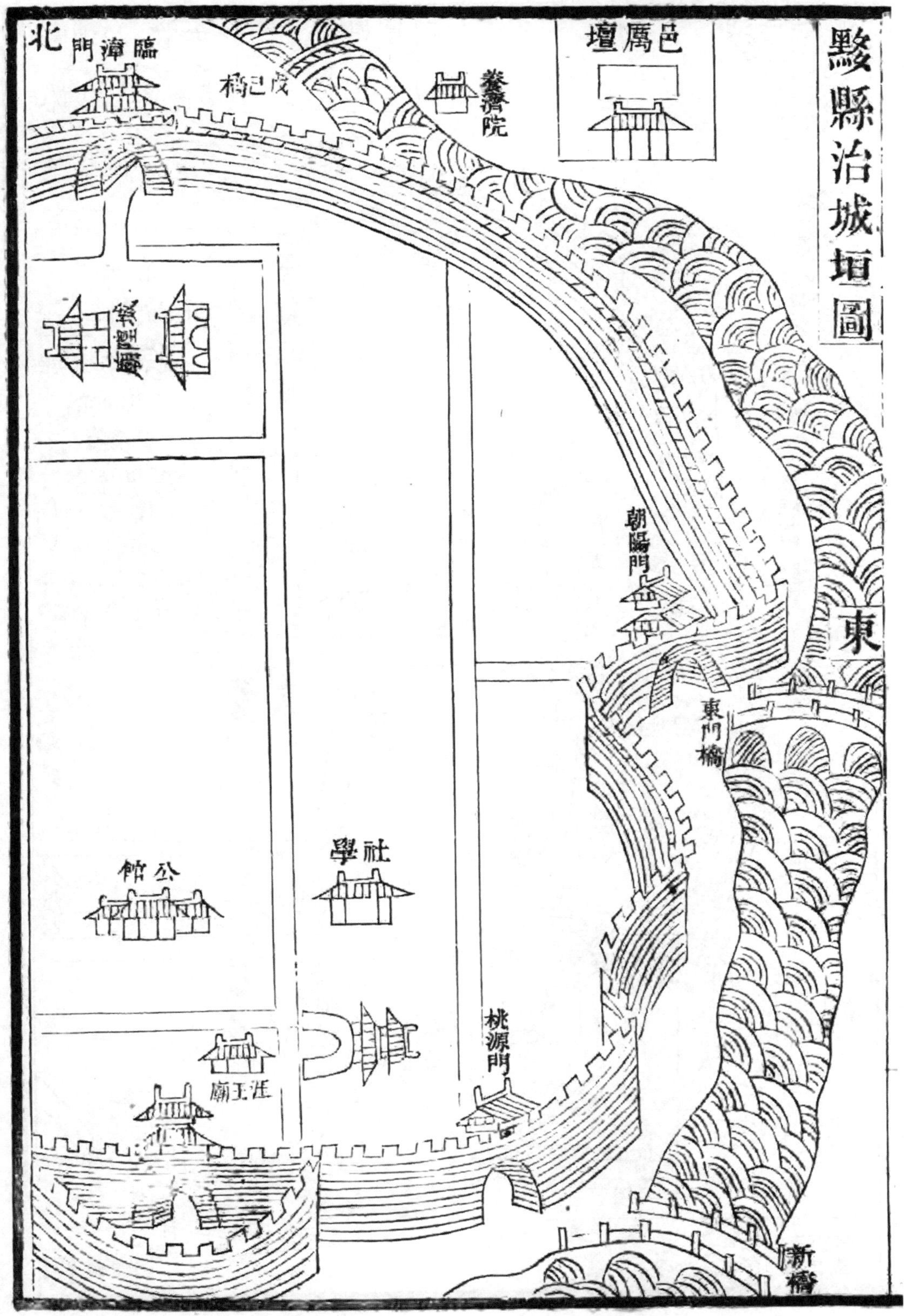
黟縣治城垣圖
北
臨漳門
戊己橋
養濟院
邑厲壇
東
朝陽門
東門橋
社學
公館
桃源門
汪王廟
新橋

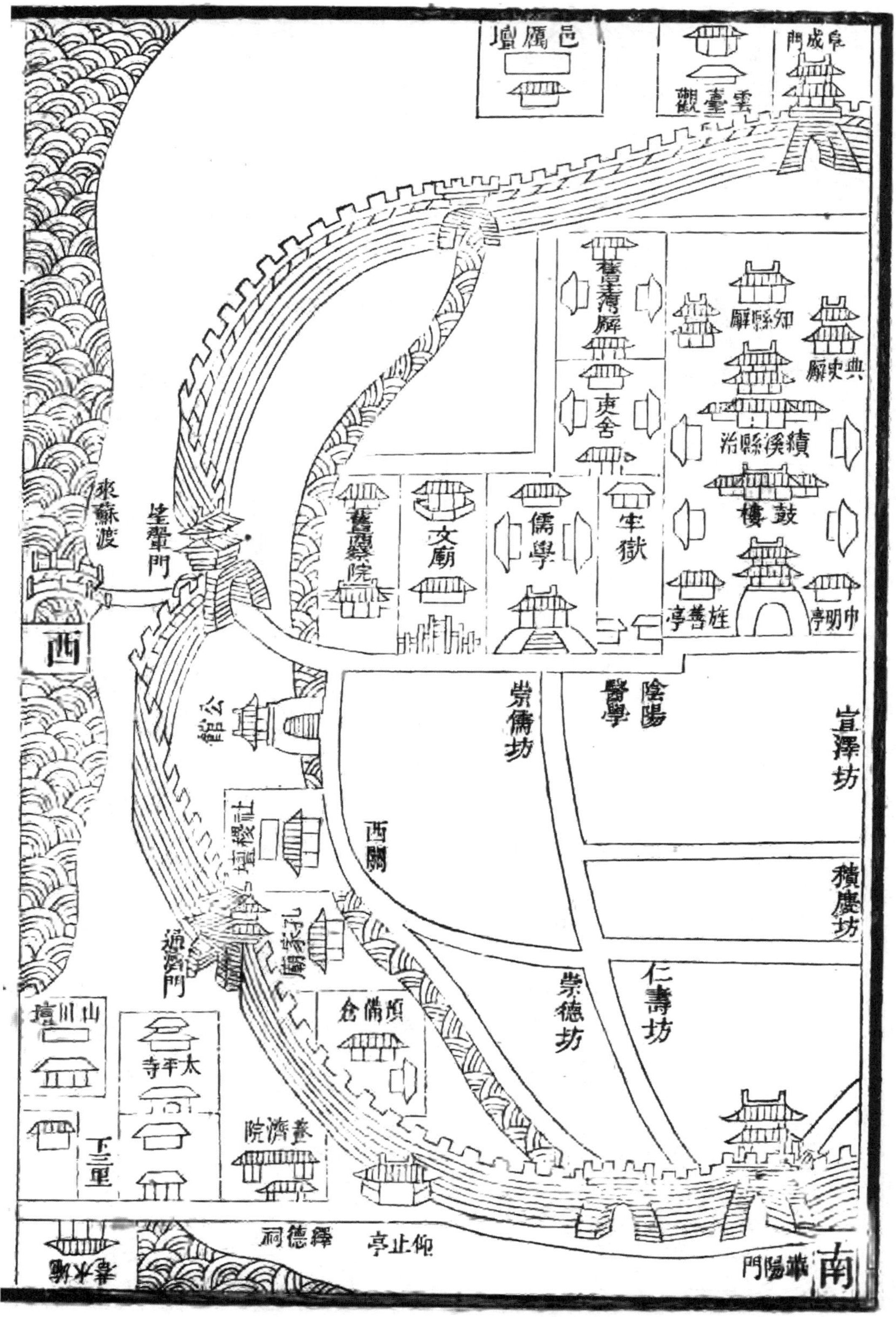

绩溪县治城垣图/ 选自道光《徽州府志》

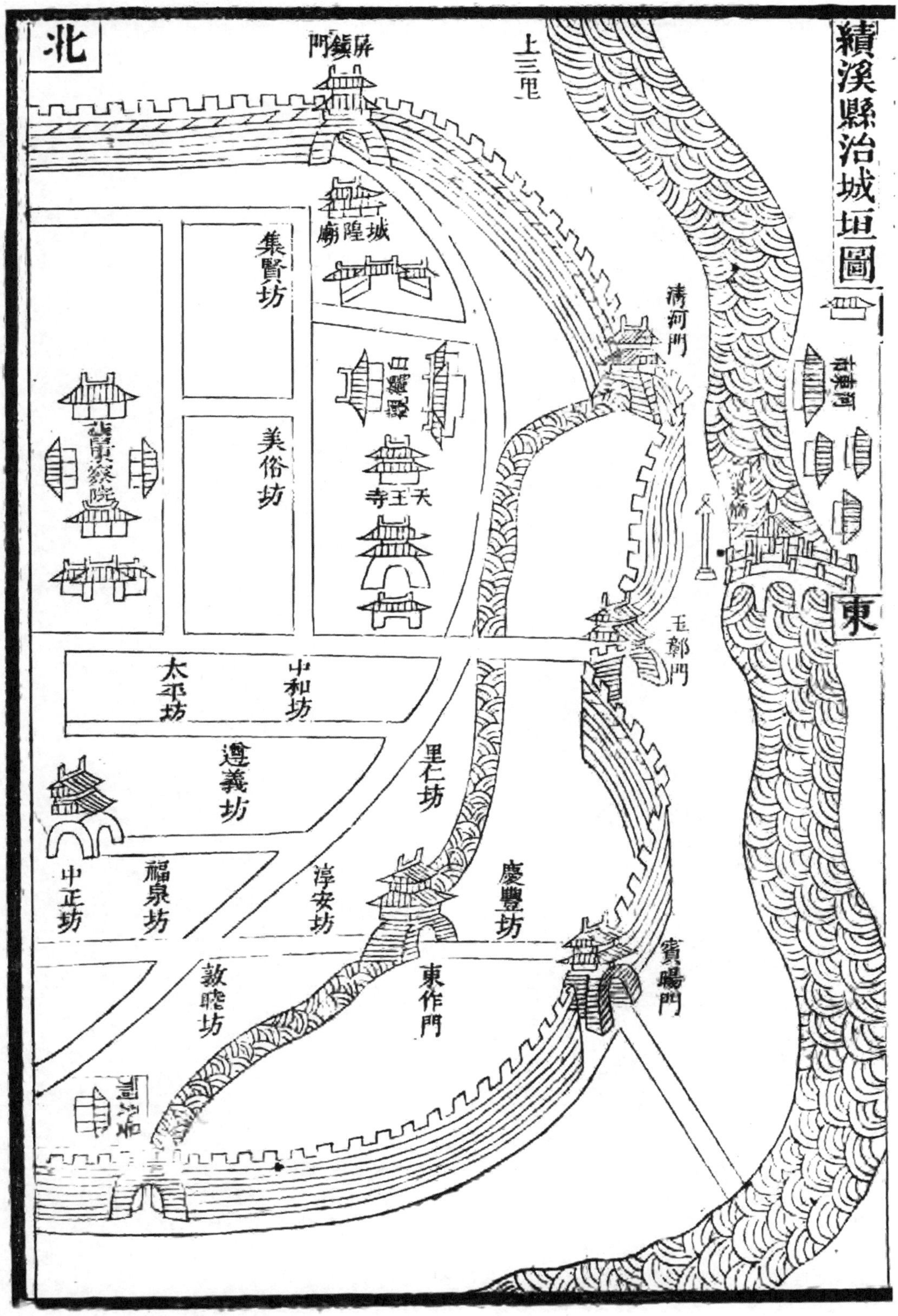
北
屏鎮門
城隍廟
集賢坊
美俗坊
天王寺
清河門
玉帶門
東
太平坊
中和坊
遵義坊
里仁坊
中正坊
福泉坊
淳安坊
慶豐坊
東作門
賓陽門
敦睦坊
績溪縣治城垣圖